教育部人文社会科学基金项目
"现代汉语语法复杂性计量研究"
（项目编号：18YJA740033）

现代汉语
语法复杂性计量研究

马清华 等 编著

南京大学出版社

图书在版编目(CIP)数据

现代汉语语法复杂性计量研究 / 马清华等编著. ——
南京：南京大学出版社，2023.3
ISBN 978-7-305-26827-4

Ⅰ.①现… Ⅱ.①马… Ⅲ.①现代汉语－语法－研究
Ⅳ.①H146

中国国家版本馆 CIP 数据核字(2023)第 045624 号

出版发行	南京大学出版社
社　　址	南京市汉口路 22 号　　邮　编　210093
书　　名	**现代汉语语法复杂性计量研究** XIANDAI HANYU YUFA FUZAXING JILIANG YANJIU
编　　著	马清华　等
责任编辑	束　悦
照　　排	南京南琳图文制作有限公司
印　　刷	苏州市古得堡数码印刷有限公司
开　　本	718 mm×1000 mm　1/16　印张 28　字数 503 千
版　　次	2023 年 3 月第 1 版　印　次　2023 年 3 月第 1 次印刷
ISBN	978-7-305-26827-4
定　　价	98.00 元
网　　址	http://www.njupco.com
官方微博	http://weibo.com/njupco
官方微信	njupress
销售热线	(025) 83594756

* 版权所有，侵权必究
* 凡购买南大版图书，如有印装质量问题，请与所购
　图书销售部门联系调换

马清华担任全书撰写工作。

以下成员参加了数据采集工作(按工作量排序):

李淳,安留敏,朱玉燕,任冉冉,陈培培,孙颖,苗守艳

目　录

第一章　总　论 …………………………………………………………… 1
　　1.1　词类虚实与频率的关系 …………………………………………… 1
　　1.2　词类的频级分布 …………………………………………………… 4
　　1.3　词类与词长、语体色彩、频率的关系 …………………………… 7
　　1.4　实词语法功能的相容性与相容度 ………………………………… 9
　　1.5　复合词的构词 ……………………………………………………… 11

第二章　词的兼类 ………………………………………………………… 13
　　2.1　多义与兼类的关系 ………………………………………………… 13
　　2.2　词频与兼类的关系 ………………………………………………… 14
　　2.3　词长、词类与兼类的关系 ………………………………………… 15
　　2.4　词长、词类与兼类模式的关系 …………………………………… 19

第三章　非组合成分词 …………………………………………………… 25
　　3.1　叹词语法的超系统性和准标记化 ………………………………… 25
　　3.2　叹词的超音系特征及语音原始性 ………………………………… 27
　　3.3　叹词的拟声化和核心词化 ………………………………………… 28
　　3.4　核心词向叹词的句法回流 ………………………………………… 29

第四章　跨类词 …………………………………………………………… 31
　　4.1　拟声词的语法功能 ………………………………………………… 31
　　4.2　拟声词的语音特征 ………………………………………………… 32
　　4.3　多音节拟声词的韵律结构及其模因地位 ………………………… 33

第五章　核心词 …………………………………………………………… 35
　　5.1　核心词句法功能的分布势力 ……………………………………… 35
　　　　5.1.1　名词的功能势力 …………………………………………… 35
　　　　5.1.2　动词的功能势力 …………………………………………… 41

5.1.3　形容词的功能势力 …………………………………… 62
5.2　核心词句法功能偏移的条件 ………………………………… 68
　　5.2.1　非时地名词作状语的条件 ……………………………… 68
　　5.2.2　时间名词作状语时的标记特征 ………………………… 71
　　5.2.3　动词直接作状语的势力及韵律特征 …………………… 72
　　5.2.4　动词直接作定语的势力及韵律特征 …………………… 73
　　5.2.5　影响动词能否带动态助词的因素 ……………………… 73
　　5.2.6　影响形容词能否带动态助词的因素 …………………… 76
5.3　核心词词频和语法功能的关系 ……………………………… 78
　　5.3.1　名词词频和语法特征的关系 …………………………… 78
　　5.3.2　动词词频和语法特征的关系 …………………………… 80
　　5.3.3　形容词词频和语法特征的关系 ………………………… 84
5.4　核心词构词和句法功能的关系 ……………………………… 87
　　5.4.1　动宾型动词对宾语成分的抑制 ………………………… 87
　　5.4.2　介词语素重新分析为及物动词词尾 …………………… 88
　　5.4.3　"有V"型动词与粘宾特征 ……………………………… 90
5.5　核心词组合关系中的语义一致性 …………………………… 91
　　5.5.1　名词句法组合的语义一致性 …………………………… 91
　　5.5.2　动词句法组合的语义一致性 …………………………… 94
5.6　核心词反义组合的对称和侧显 ……………………………… 95
　　5.6.1　反义动词带宾语能力的对称和侧显 …………………… 95
　　5.6.2　反义形容词修饰名词的对称和侧显 …………………… 96
5.7　核心词音节数和句法功能的关系 …………………………… 97
　　5.7.1　动词音节数和句法功能的关系 ………………………… 97
　　5.7.2　形容词音节数与句法功能的关系 ……………………… 101
5.8　核心词语法特征和语体分化的关系 ………………………… 115
　　5.8.1　形容词句法功能与语体分化的关系 …………………… 115
　　5.8.2　形容词词法分布与语体分化的关系 …………………… 117
5.9　核心词意义和句法功能的关系 ……………………………… 118

5.10 核心词类间的演变关系 ... 119
5.10.1 动词向名词的变异 ... 119
5.10.2 名词向动词的变异 ... 125
5.10.3 形容词向名词的变异 ... 129
5.10.4 名词向形容词的变异 ... 131
5.10.5 动词向形容词的演变 ... 139
5.10.6 形容词向动词的变异 ... 141
5.11 核心词类内部的功能变异 ... 144
5.11.1 时段名词的衔接作用 ... 144
5.11.2 不及物动词向及物动词的变异 ... 145

第六章 边缘词 ... 148
6.1 受限词：数词 ... 148
6.1.1 数词作定语 ... 148
6.1.2 数词"一"和数量词"俩" ... 149
6.2 单功能词 ... 150
6.2.1 区别词（唯定词） ... 150
6.2.2 副词（唯状词） ... 162

第七章 指称标记 ... 170
7.1 近指/远指代词 ... 170
7.1.1 近指与远指的指称标记和情态标记功能 ... 170
7.1.2 指示代词的结构标记功能 ... 174
7.2 旁指代词 ... 176
7.2.1 旁指代词的句法功能分布 ... 176
7.2.2 加词性旁指代词的语义选择限制 ... 178
7.2.3 体词性旁指代词的语体色彩分化 ... 179
7.3 统指代词 ... 179
7.4 普称代词 ... 182
7.5 偏称代词 ... 185
7.6 人称代词 ... 186

7.6.1 人称代词后接同位成分 …… 186
7.6.2 人称代词前接修饰性定语 …… 187
7.7 疑问代词 …… 189
7.8 称代助词 …… 190
7.8.1 "的"字短语的语用语法分布 …… 190
7.8.2 "者"字结构内部的词汇语义分布 …… 191
7.9 计量标记 …… 192
7.9.1 量词的基础地位和标记特征 …… 192
7.9.2 量词对名词的语义选择限制 …… 193
7.9.3 名词对量词的搭配选择 …… 195
7.9.4 量词的表义功能 …… 197
7.9.5 概数助词的意义和用法 …… 199
7.10 方位标记 …… 200
7.10.1 方位词句法、韵律、语义、语体诸特征的共变关系 …… 200
7.10.2 单音节后置方位词跟实体名词的搭配和意义一致性关系 …… 204
7.10.3 方位词跟身体部位词的组合及方位词主观化问题 …… 208
7.10.4 "以"缀方位词的词汇化和意义 …… 212
7.10.5 反对关系方位词的不对称性与标记化 …… 215

第八章 情态标记 …… 219
8.1 语气标记 …… 219
8.1.1 语气标记的地位和习得难度 …… 219
8.1.2 语气副词的句法分布和关联化 …… 220
8.1.3 语气副词的来源 …… 224
8.1.4 疑问语气 …… 226
8.1.5 祈使语气 …… 235
8.1.6 陈述语气 …… 237
8.1.7 语气/口气格式 …… 243
8.2 时标记 …… 251

        8.2.1 后置时标记语气词的语义分布及句类分布 …………… 251
        8.2.2 后置时标记助词的弱势分布及其统辖关系的变异 …… 253
        8.2.3 前置时标记(时间副词)跟其他标记的时间格式化 …… 254
   8.3 体标记 …………………………………………………………… 256
        8.3.1 总体分布:体范畴类型及其标记类型的分布势力对比
             …………………………………………………………… 256
        8.3.2 已然体 ……………………………………………… 257
        8.3.3 曾然体 ……………………………………………… 261
        8.3.4 持续体/进行体 ……………………………………… 262
        8.3.5 起始体和接续体 …………………………………… 268
   8.4 判断标记 ………………………………………………………… 273
        8.4.1 否定的分布势力 …………………………………… 273
        8.4.2 否定标记跟心理动词的组合及其熟语化和标记化 …… 274
        8.4.3 肯定/否定跟其他情态标记的共现关系 ………… 276
        8.4.4 否定标记与其他标记共现的熟语化和格式化 …… 277
        8.4.5 比况标记 …………………………………………… 279
   8.5 能愿标记 ………………………………………………………… 280
        8.5.1 能愿动词的句法分布 ……………………………… 280
        8.5.2 能愿动词在其他界面的特征分布 ………………… 283
        8.5.3 意愿标记的词义分布、语体分布和句法分布 …… 284
        8.5.4 能力/可能标记的意义分化、义项分布和势力对比 …… 286
        8.5.5 道义标记:必要类能愿动词句法语用分布的分化 …… 288
   8.6 态标记 …………………………………………………………… 290
   8.7 范围标记 ………………………………………………………… 293
        8.7.1 范围标记的句法、语义、语用分布 ……………… 293
        8.7.2 范围标记的叠加及跟其他情态标记连用时的语序分布
             …………………………………………………………… 295
   8.8 程度标记 ………………………………………………………… 297
        8.8.1 程度标记与谓词的语义选择限制 ………………… 297

- 8.8.2 程度标记的句式分布及其语义变异 …………………… 300
- 8.8.3 程度标记跟其他情态形式的协同 ……………………… 303
- 8.8.4 程度标记跟语气标记的共现与格式化 ………………… 306
- 8.8.5 程度副词的语用语义分布 ……………………………… 308
- 8.8.6 程度副词的语用语法分布 ……………………………… 312
- 8.8.7 程度副词的社会语言学因素 …………………………… 316

8.9 频度标记 …………………………………………………………… 318
- 8.9.1 频度副词及其后附标记、意义分化、语体分布的共变关系
  ……………………………………………………………… 318
- 8.9.2 频度标记跟其他情态标记的统辖关系 ………………… 319

8.10 情貌标记 ………………………………………………………… 321
- 8.10.1 情貌副词的构词、句法、语义、韵律的交互与共变关系
  ……………………………………………………………… 321
- 8.10.2 情貌副词细密的词汇意义及其搭配限制 ……………… 324
- 8.10.3 情貌副词跟其他情态标记的统辖关系 ………………… 324
- 8.10.4 情貌副词跟判断标记的共现 …………………………… 327
- 8.10.5 时间貌标记跟其他时间成分的共现 …………………… 329
- 8.10.6 影响情貌副词句状语功能的共变因素 ………………… 331
- 8.10.7 情貌格式的多维共变特征 ……………………………… 333

第九章 结构标记 …………………………………………………… 335

9.1 句法结构标记 …………………………………………………… 335
- 9.1.1 定中结构标记 …………………………………………… 335
- 9.1.2 状中结构标记 …………………………………………… 339
- 9.1.3 中补结构标记 …………………………………………… 341
- 9.1.4 并列结构标记 …………………………………………… 342

9.2 语义结构标记 …………………………………………………… 344
- 9.2.1 时空论元标记 …………………………………………… 344
- 9.2.2 经事论元标记 …………………………………………… 350
- 9.2.3 计事论元标记 …………………………………………… 354

9.2.4　涉事论元标记 ················· 356
   9.2.5　对象论元和涉事论元标记 ········· 357
   9.2.6　比事论元标记 ················· 359
   9.2.7　凭据论元标记 ················· 360
9.3　逻辑结构标记 ····················· 362
   9.3.1　总体分布 ··················· 362
   9.3.2　并列标记 ··················· 371
   9.3.3　承接标记 ··················· 376
   9.3.4　选择标记 ··················· 379
   9.3.5　递进标记 ··················· 380
   9.3.6　因果标记 ··················· 384
   9.3.7　假设标记 ··················· 389
   9.3.8　转折标记 ··················· 391
   9.3.9　关联格式化 ·················· 392

第十章　话语标记 ························ 393
10.1　话语标记类别及其功能层次性 ·········· 393
10.2　引转类 ························· 394
10.3　接续类 ························· 398
10.4　夹注类 ························· 400
10.5　列举类 ························· 402
10.6　信源类 ························· 404
10.7　判断类 ························· 409
10.8　评议类 ························· 411

参考文献 ····························· 414

图 目 录

图 1 汉语词类系统图 …………………………………………… 2
图 2 动词特征多维共变关系图 ………………………………… 100
图 3 形名定中韵律结构语例的数据量化图 …………………… 113
图 4 核心词内部兼类关系图 …………………………………… 120
图 5 后置方位词频率关系图 …………………………………… 207
图 6 情貌副词、区别词和一般双音节复合词构词频率比较图 ………… 322

第一章 总 论

1.1 词类虚实与频率的关系

概述 邢红兵(1999)依据北京语言文化大学语言信息处理研究所所建的现代汉语研究语料库(2000万字的精选粗语料和200万字经分词和词性标注的精语料),统计实词和虚词词项数及使用频率。我们整理其数据,分类归类,并追加计算,得数据:

数据

1. 总体分布。总50137词,1227164例,24.48例/词。

2. 类语言词。即叹词,或称非组合成分词(参马清华2011;另见第三章)。共88词(0.18%),2444例(0.20%),27.77例/词。

3. 本词。共48403词(96.54%),893206例(72.79%),18.45例/词。(1)跨类词(过渡词)。即拟声词,它是语言发生学上的过渡(参马清华2013;另见第四章)。共223词(0.44%),898例(0.07%),4.03例/词。(2)核心词。共44535词(88.83%),738565例(60.18%),16.58例/词。含名词26754词(53.36%),357842例(29.16%),13.38例/词;动词12623词(25.18%),304171例(24.79%),24.1例/词;形容词5158词(10.29%),76552例(6.24%),14.84例/词。(3)边缘词。共3645词(7.27%),153743例(12.53%),42.18例/词。含数词1708词(3.41%),59309例(4.83%),34.72例/词;副词1937词(3.86%),94434例(7.70%),48.75例/词。

4. 代词。共299词(0.60%),89878例(7.32%),300.6例/词。

5. 标记词。共1347词(2.69%),241636例(19.69%),179.39例/词。含量词591词(1.18%),48404例(3.94%),81.9例/词;介词224词(0.45%),49679例(4.05%),221.78例/词;连词302词(0.60%),27004例(2.20%),89.42例/词;助词137词(0.27%),95618例(7.79%),697.94例/词;语气词

93 词(0.19%),20931 例(1.71%),225.06 例/词。

简论 词按能否作句法成分,分实词和虚词。实词按作独立语情况,分非组合成分词、组合成分词、跨类词。非组合成分词只作独立语,叹词即是。所有拟声词都能够且经常作独立语,但它又能进入组合关系,充当各种句法成分,因此是横跨非组合成分词和组合成分词的跨类词,这是它在语言化过程中的过渡词地位决定的(马清华,2013)。组合成分词一般不作独立语(招呼或话语标记化的除外),按是否不受限制地经常作核心成分(主语、谓语、动语、宾语),分核心词和边缘词。动词、形容词、名词是核心词,单功能词(副词、区别词、唯补词)和功能受限的数词、量词都是边缘词。所有实词,除了非组合成分词(叹词)外,都可以被称代,由此分本词和代词。

词也可按能否进入组合关系,分非组合关系词(叹词)和组合关系词(叹词以外的实词和虚词)。汉语词类系统如图 1:

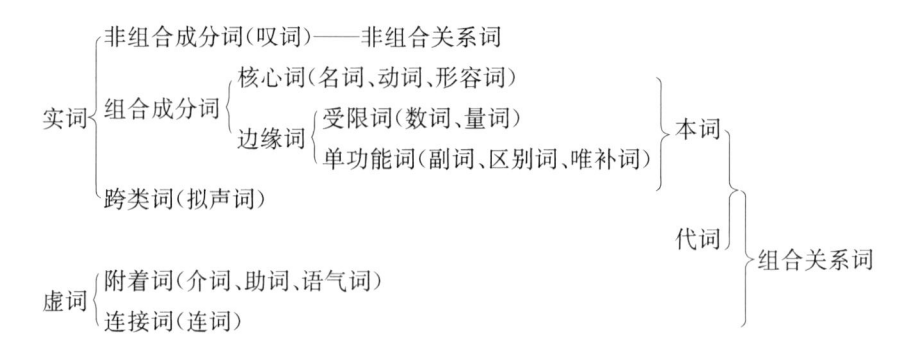

$$
\left\{
\begin{array}{l}
\text{实词}
\left\{
\begin{array}{l}
\text{非组合成分词(叹词)——非组合关系词} \\
\text{组合成分词}
\left\{
\begin{array}{l}
\text{核心词(名词、动词、形容词)} \\
\text{边缘词}
\left\{
\begin{array}{l}
\text{受限词(数词、量词)} \\
\text{单功能词(副词、区别词、唯补词)}
\end{array}
\right.
\end{array}
\right. \\
\text{跨类词(拟声词)}
\end{array}
\right. \\
\text{虚词}
\left\{
\begin{array}{l}
\text{附着词(介词、助词、语气词)} \\
\text{连接词(连词)}
\end{array}
\right.
\end{array}
\right\}
\begin{array}{l}
\text{本词} \\
\text{代词}
\end{array}
\Bigg\} \text{组合关系词}
$$

图 1 汉语词类系统图

实词按功能多样性分,有全功能词、多功能词和单功能词。单纯从句法能力看,全功能词能充当含动语(即支配宾语的成分)在内的所有句法成分类型,有动词、拟声词(参§4.1)。多功能词有名词、形容词、数词、量词。它们至少能充当主语、谓语、定语、状语四种以上的功能,名、形、数还能作宾语,但量词不能。数、量不作动语,名词只有在动用时才带宾语,形容词只有在变价用法(参马清华、葛平平,2020)下才带降价宾语(表存现态、损益态、使役态)。形、量及少数时间名词还能作补语("休息片刻"),数词不作补语。单功能词有区别词(唯定词)、副词(唯状词)、唯补词(只作补语)。区别词修饰体词,副词、唯补词修饰说明的是谓词。

但综合地看,(1)全功能词中的拟声词是语言发生学上的过渡词(马清华,2013),至今在多个界面留有不同于其他词类的原始特性,其功能有两面性,有时像非组合成分词,有时又像组合成分词(见§4.1),在所有词类中使用频率也最低(见§1.1)。为便于集中观察,可单列为"跨类词"。(2)数词和量词的所谓"多功能"在使用上都有严苛限制。数词作成分一般须在行业(数学)运算语域内进行(参§6.1.1)。量词本质上属助词(数助词),它之所以能作句法成分,是因为所助数词"一"省略后,继承了原数量短语的句法能力,导致残存量词的句法地位升格。即使如此,它仍不能成为代词所代的本词。如可以说"来了个警察",但回答"来了多少警察?"时,只能说"一个",不能说"个"。量词真正靠自己所作的成分是介词宾语,如"按个算"。这反而在意义上印证了数助词的性质,换言之,量词就是为了协助数词而存在的。因此,数词实际可跟单功能词合归为边缘词。量词则可归入标记词(属指称标记,参下)。

虚词(不能作句法成分的词类)都是标记词,一部分实词也是标记词。除了前面说的量词外,从语义作用、封闭性特征等方面说,单功能词中的副词(唯状词)、唯补词(它们都修饰或说明陈述项),核心词的某些附类,以及跟本词相对的代词,也归标记词(马清华、韩笑,2019)。

词类虚实跟词类的开放性—封闭性有关,因此影响到词类的频率。核心词词数多,有开放性,所以频率一般不太高。总体上,核心词的频率低于总词类的均值。标记词词数少,有封闭性和功能性,所以频率高。在词数序列[核心词>边缘词>虚词/代词/跨类词(拟声词)/非组合成分词(叹词)]和每词均例数序列[虚词/代词>边缘词>非组合成分词(叹词)>核心词>跨类词(拟声词)]中,核心词、边缘词、虚词/代词的位序互逆,但非组合成分词(叹词)和跨类词(拟声词)都恒居劣势。核心词中词数最多、频率最低的是名词,标记词中频率最高的是助词,词数排标记词的最末第二位。核心词的词数序列(名词>动词>形容词)和每词均例数序列(动词>形容词>名词)中,名词和谓词的位序互逆,但谓词内部,动词和形容词的位序关系不变。拟声虽然曾在语言发生学上有继叹词之后的开创之功,但在现代汉语中的词频居所有词类之末,可见原有作用消失后,它在现代共时维度上的句法地位已降到最低。标记词的频率高于总词类的均值。边缘词也多可归入标记词,数词中至少原型数词"一"可归指称标记,副词可归情态标记,叹词也有类标记用法(参§3.1),因此它们的频率也都高于核心词。

对词类来说,如果词数占比代表词汇地位,频次占比代表句法地位,那么核心词类中词汇地位最高的是名词,句法地位最高的是动词;标记词中词汇地位最高的是副词,句法地位最高的是助词。

1.2 词类的频级分布

概述 关于各词类的词数与频级分布的关系。邢红兵(1999)据北京语言文化大学语言信息处理研究所所建的现代汉语研究语料库(2000万字精选的粗语料和200万字经分词和词性标注的精语料),统计词类的词数—频级分布(排除兼类或同形)。词按词次分8级,10000次以上为1级,5000—9999次为2级,1000—4999次为3级,500—999次为4级,100—499次为5级,50—99次为6级,11—49次为7级,10次以下(含10次)为8级。我们整理其基本数据,适当简化,得数据:

数据

1.词频等级分布。1级9词(0.02%),174626例(14.23%)中,代词、助词各2词,动词、副词、数词、量词、介词各1词,名词、形容词、连词、语气词、叹词0词。2级11词(0.02%),80064例(6.52%)中,动词、代词各4词,副词3词,量词、助词各2词,名词、数词、连词、介词、语气词各1词,形容词、叹词0词。3级132词(0.26%),247861例(20.20%)中,名词28词,动词36词,形容词6词,副词14词,数词10词,量词10词,连词3词,代词17词,介词12词,助词8词,语气词8词,叹词0词。4级157词(0.31%),107618例(8.77%)中,名词80词,动词86词,形容词10词,副词26词,数词21词,量词18词,连词7词,代词23词,介词20词,助词9词,语气词9词,叹词0词。5级1328词(2.65%),274428例(22.36%)中,名词590词,动词459词,形容词139词,副词126词,数词60词,量词71词,连词40词,代词66词,介词48词,拟声词1词,助词17词,语气词14词,叹词6词。6级1346词(2.68%),93904例(7.65%)中,名词1162词,动词878词,形容词267词,副词210词,数词101词,量词109词,连词65词,代词80词,介词56词,拟声词3词,助词19词,语气词17词,叹词16词。7级6504词(12.97%),144000例(11.73%)中,名词4249词,动词2862词,形容词968词,副词552词,数词219词,量词212词,连词111词,代词125词,介词88词,拟声词11词,助词43词,语气词24词,叹词23词。8级40650词(81.08%),104663例(8.53%)中,名词22505词,动词9761词,形容词4190词,副词1385词,数词1489词,量词379词,连词191词,代词174词,介词136词,拟声词212词,助词94词,语气词

69词,叹词65词。

2. 高频词分布(词次高于1000次,即前3个频级的词项)。1. 的(助,52.23);2. 是(动,14.50);3. 一(数,13.42);4. 我(代,13.24);5. 了(助,11.26);6. 在(介,10.10);7. 不(副,9.88);8. 这(代,9.09);9. 个(量,8.55);10. 你(代,7.78);11. 和(连,7.64);12. 有(动,6.97);13. 他(代,6.93);14. 了(语气,5.97);15. 就(副,5.89);16. 人(名,5.51);17. 也(副,5.00);18. 说(动,4.93);19. 要(动,4.37);20. 年(量,4.22);21. 上(名,4.01);22. 着(助,3.99);23. 还(副,3.43);24. 都(副,3.36);25. 到(动,3.11);26. 来(动,3.08);27. 中(名,3.06);28. 我们(代,3.03);29. 地(助,2.99);30. 大(形,2.89);31. 对(介,2.89);32. 她(代,2.88);33. 那(代,2.76);34. 把(介,2.67);35. 好(形,2.66);36. 去(动,2.48);37. 看(动,2.45);38. 里(名,2.44);39. 发展(动,2.38);40. 中国(名,2.37);41. 经济(名,2.34);42. 能(动,2.31);43. 两(数,2.30);44. 又(副,2.29);45. 出(动,2.11);46. 十(数,1.99);47. 企业(名,1.99);48. 什么(代,1.97);49. 给(介,1.91);50. 三(数,1.91);51. 为(介,1.90)52. 从(介,1.86);53. 种(量,1.83);54. 国(名,1.78);55. 第(数,1.77);56. 到(介,1.74);57. 啦(语气,1.71);58. 新(形,1.69);59. 工作(名,1.63);60. 二(数,1.62);61. 想(动,1.59);62. 上(动,1.58);63. 一(副,1.58);64. 各(代,1.57);65. 走(动,1.56);66. 会(动,1.53);67. 几(数,1.52);68. 而(连,1.52);69. 自己(代,1.51);70. 他们(代,1.51);71. 国家(名,1.50);72. 多(形,1.50);73. 社会(名,1.49);74. 市场(名,1.44);75. 很(副,1.44);76. 得(助,1.41);77. 呀(语气,1.41);78. 吧(语气,1.41);79. 万(数,1.38);80. 次(量,1.37);81. 月(量,1.37);82. 您(代,1.32);83. 问题(名,1.31);84. 建设(动,1.31);85. 为(动,1.29);86. 等(助,1.29);87. 以(介,1.25);88. 后(名,1.25);89. 的(语气,1.25);90. 让(动,1.23);91. 呢(语气,1.22);92. 改革(动,1.21);93. 吗(语气,1.21);94. 最(副,1.17);95. 多(数,1.17);96. 家(名,1.17);97. 没(副,1.16);98. 小(形,1.15);99. 向(介,1.15);100. 过(助,1.14);101. 与(介,1.14);102. 做(动,1.11);103. 起(动,1.11);104. 更(副,1.11);105. 人民(名,1.11);106. 怎么(代,1.0);107. 已(副,1.09);108. 但(连,1.09);109. 位(量,1.09);110. 技术(名,1.08);111. 被(介,1.07);112. 天(量,1.07);113. 使(动,1.06);114. 时(名,1.05);115. 下(动,1.02);116. 它(代,0.99);117. 没有(动,0.99);118. 事(名,0.99);119. 吃(动,0.97);120. 钱(名,0.97);121. 下(名,0.97);122. 再(副,0.97);

123. 之(助,0.96);124. 四(数,0.96);125. 得(动,0.96);126. 可以(动,0.94);127. 世界(名,0.94);128. 公司(名,0.92);129. 高(形,0.92);130. 同志(名,0.90);131. 条(量,0.89);132. 打(动,0.89);133. 每(代,0.88);134. 些(量,0.88);135. 管理(动,0.88);136. 成(动,0.88);137. 前(名,0.88);138. 元(量,0.88);139. 听(动,0.87);140. 文化(名,0.85);141. 开(动,0.85);142. 这样(代,0.84);143. 才(副,0.84);144. 于(介,0.84);145. 谁(代,0.83);146. 啊(语气,0.83);147. 叫(动,0.83);148. 市(名,0.82);149. 政府(名,0.82);150. 找(动,0.81);151. 知道(动,0.81);152. 住(动,0.81)[括号外数据表频序,括号内数据表频率,即该词的词次占语料库总词次的比例(‰)]。

3. 各词类前 10 位的高频词。【助词】的 64100,了 13818,着 4902,地 3671,得 1741,等 1585,过 1402,之 1185,所 817,来 401。【动词】是 17795,有 8556,说 6053,要 5369,到 3824,来 3784,去 3049,看 3010,发展 2927,能 2841。【数词】一 16473,两 2831,十 2451,三 2348,第 2183,二 2000,几 1872,万 1704,多 1438,四 1183。【代词】我 16252,这 11162,你 9553,他 8506,我们 3721,她 3536,那 3396,什么 2419,各 1927,自己 1865。【介词】在 12395,对 3551,把 3253,给 2350,为 2333,从 2284,到 2139,以 1546,向 1416,与 1399。【副词】不 12133,就 7236,也 6137,还 4216,都 4134,又 2812,一 1943,很 1769,最 1444,没 1424。【量词】个 10498,年 5179,种 2246,次 1691,月 1682,位 1340,天 1314,条 1098,些 1087,元 1081。【连词】和 9385,而 1868,但 1341,与 992,并 678,可 617,或 589,因为 473,如果 471,可是 465。【语气词】了 7327,啦 2108,呀 1740,吧 1739,的 1536,呢 1504,吗 1489,啊 1027,哪 859,嘛 391。【名词】人 6763,上 4927,中 3756,里 3002,中国 2910,经济 2872,企业 2446,国 2186,工作 2001,国家 1849。【形容词】大 3557,好 3269,新 2081,多 1844,小 1416,高 1129,重要 913,全 900,老 743,副 618。【叹词】哎 408,啊 343,嗯 169,噢 155,哎呀 149,唉 148,哦 95,嘿 97,哟 86,嗬 82。【拟声词】哈 104,哈哈 78,嘿 60,锵 24,喷 21,咚 19,叭 18,嘿嘿 15,轰 15,嘻 14。[词后数表词次]

简论 在总体分布中,词数最多的是名词、动词、形容词,它们是核心词,开放的多功能词。高频的一般是封闭类词。在最高频的 9 个词中,实词只出现了核心词类中的动词,边缘词(数词),标记词(代词、助词、量词、副词、介词),但不见类语言词(叹词)和跨类词(拟声词),不见核心词中的名词、形容词,以及标记词中的连词、语气词。1 级词的 9 个词中,包括了结构标记(句法标记"的")、功能标记(论元标记"在")、情态标记("不、了")、指称标记("我、这、个")和判断动词(轻动词"是")、数词("一")。在2级词中,所有虚词类别都已出现,实词中的名词出现,但形容词和叹词、拟声词尚未出现。在3级词中,形容词已经出现。在5级词中,叹词、拟声词才出现。

核心词中,动词在前4级词中一直保持最多词数。5级词开始名词词数才出现反超,并将增势保持到最后。形容词词数在核心词中始终居最末位。可见动词和名词在实词中地位最为重要,而动词更为基本。动词频次排前列的为动词附类(趋向动词、能愿动词)、轻动词(判断动词、存在动词)、言说动词、感知动词。名词虽然词数多,但很多词次低。词次为1的名词就有11439个。

1.3 词类与词长、语体色彩、频率的关系

概述 吴蔚天、罗建林(1994:83)研制汉英翻译系统时对汉语动词的音节数作了统计。我们整理其基本数据,改变算法并追加计算,得数据1。王洪君(2001)统计《普通话三千常用词表》三种核心词类。我们整理其基本数据,并追加计算,得数据2。吕叔湘(1963)也做过同样统计,结果类似。胡明扬(1995)统计3036个动词[杨同用(2008)说,这些动词包括了《动词用法词典》(孟琮、郑怀德、孟庆海等,1987)、《汉语水平词汇与汉字等级大纲(词汇部分)》中的全部动词和《北京话语词汇释》(宋孝才,1987)中适用于普通话口语的动词]的音节数、语体色彩。朴正实(2003)统计孙德金编词表3036个汉语义项动词。两项基本数据相同。我们整理其基本数据,改变算法并追加计算,得数据3。郭锐(2001)从《现代汉语语法信息词典》43330词和北京语言文化大学宋柔提供的词频表244574词中,获得有效动词和有效形容词(不含同形词、多义词重复词条),词频由高到低分5级(最高频为1级)。我们整理其数据,并追加计算和推算,得数据4。

数据1

7568个汉语动词中,单音节动词517词(6.83%),双音节动词7051词(93.17%),双是单的13.64倍。

数据2

1. 名词(除方位词)。1753词中,单音节312个(17.80%),双音节1287

个(73.42%),三音节以上154个(8.78%),双是单的4.13倍。名词平均词长1.91音节。

2. 动词。1029词中,单音节422个(41.01%),双音节604个(58.70%),三音节以上3个(0.29%),双是单的1.43倍。动词平均词长1.59音节。

3. 形容词。479词中,单音节143个(29.85%),双音节329个(68.68%),三音节以上7个(1.46%),双是单的2.30倍。形容词平均词长1.72音节。

数据3

3036个动词中,【色彩类型】口语词1006词(33.14%),书面语词2030词(66.86%)。【音节类型】单音节770词(25.36%)[单音节口语词687词(22.63%),单音节书面语词83词(2.73%)],双音节2266词(74.64%)[双音节口语词319词(10.51%),双音节书面语词1947词(64.13%)],双是单的2.94倍。

数据4

1. 动词。9814词中,单音节881词(8.98%),双音节8932词(91.01%),多音节1词(0.01%),双是单的10.14倍。其1级1962词[单音节的360词(3.67%),双音节的1601词(16.31%),双是单的4.45倍]。2级1963词[单音节的223词(2.27%),双音节的1740词(17.73%),双是单的7.80倍]。3级1963词[单音节的167词(1.70%),双音节的1796词(18.30%),双是单的10.75倍]。4级1963词[单音节的103词(1.05%),双音节的1860词(18.95%),双是单的18.06倍]。5级1963词[单音节的28词(0.29%),双音节的1935词(19.72%),双是单的69.11倍]。

2. 形容词。2340词中,单音节189词(8.08%),双音节2132词(91.11%),多音节19词(0.81%),双是单的11.28倍。其1级468词[单音节96词(4.10%),双音节371词(15.85%),多音节1词(0.04%),双是单的3.86倍],2级468词[单音节60词(2.56%),双音节405词(17.31%),多音节3词(0.13%),双是单的6.75倍],3级468词[单音节21词(0.90%),双音节443词(18.93%),多音节4词(0.17%),双是单的21.10倍],4级468词[单音节10词(0.43%),双音节453词(19.36%),多音节5词(0.21%),双是单的45.30倍],5级468词[单音节2词(0.09%),双音节460词(19.66%),多音节6词(0.26%),双是单的230倍]。

简论 词类和词长有某种联系。现代汉语词以双音节词占优势,不同词类的双单音节词差幅不一。核心词双音节相对单音节的倍数(或词长)序列由大到小为：名词＞形容词＞动词。词类平均词长序列亦是。词类平均词长按"(词类单音节词数×1＋词类双音节词数×2＋词类3音节词数×3)÷词类总词数"计算。动词单双音节的规模相差最小，即词形相对较短，名词则相反，形容词居两者之间。这主要是因为动词语义上支配着所有的各价论元，句法上一方面支配前后主要成分，另一方面又被其他次要成分(如广义情态成分)所附加，受到空间上的挤逼。形容词所支配的论元要少得多。名词基本不支配其他成分，只接受其他成分的支配与附加，或附加于其他成分。

词长和语体色彩有某种联系。一般动词是双音节词和书面语词占优势(书面语词是口语词的2倍，双音节词是单音节词的近3倍)。单音节动词以口语词占优势(口语词是书面语词的逾8倍)，双音节动词以书面语词占优势(书面语词是口语词的逾6倍)。

词长和词频也有某种联系。就各项统计中动词和形容词看，词的频率越高，单音节词的占比越高，反之越低。5个频率等级中，自3级起，形容词双单音节词数的差幅都大于动词。这表明比起动词来，形容词词长对词频更加造敏感。

1.4 实词语法功能的相容性与相容度

概述 功能相容度指同一批词共有两个或多个语法功能的能力。郭锐(2001)统计实词主要语法功能间的相容度。我们整理其基本数据，重新分类归类，参考词形相似度计算公式(马清华，2012c)，修改算法，以新公式"平均相容度＝[重新xy重合词数/(x词数＋y词数)]×2"重新计算，并追加其他计算，得数据：

数据

1. 句法成分能力间的相容度。(1) 复杂化关系(递归)。能作谓语的13261词中，带状语13477词，重合13122词，相容度98.15%。能作主语、宾语的34796词中，带定语33706词，重合30881词，相容度90.16%。能作主语、宾语的34796词中，带数量定语24314词，重合22887词，相容度77.44%。能作主语、宾语的34796词中，作定语23544词，重合22105词，相容度75.78%。能带数量定语的24314词中，作定语23544词，重合17731词，相容度74.10%。能作主语、宾语的34796词中，带名词性定语14538词，重合14124词，相容度

57.26%。(2) 多样化关系(同类变换)。能作主语的 31394 词中,作宾语 33989 词,重合 30351 词,相容度 92.84%。能作状语的 1573 词中,作粘合式补语 506 词,重合 53 词,相容度 5.10%。能作状语的 1550 词中,作组合式补语 6494 词,重合 240 词,相容度 5.97%。能作定语的 23544 词中,作状语 1592 词,重合 296 词,相容度 2.36%。(3) 跨类属变化(异类变换)。能作谓语的 13261 词中,作主语、宾语 34796 词,重合 7481 词,相容度 31.13%。能作主语、宾语的 34796 词中,作状语 1592 词,重合 504 词,相容度 2.77%。能带数量定语的 24314 词中,作状语 1592 词,重合 112 词,相容度 1.41%。

2. 词语组合能力间的相容度。(1) 复杂化关系(递归)。能受"很"修饰的 2552 词中,能受"很不"修饰 1008 词,重合 985 词,相容度 55.34%。(2) 多样化关系。a. 同类变换。能受"不"修饰的 11020 词中,能受"没"修饰 10790 词,重合 9918 词,相容度 90.95%。能受"很"修饰的 2552 词中,能带"极了" 2012 词,重合 2012 词,相容度 88.17%。能受"很"修饰的 2552 词中,能带"得很"1607 词,重合 1607 词,相容度 77.28%。能受"不|没"修饰的 11809 词中,能受"很"修饰 2552 词,重合 2509 词,相容度 34.94%。b. 异类变换。能受"很"修饰的 2552 词中,能带"着|了|过"10459 词,重合 1888 词,相容度 29.02%。能受"不|没"修饰的 11809 词中,能带"着|了|过"10459 词,重合 10240 词,相容度 91.97%。

3. 词语组合能力和句法成分能力间的相容度。能受"不|没"修饰的 11809 词中,作谓语 13261 词,重合 11788 词,相容度 94.04%。能受"不|没"修饰的 11809 词中,带状语 13345 词,重合 11837 词,相容度 94.12%。能受"不"修饰的 11020 词中,作谓语 13261 词,重合 11000 词,相容度 90.61%。能受"没"修饰的 10790 词中,作谓语 13261 词,重合 10754 词,相容度 89.43%。能受"不|没"修饰的 11809 词中,带粘合式补语 6820 词,重合 6748 词,相容度 72.45%。能受"不|没"修饰的 11809 词中,带准宾语 7467 词,重合 6755 词,相容度 70.09%。能受"不|没"修饰的 11809 词中,带组合式补语 6494 词,重合 6090 词,相容度 66.55%。能受"不|没"修饰的 11809 词中,带真宾语 6163 词,重合 5783 词,相容度 64.36%。能受"很"修饰的 2552 词中,作组合式补语 6494 词,重合 1558 词,相容度 34.45%。能受"很"修饰的 2552 词中,作谓语 13261 词,重合 2533 词,相容度 32.04%。能受"不|没"修饰的 11809 词中,作主语、宾语 34796 词,重合 6842 词,相容度 29.36%。能受"不|没"修饰的 11809 词中,作定语 23544 词,重合 3764 词,相容度 21.29%。能受"很"修饰的 2552 词中,作粘合式补语 506 词,重合 192 词,相容度

12.56%。能受"很"修饰的2552词中,作状语1592词,重合273词,相容度13.18%。能受"不|没"修饰的11809词中,作粘合式补语506词,重合497词,相容度8.07%。能受"不|没"修饰的11809词中,作状语1592词,重合462词,相容度6.90%。能受"很"修饰的2552词中,作定语23544词,重合709词,相容度5.43%。能受"不|没"修饰的11790词中,带名词性定语14298词,重合630词,相容度4.83%。能受"很"修饰的2552词中,带真宾语6163词,重合203词,相容度4.66%。

简论 功能相容度有两方面的价值,一可用以判断语法功能的划类,透析实词词类的本质。相容度高的功能间有潜在的结构变换关系及相同的语义选择限制的支撑,因而反映相同词类性质,反之则反映不同的词类性质。二能反映这些语法功能在词类身上的共栖关系。

句法成分能力间的相容性反映三种不同性质的关系:(1)复杂化关系中递归关系的产物,如能作谓语和能带状语的相容性。(2)多样化关系中同类变换的产物,如能作主语和能作宾语的相容性。又如,作定语的谓词来自谓语或动语["迟到的学生(←学生迟到)|写的字(←写字)"]。定语跟谓语或动语在结构关系中都作说明语。(3)跨类属关系中异类变换的产物,如能作谓语和能作主宾语间的关系,前者是在陈述位,后者是在指称位。又如,定语来自陈述式的指称化,典型的定语是陈述项。但当谓词是轻动词时,轻动词删略,名词直接作定语["衣服的颜色(←衣服有颜色)"],其中定语和主语的关系是,定语在结构关系中都用作说明语,主语在结构关系中都用作被说明语。

句法成分能力间的相容度由大到小呈序列:复杂化关系(递归关系)>多样化关系(陈述位和陈述位之间,或指称位跟指称位之间的变换关系)>跨类属变化(陈述位跟指称位之间的变换关系)。

1.5 复合词的构词

概述 周荐(1999)统计了《现代汉语词典》(1978)中双音节复合词的构词。我们整理其基本数据,并追加计算,得数据。

数据

1. 双音节合成词。共32346个,除原统计者无法判别词法归属的1109个词(3.43%,"马骡 母马生的骡子、驴骡 母驴生的骡子、雷同 打雷时共鸣、线春 做春季衣料的丝织品")

外,剩余 31237(96.57%)个都能明确判别词法结构。

2. 双音节复合词。共 31237 个双音节复合词中,定中 13915 词(44.55%,"人心|黄蜂|猎人"),并列 8310 词(26.60%,"牙齿|替代|肥胖|刚才|左右|千万"),动宾 5030 词(16.10%,"保健|寒心|文身"),状中 2496 词(7.99%,"械斗|长眠|渐进|点射"),递续 547 词(1.75%,"割据|请教|托管|催产"),主谓 380 词(1.22%,"人为|气短"),补充 300 词(0.96%,"处死|撤回|放松"),重叠 259 词(0.83%,"弟弟|谢谢|平平|恰恰")。

简论 汉语双音节复合词的词法显明度高。重叠属形态方式,由重叠法构成的既不是复合词,也不是派生词,在普通话中,它最为弱势。词类中占比最高、超一半以上的是名词(参§1.1),定中是指称化结构(参马清华、杨飞,2018),是指称结构的典型,因此双音节复合词构词中占比最大的是定中型。并列关系通见于所有核心词的双音节复合词,因此占比高居第二位。递续主要是连谓结构,它跟并列即使合为广义并列,广义并列也仍居第二位。剩余的基本都是陈述类构词,其中势力最大的是动宾。从陈述结构所处的组织深度看,主谓是浅层的,动宾处于中层,状中和补充则是深层次上的。可见中层的陈述结构在这里最为强势。

第二章 词的兼类

2.1 多义与兼类的关系

概述 杨丽姣(2010)考察《现代汉语词典》(2005)和词义标注语料库中多义词和兼类词的分布。我们整理其基本数据,分类归类,校正并改变算法、追加计算,得数据:

数据

1. 多义词和兼类词的总体分布。多义词 13553 个,含兼类词 2922 词(21.56%),多义实词(名动形)8263 词(60.97%)[兼类词 2085 词(15.38%)]。词义标注语料库总词数为 52798 词中,实词(名动形)共 37603 词,其词次 717566 次,被《现代汉语词典》标为多义的实词共 5514 词(10.44%),其词次 308008 次(42.92%)。

2. 靠词类区分义项的多义词。《现代汉语词典》完全区分词类后各词性类别下是单义项的 2052 词("[名1(义项数,下同),动1]帮工|倡议|陈设,[名1,形1]道德|机密,[动1,形1]保守|丰富|杂"),在多义实词中占 24.83%,占了多义实词中兼类词的 98.42%。词义标注语料库完全区分词类后各词性类别下是单义项的 1301 词("爱好|安定|安慰|把握|包裹|包装|保险|报道|比喻"等),在多义实词中占 23.59%,在语料中的出现次数为 47356 次(15.37%)。

3. 个例词的本义—转义和基本义—非基本义分布。(1) 本义也是基本义。"报道"本义动 52 例(《现代汉语词典》义序1),转义名 37 例(义序2)。"安定"本义形 12 例(义序1),转义动 5 例(义序2)。(2) 转义是基本义。a."比喻"本义动 22 例(义序2),转义名 52 例(义序1)。b."包裹"本义动 4 例(义序1),转义名 9 例(义序2)。"安慰"本义形 3 例(义序1),转义动 46 例(义序2)。

简论　多义要比兼类活跃得多。兼类是词的语法意义多样化的表现,属多义现象之一。兼类发生后,反过来又对一般多义现象有约束作用。

词有理性意义、色彩意义、搭配意义和语法意义四种意义类型,分别来自语义、语用、语法等多个界面,其中,理性意义或语法意义的不同可造就多义词,语法意义的不同首先造就兼类词,由此造就多义词。兼类词必是多义词,反之则不然。多义词在实际使用中的频次占比,以及兼类词在多义词中的占比,可能都要比其在一般工具书收词释义中的占比多得多。

实词在多义词中占多数,多义词中兼类词只占少数。这表明纯粹的词汇意义变化要比词类变化活跃得多。多义实词在兼类词中占绝大多数。兼类词占多义词的比例,在实词内部为 25.23%[＝2085/8263],在一般词汇内部为 21.56%[＝2922/13553],前者比后者有小幅升高。

完全区分词类后各词性类别下是单义项的词,在多义实词中占了将近 1/4,在多义实词的兼类词中则占了绝对比重。这表明兼类发生后,各词性类别下纯粹的词汇意义变化受到极大程度的约束。

兼类词功能义项的分布势力是确定其基本义的依据。一些学者认为,《现代汉语词典》是按照基本义优先的顺序给释义排序的。根据统计结果审视其第 5 版的兼类词义序发现,并不完全如此。本义也是基本义时,它都作为首义项。可是当转义是基本义时,其原则性就不强了,带有一定随意性。有时基本义优先,将基本义作为首义项;有时本义优先,将本义作为首义项。

2.2　词频与兼类的关系

概述　语用界面的词频、韵律界面的词长、句法界面的词类与语义界面的兼类有共变关系。郭锐(2001)按词频由高到低把 38110 个词(把多义词、同形词的多个词条计为一个词)均分 5 级,把频率级中处于排序中间的那个词的词频(频次)作为中间词频。我们整理其基本数据,并追加计算,得数据 1。安华林(2005)统计《汉语水平词汇与汉字等级大纲(词汇部分)》。我们整理其基本数据,并追加计算,得数据 2。

数据 1

1 级词 7622 词,中间词频 2901 次,含兼类词 1308 词(17%)。2 级词 7622 词,中间词频 401 次,含兼类词 417 词(5.5%)。3 级词 7622 词,中间词频 114 次,含兼类词 229 词(3.0%)。4 级词 7622 词,中间词频 33 次,含兼类词 136 词(1.8%)。5 级词 7622 词,中间词频 6 次,含兼类词 95 词(1.2%)。总计 38110 词中,兼类词 2185 词(5.73%)。

数据 2

甲级词 1033 词中,兼类词 129 词(12.49%)。乙级词 2018 词中,兼类词 200 词(9.91%)。丙级词 2202 词中,兼类词 187 词(8.49%)。丁级词 3569 词中,兼类词 109 词(3.05%)。总计 8822 词中,兼类词 625 词(7.08%)。

简论 现代汉语兼类词只占全部词数很小的一部分,在 5%到 8%之间。

在词汇系统中,兼类与词频呈正相关。一方面,词频越高,兼类比重就越大,兼类词的比例随词级难度的加大而递减;另一方面,兼类比重的升幅也随着词的常用度的逐级升高而攀高。因此,一个词越常用,出现兼类的可能性越大。

核心词类的典型类别多为开放类,频率相对较低,非核心词类或核心词类的非典型次类多为封闭类,频率相对较高。有时一个基本词汇中的根词,频率也未必比某些相对不太常用的虚词低。这给我们一个启示,基本义或基本类的判定,并非仅仅机械地依靠频率标准看其常用性,应考虑封闭词和开放词各自的特殊性,综合两套标准进行权衡(马清华,2017b)。兼类词中,语义实在的词类更容易作为基本类,语义虚灵的词类容易作为非基本类。一般来说,核心词类(名、动、形)更容易作为基本类,非核心词类更容易作为非基本类。

2.3 词长、词类与兼类的关系

概述 词长、词类都跟兼类的形成有关。陈蓓(2009)统计《现代汉语词典》(2005)单音节兼类词。我们整理其基本数据,不称反映演化关系的"本类""转类",而按其基本事实,改称反映使用经常性的"基本类""非基本类",改变算法,校正并追加计算,得数据 1。吴蔚天、罗建林(1994:83)研制汉英翻译系统时统计了汉语动词音节数和兼类情况,我们整理其基本数据,改变算法并追加计算,得数据 2。

数据 1

1. 单音节多义词兼类—单类的分布(兼类率)。【名】多义词 619 个,兼类

412个(66.56%),单类多义207个(33.44%)【动】多义词866个,兼类488个(56.35%),单类多义378个(43.65%)【形】多义词256个,兼类215个(83.98%),单类多义41个(16.02%)【数】多义词14个,兼类11个(78.57%),单类多义3个(21.43%)【量】多义词206个,兼类196个(95.15%),单类多义10个(4.85%)【代】多义词35个,兼类16个(45.71%),单类多义19个(54.29%)【副】多义词155个,兼类132个(85.16%),单类多义23个(14.84%)【介】多义词60个,兼类58个(96.67%),单类多义2个(3.33%)【连】多义词40个,兼类35个(87.50%),单类多义5个(12.50%)【助】多义词38个,兼类13个(34.21%),单类多义25个(65.79%)【叹】多义词16个,兼类10个(62.50%),单类多义6个(37.50%)【拟】多义词10个,兼类9个(90%),单类多义1个(10%)。

2. 单音节兼类词的基本类—非基本类分布。a=基本类,b=非基本类。715个单音节兼类词(姓氏义不计,"兼两类"标为"兼2",余类推)中,(1)兼2时及总数都是基本类多于非基本类。【名】兼类412个[a263个(63.83%),b149个(36.17%)][兼2:a213个(51.70%),b94个(22.82%);兼3:a44个(10.68%),b49个(11.89%);兼4:a4个(0.97%),b4个(0.97%);兼5:a2个(0.49%),b2个(0.49%)]。【动】兼类488个[a250个(51.23%),b238个(48.77%)][兼2:a199个(40.78%),b164个(33.61%);兼3:a47个(9.63%),b64个(13.11%);兼4:a3个(0.61%),b7个(1.43%);兼5:a1个(0.20%),b3个(0.61%)]。【形】兼类215个[a124个(57.67%),b91个(42.33%)][兼2:a90个(41.86%),b57个(26.51%);兼3:a29个(13.49%),b29个(13.49%);兼4:a4个(1.86%),b3个(1.40%);兼5:a1个(0.47%),b2个(0.93%)]。【代】兼类16个[a12个(75%),b4个(25%)][兼2:a11个(68.75%),b1个(6.25%);兼3:a1个(6.25%),b2个(12.50%);兼5:a无,b1个(6.25%)]。(2)兼2时基本类多于非基本类,但总数基本类少于非基本类或相当的。【数】兼类11个[a5个(45.45%),b6个(54.55%)][兼2:a5个(45.45%),b3个(27.27%);兼3:a无,b3个(27.27%)]。【叹】兼类10个[a5个(50%),b5个(50%)][兼2:a5个(50%),b4个(40%);兼3:a无,b1个(10%)]。(3)兼2时及总数都是基本类少于非基本类。【拟】兼类9个[a2个(22.22%),b7个(77.78%)][兼2:a2个(22.22%),b6个(66.67%);兼3:a无,b1个(11.11%)]。【量】兼类196个[a18个(9.18%),b178个(90.82%)][兼2:a14个(7.14%),b121个(61.73%);兼3:a3个(1.53%),b52个(26.53%);兼4:a无,b2个(1.02%);兼5:a1个(0.51%),b3个

(1.53%)]。【副】兼类 132 个[a18 个(13.64%),b114 个(86.36%)][兼 2:a16 个(12.12%),b64 个(48.48%);兼 3:a2 个(1.52%),b38 个(28.79%);兼 4:a 无,b8 个(6.06%);兼 5:a 无,b4 个(3.03%)]。【介】兼类 58 个[a13 个(20.41%),b45 个(79.59%)][兼 2:a9 个(15.52%),b26 个(44.83%);兼 3:a4 个(6.90%),b9 个(15.52%);兼 4:a 无,b6 个(10.34%);兼 5:a 无,b4 个(6.90%)]。【连】兼类 35 个[a4 个(11.43%),b31 个(88.57%)][兼 2:a4 个(11.43%),b21 个(60%);兼 3:a 无,b7 个(20%);兼 4:a 无,b2 个(5.71%);兼 5:a 无,b1 个(2.86%)]。【助】兼类 13 个[a1 个(7.69%),b12 个(92.31%)][兼 2:a1 个(7.69%),b8 个(61.54%);兼 3:a 无,b3 个(23.08%);兼 4:a 无,b1 个(7.69%)]。

3. 兼类词的共现词类。【动】11 种(名|形|数|量|代|副|介|连|助|叹|拟)【名】9 种(动|形|数|量|代|副|介|连|助)【副】9 种(名|动|形|数|量|代|介|连|助)【助】9 种(名|动|数|量|代|副|介|连|叹)【代】8 种(名|动|量|代|副|介|连|助|叹)【介】8 种(名|动|形|量|代|副|连|助)【形】7 种(名|动|数|量|副|介|连)【量】7 种(名|动|形|代|副|介|助)【连】7 种(名|动|形|代|副|介|助)【数】5 种(名|动|形|副|助)【叹】4 种(动|代|助|拟)【拟】2 种(动|叹)。

数据 2

7568 个动词中:

1. 韵律。单音节动词 517 词(6.83%),双音节动词 7051 词(93.17%),双音节动词是单音节动词的 13.64 倍。

2. 兼类。共含兼类 1833 词(24.22%)[单音节兼类动词 76 词(1%),双音节兼类动词 1757 词(23.22%),双音节动词是单音节动词的 23.12 倍]。

简论 词长也是影响兼类的重要因素。仅就单音节词而言,词长因素对其兼类现象形成的影响,比词义内部因素的影响要大得多。根据§2.1 第 1 项数据计算可知,兼类词在多义词中只占 21.56%(=兼类词 2922 个/多义词 13553 个)。但它在单音节多义词中的占比有了成倍数的上升。除代词、助词外,在其他所有词类里都占大多数。这就意味着,单音节词只要跨入多义的门槛,基本就有一半以上的概率跨入兼类的门槛。

单音节多义词中,词类的兼类率(=兼类词数÷多义词数)呈序列"介>量>拟>连>副>形>数>名>叹>动>代>助"。兼类率越高,说明该类别在多义词中越具有显明、高频、深刻的转类性质,如介词,一切介词都来自动词的虚化。兼类率越低,也未必意味着它不是由其他词类变来,如助词,其语音上的轻化,导致跟前身的词形发生分裂,沦落到第二同源层的近音同源关系(马清华,2012c),不再是多义词内部的事。量词跟名词、动词关系密切,这也提升了量词的兼类频次。

兼两类时基本类多于非基本类的,随着所兼词类增加,基本类的占比往往可被非基本类反超。但兼两类时基本类少于非基本类的,即使所兼词类增加,原倾向也不会随之改变。

词类按兼类特征分三个阵营:(1) 基本类多于非基本类的一极,表现为兼两类时及总数都是基本类多于非基本类,有核心词(名、动、形)和代词。(2) 非基本类多于基本类,表现为兼两类时及总数都是基本类少于非基本类,有拟声词、副词、量词和其他标记词(介、连、助)。(3) 处于两者之间,表现为兼两类时基本类多于非基本类,但总数是基本类少于非基本类或相当,有数词、叹词。这种分布格局,证明了核心词在词义演化关系和语义基础性方面的优势地位。

单音节词的兼类关系中,动词与其他词类的共现可能性最大,即跟其他11种词类都存在共现关系,这证明动词是词义通达关系中最重要的核心节点。拟声词与其他词类的共现可能性最小,仅与它的言内来源词(即叹词,不少拟声词来自对叹词的转写,参马清华,2013)和它的转类词(如动词)共现。从源流关系看,当叹词跟拟声词兼类时,叹词是本类,拟声词是转类。当拟声词跟动词兼类时,拟声词是本类,动词是转类(马清华,2011;2013)。叹词属类语言词,拟声词是处于类语言词和语言词之间的过渡词,是实词中横跨组合成分词和非组合成分词之间的跨类词,在语言系统中属非典型类别,所以它们在兼类词中也常作为非基本的词性类别来看待。

名动形兼类词占全部兼类词的大部分。

就动词的兼类而言,其双音节词占绝大多数,单音节词占极少数。兼类动词的双单音节词的词数比例差幅远高于一般动词,也远高于一般词类。兼类动词中双音节词是单音节词的23倍多,一般词类中双音节词是单音节词的13.6倍。一般动词中双音节词仅为单音节词的近3倍(参胡明扬,1995)或1.5倍(参王洪君,2001)。无论以一般词类还是以一般动词为参照,"动—名"兼类词双单音节差幅均呈明显的正偏态分布。正态分布(normal distribution)即常规分布;偏态分布(skewness distribution)即非常规分布,含正偏态分布和负偏态分布。正偏态分布(positive skewness distribution)的基本走势跟正态分布相同,但幅度差异巨大。负偏态分布(negative skewness distribution)跟正态分布的基本走势相反。

2.4 词长、词类与兼类模式的关系

概述 词类、词长影响到兼类模式。安华林(2005)统计《汉语水平词汇与汉字等级大纲(词汇部分)》和《普通话三千常用词表》的名动形兼类(含名—动兼类、名—形兼类、动—形兼类、名—动—形兼类、名—动—形和名—动—介兼类也可合称"其他兼类")。我们整理其基本数据,并追加计算,得数据1。杨丽姣(2010)统计《现代汉语词典》(2005)和词义标注语料库,我们整理其基本数据,分类归类,校正并追加计算,得数据2。陈蓓(2009)统计《现代汉语词典》(2005)单音节兼类词和多音节词兼类词,我们整理其基本数据,并追加计算,得数据3。

数据1
【《汉语水平词汇与汉字等级大纲(词汇部分)》】

1. 甲级词。1033词中,兼类词129词(12.49%),名动形兼类词80词(7.74%)。乙级词2018词中,兼类词200词(9.91%),名动形兼类词148词(7.33%)。丙级词2202词中,兼类词187词(8.49%),名动形兼类词163词(7.40%)。丁级词3569词中,兼类词109词(3.05%),名动形兼类词93词(2.61%)。总计8822词中,兼类词625词(7.08%),名动形兼类词484词(5.49%)。

2. 甲乙两级词。3051词中,名动形兼类词总计228词(7.47%),含:名—动兼类词141词(4.62%),名—形兼类词31词(1.02%),动—形兼类词54词(1.77%),其他兼类词2词(0.07%)。

【《普通话三千常用词表》】

3996词中,兼类词244词(6.11%),名动形兼类词总计212词(5.31%)[名—动兼类词175词(4.38%),名—形兼类词18词(0.45%),动—形兼类词17词(0.43%),其他兼类词2词(0.05%)]。

【对比】

1. 总体分布。《汉语水平词汇与汉字等级大纲(词汇部分)》甲、乙两级词和《普通话三千常用词表》词数、常用度大致相当。在名动形兼类词中,两表全同词项74个,占《汉语水平词汇与汉字等级大纲(词汇部分)》兼类词总数的32.5%,占《普通话三千常用词表》兼类总数的34.9%,都只有大约三分

之一。

2. 内部分布。共74个全同词项中,名—动兼类67个(90.54%,"安排|安慰|保护|保证|报道|报告|表演|病|创造|创作|调查|斗争|发明|发展|改变|改革|改进|感觉|感冒|鼓励|号召|回答|计划|记录|纪念|检查|建设|建筑|教训|解放|解释|经过|觉悟|开始|考试|联系|恋爱|练习|命令|批评|启发|认识|实验|试验|收获|收入|说明|损失|体会|通知|误会|习惯|限制|行动|姓|修改|需要|选举|要求|邀请|影响|运动|运输|主张|准备|总结|组织"),形—动兼类4个(5.41%,"高兴|巩固|够|麻烦"),名—形兼类2个(2.70%,"民主|主观"),动—介—名兼类1个(1.35%,"根据")。

数据2

1. 总体分布。(1)《现代汉语词典》65000词,其13553个(20.85%)多义词中,兼类词2922个(4.5%,"白|讲究|负担|卫生")[名动兼类1404词(2.16%,"帮|备份|编辑|代表"),动形兼类539词(0.83%,"多|充实|端正|团结"),名形兼类513词(0.79%,"单|本分|典型|高明"),形副兼类135词(0.21%,"大|本来|非常|实在"),动介兼类51词(0.08%,"按|通过|比较|根据"),其他兼类280个(0.43%)]。多义的名词、动词、形容词8263个(12.71%)中,兼类(至少兼有两个词类)词约2085个(3.21%)。(2)语料库总词数52798个,共有37603个实词(名、动、形)。总词次1141564次中,多义词628673词次(55.07%),其中兼类词242727词次(21.26%),占全部多义词出现次数的约39%。

2. 个例词的功能分布。(1)名词为优势词类。"花"780例中,名637例(81.67%),动95例(12.18%),形48例(6.15%)。"生活"1092例中,名632例(57.88%),动460例(42.12%),形0例。"科学"334例中,名295例(88.32%),形39例(11.68%),动0例。(2)动词为优势词类。"革命"165例中,名8例(4.85%),动155例(93.94%),形2例(1.21%)。"感动"94例中,动74例(78.72%),形20例(21.28%),名0例。"希望"408例中,名133例(32.60%),动275例(67.40%),形0例。"画"627例中,名196例(31.26%),动431例(68.74%),形0例。(3)形容词为优势词类。"丰富"185例中,动31例(16.76%),形154例(83.24%),名0例。"破"231例中,动102例(44.16%),形129例(55.84%),名0例。"困难"133例中,名45例(33.83%),形88例(66.17%),动0例。"灰"42例中,名18例(42.86%),形24例(57.14%),动0例。(4)各功能势力相当或接近。"规范"24例中,名9例(37.50%),动6例(25%),形9例(37.50%)。

第二章 词的兼类

数据3

1. 单音节兼类词。（1）兼类序列和兼类类型。有序集合( )表兼类序列（即所兼词类的发生学序列），无序集合{ }表兼类类型。【兼2】兼类词有569个,有兼类类型33种,兼类序列45种：a. 有两种序列的：{名,动}＝(名,动)98$_{兼类词数}$,(动,名)67$_{兼类词数}$。{名,量}＝(名,量)78,(量,名)11。{动,形}＝(形,动)55,(动,形)26。{动,量}＝(动,量)41,(量,动)1。{名,形}＝(名,形)28,(形,名)14。{动,副}＝(动,副)28,(副,动)5。{动,介}＝(动,介)26,(介,动)2。{动,拟}＝(拟,动)2,(动,拟)1。{形,副}＝(形,副)19;(副,形)2。{副,连}＝(副,连)8,(连,副)3。{名,数}＝(名,数)2,(数,名)2。{形,量}＝(形,量)2;(量,形)1。b. 只有一种序列的：(名,副)6;(动,连)6;(叹,拟)5;(代,副)4;(介,连)4;(代,连)3;(动,叹)2;(数,副)2;(代,助)2;(介,副)2;(名,代)1;(动,数)1;(动,助)1;(数,助)1;(量,助)1;(代,叹)1;(代,动)1;(副,助)1;(介,助)1;(连,助)1;(助,叹)1【兼3】兼类词130个,有兼类类型25种,兼类序列51种：a.有多种序列的：{名,动,量}44$_{词数}$/5$_{序列数}$＝(名,动,量)10$_{词数}$"盘|名",(名,量,动)12"领|弓",(动,量,名)2"面|合",(动,名,量)18"组|标",(量,名,动)2"磅|度"。{名,动,形}24/6＝(名,动,形)6"粉|毒",(名,形,动)7"猴|能",(动,名,形)1"值",(动,形,名)2"响|空$_{kōng}$",(形,动,名)6"尖|坏",(形,名,动)2"香|宽"。{动,形,副}16/4＝(动,形,副)3"总|绝",(形,动,副)11"止|反",(动,副,形)1"死",(形,副,动)1"白"。{名,形,副}7/4＝(名,副,形)1"早",(名,形,副)1"海",(形,副,名)1"单",(形,名,副)4"精|深"。{动,副,介}5/2＝(动,副,介)2"似|可",(动,介,副)3"在|坐"。{名,形,量}4/3＝(名,形,量)2"家$_{家猪|家狗}$|圆",(形,名,量)1"方",(量,名,形)1"斗$_{dǒu}$"。{名,动,副}3/3＝(名,动,副)1"像",(动,名,副)1"突",(动,副,名)1"会"。{名,动,介}3/3＝(名,动,介)1"掌",(动,名,介)1"照",(介,动,名)1"沿"。{动,形,量}3/2＝(动,形,量)2"堵|通",(形,动,量)1"壮"。{名,动,数}2/2＝(名,动,数)1"钩",(动,数,名)1"拐"。{名,量,副}2/2＝(名,副,量)1"毫",(名,量,副)1"时"。{动,副,连}2/2＝{动,副,连}1"脱",(动,连,副)1"无"}。b. 只有一种序列的：(动,副,量)2"重$_{chóng}$|顿",(副,连,代)2"乃|或",(动,名,连)1"用",(动,助,名)1"来",(形,名,数)1"零",(介,连,名)1"和",(形,动,数)1"多",(介,动,形)1"趁",(动,介,连)1"管",(动,介,助)1"给$_{gěi}$",(动,叹,拟)1"哈",(介,形,副)1"准",(代,连,助)1"焉"【兼4】兼类词11个,有兼类类型8种,兼类序列10种：a.有多种序列的：{名,形,动,副}4/3＝(形,动,名,副)2"直|横$_{héng}$",(形,名,副,动)1"干$_{gān}$",(名,形,动,副)1"光"。

b. 只有一种序列的:(名,动,介,连)1"跟",(名,形,介,量)1"头",(动,介,副,助)1"将jiāng",(名,形,量,动)1"派",(动,副,介,名)1"连",(动,副,连,介)1"并",(形,动,副,介)1"齐"【兼5】兼类词5个,有兼类序列5种,兼类类型5种:(名,动,介,量,副)1"顶",(名,动,形,量,副)1"火",(动,形,名,量,介)1"对",(形,动,副,介,连)1"同",(量,名,副,代,介)1"本"。(2)兼类词数。兼类序列数和兼类类型数。a. 各词类作为基本类的兼类词数:名263＞动250＞形124＞量18/副18＞介13＞代12＞数5/叹5＞连4＞拟2＞助1。b. 各词类作为非基本类的兼类词数:动238＞量178＞名149＞副114＞形91＞介45＞连31＞助12＞拟7＞数6＞叹5＞代4。c. 各词类能构成的兼类序列数:动17＞名10＞形8＞助7/副7＞量5/连5＞数3/介3/叹3/拟3＞代2。d. 各词类能构成的含两种序列的兼类类型数:动6＞名4/形4＞量3/副3＞数1/介1/连1/拟1＞代0/助0/叹0。(3)兼类能力。a. 基本类的兼类能力(＝与某基本类兼类的非基本类词数/某基本类词数)。【名—】动53.6%[＝兼类序列含(名,动)的词数(98＋38＋3＋2)/名为基本类的词数(263),余类推]＞量40.7%＞形18.6%＞副5.3%＞介1.5%＞数1.1%＞代0.4%/连0.4%(8种)【动—】名39.2%＞量26.4%＞副18.4%＞介15.2%＞形14.4%＞连3.6%＞助1.6%＞叹1.2%＞数0.8%/拟0.8%(10种)【形—】动66.1%＞名25%＞副15.3%＞数1.6%/量1.6%/介1.6%＞连0.8%(7种)【量—】名83.3%＞动16.7%＞形11.1%＞助5.6%/副5.6%/代5.6%/介5.6%(7种)【介—】连38.5%＞动30.8%＞副23.1%＞名15.4%/形15.4%＞助7.7%(6种)【代—】副33.3%/连33.3%＞助25%＞叹8.3%/动8.3%(5种)【副—】连55.6%＞动27.8%＞形11.1%/代11.1%＞助0.56%(5种)【数—】名40%/副40%＞助20%(3种)【连—】副45%＞助25%(2种)【助—】叹词100%(1种)【叹—】拟声词100%(1种)【拟—】动词100%(1种)。b. 非基本类的兼类能力(＝与某非基本类兼类的基本类词数/某非基本类词数)。【—名】动65.77%[＝兼类序列含(动,名)的词数(67＋29＋2)/名词为非基本类的词数(149)]＞形20.8%＞量10.1%＞数1.3%/介1.3%(5种)【—动】名59.2%＞形34.4%＞副2.1%＞介1.7%＞量1.3%＞拟0.8%＞代0.4%(7种)【—形】名53.9%＞动39.6%＞量2.2%/副2.2%(4种)【—副】动40.3%＞形36%＞名12.3%＞代3.5%＞连2.6%＞介2.6%＞数1.8%＞量0.9%(8种)【—助】动33.3%＞代25%＞数8.3%/量8.3%/副8.3%/介8.3%/连8.3%(7种)【—连】动32.3%/副32.3%＞介16.1%＞代12.9%＞名3.2%/形3.2%(6种)【—介】动84.4%＞名8.9%＞形4.4%＞

量 2.2%(4 种)【一量】名 60.7%＞动 37.1%＞形 2.3%(3 种)【一代】副 50%＞名 25%/量 25%(3 种)【一叹】动 60%＞代 20%/助 20%(3 种)【一拟】叹 71.4%＞动 28.6%(2 种)【一数】名 50%＞动 33.3%(2 种)。

2. 单双音节兼类词比较。(1) 单音节有，多音节无。2 项兼类的模式数 13 个(名—数|动—数|动—量|形—量|数—助|量—助|代—助|代—叹|副—介|介—助|连—助|助—叹|叹—拟);3 项兼类的模式数 15 个(名—动—数|名—动—助|名—介—连|名—量—副|名—形—数|动—形—数|动—形—量|动—形—介|动—量—副|动—副—连|动—介—连|动—介—助|动—叹—拟|形—副—介|代—连—助);4 项兼类的模式数 8 个(名—动—形—量|名—动—形—副|名—动—副—介|名—动—介—连|名—形—量—介|动—形—副—介|动—副—介—连|动—副—介—助);5 项兼类的模式数 5 个(名—动—形—量—副|名—动—形—量—介|名—动—量—副—介|名—量—代—副—介|动—形—副—介—连)。(2) 单音节无，多音节有。2 项兼类的模式数 8 个(名—数量|名—连|名—拟|形—数量|形—连|形—拟|数—代|数量—副)[按:数量词如"八成|首届|一些|一阵"];3 项兼类的模式数 3 个(动—形—连|动—形—助|动—数量—副);4 项兼类的模式数 1 个(名—形—副—连)。(3) 单音节和多音节均有。a. 单音节多于多音节的。2 项兼类模式数 4 个:名量(89—16)[按:—左表单音节词的兼类数,右表多音节词的兼类数。下同]|动介(28—6)|动叹(2—1)|代连(3—2);3 项兼类的模式数 6 个[名动量(44—1)|名动介(3—2)|名形量(4—1)|动形副(16—5)|动副介(5—1)|代副连(2—1)]。b. 单音节少于多音节的。2 项兼类模式数 11 个:名动(165—1085)|名形(42—384)|名副(6—74)|动形(81—380)|动副(33—68)|动连(6—9)|动助(1—2)|形副(21—68)|数副(2—3)|副连(11—14)|介连(4—5);3 项兼类的模式数 3 个:名动副(3—7)|名动连(1—2)|名形副(7—10)。c. 单音节等于多音节的。2 项兼类模式数 5 个:名代(1—1)|动代(1—1)|动拟(3—3)|代副(4—4)|副助(1—1);3 项兼类的模式数 1 个:名动形(24—24)。

简论 核心词名、动、形是开放性词类,它们之间的兼类之和,占据所有兼类词的绝大多数。无论在兼类序列或兼类类型中,核心词的兼类频次也都位居最前列。其中,名—动兼类词又占大多数,名—动兼类是各种兼类规模所含最高频的兼类类型。在单音节词的所有兼类类型中,含名—动兼类的词数最多,约占单音节词兼类总数的三分之一强。名动兼类又大于动形、名形兼类之和。名词和动词是语言中最重要、最基础的两种词类。有的语言没有形容词

（如爱斯基摩语，参马清华、方光柱、韩笑等，2017）。汉语兼类词中，兼 2 类的兼类类型和词数最多。其后，兼类类型和词数随兼类数的增加而递减。

核心词（名、动、形）作为基本类时，其兼类词数、共现词类的种数，也都大于作为非基本类时的兼类词数、共现词类的种数。

从核心词类的兼类词个例看，兼类词中以哪种词类为优势词类，跟功能兼类模式之间似无严格对应关系。兼类词无论以名词还是以动词为优势词类，都可含名动形兼类、名动兼类、名形兼类。以形容词为优势词类的兼类词，也可含动形兼类、名形兼类。功能频次相当或接近的兼类词见于名动形兼类（核心词兼类）。名词、动词的核心词兼类类型多于形容词。兼类词以形容词为优势词类时，不大有名动形兼类的情况。这也许跟动词、名词的句法基础性地位高于形容词有关。在一些复综语里，不存在形容词（如爱斯基摩语）。有的复综语里，形容词归名词（如鲍莱语）（参马清华、方光柱、韩笑等，2017）。

词类可影响到兼类类型、兼类规模，而这跟词长之间也存在着互动联系。有 4 条特征值得关注：(1) 量词、介词、叹词要么只出现在单音节词兼类的情形中，要么出现在单音节词兼类多于多音节词兼类的情形中。(2) 数量词（如"一点儿|一会儿"）是合成词（甚至可以严格地说是短语词），故只出现在多音节词兼类的模式中。(3) 名动形三种核心词的三种二元兼类{名动}{名形}{动形}都是单音节词兼类少于多音节词兼类的情形，副词跟这三类词的二元兼类{名副}{动副}{形副}也是如此。(4) 拟声词的兼类通见于单音节有多音节无、单音节无多音节有、单音节等于多音节这三种情形。

第三章 非组合成分词

3.1 叹词语法的超系统性和准标记化

概述 黄弋桓(2010)依据北京大学汉语语言学研究中心语料库,统计叹词"啊|唉|哎呀|呵|嘿|嗯|哦|呀|哟"的语序位置和意义作用的分布。我们整理其基本数据,校正并追加计算,得数据:

数据

1. 语序分布。【啊】1820 例中,句首 1489 例(81.81%),句中 183 例(10.05%),句末 148 例(8.13%)。【哦】854 例中,句首 760 例(88.99%),句中 88 例(10.30%),句末 6 例(0.70%)。【唉】821 例中,句首 639 例(77.83%),句中 130 例(15.83%),句末 52 例(6.33%)。【嗯】492 例中,句首 406 例(82.52%),句中 60 例(12.20%),句末 26 例(5.28%)。【嘿】401 例中,句首 329 例(82.04%),句中 49 例(12.22%),句末 23 例(5.74%)。【哎呀】345 例中,句首 320 例(92.75%),句中 23 例(6.67%),句末 2 例(0.58%)。【呵】311 例中,句首 259 例(83.28%),句中 40 例(12.86%),句末 12 例(3.86%)。【哟】241 例中,句首 231 例(95.85%),句中 10 例(4.15%),句末 0 例。【呀】97 例中,句首 79 例(81.44%),句中 6 例(6.19%),句末 12 例(12.37%)。

2. 意义作用分布。【啊】(1) 句首。表强烈感情97.6%,提起注意2.2%,回应 0.1%。(2) 句中。承接 39.9%,否定 3.8%,补充 4.9%,转换话题 8.7%,句中停顿 42.6%,强调主语 0%。(3) 句末。评论前述句 38.5%,重复前述句,进一步追问 34.5%,重复前述句,征求意见 27%。【唉】(1) 句首。表强烈感情 93.7%,提起注意 5.6%,回应 0.6%。(2) 句中。原因 6.9%,结果 5.4%,承接 27.7%,补充 11.5%,转换话题 38.5%,句中停顿 10%,强调主语 3.8%。(3) 句末。评论前述句 100%。【哎呀】(1) 句首。表强烈感情

96.3%,提起注意3.8%,回应0%。(2)句中。承接56.5%,转换话题39.1%。(3)句末。评论前述句100%。【呵】(1)句首。表强烈感情93.8%,提起注意5.4%,回应0.8%。(2)句中。结果5%,承接65%,否定5%,补充12.5%,转换话题15%。(3)句末。评论前述句100%。【嘿】(1)句首。表强烈感情94.8%,提起注意5.2%,回应0%。(2)句中。承接63.3%,补充2%,转换话题10.2%,句中停顿24.5%,强调主语8.2%。(3)句末。评论前述句100%。【嗯】(1)句首。表强烈感情92.6%,提起注意2%,回应5.4%。(2)句中。原因1.7%,否定3.3%,补充10%,转换话题5%,句中停顿78.3%。(3)句末。重复前述句,进一步追问80.8%,重复前述句,征求意见19.2%。【哦】(1)句首。表强烈感情95.7%,提起注意3.7%,回应0.7%。(2)句中。原因1.1%,承接39.8%,否定6.8%,补充19.3%,转换话题18.1%,句中停顿6.8%。(3)句末。评论前述句100%。【呀】(1)句首。表强烈感情84.8%,提起注意15.2%。(2)句中。承接83.3%,转换话题16.7%。(3)句末。评论前述句100%。【哟】(1)句首。表强烈感情94.4%,提起注意5.6%。(2)句中。承接70%,补充10%,转换话题20%。(3)句末。0%。

简论 非组合成分词是叹词。它有迥异于其他词类的语法特征:词法上,它都是单纯词。句法上,它不能跟其他任何词组合,属非组合成分词。常单独成句(也叫句子词),也可独用于句首、句中或句尾。《现代汉语词典》中叹词的用法举例几乎都是独用。即使两个叹词连用,它们仍然不能组合,如"咳,呸!""得得,锵锵!"

语言形成后的叹词,犹如体内的盲肠,虽然地位已不如前,但仍跟语言成分相伴,发挥着独有的辅助性交际表达作用。首先,叹词在单独作句子时,借助其意义的含混和笼统,可发挥某种程度的代句功能(马清华、韩笑,2019)。其次,叹词在句内虽然独用,但作用会在原先独立成句的意义基础上有所增值。叹词分布于句首时,表情感、意志,则有发起话语的作用("哎呀,今天又要下一天的雨|喂,你什么时候回南京啊"),表态度,则有接话功能("嗨,我知道了|嗯,不要");分布于句中时,多表衔接、停顿或话题转换;分布于句末时,绝大多数表对前述句的评论。就是说,句首叹词跟发语词或(应答类)话语标记的作用接近,句中叹词跟关联词语、话语标记的作用较接近,句末叹词跟语气词的作用较接近,表明叹词的语序分布跟其意义分布有内在因果联系。叹词在句首、句中及句末的功能,都反映着类语言成分跟语言成分在话语交际层面

的交互。这种交互既非逻辑性的,又非句法性的,而在较松散的关系下起准标记化作用。

不仅如此,叹词的语序分布跟意义分布的规模或势力倾向也一致。独用于句首的频率最高,独用于句中和句尾的频率陡降,但一般用在句中的多于用在句尾(只有"呀"例外,其用在句尾比用在句中频率高)。叹词入句的深度,总体上是从句首到句中再到句末,逐级加深的。"呀"用在句尾比用在句中频率高,成为唯一的例外。准标记化可发展到真正意义上的标记化。叹词"呀"定位于句末,再取消停顿,便可发展为语气词(马清华,2003c)。"呀"是汉语里除"啊"以外最偏好的泛化语气词形式,证据是,语气词"啊"的音变用字不合音变规则的有混用和泛化两种,泛化的都写成"呀"。[参§8.1.6(3)]

3.2 叹词的超音系特征及语音原始性

概述 杨树森(2006)统计《现代汉语词典》(2002)中共 53 个叹词的声韵调特征(多音节则以第一个音节为准,元音只标零声母音节的首元音)。我们整理其基本数据,校正数据并追加计算,得数据:

数据

1. 音段。(1) 辅音。有声母的 14 词(26.42%)[p-1 词("呸"),d-1 词(古叹词"咄咄"),h-12 词],浊辅音音节的 8 词(15.09%)[m2 词,n3 词,ng3 词]。(2) 元音。零声母的 31 词(58.49%)中,a(-)15 词,e(-)5 词,o(-)4 词,i(-)4 词,u(-)2 词,ü(-)1 词。

2. 声调。阴平 23 词(43.40%),阳平 7 词(13.21%),上声 7 词(13.21%),去声 14 词(26.42%),轻声 2 词(3.77%)。

简论 本质上说,叹词属第一符号系统,是类语言词,是词句不分的混沌体,其语音特征跟其语法特征一样,有超系统性。声母有吸气音,韵母无鼻韵尾,声调即语调,音节有浊辅音音节,多为单元音音节。按实际音值看叹词的音调,其声调种类远多于音系内的调类数量,如有其他词类所没有的表拒绝的升降调(马清华,2011)。以声调系统描写叹词音调,常显捉襟见肘,而且怪异(徐世荣,1983)。

虽然《现代汉语词典》选取的是尽可能符合音系条件的词条,但叹词的浊辅音音节仍超出了现代汉语音系约束。普通话音节规则,可以没有辅音,不能没有元音。叹词多半为元音音节,声母类别少,且很少用,只有个别擦音、送气音等,也潜藏着以元音音节为主的原始韵律痕迹。声调方面,上声、去声的比例远多于拟声词,其实还有更多的声调类型无法通过普通话仅有的四种声调类型进行刻画,如升降调、低降调等,叹词是句子词,所以其声调即语调。语调是叹词的辨义要素(马清华,2011),通过它直抒说话人自己的情、意、态,即表达语气/口气。任何语言都有叹词。任何叹词句都有语气/口气,它跟语调共存,传递着基本的情、意、态信息,而无关乎认知信息。在语言中,任何句子都有语气/口气,语调是它的必有表达手段,语气词、语气副词等专门的音段成分只是或有表达手段。显然,句子语调模因和语气/口气模因均自叹词始。

3.3 叹词的拟声化和核心词化

概述 杨树森(2006)统计语料A(《呐喊》、《彷徨》全文,共约15万字)和语料B(《中国式离婚》1—3章,约3万字)中叹词的句法功能及人称分布。我们整理其基本数据,校正并追加计算,得数据:

数据

1. 语料A。叹词140例中:(1) 独用136例(97.14%),入句充当句法成分4例(2.86%)(主语0例,谓语0例,宾语1例,定语3例,状语0例)。(2) 第一人称140例(100%),第三人称0例。

2. 语料B。叹词22例中:(1) 独用20例(90.91%),入句充当句法成分2例(9.09%)(主语0例,谓语2例,宾语0例,定语0例,状语0例)。(2) 第一人称20例(90.9%),第三人称2例(9.1%)。

简论 叹词属非组合成分词,而拟声词中的近似拟声词是横跨组合成分词和非组合成分词的跨类词(参§1.1)。叹词一旦进入组合关系,实际上也就已经成了"拟声词"(参§4.2)。叹词以转引的方法,实现拟声词化,进入句子组合关系后,从语音特征到句法特征、语义特征、语用特征,均发生了系统性的联动变化(即"共变",参马清华、杨飞,2018),变得完全是一个拟声词。通过其语音的适应性修改,就足以证明(马清华,2013)。如,独用的喜笑叹词"咯咯",声母是吸气音,音调低降,无论它独立成句,还是用在句首("咯咯,你穿反了。")。它入句作组合成分(如在"他咯咯地笑了"里作状语)后,变成近似拟声词(跟"逼真拟声词"相对),声母须转成呼气音(塞音),声调为阴平,适应性修改为 gēgē,否则无法形成顺畅的语流。

传统语法学认为,叹词独用只是它的典型用法,但它仍可入句作组合成分,如"[作宾语]她暗暗叫了一声'啊呀'","[作谓语中心]他捏起话筒'喂'了一声"。这当然属错误认知,但若视为叹词的拟声化,其成果也能加以利用,由此昭示叹词拟声化背后那条更长的功能路径,即拟声化只是一种通道,其最终的功能目标并非拟声词,而是核心词化。

叹词是说话人自己发出的感叹声,几乎全部出现在第一人称语言(含人物语言或第一人称叙述语言)中。叹词入句作句法成分后,方用于第三人称语言,但此说法不正确,这种用法下已是拟声词。以上已作证明。拟声词在现代汉语的词类体系内地位最低,但它是除动词以外唯一的全功能词(参§1.1、§4.1)。它的语音像似手段和语用转引功能,使它能分别实现音声模拟和叹词转引,从而有资格在语言发生学上成为从类语言向语言跃迁的过渡词。叹词常可优先通过转引作谓语、宾语、定语等进入组合关系,经拟声词化渠道实现核心词化,如"喜""恨""哀""疑"都可能是喜笑叹词、愤恨叹词、哀号叹词、疑惑叹词,经拟声化作谓语,从而实现为谓词的。但拟声词既然是全功能词,也能通过转引作状语、主语、补语等进入组合关系,实现核心词化。叹词拟声化时,对不合音系规则的叹词,完全按拟声词规则修改各语音要素(如"他'哈哈'地笑了","哈哈"原为低降调,改为阴平),而符合音系规则的叹词,则维持其原有发音(如"'喂'了一声"的"喂","'咦'了一声"的"咦")。

3.4　核心词向叹词的句法回流

概述　黄弋桓(2010)依据北京大学汉语语言学研究中心语料库,统计次生叹词"好家伙、老天爷"在句首、句中、句末的分布,其趋势与原生叹词同,在句中、句末及句首的语义作用跟叹词类似。所不同的是,其句首分布频率明显下降,句中分布频率则明显上升。我们整理其基本数据,校正并追加计算,得数据:

数据

【好家伙】96 例。

1. 句法位置。句首 61 例(63.54%),句中 31 例(32.29%),句末 4 例

(4.17%)。

2. 语义作用。句中:承接64.5%,原因9.7%,结果3.2%,补充6.5%,句中停顿12.9%,强调主语3.2%。句末:评论前述句100%。

【老天爷】45例。

1. 句法位置。句首35例(77.78%),句中6例(13.33%),句末4例(8.89%)。

2. 语义作用。句中:承接50%,原因33.3%。句末:评论前述句100%。

简论 无论标记化还是通过拟声化实现的核心词化,都是语言由原始向高级的发展,即顺向、进化发展。次生叹词是核心词(名词"天"、动词"操"、形容词"乖")向叹词的退化,它获得跟叹词类似的句法功能,在句中表达类似于叹词的情感、意志、态度色彩。核心词向叹词的句法回流,是语言的逆向发展。但应该看到,所谓次生叹词,其原有的句法功能并未失去,可以扩展,因此,充其量只是准叹词用法,一般不作为兼类依据。

第四章 跨类词

4.1 拟声词的语法功能

概述 《现代汉语词典》(2002)中几乎所有拟声词的举例都是作句法成分。杨树森(2006)统计语料 A(《呐喊》、《彷徨》全文,共约 15 万字)和语料 B(《中国式离婚》1—3 章,约 3 万字)中拟声词的句法功能及人称分布。我们整理其基本数据,校正并追加计算,得数据:

数据

1. 语料 A。共 113 例拟声词中:(1) 独用 26 例(23.01%),入句 87 例(76.99%)[含主语 1 例,谓语 1 例,宾语 0 例,定语 26 例,状语 59 例]。(2) 第一人称 28 例(24.8%),第三人称 85 例(75.2%)。

2. 语料 B。共 19 例拟声词中:(1) 独用 1 例(5.26%),入句 18 例(94.74%)[含主语 3 例,谓语 4 例,宾语 0 例,定语 5 例,状语 6 例]。(2) 第一人称 0 例,第三人称 19 例(100%)。

简论 尽管拟声词在发生学上有过至为重要的作用,但在现代汉语共时层面,它的词频居所有词类之末(参§1.1),表明它在词类中的地位已转至最低。近似拟声词的常规用法是入句充当句法成分,属组合成分词。

若仅从充当句法成分的能力说,拟声词是全功能词。一般只承认拟声词可作定语、状语、补语、谓语,这遍见教科书(黄伯荣、廖序东,2011:23),其实也作动语、主语、宾语("干吗嘘我?|唧唧是小鸡|听见当当当就往外跑"),还可作定语的中心语("杯子和小匙发出一阵撞击的叮当")、状语的中心语("座钟在不知羞耻地滴答滴答")和补语的中心语("不能这样一句对一句地叮当下去了")。但其功能分布还是迥异于另一种全功能词——动词:(1) 拟声词在句法功能上有两面性,逼真拟声词接近于叹词,近似拟声词则可归语言词。因

此,从历时维度看,拟声词是真正语言的缘起词类(马清华,2013),至今仍在多个界面和维度上留存有不同于其他词类的原始特性(见§3.3、§4.2)。(2) 独用(即用在非组合关系中,作独立语或独词句)占据了拟声词用法的相当一部分比例。同为全功能词,动词极少作独立语(除个别已沦为准叹词用法的詈语动词或沦为话语标记的动词外),这些都多少表现出拟声词作为跨类词和过渡词的一些特性。(3) 拟声词在组合关系中的全功能特征,这种强大的句法能力得益于它的转引性质(即相当于引用的性质)。正因如此,它才有条件在语言发生学上充当过渡词。(4) 拟声词在独用时不能作为本词被代词所称代,但在组合关系中可以。

拟声词还有一些句法和语用特点:(1) 拟声词在句中充当附加成分多于作主要成分,这大概是传统语法学把拟声词作为形容词附类的原因。(2) 拟声词模拟其他事物的声音,因此大多出现在第三人称叙述语言中。拟声词虽也有一部分(24.8%)用于第一人称语言,但这是拟声词与其他组合成分词的共性,名词、动词、介词、助词等同样也既可用于第三人称语言,也可用于第一人称语言。

4.2 拟声词的语音特征

概述 杨树森(2006)依据《现代汉语词典》(2002),统计其中共 136 个拟声词的声韵调特征(多音节则以第一个音节为准)。我们整理其基本数据,校正数据并追加计算,得数据:

数据

1. 声调。阴平 126 词(92.65%),阳平 7 词(5.15%),上声 1 词(0.74%),去声 2 词(1.47%)。

2. 音节。(1) 有声母词。121 词(89%)(b—7 词,p—15 词,m—4 词,d—11 词,t—4 词,n—1 词,l—6 词,g—18 词,k—7 词,h—18 词,j—8 词,q—2 词,x—6 词,zh—2 词,ch—3 词,sh—2 词,z—2 词,c—2 词,s—3 词)。(2) 零声母词。15 词(11%)[a(—)2 词,i(—)5 词,u(—)7 词,ü(—)1 词]。

简论 拟声词处于第一符号系统向第二符号系统(即真正意义上的语言)跃迁的过渡环节,作为语言发生学上的过渡词,具有两面性。它有逼真拟声词

和近似拟声词两类。逼真拟声词和叹词一样,都有超音系特征,它常缺乏进入自然语流的语音条件,有时即使用直接引语方式,入句也相当困难。只能像叹词那样独立成句,或在句中作独立语。近似拟声词是最先跨入真正语言门槛的原始词类,是由类语言跨入真正意义上的语言的标志性一步,在语言化研究中有着重要意义。可以叫它过渡词。它已在音系约束下经过了语音改造,声韵调全都合乎音系规则,因此可进入自然语流,虽然是组合成分词,但仍带有一定的原始性,虽然其语音符合了表层语音系统的特征,但尚不符合深层语音系统,即在深层次上仍具有超音系特征,表现在音类关系的超方言性。如声调只在孤立方言内部有模式化特征,方言间缺乏对应(马清华,2011、2012a、2013)。数据表明,北京话拟声词绝大多数为平声(阴平和阳平,阳平如"潺潺"为古拟声词),非平声的只有"朗朗|簌簌|沥沥"等古拟声词。拟声词有丰富多样的辅音声母和自成音节的浊辅音,相对于叹词而言,零声母的词数和占比均大幅减少。

4.3　多音节拟声词的韵律结构及其模因地位

概述　冉启斌(2009)搜集异韵拟声词,统计前后韵母差异。数据整理并追算如下:

数据

1. 总体分布。124个异韵拟声词中,主要元音差异的拟声词共100个,24个异韵拟声词仅属鼻音韵尾上的差异,两种差异兼而有之的21个。

2. 元音差异。100个主要元音差异的异韵拟声词中,前音节的元音为前高元音([i]),后音节的元音为后元音或低元音([a]、[u])的71词(71%,"嘀嗒|叮咚|叮当|叽叽喳喳|刺溜溜"),不符合此规则的29词(29%,"嘎吱")。

3. 韵尾差异。45个有鼻音韵尾差异的异韵拟声词中,前部音节无后鼻韵尾(阴声韵),后部音节的元音有后鼻韵尾(阳声韵)的32词(71.11%,"扑通|丁零当啷|唧里咣当"),不符合该规则的13词(28.89%,"哼哧")。

简论　拟声词是语言化过程中稍晚于叹词的原始词类,多音节拟声词都是单纯词,采用的是原始构词形式,叠音或半叠音的现象普遍。上古汉语连绵词中,至少有相当一部分来自拟声词(如"蝙蝠""蚍蜉")。叠音形式在儿童语

言的名词中普遍存在(如"鞋鞋""豆豆"),以至于相当多的汉语方言重叠名词转喻表小称。现代汉语形容词的叠音(构词)或叠词(构形或构词)有生动和程度蕴意,与之有相似蕴意的可最早回溯到拟声词,后者一方面有形象色彩,另一方面叠音所拟音响比单音延续时间长。程度深和时量长都表量大,相互间本就有理据关系,如以久表很的"老早",以持续表很的"邪乎着呢"。可见名词、形容词的重叠或叠音构词,各经由相关性和相似性渠道,从形式上和意义上继承了拟声词的模因。虽然比拟声词更早的类语言词——叹词也广泛存在叠音,并可将叠音用于对叹词语音的描写(马清华,2011),但即便是其中的拟声叹词(如示意小便的哨声),也不能跟叠音建立起完整的像似关系。这是叹词的功能本质决定的。动词重叠来源于拷贝式临时动量词前数词"一"的省略,因此跟拟声词的模因延续无关。除此而外,异韵拟声词的韵律结构模式还蕴有后来汉语并列复合词的韵序模因。统计者没有注意到,但我们发现,异韵拟声词主要元音的韵序模式与并列复合词的韵序规则相同,并列复合词的韵序是并列语素依据元音舌位高低呈先高后低排列,并列复合词内部的元音和谐韵序如"牺牲|应该|动弹|活泼",这种韵序选择倾向归根到底反映了从舒放到收敛的自然发音过程。在单音化的上古汉语时代,并列短语已有这样的选择倾向(马清华,2005b:186—187;2009)。并列复合词的韵序规则显然延续了异韵拟声词的韵序模因。

第五章　核心词

简论　词的句法功能包括角色能力(即作句法成分的能力)和组合能力(即跟其他成分的组合能力)。能否充当某种句法成分跟使用中以多大概率充当该种成分不是一回事。前者是持有能力,后者是使用度,都有优势、中势、弱势三个等级。功能的典型性或常规性,分常规、次常和偏常三个等级。分布势力和常规性有对应关系。

从功能持有能力看,名词和谓词的句法功能大同小异:都能作主语、宾语、谓语、定语、状语、补语(参下),不同在于,名词不能作动语(即不带宾语)。从功能使用度看,它们倾向于两极对立,中间中和:作主语和宾语是名词的常规功能,却是谓词的偏常功能;作谓语是谓词的常规功能,却是名词的偏常功能;作定语、状语、补语都是名词和谓词次常功能。

持有能力是语言性的,能根据语感判定出来,其统计是语感统计。实际使用是言语性的,其统计是针对实际语料进行。持有能力和实际使用之间(即能不能和有没有之间)、类(type)和例(token)的功能间(如词类功能和个例词功能间)既有区别,又有联系。

从发生学角度看,句法功能有原型功能和派生功能。

5.1　核心词句法功能的分布势力

5.1.1　名词的功能势力

1. 名词在一般句法关系中的功能使用度序列

概述　名词的功能势力有功能使用度序列和持有能力序列,这里看前者,后者见§5.3.1。莫彭龄、单青(1985)统计了现当代17个作品中汉语名词充当句法成分功能的频率。统计时进行分组:A. [小说]老舍《骆驼祥子》(一章)(上),[戏剧]《雷雨》(二幕选)(上),[散文]茅盾《白杨礼赞》,[政论]毛泽东《"友谊"还是侵略》。B. [小说]老舍《骆驼祥子》(一章)(中),[戏剧]《雷雨》

(二幕选)(下),[散文]鲁迅《雪》,杨朔《雪浪花》(上),[政论]《五四运动》。C.[小说]老舍《骆驼祥子》(一章)(下),[散文]鲁迅《一件小事》,陶铸《松树的风格》,杨朔《雪浪花》(下),[政论]毛泽东《丢掉幻想,准备斗争》。D.[小说]巴金《家》(十一章),[戏剧]老舍《龙须沟》(三幕二场)(上),[散文]朱自清《背影》,[政论]鲁迅《记念刘和珍君》。E.[小说]鲁迅《孔乙己》,[戏剧]老舍《龙须沟》(三幕二场)(下),[散文]《〈敬爱的周总理永垂不朽〉解说词选辑》,[政论]鲁迅《文学和出汗》。整理其基本数据,校正并追加计算,得数据1。莫彭龄、王志东(1988)依据《骆驼祥子》和《新华文摘》(1987年第6期)若干语料,对比统计几个普通名词的句法功能。整理其基本数据,分类归类,并追加计算,得数据2。

数据1

1. 总体分布。(1) 一般计算。所有样本(A+B+C+D+E)中名词共计5491例,宾语2673例(48.68%),主语1213例(22.09%),定语1103例(20.09%),状语346例(6.30%),谓语12例(0.22%),补语0例。(2) 迭代计算。把现当代17个作品分成22个统计单位,然后把统计结果分成A、B、C、D、E五组迭代求和(即A,A+B,A+B+C,A+B+C+D,A+B+C+D+E逐次累加),接下来求平均数,得到最逼近真值的平均频率。最后算出,平均3312.6例中,宾语1585例(48.10%),主语700.4例(20.94%),定语673.6例(20.62%),状语203.2例(6.43%),谓语7.2例(0.17%),补语0例。

2. 普通名词分布。宾语41.70%,主语21.01%,定语17.30%,谓语0.24%,状语0.10%。

数据2

1. 宾语＞主语＞定语＞谓语＞状语。"骆驼"78例中,宾语40例(51.28%),主语25例(32.05%),定语12例(15.38%),谓语1例(1.28%),状语0例。"工作"76例中,宾语29例(38.16%),主语23例(30.26%),定语17例(22.37%),谓语7例(9.21%),状语0例。"马"18例中,宾语10例(55.56%),主语5例(27.78%),定语3例(16.67%),谓语、状语0例。

2. 宾语＞主语＞定语＞谓语/状语。"车"204例中,宾语154例(75.49%),主语28例(13.73%),定语22例(10.78%),谓语、状语0例。"钱"112例中,宾语88例(78.57%),主语22例(19.64%),定语2例(1.79%),谓语、状语0例。"问题"103例中,宾语65例(63.11%),主语30例(29.13%),定语8例(7.77%),谓语、状语0例。

3. 其他。"马路"14例中,宾语3例(21.43%),定语11例(78.57%),主语、谓语、状语0例。

简论 名词是一种多功能核心词,在功能持有能力上,能作宾语、主语、定语、状语、中心语、谓语。也能作补语,如"他休息了<u>片刻</u>",但非常少见。但名词不是全功能的,如不能作动语。

名词总体分布的一般计算和迭代计算的结果一致,名词的功能使用度由大到小呈以下序列:宾语＞主语＞定语＞状语＞谓语(＞补语)。从势力看,宾语、主语是名词的常规功能,谓语、补语是名词的偏常分布,状语、定语处于两者之间,属次常分布。

名词作宾语的频率跟作主语和定语的频率之和大致相近。这与汉语句法前轻后重、前简后繁的结构特征吻合,更与旧信息居前、新信息居后的语用信息结构特征吻合,表现出句法和语用之间、结构和成分之间两个层面上的互动关系。

此项统计出自20世纪80年代,一些处理原则在现在看来已显陈旧。原统计者遵从中心词分析法原则,主语还包括了主语中心,宾语还包括了宾语中心、介词宾语、兼语,定语还包括了方位短语的左端成分、"的"字短语。尽管迭代(迭代参马清华、韩笑,2019)统计法可尽量逼近真实数据,但词类判定标准的不同,仍可导致数据显著波动。不过,其数据结论大致成立,因为它能得到其他学者其他角度的统计验证。虽然限于时代限制,没有统计名词作中心语的频率,但可以推定,它远大于名词作定语的频率,因为两者都以定中关系为前提,定中结构的中心语多为名词,而定语的类别就比较多样,非名词类的定语也很常见。名词充当主语的频率要比作宾语低得多,看上去作定语的频率很接近作主语,但实际上,因为统计时把方位短语处理为偏正短语,这大大增加了定语的数量,而且定语中还包括了"的"字短语,若除去这两项的频率,名词作定语的频率要低不少,但序列不变。

普通名词是名词的典型次类,综合总体分布和个例词分布两方面归纳,其功能使用度序列由大到小为:宾语＞主语＞定语＞谓语＞状语(普通名词不作补语)。

功能使用度序列都可解析为三个局部序列。宾语、主语都表什么,可视为指称段;谓语、状语、补语都表怎么样,可视为述谓段;定语表怎么样或什么,可视为中性段。普通名词的功能使用度序列中,前段为指称段,中段为中性段,末段为述谓段。名词总体的功能使用度序列跟普通名词的功能使用度序列的前段"宾语＞主语"、中段"定语"以及末段(述谓段)三段间的段序均一致，名词总体的功能使用度序列反映的是典型次类和非典型次类的混合数据，由于附类(如常作状语的时地名词)加入，相较于普通名词，仅末段(述谓段)内部发生调整，主要原因是时间名词作补语及状语能力提升。功能使用度序列的稳定面(即持存特征)发生在指称段(前段)和中性段(中段)，它再次证实：名词的典型功能是作宾语、主语，定语是次常功能。不稳定面即变异特征发生在末段(述谓段)，它们都是名词的偏常功能。相对普通名词而言，名词总体的功能使用度序列里，指称性和中性特征稳中趋降，述谓特征趋升，并附有段内序列的变化。就功能说，宾语、主语是指称，谓语是陈述，定语、状语、补语是修饰，其中定语饰物，状语、补语饰谓(修饰谓词性成分)。相比普通名词的功能使用度序列而言，名词总体的功能使用度序列里，指称、陈述都是位序不变的稳定功能，修饰功能中的饰物功能稳定，饰谓功能不稳定，是变异功能。

2. 名词在依存关系中的功能使用度序列

概述 高松(2010)选取 2007 年电视台和广播电台 31 档节目的转写文本为语料，含新闻播报类和访谈会话类，书面语体和口语体，获得有声媒体中共 3600 个汉语句子、98236 个词次。用依存语法理论，统计依存关系中名词及其相关支配项的句法功能，我们整理其基本数据，重新定义支配项和被支配项(双下线表说明语或支配语，单下线表被说明语或被支配语)，修改其分类和归类，重新计算，得数据：

数据

1. 依存关系中名词作为被支配项。共 15540 例中：宾语 5480 例(35.26%，"俄罗斯昨天成功试射了一枚洲际弹道导弹")；主语 3516 例(22.63%，"报纸指出，发达国家基本上不发展炼焦了")；名词性定语的中心语 2526 例(16.25%，"建议制定科索沃问题路线图")；同位语 428 例(2.75%，"国务院总理温家宝昨天会见了世界银行行长")，兼语 294 例(1.89%，"我们要带领人民从新的历史起点出发")；话题 197 例(1.27%，"这件事我没有听说过")；插入语 31 例(0.20%，"本台消息，昨日阿尔及尔市发生爆炸袭击事件")；间接宾语 13 例(0.08%，"政府给这些下岗职工支持和帮助")；小句宾语 10 例(0.06%，"您看您这么大年纪，还继续工作呢！")；介词宾语 1212 例(7.80%，"新政策对外资银行是个机遇")；结构助词"的"的补足语 971 例(6.25%，"机关的耗电量大约是城镇居民的 10 倍")；方位标记对象 736 例(4.74%，"国际上取消了对食用味精量限制的规定")；并列关系 126 例

(0.81%,"审议关于加强食品药品安全监管情况的报告")。

2. 依存关系中支配名词的项。共16377例中:定语12018例(73.38%,"援助巴勒斯坦国际会议昨天在巴黎结束");谓语179例(1.09%,"这种方式呢?"[按:隐含谓语?]);状语121例(0.74%,"他在电视上都谈论很学术的问题");主语56例(0.34%,"人生不过几十年的光景");同位语331例(2.02%,"胡锦涛总书记发表了重要讲话");并列关系项127例(0.78%,"审议国务院关于加强食品药品安全监管的报告");量词补足语33例(0.20%,"该项工程启动了三年多,成效显著");复数标记50例(0.31%,"向为我国航天事业做出贡献的同志们致敬");助词111例(0.68%,"很多老年人都患有心脑血管等多种慢性病");句末附加语37例(0.23%,"这是什么原因呢");连带关系(连词和所在分句的谓词)31例(0.19%,"那里需要的不是军队,而是行政资源");插入语8例(0.05%,"比方说,你的书的销量");标点符号3275例(20%,"如果他当选总统,普京准备出任总理")。

简论 依存语法所谓的支配项和被支配项,是依存关系的起点和迄点。倡导依存语法理论的学者主要从事语言工程研究,可惜尚没有认清依存关系的本质,对依存关系中的所谓支配词和从属词缺乏界定,认定较随意,缺乏原则性,不少较为牵强,甚至把一些依存的方向都弄反了。依存语法本质上是一种词项关系理论,与中心词分析法理念一致,实际受到预存的语义选择限制关系的支撑,其所谓的支配项和被支配项,实际多是语义关系上的说明项和被说明项。由此我们得到了关于支配项和被支配项的重新定义。典型的并列关系是协同关系而非说明关系,若宽泛地置于依存关系中来考察,则它们是无向依存或双向依存。连谓虽然句法上是联合关系,但语义上不少也是有向的说明关系,可视为单向依存关系。依存语法的价值在于捕获和分析句法的间接成分关系。依存关系还有另一种理解,即把它视为确定性的刺激—联想关系(马清华,2010a:154—179)。在这个意义上,从语义关系看,依存关系同样也往往是说明语对被说明语的依存(说明关系参马清华,2017a),即有向依存或单向依存。它多数是单向的(如"走嘴"和"说",是"走嘴"依存"说"而非相反),也有双向的,但这种双向依存一般都是不对称的,如"剪刀"和"剪"。"剪刀"可有两种论元身份,作主体论元时,"剪"依存于"剪刀",作工具论元时,"剪刀"依存于"剪"。这里仍然没有背离说明语对被说明语的依存。

严格说来,一种词类在依存关系中的功能观察角度有四种:(1)作为被支配项时的功能(如定中结构中作中心语的名词),(2)支配它的项目的功能(如定中结构中作定语的名词);(3) 作为支配项时的功能(如在转指类定中结构中作定语的名词),(4)它所支配的项目的功能(如转指类定中结构中作中心语的谓词)。其所得的统计结果完全不同。被原统计者笼统混称的依存关系其实包含了前三类,主要是(1)(2)两类,第(3)类的数据只有 3 项[名词性的定语 2526 例("建议制定科索沃问题路线图")、状语 511 例("<u>过去</u>,该地区劳动力<u>出现</u>过短缺现象")、复句关系项 108 例("今天<u>星期天</u>,他想这该好好歇歇了")],第(4)类无数据。但实际上,只有(1)(3)两类才是名词本身的功能。名词作为被支配项的功能是:宾语 6715 例(含间接宾语、小句宾语、介词宾语),主语 3713 例(含话题主语);作为支配项时的功能是:定语 2526 例等,状语 511 例(3.18%,"<u>过去</u>,该地区劳动力<u>出现</u>过短缺现象")。由此得出名词的功能使用度序列"宾语＞主语＞定语＞状语"。这跟其他学者对名词在一般使用中的统计结果基本一致(见前),而且也跟名词的功能能力序列(§5.3.1)一致。

3. 名词非典型次类的功能使用度序列

概述 莫彭龄、单青(1985)对比统计 17 篇/则作品中名词附类的句法功能频率。莫彭龄、王志东(1988)依据《骆驼祥子》和《新华文摘》(1987 年 6 期)若干语料,对比统计几个名词附类词的句法功能。我们整理其基本数据,分类归类,并追加计算,得数据:

数据

1. 类型分布。【方位(名)词】宾语 4.13%,状语 2.08%,定语 1.26%,主语 0.60%,谓语、补语 0%。【时地名词】状语 4.12%,宾语 2.31%,定语 1.53%,主语 0.40%,谓语 0.07%,补语 0%。

2. 个例词分布。【专有名词】(1)"祥子"。107 例中,主语 66 例(61.68%),宾语 21 例(19.63%),定语 20 例(18.69%),谓语、状语、补语 0 例。(2)"虎妞"。111 例中,主语 75 例(67.57%),宾语 21 例(18.92%),定语 15 例(13.51%),谓语、状语、补语 0 例。

简论 名词的附类在功能使用度上出现偏移,故而归为附类。需要关注的是,偏移是怎么发生的。方位词、时地名词都是名词附类,专有名词也是名词的一种特殊次类。它们都相应出现了对普通名词功能分布序列[参§5.1.1(1)]的偏离,即相较于普通名词或名词的总体分布,名词三种非典型次类的功能使用度序列各自发生了不同的局域变异。

方位(名)词的功能使用度序列是"宾语＞状语＞定语＞主语＞谓语/补

语"。跟一般名词及普通名词相比,修饰功能中状语势力反超定语,指称功能稳中有降,陈述功能降低。若前段(宾语、主语)看首项,中段是定语,末段看尾项(谓语、状语、补语),则三段间总体位序虽有错位,但倾向未变。

时地名词的功能使用度序列是"状语＞宾语＞定语＞主语＞谓语＞补语"。该功能使用度序列局部类似于方位名词,但变异幅度更大,述谓段既是末段,又是前段。修饰功能中状语功能使用度变得最大,定语功能也略升,指称功能稳中有降,陈述功能相对稳定。

方位词、时地名词的偏离表现有四:(1) 状语功能的频率升幅明显;(2) 主语的频率低过定语;(3) 主要的功能分布频率之间差距收窄;(4) 总体上,时地名词的偏离幅度大于方位词,其状语频率升至峰值。时地名词在语义上优先用作任选的附加体论元(马清华,1993,2014b),因而句法上优先实现为状语,它是向修饰功能偏移较大的名词次类。原统计者将介词短语中的方位词当宾语处理("我独在礼堂_定外_宾徘徊"),无疑提高了其作宾语的频率数值。方位词(尤其是单音节方位词)在多数场合实际已相当程度地标记化了,它常用来把普通名词处所化("桌子上")。

专有名词的功能使用度序列是"主语＞宾语＞定语＞谓语/状语/补语"。其段位跟一般名词或普通名词一致,仅前段(指称段)的段内序列相反。普通名词优先作宾语,专有名词则优先作主语。专有名词无内涵义,只有外延义,其固有的有定特征成为它优先作主语的重要原因,它也没有谓语、状语用法,是指称性程度最高的名词次类。但是,专有名词有时可转为特征名词,从而获得作谓语的能力,如"你太阿 Q 了|他比雷锋还雷锋"。

总的来说,相较于普通名词的功能使用度序列[见§5.1.1(1)],变化幅度由大到小分别是:时地名词＞方位(名)词＞专有名词。前二者都出现段位变化,也出现段内序列变化,后者仅出现段内序列变化。

名词的非典型化,表现为功能的侧显化(即偏侧凸显)或侧隐化(即偏侧消隐)。修饰功能的侧显化,如时地名词和方位名词的状语侧显,专有名词的主语侧显和状语侧隐的双重变化。

5.1.2 动词的功能势力

1. 动词在一般句法关系中的功能使用度序列

概述 动词的功能势力有功能使用度序列和持有能力序列,这里看前者,后者见§5.3.2。从动词的句法角色功能看,其常规功能是作谓语、谓语中心或动语,次常功能是作状语、补语,偏常功能是主语、宾语。可用句法功能使度来验证(莫彭龄、单青,1985),依据现当代17个作品,分组[作品及分组见§5.1.1(1)]统计汉语动词各句法成分功能的频率(莫彭龄、王志东,1988)。又选《骆驼祥子》和《新华文摘》(1987年第6期)为语料,统计其中动词个例词充当句法成分的频次。我们整理其基本数据,校正并追加计算,得数据:

数据

1. 一般分布。(1)一般计算。所有样本(A+B+C+D+E)中动词共计5737例中,谓语4405例(76.78%),状语420例(7.32%),补语383例(6.68%),定语304例(5.30%),宾语173例(3.02%),主语52例(0.91%)。(2)迭代计算。把现当代17个作品分成22个统计单位,然后把统计结果分成A、B、C、D、E五组迭代求和(即A,A+B,A+B+C,A+B+C+D,A+B+C+D+E逐次累加),接下来求平均数,得到最逼近真值的平均频率。最后算出,平均3298.4例动词中,谓语2527例(76.68%),状语244.4例(7.15%),定语195例(6.52%),补语217.6例(6.13%),宾语96.6例(2.86%),主语30.4例(0.91%)。

2. 动词个例词。"打"101例中,谓语100例(99.01%),宾语1例(0.99%)。"吃"100例中,谓语88例(88%),定语7例(7%),宾语3例(3%),主语2例(2%)。

简论 动词充当句法成分的优先序列,按一般计算的结果是"谓语>状语>补语>定语>宾语>主语",按迭代方式计算的结果是"谓语>状语>定语>补语>宾语>主语"。两种计算的前段(述谓段"谓语>状语>补语")、中段(中性段"定语")、末段(指称段"宾语>主语")各段内部序列一致,各段间的段序也总体一致,仅方式有所改变:一般计算的结果是纯相继关系,迭代方式计算的结果呈嵌式相继。前段末项的补语和中段的定语掉了个儿,不过,定语和补语的频率差距不大,迭代算法中比一般算法的差距更小。

动词总体的功能使用度序列反映的是典型次类和非典型次类的混合数据,由于附类(如常作状语的能愿动词,常作补语的趋向动词)加入,相较于典型动词,其附加成分功能也自然会有小幅的数据波动。谓语占比之所以能达到动词句法功能总数的3/4以上,远超充当其他成分的总和,原因有二:(1)作谓语是动词的典型特征。谓语是谓词(动词和形容词)的典型分布,是常规功能;宾语、主语是谓词的偏常分布,是偏常功能;状语、补语、定语处于两者的中间,是次常功能。(2)原统计者采用的是中心词分析法,其"谓语"实际包含了直接成分分析法的谓语、谓语中心、动语、动语中心等多种成分的杂类。

2. 动词在依存关系中的功能使用度序列

概述 动词的句法功能使用度也可在依存关系中考察。鉴于学界对依存关系中所谓的支配项和被支配项并无严格界定和客观标准,我们重新定义支配项和被支配项。靠说明关系来判定支配项和被支配项的单向依存关系,并列时则按双向依存处理[参§5.1.1(2)]。高松、颜伟、刘海涛(2010)利用中国传媒大学应用语言学研究所的汉语依存树库,统计2007年电视台和广播电台31档节目的转写文本(3600个句子,98236个词次,含新闻类书面语和访谈类口语)动词在依存关系中的功能。我们整理其基本数据,重新定义支配项和被支配项[双下线表说明语或支配语,单下线表被说明语或被支配语。参§5.1.1(2)],修改分类归类,并重新计算,得数据(我们不赞同将隶属视觉符号的标点纳入依存关系,但为保全基本数据,有时不得不予以保留):

数据

【**动词作为被支配项时的功能**】17645例中,(1) 谓语 3385例(19.18%,"他的同胞玛塔则卫冕了'世界足球小姐'称号。");(2) 宾语 1584例(8.98%,"建议制定科索沃问题线路图");(3) 能愿动词宾语 1335例(7.57%,"那个时间也能出书");(4) 小句宾语 1278例(7.24%,"必须坚持正确的政治方向,以保证人民当家作主为根本");(5) 定语 1084例(6.14%,"加快'白杨—M'固定式和机动式发射装置的装备进程");(6) 主语 619例(3.51%,"中华十大才智人物评选日前揭晓");(7) 带同位语 98例(0.56%,"五年来,围绕经济建设这个中心,建言献策");(8) 并列关系 291例(1.65%,"今天我们来看一看这里面还有多少钱");(9) 带插入语 100例(0.57%,"据说最好的时间是六点到六点半之间");(10) 兼语补语 471例(2.67%,"天津有一种中成药叫'复方丹参滴丸'");(11) 带方位标记 259例(1.47%,"正在搜索之中,目前这个人还是活着的");(12) 带介词标记 332例(1.88%,"随着经济的发展,如今出现劳动力短缺现象");(13) 助词附着语 102例(0.58%,"先来看一下我们议事厅的记者调查");(14) 连动句 1108例(6.28%,"美国一年购买瓶装水花费1.50亿美元");(15) 复句关系 5599例(31.73%,"评选结果昨天揭晓,巴西球星卡卡当选世界足球先生")。

【**支配动词的项目的功能**】32734例中,(1) 状语 11273例(34.44%,"我们如何能打破世俗观念,活出人生最佳状态");(2) 谓语 2771例(8.47%)[能愿动词带宾语 1382例(3.99%,"那个时间也能出书");带小句宾语 1389例

(4.01%,"我们总觉得下个世纪离我们很远,突然一下子来临")];(3) 补语 1782 例(5.44%,"这些熟悉的字眼第一次集体地出现在眼前");(4) 定语 1051 例(3.21%,"仅仅把新闻的传递当成他的天职");(5) 插入语 224 例(0.68%,"比如说,我们有天然气化工,但我们没有石油化工");(6) 兼语补语 492 例(1.50%,"请列御寇上来,在这里射箭");(7) 带"的"标记 1700 例(5.19%,"工资收入成为今年农民增收的新亮点");(8) 带"地"标记 29 例(0.09%,"他会毫不犹豫地去,这就是一种社会责任感");(9) 带"得"标记 44 例(0.13%,"他们活得比我们充实");(10) 被字句标记 140 例(0.43%,"陕西省目前要求被拆除的钢铁设备必须解体");(11) "把"字句标记 184 例(0.56%,"如果是淤泥和小石头,我们把它弄了以后就快");(12) 时态附加语 1279 例(3.91%,"那时我大概写了五十万字");(13) 助词附着语 197 例(0.60%,"人去楼空依旧灯火通明,电脑不关,空调照转等");(14) 句末附加语 908 例(2.77%,"我认为没价值我还追求吗?");(15) 连带关系 1585 例(4.84%,"于是我找到了他,请他讲述那些令他感动的故事")。(16) 连动句 1116 例(3.41%,"甘肃张县是当年红军长征走过的地方");(17) 主题 20 例(0.06%,"展望未来,他们对生活充满了信心");(18) 复句关系 5555 例(16.97%,"不务就是不去追求,也就是不去追求不以为是的东西");(19) 并列关系 274 例(0.84%,"这个口碑传着传着就传到国君那里了")。(20) 标点符号 2110 例(6.45%,"我听朋友讲,董月玲出书了")。

【动词作为支配项时的功能】补语 1031 例("救出来的矿工他的生命有危险吗?"),状语 908 例("提供保障吸引外出务工人员回乡创业就业")。

【动词所支配项目的功能】主语 7738 例("我们首先要有一种豁达的态度,心态决定人的状态");宾语 8593 例("用好像是一匹白马");兼语 479 例("经常会有山里的一种猴子跑到农田里去祸害庄稼");主题 259 例("资源紧张的国情,我们更无理由奢侈挥霍")。

简论 一种词类在依存关系中的功能观察角度有四种:(1) 作为被支配项时的功能,(2) 支配它的项目的功能;(3) 作为支配项时的功能,(4) 它所支配的项目的功能。四种角度所得的统计结果完全不同。原统计者给出的多为(1)(2)两项功能数据,也部分给出了另两项功能数据。但实际上,只有(1)(3)两类才是动词类本身的功能。依存关系中,动词作为被支配项时所充当句法功能的频次序列从大到小为"谓语>宾语>定语>主语",动词作为支配项时所充当句法功能的频率由高到低依序是"补语>状语"。

由此根据数据得出动词在依存关系中的功能使用度序列"谓语＞宾语＞定语＞补语＞状语＞主语"。这与莫彭龄、单青(1985)统计得出的动词功能分布序列序列首尾两项一致,即两端的特征稳定性较大,都以作谓语占优势(常规功能),作主语的最少(偏常功能)。序列临近中段的宾语、状语,差异较大,稳定性相对较差。在依存关系层面,动词总体的功能使用度序列中,陈述功能稳定,指称功能稳中有升,修饰功能稳中有降。

动词的功能能力序列(§5.3.2)跟依存关系中的功能使用度较接近,但跟一般句法关系中的使用度序列[§5.1.2(1)]差异大。

3. 动词非典型次类的功能分布

概述 莫彭龄、单青(1985)依据毛泽东、鲁迅、巴金、老舍、曹禺、茅盾、杨朔等人作品共17篇/则,统计其中动词附类的句法功能。我们整理其结果,得数据1。莫彭龄、王志东(1988)又选《骆驼祥子》和《新华文摘》(1987年第6期)为语料,统计其中趋向动词个例词充当句法成分的频次。我们整理其基本数据,并追加计算,得数据2。

数据 1

1. 判断动词。只作谓语(含谓语中心或动语)(100%)。

2. 趋向动词。补语化明显,它充当句法成分的优先序列是:补语(74.7%)＞谓语(含用于连谓)(25.3%)。

3. 能愿动词。状语化明显,充当句法成分的优先序列是:状语(96.05%)＞谓语(4.95%)。

数据 2

"出"113例中,补语85例(75.22%),谓语27例(23.89%),定语1例(0.88%)。"出来"31例中,补语26例(83.87%),谓语4例(12.90%),定语1例(3.23%)。"出去"16例中,补语12例(75%),谓语3例(18.75%),宾语1例(6.25%)。

简论 动词不管哪种次类,都能作谓语,这是动词最基本的句法能力。但动词各次类充当句法成分的频率差异很大。一般动词(普通动词)是动词的典型次类。动词附类朝着功能附加化(如趋向动词、能愿动词)、功能单一化(如判断动词)倾向变化。

判断动词属关系动词,功能单一化,只能作谓语(含谓语中心)或动语。相较于一般动词的功能序列,判断动词只保留了其典型用法。趋向动词充当句法成分的势力由大到小呈序列"补语＞谓语＞宾语/定语",一般统计和个例词统计的分布序列吻合,构成互证。其述谓段内,补语升至首项,呈补语化倾向,状语功能丧失,中性段和指称段势力消减,段位区分不明。能愿动词充当句法成分的势力由大到小呈序列"状语＞谓语"。述谓段内的状语功能升至首项,呈状语化倾向,补语功能丧失;中性段和指称段势力消减,段位区分不明。总之,动词的非典型次类都呈以下变异:陈述功能稳定,修饰功能出现两极化,指称功能弱化。

动词的非典型化同样表现为功能的侧显化或侧隐化。修饰功能的侧显化,如趋向动词的补语功能侧显,能愿动词的状语功能侧显;修饰功能和指称功能的双重变化,如判断动词修饰功能和指称功能的侧隐化。

4. 动词及物性特征的类别及其规模序列

概述 关于动词及物性特征的类别及分布势力,王俊毅(2001)统计《动词用法词典》(孟琮、郑怀德、孟庆海等,1987)、《现代汉语实词搭配词典》(张寿康等,1992)、《汉语水平词汇与汉字等级大纲(词汇部分)》等三部著作中5096个义项动词(不含能愿动词)的及物性特征及其句法功能。我们整理其基本数据,并追加计算,得数据1。吴锡根(1991a、1991b、1996)统计《现代汉语词典》(1983)中12404个(100%)动词。按带不带宾语分粘宾动词(须带宾语,如"姓│成为│懒得│属于")、及物的非粘宾动词(一般要带宾语,具体语句里也可不带宾语,如"学习")和无宾动词(不能带宾语,如"播音│失败│点名│退却│防疫")三类。我们整理其基本数据,并追加计算,得数据2。

数据1

1. 及物动词。 3460个(67.90%),含粘宾动词237个(4.65%,"多亏│等于│当作│变成│包管│顺着"),非粘宾动词3223个(63.25%,"吃│拿│找│开始")。

2. 不及物动词。 1012个(19.86%,"丰收│寒暄│起源│归结")。

3. 兼类动词。 624个(12.24%),含a类(能用于存现句)305个(5.99%,"来│飞"),b类(可和多个个体发生联系)45个(0.88%,"联合│挨"),c类(身体某一部分的动作行为)43个(0.84%,"睁│张"),d类(兼有自主义和非自主义)276个(5.42%,"发│灭"),兼a、d二类45个(0.88%,"挂│贴│堆积│插│合│闭")。

数据2

1. 及物的非粘宾动词。 7396个(59.63%)。(1) 一般的及物非粘宾动词

7222个(58.22%,"听|说|学习|研究");(2)兼属其他类动词:a. 兼粘宾动词48个(0.39%,"操|使|见|得到");b. 兼无宾动词124个(1%,"笑|认|打败|上市");c. 兼粘宾、无宾动词2个[0.02%,"成|着(zháo)"]。

2. 粘宾动词。372个(3%)。(1)体宾动词207个(1.67%):a. 只带一般体词性宾语的188个(1.52%,"姓|属于|成为");b. 只带兼语宾语的15个(0.12%,"促使|勒令|使得");c. 既能带一般体词性宾语又能带兼语宾语的4个(0.03%,"烦|麻烦|烦劳|有劳");(2)谓宾动词79个(0.64%,"显得|懒得|便于|乐于|足以|横加");(3)体谓宾动词(两用动词)86个(0.69%,"等于|意味着|充满|多亏|长于|归于")。

3. 无宾动词(不及物)。4636个(37.38%,"休息|播音|失败|退却")。

简论 动词中及物动词的比例远高于不及物动词(前者是后者的两倍或三倍以上)。及物动词中,非粘宾动词的比例又远高于粘宾动词,前者占所有动词的一半以上。粘宾动词因是高度偏移类别,其规模甚至远少于不及物动词。从句法功能和组合特征看,动词及物性特征类别的规模序列从大到小为:(1)及物动词>不及物动词,(2)及物动词中,非粘宾动词>粘宾动词。总之,及物动词是动词的典型,非粘宾动词是及物动词的典型,粘宾动词中体宾动词占优势。

5. 常规动宾搭配和非常规动宾搭配

概述 徐枢(1985:12)统计了名词作宾语的句子。我们整理其基本数据,并追加计算,得数据1。张云秋(2003)统计了《读者》2000年第8、9两期及邓烛非《电影蒙太奇概论》得数据2。郭继懋(1999b)统计了《骆驼祥子》中动词及物性和宾语的常规性(撇开不带宾语的情况不论),得数据3。高云莉(2001)取《动词用法词典》(孟琮、郑怀德、孟庆海等,1987)的前150个动词,考察其所能搭配的宾语类型[该词典将宾语的论元角色有受事、结果、对象、工具、方式、处所、时间、目的、原因、致使(役事)、施事、等同(系事)、同源(如"唱歌")、杂类(如"闯红灯")等不下14类]。我们整理并追加计算,得数据4。

数据1

675个名宾句中,受事宾语句574例(85.04%),其他体词宾语句101例(14.96%)。

数据2

152例体词性宾语句中,客体宾语句107例(70.39%),其他体词性宾语句45例(29.61%)。

数据 3

及物动词带客体宾语（即常规宾语，"吃苹果"）49.4％，带非常规宾语（即非客体宾语，"祥子就吃这辆车了"）4％，不及物动词带宾语（均为非常规宾语，"飞广州｜睡里屋｜跑钢材"）的 2.8％。

数据 4

1. 能带客体宾语的。受事 98 词（65.33％，"钓鱼"），对象 48 词（32％，"教育孩子"），结果 29 词（19.33％，"盖房"），致使（役事）9 词（6％，"改变关系"），等同（系事）4 词（2.67％，"担任班长"）。

2. 能带主体宾语的。施事 13 词（8.67％，"刮风"）。

3. 能带附加体宾语的。工具 20 词（13.33％，"捆绳子"），处所 18 词（12％，"吃食堂"），方式 10 词（6.67％，"存活期"），目的 7 词（4.67％，"考研究生｜筹备展览会"），原因 5 词（3.33％，"避雨"），时间 2 词（1.33％，"熬夜"）。

简论 在论元向宾语的实现中，客体论元实现为常规宾语，非客体论元以变价方式实现为非常规宾语（马清华，2014b；马清华、葛平平，2020）。受像似原理支配，在数量上，前者占多数，后者占少数。有两种计量观察角度：一是着眼于分布势力的语料统计（数据 1—数据 3），二是着眼于持有能力的语感统计（数据 4）。

语料统计和能力统计得出了同样的结果：（1）客体宾语在体词性宾语中频率极高。客体宾语句是最普遍的结构模式，若没有其他特别语用目的，一般会选用这种典型句式。客体论元、主体论元、附加体论元（见马清华，1993）都可充当宾语。客体宾语是常规宾语，含受事宾语（"摘下了肩章｜救了牧师的女儿"）、对象宾语、结果宾语（"建立了这座啤酒厂｜蒙太奇编织了一个新的电影时空"）、致使（役事）宾语（其支配动词已吸收使役态变价用法："明确学习目的｜别冤枉了人家"）、等同（系事）宾语，客体宾语跟动词搭配的广度大于附加体宾语和主体宾语。后者是非常规宾语，其偏常性质决定了它在分布上不占优势。非常规宾语总体上有两类：一类是句法层面表达派生态的变价现象（马清华、葛平平，2020），包括附加体论元作宾语（处所宾语、工具宾语、方式宾语、时间宾语、目的宾语等）的施用态，主体论元作宾语的存现态、损益态、使役态。另一类是修辞层面为获得艺术效果（"牛儿悠闲地**反刍**着**岁月**"）的强化运作。（2）附加体论元与客体论元兼职作宾语时，可鉴于所兼客体论元身份而纳入常规宾语，如"考研究生"是目的兼结果宾语，意义是"为成研究生而考"，不是"为研究生而考"，故不同于单纯的目的宾语（如"跑钢材"）。

6. 非名宾及物动词的类型分布

概述 非名宾及物动词又叫体谓宾动词或谓宾动词,可从多个角度对之进行计量观察。(1) 类别词统计。麻彩霞(2004)依据《汉语动词用法词典》(孟琮、郑怀德、孟庆海等,1999)统计整个非名宾及物动词的分布。我们整理并校正其基本数据,追加计算,得数据1。(2) 个例词统计。邢红兵、张文坚、江诗鹏(2006)统计北京语言文化大学的现代汉语研究语料库中体谓宾动词"证明""影响"和谓宾动词"感到"的使用。我们整理得数据2。陶红印(2003)统计普通话约10万字口语料中"知道"(含"知")带宾语的情况,我们整理其基本数据,改变算法并追加计算,得数据3。(3) 本代关系统计。彭可君(1990)统计汉语194个常用谓宾动词[不含朱德熙说的"准谓宾动词"(如"进行│加以│予以│给以│作│有│中断│终止"),其宾语扩展只能用定中方式]的宾语本代关系。我们整理其基本数据,给定类名,校正并追加计算,得数据4。

数据 1

1244个常用动词的2138个义项动词中,可带非名词性宾语的义项动词共568词(26.57%)。其中,(1) 既能带非名词性宾语也能带名词性宾语的义项动词524个(24.51%)。从其所带宾语类型看,a. 带名/动类宾语的132词(6.17%,"爱好│布置│参观│给以│加强│纠正│举行│赢得│进行");b. 带名/形类宾语的30词(1.40%,"避│变│吃│除│恢复│抢│偷");c. 带名/主谓类宾语的56词(2.62%,"爱│挖苦│拥护│美慕│学│标志│观察│体谅");d. 带名/动/形类宾语的25词(1.17%,"保持│产生│充满│刺激│减少│欠│热爱");e. 带名/动/主谓类宾语的207词(9.68%,"挨│服从│欢迎│经过│利用│批判│期望│强调│庆祝│声明│通知│提倡│祝贺│叙述│宣布");f. 带名/形/主谓类宾语的不超过21词(0.98%,"控诉│赞美");g. 带名/动/形/主谓类宾语的53词(2.48%,"比较│抵抗│感到│评论│知道│意味│依靠│讲│影响")。(2) 只能带非名词性宾语的义项动词44个(2.06%),从其所带宾语类型看,带动类宾语的17词(0.80%,如"差│促进│敢于│着手│不堪│得以│便于│勇于│善于│阴谋│立志│乐于│发誓│宣告│予以");带动/主谓类宾语的10词(0.47%,如"看│怕│请│想│禁止│难免│允许│苦于")。

数据 2

1. 体谓宾动词。"证明"153例中,带动词性宾语1例(0.65%),带小句宾语100例(65.36%),带名词性宾语8例(5.23%),不带宾语14例(9.15%),作主语2例(1.31%),作宾语3例(1.96%),作中心语10例(6.54%),作修饰语 15 例(9.80%)。动词"影响"365 例中,带动词性宾语 7 例(1.92%),带小句宾语 7 例(1.92%),带名词性宾语 122 例(33.42%),不带宾语 42 例(11.51%),作主语 13 例(3.56%),作宾语 18 例(4.93%),作中心语 151 例(41.37%),作修饰语 5 例(1.37%)。

2. 谓宾动词。"感到"支配的形容词宾语 83 个,共使用 141 次,都表心理状态(100%)。它倾向于用极性感情色彩的形容词作宾语。使用两次以上的宾语及次数有褒义词"满意 10(数字表例次,下同)|高兴 9|自豪 4|欣慰 4|骄傲 4|兴奋 3|振奋 2|幸福 2|新奇 2|轻松 2|宽慰 2|惊奇 2"、贬义词"遗憾 4|痛苦 4|内疚 4|寂寞 3|自卑 2|羞耻 2|为难 2|奇怪 2|疲劳 2|疲倦 2|孤独 2|耻辱 2|吃惊 2|惭愧 2|不安 2"和中性词"平衡 2"。

数据 3

共 117 个"知道"(含"知")用例中,明确带表层宾语的共 55 例(47.01%),含带名词性宾语 10 例(8.55%),带动词性宾语 29 例(24.79%),带小句宾语 16 例(13.68%)。

数据 4

1. 指称代谓宾。用"什么"提问,不用"怎么样"提问。120 词(63.16%,"换|比|愁|等|怕|忘|顾|听|帮助|避免|表示|承认|发现|反对|看见|留神|强调|讨论|知道|标志着|学习|疑心|影响|注意|力争|不顾|断定|判断|明知|发誓|难怪|公认|确保|容许|允许|准许|放任|推测")。

2. 陈述代谓宾。用"怎么样"提问,不用"什么"提问。48 词(25.26%,"保证|决心|打算|感到|感觉|估计|妄图|妄想|以为|觉得|力图|企图|认为|试图|必须|得|该|敢|应当|应该|愿意|可以|可能|能|能够|情愿|继续|乐意|肯|装作|胆敢|显得|必须|不惜|敢于|继续|开始|难得|致使|注定|自愿|不便|不宜|不料|懒得|乐得|省得")。

3. 兼代谓宾。用"什么"和"怎么样"提问。22 词(11.58%,"爱|答应|计划|建议|渴望|力求|梦想|舍得|说|希望|喜欢|相信|需要|想|嫌|要求|要|主张|准备|决定|同意")。

简论 及物动词所带宾语可以是名词性的,也可以是非名词性的(含谓词性成分或小句等),前者是典型宾语,后者是非典型宾语。能带名词性宾语的及物动词,绝大多数不能带非名词性宾语;但能带非名词性宾语的及物动词,绝大多数能带名词性宾语(如"知道|证明")。

非名宾及物动词有的只带动词性宾语["企图(逃跑)|打算(种棉花)|决定

(不参加)"],有的多带谓词类宾语["知道|觉得(舒服)"],有的则多带小句类宾语("证明|说明"),有的带非名词性宾语和名词性宾语都很常见["担心(赶不上/它)"],有的甚至多带体词类宾语("影响")。可见,非名宾动词的宾语未必总是陈述类宾语占多数。

很多非名宾动词可由名宾动词演化而来。如"我喜欢她→我喜欢她唱民歌"。但"怀疑"很可能是由非名宾动词演化成名宾动词的一个实例。如"姊姊,我说得那么样儿了,你还怀疑我不是真心么?"([清]无垢道人《八仙得道》第五十一回)"怀疑"带名词性宾语时表对某人或某种对象有疑心、不信任,带非名词性宾语如陈述小句宾语时,则表示对事件可能性的臆测。这两个义项词间的演化关系,既有句法功能特征的变化,也有转喻方式的意义变化,在更早的词化环节,还有重新分析的作用。

名词性成分作宾语,属句法常规或典型规则。非名词性成分作宾语,属句法偏常。偏常导致组合称代和聚合称代的方案发生分离,导致冲突,只能竞争解决。按照聚合称代,充当宾语的谓词性成分该用代谓词称代。但按照组合称代,宾语该用代名词称代。组合称代和聚合称代的冲突导致称代降能("称代降能"详参马清华、韩笑 2019)。在降能方式上,或指称代和陈述代均可(兼代),称代效能降低;或选其一,规则性、确定性降低。非名词性宾语的称代类型呈势力序列为"指称代＞陈述代＞兼代"。可见,竞争时往往是组合称代占上风,因此谓宾的指称代占绝对多数。聚合称代是一股不容忽略的力量,因此谓宾的陈述代分布势力占第二位。该序列是称代降能导致称代无规则性上升后的规则重建。这种重建的规则是以倾向序列表现出来的。"怀疑"的谓词性宾语虽然能用"什么"提问,但它是称代标记的降能表现,而非名宾特征的持存("持存",参马清华,2014b),不能以此证明其谓宾性质是由名宾演化而来的。

7. 动词的宾语长度与其语义角色的关系

概述 魏红(2009)从《高等学校外国留学生汉语教学大纲》初等阶段 764 个最常用词中获得所有能带名词性宾语 179 个动词,分别统计它们在《汉语动词用法词典》(孟琮、郑怀德、孟庆海等,1999)和 120 万字的口语语料中的分布。我们整理其基本数据,分类归类,追加计算,得数据 1。程月(2007)统计 100 万汉字规模的清华汉语树库(TCT973)的动宾搭配。我们整理其基本数据,经校正,得数据 2。

数据 1

1. 词典分布。在《汉语动词用法词典》中动词只带简单宾语的共 40 例,见于14种语义类别宾语：工具10例(25%)，方式7例(17.5%)，致使7例(17.5%)，处所5例(12.5%)，等同4例(10%)，同源3例(7.5%)，杂类2例(5%)，结果1例(2.5%)，时间1例(2.5%)。

2. 语料分布。（1）总体分布。总计6244例中，简单形式3780例(60.54%)，复杂形式2464例(39.46%)。（2）角色分布。【常规宾语】均为客体宾语5058例(81.01%)：受事3192例(51.12%)中，简单形式1706例(27.32%)，复杂形式1486例(23.80%)。对象982例(15.73%)中，简单形式782例(12.52%)，复杂形式200例(3.20%)。等同(系事)429例(6.87%)中，简单形式235例(3.76%)，复杂形式194例(3.11%)。结果241例(3.86%)中，简单形式112例(1.79%)，复杂形式129例(2.07%)。同源19例(0.30%)中，简单形式19例(0.30%)，复杂形式0例。致使(役事)195例(3.12%)中，简单形式86例(1.38%)，复杂形式109例(1.75%)。【非常规宾语】a. 附加体宾语1056例(16.91%)，其中：处所825例(13.21%)中，简单形式646例(10.35%)，复杂形式179例(2.87%)。目的100例(1.60%)中，简单形式52例(0.83%)，复杂形式48例(0.77%)。时间69例(1.11%)中，简单形式52例(0.83%)，复杂形式17例(0.27%)。杂类37例(0.59%)中，简单形式24例(0.38%)，复杂形式13例(0.21%)。工具18例(0.29%)中，简单形式15例(0.24%)，复杂形式3例(0.05%)。方式7例(0.11%)中，简单形式7例(0.11%)，复杂形式0例。b. 主体宾语130例(2.08%)，均为施事，简单形式44例(0.70%)，复杂形式86例(1.38%)。

数据2

1. 毗邻搭配。17131对次(24.67%，"讨论问题")。

2. 长距离搭配。33480对次(48.22%，"成为独立的经济范畴｜产生了混合式计算机")。

3. 其他搭配。18820对次(27.11%)。

简论 不是所有的动宾短语都可能无限制地扩展和紧缩。熟语化短语（短语词）往往不能扩展，如施用态（马清华、葛平平，2020）的"吃食堂→*吃第一食堂"，普通话里的古俗语（或方言用语）"吃水→*吃开水"。紧缩不应造成意义上的废话（导致无意义），形义分配的不协调，前者如"来这个地方→*来地方"，后者如"种植了两棵树→*种植树"。有学者纯粹从韵律角度解释"*种植树"为什么不可接受，认为"汉语韵律不允许[2＋1]型动宾形式"（冯胜利，2000：2—3、118—120）。其实这并不恰当。只有词并列短语这样的句法均衡

结构中才往往优先考虑韵律,"偶数项在前,奇数项在后"(马清华,2005b:113—115),如"酱油醋"韵律结构是2+1,不说"*醋酱油"。因为并列关系语法上是无序结构,这就决定了它从句法上无法进行有序化操作,只能从语义、语用、韵律等其他平面寻求有序化。句法非均衡结构中的韵律作用有两个特点。首先,它不是强制性的。如2+1韵律的动宾结构广泛存在,如"折磨人|研究树|购买书|惩罚他"。其次,韵律作用时往往较为复杂,还夹杂着语义、语用等因素的连带作用,仍以动宾结构为例:(1)从句法语义的角度看,动宾关系的信息重心在宾语,也与之相应,往往前短后长,所以1+2型动宾结构在韵律上受制约的程度要小于2+1型,不说2+1"*种植树",却可以自然地说"种松树"。(2)2+1型动宾结构表面上的韵律不调,有时还因为背后违反了语体色彩的一致性规则。比较"[书面+书面]种植树木|赏菊,[通用+通用]喜欢树|种菜,[书面+通用]*种植树|赏菊花|赏花,[通用+书面]种树木|*喜欢菊|买树|*买菊"。动宾组合内部的语体色彩一致时可接受度高,不一致时可接受度出现复杂波动,其间受到语体色彩与韵律因素的共同作用。(3)当动宾结构用于情感强烈的句式,以致宾语已然获得强调效果时,2+1型就能够被接受(如可以说"怎么种植树?")。这同时也表明,凸显的情感色彩可适度抑制对语体色彩一致性关系的苛求。

动词的宾语长度与宾语自身的语义角色有怎样的关系?将《汉语动词用法词典》的14种语义类别归纳为常规宾语和非常规宾语,前者为客体宾语,后者含附加体宾语、主体宾语。对象宾语是在受事宾语之外多了一重面向受事的方向性,即受事兼方向,如"打狗|看房子"意为"对狗打狗|对房子看房子"。纯粹的受事没有这种针对性方向(如"扔砖头|搬书")。对象宾语可从宽归入典型的常规宾语。等同宾语("成为队员|担任班长|当主席|是五")实为系事宾语,属客体宾语。同源宾语("谈话|唱歌|吹气|跌跟头")实可从宽视为结果宾语的特例,孟琮等(1984)在处理时误把少数方式宾语归入等同宾语(如"唱主角|踢中锋")或同源宾语(如"走路"),都因过度强调非本质方面所致。致使宾语是役事,它在语义结构中是个复杂论元,形成于客体和主体的兼职("他端正了态度<他使态度端正了"),形式上须通过主体的易位来完成句法实现,充其量只能算作非典型的常规宾语。

把词宾语叫作宾语的简单形式,语宾语叫作宾语的复杂形式。在只带简单宾语的情形中,非常规宾语占绝大多数,常规宾语占少数,且都是非典型的常规宾语。动词只带简单宾语的现象,基本反映的是熟语化成果。如《汉语动词用法词典》非常规宾语共25例,均为附加体宾语(处所、工具、方式、目的、时间、杂类）；常规宾语仅15例，但都是常规宾语中的非典型类别[含结果、同源、系事（即等同）、役事（致使）]。

在一般句法层面，常用动词所带宾语在简单性/复杂性上的差异，与宾语的语义类型及地位的关系如下：（1）总体上，常规宾语的例数多于非常规宾语的例数，核心论元宾语的例数多于附加体宾语的例数（除处所宾语外）。（2）多数语义类型的宾语是简单形式的规模大于复杂形式。但非典型常规语中的结果、役事宾语及非常规宾语中的施事宾语，都是复杂形式的规模大于简单形式，表明它们有较明显的强调动机。（3）典型的常规宾语（受事、对象）及非常规宾语中的处所宾语，其简单形式和复杂形式的比例相差都相对较大甚至很大。对象宾语内部之所以如此悬殊，是因为其中很多是专有名词或代词，它们常以简单宾语的形式表达复杂宾语的内容，如果剔除掉专有名词宾语和代词宾语，则比例不会相差这么大。（4）非典型的常规宾语或一般的非常规宾语（除处所宾语外），其简单形式和复杂形式的比例都相差不大。总之，宾语为典型常规的，例数较多，虽然其简单形式跟复杂形式的分布规模相差较大，但复杂形式的规模基数也较大。非典型的常规宾语或非常规宾语，情况与之相反。但处所宾语例外，这跟其句法特征的特殊性有关。它是空间这个基本认知域的代表，可以带介词实现为后置的处所补语，虽是附加体论元，有时却是强制性的，如单说"他住"不成话，"他住宾馆"就能自足。

根据依存关系，由动宾搭配的距离也可间接观察出复杂宾语的分布势力。搭配按依存关系分毗邻和非毗邻两种。动宾关系这两种形式中，动宾关系的长距离搭配两倍于毗邻搭配，具明显分布优势。"其他类"情况不详，其中也包括了不少非毗邻搭配，如把它们也归到非毗邻搭配里去，则毗邻搭配的占比更低。可见动宾结构多以复杂结构的形式存在。这跟宾语以传递句子新信息为主有关。

8. 动词及物性和实际使用中宾语的有无

概述 郭继懋（1999a）选取统计15个常用动词（含及物和不及物）在《骆驼祥子》中的带宾语情况。我们整理其基本数据，完善归类，校正数据并追加计算，得数据1。邢红兵（2003）统计北京语言文化大学的现代汉语研究语料库中4个动词（含及物和不及物）实际带宾语的频次，完善分类和归类，得数据2。陶红印（2003）统计约10万字的普通话口语语料中及物动词"知道/知"实际带宾语情况。我们整理其基本数据，并追加计算，得数据3。

数据1

1. 15个常用动词总体分布。及物动词在使用中带宾语的占50.09%左右,不带宾语的占49.91%左右。不及物动词在使用中不带宾语的占92.79%左右,带宾语的只占7.21%左右。

2. 词项分布。(1)带宾语多于不带宾语。【及物】a. 单宾动词:"卖"27例中,带宾17例(62.96%),不带宾10例(37.04%)。"收"25例中,带宾22例(88%),不带宾3例(12%)。"忘"54例中,带宾35例(64.81%),不带宾19例(35.19%)。b. 双宾动词:"给"近宾53例中,带宾43例(81.13%),不带宾10例(18.87%);远宾53例中,带宾29例(54.72%),不带宾24例(45.28%)。(2)不带宾语多于带宾语。【及物】a. 单宾动词:"找"44例中,带宾18例(40.91%),不带宾26例(59.09%)。"吃"74例中,带宾35例(47.30%),不带宾39例(52.70%)。"洗"31例中,带宾9例(29.03%),不带宾22例(70.97%)。"进"60例中,带宾23例(38.33%),不带宾37例(61.67%)。b. 双宾动词:"问"近宾41例中,带宾6例(14.63%),不带宾35例(85.37%);远宾41例中,带宾14例(34.15%),不带宾27例(65.85%)。【不及物】"走"107例中,带宾12例(11.21%),不带宾95例(88.79%)。"跑"81例中,带宾8例(9.88%),不带宾73例(90.12%)。"混"33例中,带宾3例(9.09%),不带宾30例(90.91%)。"睡"63例中,带宾1例(1.59%),不带宾62例(98.41%)。"坐"49例均不带宾(100%)。(3)带宾语跟不带宾语相当。【及物】"喝"42例中,带宾21例(50%),不带宾21例(50%)。

数据2

1. 带宾语多于不带宾语。【不及物】"哭"220例中,带宾语193例(87.73%),不带宾语15例(6.82%),其他12例(5.45%)。

2. 都带宾语。【及物】"显得"88例中,都带宾语(100%)。

3. 不带宾语多于带宾语。【及物】"计算"214例中,带宾语6例(2.80%),不带宾语191例(89.25%),其他17例(7.94%)。

4. 带不带宾语势力大致相当。【及物】"安排"216例中,带宾语77例(35.65%),不带宾语80例(37.04%),其他59例(27.31%)。

数据3

117个"知道/知"用例中,带宾语55例(47.01%),不带宾语62例(52.99%)。形式上,动词"知道"后面有停顿的占绝大多数,共92例(78.63%),结束型停顿72例(61.54%),非结束型停顿20例(17.09%)。无停顿的占少数,共25例(21.37%)。

简论 动词及物性是就常规状态下的持有能力而言,动词在实际使用中有无宾语,包括了语境条件下的常规状况、非常规状况。两者性质不同,以个例词统计方法,观察两者的联系。

及物的非粘宾动词离开语境时一般要带宾语,在具体语句里可不必带宾语。及物动词无论是单宾动词还是双宾动词,在实际使用中,带宾语的幅度都可发生分化。就个例词而言,有的带宾语为常(如"卖、收、给"),有的不带宾语为常(如"找、吃、洗、进、问、计算、知道/知"),有的带不带宾语势力相当(如"喝、安排");有的仅保留近宾语为常,有的仅保留远宾语为常。它们的形成是因为:(1) 语境作用,(2) 宾语省略对话语衔接的反作用,(3) 不同及物动词的宾语共喻程度不等对语义自足性的影响(离开具体语境,"他已经吃了"站得住,"他已经收了"就不行),(4) 动词在话语标记等标记化中的作用(如"知道")。

不及物动词的个例词有三类,其形成分别跟变价用法(见马清华、葛平平,2020)的势力规模不等有关:(1) 不带宾语远多于带宾语。如"走、跑、混、睡",其不及物动词性质决定了带宾语的变价用法是少数。不及物动词带宾语是表达派生态的变价用法(马清华、葛平平,2020),属非常规用法,因此在该词用法的占比中不高。这种非常规性跟语境因素无关。(2) 都不带宾语。如"坐",它不带宾语,并非不能带升价宾语,而是在语境中受到了经济性原则或礼貌原则的约束(如"你坐凳子"),带后显得冗余或不礼貌,故呈抗变价倾向(处所论元升价为宾语仅见于表处所选择关系,如"你坐沙发,我坐凳子")。(3) 带宾语多于不带宾语。如"哭",其非核心论元(因事)在某些语境中受文化关注导致特定语料中的经常性升价(如"哭他走丢的儿子|孟姜女哭长城")。前两种呈正态分布,第三种呈偏态分布。

综上,实际使用中,影响是否带宾语的因素增加,表层形式上规则性降低。在其另一面,该现象确保了语言的弹性和表现力。具有稳定性和抗干扰能力的是粘宾动词(如"显得"),其及物性特征不受语境因素影响,在使用时必带宾语,达到句法强制性的极限,反映了弹性和活力的丧失。粘宾动词是表关系义或其他虚化意义的非动作动词,它们是及物动词的偏常次类。

实际使用中,规则性降低并不导致彻底的无序。在总体倾向上,虽然及物动词带不带宾语的势力旗鼓相当,但不及物动词在使用中还是以不带宾语的占绝大多数。

9. 不及物动词的必有论元

概述 苗传江(1997)从3008个义项动词中找到431个(14.33%)不及物的自主动词。统计其跟必有论元组成的21个句模(语义结构模式)及特征分布[下标编号是《现代汉语动词大词典》(林杏光、王玲玲、孙德金,

1994)中的义项编号]。经校验,有效的不及物动词只有 415 个(13.80%)。整理并校正其数据,修改分类和归类,并追加计算,得数据:

数据

1. 无必有的附加体论元。【施事＋V】274 词(66.02%):施事为人 164 词"办事|留学|逃跑|投降|施工|担保"等,人/动物 38 词"蹦|爬_{爬行}|叫唤|游泳|歌唱|起来_{起床}|站_{站立}",人/人群 6 词"游行|逃荒|欢呼",人/动物/交通工具 6 词"奔跑|躲藏|跑_{奔跑}",人/交通工具 3 词"入境|退_{后移}|巡逻",人/动物/器物 2 词"躺|跳_{跳跃或跳舞}",人/现象 1 词"压_{逼近}",人/非生物/非生物部件 1 词"旋转",人/抽象物 1 词"倒退",人/非生物/部件 1 词"晃_{摇摆}",人/动物/部件 1 词"动_{行动}",人/动物/天体物 1 词"出来",人/兽类/气象现象 1 词"吼",人/动物/现象/交通工具 1 词"过来",集体 6 词"分裂_{队伍~了}|出动_{外出行动}|招生",动物 3 词"飞_{鸟儿~了}|飞翔|咬_{(狗)叫;鸡鸣狗~}",动物/植物/微生物 1 词"繁殖",兽类/水地物 1 词"奔腾",非生物 10 词"扩散|流|冒_{向外透}",人体部件/非生物 2 词"跳_{眼皮~}|跳动",具体物 9 词"飞_{柳絮~}|飞舞|涌|运动",现象 4 词"爆发|退_{洪水~了}|刮_{~风}|下_{(雨、雪等)降落}",器物 2 词"亮_{灯~了}|响",交通工具 6 词"奔驰|飞行|航行",社会现象/活动和产物 1 词"兴起",精神活动 2 词"开幕|开演"。

2. 必有的附加体论元作宾语(升价用法)。76 词(18.31%)。【施事＋V＋处所】58 词(13.98%):[＋人＋处所],处所为有限空间 4 词"参观|定居|赖_{~家里}|住",场所 7 词"游_{~泰山}|游览|跨|上|逛|漫步|串_{~门}",场所/范围 2 词"防守|跑_{~八百米}",空间 4 词"守_{~大桥}|深入|下_{~基层}|蹲_{~监狱}",集体组织 1 词"加入_{~工会}",集体单位 2 词"读_{~小学}|念_{~大学}",国家地区 1 词"出访",地表物 2 词"渡|攀登",水域 1 词"投_{~海}",具体物/具体物部件 1 词"趴_{~窗台}"。[＋人/动物＋处所],处所为有限空间 3 词"生活|接近|出_{~校门}",场所 3 词"上_{~楼}|聚集|聚",场所/交通工具 1 词"下_{~车}",场所/具体物 1 词"爬_{~梯子}",场所/集体 1 词"回_{~家}",具体物/具体物部件 2 词"点_{~脑门}|倚"。[＋具体物＋处所],处所为空间 1 词"留_{~北京}",有限空间 1 词"钻_{~山洞}",具体空间/集体 1 词"进_{~监狱}",具体物/有限空间 1 词"挨(ai)_{~墙}",具体物/具体物部件 1 词"靠"。[＋生物＋具体物]1 词"攀_{~树}"。[＋人/交通工具＋有限空间]3 词"出入|到|到达"。[＋人/动物/交通工具＋有限空间]4 词"闯_{~关口}|翻_{~墙}|奔_{~姥姥家}|穿_{~胡同}"。[＋交通工具＋有限空间]1 词"直达"。[＋空中交通工具/鸟类＋有限空间]1 词"落_{停留}"。[＋非生物/抽象物＋空间]1 词"渗透_{腐败也~了这些部门}"。[＋人/动物/现象物＋有限空间/具体物]1 词"通过_{~了封锁线}"。[＋人/人工物/抽象物＋空

间]1词"登~山"。[+人/动物/交通工具+有限空间]1词"绕~了路"。[+人/交通工具/天体物/物理现象+有限空间]1词"返回"。[+人/动物/信息/理性+空间]1词"闪~过一个想法"。[+事物/抽象时间+具体空间/抽象时间态势]"进入"。【施事+V+时间】1词(0.24%):[+人+时间]"熬~日子"。【施事+V+目的】4词(0.96%):[+人+目的],目的为人工物1词"奔~材料",具体物内容1词"活动~了一个好差事",内容/事情1词"交涉",人工物/事情1词"跑~买卖"。【施事+V+范围】4词(0.96%):[+人+范围],范围为内容1词"讲究",抽象物1词"抢~时间"。[+人+事项/活动]1词"从事"。[+事件/抽象物+空间]1词"震惊"。【施事+V+依据】3词(0.72%):[+人+依据(抽象物)]1词"遵照"。[+人/交通工具/作品+依据(抽象物)]1词"遵循"。[+人+抽象货币/财产]1词"吃~房租"。【施事+V+方式】3词(0.72%):[+人+方式],方式为抽象物2词"玩儿~花招|打~比方",活动1词"打~零工"。【施事+V+处所/时间】2词(0.48%):[+人+空间/时段]1词"经过"。[+人/动物/交通工具+场所范围/节假日]1词"过经过(空间或时间)"。【施事+V+与事/材料】1词(0.24%):[+集体+单位/器具物]"装备"。

3. 必有的附加体论元作状语,有时也可作宾语。65词(15.66%)。(1)竞争关系。a.【施事+同事+V】32词(7.71%):[+人+人]29词"吵架|和解|寒暄|合作|谈判"。[+人+人/动物/自然现象]1词"搏斗"。[+人+人/动物]1词"打架"。[+事物+事物]1词"结合理论和实践~"。【施事+V+同事】4词(0.96%):[+人+人]3词"联合|联络|配合"。[+人+人]1词"认识"。b.【施事+与事+V】14词(3.37%):[+人+人]9词"道歉|说情|针灸|补课为学生~|挑战|效劳|报仇|送行|示威"。[+人+人/抽象物]1词"辩护"。[+人+人/领域]1词"服务"。[+人+人/标志]1词"敬礼"。[+人+人/事情]1词"开刀给病人~"。[+人+人/事理]1词"设想替国家~"。【施事+V+与事】3词(0.72%):[+人+人]2词"祝贺|祝福"。[+集体+人]1词"贷款银行给公司~"。c.【施事+原因+V】1词(0.24%):[+人+人/事物]"操心"。【施事+V+原因】5词(1.20%):[+人+原因],原因为事情/抽象物2词"贷款计较",事情/节日纪念日1词"庆祝"。[+人/动物/交通工具+事物]2词"躲|躲避"。d.【施事+工具+V】1词(0.24%):[+人+具体物]"撒气拿旁人或物事泄愤"。【施事+V+工具】2词(0.48%):[+人+人工物]1词"压压盖"。[+人+文体用具/文体活动]1词"玩儿~牌"。(2)共现关系。【施事+同事+V+范围】3词(0.72%):[+人+人+领域/属性]1词"比~高低胜负"。[+人+人+活动]2词"比赛、赛"。

简论 不及物动词一般都是一价动词,其必有论元通常只有主体。少数情况下,非核心论元也可成为它们的必有论元,如"住"的处所论元,主体为单数名词时"交谈"的伴随论元。看不及物动词的必有论元类型及其分布势力。

动词中,不及物动词的比例很低。有些不及物动词可以带非主体宾语,如"来客人了"。这属于变价用法(马清华、葛平平,2020)。不及物动词必有论元的数量按由多到少顺序,呈序列"典型一价动词(无必有的附加体论元)＞非典型一价动词(另有必有的附加体论元)＞零价动词"。其中,典型一价动词占绝对多数。非典型一价动词另有必有的附加体论元,它含有句法结构的非典型实现,因此占比不占优势。零价动词是不及物动词的最少价数,不仅客体缺如,主体也缺如,因此少之又少。这些都表现出合理的正态分布。

典型一价动词中,述人动词(动作行为由人发出)的占比高于半数。述物动词(陈述对象是事物)的占比相对少得多。在自主性不及物动词中,述人动词的占比更高。

非典型一价动词中,附加体论元的语义地位跟其必有性不相称,但升价后的句法地位跟必有性重建了像似关系。因此必有的附加体论元多作宾语。只有跟作状语有竞争或共现关系,才实现为状语。

竞争关系的存在,有时跟辨义需要有关。如,伴随论元(同事)作状语时,表跟施事的双向交互关系("我跟小王认识"意味着小王也认识我),作宾语时,表示受到施事的单向支配("我认识小王"并不意味着小王也认识我)(这里伴随论元受抑制便不能在这里实现为宾语)。有时因受动词词法制约。如,动宾型动词多不能带宾语("道歉│说情│补课$_2$│报仇│送行│示威"等),因此其与事多不能作宾语,只作状语。只有极少数动宾型动词成功突破限制,获得了带宾语能力(如"祝福"等),因此其与事能作宾语,但这毕竟是少数。

必有附加体论元的二元共现,一般只允许一个升价作宾语,于是另一个只能作状语。

系事不应视为附加体论元,而应视为客体论元。以之为宾语的动词均含某种判断意义。系事为人物 7 词"担任│当│干$_{～过厂长}$│去$_{《断桥》中地～白娘子}$│扮│扮演│化装$_{李向阳～鬼子进城}$",系事为人/态势/行为 1 词"装假装",系事为人/抽象物 1 词"充当"。另外,有些动词("等│等待│等候│寻求│追求$_{～名利}$│竞选│报考")带的所谓目的论元也其实是误判,它充其量只是陈述类目的论元的一部分,因转价和吸收,实已成为残留动词的受事。如"等他(←为了见他而等│* 为他而等)│竞选总统(←为了当总统而竞选│* 为了总统而竞选)│报考南京大学(←为了

进南京大学而报考|＊为了南京大学而报考)"。因此这样的动词不属不及物动词,我们校验时已予滤除。

10. 无宾动词的语法特征

概述 汪洪澜(1996)考察《动词用法词典》(孟琮、郑怀德、孟庆海等,1987)和《现代汉语词典》(1979)中不能带宾语的义项动词,据此统计其语法语义特征。我们整理其基本数据,校正、改变算法并追加计算,得数据:

数据

1. 一般分布。从《动词用法词典》和《现代汉语词典》(1979)中共采集到179个不能带宾语的义项动词[《动词用法词典》2117个义项动词中,不能带宾语的只有88个(4.1%)]。

2. 语法特征。(1) 句法。【单独作谓语的能力(即是否需要完句成分)】a. 不能单独作谓语(需要完句成分):须带补语、状语,或时体、语气标记的169个(94.41%,"到来_{春天~了}|发源_{黄河~于……}|游泳|打球|跑步|休息|工作|感冒|帮忙"),其他1个(0.56%,"是_{单独成句}")。b. 能单独作谓语(可不需要完句成分)的9个(5.03%,"害羞|冲突|相反|相等|相同")。【受"很"修饰能力】a. 不能受"很"修饰的163个(91.06%)。b. 能受"很"修饰的16个(8.94%,"冲突|帮忙|抱歉|害羞|扫兴|泄气|觉悟|冒险")。【带补语能力】只有带时量、趋向、结果、介宾补语,且补语都比较简短的169个(94.41%,"开演|抱歉"),能带比较复杂补语的动词只有10个(5.59%,"害羞|咳嗽|呻吟|磨蹭")。(2) 词法。【重叠能力】a. 不能重叠的136个(75.98%)。b. 能重叠的43个(24.02%,含[AA/A—A]提_{日子往前~~}|嚷_{~~就行了}|动_{~~脑子},[AABB]磨蹭,[AAB或A—AB]冒险|通信|吵嘴|化装|集邮|帮忙|理发|握手|跑步|散步|鼓掌|唱歌|挥手|见面|洗澡|溜冰|送行|救火|游泳,[ABAB]休息|觉悟|醒悟|团圆)。

3. 语义特征。(1) 述人动词(动作行为由人发出)101个(56.42%):a. 动宾型35个(19.55%,"冒险|集邮|报道|放假|罢工|定居|开业|理发|跑步|搬家|照相|散步|闯祸|喝彩|赶路|鼓掌|唱歌|挥手|上当|乘凉|溜冰|救火|观光|失眠|害羞|抱歉|扫兴")。b. 并列型51个(28.49%,"觉悟|醒悟|罢休|休息|睡觉|鞠躬|洗澡|旅行|挣扎|奔跑|停留|工作|哽咽|忍耐|呻吟|感冒|呕吐|咳嗽|旋转|玩耍|讲演|考试|答辩|游泳")。c. 其他15个(8.38%,"前进|自杀|自习")。(2) 述物动词(陈述对象是事物)28个(15.64%,"发源|开演|揭晓|落空|破裂|完毕|破灭|进展|到来|消灭|变迁|衰亡|飞扬")。(3) 交互动词48个(26.82%):a. 动作相关名词均居动词24

个(13.41%,"通信_(我和他~好几年了)|分手|分别|吵嘴|握手|拔河|团圆|和解|见面|冲突|谈判|互助|对质|对峙|联欢|相逢|合作|相同|相等")。b. 动作对象带介词作状语1个(0.56%,"着想_(我一直在为你~)")。c. 一部分名词性成分可隐而不现23个(12.85%,"拜年_(他去~了)|道歉|帮忙|撑腰|拜年|妥协|恋爱|结婚|离婚|轮流|交际|致敬|服务|丰收")。(4) 零价动词(无施事和受事)2个(1.12%,"是_3|地震")。

简论 无宾动词的一系列特征具有共变联系。严格地讲,无宾动词和不及物动词不完全相同。无宾动词隶属于不及物动词,但它完全不能带宾语,后者则允许带变价宾语,可见无宾动词的非及物性程度高于不及物动词。零价动词属无宾动词,其占比最小。

动词的无宾性至少导源于:(1) 双向支配的交互动词。交互动词既有双向支配,又有单向支配。前者是伴随论元作状语,后者是受事论元作宾语。但无宾动词只有双向支配,因此伴随论元只作状语,不作宾语,作宾语会导致支配关系单向化和意义改变。(2) 动宾型构词抑制了动词带宾能力。

零价动词是如下活动的结果:(1) 一价动词跟施事主语组合的词汇化作用。如"地震"。(2) 变价作用。如"是_(应答)"单独成句,不能作谓语,由施事和受事双重减价所致,本质上已几乎沦为次生叹词。(3) 变价和词汇化的联合作用。如"雨下"降价为"下雨"表存现态(马清华、葛平平,2020),继而词汇化为零价的复合动词。

动词不能带宾语跟不大能受"很"修饰、不大能重叠、不大能单独成句等特征有共变关系(马清华、杨飞,2018),其成因可分别推寻到它们的词义、构词特征、句子的语用条件。这些特征的共变关系,造成了它们跟形容词的分化。无宾动词和形容词都不大能单独作谓语,但成句条件不同,如前者常带补语(如时量、结果、介宾补语等),后者则很少带这类补语。即使两者都能带趋向补语,但前者更常见。

不过,有些能受"很"修饰、能单独作谓语的所谓无宾动词,实际已形容词化了,或本来就是形容词,其词汇意义表特征(如受"很"修饰时的"害羞|扫兴|泄气|冒险"等)或关系性质(如"相同|相等"),而非动作。虽然也有一些证据支持"害羞|扫兴|泄气|冒险"等为动词,但它们似乎更像是兼类词。

5.1.3 形容词的功能势力

1. 形容词在实际语料中的功能使用度序列

概述　形容词是否持有某功能,跟它在实际语句中以多大概率充当该种成分(即其功能使用度)不完全对应。比如,形容词绝大多数能作谓语,但实际语言中,形容词作谓语(或谓语中心)的未必是大多数。形容词功能的持有能力序列见§5.3.3。这里看形容词在实际语句中的功能使用度序列。莫彭龄、单青(1985)依据现当代 17 个作品,统计汉语形容词在实际语句中充当句法成分功能的频率[作品及分组见§5.1.1(1)]。整理其基本数据,校正并追加计算,得数据:

数据

1.总体分布。所有样本(A+B+C+D+E)中形容词共计 1448 例,定语 577 例(39.85%),谓语 400 例(27.62%),状语 296 例(20.44%),宾语 83 例(5.73%),补语 78 例(5.39%),主语 14 例(0.97%)。

2.迭代分布。把现当代 17 个作品分成 22 个统计单位,然后把统计结果分成 A、B、C、D、E 五组迭代求和(即 A,A+B,A+B+C,A+B+C+D,A+B+C+D+E 逐次累加),接下来求平均数,得到最逼近真值的平均频率。最后算出,平均 859.8 例形容词中,定语 353 例(42.07%),谓语 232.2 例(26.19%),状语 169.2 例(19.14%),宾语 51.2 例(6.03%),补语 43 例(4.85%),主语 11.2 例(1.72%)。

简论　总体分布和迭代分布的均值都显示,形容词的功能分布势力由高到低都呈序列"定语＞谓语＞状语＞宾语＞补语＞主语"。迭代分布计算结果中,定语和谓语的频率差距比总体分布的计算结果更大、更显著。

形容词作定语频率如此之高的原因,一是统计者将区别词("非谓形容词")归入了形容词,所幸区别词占比不大。二是归因于结构复杂化的结果,即形容词作定语的势力增长。而这最终跟统计对象以书面语材料为主(参§5.8.1)有关,若统计的是口语,结果就会大不相同。事实表明,口语中形容词作谓语的频率超过定语(参§5.8.1)。学界对形容词的主要功能是作谓语还是作定语历来有两种意见,各执己见,其实并不冲突,都是认知片面罢了。需要注意的是,尽管形容词作定语多于作谓语,但"程度副词＋形容词"作谓语可能要比作定语多[参§5.10.4(数据 1)]。

如果说动词是谓词的典型,那么形容词就像是谓词的附类。述谓段("谓语>状语>补语")是动词功能使用度序列的前段,却是形容词书面语体功能使用度序列的中段,中性段("定语")是动词功能使用度序列的中段,却是形容词书面语体功能使用度序列的前段。形容词和动词的序列末段都是指称段("宾语>主语")。可见在书面语体里,形容词和动词的段间序列局部有变,但段内序列未变。综合看,名词是指称功能为主,动词是陈述功能为主,形容词的修饰功能大于动词(另参§5.1.2),形容词在书面语里则更以修饰功能为主。

2. 形容词小规模聚类中的特征序列

概述 江诗鹏(2005)统计了124个形容词在北京语言大学的现代汉语研究语料库中作谓语、定语、状语、补语等句法功能的频度特征。我们整理其基本数据,分类归类,并追加计算,得数据1。李劲荣、范开泰(2006)在约300万字语料中,逐个检讨《现代汉语语法信息词典详解》(俞士汶等,1998/2003)收录的368个状态形容词(原收录394个状态形容词库,排除26个非状态形容词),据此统计其功能与构成的类型数据。我们整理其基本数据,并追加计算,得数据2。

数据1

【作谓语】

1. 能作谓语的形容词 116词(93.55%):(1)只作谓语的2词(1.61%,"经济|渴");(2)常作谓语的(例超50%)35词(28.23%,"安静|不错|低|方便|丰富|高兴|够|好吃");(3)次常作谓语的(例在10%—50%间)66词(53.23%);(4)不常作谓语的(例少于10%)13词(10.48%,"花|全|突然|伟大|一定|友好|重要|主要")。

2. 不能作谓语的形容词 8词(6.45%)。

【作定语】

1. 能作定语的形容词 113词(91.13%):(1)只作定语的3词(2.42%,"所有|原来|中");(2)常作定语的(例超50%)32词(25.81%,"基本|旧|老|年轻|破|特别|伟大|有名");(3)次常作定语的(例在10%—50%之间)53词(42.74%);(3)不常作定语的(例少于10%)25词(20.16%,"安静|错|久|客气|累|忙|努力")。

2. 不能作定语的形容词 11词(8.87%)。

【作补语】

1. 能作补语的形容词 78词(62.90%):常作补语的(例超30%)8词

(6.45%,"错|紧|清楚");次常作补语的(例在 10%—30% 间)19 词(15.32%);不常作补语的(例少于 10%)51 词(41.13%,"安静|丰富")。

2. 不能作补语的形容词 46 词(37.10%,"当然|经常|经济")。

【作状语】

1. 能作状语的形容词 68 词(54.84%):(1) 常作状语的(例超 30%)18 词(14.52%,"快|乱|难|努力|认真|容易|突然|完全|早|正确");(2) 次常作状语的(例在 10%—30% 间)22 词(17.74%);(3) 不常作状语的(例少于 10%)28 词(22.58%,"长|大|低|短|方便|复杂|高|够|贵|好|紧张")。

2. 不能作状语的形容词 56 词(45.16%)。

数据 2

【功能分布】368 个状态形容词中,谓补词 121 词(32.88%),唯谓词 103 词(27.99%),谓补状词 75 词(20.38%),谓状词 61 词(16.58%),谓定词 8 词(2.17%)。

【构词分布】

1. BA 式。63 词(17.12%),其中谓补词 31 词(8.42%,"滚烫"),唯谓词 30 词(8.15%,"斑白"),谓补状词 2 词(0.54%,"笔直")。

2. AA 式。13 词(3.53%),其中谓定词 8 词(2.17%,"勃勃"),谓状词 3 词(0.82%,"熊熊"),唯谓词 2 词(0.54%,"平平")。

3. ABB 式。188 词(51.09%),其中谓补词 78 词(21.20%,"麻酥酥"),唯谓词 58 词(15.76%,"黑漆漆"),谓状词 40 词(10.87%,"病歪歪"),谓补状词 12 词(3.26%,"赤条条")。

4. AABB/A 里 AB 式。85 词(23.10%),其中谓补状词 60 词(16.30%,"整整齐齐"),谓状词 13 词(3.53%,"庸庸碌碌"),谓补词 8 词(2.17%,"松松垮垮"),唯谓词 4 词(1.09%,"郁郁苍苍")。

5. ABCD 式。10 词(2.72%),其中谓补词 4 词(1.09%,"灰不溜秋"),唯谓词 4 词(1.09%,"黑咕隆咚"),谓状词 1 词(0.27%,"疯了呱叽"),谓补状词 1 词(0.27%,"稀里糊涂")。

6. 连绵词。5 词(1.36%),其中唯谓词 5 词(1.36%,"斑驳")。

7. "一然"式。4 词(1.09%),都是谓状词 4 词(1.09%,"淡然")。

简论 功能使用度的调查一般采用例数统计法,也可采用词数统计法,即借助语料库,通过调查某词类在各句法功能下的词项规模,来统计该词类的功能使用度。数据 1 利用该法,统计了形容词小规模聚类的功能使用度,未统计或未统计到形容词的宾语、主语功能,就数据看,能充当相应句法成分的形容词数由多到少呈序列"谓语＞定语＞补语＞状语"。形容词小规模聚类的以上功能使用度序列反映的是性质形容词和状态形容词混合数据。形容词的谓词性就表明,从典型性看,它的第一功能是作谓语,第二功能才是定语。谓语是谓词(动词和形容词)的典型功能,定语、状语、补语是谓词的次常功能,宾语、主语是谓词的偏常功能。无论是能力还是实际使用,谓语、定语依次是形容词最主要的两种功能。能作补语、状语的形容词虽占多数,但实际使用中多不常作补语、状语。无充任能力的形容词数是另一项统计数据,归纳起来它由多到少呈序列"不能作状语的词数＞不能作补语的词数＞不能作定语的词数"。这从反面验证了前一序列。

　　功能不太典型的形容词,其谓语、定语、状语、补语等功能频度往往此消彼长,有互补关系,即若常作这一种功能,则另外的功能往往就不那么常用。如"安静"常作谓语,就不常作定语、补语。所谓"只作谓语"或"只作定语"的形容词并未涵盖作主语、宾语,至少从所举语例讲,"经济、渴、所有、原来、中"都能作主语、宾语。

　　形容词功能使用度的词数统计法结果,跟口语体里功能使用度的例数统计法结果(参§5.8.1)接近,但跟书面语为主的功能使用度的例数统计法结果不同。表明功能使用度的词数统计法相对来说更能反映形容词的基础特征,而非书面语里的复杂变异特征。当然也同时表明,口语体是基础语体,书面语是派生语体。

　　数据2采用的大致也是词数统计法,得出了多功能状态形容词的功能使用度序列是"谓补词＞唯谓词＞谓补状词＞谓状词＞谓定词"。从中可再次看到谓语在形容词功能中的基础地位。

　　状态形容词各构词的多功能类型及其势力序列如下:(1)有4种的。ABB式(谓补词＞唯谓词＞谓状词＞谓补状词),AABB/A里AB式(谓补状词＞谓状词＞谓补词＞唯谓词),ABCD式(谓补词/唯谓词＞谓状词/谓补状词)。(2)有3种的。BA式(谓补词＞唯谓词＞谓补状词),AA式(谓定词＞谓状词＞唯谓词)。(3)有1种的。连绵词(唯谓词),"一然"式(谓状词)。重叠形式的多功能类型相对较多,非重叠形式的多功能类型相对较少。

　　状态形容词各构词类型差不多都有各自的优势多功能类型,BA式和ABB式中都是谓补词,连绵词中是唯谓词,AABB/A里AB式中是谓补状词,"一然"式中是谓状词,AA式中是谓定词。

　　状态形容词构词的优势序列是"ABB式＞AABB/A里AB式＞BA式＞

AA 式＞ABCD 式＞连绵词"。构词比例最高的是 ABB 式,AABB 式的数据可能虚高,它包括了形容词构形而非构词。最弱的是连绵词和"一煞"式,从韵律看,连绵词多可视为重叠变式(局部重叠)。

仅从状态形容词的多功能与词数的关系看,作谓语是状态形容词的第一大功能。补语功能是仅次于谓语的第二大功能。状态形容词中所谓的"唯谓词",都值得怀疑。它们应都能作定语,比较作谓语的"暮色苍茫|海又湛蓝湛蓝的了|脸上凉丝丝的"和作定语的"苍茫大地|湛蓝的天空|呷一口凉丝丝的绿豆汤"。有学者专文批驳过"唯谓词"一说(邵霭吉,2008),根据对原统计者所列所有词例的考察,所谓的"唯谓词"几乎都能作定语,半数能作补语或状语。因此可判定,状态形容词功能居末的绝非定语,而可能是状语。状态形容词在兼容关系下的功能使用度序列为:谓语＞补语＞定语＞状语。

3. 性质形容词个例词实际使用中的句法功能分布

概述 莫彭龄、王志东(1988)按选自《骆驼祥子》和《新华文摘》(1987 年第 6 期)的语料,统计性质形容词"大""白"的句法功能分布。我们整理其基本数据,并追加计算,得数据 1。张国宪(2007)随机抽取评价形容词"笨拙"、感情形容词"诚恳"和态度形容词"果断",用中国社会科学院语言研究所句法语义研究室编制的 Cocosearch 语料检索系统的"现代汉语"子库(共计划 1600 万字)检索,对比统计性质形容词的这 3 个个例词实际作状语和谓语的频次。我们整理其基本数据,并追加计算,得数据 2。江诗鹏(2005)和邢红兵、张文坚、江诗鹏(2006)依据北京语言大学的现代汉语研究语料库,统计了个例形容词的句法功能。我们整理和追加计算,得数据 3。

数据 1

1. 形容词"大"。共 106 例中,定语 83 例(78.30%),谓语 17 例(16.04%),状语 5 例(4.72%),宾语 1 例(0.94%),补语 0 例,主语 0 例。

2. 形容词"白"。共 94 例中,定语 63 例(67.02%),状语 22 例(23.40%),谓语 7 例(7.45%),主语 1 例(1.06%),补语 1 例(1.06%),宾语 0 例。

数据 2

"笨拙"谓语 15 例(56.56%),状语 12 例(44.44%);"诚恳"状语 83 例(64.34%),谓语 46 例(35.66%);"果断"状语 27 例(75%),谓语 9 例(25%)。

数据 3

1. 功能单一的。"行"总 10 例,仅作谓语 10 例(100%);"渴"总 6 例,仅作谓语 6 例(100%)。

2. 功能较多的。"苦"总 92 例,其中谓语 44 例(47.83%),定语 22 例(23.91%),状语 22 例(23.91%),补语 4 例(4.35%);"晚"总 77 例,其中谓语 48 例(62.34%),定语 10 例(12.99%),状语 10 例(12.99%),补语 9 例(11.69%);"重"总 160 例,其中谓语 71 例(44.38%),定语 59 例(36.88%),状语 15 例(9.38%),补语 15 例(9.38%)。

3. 功能种类适中的。"伟大"总 136 例,其中定语 127 例(93.38%),谓语 9 例(6.62%),补语 0 例,状语 0 例;"基本"总 366 例,其中定语 325 例(88.80%),状语 41 例(11.20%),谓语 0 例,补语 0 例;"热情"总 74 例,其中状语 43 例(58.11%),定语 21 例(28.38%),谓语 10 例(13.51%),补语 0 例。

简论 个例词实际使用中的句法功能分布,是观察词类功能使用度序列的另一角度。性质形容词的功能分布序列在例(token)与类(type)的关系上有时相同,有时不完全相同。原因跟语体关系最大(参§5.8.1),但在同样语体条件的语料范围内,也跟词项本身或频率等有关。

有的个例词的功能使用度序列跟形容词在书面语体为主的语料中的总体分布序列(参§5.8.1)类似(如"定语＞谓语＞状语＞宾语＞补语/主语"的"大")。从"白"作状语的数据推断,原统计者可能因为没有区分语义词和词汇词(前者是词的单个义项,后者包含了多义词的义项集合。见马清华,2000:71),而误把"白"的徒然义和颜色义混在一起统计,状语不计,则颜色义语义词"白"的功能使用度序列应是"定语＞谓语＞补语/主语"。有的个例词功能使用度序列跟形容词在书面语体某语域(话剧说明)分布序列(参§5.8.1)类似(如"状语＞定语＞谓语＞补语"的"热情")。有的个例词功能使用度序列则跟性质形容词在口语体某语域(话剧对白体)分布序列(参§5.8.1)类似(如"谓语＞定语＞状语＞补语"的"苦""晚""重")。

性质形容词"行""渴""苦""晚""重""伟大""热情""基本"中,作谓语的 7 个(87.50%),作定语的 6 个(75%),作状语的 4 个(50%)(按:"基本"作状语不计,理由见下),作补语的 3 个(37.50%)。该结果证实了形容词功能使用度序列的词数统计法结果[§5.1.3(2)](由大到小排):"谓语＞定语＞状语＞补语"。不过,该统计只限于所观察的语料,并未反映其能力的全部,即有没有和能不能并不简单对应。语料中有,常可断言能说;语料中无,却难断言不能说。如,在持有能力上,"行""渴"不只能作谓语,至少都还能作定语("行的人不怕找不到工作|渴的时候")。"基本"基础义不只是作定语,也可作谓语中心("这

个问题相当基本")、宾语("不忘初心是基本"),作状语时表大致,属另一个语义词,不能跟基础义混在一起统计。

在同样的语料考察范围内,"诚恳""果断"的频率高,频序呈"状语＞谓语",即修饰功能大于陈述功能,"笨拙"的频率低,频序呈"谓语＞状语",即陈述功能大于修饰功能。这表明频率和饰谓功能的高低有相关性,准确地说,是某种共变关系。语料统计中句法功能单一的形容词,词频往往也不高(如"行""渴")。但反过来,词频高的义项形容词也不一定句法功能就丰富(如基础义的"基本")。可见,句法功能的单一与否和形容词词频的联系并非简单对应。

在同样的语料考察范围内,"晚""热情"频率相仿,但"晚"以陈述功能为主,"热情"以修饰功能为主;"重""伟大"频率接近,但"重"陈述功能最突出,"伟大"以修饰功能为主。这表明不同的形容词,有各自不同的功能使用度序列。

"谓语"在中心词分析法和直接成分分析法中有不同的外延。这些统计均未涉及"中心语",因此"谓语"的外延弹性大。

5.2 核心词句法功能偏移的条件

5.2.1 非时地名词作状语的条件

概述 王小溪(2003)依据《现代汉语语法信息词典》统计非时地名词作状语的条件。我们整理其结果,得数据1。梁永红(2006,2010)据词典和网络考察汉语能有标记作状语的普通名词。我们整理其基本数据,并追加计算,得数据2。孙德金(1996)考察《汉语水平词汇与汉字等级大纲(词汇部分)》中的名词和形容词,统计它们组成状位非名词性形名短语("大幅度|小范围|大面积|高效率")的能力。我们整理其基本数据,并追加计算,得数据3。杨才英、赵春利(2010)依据CCL现代汉语语料库(并经百度和谷歌搜索引擎验证、补充),重新调查《中国汉语水平考试大纲》中的名词和形容词组成状位形名定中短语的能力。我们整理其基本数据,校正并追加计算,得数据4。

数据1

1. 总体分布。27399个名词中,能作状语的非时地名词只有404个,占名词总量的1.47%。在作状语的用法中,可直接作状语的非时地名词383个

(1.40%),占其中的绝大多数,需加"地"标记才能作状语的居少数,只有21个(0.08%,"历史地再现了当时的战争场面")。

2. 韵律分布。404个可作状语的非时地名词中,单音节名词2个(0.50%,"豆大|斗大"),双音节名词329个(81.44%,"半价出售|真心希望"),多音节名词73个(18.07%,"红外线探测|紫外线消毒")。其中,双音节占压倒性多数。

3. 语义分布。直接作状语的383个非时地名词跟谓核的语义关系类型中:(1)方式方法178词(46.48%,"半价出售|小组讨论");(2)工具材料94词(24.54%,"棉布做的衣服|大碗喝酒");(3)范围27词(7.05%,"总体推进|正面报道");(4)状态17词(4.44%,"轻装上阵|艳妆打扮");(5)条件16词(4.18%,"高温处理|真空保存");(6)形象16词(4.18%,"巴掌大的地方|碗口粗的树");(7)情态15词(3.92%,"真心希望|盛情款待");(8)性质10词(2.61%,"首批引进|政治解决");(9)程度7词(1.83%,"高度欢迎|重点建设");(10)依据3词(0.78%,"常规解决|传统认为")。

数据2

1. 总体分布。《现代汉语信息词典详解》的3528个普通名词中,(1)可进入"N地V"结构(强性状义名词)的92词[2.61%,"兴趣(～地打量)|尊严(～地活着)"]。(2)不可进入"N地V"结构的3436词(97.39%),含次强性状义名词(如"女性|模样|中国")和弱性状义名词(如"桌子|钢笔")。

2. 个例词分布。新浪网2004年10月20日新闻含"规模"的短语带"地"作状语70例中,"大/成"+"规模地"55例(78.57%);"小"+"规模地"2例(2.86%);其他修饰语+"规模地"12例(17.14%);单独使用"规模地"1例(1.43%)。

数据3

共3892个名词中,可进入非名词性形名短语的双音节名词53个(1.36%,"比例|层次|尺寸|成本|范畴|范围|幅度|福利|功能")。共959个形容词中,可进入非名词性形名短语的单音节形容词14个(1.46%,"大|小|长|短|多|远|近|粗|快|慢|深|浅|高|低")。

数据4

共195个单音节形容词中,可进入状位形名定中短语内的单音节形容词50词(25.64%,"多渠道少环节地经营|全方位宽视角地反映和报道")。可进入状位形名定中短语的双音节名词大约有200多个(逾5.14%,"好心肠地提了很多建议|高难度地上篮成功")。

简论 时地名词最优选作状语,普通名词很多都不能直接作状语,却有极小一部分非时地普通名词可以,如"集体讨论|电话联系|笑脸迎人"。其句法特殊性归诸语义、语音、语法等多重特征的作用。

非时地名词之所以能如此破例作状语,条件有四:(1)语义条件。名词自身跟谓核之间语义上固有的互参关系,它有时隐含在连谓结构中(如方式关系的"举双手赞成",前谓词是轻动词"有"的"有兴趣地打量"),有时见于带论元标记的状语(如"用大碗喝酒")。能充当状语的非时地名词,语义上归纳起来主要有方式(方式、方法、条件)、凭据(工具、材料、依据)、比事(形象,单音节名词状语多表比事)、性状(范围、状态、情态、程度)四类[按:从语例看,性质似应分归方式类("首批")和凭据类("政治")]。句法上前三类名词同时也都是未加标记的论元,性状类名词作状语表情状。(2)韵律条件。能充当状语的非时地名词,韵律上以双音节为主,韵律势力序列是"双音节＞三音节＞单音节",其中双音节占绝对优势。后面多接双音节成分。单音节名词作状语时,后接单音节谓词。为满足韵律条件,结构依托经济性原则进行句法压缩,删略前谓语或介词,比较:"举双手赞成→双手赞成|有兴趣地打量→兴趣地打量|成规模地发展→规模发展|用大碗喝酒→大碗喝酒"。(3)句法条件。尽管多数非时地名词能直接作状语,但也有少数需要加状语标记"地"。非时地名词作论元类状语时一般不能加"地"标记。作情状状语时,可加"地"标记,有的甚至必须加"地"标记,如"阿Q地认定"。由于是表情状的,弱性状义名词不能加"地"作状语。(4)构词条件。三音节名词作状语跟名词性短语作状语在构成、功能、韵律等方面特征类似。

状位形名定中短语失去了直接作主语或宾语的能力,句法功能发生了大幅偏移。它存在于语法、韵律、语义等多维特征的共变关系("共变",参马清华、杨飞,2018)中:(1)语法界面。结构上是定中,功能上是修饰性的(作状语,也能作定语)。(2)韵律界面。基础韵律形式是三音节的,配列是:[形单名双]("大范围地推广")。(3)语义界面。形容词及整个形名短语多表量度。部分非名词性形名短语内部还可受单音节程度副词"很|较|更|极|最"等或否定副词"不"的修饰,如"[状语]更深层次地施展才华|不同程度地存在问题[定语]更深层次的矛盾|很大范围的冲突"。造成单音节程度副词更深程度的内嵌。与表量度的状位形名定中短语相对,少数表性质的如"好心肠|死心眼",虽然也可作状语,但更多用于指称性分布(如"好心肠地提了很多建议—他没有好心肠")。已词化的双音节复合词统计时虽未计入(如"[形单名单]好心地收留"),但原理与之类似。

状位形名定中短语有增长趋势,虽然如此,但总体仍呈弱势分布,三音节非时地普通名词则更少。使用上,前者可以并列使用,也能加"地",后者不能并列使用,也不加"地"。可见相较于三音节非时地普通名词,形名定中短语作状语相对自由。

状位形名定中短语是修饰功能,跟陈述功能的形名定中短语(如"他黄头发"中作谓语的"黄头发")不同。后者不作状语,作谓语时似乎限用于人物描写。

5.2.2 时间名词作状语时的标记特征

概述 陆丙甫、屈正林(2005)统计陈忠实《白鹿原》、张承志《黑骏马》、余华《活着》、钱锺书《围城》、冯骥才《一百个人的十年》、杨绛《干校六记》、蒋子龙《赤橙黄绿青蓝紫》、梁晓声《冉之父》、徐坤《热狗》、王朔《看上去很美》10部小说中5个时间名词在主语后作状语的标记特征。我们整理其基本数据,按照现代汉语常用词表课题组(2008)以下频序"下午(第624位),上午(第1042位),白天(第1983位),夜晚(第4333位),黑夜(第8316位)"分归相对常用词和相对非常用词,并重新计算,得数据:

数据

1. 相对常用的时间名词。"下午"102例含作状语的21例(20.59%),其中在主语后直接作状语18例(17.65%),加"在/里"作状语3例(2.94%)。"上午"32例含作状语的8例(25%),其中在主语后直接作状语8例(25%),加"在/里"作状语0例。"白天"69例含作状语的30例(43.48%),其中在主语后直接作状语27例(39.13%),加"在/里"作状语3例(4.35%)。

2. 相对非常用的时间名词。"黑夜"33例含作状语的10例(30.30%),其中在主语后直接作状语4例(12.12%),加"在/里"作状语6例(18.18%)。"夜晚"23例含作状语的3例(13.04%),其中在主语后直接作状语1例(4.35%),加"在/里"作状语2例(8.70%)。

简论 时间名词的状语功能侧显。它作状语时,常可以是无标记的(含论元标记和方位标记),也可以是有标记的。

时间名词作状语时标记性的有无涉及多种影响因素,它们存在于语用(词频)、句法(状语功能、状语位置、标记)、语义(强调、次类分化)多维互动的共变关系(马清华、杨飞,2018)中:(1)词频与状语功能。时间名词状语功能的分

布势力大小,跟该名词的频率高低互为因果。在常用度上,"白天—黑夜"以及"上午/下午—夜晚"都由此形成了区别。相对常用的时间名词,作状语的占比也相对较高。(2)词频与状语标记。时间名词的常用度跟作状语时的标记性呈反比,即相对越常用,越可以不用论元标记和方位标记,反之,标记使用率升高。这表现在比起相对非常用的时间名词来,相对常用的时间名词作状语的总占比,跟在主语后作状语的占比之间差幅小,但在主语后作状语时的占比和在该位置上有标记作状语的占比差幅大。非常用的时间名词则相反。(3)语义跟状语标记。除了常用度,强调需要也影响到时间名词作状语时的标记性。若有强调需要,作状语的时间名词即使比较常用,也往往可启用论元标记和方位标记。(4)次类分化与标记。常用度和强调需要还进而影响到类义范畴的句法分化,比如,"白天—黑夜"的分别以及"上午/下午—夜晚"的分别,在某种程度上像是典型的时间名词跟普通名词的分别。相对常用词"白天|上午|下午"多采用无标记方式作状语。"在白天|在上午|在下午"等格式似乎只用在强调的场合。相对非常用词"夜晚|黑夜"直接作状语的占比大减,有标记作状语用法(如"在夜晚|黑夜|夜里|晚上")的占比增加,后者甚至通过进一步词汇化,把它固定住,如双音节的"夜里|晚上"就是跟有标记式同构的合成词或有标记式的压缩短语。(5)状语句法位置与标记。时间名词在句首作状语时,无标记的比例可能更高。

5.2.3 动词直接作状语的势力及韵律特征

概述 动词作状语直接修饰动词,其音节构成方式有[动单动单]和[动双动双]两类,谨守双音步的韵律规则,表方式("赶做了几百台|旅行结婚|轮流担任")、状态("瘫坐在地上")、过程("改提了工资问题|转发给水利局")、时间("出去出去的时候关门")、情态("能帮忙")。朴正实(2003)统计孙德金汇编词表的义项动词。我们整理其数据,追加计算,得数据:

数据

3036个汉语义项动词中,可作状语的131个(4.31%),不可作状语的2905个(95.69%)。单音节动词770个(25.36%),其中,可作状语44个(1.45%),不可作状语726个(23.91%)。双音节动词2266个(74.64%),其中,可作状语87个(2.87%),不可作状语2179个(71.77%)。

简论 可直接作状语修饰动词的动词在动词中占比极小,属弱势分布。

在绝对数上,单音节明显少于双音节,这是因为单音节在总数上本来就比双音节少。但从内部占比看,单音节动词中可作状语的占比,却要明显高于双音节动词中可作状语的占比。动词作状语跟动词作连谓结构的前谓语之间,有时也较难分清。

5.2.4 动词直接作定语的势力及韵律特征

概述 双音节动词多能直接作定语。张笛(2004)统计黄伯荣等编《动词分类和研究文献目录总览》中的动词。我们整理其基本数据,追加计算,得数据:

数据

共1540个动词中,双音节动词825个(53.57%),含能不同程度地直接作名词定语的745词(48.38%),不能直接作定语的80词(5.19%)。不能直接作定语的双音节动词主要有四类:(1)粘宾动词(须带宾语)53个(3.44%,"包含|超过|当作|等于|对待")。(2)无宾动词(不能带宾语)5个(0.32%,"到来|完毕|着想|抬举|延期")。(3)自由动词(可带可不带宾语)16个(1.04%,"答应|操持|克服|谢谢|准许")。(4)能愿动词6个(0.39%,"可以|能够|难免|需要|愿意|喜欢")。

简论 双音节动词直接作定语,看似容易与动宾结构形成歧义,其实并不尽然。双音节动词多有直接作定语的能力。动名间的定中组合能力之所以如此之高,原因是该项统计未限制中心语名词的音节数,也未排除不及物动词等。该定中结构主要可通过3种途径跟动宾关系相区别,从而避免歧义:(1)动词的非及物性,如"跳高运动员|退休人员"。(2)及物动词跟名词的语义选择限制,如"砍伐能手|纺织工人|进攻武器|防御设施"。(3)及物动词跟名词之间的无标记定中关系趋于黏合、固化,内部不能扩展,扩展只能发生在其外部(比较"领导方法→一种领导方法|科学领导方法|好的领导方法|发展趋势→一种发展趋势|工业发展趋势|好的发展趋势"),造成较高的结构组合能力和较低的组合自由度之间的共存关系。因此诸如"宣传体制|管理系统|学习文件|翻译小说"等不会理解为动宾关系。

5.2.5 影响动词能否带动态助词的因素

概述 李泉(1997)统计了《动词用法词典》(孟琮、郑怀德、孟庆海等,

1987),得数据1。邢红兵、张文坚、江诗鹏(2006)依据北京语言大学现代汉语研究语料库,统计动词"伴随""没收""产生""发展"和动态助词"着"的共现率。我们整理其基本数据,并追加计算,得数据2。吴锡根(1994)统计《现代汉语词典》(1983)。我们整理并追加计算,得数据3。刁晏斌(2009)统计3部辞书关于动词是否带动态助词的释义,又依据《现代汉语语法信息词典详解》(俞士汶等,1998/2003)、《现代汉语频率词典》、《现代汉语词典》(2005)、CCL现代汉语语料库,统计动词带动态助词的能力和构词、词频的关系。我们整理其基本数据,并追加计算,得数据4。

数据1

1328个动词中,1198个动词(90.21％)能带动态助词"了、着、过"。

数据2

1. 都不带"着"。"没收"共22例,"产生"共227例,均不带"着"。

2. 多不带"着"。"发展"共2928例中,带"着"1例(0.03％),不带"着"2927例(99.97％)。

3. 多带"着"。"伴随"共22例中,带"着"15例(68.18％),不带"着"7例(31.82％)。

数据3

共372个粘宾动词中,能带动态助词89个(23.92％,"成为了朋友|明确了任务")。不能带动态助词283个(76.08％,"予以保障|促使他进步")。

数据4

1. 辞书关于义项动词是否带动态助词的释义。(1)《现代汉语信息词典详解》中,动词表共收义项动词2094个,其中明示不与"了、着、过"搭配使用的有126个,只占总数的6.02％。(2)《汉语动词用法词典》从《现代汉语词典》收的1223个动词中,共2117条动词义项,未指出可与动态助词共现的有102条,只占总数的4.82％。(3)《现代汉语词典》(第5版)A、B字母下共1150个义项动词,其中不与动态助词共现的有576个,占总数的50.09％。

2. 影响因素。(1)动词带动态助词的能力和构词类型的关系。《现代汉语信息词典详解》所收不与"了、着、过"搭配使用的126个动词中,单音节32词(25.40％,"敢|可能|算|像|称叫|赛胜,比得上|待等|压逼近|达"),双音节状中结构28词(22.22％,"蜂拥|鲸吞|瓦解|林立|席卷"),双音节述宾结构15词[11.90％,"a. 爱岗|备战|持家|防洪;b. 绷脸|标价|憋气|充数(合用式)"],动介结构14词(11.11％,"便于|等于|甘于|得以|给以|加以|难以|关乎|合

乎|累及|涉及"),联合结构22词(17.46%,"甘愿|归属|料想|如同|擅长|伸缩|应当"),其他15词(11.90%)。(2)动词带动态助词的能力和词频的关系。《现代汉语频率词典》一书中"频率最高的前8000个词词表"的前1000个中没有不与动态助词共现的动词,最后1000个词中有29个,主要是些述宾结构动词,如"待工|做工|迎风|算账"等;在"使用度较低的词语单位表"中,使用次数仅为1次的后1000个词语单位,不与动态助词共现的动词达到了104个,其中不乏一些上述的文词或古词,如"归省|攻讦|恭贺"等。

3. 动词带动态助词的能力和语体色彩的关系。CCL现代汉语语料库中的同义词用例"安睡(200例)—安寝(35例)|拖欠(2479例)—逋欠(1例)|提拔(1580例)—拔擢(15例)|责备(2356例)—贬责(31例)",在《现代汉语词典》里,前词为释词,属现代词,后词是被释词,属古词或文词。前词不仅使用频率高,而且还经常与动态助词共现。文言中就没有动词后接动态助词的用法,故现代汉语受此影响。"变为"是书面语词,"变成"是口语词。CCL现代汉语语料库中"变为了"(31例)与"变成了"(8627例)的比例为1:278.3,书面色彩的"成为了"(818例)与同义的口语色彩的"成了"(69940例)比例是1:85.5。

简论 现代汉语动词多可带动态助词,也有的不能带动态助词。显然,学界的一般统计结果都发现能带动态助词的动词占绝对多数。数据4统计得出相反结论,认为可带动态助词跟不能带动态助词的动词数大致相当。此观点并不妥当。原因有三:(1)以《现代汉语词典》统计A、B两个字母下的超千条义项动词为统计对象,它包括了很多低频、稀见动词,统计时未作遴选。而一般的统计都以常用动词为对象,这可从总词数的对比中推断出来。(2)所谓不与"了、着、过"搭配使用的状中式动词(如"醇香|瓦解|林立"等)未必真的不能搭配。(3)离合词离用式带动态助词被排除在了统计范围之外。这看似理所当然,实际值得商榷。离用式带动态助词是离合词专有的、特殊的体标记方式,离合词正是以这种方式保持了跟合用式的联系。例外的对象本当以例外方法处理。

影响动词带动态助词能力的有语义(动词本身的意义)、语法(含构词特征、句法特征)、语用(含频率特征和语体色彩)等因素,它们间有共变关系。(1)语义界面。动作性、过程性是动词的典型特征,因此动词才多能带动态助词即体标记。动词的动作性、过程性和带动态助词的能力呈正相关。动词分瞬间动词、非瞬间动词,非瞬间动词又分持续动词和非持续动词。这4个动词

的语义特征可描述为:[＋瞬间动词]"没收""产生",[—瞬间动词＋持续动词]"伴随",[—瞬间动词—持续动词]"发展"。瞬间动词跟进行体或持续体存在语义冲突,故不带动态助词"着"。持续动词跟进行体或持续体存在语义一致或语义和谐关系,故常带动态助词"着",也可不带。非瞬间、非持续动词跟进行体或持续体既无语义冲突也无语义一致关系,虽可带动态助词"着",但频度不高。(2) 语法界面。首先,句法上,动词的某些附类如能愿动词("应当""甘愿")的附加功能侧显,有标记化倾向;粘宾动词中的判断类轻动词("算""像""宛如")表抽象的等同或近似关系。它们都无动作性、过程性,不带动态助词。其次,词法上,构词特征也能影响受动态标记的能力。跨层的谓介结构经重新分析形成的附加式动词(如"善于""给以""来自")不能带动态助词,它们已经发展成粘宾动词。不过,尚未词化的动介结构有的反倒可以带动态助词,如"躺在了沙发上"。(3) 语用界面。语体色彩和词频也影响受动态标记的能力。高度书面色彩的动词(如古语动词"食"、典雅风格动词"首播")不带动态助词,它们也都属低频动词。动词带动态助词的能力不是一成不变的,而是具有可变性。当动词常用性增加,它的自由性也随之增加,可带动态助词的能力也得以提升。刁晏斌(2009)统计1946—1998年间《人民日报》中含"肆虐"一词的文章1236篇,第一个用例见于1946年8月5日,是不带动态助词的用法,此后的用例也都是如此。直到1961年5月17日,出现了"肆虐过"的用例,1983年1月22日,出现了"肆虐了"的用例,"肆虐着"的用例最早出现在1992年2月17日。有"肆虐过(5例)|肆虐了(25例)|肆虐着(6例)"。

总体来看,不带动态助词的动词都不是典型动词,因而不是常用动词的主体。

5.2.6 影响形容词能否带动态助词的因素

概述 胡明扬(1995)、李泉(1997)统计《普通话三千常用词表》、《形容词用法词典》(郑怀德、孟庆海,1991)、《汉语水平词汇与汉字等级大纲(词汇部分)》中1360个性质形容词的后置体标记。我们整理其结果,得数据:

数据

1. 能带动态助词"了$_1$"的。474词(34.85%)中:(1) a. [形＋了＋名]白～胡子|秃～头|黑～心肠|分散～精力;b. [形＋了＋名＋数量]矮～人一截|低～人一等|大～他六岁|只快～我二秒;c. [形＋了＋数量＋名]就错～三个字|多～几个人|贵～五角钱|黄～几片叶子;(2) a. [形＋了＋数量]安静～

许多|安全～不少|薄～二寸/点儿|天阴～一会儿;b.[形+了+起来/下来/下去]逐步成熟～起来|富～起来|立刻软～下来|渐渐低～下去。

2. 能带动态助词"着"的。46词(3.38%)中:(1) a.[形+着+数量+名]空～一个房间|密林中活跃～一支小分队|门口横～一条板凳|亮～一盏灯;b.[形+着+名]红～脸|低～头|光～脊背|厚～脸皮。(2)[形+着]肚子还饱～|鞋还湿～|在家里闲～|耳朵竖～。

3. 能带动态助词"过"的。331词(24.34%)中:(1)[(没+)形+过+名/名词短语]没向困难低～头|光～脚|没红～脸|没少～你的;(2) a.{[从(来)+]没(有)+形+过(+时量/动量)}从来没安分～|从没安逸～|没轻闲～一天|没准时～一次;b.{[从(来)+]没(有)+未+这么/这样+形+过}她烙的饼从没这么薄～|他以前从没这么暴躁～|妹妹从来没这么悲观～|从没这么便利～;c.[形+过(+时量/动量)]这儿以前安静～|神气～几天|他在这一带霸道～一阵子|只对～一回。

4. 能带趋向动词"起来/下来/下去"的。195词(14.34%,"他立刻暴躁<u>起来</u>|养花的人多<u>起来</u>了|安定<u>下来</u>|不能这么软弱<u>下去</u>")。

5. 只能带句末"了$_{1+2}$",不能带动态助词或趋向动词的。110词(8.09%,"他已经灰心～|颗粒饱满～|东西齐全～|他已麻木～")。

6. 只能出现在"太+形+了$_2$"的。292词(21.47%,"肮脏|不幸|逼真|抽象")。

7. 不能带动态助词、趋向动词及句末"了$_{1+2}$"的。398词(29.26%,"安详|必然|灿烂|昌盛")。

简论 性质形容词不少能带后置的体标记,包括动态助词、表起始体或接续体的趋向动词、表实现体的语气词"了$_2$"。

性质形容词后置体标记的分布势力由大到小呈序列"已然体('了$_1$')＞曾然体('过')＞变化体(起始体或接续体,'起来/下来/下去')＞实现体('了$_2$')＞持续体('着')"。分布势力最大的是已然体,但性质形容词能带已然体标记"了$_1$"的占比不及动词占比的一半[参§8.3.2(1)]。另一项统计结果显示,形容词带"了""着""过"的占比要比这里多得多,但仍明显低于动词(参§5.2.5)。状态形容词和高度书面语色彩的性质形容词则都不大能带此标记。

性质形容词带宾语,是主体降价造成的,表存现态、损益态、使役态等派生态,后置的体标记(除语气词外)是一种辅助条件(马清华、葛平平,2020)。它能改变句法关系,如"白胡子"是定中结构,"白了胡子"是表损益态的动宾结构。也能改变派生态的类型,如"门口横～一条板凳",加动态助词"着"表存现态,不加"着"可表使役态,后者在导演语境下作祈使句。又如,"他<u>厚</u>起脸皮来像无赖"。

除语气词外,性质形容词所带的后置体标记都可作为形容词及物化的条件。这表明:(1)性质形容词带宾语都出现在交际层面即句层面,只有句层面才对谓词有强烈的情态需求。(2)性质形容词满足程度等其他情态条件,反而阻碍它带宾语,它只有选择使用反映动态性情态的体标记,才有助于获得动词性的及物化特征。这是组合关系上的一致性原则决定的。

所谓句末"只能"或"不能"带某种体标记的说法都显得过于绝对,不能全信。如以下句子"你不能这样<u>灰心</u>下去|他已经<u>麻木</u>起来了|从来没有这么<u>肮脏</u>过|仅仅<u>昌盛</u>了两年"里的动词都突破了原统计者所描述的规则。

5.3 核心词词频和语法功能的关系

5.3.1 名词词频和语法特征的关系

概述 郭锐(2001)据《现代汉语语法信息词典》43330 词和北京语言文化大学宋柔提供的词频表 244574 个词,获得有效名词共 27232 词(不含同形词、多义词重复词条)。词频分 5 级(由高到低排):1 级 5446 词,2 级 5446 词,3 级 5446 词,4 级 5447 词,5 级 5447 词。每级平均 5446.4 词。据此统计名词语法特征与词频的相关性。我们重新分类归类,整理其基本数据,改变计算方法,校正并追加计算,得数据:

数据

1. 随频率升高,总体呈增势。【句法成分的能力】作定语共 18435 词(67.70%)中,1 级 4115 词(75.56%),2 级 3827 词(70.27%),3 级 3560 词(65.37%),4 级 3335 词(61.23%),5 级 3598 词(66.05%)。作状语共 44 词(0.16%)中,1 级 23 词(0.42%),2 级 13 词(0.24%),3 级 6 词(0.11%),4 级 0 词,5 级 2 词(0.04%)。【跟其他成分的组合能力】"名(定)+～"共 13594 词(49.92%)中,1 级 3897 词(71.56%),2 级 3298 词(60.56%),3 级 2532 词(46.49%),4 级 1918 词(35.21%),5 级 1949 词(35.78%)。"数+～"共 245 词(0.90%)中,1 级 139 词(2.55%),2 级 51 词(0.94%),3 级 30 词

(0.55%),4级16词(0.29%),5级9词(0.17%)。作临时量词共119词(0.44%)中,1级48词(0.88%),2级32词(0.59%),3级21词(0.39%),4级13词(0.24%),5级5词(0.09%)。兼类共643词(2.36%)中,1级397词(7.29%),2级124词(2.28%),3级56词(1.03%),4级54词(0.99%),5级12词(0.22%)。可表处所共836词(3.07%)中,1级434词(7.97%),2级155词(2.85%),3级74词(1.36%),4级28词(0.51%),5级145词(2.66%)。【形态能力】重叠31词(0.11%)中,1级24词(0.44%),2级6词(0.11%),3级1词(0.02%),4级0词,5级0词。

2. 随频率升高,总体呈减势。【句法成分的能力】作主语共26406词(96.97%)中,1级5208词(95.63%),2级5268词(96.73%),3级5291词(97.15%),4级5303词(97.36%),5级5336词(97.96%)。作宾语共26589词(97.64%)中,1级5237词(96.16%),2级5308词(97.47%),3级5324词(97.76%),4级5349词(98.20%),5级5371词(98.60%)。

3. 增减趋势不明显。【跟其他成分的组合能力】"数量+~"共21158词(77.70%)中,1级4290词(78.77%),2级4196词(77.05%),3级4179词(76.74%),4级4214词(77.36%),5级4279词(78.56%)。"~+方位"共23256词(85.40%),1级4738词(87%),2级4520词(83%),3级4684词(86.01%),4级4739词(87%),5级4575词(83.99%)。

简论 名词的频率升高和名词的再组织能力提升呈正相关。它不仅表现在名词的频率和句法功能间的二元互动,也存在于多元共变关系中。

本质上说,名词的频率升高和名词的功能扩张强度的增强有共变(马清华、杨飞,2018)关系。根据统计数据并结合《现代汉语语法信息词典详解》(俞士汶等,1998/2003)提供的实例可发现,名词词频升高(表现为高频词的占比增加),出现以下多维特征的联动变化:(1)语法。名词的典型语法特征是从普通名词而非名词其他次类上表现出来的,这些特征如:能直接作主宾语,不直接受数词修饰,不能重叠,作状语,表处所也不是其典型特征,等等。名词随词频升高,语法特征的非典型度增加,附加性升高。① 句法上,首先是受名词或数词定语限定的中心语名词频次增加,表明名词的复杂指称功能提升。与之相应,名词以光杆形式直接作主语、宾语的频次反而降低了,"家伙|地区|方面|季度"等名词作主语、宾语都是必须带定语的。其次是名词的修饰功能(作定语、状语等)提升。它表现为作状语(如"红外线")的名词频率增加,(可)表处所(如"办公室")的名词频率增加,词类特征偏移反映功能扩张

强度增强。名词的非典型化包括功能的大幅偏移、附加性或标记化,这几种表现有多种结合形式。如:[+功能大幅偏移—附加性—标记化]专有名词;[+功能大幅偏移+附加性—标记化]时地名词;[+功能大幅偏移+附加性+标记化]方位名词,临时量词。名词附类都是附加性升高的结果。单纯的附加性就能使词频升高,如时间名词比普通名词的频率增高,这跟时间名词和普通名词的分化互为因果(参§5.2.2)。标记化所伴随的封闭性,则更可导致高频化。必须注意,在被统计的《现代汉语语法信息词典》中,所谓名词只包括普通名词和极少数专有名词(如"北京""伯乐"),并不包括方位词、处所词、时间词等附类,后者被单列成类,独立分析统计,不在名词统计数据之列。这就意味着,即使在普通名词内部,词频也同样跟功能特征偏离存在共变关系。比如说,跟其他等级的名词相比,词频相对较高的1级词作附加成分(定语、状语)的比例相对较高,单独作核心成分(主语、宾语)的比例相对较低。② 词法上,可重叠(如"家""人"可重叠)的名词频率增加。(2)语义。与其他词类兼类的名词(如"傲气"是名形兼类)。频率升高,更容易导致意义和功能的变异,从而导致兼类,而兼类因意义和功能的裂变反映出来的表现能力增加,也可反过来带动频率升高。(3)韵律。语音上的单音节特征和高频度特征可导致向量词偏移,从而导致语法特征变异,如单音节高频名词重叠。

从频率数据中可以看到,名词句法功能的持有能力由强到弱始终呈如下序列"宾语＞主语＞定语＞状语",即指称功能大于修饰功能。这再次验证了此前的结论[参§5.1.1(1)]。名词作中心语时,所带的数量定语、名词定语、数词定语由多到少始终呈如下序列"数量定语＞名词定语＞数词定语"。

5.3.2　动词词频和语法特征的关系

概述　邢红兵、张文坚、江诗鹏(2006)依据北京语言文化大学的现代汉语研究语料库,统计三种功能等级的动词个例词的句法功能及其出现频次。我们整理其基本数据,追加计算,得数据1。郭锐(2001)依据《现代汉语语法信息词典》43330词和北京语言文化大学宋柔提供的词频表244574个词,获得有效动词9814词(不含同形词、多义词重复词条)。词频分5级(由高到低排):1级1962词,2级1963词,3级1963词,4级1963词,5级1963词。每级平均1962.8条。据此统计动词语法特征与词频的相关性。我们整理其基本数据,重新分类归类,改变算法,并追加计算,得数据2。

数据 1

1. 功能单一的词。均 32 例/词。"入手"21 例,均不带宾语。"有着"54 例中,均带体词性宾语。"心想"52 例中,均带体词性宾语。"有待"11 例中,均带动词性宾语。"致使"22 例中,均带兼语。

2. 功能种类适中的词。均 145.4 例/词。"下去"227 例中,不带宾语 24 例(10.57%),作补语 203 例(89.43%)。"看见"177 例中,不带宾语 49 例(27.68%),带体词性宾语 80 例(45.20%),带小句宾语 48 例(27.12%)。"掌握"123 例中,不带宾语 28 例(22.76%),带体词性宾语 93 例(75.61%),中心语 2 例(1.63%)。"令"183 例中,带体词性宾语 6 例(3.28%),带兼语 177 例(96.72%)。"抵"17 例中,不带宾语 5 例(29.41%),带体词性宾语 9 例(52.94%),作补语 3 例(17.65%)。

3. 功能多的词。均 249 例/词。"喊"184 例中,不带宾语 90 例(48.91%),带体词性宾语 40 例(21.74%),带小句宾语 27 例(14.67%),带动词性宾语 3 例(1.63%),带形容词性宾语 4 例(2.17%),带双宾语 8 例(4.35%),带兼语 1 例(0.54%),作补语 9 例(4.89%),中心语 2 例(1.09%)。"骂"146 例中,不带宾语 41 例(28.08%),带体词性宾语 63 例(43.15%),带小句宾语 12 例(8.22%),带双宾语 15 例(10.27%),带兼语 5 例(3.42%),作宾语 6 例(4.11%),作修饰语 1 例(0.68%),中心语 3 例(2.05%)。"需要"489 例中,不带宾语 53 例(10.84%),带体词性宾语 133 例(27.20%),带小句宾语 36 例(7.36%),带动词性宾语 64 例(13.09%),带兼语 5 例(1.02%),作宾语 8 例(1.64%),作修饰语 1 例(0.20%),中心语 189 例(38.65%)。"求"177 例中,不带宾语 19 例(10.73%),带体词性宾语 94 例(53.11%),带小句宾语 1 例(0.56%),带动词性宾语 21 例(11.86%),带形容词性宾语 11 例(6.21%),带双宾语 3 例(1.69%),带兼语 21 例(11.86%),作宾语 6 例(3.39%),中心语 1 例(0.56%)。

数据 2

1. 随频率升高,词数呈增势。【句法成分的能力】(1) 作动语。带真宾语 5747 词(58.56%)中,1 级 1557 词(79.36%),2 级 1283 词(65.36%),3 级 1117 词(56.90%),4 级 982 词(50.03%),5 级 808 词(41.16%)。带准宾语 5261 词(53.61%)中,1 级 1291 词(65.80%),2 级 1160 词(59.09%),3 级 1074 词(54.71%),4 级 957 词(48.75%),5 级 779 词(39.68%)。(2) 作中心语。带粘合式补语 4529 词(46.15%)中,1 级 1187 词(60.50%),2 级 1006 词(51.25%),3 级 929 词(47.33%),4 级 763 词(38.87%),5 级 644 词

(32.81%)。带介宾补语739词(7.53%)中,1级204词(10.40%),2级196词(9.98%),3级164词(8.35%),4级117词(5.96%),5级58词(2.95%)。带名词性定语529词(5.39%)中,1级207词(10.55%),2级148词(7.54%),3级92词(4.69%),4级59词(3.01%),5级23词(1.17%)。(3)作定语。3156词(32.16%)中,1级951词(48.47%),2级743词(37.85%),3级618词(31.48%),4级507词(25.83%),5级337词(17.17%)。(4)作主语。1949词(19.86%)中,1级624词(31.80%),2级467词(23.79%),3级396词(20.17%),4级267词(13.60%),5级195词(9.93%)。(5)作补语。作粘合式补语279词(2.84%)中,1级76词(3.87%),2级68词(3.46%),3级54词(2.75%),4级51词(2.60%),5级30词(1.53%)。(6)作状语。130词(1.32%)中,1级51词(2.60%),2级37词(1.88%),3级24词(1.22%),4级12词(0.61%),5级6词(0.31%)。【跟其他成分的组合能力】(1)受副词修饰。"很~"219词(2.23%)中,1级64词(3.26%),2级40词(2.04%),3级49词(2.50%),4级40词(2.04%),5级26词(1.32%)。"不~"8365词(85.24%)中,1级1754词(89.40%),2级1680词(85.58%),3级1656词(84.36%),4级1673词(85.23%),5级1602词(81.61%)。"没~"8698词(88.63%)中,1级1771词(90.27%),2级1759词(89.61%),3级1713词(87.26%),4级1742词(88.74%),5级1713词(87.26%)。(2)作谓宾动词的宾语。"进行~"2087词(21.27%)中,1级593词(30.22%),2级473词(24.10%),3级386词(19.66%),4级356词(18.14%),5级279词(14.21%)。"有~"334词(3.40%)中,1级160词(8.15%),2级84词(4.28%),3级42词(2.14%),4级35词(1.78%),5级13词(0.66%)。【形态能力】重叠。1173词(11.95%)中,1级483词(24.62%),2级272词(13.86%),3级207词(10.55%),4级131词(6.67%),5级80词(4.08%)。【兼类能力】兼类。694词(7.07%)中,1级314词(16%),2级146词(7.44%),3级104词(5.30%),4级75词(3.82%),5级55词(2.80%)。【音节数】单音节词。881词(8.98%)中,1级360词(18.35%),2级223词(11.36%),3级167词(8.51%),4级103词(5.25%),5级28词(1.43%)。

2. 增减趋势不明显。【句法成分的能力】(1)作谓语。9806词(99.92%)中,1级1957词(99.75%),2级1961词(99.90%),3级1963词(100%),4级1963词(100%),5级1962词(99.95%)。(2)作宾语。4060词(41.37%)中,1级865词(44.09%),2级793词(40.40%),3级766词(39.02%),4级832

词(42.38%),5级804词(40.96%)。【跟其他成分的组合能力】带"～着/了/过"。8354词(85.12%)中,1级1688词(86.03%),2级1673词(85.23%),3级1689词(86.04%),4级1692词(86.19%),5级1612词(82.12%)。

简论 动词的频率升高和动词的再组织能力提升同样有正相关联系。它不仅表现在动词的频率和句法功能之间的二元互动,而且存在于多元共变关系中。

从本质上说,动词的频率升高和动词的功能扩张强度增强有共变(马清华、杨飞,2018)关系。(1)语法。① 句法上,从动词个例词看,句法功能的丰富程度跟词频呈正相关。动词的句法功能越单一,大体上词频也越低。反之,句法功能种类越多,词频也越高。整体看,动词句法能力同样跟动词词频呈正相关。② 词法上,动词形态能力跟词频呈正相关。可重叠是动词性强的标志,而动词性越强,词频也倾向于转高。(2)语义。动词词频越高,其兼类现象越多。原因在于,词频较高的动词意义和功能容易发生变异,因而兼类情况也相对较多,兼类所反映的表现能力的增强也可反过来推动频率升高。(3)韵律。基本词汇中的根词往往是单音节的。因此动词的单音节和相对高频之间有共栖关系。

把动词句法能力、形态能力、兼类能力的高低跟动词词频的正相关联系,以及动词词频跟词形长度的负相关联系综合起来看,它们间存在多维共变关系,是多元联动变化(马清华、杨飞,2018)。原统计者未能看到这一点,于是对一些正相关现象无从说明,如抱憾说"至于双音节动词带粘合式补语的能力与词频的显著正相关,我们还无法解释"。

总的来说,动词带各类宾语多于动词不带宾语,根本上归因于及物动词多于不及物动词。动词带宾语多于动词作宾语,因为作动语是动词的常规功能,作宾语是动词的偏常功能。动词带修饰语多于动词作修饰语(状语、补语、定语),因为动词是核心词,作动词性成分的中心语是其常规功能,修饰功能充其量只是动词的次常功能。动词作宾语的能力跟词频变化的关系总体不明显,但作谓宾动词(如"进行、有")的宾语时跟词频呈正相关。

作谓语是判定动词性质的基本条件,跟词频变化的关系不明显。不过也应看到,动词句法功能向非典型功能收缩,致使句法功能的窄化、非典型功能的常用化乃至单一化,可导致动词各附类的产生,不仅推动了动词类型系统的复杂化,还使之走向标记化,如能愿动词和不少趋向动词实际充当着表能愿(含道义、意愿、能力)标记、估测标记(如"可能")、体标记("好起来"),这一过程也始终伴随着动词总体频率的升高和谓语频次的相对下降。

数据2反映出动词有如下的功能能力序列:谓语＞动词＞宾语＞定语＞主语＞粘合式补语＞状语。

5.3.3 形容词词频和语法特征的关系

概述 郭锐(2001)由《现代汉语语法信息词典》43330词和北京语言文化大学宋柔提供的词频表所收244574个词(从2亿字语料统计得出)中得有效形容词共2340条(不含同形词、多义词重复词条)。按词频高低分五级,每级共468词,共2340词。每级形容词的中间词频:1级2874次,2级406次,3级125次,4级37次,5级4次。分级统计形容词语法特征与词频的相关性。我们整理其基本数据,修改算法,并追加计算,得数据:

数据

1. 随频率升高,特征总体呈增势。【句法成分的能力】(1) 作定语。688词(29.40%)中,1级285词(60.90%),2级160词(34.19%),3级121词(25.85%),4级81词(17.31%),5级41词(8.76%)。(2) 作状语。277词(11.84%)中,1级172词(36.75%),2级63词(13.46%),3级21词(4.49%),4级13词(2.78%),5级8词(1.71%)。(3) 作粘合式补语。186词(7.95%)中,1级85词(18.16%),2级52词(11.11%),3级23词(4.91%),4级18词(3.85%),5级8词(1.71%)。(4) 带名词性定语。10词(0.43%)中,1级6词(1.28%),2级1词(0.21%),3级3词(0.64%),4级0词(0%)5级0词(0%)。(5) 作准谓宾。81词(3.46%)中,1级40词(8.55%),2级17词(3.63%),3级18词(3.85%),4级4词(0.85%),5级2词(0.43%)。(6) "有~"。32词(1.37%)中,1级22词(4.70%),2级3词(0.64%),3级7词(1.50%),4级0词(0%),5级0词(0%)。【形态能力】重叠。353词(15.09%)中,1级101词(21.58%),2级82词(17.52%),3级70词(14.96%),4级63词(13.46%),5级37词(7.91%)。【意义特征】兼类。254词(10.85%)中,1级145词(30.98%),2级56词(11.97%),3级25词(5.34%),4级14词(2.99%),5级14词(2.99%)。【韵律特征】单音节。189词(8.08%)中,1级96词(20.51%),2级60词(12.82%),3级21词(4.49%),4级10词(2.14%),5级2词(0.43%)。

2. 随频率升高,特征总体呈减势。【跟其他成分的组合能力】"~的"。2262词(96.67%)中,1级439词(93.80%),2级446词(95.30%),3级455

词(97.22%),4级462词(98.72%),5级460词(98.29%)。

3. 随频率升高,特征呈抛物线分布。【句法成分的能力】(1)作组合式补语。1558词(66.58%)中,1级324词(69.23%),2级327词(69.87%),3级341词(72.86%),4级306词(65.38%),5级260词(55.56%)。(2)带补语。1958词(83.68%)中,1级408词(87.18%),2级433词(92.52%),3级417词(89.10%),4级369词(78.85%),5级331词(70.73%)。(3)带趋补。1199词(51.24%)中,1级264词(56.41%),2级285词(60.90%),3级282词(60.26%),4级215词(45.94%),5级153词(32.69%)。(4)带准宾。1300词(55.56%)中,1级326词(69.66%),2级334词(71.37%),3级296词(63.25%),4级223词(47.65%),5级121词(25.85%)。【跟其他成分的组合能力】(1)"～着/了/过"。1686词(72.05%)中,1级358词(76.50%),2级366词(78.21%),3级364词(77.78%),4级316词(67.52%),5级282词(60.26%)。(2)"～地"。934词(39.91%)中,1级210词(44.87%),2级19词(46.79%),3级219词(46.79%),4级175词(37.39%),5级111词(23.72%)。(3)"很～地"。954词(40.77%)中,1级205词(43.80%),2级226词(48.29%),3级223词(47.65%),4级182词(38.89%),5级118词(25.21%)。

4. 特征增减趋势不明显。【句法成分的能力】作谓语。2315词(98.93%)中,1级453词(96.79%),2级466词(99.57%),3级463词(98.93%),4级465词(99.36%),5级468词(100%)。【跟其他成分的组合能力】(1)"很～"。2288词(97.78%)中,1级454词(97.01%),2级464词(99.15%),3级462词(98.72%),4级466词(99.57%),5级442词(94.44%)。(2)"不～"。2188词(93.50%)中,1级417词(89.10%),2级441词(94.23%),3级444词(94.87%),4级444词(94.87%),5级442词(94.44%)。

简论 形容词的频率升高和形容词的再组织能力提升(功能扩张强度的增强)同样有正相关联系。它不仅表现在形容词的频率和句法功能的二元互动中,而且存在于跟词法、韵律等的多元共变关系中。

形容词的语法能力(句法能力和词法能力)、意义特征、韵律特征与词频之间的共变关系("共变"见:马清华、杨飞,2018)可在不同条件下以不同形式表现出来。(1)语法。① 句法。从形容词充当句法成分的能力与其词频的关系看,它的修饰功能(定语、状语、粘合式补语等次要成分)跟词频有明显的正相关联系。指称功能(充当名词性定语的中心语、准谓词性宾语)跟词频有大致的正相关联系。形容词带"～的"的能力(如形容词"古""广"不带"～的")跟频率呈负相关联系。正相关和负相关都是简单相关。抛物线相关是复杂相关。形容词作动语(带准宾)、补语的中心语、趋向补语的中心语、组合式补语、带助词标记"～着/了/过""～地"、副词和助词的共现标记"很～地"时,能力跟频率的升高呈抛物线分布,是所含不同次类分别受制于正相关和负相关两种规则的制约所致,属复杂相关。② 词法。形容词词频跟能重叠的形容词数呈正相关。(2) 语义。形容词词频跟兼类词数呈正相关。(3) 韵律。形容词词频跟单音节词数呈正相关。总之,形容词词法能力(形态能力)、意义特征、韵律特征与词频之间只有正相关联系,句法能力则体现为多种相关形式。

作谓语(即陈述功能)或作高频副词的中心语,是形容词基本的原型功能或基础功能,它们跟词频反而没有明显的相关联系。类似情况也见于动词(参§5.3.2)。相反,非典型功能或派生功能(如作次要成分和其他非典型成分)跟词频的相关联系相对明显。本来,组合式补语跟谓语相似度很大,有人甚至认为在某种程度上可视为一种准谓语(吕叔湘 1979:76—77)。但其句法功能的非典型化,导致它跟词频发生相关联系。这就是一个不易被注意的实证。

从总占比来看,形容词句法功能的能力序列(与"使用度序列"相对)为"谓语(99%)＞补语中心语(84%)＞组合式补语(67%)＞定语(29%)＞状语(12%)＞粘合式补语(7.9%)"。(1) 形容词是谓词,应该说,所有的形容词都能作谓语,确实不能作谓语的应归入其他词类。(2) 持有能力序列是一回事,功能使用度序列又是另一回事。后者又有例数统计法和词数统计法。状语和补语由例数统计所得的使用度序列[§5.1.3(1)],跟功能能力统计中所得的频次序列相反,就是说,补语(主要是组合式补语)的很多能力在实际表达时被抑制了,抑制它的主要因素是宾语,宾语在信息地位上是更为重要的成分。定语在功能能力序列中的位置和在功能使用度序列[§5.1.3(1)]中的位置很不相称,它在后者中居首位,显然,形容词作定语在实际使用中最大限度地实现了自己的能力。宾语、主语在形容词句法能力的实现上起到了重要的杠杆作用,宾语一方面抑制了形容词作组合式补语,另一方面却跟主语一起,极大助成了形容词作定语能力的实现。这种关系在加入语体变量的影响后,就看得很清楚(参§5.8.1)。

5.4 核心词构词和句法功能的关系

简论 名词构词有时跟其句法功能有关。如作状语的非时地名词是三音节的定中结构名词(参§5.2.1)。构词与句法功能的关系在动词中表现突出,这跟动词的典型、常规功能是作谓语(含谓语中心)或动语有关。因为汉语属SVO语言,而谓语(含谓语中心)或动语又是统摄整个句子的核心。

动词构词对句法功能的影响,其动力有的来自言内的自组织力量(如动宾型动词对宾语成分的抑制),有的来自从自组织活动到他组织的适应性活动(如介词语素重新分析为及物动词词尾),有的来自从他组织力量贯通到自组织活动的长程运作(如"有V"型动词与粘宾特征)。

5.4.1 动宾型动词对宾语成分的抑制

概述 吴锡根(1991a)统计《现代汉语词典》(1983)不及物动词,整理并追加计算,得数据1。郭锐(2001)据《现代汉语语法信息词典》和北京语言文化大学宋柔提供的词频表244574个词,统计双音节动词动宾型构词对带宾语能力的影响及其与词频关系。1级词的频度等级最高,5级词的频度等级最低。我们整理其基本数据,追加计算,得数据2。

数据1

共4636个不及物动词中,述宾式动词3674个(79.25%),其他构词类型的962个(20.75%)。

数据2

1. 双音节动词。(1)总体分布。双音节动词8932词中,动宾型2689词(30.11%)[能带宾语(限为真宾语)194词(2.17%),不能带宾语2495词(27.93%)],非动宾型6243词(69.89%)[能带宾语4709词(52.72%),不能带宾语1534词(17.17%)]。(2)词频等级分布。1级动词中,动宾型279词(17.43%)[能带宾语50词(3.12%),不能带宾语229词(14.30%)];非动宾型1322词(82.57%)[能带宾语1164词(72.70%),不能带宾语158词(9.87%)]。2级动词中,动宾型469词(26.95%)[能带宾语53词(3.05%),不能带宾语416词(23.91%)];非动宾型1271词(73.05%)[能带宾语1013词(58.22%),不能带宾语258词(14.83%)]。3级动词中,动宾型543词

(30.23%)[能带宾语 37 词(2.06%),不能带宾语 506 词(28.17%)];非动宾型 1253 词(69.77%)[能带宾语 921 词(51.28%),不能带宾语 332 词(18.49%)]。4 级动词中,动宾型 633 词(34.03%)[能带宾语 29 词(1.56%),不能带宾语 604 词(32.47%)];非动宾型 1227 词(65.97%)[能带宾语 856 词(46.02%),不能带宾语 371 词(19.95%)]。5 级动词中,动宾型 765 词(39.53%)[能带宾语 25 词(1.29%),不能带宾语 740 词(38.24%)];非动宾型 1170 词(60.47%)[能带宾语 755 词(39.02%),不能带宾语 415 词(21.45%)]。

2. 一般动词(不限双音节数)。(1) 总体分布。总计 7125 动词中,能带宾语 5553 词(77.94%)。(2) 频率等级分布。1 级 1425 动词中,能带宾语 1281 词(89.89%)。2 级 1425 动词中,能带宾语 1201 词(84.28%)。3 级 1425 动词中,能带宾语 1084 词(76.07%)。4 级 1425 动词中,能带宾语 1043 词(73.19%)。5 级 1425 动词中,能带宾语 944 词(66.25%)。

简论 动宾构词和带宾语能力呈负相关,前者对后者有抑制作用。

双音节不及物动词绝大多数是动宾型,表明动宾型动词带宾语能力明显低于非动宾型动词。是否动宾型跟能否带宾语之间不仅呈负相关,而且正反两种负相关倾向构成互补,五个词频等级里,每级皆然。一方面,动宾型动词内部蕴含了动作行为所支配关涉的事物,语义上相对比较自足;另一方面,该构造跟汉语 SVO 型语序特征产生交互,从而在结合能力上被同性抑制,以致此类动词在不及物动词中占了绝大多数。

动宾型动词频率高低跟对带宾语能力的抑制力大小呈负相关。动词频率越高,带宾语能力受抑制相对越小;反之,抑制力相对越大。

动宾型动词不带宾语的现象也不太稳定。虽然动宾型的复合式动词已经是词,但汉语离合词现象表明,它们的凝固性很脆弱,极容易被撕裂,还原成句法上的动宾关系。

5.4.2 介词语素重新分析为及物动词词尾

概述 吴守华(2002)把"等于"的"于"这类介词语素称 P,统计 7 部词典"V+P"式动词。我们分类整理其基本数据,并追加计算,得数据:

数据

1. 总体分布。7 部词典共收 247 个该类动词中,从多到少依序为:"～于"

118个(47.77%),"～到"53个(21.46%),"～往"32个(12.96%),"～向"23个(9.31%),"～在"18个(7.29%),"～朝"3个(1.21%)。

2. 专书分布。(1) 最高频为原处所标记"～于"。《倒序现代汉语词典》(商务印书馆1987)所收70个词中,"～于"35个(50%),"～到"14个(20%),"～往"9个(12.86%),"～在"6个(8.57%),"～向"5个(7.14%),"～朝"1个(1.43%)。《倒序现代汉语词典》(商务印书馆1993)所收55个词中,"～于"30个(54.55%),"～到"11个(20%),"～往"6个(10.91%),"～在"5个(9.09%),"～向"2个(3.64%),"～朝"1个(1.82%)。《逆序现代汉语词典》(辽宁大学出版社1986年)所收79个词中,"～于"40个(50.63%),"～到"15个(18.99%),"～向"10个(12.66%),"～往"8个(10.13%),"～在"5个(6.33%),"～朝"1个(1.27%)。《现代汉语八百词》(商务印书馆1984)所收9个词中,"～于"5个(55.56%),"～到"4个(44.44%)。《动词大词典》(中国物资出版社1994)所收7个词中,"～于"3个(42.86%),"～到"3个(42.86%),"～往"1个(14.29%)。(2) 最高频为方向标记"～往/～向"。《动词逆序语词典》(福建人民出版社1986年)所收26个词中,"～往"8个(30.77%),"～到"6个(23.08%),"～于"5个(19.23%),"～在"2个(7.69%),"～向"5个(19.23%)。《汉语新词词典》(商务印书馆1993年)所收1个词为"～向"1个(100%)。

简论 动词后接介宾短语是古汉语常见构造。在双音节化作用下,该结构中的单音节谓词跟单音节介词这两个组合关系上的跨层成分凝结为词,介词语素重新分析为粘宾动词后缀("善于|敢于|勇于"),即成为反映动词句法功能的形态标记。另一方面,它又并非跟论元毫无关系,而是改变了论元标示方式,从重新分析前的论元专职标记沦为兼职表论元的标记。

总的来说,重新分析的及物动词后缀中,产词最多的是原处所标记"～于",其次是原终点标记"～到"(如"遇到|得到")。再次是动向或位向标记"～往/～向"。这跟标记在古汉语里的分布势力和动介组合在现代汉语里的习用程度、词化程度有关(参§9.2.1、§5.2.5)。

有的词典收录的跨层及物动词少,未必能准确反映总体倾向。"给"跟单音节动词的结合率并不低,可一般都不认为它与前面的V复合成了动词,而同样情况下的"到"却得到认同。总之,此类动介组合是一种语法化程度高低不等、重新分析介入深度不等(有的只作用到韵律,有的更同时作用到语法)的结构。

5.4.3 "有V"型动词与粘宾特征

概述 伍文英、夏俐萍(2002)对比统计中国现当代文学有影响的新老作家作品中的"有＋VP"用法,得数据:

数据

1. 老辈作家作品。老舍《四世同堂》6例,老舍《骆驼祥子》2例,钱锺书《围城》4例。

2. 年轻作家作品。王朔《玩的就是心跳》2例,《千万别把我当人》0例,《过把瘾就死》0例。方方《白雾》1例,方方《定数》0例。池莉《来来往往》0例,池莉《太阳出世》0例。安顿《回家》0例。

简论 "有V"型动词"有请|有劳|有赖|有伤|有失|有负(于)"等语用上来自婉曲表达,句法语义上通过谓词的论元化和"有V"型动词附加体的升价来实现。谓词的论元化是把消极意义的动词("负|伤|失"等)或非礼貌意义的动词("请|劳|赖"等)转为轻动词"有"的客体论元,表达上绕了个圈子。"有V"型动词形成后,消极义或非礼貌义动词的客体论元(动词及物时)或附加体论元(动词不及物时),在意义上转为"有V"型动词的附加体论元,在句法上升价为"有V"型动词的宾语,来表达句法意义上的施用态(马清华、葛平平,2020),形成诸如"有伤体面|有失矜持|有欠体面|有负于我|有悖于经济原理|颇有损于帝国的尊严"等。这里在表达上又绕了一个更大的圈子。绕来绕去,实际意义改变不大,但变得相对含蓄,这就是婉曲表达的目的。

这种"有V"型动词有粘宾特征。宾语明明是它的附加体论元,却是必有的,可见该结构是偏离了一般构型规则的婉曲构式。个别"有V"型动词可经重新分析,携带任选的粘宾动词后缀"于"。礼貌原则下的委婉动机,决定了"有V"型动词的形成及其粘宾性。换言之,后者是在前者的驱动下形成的。"有V"型粘宾动词有书面色彩,该色彩在社会语言学上也有显著的时代特征分布。受社会观念的作用,年轻作家作品里用得比老辈作家少。

"有V"型动词与方言色彩表已然事件的短语"有看|有写|有反对|有喜欢"等语法同构,但来源不同,所处语法单位的层级也不同,前者是普通话的词,后者是方言的短语。

5.5 核心词组合关系中的语义一致性

5.5.1 名词句法组合的语义一致性

概述 韩蕾(2006,2007,2010)依据CCL现代汉语语料库,对来自自然现象、时间过程、天灾人祸、日常活动、社会活动。体育运动等意义领域的12个原型事件名词(文献普遍提及、认可度最高)的句法搭配进行统计,又专门统计了事件名词"雨"跟量词的搭配。我们整理其基本数据,追加计算,并分类归类,得数据:

数据

1. 句法搭配。(1)接后置方位词为最优势分布(8个事件名词):【方位词＞量词＞动词】a."病"143例中,搭配动词35例(24.48%):动作动词32例(22.38%)[10例(6.99%),另有隐含22例(15.38%)],变化动词3例(2.10%),搭配量词42例(29.37%)[动量词40例(27.97%),时量词2例(1.40%)]。搭配方位词66例(46.15%)["～后"18例(12.59%),"～中"47例(32.87%),"～前"1例(0.70%)]。b."战"551例中,搭配动词84例(15.25%):动作动词33例(5.99%),状态动词26例(4.72%),变化动词25例(4.54%)[10例(1.81%),另有隐含15例(2.72%)]。搭配量词158例(28.68%)[动量词99例(17.97%),时量词59例(10.71%)]。搭配方位词309例(56.08%)["～后"114例(20.69%),"～中"92例(16.70%),"～前"103例(18.69%)]。c."赛"97例中,搭配动词13例(13.40%):动作动词6例(6.19%),状态动词5例(5.15%),变化动词2例(2.06%),搭配量词(动量词)21例(21.65%)。搭配方位词63例(64.95%)["～后"3例(3.09%),"～中"58例(59.79%),"～前"2例(2.06%)]。d."乱"90例中,搭配动词11例(12.22%):动作动词4例(4.44%),变化动词7例(7.78%)。搭配量词31例(34.44%)[动量词12例(13.33%),时量词19例(21.11%)]。搭配方位词48例(53.33%)["～后"14例(15.56%),"～中"33例(36.67%),"～前"1例(1.11%)]。e."课"32例中,搭配动词2例(6.25%):动作动词2例(6.25%),搭配量词6例(18.75%)[动量词3例(9.38%),时量词3例(9.38%)]。搭配方位词24例(75%)["～后"14例(43.75%),"～中"9例(28.13%),"～前"1

例(3.13%)]。【方位词＞动词＞量词】a."会"93例中,搭配动词27例(29.03%):动作动词20例(21.51%)[8例(8.60%),另有隐含12例(12.90%)],状态动词6例(6.45%),变化动词1例(1.08%)。搭配量词(动量词)13例(13.98%)。搭配方位词53例(56.99%)["～后"28例(30.11%),"～中"16例(17.20%),"～前"9例(9.68%)]。b."礼"15例中,搭配动词3例(20%):动作动词2例(13.33%)[1例(6.67%),另有隐含1例(6.67%)],状态动词1例(6.67%),搭配量词(动量词)1例(6.67%)。搭配方位词11例(73.33%)["～后"1例(6.67%),"～中"9例(60%),"～前"1例(6.67%)]。【方位词＞动词/量词】"期"44例中,搭配动词2例(4.55%):动作动词1例(2.27%),变化动词1例(2.27%)。搭配量词2例(4.55%)[动量词1例(2.27%),时量词1例(2.27%)]。搭配方位词40例(90.91%)["～后"3例(6.82%),"～中"31例(70.45%),"～前"6例(13.64%)]。(2)接"量词—"为最优势分布(4个事件名词):【量词＞动词＞方位词】a."饭"872例中,搭配动词267例(30.62%):动作动词238例(27.29%)[59例(6.77%),另有隐含179例(20.53%)],状态动词24例(2.75%),变化动词5例(0.57%)。搭配量词(动量词)344例(39.45%)。搭配方位词261例(29.93%)["～后"223例(25.57%),"～前"38例(4.36%)]。b."灾"74例中,搭配动词22例(29.73%):动作动词9例(12.16%),状态动词8例(10.81%),变化动词5例(6.76%)[3例(4.05%),另有隐含2例(2.70%)]。搭配量词33例(44.59%)[动量词21例(28.38%),时量词12例(16.22%)]。搭配方位词19例(25.68%)["～后"9例(12.16%),"～中"10例(13.51%)]。【量词/动词＞方位词】"手术"28例中,搭配动词10例(35.71%):动作动词9例(32.14%)[2例(7.14%),另有隐含7例(25%)],状态动词1例(3.57%)。搭配量词(动量词)10例(35.71%)。搭配方位词8例(28.57%)["～后"7例(25%),"～中"1例(3.57%),"～前"]。【量词＞方位词＞动词】"雨"337例中,搭配动词82例(24.33%):动作动词57例(16.91%)[22例(6.53%),另有隐含35例(10.39%)],状态动词9例(2.67%),变化动词16例(4.75%)。搭配量词138例(40.95%):[动量词95例(28.19%),时量词43例(12.76%)]。搭配方位词117例(34.72%)["～后"107例(31.75%),"～前"10例(2.97%)]。

2. 跟量词的搭配。跟"雨"搭配的量词419例中,(1)动量词269例(64.20%),含:a.临时计时39例(9.31%):"次"38,"回"1。b.附加计时225例(53.70%):"场"165,"阵"60。c.稳定计时5例(1.19%):"番"3,"会儿"2。(2)时量词85例(20.29%),含:a.长时17例(4.06%):"年"12,"月"3,"星期

(周)"2。b. 中时64例(15.27％):"天(日)"46,"夜(晚)"15,"通宵"1,"黄昏"1,"朝"1。c. 短时4例(0.95％):"小时"3,"分钟"1。(3) 名量词65例(15.51％),含:a. 成形31例(7.40％):"滴"14,"丝"8,"层"4,"片"3,"条"1,"缕"1。b. 种类17例(4.06％):"点"13,"些"3,"种"1。c. 度量11例(2.63％):"毫米"9,"吨"1,"指"1。d. 临时6例(1.43％):"身"2,"头"1,"脸"1,"口"1,"路"1。

简论 名词的语法意义是如何影响词的句法功能的呢？影响渠道之一是组合关系上的语义一致性要求。美国语言学家兰姆(Lamb)将语义学中的语义选择限制引入句法学中,提出义素句法[译文见马清华(2001a)"附录"]。事件名词(如"暴雨|早饭|战争|疾病|灾难|典礼"等)是词义特征影响其句法特征的很好范例。基于组合关系上的语义一致性,事件名词也对其结合成分提出了一系列相应的动性特征要求,跟典型的名物类名词构成明显区别。

在跟事件名词的搭配势力上,从大到小依序为"方位词＞量词＞动词"。12个事件名词中没有最优先接动词的。方位词已由空间转表时间。动作动词的隐含表达,常发生在事件名词接后置方位词时("雨前＝下雨前|饭后＝吃饭后")。事件名词所搭配的变化动词体现事件过程性,如"开始|结束"等。

事件名词跟动量词、时量词乃至名量词的搭配存在优先序列"动量词('顿|阵|次')＞时量词('年|小时')＞名量词"。这既反映了语义选择限制或义素句法的语义一致性,还反映了系统复杂性更深层的一面。动量词、时量词常跟动词搭配,名词一方面由于词汇意义的事件性,允许在语义上跨越词性限制,跟动量词、时量词搭配使用,另一方面受制于句法意义和功能的名词性,只能以定中关系而不能以动补关系跟这些量词结合。在相反方向上,动词跟动量词、时量词的搭配也能实现为定中结构,不过诱因和结果与前者不同,功能也有差异,后者的定中结构转指类,不少动词选用这一通道,实现向名词的偏移。比较:

[＋语义_{物量}＋句法_{定中}]一碗水(但:*一场水)

[＋语义_{物量/动量/}＋句法_{定中}]一场雨(但:*雨了一场)

[＋语义_{动量}＋句法_{中补}]痛批了一场

[＋语义_{动量/物量}＋句法_{定中}]一场痛批

名词的语义特征可通过影响名词自身的句法特征,进而影响到名词自身的频度。

5.5.2 动词句法组合的语义一致性

概述 吴云芳(2005)依据《人民日报》1998年的语料,统计带体词性宾语的4个高频义项动词"表现""具有""成立""提高"对宾语的语义选择限制,统计时排除重复(重复出现仅计一次)。经追加计算,得数据1。程月(2007)据《同义词词林》扩展版的义类划分及哈尔滨工业大学信息检索研究室提供的"依存树库语料"资源,统计高频双音节动词"发展"所搭配宾语的前十位高频义类。我们整理其基本数据,修改分类和归类并追算,得数据2。韩蕾(2001)搜集到臆测句式"主语+'怀疑'+陈述小句宾语",统计其语义分布。我们整理其基本数据,并追加计算,得数据3。

数据1

【具有】所带203例宾语中,[+属性]136例(67%,"魔力"),其他67例(33%,[+感受]"美感"、[+知识]"智能"、[+位置]"席位"、[+精神]"气概"、[+思想]"新意"、[+意愿]"意志"、[+情感]"激情"等)。【表现】所带26例宾语中,[+属性]18例(69.23%,"品质"),其他8例(30.77%,[+感受]"自豪感",[+事情]"细节",[+情感]"情操",[+现象]"磨难"等)。【提高】所带30例宾语中,多分布于[+属性]/[+数量]25例(83.33%,"准确性、产量")两个义类,其他5例(16.67%,[+费用]"运费"、[+酬金]"待遇"、[+声]"嗓门"等)。【成立】所带276例宾语中,多分布于[+组织]/[+地方]242例(87.68%,"港务局、直辖市")这两个义类,其他34例(12.32%,[+事务]"专业"、[+事情]"联谊会"、[+人]"专家组"等)。

数据2

"发展"所带82例宾语中:

1. [+社会事业]。40.69%,含:经济类17.89%("经济"),文教类7.37%("文化|教育|卫生|科学|学科|学业"),事业类9.82%("事业|行业|工程"),生产类5.61%("出产|生产")。

2. [+组织]。4.21%("公司|企业")。

3. [+属性]。10.18%,含:性能类3.51%("系统|种类|结构"),能力类6.67%("力量|能量")。

4. [+关系]。8.07%,含:事态类4.56%("联系|关联|关系"),事理类3.51%("关系|友谊|缘分")。

数据 3

臆测句式"主语+'怀疑'+陈述小句宾语"共 300 例中,陈述小句宾语为不如意的事情 263 例(87.67%),陈述小句宾语语义为中性 32 例(10.67%),陈述小句宾语为如意的好事情 5 例(1.67%)。

简论　动宾关系受到语义选择限制的约束。动词与其所支配的宾语之间的语义选择限制可发生于不同的语义维度下。语义维度的选择也有不同的动因。换言之,它们建立在不同的一致性基础上。其一致性有理性意义上的(如数据 1 和数据 2),也有色彩意义上的(如数据 3)。

抽象动词"具有""表现""提高""发展"的宾语(含宾语中心)多是抽象名词。"具有""表现""提高"的宾语(含宾语中心)多带[+属性]义素,"发展"有提升、开展的意味,其宾语(含宾语中心)虽也可带[+属性]义素,但占比小得多,更多的是带义素[+社会事业]。在心理动词与其所支配的陈述类宾语之间的语义选择限制上,"感到"是色彩中性的感知类心理动词,选择在心理特征上寻求一致关系,带生理或情感类的谓词性宾语。"怀疑"是色彩负面的心理动词,多选择在色彩意义上寻求一致关系。

动词语义特征与其所支配的宾语之间的语义选择限制存在多种集合,而不同的动—宾语义选择限制之间,又有不同的集合关系模型,但多数都表现为某一集合相对突出,即侧显表征。

5.6　核心词反义组合的对称和侧显

5.6.1　反义动词带宾语能力的对称和侧显

概述　左双菊(2009)统计动词"来""去"带宾语能力。我们整理其基本数据并追算,得数据:

数据

1. 句法分布。陈忠实《白鹿原》中:(1)"来"373 例中,带宾语 69 例(18.50%),不带宾语 304 例(81.50%)。(2)"去"194 例中,带宾语 31 例(15.98%),不带宾语 163 例(84.02%)。

2. 语义分布。《王朔文集》中:(1)"来"291 例中,带处所宾语 193 例

(66.32%,"这男人常来这家饭店"),带施事宾语49例(16.84%,"她家里有事来了个亲戚"),带役事宾语37例(12.71%,"一人来八两饺子就行了"),带其他宾语12例(4.12%,"[方式]干脆来个包月;[结果]险些在地上来个大劈叉;[目的]我真想来个一气尽吹的效果")。(2)"去"79例中,带处所宾语73例(92.41%,"去镇上请来冷先生急救"),带施事宾语5例(6.33%,"县里只去了一个年轻人"),带役事宾语1例(1.27%,"我给哥去封信")。

简论 "来""去"是反义关系的位移动词。其带宾能力、所带宾语的类型及其频率,既有对称性的一面,也有不对称性的一面。对称表现是:(1)反义位移动词"来/去"均以带处所宾语为主,这是语义选择限制决定的。(2)"来/去"宾语出现频率排在第二位的都是施事宾语。不对称表现是:(1)"来"使用频度是"去"的一倍,但"来/去"带宾语的比例上大致相近,"来"仅略多于"去"。(2)相对来说,"来"的带宾用法不但使用频度高,而且宾语成分多样,语义类型多样,动词"来"的语义进一步泛化。不对称只是简单的形式表现,侧显才是它的功能动因。它不仅表明,趋近方位参照点比远离方位参照点更引起说话人的关注,而且"来"的意义含混程度及标记化程度都比"去"更高。

5.6.2 反义形容词修饰名词的对称和侧显

概述 祁峰(2010)据《人民日报》标准语料库(1998年1月份)、《读者》杂志文章、现当代作家作品共计300余万字的现代汉语分词语料,统计高频单音节形容词"新""旧"在363例形名定中结构中的内部语义搭配。我们整理其基本数据,校正并追加计算,得数据:

数据

1. "新"+名。289例(79.61%)。含:(1)个体名词127例(34.99%):实物38例(10.47%,"鞋|衣服|人物|建筑物");交通工具2例(0.55%,"车|船");植物2例(0.55%,"芽|松");身体器官1例(0.28%,"面孔");场所20例(5.51%,"街道|市场|山川|总统府");群体组织13例(3.58%,"家|党|企业|社团");地域6例(1.65%,"首都|世界|油气区");符形9例(2.48%,"诗|名词|故事");行为事件1例(0.28%,"事");时点时段5例(1.38%,"学年|时期|世纪");视听艺术7例(1.93%,"歌|戏|节目");称谓23例(6.34%,"妈妈|首相|医生|朋友")。(2)抽象名词146例(40.22%):意念14例(3.86%,"思维|目标|希望");性状26例(7.16%,"特点|价值|风格");知识领域10例

(2.75%,"理论|技术|信息");策略法则 4 例(1.10%,"法律|政策|规定");权益 1 例(0.28%,"政权");余类 91 例(25.07%,"工作|生活|产品|方向")。(3) 物质名词 12 例(3.31%):无机物 3 例(0.83%,"土|水|矿石");有机物 3 例(0.83%,"米|菜|粥");钱款 6 例(1.65%,"价|卢布|资金")。(4) 集合名词。1 例(0.28%,"天地")。(5) 专有名词:3 例(0.83%,"中国|南非|巴比伦")。

2."旧"+名。74 例(20.39%)。含:(1) 个体名词 50 例(13.77%):实物 22 例(6.06%,"鞋|报纸|挂历|长衫");交通工具 4 例(1.10%,"船|马车|自行车");场所 12 例(3.31%,"宿舍|城堡|车站");群体组织 1 例(0.28%,"军队");地域 2 例(0.55%,"城|世界");符形 3 例(0.83%,"信|话|小说");时点时段 2 例(0.55%,"年|时代");视听艺术 1 例(0.28%,"戏");称谓 3 例(0.83%,"军人|情人|朋友")。(2) 抽象名词 14 例(3.86%):意念 4 例(1.10%,"梦|观念|道德|礼教");性状 3 例(0.83%,"体制|制度|框架");权益 2 例(0.55%,"政权|势力");余类 5 例(1.38%,"趣闻|社会|传统")。(3) 物质名词 7 例(1.93%):无机物 2 例(0.55%,"药|鞋油");有机物 2 例(0.55%,"米|木料");钱款 3 例(0.83%,"钱|账|卢布")。(4) 集合名词:1 例(0.28%,"家具")。(5) 专有名词 2 例(0.55%,"中国|南非")。

简论 "新""旧"是反义关系的形容词。其修饰名词时语义选择限制的类型及其频率,既有对称性的一面,又有不对称性的一面,表现出对称性和不对称性的对立统一。在对称性方面,义项对立关系大致存在,除跟抽象名词的搭配不合外,其他类别的频率序列大体一致。在不对称性方面,积极形容词不仅频度远大于消极形容词,与之搭配的名词类型多于消极形容词,词项数和次类数也远多于消极形容词。人类有求吉心理,因此反义形容词中,褒义词"新"的组合得到侧显。

5.7 核心词音节数和句法功能的关系

5.7.1 动词音节数和句法功能的关系

概述 动词的句法功能跟音节数(单双音节)存在某种关系。(1) 动语功能。汪洪澜(1996)从《动词用法词典》和《现代汉语词典》(1979)中搜集不能带

宾语的义项动词,统计其音节情况。我们整理其基本数据,并追加计算,得数据1。(2) 定语功能。邵敬敏(1995)统计《动词用法词典》中双音节动词直接修饰双音节名词的能力。我们整理其基本数据,并追加计算,得数据2。张笛(2004)统计黄伯荣等《动词分类和研究文献目录总览》所收双音节动词直接(即在无标记条件下)作名词定语的能力。我们整理其基本数据,并追加计算,得数据3。(3) 中心语功能。徐枢(1991)基于陈爱文(1986)对《普通话三千常用词表》的调查,甄别补充了双音节动词受名词修饰的情况。我们整理其基本数据,校正并追加计算,得数据4。(4) 定语或中心语功能。郭锐(2001)依据《现代汉语语法信息词典》43330词和北京语言文化大学宋柔提供的词频表244574个词,获得有效动词9814词(不含同形词、多义词重复词条)。词频分5级(由高到低排):1级1962词,2级1963词,3级1963词,4级1963词,5级1963词。每级平均1962.8条。据此统计动词词频与音节数及其作定语("研究成果|生存空间|演出时间|学习进度|开车技术")或受名词直接修饰能力的关系。我们整理其数据,并追加计算,得数据5。(5) 跟"来/去"的组合功能。林华勇(2005)根据《汉语动词用法词典》(孟琮、郑怀德、孟庆海等,1999),调查自主动词(即能进入"来～/去～"或"～来/～去"式祈使句的动词)及其音节特征。我们整理其基本数据,并追加计算,得数据6。

数据 1

179个不能带宾语的义项动词(无宾动词)中,单音节的21个(11.73%,"飞挥发:汽油飞了不少|咬狗叫|推使事情开展:推向高潮|成表答应|是表应答"),双音节的158个(88.27%,"崩溃|帮忙|旅行|地震")。

数据 2

1. 音节分布。1328个动词中,共有双音节动词688个(51.81%)。

2. 功能分布。688个双音节动词中,(1) 绝对不能直接修饰双音节名词的只有60个(8.72%)[含粘宾动词43个(6.25%,"充满|当作|包括|赢得"),不及物动词4个(0.58%,"到来|完毕|着想|着眼"),能愿、心理、言语或一些动结式动词等13个(1.89%,"能够|可以|忍心|告诉|打倒")],(2) 能直接作定语的有628个(91.28%)。

数据 3

共1540个动词,所含双音节动词为825个(53.57%)中,可以不同程度地直接修饰名词并构成定中结构的745词(48.38%,"领导方法|发展趋势"),无直接作定语能力的80词(5.19%)[(1) 粘宾动词(须带宾语)53个(3.44%,

"当作|等于")。(2) 无宾动词(不能带宾语)5 个(0.32%),"完毕|着想"。(3) 自由动词(可带可不带宾语)16 个(1.04%),"答应|谢谢"。(4) 能愿动词6 个(0.39%),"难免|能够"]。

数据 4

467 个常用的双音节动词中,能直接受名词修饰的不少于 165 个(35.33%,"情况调查|历史研究|语言运用|污水处理")。

数据 5

1. 总体分布。9814 词中,单音节动词 881 词中,(1) 作定语能力:可 9 词(1.02%),否 872 词(98.98%);(2) 受名词直接修饰能力:可 3 词(0.34%),否 878 词(99.66%)。双音节动词 8932 词中,(1) 作定语能力:可 3147 词(35.23%),否 5785 词(64.77%);(2) 受名词直接修饰能力:可 626 词(7.01%),否 8306 词(92.99%)。

2. 频率等级分布。(1) 1 级动词单音节的 360 词中,a. 作定语能力:可 1 词(0.28%),否 359 词(99.72%);b. 受名词直接修饰能力:可 0 词,否 360 词(100%)。双音节的 1601 词中,a. 作定语能力:可 950 词(59.34%),否 651 词(40.66%);b. 受名词直接修饰能力:可 307 词(19.18%),否 1294 词(80.82%)。(2) 2 级动词单音节的 223 词中,a. 作定语能力:可 3 词(1.35%),否 220 词(98.65%);b. 受名词直接修饰能力:可 0 词,否 223 词(100%)。双音节的 1740 词中,a. 作定语能力:可 740 词(42.53%),否 1000 词(57.47%);b. 受名词直接修饰能力:可 148 词(8.51%),否 1592 词(91.49%)。(3) 3 级动词单音节的 167 词中,a. 作定语能力:可 2 词(1.20%),否 165 词(98.80%);b. 受名词直接修饰能力:可 2 词(1.20%),否 165 词(98.80%)。双音节的 1796 词中,a. 作定语能力:可 616 词(34.30%),否 1180 词(65.70%);b. 受名词直接修饰能力:可 90 词(5.01%),否 1706 词(94.99%)。(4) 4 级动词单音节的 103 词中,a. 作定语能力:可 3 词(2.91%),否 100 词(97.09%);b. 受名词直接修饰能力:可 1 词(0.97%),否 102 词(99.03%)。双音节的 1860 词中,a. 作定语能力:可 504 词(27.10%),否 1356 词(72.90%);b. 受名词直接修饰能力:可 58 词(3.12%),否 1802 词(96.88%)。(5) 5 级动词单音节的 28 词中,a. 作定语能力:可 0 词,否 28 词(100%);b. 受名词直接修饰能力:可 0 词,否 28 词(100%)。双音节的 1935 词中,a. 作定语能力:可 337 词(17.42%),否 1598 词(82.58%);b. 受名词直接修饰能力:可 23 词(1.19%),否 1912 词(98.81%)。

数据6

1. 自主动词。义项动词共计2117个,含自主动词755个(35.66%)。

2. 音节特征。755个自主动词中,单音节自主动词606个(80.26%,"挨~靠近│安~设立│装~设立│熬~豆浆│拔~钉子│掰│摆~手"),双音节自主动词149个(19.74%,"巴结│安排~房间│摆弄│办理│帮忙│帮助│保护│报复│报告│报销│表决│表演~节目│表扬")。

简论 动词的音节数属韵律特征,它跟词数、句法功能、自主性、词频之间的相关联系,本质上属多维共变关系(马清华、杨飞,2018)。(1)词数。现代汉语单音节动词数远少于双音节,但其基本词的占比远高于非基本词。(2)句法。动词音节数影响它的句法功能和句法意义,包括带宾语的能力、作定语和带名词定语的能力。首先,就带宾语的能力而言,动词音节数的增加和带宾语能力之间呈反比。证据是,动词单双音节的规模差距在核心词中原本是最小的,常用词里的双音节动词数是单音节动词数的1.43倍(参§1.3)。但在不能带宾语的动词中,双音节动词是单音节动词的7.5倍。其次,双音节动词作定语或直接受名词修饰的能力都远高于单音节动词。从数据5看,在直接作定语的能力和直接带名词定语的能力上,就类的关系而言,双音节动词和单音节动词几乎呈能与不能的对立。但在例的关系上,双音节动词内部,个例词的句法能力还随频率等级等因素而有波动。(3)语义。动词音节数影响到动词本身的自主性。单音节动词中自主动词的占比远高于双音节动词。(4)语用。极高频动词中单音节词占比大于双音节动词。在词次高于1000次的152个极高频词中共有36个动词,其中,单音节动词27个(80.56%),双音节动词7个(19.44%)(参§1.2)。动词的多维共变关系如图2。单双音节动词各项特征的分布势力用圆圈表示,特征在单音节动词里的势力比在双音节动词里大的,标以较大的圆圈,余类推。

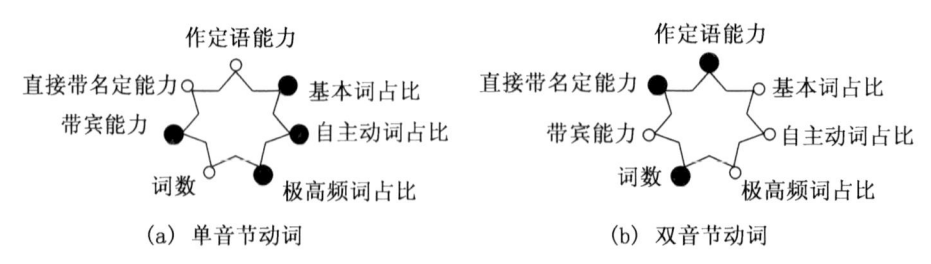

(a) 单音节动词   (b) 双音节动词

图2 动词特征多维共变关系图

显然，动词各项特征的分布势力因单双音节的不同而呈互补性。即在单音节词中分布势力相对较强的，在双音节词中相对就弱；在单音节词中分布相对较强的，在双音节词中相对就弱。

动词各项特征的多维共变关系又受到一致性原则的约束，即往往原型特征跟原型特征间，或派生特征跟派生特征间呈正相关，原型特征跟派生特征间呈负相关。具体说，单音节是动词的原型韵律特征，而基本词、带宾语、自主性分别是动词在词汇、句法、语义等界面上的原型特征，后者在单音节动词中均成相对优势分布。反过来，双音节是动词的派生性韵律特征，而非基本词、带名词定语的能力和作定语的能力也都是动词在词汇、句法等界面上的派生特征，后者在双音节动词中均成相对优势分布。单音节动词中的派生特征，双音节动词中的原型特征，都呈相对弱势分布。

在中层的共变关系里，规则性降低（马清华、杨飞，2018）。比如，单音节动词作定语的能力和直接带名词定语的能力都极低，因此看不出词频跟这两种句法功能之间有什么明显的关联性。但在双音节动词中，词频跟作定语的能力之间，或跟受名词直接修饰（即名词直接作其定语）的能力之间，都呈正相关。对于双音节动词直接作定语的能力，数据2、3接近，但跟数据5出入很大。这是因为：(1) 不同统计方案的对象不一样，有的方案统计的是常用词，有的方案包括了尽可能多的非常用词，说到底，还是词频因素在其中发挥了作用。(2) 数据5里的1级双音节词汇量跟数据2、3调查对象的词汇量接近，但数据差幅仍然很大。这可能也跟考察深度、条件宽严的不同有关。首先，它们的操作方式没有区别，都是语感内省方式。郭锐（2001）所依据的《现代汉语语法信息词典》，其语法属性都是专家内省。俞士汶等著（1998：14、17）说，是"朱德熙先生、陆俭明先生、郭锐副教授亲自填写了"《现代汉语词语语法信息库》，他们"亲自确认词的筛选"，"并填写各个词的语法属性"。其次，数据2、3考察的对象规模小，或许有条件把成句能力的内省做得更精细，以至于把允准条件放宽到了使用有限制的非常规用法，数据5考察的规模大，或许把允准条件限定在了常规用法上。出于同样的原因，在双音节动词带名词定语的能力上，数据4跟数据5之间同样出入较大。

5.7.2 形容词音节数与句法功能的关系

1. 总体分布

概述 郭锐（2001）依据《现代汉语语法信息词典》和北京语言文化大学宋柔提供的词频表中获得有效双音节形容词2132词，按词频排序，分5级，其中各频率级的词数分别为(频率等级由高到低排):1级426词,2级426词,3级426词,4级427词,5级427词,每级平均426.4词。据此统计双音节形容词语法特征与词频的相关性。我们整理其基本数据,校正并修改算法,追加计算,得数据1。从郭锐(2001)相关材料中抽取数据,并进行追算和推算,还可得数据2。

数据1

1. 随词频升高,功能频率呈增势。(1)【句法成分的能力】定语557词(26.13%),1级227词(53.29%),2级130词(30.52%),3级97词(22.77%),4级66词(15.46%),5级37词(8.67%)。状语211词(9.90%),1级139词(32.63%),2级39词(9.15%),3级15词(3.52%),4级11词(2.58%),5级7词(1.64%)。准谓宾动词的宾语81词(3.80%),1级45词(10.56%),2级17词(3.99%),3级14词(3.29%),4级3词(0.70%),5级2词(0.47%)。中心语(带名词性定语)9词(0.42%),1级6词(1.41%),2级2词(0.47%),3级1词(0.23%),4级0词,5级0词。(2)【跟其他成分的组合能力】带助词:"～地"929词(43.57%),1级237词(55.63%),2级221词(51.88%),3级214词(50.23%),4级156词(36.53%),5级101词(23.65%)。作宾语:"有～"32词(1.50%),1级23词(5.40%),2级7词(1.64%),3级2词(0.47%),4级0词,5级0词。受副词修饰并带助词作状语:"很～地"927词(43.48%),1级224词(52.58%),2级222词(52.11%),3级214词(50.23%),4级160词(37.47%),5级107词(25.06%)。(3)【兼类能力】兼类174词(8.16%),1级97词(22.77%),2级37词(8.69%),3级14词(3.29%),4级12词(2.81%),5级14词(3.28%)。

2. 随频率升高,语法能力呈抛物线分布。(1)【句法成分的能力】a. 作动语:带准宾语1136词(53.28%),1级284词(66.67%),2级289词(67.84%),3级257词(60.33%),4级199词(46.60%),5级107词(25.06%)。b. 作中心语:带补语1768词(82.93%),1级368词(86.38%),2级391词(91.78%),3级378词(88.73%),4级331词(77.52%),5级300词(70.26%)。带趋向补语1086词(50.94%),1级241词(56.57%),2级259词(60.80%),3级253词(59.39%),4级193词(45.20%),5级140词(32.79%)。c. 作组合式补语:1439词(67.50%),1级298词(69.95%),2级305词(71.60%),3级319词(74.88%),4级280词(65.57%),5级237词(55.50%)。(2)【跟其他成分的组合能力】a. 受副词修饰:受"不"修饰1986

词(93.15%),1级374词(87.79%),2级383词(89.91%),3级412词(96.71%),4级409词(95.78%),5级408词(95.55%)。受"很"修饰2109词(98.92%),1级418词(98.12%),2级420词(98.59%),3级425词(99.77%),4级425词(99.53%),5级421词(98.59%)。b.带助词:"~着/了/过"1509词(70.78%),1级316词(74.18%),2级326词(76.53%),3级329词(77.23%),4级284词(66.51%),5级254词(59.48%)。"~的"2109词(98.92%),1级418词(98.12%),2级422词(99.06%),3级426词(100%),4级423词(99.06%),5级420词(98.36%)。(3)【形态能力】重叠263词(12.34%),1级55词(12.91%),2级59词(13.85%),3级59词(13.85%),4级57词(13.35%),5级33词(7.73%)。

3. 增减趋势不明显。不规则分布:作谓语2116词(99.25%),1级415词(97.42%),2级425词(99.77%),3级424词(99.53%),4级425词(99.53%),5级427词(100%)。作中心语:作粘合式补语44词(2.06%),1级11词(2.58%),2级6词(1.41%),3级11词(2.58%),4级11词(2.58%),5级5词(1.17%)。

数据2

2340条有效形容词(不含同形词、多义词重复词条)按词频高低分五级,每级共468词。每级形容词的中间词频:1级2874次,2级406次,3级125次,4级37次,5级4次。其中单音节形容词189词(8.08%)[1级96词(4.10%),2级60词(2.56%),3级21词(0.90%),4级10词(0.43%),5级2词(0.09%)],双音节形容词2132词(91.11%)[1级371词(15.85%),2级405词(17.31%),3级443词(18.93%),4级453词(19.36%),5级460词(19.66%)],多音节形容词19词(0.81%)[1级1词(0.04%),2级3词(0.13%),3级4词(0.17%),4级5词(0.21%),5级6词(0.26%)]。

简论 数据表明,双音节形容词频率越高,充当定语、状语、宾语的频率也越高。形容词频次也跟兼类现象呈正相关。高频、兼类都是高耗散性标志。

数据关系增势分布和减势分布都是简单相关分布。抛物线分布往往是趋势次明显的分布,数据例外往往都出现在最高频。如此多的功能呈抛物线分布不是偶然的。抛物线分布实际是一种复杂相关分布,其一方面受制于频率跟句法能力的正相关,它在低频段的制约作用大,另一方面又受制于频率和词数的负相关,它在高频段的作用大,因为高频是滋生例外的源泉,最高频往往是变异发生的活跃区间,如"一样""主要"不受"很"修饰。

形容词的基本功能特征是谓词性,作谓语是所有形容词都需具备的条件,说明谓语是形容词的原型功能。补语有跟谓语类似的特征(吕叔湘,1979:76—77),粘合式补语是补语的典型类别。因此作谓语和作粘合式补语,跟频率增减的关系都不明显。

形容词中,双音节是单音节的两倍多(参§1.3)。但形容词直接作状语时,双音节跟单音节的占比之差大幅提升,升至3倍多。单音节形容词在作状语上相对于双音节形容词来说,失能严重。这跟状中关系的韵律结合条件及现代汉语双音节词占优势有关。词频跟形容词韵律特征有相关性。但音节数不同,相关方式也不同。词频跟单音节形容词占比呈正相关,即形容词越常用,所含单音节词的占比越高。证据是,在词次高于1000次的共152个极高频词中,形容词共6个,都是单音节的(参§1.2)。词频跟双音节形容词占比呈负相关,即形容词越不常用,双音节词占比就越高。

数据2证明了单、双音节形容词占比跟词频的正、负相关性。单音节形容词的占比随词频降低逐级显著递降,双音节或多音节形容词的占比则随词频降低而逐级显著增加。

形容词句法上的原型功能是作谓语或谓语中心,做其他成分都只是它的派生功能。形容词的自指类派生功能有浅度嵌套(嵌于陈述式内)和深度嵌套(嵌于指称式内)两种,前者如形容词作状语、补语,后者如形容词作定语。转指类派生功能有非嵌套和嵌套两种,前者如形容词作主语、宾语,后者如形容词作名形定中结构的中心语。在变价用法里,形容词也可以作动语(参马清华、葛平平,2020)。

形容词在原型性句法功能上,跟词频的增减趋势关系不明显,但在派生性句法功能上两者关系显著。

2. 形容词作状语与音节数的关系

概述 李铁范(2009)统计《现代汉语语法信息词典详解》(俞士汶等,1998/2003)形容词库中性质形容词作状语的能力,我们整理其基本数据,并追加计算,得数据1。郭锐(2001)统计《现代汉语语法信息词典》中形容词作状语的能力,我们整理其基本数据,并追加计算,得数据2。江诗鹏(2005)统计北京语言大学的现代汉语研究语料库中形容词作状语的势力分布,我们对这些结果都作了追加计算,得数据3。山田留里子(1995)统计《形容词用法词典》(郑怀德、孟庆海,1991)双音节形容词作状语的情况,我们校正其结果,并追加计算,得数据4。

数据 1

共 1473 个性质形容词中,不能直接作状语的 1230 个(83.50%),有的要加"地"后才作状语,有的加"地"后也不能作状语。能直接作状语的仅 243 个(16.50%),其中多音节(基本上是双音词)形容词 184 个(12.49%,"分散撤离|干脆取消"),单音形容词 59 个(4.01%,"闷坐|乱说|傻干|快磕头")。

数据 2

2340 条有效形容词(不含同形词、多义词重复词条)的词频按北京语言文化大学宋柔提供的词频表由高到低分五级,每级 468 词。(1)作状语的形容词共 277 词(11.84%)中,1 级 172 词(7.35%),2 级 63 词(2.69%),3 级 21 词(0.90%),4 级 13 词(0.56%),5 级 8 词(0.34%)。其中双音节形容词作状语的 211 词(9.02%),1 级 139 词(5.94%),2 级 39 词(1.67%),3 级 15 词(0.64%),4 级 11 词(0.47%),5 级 7 词(0.30%)。(2)能带助词"～地"的形容词 934 词(39.91%)[1 级 210 词(8.97%),2 级 19 词(0.81%),3 级 219 词(9.36%),4 级 175 词(7.48%),5 级 111 词(4.74%)],其中能带助词"～地"的双音节形容词 929 词(39.70%)[1 级 237 词(10.13%),2 级 221 词(9.44%),3 级 214 词(9.15%),4 级 156 词(6.67%),5 级 101 词(4.32%)]。

数据 3

作状语的 79 个形容词中,单音节形容词直接作状语 35 例(44.30%),带"地"作状语 0 例(0.00%);双音节形容词作状语 44 例(55.70%),其中直接作状语 23 例(29.11%,"健康发展|热情接待|容易被发现|认真写"),带"地"作状语 21 例(26.58%)。

数据 4

《形容词用法词典》所收 918 个双音节形容词中,能作状语的 468 个(50.98%)[含可带可不带"地"的 148 个(16.12%,"安全、沉重、安心、沉着、残酷、诚恳、仓促、充分、草率、初步、长久、出色、沉痛、匆忙");必须带"地"的双音节形容词 320 个(34.86%,"呆板、安定、安分、安宁、安稳、安闲、敏捷、敏锐、亲热、野蛮、殷勤、阴险、庸俗、勇猛、忧伤、忧郁、幽默、庄重、自豪、自然")],不能作状语的 450 个(49.02%,"干燥、寒冷、凉快、通顺、刚强、合算、良好、拖拉、潮湿、高大")。

简论 关于单双音节形容词直接作状语的差异,不同统计方案的结果不同。数据 1、2、4 反映形容词的句法持有能力,数据 3 反映具体语料中形容词的功能使用度。

就功能持有能力讲,能直接作状语的形容词,双音节的多于单音节的。但就具体语料中的实际使用讲,单音节的可多于双音节的。如果不论是否带标记"地",那么无论就句法持有能力讲,还是就语料中的功能使用讲,都是双音节形容词作状语多于单音节形容词,而且词频越高,作状语的能力越强。

　　形容词(无论就一般形容词而言,还是就双音节形容词而言)直接作状语的能力跟词频呈正相关。在带助词"～地"作状语的能力上,双音节形容词仍跟词频呈正相关。两种正相关都属正态分布,前面说过,核心词(名动形)词频升高跟再组织能力(如功能扩张强度)提升呈正相关。双音节形容词占形容词的主体,因此其作状语的能力跟词汇量(参§1.3"数据4")呈负相关。但同样在带助词"～地"作状语的能力上,一般形容词跟词频的关系却出现强烈震荡,明显缺乏相关性,原因在于所包含的单音节形容词不大带助词"～地"作状语,但又不是绝对不能带,因而存在不确定性(比较"快走—*快地走|猛回头—猛地回头"),后者归根到底还是韵律和词汇化因素在起作用。

　　形容词直接作状语时,受到一致性原则的约束和韵律限制:(1)常规性维度上的正向共变。直接作状语是形容词的一种偏常特征,因此总体上,也只有少数形容词(不到二成)能直接作状语。(2)发生学维度上的正向共变。双音节是它的派生韵律特征(单音节是形容词的原型韵律特征,正因如此,它在基本词中占比高于后者),作状语是形容词的派生性句法功能(原型句法功能是作谓语),所以直接作状语的形容词也多是双音节的。(3)正态分布。现代汉语里本来就是双音节形容词比单音节形容词多(参§1.3),所以直接作状语的形容词也多是双音节的。(4)韵律的均衡搭配。单音节形容词倾向于跟单音节动词搭配("生吃大葱|狠抓生产"),双音节形容词倾向于跟双音节动词搭配("热烈鼓掌|仔细研究"),双音节形容词跟单音节形容词搭配时,须用"地"标记来垫平韵律失衡["严肃地说(但:*严肃说)"]。四种表现中的三种都跟韵律限制有关。

　　形容词有标记作状语时,处于新的共变关系:一方面受到句法语义(强化)的激励,另一方面受到韵律限制和词汇语义的制约。双音节形容词有标记作状语较单音节自由得多。双音节形容词为了强调状语,可以带"地"标记["健康(地)发展|愉快(地)接受|突然(地)喧闹起来|匆忙(地)回去了"],其中以极性感情色彩(褒义或贬义)居多,很多中性形容词不大带"地"标记("*分散地撤离|*干脆地取消|*容易地发现"),因无强调、渲染的必要。单音节形容词作状语时排斥"地"标记,否则发生词化(如"猛地|横地闯进来"),这是韵律的自律抑制使然,因为现代汉语形容

词韵律上双音节占优势。

结构标记能使组联范围扩大(马清华,2005a)。有的双音节形容词作状语时必须带"地"标记("得体""热闹""傲慢""粗野"等,如"热闹地聚一次")。被山田留里子(1995)认为不能作状语的形容词,几乎所有的都能在"地"标记的帮助下作状语,状语处于多种句法语义环境中,如指向形容词的当事兼动词的施事(句主语)("风寒冷地吹进棚子里来|不该拖拉地对待感情|刚强地生活下来|碰上阴天下雨,也得潮湿地过一阵子",有的可转成补语"生活得很刚强|过得很潮湿"),指向形容词的当事(句宾语)([状语/补语]怎样可以凉快地度过夏天),指向形容词的当事兼动词的施事兼主语的属事(句宾语)([状语]"河蚌干燥地敞着唇"),指向动词或动词的成果(句宾语)([状语/补语]请高手通顺地翻译一下),指向动词([状语/补语]如何合算地借到钱|如何与人良好地沟通),跟动词编码中方式信息同义的句法成分([状语]"高大地矗立在她面前")。

因此,从句法持有能力看,双音节形容词作状语时须强制带"地"标记的占绝大多数,"地"标记任选的占少数。但从语料中已实现的句法能力看,不带"地"标记的多于带"地"标记的,其间存在明显反差。

形容词性短语作状语时,组联条件发生改变,须带句法标记"地"。双音节形容词句法扩展时必须带"地",但单音节形容词扩展时虽然常带"地",但在新的韵律条件下有时也可以不带,如形容词受单音节副词修饰["很快跑了过来(但:*非常快跑了过来)"],受双音节副词修饰的形容词接双音节动词("非常早离开了单位")。

3. 形容词作补语与音节数的关系

概述 粘合式补语跟中心语的结合关系紧密,因此韵律上优选长度短的词作补语。这就造成单音节形容词作粘合式补语的能力大大高于双音节形容词。郭锐(2001)根据北京语言文化大学宋柔提供的词频表中的2355条形容词和《现代汉语语法信息词典》,统计形容词音节数与充任粘合式补语的能力相关性,得数据:

数据

1. 单音节形容词作补语的能力。共189词,充任粘合式补语的能力:可142词(75.1%),否47词(24.9%)。包括1级96词中,可77词(80.2%),否19词(19.8%)。2级60词中,可44词(73.3%),否16词(26.7%)。3级21词中,可12词(57.1%),否9词(42.9%)。4级10词(100%),可8词

(80.0%),否 2 词(20.0%)。5 级 2 词中,可 1 词(50.0%),否 1 词(50.0%)。

2. 双音节形容词作补语的能力。共 2132 词,充任粘合式补语的能力:可 44 词(2.1%),否 2088 词(97.9%)。包括:1 级 371 词中,可 8 词(2.2%),否 363 词(97.8%)。2 级 405 词中,可 8 词(2.0%),否 397 词(98.0%)。3 级 443 词中,可 11 词(2.5%),否 432 词(97.5%)。4 级 453 词(100%),可 10 词(2.2%),否 443 词(97.8%)。5 级 460 词中,可 7 词(1.5%),否 453 词(98.5%)。

简论 在作粘合式补语的能力上,单音节形容词总体占绝对优势。单音节形容词词频越低,能作粘合式补语的就越少(虽然占比呈非规则波动,但绝对数走势清晰)。双音节形容词作粘合式补语的极少,其词频跟作粘合式补语的能力无明显相关性(无论就占比来说,还是就绝对数来说)。

粘合式补语是在无标记条件下以光杆形式直接作补语。作粘合式补语的形容词和作中心语的动词都既可以是单音节的,也可以是双音节的。韵律配合如下:【1+1】涂红|拿好【2+1】研究透|准备齐【1+2】坐端正|想清楚【2+2】研究清楚|调查仔细。

"【1+1】"是以形容词为补语的动结式的典型韵律模式。一方面,能作粘合式补语的单音节形容词,数量是双音节的 3 倍多;另一方面,中心语动词也是单音节动词占优势,双音节动词较少。搜索北京大学 CCL 现代汉语语料库,共得"腻"作粘合式补语时的中心语动词 51 种,其中单音节动词 47 种(92.16%,"玩|听|吃|逛|算|活|看|种|坐|喝|说|干|打|喊|读|泡|住|呆|排|过|讲|写|拍|等|尝|做|谈|养|画|当|穿|逃|查|损|赌|来|开|拍|闲|跳|待|骑|晒|耽|咒|念|当"),双音节动词 4 种(7.84%,"白相腻了|散步腻了,想换个花样|背诵腻了,转而听录音带|玩耍腻了一个,再去谄媚别个")。

作粘合式补语的形容词基本上是性质形容词,不大用状态形容词。使用状态形容词时或限于跟动词"变"搭配("顶上的奶酪变焦黄后就好了|价格变昂贵了"),或须有语境依托,如"金姐把嘴唇涂通红,沈南看不下去了|俄唯一航母整船被涂通红,或要封存(但:？脸涂通红)",这样的动结式不大用作祈使句,除非用导演口吻。

4. 形容词作动语(即带宾语)与音节数的关系

概述 李泉(1994)统计《普通话三千常用词表》(初稿,1959)、《形容词用法词典》(郑怀德、孟庆海,1991)、《汉语水平词汇与汉字等级大纲(词汇部分)》中性质形容词的音节分布,以及形容词能带宾语的情况[排除带补语后才能带

宾语的情形("酸死我了|难受死我了|美坏你了"),也不考虑形宾短语构成后再带补语的情形("健全起法制|热上一碗酒|亮出黄牌")。我们整理其基本数据,并追加计算,得数据1。李进立(1994)统计《现代汉语词典》(1983)形容词。我们整理其基本数据,并追加计算,得数据2。喻芳葵(1987)统计《普通话三千常用词表》(初稿,1959)。我们整理其基本数据,并追加计算,得数据3。

数据1

1230个性质形容词中,单音节词240个(19.51%),双音节词990个(80.49%)。能带宾语的形容词170个(14%)[单音节95个(7.72%,"白了胡子|红着脸|硬着头皮|矮人一截|尖着嗓子|别脏了我的衣服|正正帽子|肥了个体户|烂了一筐桃儿|对了三道题"),双音节75个(6.10%,"繁荣经济|稳定物价|健全法制|壮大队伍|统一思想|密林中活跃着一支小分队|泪水模糊了她的视线")],不能带宾语的形容词1060个(86%)[单音节145个(11.79%),双音节915个(74.39%)]。

数据2

2600个形容词中,单音节312个(12%)[能带宾语的89个(3.42%),不能带宾语的223个(8.58%)],双音节2282个(87.77%)[能带宾语的52个(2%),不能带宾语的2230个(85.77%)],其他形容词6个(0.23%)。

数据3

435个常用形容词中,能带宾语的151个(34.71%),不能带宾语的284个(65.29%)。

简论 一般以为,形容词不能带宾语,这是形容词和动词的分水岭。这没有错,不过这仅是就谓词所在的基础态而言。事实表明,性质形容词可以带名词性宾语,只是规模不占优势罢了。表面上看,性质形容词带宾语是一种例外,但本质上它是派生态的生成策略,即变价模式。主体降价为宾语时,可表存现态["江北岸荒着大片土地(←江北岸大片土地荒着)"]、损益态["瞎了一只眼(←一只眼瞎了)"]或使役态["端正态度(←态度端正)"]。附加体升价为宾语时,表施用态["淡泊名利(←对名利淡泊)|哥哥大我五岁(←哥哥比我大五岁)"](马清华、葛平平,2020)。主语降价为宾语,在语法形式上,形成了类似于复综语里的"通格(absolutive)"(见马清华、方光柱、韩笑等,2017:5)。

形容词作动语是共变关系的结果:(1)句法和语义。形容词带宾语见于派生态。形宾结构表存现态和损益态时往往需有动态助词加以辅助,表使役态时可以没有这样的辅助。(2) 韵律。带宾语的形容词中,单音节形容词多于双音节的,前者充其量不到后者的 1 倍。不带宾语的形容词中,双音节形容词远多于单音节的,前者可达后者的 6 至 10 倍。其次,单音节形容词所带宾语的中心语可以是单音节的,也可以是双音节的,但双音节形容词所带宾语的中心语多是双音节的。(3) 语用。单音节形容词带宾语多见于口语,双音节形容词带宾语多见于书面语。带宾语的单音节形容词属高频基本词,双音节形容词是书面词。

5. 形容词作定语与音节数的关系

概述 郭锐(2001)依据《现代汉语语法信息词典》统计形容词的句法功能。我们提取其与形容词作定语相关的基本数据,整理、校正并追加计算,得数据 1。我们统计汉语 BCC 语料库文学语体(共 14172.5524 万字)中单音节形容词"高"、双音节形容词"聪明"作定语的形名定中短语。单项短语的频率适度,反映功能使用度,有句法学价值,但过度高频,则主要反映语汇化倾向(如"高塔"251 次),体现语汇学价值。故需对所得统计结果做必要处理。凡出现例次大于 20 的,均以 20 计。中心语是单双音节名词的统计结果可整理为数据 2。我们统计 BCC 语料库(文学语体),单音节形容词"高"和双音节形容词"聪明"作定语时的中心语扩展式,得数据 3。对 BCC 文学语料库中"程度副词+形容词"式状中短语作定语的进行个例统计,得数据 4。

数据 1

2340 条有效形容词(不含同形词、多义词重复词条)的词频按北京语言文化大学宋柔提供的词频表由高到低分五级,每级共 468 词。

1. 能直接作定语的形容词。共 688 词(29.40%)[1 级 285 词(60.90%),2 级 160 词(34.19%),3 级 121 词(25.85%),4 级 81 词(17.31%),5 级 41 词(8.76%)]。其中,能直接作定语的双音节形容词 557 词(26.13%)[1 级 227 词(53.29%),2 级 130 词(30.52%),3 级 97 词(22.77%),4 级 66 词(15.46%),5 级 37 词(8.67%)]。

2. 能带"～的"的形容词。2262 词(96.67%)[1 级 439 词(93.80%),2 级 446 词(95.30%),3 级 455 词(97.22%),4 级 462 词(98.72%),5 级 460 词(98.29%)]。其中,能带"～的"的双音节形容词 2109 词(98.92%)[1 级 418 词(98.12%),2 级 422 词(99.06%),3 级 426 词(100%),4 级 423 词(99.06%),5 级 420 词(98.36%)]。

数据 2

1. 单音节形容词作定语。【单—单无标式】"高 X"32 种,237 例次,均 7.41 例次/种(X 如"塔|城|坝|船|床|帆|树|草|茎")。【单—单有标式】"高的 X"2 种,2 例次,均 1 例次/种(X 如"人|光")。【单—双无标式】"高 XX"212 种,774 例次,均 3.65 例次/种(XX 如"个头|浓度|薪水|烟囱|职务|皮靴")。【单—双有标式】"高的 XX"22 种,26 例次,均 1.18 例次/种(XX 如"土岗|烟囱|颧骨|稿费|地方")。

2. 双音节形容词作定语。【双—双无标式】"聪明 XX"71 种,171 例次,均 2.41 例次/类(XX 如"学生|想法|头脑|行为|样子")。【双—双有标式】"聪明的 XX"225 种,531 例次,均 2.36 例/种(XX 如"孩子|脑袋|面孔|建议")。【双—单无标式】"聪明 X"12 种,60 例次,均 5 例次/种(X 如"人|痣|话|药|处|力|花|蛋|事")。【双—单有标式】"聪明的 X"19 种,81 例次,均 4.26 例次/种(X 如"人|猪|话|脸|心")。

数据 3

1. 单音节形容词"高"作定语。(1) 无标记。【1+3】3 种,5 例(1.67 例/种,"高蜡烛台|高木板床|高石头墙")【1+4】8 种,10 例(1.25 例/种,"高牛皮靴子|高骡子大马|高古董烛台|高日照水平|高牛奶产量|高经济价值|高石头台基|高黑色马靴")。(2) 有标记。【1+4】2 种,2 例(1 例/种,"高的身材轮廓|高的红木桌子")。

2. 双音节形容词"聪明"作定语。有标记。【2+3】8 种,总 10 例(均 1.25 例/种,"聪明的灰眼睛|聪明的杂种狗|聪明的脑瓜子|聪明的手法儿")【2+4】6 种,总 7 例(均 1.17 例/种,"聪明的姊妹兄弟|聪明的个人见解|聪明的红色小姐|聪明的外科大夫")【2+6】1 种,1 例(均 1 例/种,"聪明的宗教学校学生")【2+7】2 种,总 2 例(均 1 例/种,"聪明的佛里斯兰小伙子|聪明的迪奥都西欧博士")【2+12】1 种,1 例,均 1 例/种("聪明的叔叔伯伯、表兄表弟外加祖母")。

数据 4

1. 程度副词+"高"。 无标记作定语的 53 例中,程度副词是单音节的 51 例(96.23%,"很高价值|极高天赋|较高水准|更高领域"),程度副词是双音节的 2 例(3.77%,"特别高规格|那么高进项")。

2. 程度副词+"优秀"。 无标记作定语的 20 例中,程度副词是单音节的 19 例(95%)[【(1+2)+2】17 例(85%,"最优秀分子|极优秀人才"),【(1+2)+3】1 例(5%,"最优秀雄辩家"),【(1+2)+4】1 例(5%,"最优秀文学杂

志")],程度副词是双音节的1例(5%,"较为优秀性质")。

简论 作谓语是形容词的基础功能,作定语是形容词最为活跃的派生功能[参§5.1.3(1)]。形容词的定语功能跟标记性及定中成分的音节数都有重要关联。

学界对形名定中结构韵律配合差异的成因众说纷纭(应学凤,2015)。问题的本质其实在于,不管中心语韵律特征如何,单音节定语式都以无标记为常式,有标记为变式;双音节定语式则相反,都以有标记为常式,无标记为变式。

(1) 正态分布和偏态分布。把聚合结构之间与相关规律吻合的分布视为正态分布(normal distribution),违背该规律的为偏态分布(skewed distribution),两者分别体现正则和变则。

形容词无论直接做定语,还是带"～的"作定语,都是双音节的占绝大多数,单音节形容词相对较少。这并不代表双音节形容词作定语的能力比单音节形容词强,而是正态分布所致。现代汉语中双音节形容词本来就比单音节形容词多。

能有标记作定语的形容词数量陡增,双音节和单音节的差幅也比直接做定语时的差幅多倍增加。这是"～的"标记所致。结构标记能极大提升结构组联能力(马清华,2005a)。带"～的"作定语的能力跟词频的数量关系起伏不定,且差别不大,是其定中组合的自由性所致。类似情形参§5.7.2(1)。

(2) 组联能力和语汇化水平。准确地讲,词类中适用于某功能角色的词汇量,反映的是它的功能势力。单音节形容词直接作定语的功能强度大于双音节形容词,但功能势力小于双音节形容词。将数据1和§5.7.2(1)的数据2结合起来,可推知:总体上,不管单音节形容词还是双音节形容词,直接做定语时,都是词频越高,功能势力越大,两者呈正相关。

单音节形容词能以无标记方式自由充当定语。双音节形容词只能以有标记方式自由充当定语,其无标记充当状语须在熟语化的前提下进行。换言之,单音节形容词作定语是不受限的,双音节形容词作定语是受限的。表面上,形名定中结构可从不同角度分类:(1) 按韵律配合方式分,基本的有四种:【单-单式(1+1)】大树|长河|厚布|快马【单-双式(1+2)】新产品|好主意|高个子|长头发【双-单式(2+1)】幸福年|高级车|倒霉事|美丽岛【双-双式(2+2)】伟大人物|辉煌成就|宝贵经验|严重后果。(2) 按定语音节分,有单音节定语式和双音节定语式。(3) 按有无标记分,有无标记式和有标记式(定语带"的")。

单-单无标式跟其他成分的自由组联能力强,其复呈性高("大树|高坡"),

可推动词化;有标记("大的树")后,意义增值,有凸显定语和特征区别作用,虽然仍能跟其他成分自由组联,但须出现于对举或照应语境("高的人可以找到较好、薪水也更高的工作|像水从高处往低处流动一样,强烈的光就是高的光也在向弱的光也就是低的光流动"),所以分布势力反而下降,且因复呈性转低,词化条件消失。单-双无标式的意义无增值("长凳子");有标记后,意义增值,有凸显和区别作用("长的凳子"),多出现于对举或照应语境,非对举用法多出现于现代作家和译作中,少见于当代作品。双-双无标式有简约风格("琐碎事情"),带标记后,反而只有常规意义("琐碎的事情")。双-单无标式有熟语化条件,组联能力转低("聪明人",但"*高尚人"),有标记后,熟语化条件丧失,组联能力转高("聪明的人—高尚的人")。若把语言表达分常规、次常(常见于语汇化倾向的表达)、异常(特殊的自由组合,含特异、超常结构等)三个区间,则各结构的归属如下:［常规］单-双无标式、双-单有标式、双-双有标式,［常规＋次常］单-单无标式,［次常］双-单无标式、双-双无标式,［异常］单-单有标式、单-双有标式。

为了深刻认识到这些方面,可在变项(即 X 或 XX)等长的前提下对数据2进行深度量化分析。设高级为3,中级为2,低级为1,X 类次的3级≥30,30>2级≥15,1级<15;例次的3级≥200,100>2级≥50,1级<50;均次的3级≥5,5>2级≥3,1级<3。XX 类次的3级≥100,100>2级≥50,1级<50;例次的3级≥200,200>2级≥100,1级<100;均次的3级≥3,3>2级≥2,1级<2。形名定中结构的数据特征抽象描写如图3。由此观察短语的自由组合和语汇化情形。

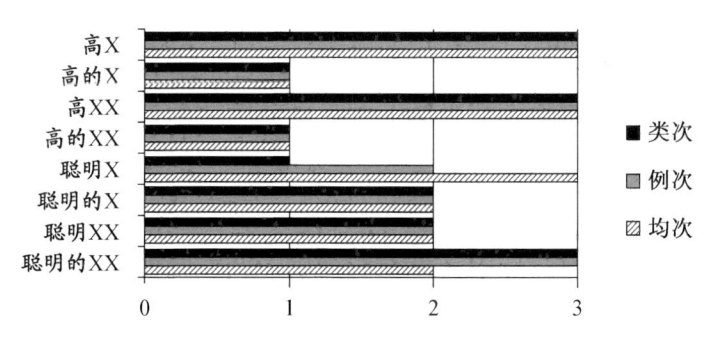

图3 形名定中韵律结构语例的数据量化图

有五种数据模型:① 类次、例次和均次都高,是自由组合和语汇化并存的表现。见单-单无标式"高 X"、单-双无标式"高 XX"。② 类次、例次和均次都低,是组合特殊性高的表现。见单-单有标式"高的 X"、单-双有标式"高的

XX"。③ 类次、例次和均次居中,是组联势力稍次的表现。见可自由组联的双-单有标式"聪明的 X",和组联能力稍次的双-双无标式"聪明 XX"。④ 总类次和总例次高,而均次低,是组合自由度高、组联势力大的表现。见双-双有标式"聪明的 XX"。⑤ 类次低,例次中,而均次高,有语汇化倾向。见双-单无标式"聪明 X"。

8种组合式的数据里,20例次以上的类在该组合式总类次中的占比各为:"高 X"25%,"高的 X"0%,"高 XX"4.25%,"高的 XX"0%,"聪明 XX"1.41%,"聪明的 XX"1.78%,"聪明 X"8.33%,"聪明的 X"5.26%。在高类次、高例次的单-单无标式里尤其是最高的均例次已几乎找不到相应可比较的单-单有标式,因为后者类次、例次极少。再比较组合式里几个相应的单类:"高颧骨"72次,"高的颧骨"2次,"聪明的人"106次,"聪明人"978次,"聪明的女人"38次,"聪明女人"21次。可以看到,单-单无标式("高 X")、双-单无标式("聪明 X")都是易发生语汇化倾向的组合式,而前者的词化倾向最为显著。

(3)再组织能力。首先,形名定中结构的中心语扩展能力大小跟定语形容词的长度及标记性条件相关。(1)定语若是单音节形容词,通常无标记定中结构才常有中心语扩展式。定语若是双音节形容词,通常有标记定中结构才有中心语扩展式。如,单音节形容词"高"作定语时,虽然其有标记定中结构的中心语也能扩展,但因为是异于常规的凸显式,因此分布势力明显弱于无标记方式。(2)双音节形容词有标记作定语时,其中心语的组合能力总体上大于单音节形容词无标记作定语时。前者中心语的容受长度大,类次和总例次多,均次少,表明自由度相对较高。后者的中心语特征相反,表明习用度相对较高。

其次,形名定中结构的定语扩展时,形容词加程度副词后作单项定语,一般带"的",意义无增值,可允许自由扩展。"的"删略时,扩展在语用上见于书面语体(如"非常高水准",但"*非常好天气"),在语义上有简约风格,在句法和韵律上,定中结构的中心语须是偶音节的(连词不计)(如"*极聪明人 | *非常聪明人"),"双音节程度副词+单音节形容词"作定语的规模最小。

比较作定语时的形容词的四种扩展式(即"单音节程度副词+单音节形容词,双音节程度副词+单音节形容词,单音节程度副词+双音节形容词,双音节程度副词+双音节形容词")的韵律构造可知,形名定中结构的单-双无标式("高价值")再组织能力高于单-单无标式和双-单无标式,因为后二者违背"中心语须是偶音节"的条件。其次,"双音节程度副词+单音节形容词"无标作定语之所以规模最小,也跟"中心语须是偶音节"这一要求有关。前者形成"[2+

1]$_{定}$+2$_{中}$",其韵律过渡难度远大于"[1+2]$_{定}$+2$_{中}$"。

再次,无标记的形名定中结构在定语扩展后,原中心语不仅可同时扩展(如第 1 组),且扩展能力有所提升。最明显的表现是,中心语的扩展长度可在并列关系下增大(第 2 组)。

第 1 组　很高艺术价值|极高音乐天赋|较高社会水准|更高知识领域

第 2 组　很高名望和地位|较高艺术水平和文物价值

5.8 核心词语法特征和语体分化的关系

5.8.1 形容词句法功能与语体分化的关系

概述　贺阳(1996)统计口语材料(15 个大学文化程度北京人的家常会话录音记录)和书面语材料(包括政论文、公文、科学论文和报刊通讯评论 4 种语体各 1 万余字)各 4 万余字中形容词在不同语体中的句法功能。我们整理其基本数据,并追加计算,得数据 1。胡明扬(1995)统计形容词的句法功能及其语体句法分布(语料未详),得数据 2。王景丹(2006)统计口语语料(《初级汉语口语》上册,戴桂芙等编,北京大学出版社 1997 年)、话剧语料 A(李龙云《正红旗下》第九场)和话剧语料 B(曹禺《原野》第一幕)的对白体(属口语)和说明体(属书面语)中形容词的句法功能及其语体分布,我们整理其基本数据,改变算法并追加计算,得数据 3。沈家煊(1997)统计口语材料(作家创作经验谈、名人访谈,据录音转写)和书面语材料(中篇小说《出售哈欠的女人》)各三万字左右(同一个用例反复出现数次按一例计算)中形容词的句法功能,我们整理其基本数据,并追加计算,得数据 4。

数据 1

1. 口语语料。共 504 例,含谓语 298 例(59.13%),定语 108 例(21.43%),补语 65 例(12.90%),状语 17 例(3.37%),宾语 12 例(2.38%),主语 4 例(0.79%)。

2. 书面语语料。共 611 例,含定语 385 例(63.01%),谓语 107 例(17.51%),状语 69 例(11.29%),补语 32 例(5.24%),宾语 11 例(1.80%),主语 7 例(1.15%)。

数据 2

1. 口语语料。作谓语 53.40%,作定语 27.90%,无标记作状语 3.40%,其他 15.30%。

2. 书面语语料。作定语 52.40%,作谓语 17.40%,无标记作状语 11.30%,其他 18.90%。

数据 3

1. 口语语料。共 278 例形容词中,谓语 167 例(60.07%),状语 47 例(16.91%),定语 41 例(14.75%)[带"的"25 例(省略中心语的就有 21 例),不带"的"16 例],补语 15 例(5.40%),宾语 5 例(1.80%),主语 3 例(1.08%)。

2. 话剧语料。(1) 语料 A。a. 对白体。共 63 例中,谓语 40 例(63.49%),状语 11 例(17.46%),补语 8 例(12.70%),定语 4 例(6.35%),主语、宾语 0 例。b. 说明体。共 56 例形容词中,状语 26 例(46.43%),谓语 20 例(35.71%),定语 7 例(12.50%),宾语 2 例(3.57%),补语 1 例(1.79%),主语 0 例。(2) 语料 B。a. 对白体。共 215 例中,谓语 123 例(57.21%),定语 44 例(20.47%)(带"的"11 例,不带"的"33 例),状语 30 例(13.95%),补语 18 例(8.37%),主语、宾语 0 例。b. 说明体。共 369 例形容词中,状语 224 例(60.70%),定语 91 例(24.66%)(带"的"31 例,不带"的"60 例),谓语 42 例(11.38%),补语 11 例(2.98%),宾语 1 例(0.27%),主语 0 例。

数据 4

1. 性质形容词。323 词,(1) 口语语料。119 词(36.84%)[含定语 88 词(27.24%),谓语 31 词(9.60%)]。(2) 书面语语料。204 词(63.16%)[含定语 112 词(34.67%),谓语 92 词(28.48%)]。

2. 状态形容词。372 词,(1) 口语语料。197 词(52.96%)[含谓语 108 词(29.03%),定语 89 词(23.92%)]。(2) 书面语语料。175 词(47.04%)[含定语 88 词(23.66%),谓语 87 词(23.39%)]。

简论 几乎所有统计都表明,形容词无论在哪种语体,也无论哪种次类,都以绝对多数用作说明语(谓语、定语、状语、补语),用作被说明语(主语、宾语)的比例极小。形容词在口语里最常作谓语,在书面语里最常作定语(见数据 1—2)。这应是形容词功能在语体特征分化下的典型表现。数据 3 仅说明体(属书面语)中的形容词表现例外,即作状语反而多于定语或谓语。这是由语域特殊性所致,因为话剧说明体话语中多导演句。数据 4 里,性质形容词在口语材料中表现例外(其作定语反而多于谓语),可能因为两方面因素:(1) 所取口语语料来自作家、名人在正式场合下的谈话,属不甚典型的口语,故其句长稍长。(2)性质形容词单独作谓语时有情态要求,而一旦带上情态成分,它往往就不再是谓语("好天气—天气很好/? 天气好"),除非在深度嵌套的主谓结构中,性质形容词才能无须带任何情态成分而单独作谓语(如"成绩好的时候"),但单独作定语时,就不需要情态条件,所以看上去更易作定语。状态形容词本身含有程度等内部情态信息,可以单独作谓语或补语,所以在口语材料中的分布跟典型分布规律一致。

另一个值得注意的是,在和语体变化的相关性上,形容词作定语、状语在书面语中的频率都大幅高于口语体,谓语、补语在书面语中的频率都大幅低于口语体。形容词作主语、宾语的能力在书面语体里都略有提升。这些是基于它们各自都有某种程度的一致性:(1)主语、宾语都是被说明成分(见前)。(2)谓语、补语都是交际层的说明语,往往都要添加情态成分才能完句(如"? 雨大。—雨很大。|? 雨下得大。—雨下得很大。")。(3)定语、状语都是前置饰语。

语体为什么能影响频率?主要原因是:(1)谓语是形容词的常规功能,状语、定语、补语是形容词的次常功能,主语、宾语是形容词的非常规功能。因此形容词在基础口语里优先充任更基本的谓语而非定语,形容词定语都可还原为单表述句的谓语,而谓语要成为定语则往往要依托句子的双表述语义基础(马清华,1993)。(2)尽管充任句法成分的优先序列跟句法成分的实现频率不是一回事,但因为各语体的句子复杂化程度不同,两者形成了联系。口语是基础语体,小句长度短,此时形容词多作谓语,状定补其次(其中,补语少于状定),主宾语最少(其中主语少于宾语)。书面语是在口语基础上发展形成的复杂变体,小句长度长,因此形容词作定语的比例提升,有时甚至高过谓语(比较话剧语料中说明体和对话体的数据)。

5.8.2 形容词词法分布与语体分化的关系

概述 语体因素也影响到形容词的词法分布。王文格(2010)取口语体、艺术语体、政论语体和科技语体各 12 万字语料,统计状态形容词的使用。我们整理其基本数据,并追加计算,得数据:

数据

1. 构词分布。共 79 例状态形容词谓语句中,ABB 式 26 例(32.91%,"他的瞳孔蓝幽幽的"),AABB 式 20 例(25.32%,"什么都冷冷清清的"),"AA 的"13 例(16.46%,"小火苗,悠悠的,那么美"),AA 式 11 例(13.92%,"劣迹斑斑"),BA 式 9 例(11.39%,"头发花白")。

2. 语体和构词分布。共 79 例状态形容词谓语句中,(1) 艺术语体:状态形容词 68 例(86.08%),其中 ABB 式 24 例(30.38%),AABB 式 16 例(20.25%),"AA 的"9 例(11.39%),AA 式 11 例(13.92%),BA 式 8 例(10.13%)。(2) 口语体:状态形容词 10 例(12.66%),其中 ABB 式 2 例(2.53%),AABB 式 4 例(5.06%),"AA 的"4 例(5.06%),AA 式 0 例,BA 式 0 例。(3) 政论语体:状态形容词 0 例。(4) 科技语体:状态形容词仅 BA 式 1 例(1.27%)。

简论 从艺术语体到口语体,充任谓语的状态形容词的每种构词("花白")或构形("冷冷清清")方式都相应大幅减少。状态形容词以意义的生动性、形象性、描摹性为特征,故而高频运用于艺术语体,其次用于口语体,科技语体、政论语体中极少或未见用例。艺术语体讲求形象生动性,口语体也不排斥这一功能,但科技语体、政论语体一般不追求形象生动性,这就决定了具有形象色彩状态的状态形容词在这些语体里的分布规模最小。能低频进入科技语体的也仅是状态形容词总频次中占比最低的双音节构词方式,其生动性相对较小,加上它的双音节条件,因此跟该语体可以有低度的相容性。

5.9 核心词意义和句法功能的关系

概述 关于认定类判断动词"当作""看作"的粘宾性和所在句式的句法特征分布,王红旗(2009)依据北京大学语料库中 1993—1997 年的《作家文摘》,统计动词"当作""看作"的句法特征。我们整理其基本数据,校正并追加计算,得数据:

数据
1."当作"。共 335 例中,(1) 名词性宾语:"一"量名 38 例(11.34%),带描写性(性状、性格、用途、质料、职业等)定语的定中短语 101 例(30.15%,"这句话被当作最新指示"),带限制性(数量、时间、处所、归属或领属、范围等)定语的定中短语 63 例(18.81%),光杆名词 108 例(32.24%),专有名词 8 例(2.39%),其他(即动词、"的"字短语、疑问代词)17 例(5.07%)。(2) 共现标记分布:把字句 206 例(61.49%,"要把我当名人"),被字句 61 例(18.21%,

"被康生当作叛徒抓进监狱"),其他句式 68 例(20.30%)。(3) 连谓句 140 例(41.79%,"掏出一把白嫩的芦根当作饭后的水果")。(4)"~是"14 例(4.18%)。

2."看作"。共 126 例中,(1) 名词性宾语:"一"量名 30 例(23.81%),带描写性定语的定中短语 51 例(40.48%),带限制性定语的定中短语 29 例(23.02%),光杆名词 13 例(10.32%),专有名词 0 例,其他 3 例(2.38%)。(2) 共现标记分布:把字句 91 例(72.22%),被字句 18 例(14.29%),其他句式 17 例(13.49%)。(3) 连谓句 0 例。(4)"~是"52 例(41.27%,"他把自己看作是最后的牛仔")。

简论 "当作""看作"意义上都是认定类判断动词,句法上都是粘宾动词,其连谓式构词都由前语素暗自指向一个当事兼役事的兼职论元,含处置意味,因此,它们较多分布于表主动处置的把字句。它们的宾语都以短语居多,其名词性宾语多为新信息,因此多是无定的。这都是它们的共同点。两词在以下方面发生分化,并且这些分化特征有某种共变(马清华、杨飞,2018)关系。(1) "当作"的频率远高于"看作"。(2) "当作"的宾语扩展能力总体比"看作"低,因为"当作"的宾语长度总体短于"看作",表现为:"当作"带短语宾语的占比比"看作"低得多;"当作"带单词宾语的占比却远高于"看作"。(3) "当作"所带有定性宾语的占比高于"看作",表现在:"当作"带专有名词等有定宾语的频率高于"看作";"看作"带"'一'量名"宾语的频率却高于"当作"。(4) "看作"侧重于判断,"当作"侧重于对待。表现为:"看作"的频率原本远低于"当作",但"看作是"远高于"当作是",呈明显的负偏态分布。"当作""看作"后面的"作"本就相当于系词"是",后面再跟"是",有"跨层叠加"效果。

5.10 核心词类间的演变关系

5.10.1 动词向名词的变异

1. 动转名相对于名转动的势力分布

概述 姚汉铭(1981)统计《现代汉语词典》(1973)共 606 个动名兼类复合词的意义转化。我们整理其基本数据,修改分类和归类,并追加计算,得数据:

数据

1. 由动转名。543 词(89.60%)。

2. 由名转动。26 词(4.29%)。

3. 具有名动兼类性质但难确定转化方向。37 词(6.11%,"伪装|油漆|约会|决心")。

简论 兼类词具备多种词类性质。核心词类间的演变关系在相互间进行,有 6 种方向,从浅度变异到深度变异,直至最终演化为另一词类(图4)。

```
        动词
       ⇅  ⇅
     名词 ⇌ 形容词
```

图 4 核心词内部兼类关系图

动名兼类词(如"翻译")既有动词词类性质,又有名词词类性质。从演化方向看,动名兼类词有动转名的和名转动两类。汉语动名兼类的复合词(一般是双音节)中,绝大多数是动转名模式,名转动模式占极少数。转类方向隐晦的占比更小。动—名兼类跟词长相关,其双单音节差幅呈正偏态分布(参§2.3)。

2. 名动词:动词向名词的浅度变异

概述 名动词是带某种名词性功能的动词(朱德熙,1982),它是局部突破却未完全实现兼类的一种过渡性动词。名动词的功能特征可确定为以下四种:(1) 作准谓宾动词的宾语,即受"进行|受到|予以|给以|加以"等的支配("调查|教育|批评"),(2) 可直接修饰名词("调查|指导|工作"),(3) 能作"有"的宾语("了解|提高|比较"),(4) 可直接受名词修饰("影响|准备|批评")。李咸菊(2006,2007)据1997年《人民日报》10万字语料库和《现代汉语语法信息词典详解》(俞士汶等,1998/2003)词条《示例》所收动词,统计浅度动转名的势力分布。我们整理其基本数据,校正并追加计算,得数据:

数据

1. 韵律分布。共1859个动词中,具备1项或1项以上功能条件的,双音节词856词(46.05%),单音节词0词(0%)。具备2项或2项以上功能条件的,双音节词513词(27.60%),单音节词0词(0%)。具备3项或3项以上功能条件的,双音节词144词(7.75%),单音节词0词(0%)。具备4项功能条件的,双音节词63词(3.39%),单音节词0词(0%)。

2. 词法分布。共309个名动词。动宾型55个(17.8%,"致富|就业|耕地|造林|投诉|挂钩|参政|进货|助学|失学|保级|办事")。

3. 个例词用法分布。(1)名动词用法比一般动词用法常见(典型名动词):"活动"56例中,名动词50例(89.29%),一般动词等6例(10.71%);"发展"208例中,名动词177例(85.10%),一般动词等31例(14.90%);"监督"28例中,名动词23例(82.14%),一般动词等5例(17.86%);"会谈"17例中,名动词13例(76.47%),一般动词等4例(23.53%);"建设"148例中,名动词108例(72.97%),一般动词等40例(27.03%);"工作"146例中,名动词102例(69.86%),一般动词等44例(30.14%);"教育"69例中,名动词47例(68.12%),一般动词等22例(31.88%);"竞争"29例中,名动词17例(58.62%),一般动词等12例(41.38%);"变化"11例中,名动词6例(54.55%),一般动词等5例(45.45%)。(2)名动词和一般动词势力相当:"选择"6例中,名动词3例(50%),一般动词等3例(50%);"指导"14例中,名动词7例(50%),一般动词等7例(50%);"分工"2例中,名动词1例(50%),一般动词等1例(50%);"调整"25例中,名动词12例(48%),一般动词等13例(52%)。(3)名动词用法不如一般动词常见:"保护"23例中,名动词9例(39.13%),一般动词等14例(60.87%);"准备"8例中,名动词3例(37.50%),一般动词等5例(62.50%);"要求"42例中,名动词15例(35.71%),一般动词等27例(64.29%);"认识"20例中,名动词6例(30%),一般动词等14例(70%);"学习"24例中,名动词6例(25%),一般动词等18例(75%);"分裂"4例中,名动词1例(25%),一般动词等3例(75%);"负责"22例中,名动词3例(13.64%),一般动词等19例(86.36%)。

简论 兼类都往往首先在单项或少数特征上突破,继而在其他特征上进一步铺开。动名兼类词就是由单项功能的浅度偏移向多项功能的深度偏移逐步渗透的。名动词所满足的变异特征项也是从单项到多项,变异深度由浅至深,因而存在浅度变异和中度变异。

名动词的四项特征中,动词作准谓宾动词的宾语和可直接修饰名词这两项,反映动词功能的浅度变异,它们只反映动词的非典型性分布,并不明确指向名词。能作"有"的宾语和可直接受名词修饰,这两项特征表明动词向名词功能的变异程度加深,属中度变异。四项特征中,作准谓宾动词当是名动词的主特征。

根据四种名词性语法功能条件看动词向名词功能的变异特征项和名动词的数量关系,可以发现:(1) 名动词只见于双音节动词。原因是名动词的主特征是要能作准谓宾动词的宾语,而准谓宾动词都是双音节动词,基于韵律和谐的规则,名动词也应是双音节的,否则有韵律冲突。(2) 所满足的变异特征项越少,则名动词越多;反之,满足的变异特征项越多,则名动词越少。换言之,变异深度和变异词数呈反比。(3) 个例词用法分布表明,名动词用法和一般动词用法的势力对比,也在增长变化的过程中。(4) 词法在动词向名动词的演化中虽不表现出直接的作用,但有间接联系。现代汉语的双音节动词中,动宾型构词的分布跟动词频率呈反比(参§5.4.1 数据 2)。将本数据中双音节名动词中动宾型构词占比 17.8%跟§5.4.1 的数据 2 相对照,可以推知,名动词的形成,应是发生于频率较高、使用活跃的双音节动词中。

3. 动转名的兼类词:动词向名词的深度变异

概述 胡明扬(1995)从《动词用法词典》(孟琮、郑怀德、孟庆海等,1987)、《汉语水平词汇与汉字等级大纲(词汇部分)》、《北京话语词汇释》(宋孝才,1987)共 3036 个动词中调查了动名兼类词及其音节数、语体色彩。动名兼类词的名词性特征条件有四:能直接作"有"的宾语,能直接受名词修饰,能受前置动量词修饰,能带名量词(万能的"种"和特殊用法的"个"除外)。我们整理其基本数据,改变算法并追加计算,得数据 1。邹韶华(2004)统计 100 多万字语料中"对话"一词的兼类分布,得数据 2。姚汉铭(1981)统计《现代汉语词典》(1973)共 543 个动转名的兼类复合词的意义转化。我们整理其基本数据,修改分类和归类,并追加计算,得数据 3。王冬梅(2004)统计《现代汉语词典》(1996)动词转名词共 348 词(552 词扣除有标记转指的 204 词)的转义。我们整理其基本数据,校正并追加计算,重新分类归类,得数据 4。胡明扬(1995)根据《动词用法词典》、《汉语水平词汇与汉字等级大纲(词汇部分)》、《北京话语词汇释》,调查了动转名的限制性因素。我们整理其基本数据,并追加计算,得数据 5。

数据 1

1. 总体分布。3036 个动词中,动—名兼类词 979 个(32.25%)。

2. 特征分布。979 个动—名兼类词中,(1) 只符合 1 项条件的 587 词(59.96%):a. 口语词 50 词(5.11%),书面语词 537 词(54.85%),书面语词是口语词的 10.74 倍。b. 单音节词 40 词(4.09%)[单音节口语词 33 词(3.37%),单音节书面语词 7 词(0.72%)],双音节词 547 词(55.87%)[双音节口语词 17 词(1.74%),双音节书面语词 530 词(54.14%)],双音节词是单音节词的 13.68 倍。(2) 符合 2 项或 2 项以上条件的 392 词(40.04%):a. 口语词 39 词(3.98%),书面语词 353 词(36.06%),书面语词是口语词的 9.05 倍。b. 单音节词 35 词(3.58%)[单音节口语词 31 词(3.17%),单音节书面语词 4 词(0.41%)],双音节词 357 词(36.47%)[双音节口语词 8 词(0.82%),双音节书面语词 349 词(35.65%)],双音节词是单音节词的 10.2 倍。

数据 2

"对话"共 8 例,其中名词 5 例(62.50%),动词 3 例(37.50%)。

数据 3

543 个(89.60%)动转名兼类复合词中:

1. 转指。405 例(66.83%)。(1) 转喻。379 词(62.54%)a. 转表动作客体 243 例(40.10%)[结果 146 词(24.09%,"报道|练习|解释|说明|回答|创作|发明|发现|收获|推测|想象|希望|贡献"),对象 97 词(16.01%,"记号|化名|作文|命题|起笔|布景|汇款|赔款|切片|结晶|谈话")],b. 转表动作主体(施事)89 词(14.69%,"翻译|教授|指挥|司仪|主编|主管|主考|编辑|残废|俘虏"),c. 转表动作的附加体(工具)47 词(7.76%,"开关|拉手|摇手|护膝|援助|酬劳|酬谢|奖励|捐献|捐助|开销|开支")。(2) 隐喻。转表动作时空范围 26 词(4.29%,"未来|将来|过去|距离|临近")。

2. 自指(转表动作自身的物性)。97 词(16.01%,"遭遇|提高|动摇|认识|爱好|工作|生产|贸易|处理|研究|缺漏|争论|冲突")。

3. 转表各部门的专门术语[该次类似基本都应并入自指类]41 词(6.77%,"比喻|叙述|描写|运动|比赛|训练|游泳|长跑|短跑|拳击|抓举|刺杀|演出|预演|彩排|教育|教学")。

数据 4

1. 转指客体。191 词(54.89%,"包车|穿戴|零用|天赋|编号|发明|谣传|赏赐|暗示|劝告|戏称|希望|指望|打算")。

2. 转指主体。86 词(24.71%,"管事|监工|编辑|督察|主编|总管|统领")。

3. 转指附加体。71 词(20.40%)[工具 61 词(17.53%,"刹车|标点|补贴|装饰|印证|确证|证明"),时空 6 词(1.72%,"拐弯|封口|开头|开始"),方式 4 词[1.15%,"开卷|打扮(看他的打扮像一个教员)|面授|分餐(吃分餐)"]。

数据 5

3036 个动词中,不能兼名词的动词共 1250 个(41.17%),其中含书面语双音节动词218个(7.18%)[本身带文言介词"于"和"以"的动词,及相当一部分动结式动词],口语动词和单音节书面语动词1032个(33.99%)。

简论 动转名兼类词的四类特征中,能直接作"有"的宾语、能直接受名词修饰和能受前置动量词修饰,都既见于名动词,也见于动转名的兼类词。因此它们充其量反映了动词向名词的中度变异。能带名量词是动转名兼类词的主特征或标志性特征,它反映了动词向名词的深度变异。

动转名的兼类词是动词向名词深度变异的结果,它满足了包括名词主特征在内的功能特征群,从而获得了名词词性。就动转名的兼类词数量而言,符合一项条件的多于符合多项条件的。后者是深度偏移,常规性低,词数总量自然明显小于浅度偏移者。

动名兼类词的句法功能—音节数—语体分布之间,存在一定的共变关系(马清华、杨飞,2018)。音节数、语体色彩可影响兼类的发生。双音节动词或书面语动转名的可能性远大于单音节动词或口语动词。

动词在浅度偏移为动转名兼类词时,其双单音节词的词数比例差幅(13.68倍)跟一般动词双单音节词的词数比例差幅(13.64倍,参§2.3)接近,呈现某种程度的正态分布。随着功能变异的深化,动转名兼类词双单音节词的词数比例差幅略减到10.2倍。而一般兼类动词的相应差幅却又高到了23.12倍(参§2.3)。可见,功能偏移的幅度加大,可导致双单音节词词数比例差幅出现无规则的震荡,规则性丧失。这跟词类的不同变异方向有着各自不同的韵律取向有关,比如,动转名和名转动的优势韵律模式就不同,动转名的多为双音节动词,名转动的多为单音节动词(参§5.10.2)。

同样的情况也发生在词的语体色彩变化中。一般动词中,书面语词数是口语词的2倍多(参§1.3),但动转名时,书面语词数和口语词的差幅陡增(数倍翻升)。该差幅随着功能变异的深化而略减,从只符合1项条件时的10.74倍降到符合2项或2项以上条件时的9.05倍。其本质和动因在于,音节数、语体色彩比例的升降,分别反映词形(韵律)差异、语用特征差异,而兼类反映的则是功能变化,三者间存在整体上的多维共变关系,受到像似性原则的约束,即随着能满足的功能指标增多,其在长度、色彩上的同一性也增加。

动转名和名转动的优势韵律模式的不同,跟其转类所发生的语体条件不同有关,动转名主要发生于书面语体,名转动主要发生于口语体(参§5.10.2)。

从单音节词在动名兼类词中占有一定比例看,并非所有动名兼类词都经过名动词的中间阶段。

在兼类发生的早期,本类的频率高于转类。但随着固化和使用的增加,转类的频率也可能高于本类。"对话"是动转名兼类词的个例。"对话"本义为动词,如"对话堪息机,披文欲忘味"([唐]刘长卿),现在名词反而变成了其基本义功能。

关于动转名的理据基础及其势力分布。动转名时,名词在意义上只是动词转类前隐含的一种论元。一般来说,转义有引申和比喻两种。动转名中的引申和比喻均衡对应于自指和转指两种模式,引申都自指,比喻都转指。其势力分布是:转指＞自指,转喻＞隐喻,转表客体＞转表主体＞转表附加体。动转名时,转喻模式是以行为来喻指该行为的某一论元。"转表客体＞转表主体＞转表附加体"的势力分布倾向在两项统计中反复得到证实。客体论元在转喻方式中占比过半,是动词转类所依据的最重要的意义基础。这跟动宾在汉语动名组合关系中占据最主要信息地位是分不开的。

关于动转名的限制性因素。能向名词演化的动词都是典型动词,非典型动词受到了词法和意义限制,往往丧失向名词演化的条件。词法上,带"～于"尾和"～以"尾的动词(如"勇于/给以")是重新分析形成的附加式及物动词(马清华,2003b)。大凡这类动词都是粘宾动词,缺乏向名词功能偏移的条件。关系动词属轻动词,能愿动词属表情态范畴的标记,它们的实义性都不强,这就跟动转名在语义上的名物化即实体化活动相冲突。动结式动词并非都不能演化为名词,如有动转名的"说明｜证明｜演出"。动转名是句子复杂化的一种后果,但口语性蕴含着结构上的简单性,因此口语动词跟这种复杂化形式存在内在冲突,大多数口语动词(如"担待｜唠叨")不能向名词演化。

5.10.2 名词向动词的变异

概述 高航(2008)据《古今汉语词典》《汉语大词典》、CCL 现代汉语语料库和广播、电视、报刊、文学作品,统计名词动用的 245 例中起作用的语义角色。我们整理其基本数据,修改分类和归类,并追加计算,得数据 1。王冬梅(2010)通过语例收集,统计所搜得 334 例名词动词化中起作用的语义角色。我们整理其基本数据,修改分类和归类,并追加计算,得数据 2。王薇、寮菲(2010)和 Clark & Clark(1979)分别统计了汉语和英语。我们整理其基本数据,校正并追加计算,得数据 3。王薇、张平(2010)采用问卷和访谈方式,调查人们对名词动用(如"短信我｜大学生了没")的社会传播和态度。问卷共发 380 份,受试从浙江工业大学和合肥师范学院两所高校(分别按所在地简称"杭""肥")随机抽取的全日制本科生,收回有效问卷 364 人份(文科生 224 份,理科生 140 份）。我们整理其基本数据，并追加计算，得数据 4。

数据 1

1. 附加体。169 例（68.98％）中，工具 112 例（45.71％，"鞭马冲过去"），材料/方式 31 例（12.65％，"广告牌漆着各种颜色｜从山上往下轱辘石头｜把棉袄棉裤絮得厚厚的"），处所 18 例（7.35％，"那日下晚便湾住船"），终点 4 例（1.63％，"天一夜就看见有人靠近车站"），源点 3 例（1.22％，"这些思想根源于小农意识"），路径 1 例（0.41％，"必经的道路"）。

2. 客体。62 例（25.31％）中，受事 5 例（2.04％，"约他明晚来便饭"），成果 57 例（23.27％，"已经粉了"）。

3. 主体。施事 14 例（5.71％，"老弟春秋正富，领袖群雄｜背山而住｜旅馆还面着大海"）。

数据 2

1. 附加体。206 例（61.68％）中，工具 65 例（19.46％）[活用 2 例（0.60％，"电梯已坏，待修理。天啊！要腿着了"），凝固 63 例（18.86％，"用锯子锯"）]，方式 130 例（38.92％）[活用 94 例（28.14％，"马着脸，直咕哝"），凝固 36 例（10.78％，"猫着腰"）]，处所 11 例（3.29％）[活用 6 例（1.80％，"临走还袋了一匣火柴"），凝固 5 例（1.50％，"先试点，再推广"）]，其他 12 例（3.59％）。

2. 客体。87 例（26.05％）。含：对象 49 例（14.67％）[活用 43 例（12.87％，"辛楣请新同事上茶室早餐"），凝固 6 例（1.80％，"请到舍下便饭"）]，成果 38 例（11.38％）[活用 7 例（2.10％，"太阳一会儿似乎为方形，一会儿又椭圆起来"），凝固 31 例（9.28％，"片肉片儿"）]。

3. 主体。施事 29 例（8.68％）[活用 21 例（6.29％，"烟了眼睛了"），凝固 8 例（2.40％，"灯电了我一下"）]。

数据 3

1. 现代汉语的名词动用。214 词中，以转喻为主生成的 175 词（81.78％），由名词的比喻义衍生的 13 词（6.07％，"你敢胡说我面了你"），由转喻和隐喻共同作用生成的 26 词（12.15％）[含来自转喻的隐喻（即隐喻的源域和目标域自然共存于一个更复杂的目标域内）19 词（"那几个奸臣的脚下地震了"）[按：此例非名词动用]，隐喻内的转喻（即转喻性的事件内容在源域为隐喻，在目标域为转喻）6 词（"复退军人瓷在了那里"），未详 1 词]。

2. 现代英语的名词动用。429 词中，以转喻为主生成的 407 词（94.87％），由名词的比喻义衍生的 3 词(0.7%,"He rulered the child's hand"),由转喻和隐喻共同作用生成的 19 词(4.43%)[含来自转喻的隐喻 17 词("accordion the curtains"),隐喻内的转喻 2 词("His ball lipped the cup")]。

数据 4

1. 传播调查。(1) 是否使用(单选题):a. 常用 96 人(26.37%):肥理 19%,肥文 15%;杭理 28%,杭文 35%。b. 不常用 100 人(27.47%):肥理 34%,肥文 31%;杭理 17%,杭文 23%。c. 仅某几个词常用 158 人 (43.41%):肥理 38%,肥文 51%;杭理 41%,杭文 40%。d. 不用 10 人 (2.75%):肥理 7%,肥文 3%;杭理 1%,杭文 2%。(2) 是否遇到(多选题): a. 日常口语中听到 264 人(72.53%):肥理 57%,肥文 84%;杭理 65%,杭文 72%。b. 从小说报纸中看到 125 人(34.34%):肥理 34%,肥文 51%;杭理 27%,杭文 26%。c. 网上看到 159 人(43.68%):肥理 34%,肥文 63%;杭理 39%,杭文 33%。d. 很少 54 人(14.84%):肥理 30%,肥文 11%;杭理 15%,杭文 13%。(5) 从来没有 2 人(0.55%):肥理 3%,肥文 0%;杭理 0.8%,杭文 0%。

2. 态度调查。(1) 表达情况:a. 最直接原因。简洁 159 人(43.68%):肥理 35%,肥文 30%,杭理 46%,杭文 55%。准确 12 人(3.30%):肥理 0%,肥文 3%,杭理 6%,杭文 2%。适合语境 95 人(26.10%):肥理 27%,肥文 28%,杭理 24%,杭文 26%。能被接受 30 人(8.24%):肥理 31%,肥文 9%,杭理 4%,杭文 7%。从众 53 人(14.56%):肥理 8%,肥文 20%,杭理 16%,杭文 10%。b. 是否因无其他表达。是 24 人(6.59%):肥理 12%,肥文 4%,杭理 6%,杭文 8%。有但效果不同 216 人(59.34%):肥理 42%,肥文 65%,杭理 56%,杭文 61%。无更合适的表达 42 人(11.54%):肥理 8%,肥文 15%,杭理 10%,杭文 12%。是临时发挥 153 人(42.03%):肥理 50%,肥文 51%,杭理 37%,杭文 37%。c. 名词动用的表达优势。准确传达信息 116 人 (31.87%):肥理 31%,肥文 37%,杭理 23%,杭文 36%。突显主观看法和新信息 128 人(35.16%):肥理 35%,肥文 48%,杭理 31%,杭文 29%。新颖、个性、时髦 82 人(22.53%):肥理 31%,肥文 30%,杭理 17%,杭文 19%。简洁 220 人(60.44%):肥理 54%,肥文 68%,杭理 53%,杭文 62%。亲和力强 182 人(50%):肥理 35%,肥文 65%,杭理 47%,杭文 43%。(2) 理解情况:a. 是否需要推断:经常需要 13 人(3.57%):肥理 12%,肥文 0%,杭理 4%,杭文 4%。有时需要 125 人(34.34%):肥理 31%,肥文 23%,杭理 41%,杭文 38%。最初时需要 226 人(62.09%):肥理 61%,肥文 76%,杭理 53%,杭文

59%。b. 理解某个初次遇到的名词动用时的特征：与理解日常表达有一定差别 121 人(33.24%)：肥理 42%，肥文 35%，杭理 30%，杭文 33%。注意力集中在动化词上 170 人(46.70%)：肥理 42%，肥文 58%，杭理 40%，杭文 44%。注意力几种在整句 90 人(24.73%)：肥理 15%，肥文 34%，杭理 19%，杭文 24%。要从名词义出发理解动化词词义 63 人(17.31%)：肥理 15%，肥文 15%，杭理 19%，杭文 17%。是从原句抽出普通动词,再把名词置于动词位置 61 人(16.76%)：肥理 8%，肥文 18%，杭理 13%，杭文 21%。(3) 接受情况：a. 初次遇到时是否能接受：不影响理解就接受 86 人(23.63%)：肥理 42%，肥文 24%，杭理 23%，杭文 20%。被动接受 18 人(4.95%)：肥理 4%，肥文 10%，杭理 3%，杭文 2%。愿意接受和模仿 244 人(67.03%)：肥理 54%，肥文 64%，杭理 67%，杭文 73%。口语中被迫接受,书面语中愿意接受和模仿 45 人(12.36%)：肥理 12%，肥文 22%，杭理 7%，杭文 9%。不接受 4 人(1.10%)：肥理 4%，肥文 2%，杭理 1%，杭文 0%。b. 是否适用于任何对象：是 36 人(9.89%)：肥理 15%，肥文 5%，杭理 10%，杭文 12%。同辈或下辈 129 人(35.44%)：肥理 27%，肥文 40%，杭理 34%，杭文 35%。职务辈分高的人,年长者 8 人(2.20%)：肥理 4%，肥文 3%，杭理 1%，杭文 2%。初交陌生人 12 人(3.30%)：肥理 4%，肥文 2%，杭理 1%，杭文 7%。熟友、同学 264 人(72.53%)：肥理 73%，肥文 86%，杭理 61%，杭文 71%。c. 接受和使用名词动用的条件：气氛轻松愉快 245 人(67.31%)：肥理 69%，肥文 80%，杭理 63%，杭文 64%。双方背景知识相同 139 人(38.19%)：肥理 42%，肥文 54%，杭理 33%，杭文 28%。没有歧义或误解 167 人(45.88%)：肥理 46%，肥文 62%，杭理 45%，杭文 33%。非正式场合 158 人(43.41%)：肥理 35%，肥文 59%，杭理 40%，杭文 35%。无其他同等简洁的词汇可用 41 人(11.26%)：肥理 15%，肥文 10%，杭理 13%，杭文 10%。无意识下使用 102 人(28.02%)：肥理 12%，肥文 36%，杭理 25%，杭文 28%。

简论 名词动词化中起作用的语义角色,主要是以某行为的某论元来喻指该行为,即名词在意义上只是转类后动词的一种论元,如"<u>袋</u>了一匣火柴(←用袋装了一匣火柴)|约他明晚来<u>便饭</u>(←约他明晚来用便饭)"。有的也用隐喻模式,它综合运用了轻动词删略和变价手段,如"<u>马</u>着脸(←像马着脸←脸像马)",主体降价实现为宾语且轻动词删略,表存现态,"<u>领袖</u>群雄(←像领袖群雄←在群雄中像领袖)",附加体论元升价实现为宾语且轻动词删略,表施用态(施用态是由附加体论元升价为宾语形成的)。

汉语名转动时的理据基础主要是附加体,其次是客体,最少的是主体,由多到少呈"附加体＞客体＞主体"序列。尽管数据2统计有瑕疵,把一些名词形用误归名词动用(如"这芹菜有点柴|这女孩儿,太林黛玉了"),但它主要跟主体理据有关,因此整体结论不受影响。

临时用法(活用)占比多于固化用法(凝固)的名转动模式(如施事类、对象类、方式类、处所类),能产性高;固化用法占比多于临时用法的名转动模式(如成果类、工具类),能产性低。单从语例看,名转动似多见于随意口语体中的单音节词。动转名中,双音节复合词占优势[参§5.10.1(2、3)]。名转动和动转名的优势韵律模式也随着转类模式的不同发生了反转。其背后的原因在于,名转动主要发生于口语体,动转名主要发生于书面语体。

名词动用的比喻模式。名词动用的认知机制是转喻和隐喻,有多种比喻模式。很明显,名词动用中最主要的比喻模式是转喻。转喻在名词动用的简单比喻中发挥的作用比隐喻大得多,表明名词动用并非只为了追求生动性,而是以之为手段,达成经济、高效的表达目的,即耗费最少的资源代价表达最丰富的意义内涵(主要是认知意义)。

名词动用综合了语义界面上的比喻和句法界面上的变价手段。比喻手段除了转喻、隐喻,还有转喻和隐喻之间的复杂关系,即复杂比喻。在复杂比喻中,隐喻或寄生在转喻上,或服务于转喻。跟这种范式复杂性相应,对它们的处理复杂性也相对较大,编码难度比简单比喻要大得多,因此不占主流(意义复杂性、范式复杂性、处理复杂性的关系,参见:马清华、汪欣欣,2016)。

影响名词动用的社会因素。名词动用的背后有着集体无意识这个社会影响因素。这从其地域变体和社会变体的比较中可以看出。名词动用是语言的创新性表达或偏常表达,其使用和传播受到所处地域及教育背景、职业等社会因素的影响。名词动用在不同社会及地域呈现出不同的特征。同样是高等教育水平的学生,从基本面看,在语言求新态度上,北部相对保守,相对自觉地接受规范约束,南部相对开放,更愿意着力突破规范约束;北部文科生语言守成高于理科生,南部文科生语言创新低于理科生;南部学生在认识上比北部学生更能精准地把握名词动用的积极效用,接受该用法的主动性高于北部学生。

5.10.3 形容词向名词的变异

概述 胡明扬(1995)统计了现代汉语形容词跟名词间的变异关系,其中多为形容词向名词的变异。我们整理其基本数据,改变算法并追加计算,得数据:

数据

1. 词类与音节数分布。1538个形容词(含性质形容词和区别词)[含单音节形容词290词(18.86%),双音节形容词1248词(81.14%)]中,66词(4.29%)[含单音节的6词(0.39%),双音节的60词(3.90%)]也能拥有一些明显属于名词的功能特征。

2. 功能特征与音节数分布。这66个形名兼类词按名词功能特征分四类:(1)直接受名量词修饰的11词(0.72%),含单音节形容词1词(0.07%),双音节形容词10词(0.65%)。(2)直接受"很多|许多|不少"修饰的25词(1.63%),含单音节形容词3词(0.20%)双音节形容词22词(1.43%)。(3)直接作"有"的宾语的22词(1.43%)含单音节形容词1词(0.07%),双音节形容词21词(1.37%)。(4)直接受名词修饰的8词(0.52%)含单音节形容词1词(0.07%),双音节形容词7词(0.46%)。

简论 形容词转名词的,表示性质的事物性"自由|困难|错误"或具有该性质的事物"老朽|滑头"。形容词向名词功能的变异从担任名词性转指短语的中心语("看到这些<u>不足</u>"),或主语、宾语("不怕<u>困难</u>"),或由有标记论元充当的状语("不向<u>困难</u>低头")、补语("奔向<u>自由</u>")开始,其后经习用而固化。形容词向名词变异,往往有一定的韵律条件。

形容词中有名词性用法的只占总数的一个零头。它处于语法兼类与修辞转喻的模糊分界地带。其双音节形容词数是单音节形容词的10倍,一般形容词中双音节形容词数是单音节形容词的4.3倍,可见前者的倍数是明显拉大了。这似乎意味着双音节形容词比单音节形容词更容易向名词变异。

胡明扬(1995)的统计没有明确演化的方向,名词四种功能特征的统计没有反映数据的重叠和交叉。虽然它未列出词例,但用我们给出的词例来验证,数据的重叠和交叉是存在的,比如"一种困难|很多困难|有困难|语言困难"。尽管如此,每项特征的统计数据仍有参考价值。其次,在胡明扬(1995)看来,除第二项特征外的其他三项特征也符合动名兼类中的名词特征。事实上,这四项名词性特征无一例外均适合于动名兼类(如由动词转类为名词的"包裹|爱好|组织",由名词转类为动词的"尿|坑")中的名词功能。比如"一个包裹|很多包裹|有包裹|衣物包裹"。

句法功能应区分组合功能(如作宾语)和聚合功能(如名词性)。组合功能又应分单项功能和功能特征群,不是每个单项组合功能的偏移都伴有聚合功能的变化。如,主语成分最为活泛,很多功能类型的成分都能自由充当它,所以作主语这一项特征,孤立地看,不能作为形容词向名词的范畴功能变异的指标。因此,虽然所列四项名词性功能特征因居深度偏移位置,每项都具有反映范畴功能变化的高指标值,但组合功能群的共变关系更能作为新生范畴的形式证据。组合功能群所含各单项功能之间的共变关系(马清华、杨飞,2018)分浅度、中度和深度。只有深度共变,才反映完全转类后的新聚合范畴。由创新结构构成的浅度共变关系未必反映一个已彻底转类并凝定了的新生范畴。

从每项特征的占比及其非交叉关系看,胡明扬(1995)统计的形容词中的名词性用法可能还都不是深度变异,因而主要是形容词向名词的变异。

5.10.4 名词向形容词的变异

概述 王伟、周卫红(2006)选取奥斯丁《爱玛》(中国书籍出版社2005年,第1—5章)、哈代《德伯家的苔丝》(长江文艺出版社2000年,第1—6章)以及史蒂芬·霍金《时间简史》(湖南科学技术出版社2001年,第1—6章)这3个中译本的语篇,统计其"很+X"的用法。我们整理其基本数据,校正其分类和归类,并追加计算,得数据1。郝敏、黄胜兰、朱丽艳(2010)依据华中师范大学现代汉语语料库、CCL现代汉语语料库、四种语料库、相关学术论文、百度网页,共得"不+NP"组合(NP含名词和名词性短语)68例(不含重复),统计其句法功能。又依据所搜集的现当代文学各历史时期(除"文革")文学语料和2000—2008年网络语料,进行历时的分期统计。我们整理其基本数据,并追加计算,得数据2。张伟(2005)从语言学文献里采集到64个"很+名词"组合,统计其句法组合。我们整理其基本数据,并追加计算,得数据3。聂科丰(2008)利用有关搜索引擎和大型语料库,调查"绅士""运气""中国"名词形用后"副+名"的功能分布。因统计标准不一,数据无从比较。我们依据2020年12月15日的国家语委现代汉语料库、央视国际、北大现代汉语语料库,按新标准重新检索统计,得数据4。张伟(2005)从语言学文献里采集到64个"很+名词"组合,然后调查各行业、文化素养高低不同的20名被试对它们的语感认可度。我们整理其基本数据,并追加计算,得数据5。张燚(2002)测试12—13岁(56人)、22—24岁(48人)、40—46岁(28人)和60—70岁(25人)四个年龄组的157人中认为下表所列"非常+名词"短语搭配自然的人数,以统计不同年龄段对"非常+名词"组合的认可度。我们整理其基本数据,并追加计算,得数据6。

数据 1

1.《爱玛》。"很"49 例中,"很＋N"0 例,"很＋Adj"35 例(71.43%),"很＋Adv"13 例(26.53%)[此项似不足信。原统计者也许是误把有标记作状语"很 X 地"中的 X 看成了副词],"很＋V"1 例(2.04%)。

2.《时间简史》。"很"70 例中,"很＋N"0 例,"很＋Adj"45 例(64.29%),"很＋Adv"24 例(34.29%),"很＋V"1 例(1.43%)。

3.《德伯家的苔丝》。"很"45 例中,"很＋N"0 例,"很＋Adj"16 例(35.56%),"很＋Adv"22 例(48.89%),"很＋V"7 例(15.56%)。

数据 2

1. 功能分布。作谓语 43 例(63.24%,"我已经很不男人了")。作定语 14 例(20.59%,"怕对方知道她不名誉的一面")。作状语 6 例(8.82%,"脉搏微弱而不规律地跳动着")。作补语 3 例(4.41%,"将军的原则性问题也变得不原则了")。作宾语 2 例(2.94%,"五爷却总觉得有点不正道")。

2. 发展分布。(1) 文学分期分布共 213 例中,1919—1949 年 7 例(3.29%),1949—1966 年 8 例(3.76%),1966—1979 年 0 例,1979—1999 年 19 例(8.92%),2000 至今 179 例(84.04%)。(2) 网络语料分布共 157 例中,2000 年 1 例(0.64%),2001 年 3 例(1.91%),2002 年 4 例(2.55%),2003 年 2 例(1.27%),2004 年 4 例(2.55%),2005 年 10 例(6.37%),2006 年 16 例(10.19%),2007 年 25 例(15.92%),2008 年 92 例(58.60%)。

数据 3

64 例"很＋名词"组合中,抽象名词 31 例(48.44%,"很暴力|很本色|很悲剧"),个体名词 28 例(43.75%,"很恶煞|很公仆|很汉奸"),专有名词 5 例(7.81%,"很雷锋|很广东|很祥林嫂")。

数据 4

1. 程度副词＋"中国"。共 10 例,指称功能(作主、宾语)0 例,陈述功能(作谓语或谓语中心语)9 例(90%),修饰功能 1 例(10%)。a."很中国"9 例(90%)[陈述 8 例(80%,"说道理的方式很中国"),修饰(作定语、状语或补语)1 例(10%,"我们出现了'很中国'的场景")]。b."太中国"1 例(10%)[陈述("中国作家的题材太中国")]。c."特中国、真中国、十分中国"0 例。

2. 程度副词＋"运气"。共 24 例,指称 0 例,陈述 16 例(66.67%),修饰 8 例(33.33%)。a."很运气"14 例(58.33%)[陈述 6 例(25%,"你已很运气了"),修饰 8 例(33.33%,"一个很运气地挖到了一丛名兰|很运气的是这树已经移植成功了")]。b."太运气"2 例(8.33%)[均为陈述("今天太运气")]。

c. "真运气"8例(33.33%)[均为陈述("你真运气|卡尔松真运气")]。"特运气、十分运气"0例。

3. 程度副词＋"绅士"。共42例,指称0例,陈述18例(42.86%),修饰24例(57.14%)。a. "很绅士"37例(88.10%)[陈述16例(38.10%,"他很绅士|英国人很绅士"),修饰21例(50%,"很绅士的微笑|我很绅士地打开副驾驶门")]。b. "太绅士"3例(7.14%)[陈述2例(4.76%,"这个帅大叔太绅士了"),修饰1例(2.38%,"说了一句不太绅士的话")]。c. "特绅士"1例(2.38%)[修饰("楼里站一个英国管家,特绅士的那种")],"十分绅士"1例(2.38%)[修饰("米卢又十分绅士地为诸宸开门")]。d. "真绅士"0例。

数据5

1. 认可度100%。共2例[抽象名词2例(3.13%,"很热情|很热门"),个体名词0例,专有名词0例]。

2. 认可度＞90%。共7例[抽象名词4例(6.25%,"很暴力|很理性|很土气|很威风"),个体名词3例(4.69%,"很绅士|很内行|很经典"),专有名词0例]。

3. 认可度＞80%。共12例[抽象名词8例(12.50%,"很霸气|很朝气|很学生气|很女人味|很诗意|很低调|很名牌|很纯情"),个体名词4例(6.25%,"很专业|很男子汉|很流氓|很传奇"),专有名词0例]。

4. 认可度＞70%。共4例[抽象名词2例(3.13%,"很现代派|很绅士风度"),个体名词2例(3.13%,"很模范|很基础"),专有名词0例]。

5. 认可度＞60%。共6例[抽象名词2例(3.13%,"很偏见|很低级趣味"),个体名词3例(4.69%,"很英雄|很骑士|很贵族"),专有名词1例(1.56%,"很雷锋")]。

6. 认可度＞50%。共8例[抽象名词5例(7.81%,"很农民意识|很平民主义|很本色|很古典色彩|很背运"),个体名词3例(4.69%,"很泼妇|很专家|很学者"),专有名词0例]。

7. 认可度＞40%。共10例[抽象名词3例(4.69%,"很凶气|很悲剧|很野心"),个体名词5例(7.81%,"很强盗|很军阀|很精华|很奇迹|很外交"),专有名词2例(3.13%,"很法国|很广东")]。

8. 认可度＞30%。共7例[抽象名词4例(6.25%,"很阴谋|很臭棋篓子|很危机|很高潮"),个体名词2例(3.13%,"很二流子|很愣头青"),专有名词1例(1.56%,"很祥林嫂")]。

9. 认可度＞20%。共7例[抽象名词1例(1.56%,"很喜剧"),个体名词5

例(7.81%,"很恶煞|很公仆|很汉奸|很小丑|很才华"),专有名词1例(1.56%,"很贝多芬")]。

10. 认可度＞10%。共1例[抽象名词0例,个体名词1例(1.56%,"很诗歌"),专有名词0例]。

数据6

1. 认可度单项统计。(1)"非常柠檬"12—13岁75%,22—24岁43%,40—46岁25%,60—70岁12%。"非常苹果"12—13岁64%,22—24岁50%,40—46岁11%,60—70岁4%。"非常夏日"12—13岁55%,22—24岁15%,40—46岁7%,60—70岁0%。"非常男女"12—13岁55%,22—24岁44%,40—46岁11%,60—70岁4%。"非常音乐"12—13岁68%,22—24岁50%,40—46岁7%,60—70岁12%。"非常考题"12—13岁18%,22—24岁58%,40—46岁4%,60—70岁4%。"非常爱情"12—13岁45%,22—24岁73%,40—46岁4%,60—70岁12%。"非常女警"12—13岁45%,22—24岁79%,40—46岁0%,60—70岁12%。"非常时期"12—13岁73%,22—24岁100%,40—46岁82%,60—70岁96%。"非常事故"12—13岁18%,22—24岁40%,40—46岁11%,60—70岁80%。"非常事件"12—13岁25%,22—24岁79%,40—46岁32%,60—70岁88%。

2. 认可度对比统计。(1)"非常人物"12—13岁43%,22—24岁92%,40—46岁14%,60—70岁40%;"非常的—人物"12—13岁9%,22—24岁19%,40—46岁4%,60—70岁20%。(2)"非常会议"12—13岁21%,22—24岁58%,40—46岁7%,60—70岁52%;"非常的—会议"12—13岁9%,22—24岁50%,40—46岁4%,60—70岁12%。(3)"非常现象"12—13岁21%,22—24岁67%,40—46岁21%,60—70岁84%;"非常的—现象"12—13岁27%,22—24岁44%,40—46岁0%,60—70岁36%。(4)"非常举动"12—13岁27%,22—24岁92%,40—46岁7%,60—70岁84%;"非常的—举动"12—13岁32%,22—24岁58%,40—46岁18%,60—70岁44%。

3. 平均认可度。"非常＋名词"的平均认可度12—13岁43.53%,22—24岁62.67%,40—46岁16.20%,60—70岁38.93%。"非常的＋名词"的平均认可度12—13岁19.25%,22—24岁42.75%,40—46岁6.50%,60—70岁28%。

简论 名词转形容词的,如表示具有某特点的"威风|热情|系统"或符合某标准的"科学|理想|标准"。名词向形容词功能的变异,从担任谓词性转指

短语的中心语("他很悲剧")或谓语("你威风")开始。

(1) 转指结构"很+名词"的来源和发生学条件。学界对"很+名词"的来源持他源和自源两说(他源和自源的关系,见:马清华,2014a)。王伟、周卫红(2006)试图用对数部英语小说中译本的计量结果来撇清该结构的他源嫌疑。但由于不是首现时间的调查,因此并无多大意义。关于"很+名词"的他源和自源两说实际都不全面,应是两种来源都有,但方式和条件不同。

自源的演化发生于抽象名词的转喻和具体名词的隐喻。抽象名词的转喻以"自然""困难"为例。名词"自然"首现时间不晚于春秋,名词"困难"首现时间不晚于宋(第1组)。强程度副词跟"自然"的结合首现于五代,跟名词"困难"的结合首现于晚清(第2组)。

第1组 人法地,地法天,天法道,道法自然([春秋]老子《道德经·上篇》)|民方息肩于困难([宋]《周易·囗义》——卷二上经)

第2组 随众生很自然显现([五代·宋]《宗镜录》卷十六)|羽驾正翩翩,云鸿最自然([宋]《乐府诗集》卷第七十八)|亦立宪国最困难之处([清光绪]《东华续录》)

名词"自然""困难"构词中形容词性的虚、实语素,也在其形容词化的过程中发挥了理据作用。《时间简史》仅有的2例"很+N/Adj"("很自然|很困难")不能作为译借导致词类变化的历时实证,因为这里实际仍还是"很+Adj"结构。具体名词的隐喻如"木"的形容词化["贾瑞听了身上已木了半边(《红楼梦》第十一回)"]。

他源的演化发生于具体名词甚至专名或少数抽象名词的转喻。如"很中国""很运气""很绅士""很男人""很女人""很细节"。

第1组 【很中国】我的脸很中国(《新闻记者》1992-1-31)|你就是现在这种打扮,很中国,很东方。(琼瑶:《水云间》1993)|一个很中国的名字(《福建日报》1994-7-9)|儿子很中国地推开比他高一头的那个蓝眼睛男孩(《文汇报》2001-1-1)【很运气】那样,你是很运气(《新青年》1920-1-1)|莱斯德觉得很运气!(《申报》1934-9-5)|如果能吃上一点点黄油,或几块排骨,就要算是很运气了(《世界文学》1959-4-20)|今晚很运气地碰上布鲁日的音乐节(豆瓣网 2017-8-15)|球进得很运气(起点中文网 2019-10-24)【很绅士】其余的都穿得很绅士地是来看一看这些俄国女人的肉(《申报》1930-10-29)|狐狸还是装作很绅士的样子(《父母必读》1987-5-31)|打个响指,很绅士地鞠了一躬(《戏剧文学》1990-5-31)|许多男人在外面很绅士(《人民日报》2003-2-28)

第2组 【很中国味/风味/味道】送给他一个很中国味的称呼(《国际人才交流》1989-1-31)|很通俗,而且很"中国化"|越南抖音很中国风味|画面风格很中国味道【很绅士派/风度】很绅士派地拥住她(琼瑶:《几度夕阳红》1966)|观众们都很绅士风度|很绅士风度的男人

英语以形态方式实现了名词的形容词化{"manly[男人的(←man 男人)]/womanly[女人的(←woman 女人)]"}或动词的形容词化{"detailed[细节的(←detail 细节)]"}。"很运气""很绅士""很中国"的用例回溯到最早,多跟外国文献、外国作者、外国语境、涉外事务有关(第1组)。这些转指类结构中的名词一开始可能是 lucky、gentlemanly、Chinese 之类的舶来说法,纵不算语际负迁移的偏误,也算是译借(loan-translation)(马清华,2000:86)。其归化适应过程经过了抵触[如有学者认为它是语病(金木婴,1999;王静,2002)]、疑虑[如有学者认为它虽富有现代气息,但不规范(黄俊英,2001)]、回避(直接加用类标记或名词以明示特征,如"很中国"跟"很中国味","很绅士"跟"很绅士派"的竞争,见第2组)、保守性接受(程观林,2000;张文元,2006)、区分对待(戴昭铭,1986)、坦然接受(于根元,1991;原新梅,1996;王军健,1999;李丹,2006),直到受激情和求新猎奇心理的驱使(马清华,2000:149—150、152),在自由随意口语或诙谐新奇风格的作品里,有意识地将它升格为口头上的修辞构式,积极追求其修辞效果,以达成生动、活泼、新奇、凸显名词特征、经济、高效的目的(陈群,1998;何永春,2001;山述兰,2003),从而归化普及开来。

"很运气""很绅士""很中国"的首现时间分别不晚于20世纪20、30、90年代。频率是变异程度的一种反映,跟变异发生的时间有某种联系。但因影响变异的因素多,两者间联系缺乏某种确定性。状中式副名组合的频率低,离变异发生的时间越近(如"很中国"),反之则未必越远(比较"很运气"和"很绅士")。由于变异发生的时间近,"中国"变异使用不仅不如"运气""绅士"高频,而且变异范围也相对窄一些,比如,"很"可作"绅士""运气"的补语,但作"中国"的补语就显别扭。

自源和他源的演化虽都用到转喻,但他源演化时用的是浅转喻,其心理距离和语义距离远,意义上须同时有轻动词("有"等)和类标记意义("味/派/性"等)的协作,才能建立起转喻联系[如"很中国(←很有中国味")]。自源的演化来自深转喻,其心理、语义距离近,有自然的联想基础,不需要这些成分的协作或至少不需要类标记意义的协作,即能建立起直接的转喻联系。

立足于汉语的形式和意义看,状中式副名组合形成时,来自无附加条件或条件单纯的深转喻,比来自含有更多附加条件的浅转喻更易被接受。浅转喻在理解时,类标记意义不可缺少。在早期的舶来使用时,为便于理解,甚至不惜采用过"很绅士风度|很中国味道"之类扩展用法。

(2) 转指结构"否定副词+名词"的发生学条件。转指结构"否定副词+名词"的发生学条件,跟"程度副词+名词"类似,但语义上相反。"程度副词+

名词"在语义上多有积极义。转指结构"不＋NP"是语义上谓语的消极义,语用上的委婉表达(受礼貌原则支配)和句法上的简缩(动词删略)共变作用造成的:"不那么像男人→不男人｜不那么名誉→不名誉｜不那么有规律→不规律｜不那么有原则→不原则了｜不那么守正道→不正道"。"不＋NP"主要作谓语,其次是作定语。功能频次由高到低呈序列"谓语＞定语＞状语＞补语＞宾语",跟动词的分布序列接近[参§5.1.2(1)]。总体说来,副名组合的变则组合在语用上是从随意语体开始,句法上是从谓语开始的,谓语是其高发句法位置。网络上的快速随意语体是其高发语境,它推动了该结构的推广和接受度升高,都表明了这一点。从另一个角度说,它们也是推动副名组合发生的言外条件。

"否定副词＋名词"和"程度副词＋名词"这两种转指用法有时互有渗透。比较"很男人—不男人"。

(3)"程度副词＋名词"的功能和意义分布。普通名词常作主语、宾语(起指称功能),这是名词常规特征;也可作定语(起修饰功能),这是名词的次常特征;一般不作谓语。某些特征性普通名词有时可突破限制,受程度副词修饰,该状中式副名组合起陈述或修饰功能,不起指称功能。它是普通名词的异常特征,也是在单一特征上向形容词变异的突破。

程度副词跟名词的组合本质上是以转指短语为形式的修辞构式。一方面,其名词离开该组合后基本不再有谓词特征(即缺乏其相应的基本句法特征群,如不能用程度副词作补语,不能用正反问提问等),甚至可以扩展为名词短语("很绅士风度｜很中国味道"),另一方面,适用于该组合的名词可类推性极小,甚至不能受其他所有程度副词的修饰,能接受程度副词作其补语的情况就更少。可见只是名词的临时活用。因此将其归作转指类副名组合似更可靠。随着变异深化,有的逐渐带上其他的谓词特征,如"运气了",最终会完全演化为形容词。

抽象名词在"很＋名词"组合分布中占比最高,而且这种组合的认度也最高。因为它的性质面显著,物性面凸显度相对稍低,尤其是带类附缀"～气/～味"的抽象名词,这种类附缀也仿佛是性质类附缀,能受"很"修饰的抽象名词都是极性色彩,或贬义或褒义。在"很＋名词"组合中,抽象的副词优先选择跟抽象名词的活用组合。表明即使在活用层面,语义选择限制或语义和谐的约束力量也依然很强大。专有名词的物性和个性化特征强,所以受"很"修饰的难度最大,在"很＋名词"组合中占比也最小。

如果没有外源影响因素,那么形式的自源性变异本应呈现如下序列:名词形化的变异先发生在谓语中心的位置,因为句层面属交际层面,较为活泛,约束性相对较小。但由于是语言接触和归化适应(从抵制到积极采用)的结果,有现成外语形式供模仿、译借,因此其用法的发展是他源的意义优先秩序为主、自源的形式变异秩序为辅双重因素作用的结果。"很运气""很中国"主要表静态特征,因此陈述功能先于也多于修饰功能。"很绅士"主要表动态特征,因此修饰功能先于也多于陈述功能。

不同优势功能的内嵌深度也不同。"程度副词+名词"的陈述功能属非嵌套形式,修饰功能中,作状语、补语的是浅度嵌套(即陈述式被另一个陈述式嵌套),作定语的是深度嵌套(即陈述式被指称式嵌套)("浅度嵌套"和"深度嵌套",见:马清华,2017a)。以修饰功能为优势的,嵌套深度大("很绅士"),以陈述功能为优势的嵌套深度小("很运气""很中国")。"运气""绅士""中国"的意义抽象程度不同。"运气"是抽象名词,"绅士""中国"是具体名词,其中"中国"是专有名词。它们的抽象性递降,但内嵌深度没有完全呈现出相应递降或递升,表明名词意义的抽象性并非影响内嵌深度的直接因素。对专有名词而言,只有大众熟知的特征性、标志性的人和物的名称,才可能发生此种变异。

(4) 对"程度副词+名词"组合的自律约束。名词的抽象性程度、程度副词的多功能性,都跟对"程度副词+名词"的认可度有关。

对"很+名词"组合的认可度在50%以上的39例(60.94%),在50%以下的25例(39.06%)。这表明对它的态度总体趋于认可,但持保留态度的仍有一定势力。抽象名词在"很+名词"组合分布中占比最高,认可度也最高。专有名词在"很+名词"组合中占比最小,认可度高的少,只有个性特征特别知名、显豁的才有资格受"很"修饰。个体名词受"很"修饰的能力处于抽象名词和专有名词之间,它也需有极性色彩,或贬义或褒义。

"非常"的词性有形容词和副词两种。形容词"非常"修饰非特征性名词(如"时期""夏日""男女""音乐""考题""爱情""女警""时期""事故""事件""人物""会议""现象""举动")时,属常规定中组合。副词"非常"修饰特征性名词(如"暴力|绅士|运气")时,含有隐喻兼转喻的复合比喻,属非常规的状中组合,在现代汉语中呈弱势分布。有的名词受"非常"修饰时,既有形名常规组合用法,又有副名变则组合用法,如"非常柠檬"既指一种饮料,也表一种感受,后者的可接受度低,如:

有些有钱人则选择全部用"最好的进口药",这也让穷人非常柠檬|曾经申请成为翻译志愿者却被拒的表示非常柠檬

"非常+名词"变则组合的低接受度反过来给本该是常规组合的结构带上

了变则嫌疑,造成其另有副名违规组合和消极歧义的幻影(phantom),从而引发反射性的自律约束,导致接受度降低(作为其强调式或深加工形式的"非常的＋名词"接受度更低)。在用词上,形容词"非常"修饰指人名词时的准确性也常不如"非凡"。它同样也激发了大众的回避和自律心理。以平均认可度衡量,对"非常＋名词"或"非常的＋名词"组合认可度最高的是22—24年龄段,最低是40—46年龄段。认可度居次高地位的,"非常＋名词"组合是12—13年龄段,"非常的＋名词"组合是60—70年龄段。只有熟语组合"非常时期"被22—24岁年龄组100%接纳,且各年龄段的认可度都在50%以上,其他所有组合的认可度都出现两极分化。"非常"形副兼类给"非常(的)＋名词"组合带来的自律约束和回避,大大抑制了"非常＋名词"可类推性,使之在很大程度上停留在构式水平。

5.10.5 动词向形容词的演变

概述 徐丹(2005)依据古汉语文献,从历时角度统计"破"的结构分布;依据老舍部分作品,从共时角度统计"破"的功能分布。我们整理其基本数据,并追加计算,得数据:

数据

1. 古汉语文献"破"的结构分布。【先秦汉初】(1) 传世文献:a.《墨子》(公元前5世纪)5例中,"破NP"3例(60%),"破V"2例(40%,"破灭|破碎")。b.《左传》(公元前5世纪)1例中,"破NP"1例(100%)。c.《荀子》(公元前4—前3世纪)3例中,"破NP"1例(33.33%),"NP破"1例(33.33%),"破V"1例(33.33%)。d.《庄子》(公元前4—3世纪)4例中,"破NP"3例(75%,"秦王有病召医,破痈溃痤者得车一乘"),"破V"1例(25%)。e.《韩非子》(公元前3世纪)34例中,"破NP"24例(70.59%,"战一日,而破纣之国"),"NP破"8例(23.53%,"知伯身死军破,国分为三,为天下笑"),"破V"1例(2.94%),"V破"1例(2.94%)。f.《吕氏春秋》(公元前3世纪)10例中,"破NP"7例(70%,"伯牙破琴绝弦,终身不复鼓琴"),"NP破"2例(20%),"破V"1例(10%)。g.《淮南子》(公元前2世纪)41例中,"破NP"29例(70.73%),"NP破"8例(19.51%),"破V"4例(9.76%)。h.《史记》(公元前1世纪)216例中,"破NP"139例(64.35%),"NP破"38例(17.59%),"破V"9例(4.17%),"V破"30例(13.89%)。i.《战国策》(公元前1世纪)115例中,"破NP"82例(71.3%),"NP破"26例(22.61%),"破V"3例(2.61%),

"V破"4例(3.48%)。(2)出土文献:a.《老子》甲本卷后古佚书5例中,"破NP"4例(80%),"破V"1例(20%)。b.《老子》乙本卷前古佚书7例中,"破NP"1例(14.29%),"NP破"4例(57.14%),"破V"2例(28.57%)。c.《战国纵横家书》15例中,"破NP"9例(60%),"NP破"5例(33.33%),"V破"1例(6.67%)。d.《五十二病方》2例中,"破NP"2例(100%)。e.《孙子兵法》3例中,"破NP"3例(100%)。【中古】a.《百喻经》(公元5世纪)31例中,"破NP"18例(58.06%),"NP破"2例(6.45%),"破V"5例(16.13%),"V破"6例(19.35%,"悉皆伤破")。b.《世说新语》(公元5世纪)14例中,"破NP"10例(71.43%),"NP破"1例(7.14%),"破V"1例(7.14%),"V破"2例(14.29%)。c.《齐民要术》(公元6世纪)85例中,"破NP"37例(43.53%),"NP破"5例(5.88%),"破V"6例(7.06%,"破作两段"),"V破"37例(43.53%)。

2. 老舍部分作品的功能分布(不含固定短语、专有名词等)。词或语素"破"共231例中:(1)形容词性的词或语素120例(51.95%),含:[名词的定语]如"破桥|破留声机|破茶馆|破地方|破画"92例(39.83%)。[双音节形容词的语素]28例(12.12%):a. 首字19例(8.23%,"破烂|破旧")。b. 尾字9例(3.90%,"残破")。(2)动词性的词或语素111例(48.05%),含:a. 谓语6例(2.60%)。b. 动语10例(4.33%)。c. 动词的补语61例(26.41%,"弄破|冲破|抓破|煮破|打破|击破|撕破|咬破|挤破|碰破|震破|攻破|洗破|踢破|跑破|捏破|炸破|挂破|扎破|看破|说破|揭破|猜破")["V破+NP"46例(19.91%)。宾语省略3例(1.30%)。带标记:带"把"7例(3.03%),带"被/教/给"5例(2.16%)],d. 双音节动词的首字34例(14.72%,"破坏|破裂|破出|破获|破除"),其中,"破V+NP"22例(9.52%)["破坏+NP"20例(8.66%),其他2例(0.87%)],宾语省略9例(3.90%),带标记3例(1.30%)[带"把"1例(0.43%),带"被"2例(0.87%)]。

简论 "破"的意义变化是动词(性状变化义)演变成形容词(性状义)的典型历时样例,有一定的代表性。上古乃至中古"破"主要作不及物动词和它的使动用法。"破"跟其他动词结合时,先秦时期以前置占优势,表动作过程,中古时期以后置占优势,表动作结果等。现代汉语形容词性成为"破"的主要词性功能,可受程度副词修饰是其形容词性的最直接证据。

"破"在以下语法环境中保持形容词性功能:(1)在单独作定语时。定语是形容词的次典型功能,有意思的是,形容词反而是在次典型功能上表现出最大程度的功能稳定性。(2) 在跟其他形容词性语素所构成的形容词性并列复合词中。"破"在以下语法环境中呈动词性功能：一是在作动语即带宾语时，为动词。二是在作动结式补语时，呈动词性。因为本质上，这里是"寄生使役态"（马清华、葛平平，2020）用法。寄生使役态是在句法上不能以单谓词句独立存在，需依附于多谓词句句法环境的一种具有汉语特色的特殊使役态，见于动结式谓语句。这种动结式组合也可习用为动补式复合词。三是在跟动词性语素所构成的并列复合词中。

形容词的典型功能是作谓语（词类功能的典型性区分，参马清华、韩笑，2019）。但"破"在典型功能位置上反而表现出较大的不稳定性。统计数据中，"破"作谓语都是动词性的。虽然这不完全反映现代汉语的语言事实（如"那里的房子都很破"的谓语中心语是形容词"破"）。但总体上，作谓语时确以动词性为常。现代汉语里的动词性功能有两种，一是自动词，用在体标记（如已然体和实现体的融合标记"了"）或时标记（如过去时标记"的"）的共现环境下。二是他动词，用在损益态和使役态这两种高级派生态用法下。比较"[自动词]衣服破了。|你鞋子啥时破的？[他动词]手破了点儿皮（损益态）|我们怎么破了他的诡计（使役态）"。

形容词的功能在谓语位置上表现出较大的不稳定性，因为它处于句层面。交际层面的灵活性最大，派生态就活动于该层面。"破"的动语功能也是在作谓语的短语内部发生的。现代汉语有 7 种派生态，即逆被动、被动、中动、施用、存现、损益、使役。损益态和使役态是其中的两种高级派生态（马清华、葛平平，2020）。寄生使役态也是在一般使役态的基础上形成的。现代汉语"破"单用时，带标记"把"是逆被动态，带标记"被"是被动态，不过它们是"破"使役态的深度变式。它们加强和深化了由形容词向动词的演化。

5.10.6 形容词向动词的变异

概述 李泉（1994）统计《普通话三千常用词表》（初稿，1959）、《形容词用法词典》（郑怀德、孟庆海，1991）、《汉语水平词汇与汉字等级大纲（词汇部分）》中所有能带宾语的 170 个性质形容词的宾语类型。我们整理其基本数据，重新分类归类（其中的派生态类型参：马清华、葛平平，2020），并追加计算，得数据 1。周丽颖（2010）在《汉语形容词用法词典》（郑怀德、孟庆海，2003）所收形容词的基础上，排除已被《现代汉语词典》（2005）认定为动词义项的（如"动摇|深入"）及特殊情形（"矮人一截|高他一头|多了一本"等），不考虑古汉语遗留结构（如"重利轻义|远贤臣亲小人"），视其在 CCL 现代汉语语料库及百度、谷

歌等网页有无一定量的带宾语用例,统计形容词带真宾语的情形。形容词所带的宾语实际都是变价宾语(参马清华、葛平平,2020)。我们整理其基本数据,增加分类和归类,并追加计算,得数据2。胡明扬(1995)统计发现数据3。杨必胜(1984)统计《普通话三千常用词表》双音节形容词的句法功能。我们整理其基本数据,并追加计算,得数据4。

数据1

1. 使役态。(1) 原型使役态。能带使动宾语的113个(66.47%,"繁荣经济|端正态度")。(2) 主观使役态。能带意动宾语的1个(0.59%,"重感情|重男轻女")。

2. 损益态。能带自动宾语的24个(14.12%,"秃了头|红着脸")。

3. 存现态。能带存现宾语的12个(7%,"街上流行红裙子")。

4. 施用态。(1) 能带对动宾语的12个(7.06%,"淡泊名利|热心公益")。(2) 能带比较宾语的8个(4.71%,"哥哥大我五岁")。

数据2

1. 音节数类型。1067个(100%)形容词中能带真宾语的形容词150个(14.06%)。其中:(1) 单音节46个(4.31%,"暗|白|薄|扁|厚|臭|淡|烦|肥|光|好|黑|狠|横|红|坏|急|紧|静|苦|宽|累|凉|绿|乱|麻|亮|难|平|轻|热|软|湿|瘦|熟|松|歪|弯|斜|硬|圆|远|脏|直|壮|重");(2) 双音节104个(9.75%,"安定|安全|安心|暗淡|昂扬|悲伤|便利|憋闷|惭愧|苍白|敞亮|畅通|潮湿|充沛|充实|纯洁|纯净|淡薄|淡漠|端正|发达|繁荣|方便|分明|愤慨|愤怒|丰富|富强|富裕|干燥|孤立|固定|固执|规范|含糊|缓和|缓慢|混乱|混浊|活跃|坚定|坚固|坚强|简便|健康|健全|健壮|洁白|紧张|惊讶|拘束|开阔|可怜|可惜|牢固|冷淡|麻痹|麻烦|满意|密切|勉强|亮堂|明亮|明确|模糊|蓬松|便宜|平静|平稳|奇怪|气愤|强大|强壮|清楚|清洁|清静|清新|热闹|热心|融洽|柔和|湿润|舒畅|疏远|熟练|松散|松懈|突出|完备|委屈|温暖|稳定|稳固|污浊|稀罕|辛苦|严格|严密|严肃|镇定|镇静|整齐|忠诚|忠实");(3) 能带宾语的双单音节形容词之比是2.3∶1。

2. 所带宾语的语义类型。带真宾语的150个(14.06%)形容词中:(1) 带主体宾语的122个(11.43%)[形宾间有强支配关系的111个(10.40%,如使役态的"强壮身体|稳定情绪|活跃气氛")。形宾无明显支配关系的11个(1.03%,如损益态的"肥了螃蟹|瘦了菊花"和存现态的"淡了喧嚣声")],(2) 带涉事的27个(2.53%,如施用态的"热心公益事业|淡漠政治|惊讶这一

排车位的变化"),多表心理,而非属性。

数据 3

形容词带宾语的用例中,66％是使动用法。

数据 4

双音节形容词共 293 个。

1. 谓语。都能作谓语(100％)。

2. 定语。都能作定语(100％)。

3. 动语。(1) 不能带宾语,也不能重叠带宾语,可不带"的"而与名词组成定中结构的 254 词[86.69％,"漂亮(的)瓶子|勇敢(的)战士"]。(2) 一般不带宾语,但重叠后勉强可带,常须带"的"才能跟名词组成定中结构的 12 词(4.10％,"[重叠后带宾语]愉快愉快心情|清醒清醒头脑[作定语]愉快的心情|清醒的头脑")。(3) 可带宾语,一般须有"的"才能跟名词组成定中结构(否则会疑为动宾结构)的 27 词(9.22％,"[带宾语]丰富词汇|端正态度[作定语]丰富的词汇|端正的态度"),这类形容词数目不少(还有"明确|孤立|暖和|模糊|方便|公开|麻痹|严肃"等),其及物化规模有扩大趋势。

简论 形容词向动词的变异,在组合功能上体现为及物性的获得。形容词在常规用法(基础态)中不带宾语,带宾语都伴随着变价用法,生成派生态(参马清华、葛平平,2020)。形容词带宾语总体占比小,正因为它不是表达基础态的常规结构,而是表派生态的偏常结构。在形容词所带宾语中,主体宾语占绝大多数,附加体宾语是少数。主体论元降价作宾语,生成存现态、损益态、使役态等,其中使役态最占优势。附加体论元升价作宾语,生成施用态。

能带宾语的双音节形容词多于单音节形容词。这跟双、单音节形容词的数量比吻合。§1.3(数据 2)显示,一般双单音节形容词数之比是 2.3∶1。跟此处的数据 2 同,表明形容词带宾语虽然偏离了其典型功能,但韵律仍呈正态分布。带宾语的双音节形容词多见于书面,带宾语的单音节形容词多见于口语。因此,就词数讲,带宾语的双音节形容词相对较多,但就具体某个词的使用频率讲,也许带宾语的单音节形容词频率相对更高。

形容词只有在词义上完全吸收了它在派生态中的及物性用法,才能算是完全变成了动词。

5.11 核心词类内部的功能变异

5.11.1 时段名词的衔接作用

概述 时段名词"半天|片刻|许久|好久|很久|良久"作状语时,在主语后是起修饰作用,但在主语前则往往具有篇章衔接功能,尤其是经常连接言语性事件。金晓艳、马庆株(2010)统计它们在主语前的情况。我们整理其结果并追加计算,得数据:

数据

6个时段名词在主语前的出现次数共202例,含连接言语性事件的44例(21.78%)。其中,"片刻"81例(40.10%,"片刻,我对他说"),连接言语性事件的24例(11.88%);"许久"26例(12.87%,"许久,她开口了"),连接言语性事件的7例(3.47%);"好久"22例(10.89%),连接言语性事件的5例(2.48%);"半天"13例(6.44%),连接言语性事件的4例(1.98%);"良久"36例(17.82%),连接言语性事件的3例(1.49%);"很久"24例(11.88%),连接言语性事件的1例(0.50%)。

简论 时段时间名词"半天|片刻|许久|好久|很久|良久"在语用上常可标记时间的关联,这跟它们的句法分布之间存在关联。具体地说,时段名词在主语前之所以能发挥时间关系的标记作用,跟时段时间名词作补语的典型功能有关。时段时间名词作补语时,常兼职表示时间关系,话语中一旦带补语的谓词因为信息地位降低而删略,时段时间名词的时间关联功能就凸显出来,比较:"他去厂里办事,<等了片刻>,厂长就出来接待了他。~他去厂里办事,<片刻>,厂长就出来接待了他。""很久|良久"连接言语性事件的用法之所相对少一些,是因为"很久"的词汇化水平还不太高,"良久"有文言色彩。时段名词的功能变化实际经过两步。首先发生情态化,主要不是作为谓词的论元,而更像是表达谓词时间特征的情态(情貌)标记。接着发生情态的关联化,即话语衔接功能。

5.11.2 不及物动词向及物动词的变异

概述 张豫峰、陈家隽(2007)统计了"笑"的句法语义特征。我们整理其基本数据,并追加计算,得数据1。匡腊英(2004)从《光明日报》、《人民日报》、《南方周末》、《北京青年报》4家报纸2001年全10月份的文章标题中,获取能带非客体论元宾语的93个(100%),据此统计新闻标题带宾语不及物动词的构词、宾语、配价。我们整理其数据,追加计算,得数据2。梁晓玲(2007)依据2005年一整年的人民日报报系语料,统计动宾型动词"领跑""领军"的句法功能。我们整理其基本数据,追加计算,得数据3。

数据1

1.《围城》(钱锺书,26万字)。"笑"301例中,"笑_喜笑_"274例(91.03%),含SV句249例(82.72%),其他25例(8.31%);"笑_讥笑、嘲笑_"27例(8.97%),含SVOC句16例(5.32%),SVO句8例(2.66%),其他3例(1%)。

2. 现代汉语平衡语料库(台湾省"中央研究院",2万多字)。"笑"724例中,"笑_喜笑_"656例(90.61%),"笑_讥笑、嘲笑_"68例(9.39%),"笑_喜笑_"字句的出现频率也是"笑_讥笑、嘲笑_"字句的10倍多。

数据2

新闻标题带宾语不及物动词共93例。

1. 构词类型。述宾式56例(60.22%,"亮相上海|落户台州|现身音乐节"),其他方式37例(39.78%,"病逝檀香山|降落浦东|徘徊欧洲老街|崛起大学城")。

2. 宾语类型。处所宾语33例(35.48%,"汇聚吴桥|活跃校园内外"),对象宾语28例(30.11%,"造福全球人|碰撞校外教育"),其他(含数量、目的、致使、施事、结果、受事宾语等)32例(34.41%,"签单十三亿美元|质疑问题偶像|当选党委书记")。

3. 动词配价类型。准二元动词76例(81.72%)[含:协同动词4例(4.30%,"结盟上海大唐"),针对动词72例(77.42%,"有缘奥斯卡|乐坏刘德华")],一元动词13例(13.98%,"降落浦东|病逝夏威夷"),其他动词4例(4.30%,"降价6亿")。

数据3

1."领跑"。54例中,定语22例(40.74%,"领跑者|领跑地位"),谓语31例(57.41%)[转义有不及物动词15例(27.78%,"在各自优势选区领跑"),及

物动词12例(22.22%,"领跑国内平板电视市场"),本义4例(7.41%,"领跑北京国际马拉松")],名词1例(1.85%,"他是领跑")。

2."领军"。50例中,定语42例(84%,"领军人物|领军地位");谓语5例(10%),均为转义[不及物动词4例(8%,"由罗纳尔多领军|张怡宁领军"),及物动词1例(2%,"领军中国乳业")];动词本义0例;名词用法3例(6%,"台湾摇滚的领军")。

简论 历时句法的复杂化进程中广泛存在着不及物动词向及物动词的演化。及物化用法可被吸收为动词新义项。不及物动词向及物动词的变异本质上都以变价为手段。

什么是变价?语义结构向句法结构的常规实现,依据的是像似映射:(1)核心论元必有,是强制论元,非核心论元任选。(2)核心论元实现为主要句法成分(主体实现为主语,客体实现为宾语),非核心论元实现为次要句法成分(状语、补语、定语)。非常规实现时,(1)非核心论元可以变得必要,构成增价(valency-increasing);核心论元可以反而丧失必要性,构成减价(valency-decreasing)。(2)非核心论元可实现为主要句法成分,构成升价(valency-raising);核心论元反而实现为次要句法成分,构成降价(valency-lowering)。(3)一个动词删略后,其论元可转成句内残留动词的论元(马清华、葛平平,2020)。

严格说来,及物动词的宾语在语义上是动词的客体(即必有论元,或称强制性论元)。反之,能带客体宾语的都是及物动词。不及物动词的必有论元可以只有施事,但不能没有施事,除非它已被吸收到动词的构词中(如被一些学者视为零价动词的"下雨")。必有论元只有施事的,在不及物动词中占绝大多数。但在变价活动中,附加体论元也可升价为宾语(它是非客体论元宾语的一种主要来源),形成施用态;主体论元也可降价为宾语,形成存现态、损益态、使役态(马清华、葛平平,2020)。

不及物动词的及物化水平也因带上变价宾语而提升。升价的附加体论元可被重新分析为客体论元宾语("他在笑人家"),及物化水平的提高也可被相应吸收为动词的新义项。动词"笑"的意义变化是不及物动词及物化的一个范例。喜笑义的一价动词发展为讥笑、嘲笑义的二价动词。论元经历了一次由对象/方向论元向受事论元的演化。尽管如此,本义在多义义项中仍占绝对优势地位。

有时构词类型对及物化另有特殊的语域条件。不及物的复合动词多为动宾型的复合词,其及物化首先在书面的新闻标题这种特定的语域内形成突破,带上时空类附加体论元宾语。从形成条件看,它跟新生语法现象通常首先形成于口语的常规不太一样。其不及物性跟动宾型构词关系、新闻标题及物性的获得等,有某种共变联系(马清华、杨飞,2018)。

不及物动词的及物化往往不是孤立的功能变化,可能还伴有其他方面的功能变化。动宾型动词"领跑""领军"是其中两个个例。(1)功能变化。"领跑"的功能使用度由高到低呈序列"谓语＞定语＞主语/宾语(或其中心语)","领军"的功能使用度由高到低呈序列"定语＞谓语＞主语/宾语(或其中心语)"。用动词主要句法功能是作谓语来衡量,"领军"已呈偏态分布,"领跑"尚属正态分布,但作定语的功能使用度逼近谓语,表明句法功能也发生了一定程度的偏移。"领跑"谓语功能中,及物化和不及物的势力接近,"领军"作谓语的概率小,不及物和及物的功能使用度都比较小。(2)在意义上,"领军"也表现出比"领跑"更大的偏离。"领跑"本义和转义并行,但"领军"的本义已基本不用。它们的一些句法功能都是在转义基础上实现的。(3)把定语和及物化用法的功能作一比较,"领跑""领军"作定语的功能使用度都明显高于及物化用法。双音节动词的动宾型构词使得它在作无标记定语时,后接名词性成分而不被误判为动宾结构,得此优势,定语能力提升,这也许是动词在动宾型构词的限制下句法功能的一种发展特征。

能带客体论元宾语的若非动词,而是动词短语,宾语跟动词没有直接句法关系,动词的不及物性质不变(如带役事宾语的"乐坏刘德华")。有的动宾式动词可带数量宾语(如"牟利|减产|移民|签单|投资"等),带上数量宾语后是否及物动词尚无定论。

第六章 边缘词

6.1 受限词:数词

6.1.1 数词作定语

概述 面向留学生的科技汉语中,数词不跟量词组合而直接修饰名词的现象大量存在。褚福章(1994)统计167万字的教材语料,考察科技汉语中的数词作名词定语,我们整理其基本数据,校正并追加计算,得数据:

数据

数名短语1731例中,直接作名词定语的数词有"一"1392例(80.42%,如"一点"),"两/二"292例(16.87%,如"两/二直线"),"三"30例(1.73%,如"三平行四边形"),"四"6例(0.35%,如"四闭区间"),"半"6例(0.35%,如"半圆"),"若干"4例(0.23%,如"若干常数"),"几"1例(0.05%,如"几点")

简论 数词实义性较强,意义上和形容词有相似之处,它们都是实物特征词,分别表示事物特征的量(数量)和质(性状)。传统语法曾作为形容词的附类。数词是句法上的受限词类,词法上的另类,所以可叫它边缘词。其特征表现为:(1) 数词在语言系统中的主要价值是用来给事物或活动计数。但这时的数词几乎是词类中的困难户,可称"被辅助词""受助词"或"受限词",一般不大单独充当句法成分,对它的使用几乎都需要后置量词的辅助,正是在这个意义上,量词则也可叫数助词。只有三种情况可以不带量词:① 在名称("二舅舅")、熟语、标题(如"三男子歌舞厅暴力抗法")等偏常语域里作定语,这是文言句法的遗存。此时的数名组合中,三以内的数词频次最高,以"一"为最。这符合人类的数字心理,该心理基础以"一"为自然数典型,原始数字心理里以"三"为多。② 由于韵律原因,多音节数词重叠作状语可以不用量词["一百

(本)一百(本)地往里装"][构词("一一")或熟语("三三两两|七七八八")不计]。③ 在数学行业或运算语域中表数额,此时可单独作主语、宾语、定语("一加一等于二|2 的三次方等于8"),只有在自由随意的、语境依赖的口语里,结合省略或引用手段,才作谓语主语、宾语("我 120|100 够了|大家都喜欢 8")。(2) 词法上,复合式数词的构词规则自成一统,跟其他复合词词法规则完全不同。它是词项开放性和构词语素(系数和位数)封闭性的统一。

6.1.2 数词"一"和数量词"俩"

概述 卢屋(1988)统计矫健的中篇小说《天良》(《十月》,1986 年 1 月)全篇的"数·量·名"和"一+量+名"结构,我们整理其基本数据,并追加计算,得数据 1。张道俊(2006)对比统计《王朔文集》(1—4 卷,华艺出版社 1994 出版)"俩""两个"的句法功能,得数据 2。

数据 1

"数·量·名"结构共得 204 例,其中"一+量+名"结构 196 例(96.08%,"一座破庵|一把小刀")。

数据 2

1."俩"。297 例中,(1) "人称代词+俩"195 例(65.66%,"你们俩的做法截然不同"),(2) "称谓性成分+俩"42 例[14.14%,"我跟这爷儿俩(爷俩)掰扯过了"],(3) "指示代词+俩"6 例(2.02%,"我看要不催,这俩不定拖到什么时候"),(4) "俩+人物"20 例(6.73%,"俩人相对傻笑"),(5) "俩+事物"19 例(6.40%,"手里不是拿捆菠菜就是俩茄子"),(6) "俩+时间"2 例(0.67%,"六八年我插过俩月队"),(7) "俩"单用 2 例(0.67%,"一个顶俩"),(8) "俩"用于固定结构 11 例(3.70%,"仨仨俩俩/仨一群俩一伙/小俩口/俩口子")。

2."两个"。387 例中,(1) 人称代词+"两个"4 例(1.03%),(2) 称谓性成分+"两个"0 例,(3) 指示代词+"两个"0 例,(4) "两个"+人物 289 例(74.68%),(5) "两个"+事物 57 例(14.73%),(6) "两个"+时间 19 例(4.91%),(7) "两个"单用 15 例(3.88%),(8) "两个"用于固定结构 3 例(0.78%)。

简论 艺术语体的事物计量表达中,数词用"一"占了极大比重。实际语料中,"一+量+名"结构在"数·量·名"结构里占了绝对数量的比例。"一"

是数词的典型,常可因此而省略,一些新句法现象的产生就是由此导致的。如句法结构"V－V"(中补结构,后面的 V 是临时量词)演化为形态结构"VV"(重叠式)。物量词演化为指代词也是由量词"一"的省略造成的。

"俩"是数量成分"两个"弱化后形成的合音,故不再跟量词结合。"俩"句法结合关系上有多种情形。"俩"有定位倾向,多用在名词性成分(尤其是人称代词、称谓性成分、指示代词等)后,组成复指结构,很少用在名词性成分前。这表明,数量成分"两个"的弱化活动发生于后置场合,它在同位结构里充当后项时弱化成"俩"。"两个"多用在名词成分前,由于有"俩"的存在,很少用在名词成分后。

6.2 单功能词

简论 核心词以外的实词都是边缘词,有功能不全词和单功能词。前者包括数词和量词,后者主要只作一种句法成分,包括区别词、副词、唯补词。唯补词为数只有零星几个。副词大多跟代词类似,也是标记词,只有情貌副词词汇性较强。

6.2.1 区别词(唯定词)

1. 区别词的构词及其成组与对称

概述 史金生(2003)统计吕叔湘、饶长溶(1981)中复合式区别词的构词。我们整理其基本数据,并追加计算,得数据 1。孟凯(2008)穷尽检索并统计《现代汉语词典》(2005)标注的全部区别词(非成词语素不在考察范围内)。我们整理其结果,得数据 2。

数据 1

共 398 个区别词中,动宾 65 词(16.33%,"加料|勘误|保健|攻坚"),定中 187 词(46.98%,"彩色|上等|高级|大号|单方面"),状中 91 词(22.86%,"直属|高产|假想|上好|绝妙|粉红"),并列 37 词(9.30%,"水墨|锦绣|永恒|共同"),主谓 18 词(4.52%,"天生|人为|国营|民办"),补充 0 词,重叠 0 词,递续 0 词。

数据 2

1. 总体分布。区别词 550 个中,可成组的区别词为 214 个(38.91%),区别词义项615个,其中可成组的区别词234个(38.05%)。归总后,得成组的义项区别词96组。

2. 类型分布。(1)语义对应(即语义内容与语义适用范围的对应)中,语义基本均衡对应79组(82.29%),语义非均衡对应17组(17.71%)。(2)义项数对应。其中,单义词对单义词30组(31.25%);单义词对多义词37组(38.54%,"雄—雌");多义词对多义词中,[A]均为属性词义项,且整齐对应的9组(9.38%,"长线—短线"),[B]多义项不都是属性词义项,但属性词义项数相同且对应14组(14.58%,"低层—高层"),[C]对应的属性词义项数不等6组(6.25%,"业余—专业")。(3)词目数对应。均衡对立78组(81.25%),其中,二元均衡对立(如"低倍—高倍│口头—书面")68组(70.83%),多元均衡对立10组(10.42%),含一对一8组(8.33%,"草食—肉食—杂食│宏观—中观—微观│大龄—老龄—高龄"),二对二2组(2.08%,"公营/国营—私营/民营");非均衡对应18组(18.75%),含一对多(如"干—亲/亲生")的17组(17.71%),多对多的1组(1.04%,"头等/上等/高等/特等/超等/上路—中等/中路—此等/劣等/下等/初等/下路")。(4)构词对应性。它见于复合词同素。同素复合的有74组(85.06%),含双音组72组(75%,"编内—编外"),三音组2组(2.08%,"草本—木本—藤本")。(5)音节数均衡对应。90组(93.75%),含单音节对应的9组(9.38%),双音节对应的79组(82.29%),三音节对应的2组(2.08%)。音节数非均衡对应有:{干—亲/亲生}{家养—野/野生}。

简论 区别词最开始是作为形容词的附类即"非谓形容词"提出的,《现代汉语词典》叫属性词,表明区别词在意义上和功能上接近形容词。从词际聚合关系上来说,区别词也接近形容词。

区别词构词方式的势力序列为"定中＞状中＞动宾＞并列＞主谓＞补充"。区别词是唯定词,构词上首选定中方式,两者虽然分处句法层和词法层,但背后仍可看到递归作用的影子。

区别词聚类中,有较强的形义对应性(如反义对应和类义对应),可预测性较强。对应有均衡对应和非均衡对应,也有简单对应和复杂对应。在可成组的区别词中,均衡对称性占主导,即整体看来,区别词简单对应均衡对应占绝大多数,这种倾向表现在词的多个界面上,包括词义的义项数和义项内容上,词形的构词语素和音节数上,词义与词形相结合的词目数上。需要注意的是,这种均衡对称仅见于可成组的那一部分。我们说过,语言的非均衡性、不对称性是绝对的,均衡性、对称性是相对的(马清华、汪欣欣,2016)。即在语言的基本面上是不对称性占主导。区别词亦然。《现代汉语词典》标注的全部区别词中,可成组的其实只有38.91%。区别词之所以在局域表现出对称性占主导,根本的原因是它们建立在反义、类义的语义关系上,并受到了像似原则的约束。

2. 区别词的功能不稳定性

概述 周刚、叶秋生(2007)通过文献对比,统计了区别词(非谓形容词)的词类变化。整理并追加计算,得数据1。齐沪扬、张素玲(2008)根据通过验证考察,统计了相关文献所列举的区别词(非谓形容词)已发生的词类变化。我们整理其基本数据,校正并追加计算,得数据2。

数据1

1. 总体分布。吕叔湘、饶长溶(1981)所收437个非谓形容词中,173个词已转成了核心词(名词、动词、形容词)或其他词,占原非谓形容词总数的39.6%。这种变化就发生在截止到统计时不到30年的时间里。这173个词中有73个《现代汉语词典》(2005)未收,其余97个已转化为名词、形容词、动词,还有3个向其他词性转化。由这100个偏移词推定,区别词的转类中绝大多数是转成了核心词类。

2. 转类分布。(1) 转为名词。36词(36%),其特征次类有:a. 可作主语、宾语,不作谓语,不受数量词修饰:"茶色|创造性|中华|妃色|军事|工矿|黑色|黑白|湖色|混纺|机电|建设性|酱色|局部|良种|米色|名牌|藕色|前任|时式|水彩|法西斯|搪瓷|五彩|五金|医务|专职|终身|本质";b. 可作主语、宾语、谓语:"廉价|椭圆|阴性|阳性";c. 可作状语:"历年|最初|最后"。(2) 转为形容词。34词(34%),其特征次类有:a. 受程度副词修饰,可作谓语:"葱绿|封建|机密|积极|畸形|精良|精妙|适时|稀有|有益|意外|直观|直接";b. 不受程度副词修饰,少数还可作谓语、状语等:"白热|赤贫|草绿|鹅黄|粉红|金黄|绝密|快速|莫大|品蓝|全盛|上好|天青|同一|杏黄|银白|银灰|优等|永恒|永久|枣红"。(3) 转为动词。27词(27%),其特征次类有:a. 多能单独作谓语,受副词修饰,带动态助词:"超龄|攻坚|函授|绝缘|假想|口传|勘误|连年|内服|排灌|特约|特制|特邀|启蒙|上行|外敷|忘我|无声|有关|专用|直辖";b. 不单独作谓语,可作主语宾语:"保健|保安|临床|上水|心爱|祖传"。(4) 转为其他词的3词(3%)。

数据2

1. 吕叔湘、饶长溶(1981)收词。共437个区别词中,现已转成核心词类的有141词(32.27%):(1)现已转成名词的53词(12.13%,"高价|局部|木质|彩色~微见剥落"),[名语素＋名语素]构造的占55%。(2)现已转成动词的38词(8.70%,"医护|无期|加倍|特制"),[动语素＋动语素]或[X＋动语素]的占66%。(3)现已转成形容词的50词(11.44%,"优等|新式|正式|葱绿"),[X＋形语素]的占70%,[形语素＋X]的含形语素的占18%。

2.《现代汉语语法信息词典详解》。共194个区别词中,现已转成核心词类的有63词(32.47%):(1)现已转成名词的31词(15.98%),其中,"X＋名语素"的占77%;"名语素＋X"含语素的占17%。(2)现已转成动词的11词(5.67%),其中,"动语素＋X"含动语素的占54%;"X＋动语素"的占46%。(3)现已转成形容词的21词(10.82%),其中,"X＋形语素"的占81%;"形语素＋X"的占19%。

简论 区别词的功能有明显不稳定性,但并非像有些学者说得那么大,也有的相当稳定。

在短短20来年间非谓形容词就有了近三成或四成发生了向核心词类的偏移,即功能升格。果真如此吗？其实是三个误区导致了错觉。区别词可能并不存在如此显著的语言变化事实。

误区1:吕叔湘、饶长溶(1981)所谓的"非谓形容词",主要判别依据是功能的非谓语性和意义的性状性(即为属性词)。朱德熙所谓的"区别词",只着眼于形式,主要判定标准是功能的唯定性(只在名词前面出现)。标准的侧重点不同,外延也不会完全一样,前者弹性稍大。这种归类上的宽严不同,多少会导致区别词发生词类变化的错觉。

误区2:吕、饶文因考察范围所限,判断并不符合当时或那时之前的语言事实。所谓"非谓",有些实际能作谓语或谓语中心语,有谓词性(组1)。有些能作宾语,有名词性(组2)。两项统计未加批判地全盘认同吕、饶文对所列词例所确定的非谓形容词资格,显有不妥。

第1组 [封建]我父亲苏佩信思想<封建>,不许我婚姻自主[《人民日报》1952-7-9(6)]。|思想相当<封建>[《人民日报》1985-7-16(8)][意外]婴儿的死亡已成了极<意外>的事了[《人民日报》1952-6-1(3)]。|我真的很<意外>[《人民日报》1984-12-31(7)]。[机密]这些机关非常<机密>[《人民日报》1950-2-5(1)]。|这种消息非常<机密>(《中华人民共和国国史全鉴》(第4卷)1967—1976)。[葱绿]太阳从云海冉冉升起,光耀高地葱绿

的山坡[《人民日报》1981-3-16(7)]。|话剧《青草葱绿》(1981-2-11(7)][优等]提供质量优等的设备[《人民日报》1980-12-11(2)]|质量优等[《人民日报》1977-4-9(4)]。[新式]机器很新式[《人民日报》1956-9-1(5)]。

第2组 [创造性]象这样有创造性的演员,还是不少的[《戏剧艺术》1979(1):5—23]。|迫切需要充分调动广大教师办学的积极性、主动性、创造性[《上海高教研究》1983(2):27—38]。

误区3:统计者所比对的事实材料存在严重疏忽,导致数据偏差。如吕、饶文只有"刑事|民事"例,并无统计者所列的"军事"例。同样,吕、饶文只有"绝妙|木质|精装",并无统计者所列的"精妙|本质|精良"。前者也本无后者所列的"积极"。

有的区别词似乎一开始就具有非谓性,自古至今。如"闻君洪名"(《蔡中郎集》)。它们直接类推了形容词在定语位置上的语序特征,因为没有作谓语的功能,所以无须加定中标记(马清华,2014a)。这样的区别词功能稳定,功能不稳定的区别词多来自核心词的功能降格。

3. 区别词和核心词类的双向偏移

概述 齐沪扬、张素玲(2008)依据CCL现代汉语语料库、百度网站和Google网站,搜索吕叔湘、饶长溶(1981)和《现代汉语信息词典详解》(俞士汶等,1998/2003)判为非谓形容词或区别词的"高级—中级—低级/初级|高等—中等—低等/初等|高档—中档—低档"受副词修饰情况。我们整理其结果,得数据1(按频序排列。"?"表完全偏离语感或因未用分词技术而未计,数字表例次)。武和平、王玲燕(2010)从其语义域分布和新闻标题句法搭配两方面统计"山寨"的语义语法发展和传播。基于Google对"山寨"的搜索结果,得2180万条记录,然后将时间范围限为2003/1/1—2009/9/19,通过Google"时光隧道"按年份逐年进行数据图表搜索,对每项搜索结果的前10个网页(每页显示10条)共632条(无法明确归类的未纳入)进行统计。"山寨"组合搭配统计的468条语例均来自新闻标题。我们对其获得的基本数据加以深度计算或整理,得数据2。

数据1

1. 前加否定副词"不"。[百度]高级6740>低级6260>初级227>中级16;高等72200>低等396>初等4>中等1;高档8570>低档832>中档3。[Google]高级231000>低级10900>初级871>中级3;高等189000>低等676>初等82>中等0;高档17300>低档2060>中档6。[CCL]高级4>低

级 2>初级/中级 0;低等 1>高等/初等/中等 0;高档/低档/中档 0。

2. 前加一般程度副词。(1) 前加"很"。[百度]高级 80800>低级 65400>初级 31500>中级 2;高等 4710>低等 3090>{中等 398>初等 228};高档 59300>低档 4340>中档 41。[Google]高级 130000>低级 74700>初级 39600>中级 4;高等 9770>低等 6920>初等 1270>中等 454;高档 78200>低档 9160>中档 48。[CCL]高级 13>初级 1>低级/中级 0;高等/初等/中等 0;高档 2>低档/中档 0。(2) 前加"非常"。[百度]高级 25500>{初级 18500>低级 16500}>中级 0;高等 1470>低等 1140>初等 111>中等 1;高档 16900>低档 1160>中档 4。[Google]高级 8260000>{初级 1580000>低级 911000}>中级 0;高等 2220000>低等 279000>{初等?—中等 1};高档 1830000>低档 463000>中档 2。[CCL]初级 1>高级/低级 0;高等/低等/初等/中等 0;高档/低档/中档 0。

3. 前加书面语常用程度副词。(1) 前加"极其"。[百度]高级 35000>低级 3710>初级 627>中级 0;{低等 755>高等 64}>初等 26>中等 3;高档 2040>低档 85>中档 0。[Google]高级 1160000>{低级 275000>初级 312000}>中级 0;低等 117000>初等 40500>高等/中等 0;高档 305000>低档 121000>中档 0。[CCL]高级 4>低级 2>初级 0{=中级 0};高等/低等/初等/中等 0;高档/低档/中档 0。(2) 前加"格外"。[Google]高级 1=低级/初级/中级 0;高等/低等/初等/中等 0;高档 47>低档/中档 0。[百度]高级/低级/初级/中级 0;高等/低等/初等/中等 0;高档 7>低档/中档 0。[CCL]高级/低级/初级/中级 0;高等 1>低等/初等/中等 0;高档/低档/中档 0。(3) 前加"颇"。[Google]高级 1470>低级 263>初级 2>中级 0;高等?—低等 3>初等/中等 0;高档 632>低档 9>中档 0。[百度]高级 795>低级 182>初级 2>中级 0;高等?>低等 1>初等/中等 0;高档 385>低档 7>中档 0。[CCL]高级/低级/初级/中级 0;高等 2>低等/初等/中等 0;高档 0>低档 0>中档 0。

4. 前加较口语化的程度副词。(1) 前加"特"。[Google]高级 68200>{初级 2770>低级 893}>中级 0;高等/低等?—初等/中等 0;高档 6470>低档 296>中档 0。[百度]高级 44700>低级 766>初级 333>中级 0;高等?>低等 46>初等/中等 0;高档 2860>低档 227>中档 0。[CCL]高级 2>低级/初级/中级 0;高等/低等/初等/中等 0;高档/低档/中档 0。(2) 前加"真"。[Google]高级 15100>低级 3510>初级 4>中级 0;高等?—低等 54>初等/中等 0;高档 1960>低档 120>中档 0。[百度]高级 7190>低级 2000>初级 8

>中级0;高等?—低等22>{中等1>初等0};高档1000>低档56>中档0。[CCL]高级/低级/初级/中级0;高等/低等/初等/中等0;高档/低档/中档0。(3)前加"有点"。[Google]高级?—初级732000>低级467000>中级0;高等?—低等20>初等/中等0;高档/低档?—中档0。[百度]{高级2830>低级5550}>初级929>中级0;高等?—低等97>初等1>中等0;高档/低档?—中档0。[CCL]低级2>初级/高级0;高等/低等/初等/中等0;高档/低档/中档0。

数据2

1. 历时分布。"山寨"在新闻标题里的468例中,2003年29例,含定语29例(100%,"山寨明星")。2004年36例,含定语36例(100%)。2005年71例,含定语69例(97.18%),受副词修饰1例(1.41%,"很山寨"),宾语1例(1.41%,"抵制山寨")。2006年66例,含定语65例(98.48%),宾语1例(1.52%)。2007年84例,含定语79例(94.05%),受副词修饰2例(2.38%),宾语1例(1.19%),主语2例(2.38%,"山寨横行")。2008年100例,含定语91例(91%),受副词修饰4例(4%),宾语2例(2%),主语3例(3%)。2009年82例,含定语75例(91.46%),副词修饰3例(3.66%),宾语3例(3.66%),主语1例(1.22%)。

2. 句法分布。"山寨"在新闻标题里的468例中,定语(直接修饰名词)共444例(94.87%,"山寨明星"),受副词修饰共10例(2.14%,"很山寨"),宾语共8例(1.71%,"抵制山寨"),主语共6例(1.28%,"山寨横行")。

3. 语域分布。"山寨"共632例中,IT282例(44.62%),娱乐62例(9.81%),日常用品50例(7.91%),饮食47例(7.44%),财经42例(6.65%),教育27例(4.27%),科技25例(3.96%),建筑24例(3.80%),社会生活20例(3.16%),服装17例(2.69%),医疗13例(2.06%),体育12例(1.90%),生物4例(0.63%),法律4例(0.63%),环保3例(0.47%)。2003年共40例中,IT37例(92.50%,"山寨手机"),娱乐2例(5%,"山寨明星"),科技1例(2.50%,"山寨飞碟")。2004年共56例中,IT48例(85.71%),娱乐4例(7.14%),财经2例(3.57%),教育2例(3.57%)。2005年共71例中,IT45例(63.38%),娱乐5例(7.04%),日常用品4例(5.63%),饮食3例(4.23%),财经4例(5.63%),教育7例(9.86%),社会生活1例(1.41%),服装1例(1.41%),医疗1例(1.41%)。2006年共80例中,IT35例(43.75%),娱乐5例(6.25%),日常用品2例(2.50%),饮食13例(16.25%),财经12例(15%),教育4例(5%),科技3例(3.75%),建筑1例(1.25%),社会生活2

例(2.50%),体育 2 例(2.50%),环保 1 例(1.25%)。2007 年共 103 例中,IT36 例(34.95%),娱乐 13 例(12.62%),日常用品 13 例(12.62%),饮食 8 例(7.77%),财经 9 例(8.74%),教育 2 例(1.94%),科技 7 例(6.80%),建筑 5 例(4.85%),社会生活 1 例(0.97%),服装 3 例(2.91%),医疗 5 例(4.85%),法律 1 例(0.97%)。2008 年共 148 例中,IT47 例(31.76%),娱乐 18 例(12.16%),日常用品 17 例(11.49%),饮食 12 例(8.11%),财经 8 例(5.41%),教育 4 例(2.70%),科技 9 例(6.08%),建筑 8 例(5.41%),社会生活 7 例(4.73%),服装 5 例(3.38%),医疗 3 例(2.03%),体育 4 例(2.70%),生物 2 例(1.35%),法律 2 例(1.35%),环保 2 例(1.35%)。2009 年共 134 例中,IT34 例(25.37%),娱乐 15 例(11.19%),日常用品 14 例(10.45%),饮食 11 例(8.21%),财经 7 例(5.22%),教育 8 例(5.97%),科技 5 例(3.73%),建筑 10 例(7.46%),社会生活 9 例(6.72%),服装 8 例(5.97%),医疗 4 例(2.99%),体育 6 例(4.48%),生物 2 例(1.49%),法律 1 例(0.75%)。

简论 既有核心词类向区别词的偏移,也有区别词向核心词类的偏移。前者是功能降格,后者是功能升格。两种模式可复合为长程的词类偏移轨迹。

不少区别词刚产生时是名词、动词或者形容词,只是在某个阶段被广泛地用作名词的定语,以致在当时认定为区别词,现在这些词的使用范围重新扩大,恢复了原来的词性或转成了其他的词性。(1)【名词→区别词→形容词】向形容词偏移的定中型区别词,在刚产生时其实可能更像名词,如"高级|低档"定中型构词的后语素是名语素,在名词意义上偶可单说,如"这是什么等级? 高级。""它处于什么档次? 低档。"只是被广泛用作了名词定语,才在当时被认定为区别词。它们中的一部分是发生了从名词到区别词再到形容词的变化,即从核心词到单功能词再到核心词的回环(如"高级|低档"),但另一部分在从名词到区别词的变化后处于守成状态(如"中级|中等|中档")。其原因在于,两极特征具有中间状态所没有的侧显条件,而这更容易导致偏移和变异的发生。(2)【名词→区别词→形容词→动词】"山寨"是由名词身份发展成了区别词,而后又由区别词向形容词偏移,最终还发展为动词的典型个例。"山寨"作为名词,典型功能原本应是作主语、宾语或它们的中心语,它能作定语,但这只是它的非典型功能(马清华、韩笑,2019)。实际使用中,至迟自 2003 年起,它就连续两年呈现非典型功能的单一化,只作定语,呈区别词化。其后,仍一直保留在该位置上的高比例(90%以上),此时的"山寨"已不完全表处所,而获

得属性特征。功能变化跟意义变化同步协进,其作定语时确立下来的属性意义,又导致它接受副词修饰,从而向形容词游移直至转类。同时也经转喻,作宾语、主语,甚至用于被动态(如"被山寨了")。从传播路径看,属性特征的"山寨"发端于由民间IT力量发起的产业现象,故在语用的语域分布上,起初集中分布于IT领域,以后逐步扩散到其他领域。时间和语料证据证明,区别词在形成和后续的词性演化中,存在语义、语法、语用的多维共变关系(马清华、杨飞,2018)。

词类偏移轨迹【名词→区别词→形容词(→动词)】是由功能降格和功能升格两种模式的复合,先是功能降格,后是功能升格。

核心词类向区别词的功能降格,可导因于属性意义和构词理据义的冲突。冲突造成本属核心词构词方式的属性词发生外在功能的非核心词化,即呈非谓性(不作谓语),又呈非名词性(不作主语和宾语)。(1)属性意义和动词性构词的冲突。本属动词性构词的"有/无X"却表属性意义时,出现非核心词化,仅保留了作定语的能力,沦为区别词("有线|有色|有声|无轨")。(2)属性意义和名词性构词功能的冲突。带名词性类语缀的"X性"表属性意义时,支配它的拥有类轻动词删略,导致它在非核心词化后,仅能作定语,有的还可作状语,作定语和状语时能带程度副词。只有这样的词,才的确适合称"非谓形容词"。如:"(很)有悟性→卓玛是个(很)悟性的女孩/曾写出过一些(很)悟性的作品|(很)有戏剧性→(很)戏剧性的结果/右手(很)戏剧性地在嘴前边拂了一下|(很)有刺激性→出现了(很)刺激性的意见/腹股沟经常刺激性地痛"。名词的功能降格后的这种暂态若进一步发展,未必是演化为区别词,更可能演化为真正意义上的形容词。只要到了它所在的状中结构足以充当谓语时,这一步即告完成,如"(很)有耐性→(很)耐性地听了她的诉说|护士应当是个耐性的人→李三宝虽然等得心焦,但仍然(很)耐性"。功能降格也可导因于更高句法层级上结构和功能间的冲突。如1×2三音节韵律模式的形名组合的定中短语("高密度|大范围"),光从内部结构看是名词性的,但从外部功能看,只作定语和状语,即既非名词性的(不作主语宾语),也非谓词性的(不作谓语)。

区别词功能升格时的功能不稳定性来自意义特征和句法功能的协同作用。以向形容词的演化为例。一些区别词由于有属性意义(如"正式文件"),所以它在定语位置上时,就可以加程度副词,一旦如此,就开始朝形容词特征偏移("只发表非常正式的稿件[《人民日报》1955-3-16(3)]|进行很正式的组织上的联系[《中国出版》,1979(12):61—65]"),当其所在状中短语足以充当谓语时,作为中心语的它便转成了形容词("着装都西服革履非常正式[《人

民日报》2008-2-25(16)]")。值得注意的是,区别词转成核心词类后,不管派入哪种词类,似乎都仍保有原来作定语的能力,构成其特征遗存[见马清华(2014b)的"持存"]。

4. 区别词与情貌副词的兼类

概述 区别词与情貌副词的兼类,可从类别词、个例词等多个角度进行计量观察。周刚、叶秋生(2007)调查《现代汉语词典》(2005)中区别词的语法功能。我们整理其基本数据,修改分类和归类,并追加计算,得数据1。张谊生、杨一飞(2006)取4个情貌副词、区别词兼类的词例"专门""正式""临时""额外",从CCL现代汉语语料库中分别随机抽取200句有效例句,统计其兼类义项分布。又依据20世纪四个阶段的语料进行历时统计:20—30年代的冰心、巴金、曹禺、老舍、鲁迅作品,40—60年代的冰心、老舍、钱锺书作品,70—80年代的冰心、刘恒、阿城、刘震云、冯骥才、张贤亮、王小波作品,90年代至今的毕飞宇、海岩、池莉、莫言、郭敬明、张悦然、安妮宝贝作品,统计情貌副词、区别词兼类的词例"专门""廉价""长时间"的使用发展。我们整理其结果,得数据2。

数据1

被标注的区别词共489个。(1) 都作定语("独资企业|高精尖技术")。较常用的有296个(60.53%)。(2) 兼作定语和状语的64词(13.09%)[较常用的59词(12.07%),"必然属于|双向选择",不太常用的5词(1.02%),"原封退回")]。(3) 能作主语、宾语和中心语(均需在特定语境或格式中)的197词(40.29%,"存款的话,活期比较方便|生男生女一样好|学校有四位校长,一正三副")。(4) 能作补语的0词。

数据2

1. 个例词的兼类义项分布。(1) "专门"200例:副152例(76%),区48例(24%)。(2) "正式"200例:副111例(55.50%),区89例(44.50%)。(3) "临时"200例:副93例(46.50%),区107例(53.50%)。(4) "额外"200例:副55例(27.50%),区145例(72.50%)。

2. 发展分布。(1) "专门"20—30年代5例:副4例(80%),区1例(20%);40—60年代4例:副3例(75%),区1例(25%);70—80年代5例:副3例(60%),区2例(40%);90年代至今5例:副4例(80%),区1例(20%)。(2) "廉价"20—30年代4例:副2例(50%),区2例(50%);40—60年代5例:副3例(60%),区2例(40%);70—80年代5例:副3例(60%),区2例(40%);90年代至今7例:副4例(57.10%),区3例(42.90%)。(3) "长时

间"20—30年代2例:副0例,区2例(100%);40—60年代2例:副1例(50%),区1例(50%);70—80年代4例:副1例(25%),区3例(75%);90年代至今6例:副2例(33.30%),区4例(66.70%)。

简论 总体上,区别词、副词都是单功能词。换言之,唯定、唯状分别是区别词、副词的主导特征。区别词除了作定语,还能作哪些功能?如何看待这些功能?

首先,少量的区别词可以在特殊语境或格式中临时充当核心句法成分(如主语、宾语和中心语)。如四字格"一正三副"中的"正""副"是区别词临时偏移为名词。"男""女"在上古是名词,演化为后世的区别词。现代汉语四字格"生男生女"中的"男""女"是区别词临时偏移为名词。但是,若不需要特定条件(如韵律格式等)的支撑,就能作主语、宾语,则不应算是区别词,而应归名词(如能作主语、宾语、定语的"活期")。

其次,少量的区别词也可作状语,这时应视为区别词和副词的兼类。区别词—情貌副词兼类的形成可能来自不同的渠道,有些是核心词在功能降格后同时获得的功能资格,有些则是区别词和副词之间的双向偏移关系造成,或是区别词转成情貌副词所致,或是情貌副词转成区别词所致。

区别词确实存在不稳定性(功能游移和转类),但并不像有些人说得那么大。之所以被夸大,有些是出于方法或认识上的偏颇。比如,若不是要研究特定文献,而是要描写时代语言面貌,那么单凭文献语言学方法来描写现当代句法,就失诸片面了,应开放取材。其次,要确保所比较的功能都隶属同一理性义。这样看来,用于调查功能分布的所谓"区别词—情貌副词兼类"的4个例词其实只有"临时、额外"可以算。"专门"的状语和定语功能分属义项词"专门[特地]""专门[专业]"。从1920—1949年的《民国文献大全》语料和1949—现在的《人民日报》语料可见,上世纪20年代至今,"正式""专门[专业]"都一直能受程度副词修饰,由于同时拥有定语、状语和谓语中心语功能,所以它们既非区别词,也非情貌副词,而实属形容词。"长时间"虽然能作定语和状语,但毕竟不是词,而是单[定]双[中]韵律结构的短语,类似短语又如"大范围|多方面|非正式"(参§5.2.1)。

区别词—情貌副词兼类"临时、额外"不能带程度副词,所以支持其作状语的力量也小于或远小于作定语。相应的,它们作定语时搭配关系相对多样,作状语时位置相对固定。另一方面,撇开词类性质不论,"正式""专门[特地]"能带程度副词,所以支持其作状语的力量也远大于"正式""专门[专业]"作定语。相应的,前者作状语时位置相对灵活,后者作定语时搭配的名词相对有限。可见,不同功能间,以及功能条件跟频率差异间,都有着内在的关联。

区别词和副词都是单功能词(马清华、韩笑,2019),区别词和情貌副词的兼类词与此并不冲突,兼类词在单一义项上仍是单功能的。单独看,区别词和情貌副词确实多源自名、动、形等实词。但问题是,区别词—情貌副词本质上都是饰词,只不过区别词修饰的是名词或指称项,情貌副词修饰的是谓词或陈述项,区别词和情貌副词的兼类主要是类推泛化导致的,类推时被修饰项用陈述项替换了指称项,或者相反。这种由跨功能间的类推泛化导致的词类发展在汉语历时语法中相当普遍(参姚振武,2015)。

区别词中,和副词兼类(即能作状语)的虽占一成以上,却没有能作补语的。在变换关系上,词所兼有的定语、状语功能,属替换关系("双向车道|双向选择");词所兼有的状语、补语功能,属移位关系("透凉|凉透")。区别词和副词都是前置用法,其兼类关系属前者。由此看,它们的共性相对大一些。这种关系没有进一步渗透到后者,其功能发展之所以如此短程,不能作补语,可能是因为它作定语或状语时,还残留着某种程度的名词性,只不过它在该位置时暂被抑制,而没有得到人们的注意而已。

5. 时间副词向区别词的偏移

概述 张谊生(2003)在网上查阅近 800 万字的当代新闻体语料,统计时间副词作定语。得数据:

数据
作定语在其所有句法功能中的占比为"经常(1.2%),曾经(0.8%),向来(0.3%),历来(0.2%)"。

简论 副词基本上都是唯状词,但时间副词"曾经|经常|向来|历来"可以充当定语。作定语看似是这些时间副词的偏常功能,实际是它们向区别词的偏移现象。

总体上,能作定语的时间副词少之又少,并且其作定语的频率极低。时间副词作定语的能力,有内外条件的支撑。内部条件是,时间副词要是双音节的。外部条件是:(1)一般要加结构标记"的"("曾经的英雄|曾经的心理感受|曾经的许诺|曾经的家庭妇女|建立长期经常的联系|是经常的交易|保持着正常的交往和经常的接触|保持经常的高层互访|向来的政治权力符号|历来的焦点"),但"经常"作定语也可不带"的"("美国经常项目逆差|削减经常开

支"),这跟频率及熟语化存在联系。(2) 定语中伴随指称化而来的轻动词(如"有")删略。(3) 类推。可能是因为时间名词能作状语,时间副词跟它的界限模糊,导致时间副词有条件类推时间名词的用法,从而产生变异。

6. 区别词的标记条件

概述 关于区别词带"的"的能力,周刚、叶秋生(2007)依据《现代汉语词典》(2005)作了调查。我们整理其基本数据,修改分类和归类,并追加计算,得数据:

数据 共 489 个区别词中,(1) 修饰名词时可带"的",也可不带"的",且不改变原结构关系的 285 词(58.28%,"<u>大龄青年</u>—<u>大龄的青年</u>")。其不少区别词可构成"的"字短语,代替它所修饰的名词。不能构成"的"的短语以代替它所修饰的名词的 115 词(23.52%,"他是我<u>远房的亲戚</u>—*他是我<u>远房的</u>")。(2) 不能带"的"的区别词 121 词(24.74%),含:a. 中心词是单音节词,如"<u>私房</u>钱—*<u>私房的</u>钱",b. 表比喻象征义,如"<u>绿色</u>食品—*<u>绿色的</u>食品",c. 单音节词,如"<u>单</u>身—*<u>单的</u>身",d. 定语与中心语结合得很紧,如"<u>常务</u>副市长—*<u>常务的</u>副市长"。(3) 必须加"的"的较少,如"<u>不争的</u>事实 | <u>偶尔的</u>事 | <u>亲爱的</u>祖国"。修饰动词时有的带"的"时是区别词,不带"的"时是副词,比较"<u>变相的</u>剥削(定中)—<u>变相</u>剥削(状中)"。

简论 区别词作定语时带不带"的"多数是任选的。只有在制约条件下,才不能带或必须带"的"。制约条件有五:(1) 语汇化需要。比较"<u>常务</u>副市长—*<u>常务的</u>副市长""<u>私房</u>钱—*<u>私房的</u>钱"。(2) 韵律和去词汇化需要,比较"<u>偶尔的</u>事—*<u>偶尔</u>事"。(3) 辨义需要,比较"<u>绿色</u>食品≠<u>绿色的</u>食品"。(4) 区分结构关系,比较"<u>变相的</u>剥削≠<u>变相</u>剥削"。(5) 回避错误组合的嫌疑。比较"<u>不争的</u>事实—*<u>不争</u>事实 | <u>亲爱的</u>祖国—*<u>亲爱</u>祖国"。其中的辨义需要,也可成为区别词带"的"时中心语不能删略的制约条件。比较"他是<u>远房的</u>亲戚≠他是<u>远房的</u>"。

6.2.2 副词(唯状词)

1. 副词的句法功能

概述 副词的句法功能可进行多角度计量观察。(1) 类别词统计。李泉

(2002)统计常用副词的功能。我们整理其基本数据,改变算法,校正并追加计算,得数据1。陆俭明(1982、1983)统计了现代汉语的单用副词。我们整理并追加计算,得数据2。罗耀华、齐春红(2007)统计《现代汉语词典》(2005)的可成句副词,得数据3。(2)个例词统计。徐治堂(2002)采用抽样调查方法,随即从《现代汉语词典》连续22页中选取22个首字为h声母字的动词,为使分析全面一些,再补选9个动词,共得31个动词。另取6类共49个副词。据此观察动词跟副词的组合能力。我们整理其基本数据,校正并追加计算,得数据4。

数据1

1. 功能次类。666个常用副词中,方式副词218个(32.73%),语气副词151个(22.67%),时间副词139个(20.87%),程度副词74个(11.11%),范围副词58个(8.71%),否定副词16个(2.40%),关联副词10个(1.50%)。

2. 修饰陈述项(作状语)。(1)都能修饰动词("孩子不能过宠|大家较关心的问题|我老疼他的|对该方案较为失望|何等爱慕你的才华")。(2)可直接修饰形容词的副词322个(48.35%)[程度74个(11.11%,"倍加|比较|不大|差不多|差点儿|大为|多少|分外|够|过|多么|非常|格外|更|更加|很|极|极度|较|较为|颇|颇为|稍稍|挺|十分|甚|相当|最"),方式15个(2.25%,"半|不断|不禁|不由得|赶紧|还|好生|豁然|基本|基本上|截然|蓦地|一齐|一起|又"),时间76个(11.41%,"才|便|曾|常|从|从来|忽|即将|渐|就要|老|老是|立刻|历来"),否定15个(2.25%,"甭|别|不|不曾|不必|没|没有|莫|未|未必|未曾|未尝|无须|非|无庸"),语气96个(14.41%,"根本|必然|必须|毕竟|不定|不妨|不见得|才|大概|大约|到底|当真|倒|多半|多亏|反而|敢情"),范围36个(5.41%,"不单|不仅|大都|都|皆|均|全|全都|唯|一共"),关联10个(1.50%,"便|不|都|才|就|却|也|又|越|再")]。

3. 修饰名词性成分(作状语或定语)。98个(14.72%)副词:可修饰名词的35个(5.26%,"[只修饰主语名词]凡|凡是|是凡|大凡|光|甚至|唯|唯独|不单|不单单|不仅|不仅仅|不止|单|单单|仅|仅仅|就|[只修饰谓语名词]都|净|不愧|还是|一律|最|又|才|已经|全|全都")。修饰数量短语的76个(11.41%,"[范围]不止|大都|顶多|都|凡|仅|仅仅|就|共|只|至多|至少|[时间]将近|[否定]别|甭|[语气]大概|约")。其中,范围副词共38个(5.71%)(排除重复)。

4. 可单用(单说或单独作谓语)。87个副词(13.06%)[程度3个

(0.45%,"差不多|差点儿|有点儿"),方式20个(3%,"从头|亲自|顺便|好像|轮流"),时间14个(2.10%,"本来|迟早|刚刚|同时|快|立刻"),否定8个(1.20%,"甭|别|不|不曾|不必|没|没有|未必"),语气32个(4.80%,"必须|大概|大约|当然|的确|幸好"),范围10个(1.50%,"不止|顶多|全都|一概|至少|总共")]。

5. 标记条件。可带"地"作状语的87个(13.06%)[程度14个(2.10%,"多么|非常|分外|格外"),方式47个(7.06%,"暗暗|白白|悄悄|陆续"),时间16个(2.40%,"渐渐|尽快|经常|近年"),语气和范围10个(1.50%,"必然|足足|干脆|通通")]。

6. 可移位。主语前后均可的130个(19.52%)副词[语气75个(11.26%,"本来|毕竟|必须|不定|大约|当真|到底|的确|多少|多亏|反而|反正|分明|干脆|刚巧|根本|怪不得|好在|横是|或许|简直|竟然|恐怕|没准儿|索性|确实|甚至|兴许|幸好"),时间35个(5.26%,"迟早|刚刚|忽然|起初|时常|有时"),方式10个(1.50%,"处处|从中|顿时|渐渐|无形中|顺便"),范围7个(1.05%,"从来|多半|仅仅"),否定2个(0.30%,"甭|不见得"),程度1个(0.15%)]。

数据2

486个在书面语或口语较常用的副词中可单说的副词仅65个(13.37%,"马上|未必|一定|不|差不多")。

数据3

可成句副词共75个["本来|甭|必须|别|不|不必|不曾|差不多|差(一)点儿|趁早|迟早|大概|大约|当然|的确|顶多|赶紧|赶快|敢情|刚刚|刚好|怪不得|果然|果真|何必|何苦|互相|尽量|快|立刻|马上|没|没有|没准儿|难怪|最少|偶尔|全都|亲自|顺便|随后|同时|未必|兴许|幸好|不见得|一块儿|一起|一直|一共|早晚|照常|照旧|照样|真的|正好|至多|至少|准保|自然|总共|最多|也许|成心|当真|或许|基本上|及早|尽快|尽早|确实|顺路|一定|一齐|有点儿"](不含"然后|暂时|都|偶尔|可惜|不止|轮流|难免|基本|从头|幸亏|怨不得"12个可能有争议的词语)。

数据4

31个动词("画|还|回|换|挥|化解|划分|怀念|怀疑|欢迎|还击|幻想|呼唤|焕发|回答|回忆|悔恨|毁坏|汇拢|会见|绘制|贿赂|交换|消化|存在|发生|消失|应该|是|去|起来")跟6类副词("[程度]非常|有点儿|十分,[范围]总|总共|只|都|统统|仅仅|一齐|一律,[时间频率]马上|立刻|曾经|常常

|终于|仍然|依然|重新|刚|永远|正在,[判断]不|没有|是否|不必|甭|勿|必须|必需,[情貌]大肆|猛然|赶紧|公然|亲自|暗暗,[语气]明明|只好|也许|就|居然|难怪|竟然|不妨|何必|到底|索性|果然")可能的结合关系,理论上共 186 个(=31×6)。但实际可直接结合(不需附带其他任何条件)的 59 个(31.72%,"不应该|刚起来");有条件结合(需在其后追加某种成分方能自足)的 61 个[32.80%,"竟然贿赂(干部)|重新焕发(青春)"];不结合(受意义等限制)的 66 个(35.48%,"*非常起来|*公然消失")。

简论 副词的组合能力由大到小呈序列:(1) 可修饰动词的副词数＞可直接修饰形容词的副词数＞可修饰名词性成分的副词数。(2) 不可易位作状语的副词数＞可易位作状语(主语前后均可)的副词数。(3) 不可带助词"地"作状语的副词数＞可带助词"地"作状语的副词数。这表明副词功能总体上以唯状、定位、无标记为主导特征。副词作谓语和定语,都须有特殊条件,前者限为句谓语,不含降级主谓短语的谓语,后者限为主语名词的定语,不含宾语名词的定语。

副词跟动词、形容词的关系不对称。凡能修饰形容词的副词都能修饰动词,但能修饰动词的副词,却只有约半数能修饰形容词。汉语一级情态存在稳定的统辖序链"语气＞口气＞时＞体＞判断_否定＞能愿＞态",情态量(范围、程度、频率)和情貌是情态统辖结构变异活动中的活跃范畴,可作例外看待(马清华,2017a)。可移位到主语前的副词,绝大多数是语气副词,因为它们在情态标记的统辖结构中本来就处于最外缘。方式副词表情貌(马清华,2017a),自古占情态标记的绝大多数。李泉(2002)所谓可移位到主语前的"时间副词",实际有的仍属语气/口气标记("迟早"),有的是前置的时标记"刚刚|起初",有的是频率标记("时常|有时"),有的是情貌标记("忽然")。否定标记"甭|不见得"可移位到主语前本质上仍靠祈使、估测的语气/口气的帮助。前者表祈愿,引导祈愿内容("甭谁都猜疑"),后者有动词性残留,引导被支配内容(比较"不见得他会来—怎么见得他会来")。

能单说的副词不多,仅占副词总数 1/10 强。副词单说是有条件的,其条件可粗列以下几条:(1) 语气条件。在祈使句(或与之形义相近的意欲句)里单说的,如"马上|一定|赶紧|赶快|及早"。在疑问句里单说的,如"果真|当真"。(2) 口气条件。估测口气(如"大概|大约|或许|差不多|最多|顶多|也许|未必|基本上")、恰巧口气("刚刚|刚好")、醒悟口气("难怪|怪不得")多能单说。(3) 表态,如"不|真的|何必|的确|当然"。由此可见,能单说的副词都是

表达情、意、态的副词,或其他处于情态统辖结构外缘的语气副词。情、意、态内容跟叹词的内容同类,因此这类副词在句法上也临时获得了跟叹词相似的单说功能。

副词单说和单独作谓语的功能,关系不对称。能单独作谓语的副词("我不|我顺便|这的确|那当然")都能单说(陆俭明,1982、1983),但能单说的副词不都能单独作谓语。

类际组合能力随着类的降级而减小。副词各次类都能修饰动词,但跟动词次类的组合能力降幅明显。副词次类和代表动词次类的个例词结合能力大幅降低,就反映了这一点。如程度副词修饰心理活动动词,不修饰行为动词。

2. 副词的语义依存关系

概述　关于副词在组合结构里的语义受制约情况,段业辉(1992)就《现代汉语八百词》、《现代汉语虚词例释》、《现代汉语虚词用法小辞典》、《现代汉语虚词》中的157个副词作了调查。我们整理其基本数据,并追加计算,得数据:

数据

1. 前项制约类。103词(65.61%)。(1)前项总括类,受前面复数成分的制约,23词(14.65%,"一同|一齐|一块儿|一律|一起|一概|互|互相|分别|全净|并相|相互|都|陆续|全然|通通|统统|同|同时|一道|一一")。(2)前项前提类,受前面小句或句子的制约,45词(28.66%,"便|不免|才|从此|反正|甚至|亦|尤|尤其|在|正|正在")。(3)前项隐含类,受前面某隐含成分的制约,35词(22.29%,"越发|愈加")。同时适合后两类的副词:"又|也|比较|仍|仍然|仍旧|依然|照旧|照例|只好|另外|再|更|更加|还|顶|非常|重新|恰|恰巧|恰恰|恰好|格外|较|较为|偏|偏偏|最|就|重|分外|那么|正好"。

2. 后项制约类。54词(34.39%)。(1)后项总括类,受后面复数成分的制约,8词(5.10%,"分别|陆续|全|都|大凡|凡|全然|一一")。(2)后项限定类,受后面表数量、程度成分的限定,31词(19.75%,"几乎|大约|大概|只|只是|至少|至多|光|刚|刚刚|仅|仅仅|约|约莫|连|快|净|总|起码|偏偏|大致|单|单单|老|那么|唯|唯独|无非|一一|总共")。(3)后项程度结果类,受后面表动作、行为、性状的程度或结果成分的制约,7词(4.46%,"不|没|没有|别|未|未曾|休")。(4)后项照应类,受后面程度、数量成分的照应,8词(5.10%,"[程度照应]稍稍|稍微|略|略微|略略[数量照应]一连|重")。

简论　所谓的语义制约,是把副词所说明的对象视为使用上的条件成分,就此而言,后者的确是对副词使用的语义制约。一些学者也用"语义指向"或"语义敏感"关系来说明。但其实都没有切中问题的本质,导致内涵和界限不明。

副词是一种特殊词类。其特殊性表现在:(1) 它在表层句法上说明其直接成分——谓项或其所含谓词,在深层句法上说明整个句子(除它自己及其辖域外其他情态标记,参马清华,2017a),从这个意义上看,它是句子的高层谓语(斯托克威尔,1986:54—56)。(2) 它在语义上有时还说明纯属其间接成分的论元项("他们都来"),甚至标记项("他每次都来"),或者其间接成分之间的关系("他分别给了小王和小李一个礼物")。有时说明句内和句外的关系,这时实际已非情态标记,而已关联化,表达关联意义。

副词跟直接成分的关系,是通常熟知的句法内容。副词对间接成分的语义说明,是一般句法分析(包括成分分析法和直接成分分析法)的死角。应明确将两者剥离开来,把关注点落在这种基于词义预存编码信息的依存句法关系上。顺便指出,副词的句谓语/高层谓语作用也是值得关注的另一项特征,它在情态统辖关系上有很强的发现力和解释力(马清华,2017a)。

在直接成分关系上,主谓比动宾更基本。主谓、中补都是后项对前项的说明,动宾、状中、定中都是前项对后项的说明。在间接成分的依存关系上,所谓"受前项制约"的副词远多于所谓"受后项制约"的副词,表明副词在对间接成分关系的语义说明关系方面,形式上也沿袭了更为基本的说明秩序,即被说明语在前,说明语在后。这体现了语言持存性和更深层次上的自维持力量。

3. 副词次类间的兼类

概述 副词次类间也有兼类,只是它不同于句法兼类,可多角度计量观察。在类别词统计方面,宋扬、朱斌(2010)依据《现代汉语词典》(2005)对之作了统计。我们整理其基本数据,改变算法并追加计算,得数据1。在个例词统计方面,邵敬敏(1997)统计《曹禺选集》、《骆驼祥子》中副词"才"的义项分布,属次类兼类的个例统计。我们整理其基本数据,归类并追加计算,得数据2。

数据 1

1. 总体分布。1010 个标注副词中,次类兼类的副词共 54 个(5.3%)。

2. 韵律分布。(1) 单音节副词 32 个(58%)。兼 2 类(21 词 14 模式):[语气—关联]倒|却;[时间—关联]便|既|将;[否定—关联]不;[程度—关联]更;[频率—关联]连;[时间—语气]总|竟;[程度—语气]或;[范围—情状]独|

共;[范围—语气]偏;[程度—时间]雅已;[程度—情状]生特;[程度—范围]小;[程度—频率]老;[时间—频率]每。兼3类(7词7模式):[范围—情状—语气]并;[范围—语气—关联]都;[语气—否定—关联]非;[范围—时间—语气]刚;[语气—频率—关联]也;[程度—频率—关联]再;[时间—方式—语气]直。兼4类(3词3模式):[范围—时间—语气—关联]就|才;[程度—语气—频率—关联]又。兼5类(1词1模式):[程度—方式—语气—频率—关联]还。(2)双音节副词22个(42%)。兼2类(21词9模式):[时间—语气]本来|到底|刚刚|还是|尽管|原来;[时间—关联]一时;[语气—关联]倒是;[范围—情状]一起;[情状—语气]根本|决然|着实;[时间—情状]跟手~踢了一脚;[范围—语气]归其|偏偏|约略|只管;[程度—情状]好生|特别|一发;[范围—否定]徒然。兼3类(1词1模式):[时间—方式—关联]一头。

3. 次类兼类的单项分布。次类兼类的,在关联副词28词中有19词(67.86%),频率副词35词中有7词(20%),语气副词154词中有30词(19.48%),范围副词88词中有15词(17.05%),程度副词122词中有14词(11.48%),时间副词202词中有22词(10.89%),否定副词41词中有3词(7.32%),情貌副词403词中有16词(3.97%)。

4. 次类兼类的共现分布。次类兼类的54个副词中,(1)关联兼语气10词,关联兼时间7词,关联兼范围6词,关联兼程度4词,关联兼频率5词,关联兼否定2词,关联兼情貌1词(还)。(2)语气兼时间12词,语气兼范围10词,语气兼情貌6词。(3)情貌兼程度6词,情貌兼范围4词,语气兼程度3词,情貌兼时间3词。(4)频率兼程度4词,频率兼语气3词,频率兼时间1词,频率兼情貌1词(还)。(5)时间兼范围3词,时间兼程度2词,范围兼程度1词。(6)否定兼范围1词,否定兼语气1词。

数据2

1.《曹禺选集》。副词"才"107例中,[关联]表条件49例(45.79%),[范围]表数量少14例(13.08%),表时间晚28例(26.17%),[口气]15例(14.02%),[时间]表刚刚1例(0.93%)。

2.《骆驼祥子》。副词"才"129例中,[关联]表条件60例(46.51%),[范围]表数量少12例(9.30%),表时间晚42例(32.56%),[口气]12例(9.30%),[时间]表刚刚3例(2.33%)。

简论 副词次类间的兼类能力所反映的实际是副词内部语法范畴意义变化的活跃程度。副词的次类兼类现象只占现代汉语副词总数的极小部分。无论就词数还是就模式数而言,都是单音节副词的次类兼类规模多于双音节副词。无论就词数还是就模式数而言,都由多到少呈以下规模序列:二元兼类＞三元兼类＞四元兼类＞五元兼类。

副词意义按功能分情态标记(关联副词外的副词)和结构标记(关联副词)。次类兼类的单项分布和次类兼类的共现分布都表明,关联副词的次类兼类能力大于情态标记。情态标记中,情貌副词的次类兼类能力最小。可见关联副词多由其他副词次类发展而来,情貌副词的语法化水平相对较低。

兼类能力序列跟我们提出的情态统辖序列(马清华,2017a)吻合。汉语一级情态存在稳定的统辖序链"语气＞口气＞时＞体＞判断_否定＞能愿＞态",情态量(范围、程度、频率)和情貌是情态统辖结构变异活动中的活跃范畴,可作例外看待。类别词统计无论从次类兼类的单项分布看,还是从次类兼类的共现分布看,副词兼类能力序列均为"关联＞广义语气(含口气)＞时体＞判断(否定)",其中的情态类序列跟统辖链相合,所不同的只是非稳定情态范畴。

副词"才"表时间、数量、口气、关联,既作广义情态标记,也作后项关联标记。"才"使用频率最高的是后项关联义项(即表条件关系的义项),其他义项都是情态义项,这也表明其结构标记类的频次高于情态标记类的频次。在情态标记功能上,"才"本义表刚刚,"刚""才"同义,相当于前置过去时标记,后由时间范围小转表数量少。"才"表口气而非语气,它所表示的抱怨、指责情绪,既能进陈述句,也能进疑问句,如"他十点才起床?|你说我才是罪人?"事实上,"才"表时间晚也有某种程度的口气特征,只不过后者用在时间名词后,才衍生出夸大时间晚或抱怨的意味(它是基于时间意义的两面性,即耗费时间多,因而行正事的时间少)。副词"才"各次类的频次由高到低均呈序列:关联("有货可卖才能遇到识货人")＞口气("你自己才是个罪人!")＞范围("[时间晚]半天才说出话来|[数量少]一共才花了两块钱")＞时间("他才走出门口,就发现下雨了")。

副词次类兼类的类别词统计和个例词统计结果大致吻合。既作情态标记(表能愿),又作前项关联标记(表假设)的助动词"要",其频次序列是否跟副词"才"一样,也可以作为个例来观察。

第七章 指称标记

7.1 近指/远指代词

语言有四大标记系统:指称标记、情态标记、结构标记、话语标记(马清华,2017a)。近指和远指代词有标记多能性。它们本是指称标记,也能发展出情态标记功能和结构标记功能[详参§7.1.1(数据4)的代副词用法和§7.1.2],此外还能发展成话语标记(参§10.2)。

7.1.1 近指与远指的指称标记和情态标记功能

概述 邹韶华(2004)统计《现代汉语频率词典》中所有近指代词与相应远指代词的频次总数。我们整理其结果,并追加计算,得数据1。曹秀玲(2000)在收集到的20万字文学作品语料中,分项统计"这/那"单用时的指代功能和"'这/那'+NP"的指称功能。我们整理其结果,并追加计算,得数据2。杨玉玲(2006)统计1.645亿字的清华语料(孙茂松2002年主持整理)中的"这""那"构词,又从该语料库的"中国百家报刊精选"(5900万字)中,统计单个的"这""那"的外指、回指、泛指等用法。我们整理其基本数据,改变算法并追加计算,得数据3。用马清华主持编制(2015)的现代汉语多语体平衡语料库(328万字规模)统计"这~/那~"构词的频率,我们得数据4。

数据1

在指示代词共22932例中,近指代词("这|这个|这样|这儿|这里|这会儿|这么|这些|这么些")16645例(72.58%),远指代词("那|那个|那样|那儿|那里|那会儿|那么|那些|那么些")6287例(27.42%)。"这个/那个"共1804例中,"这个"占80%,"那个"占20%。

数据2

1. "这/那"单用。"这"42例中,代替人或事物的16例(38.10%,"这是儿子写给他的信"),复指前文的 26 例(61.90%,"这一桌,因为他在座,使每个人都感到很不自在。而这正是他坐到这一桌要达到的目的")。"那"19 例中,代替人或事物的 12 例(63.16%,"那是他的儿子"),复指前文的 7 例(36.84%,"选择和大多数人相逆的生活道路,别人的经验告诉他,那是太冒险了")。

2. "这/那"＋NP。"'这'＋NP"72 例中,指示 48 例(66.67%),指示兼复指前文 19 例(26.39%,"他拼命地扎猛子,不断地寻找猎物,一个劲地呼吸、憋气,扎猛,升起,机械地重复这一系列动作"),复指前文("～一切/一点")5 例(6.94%,"她在家期间生病了,诊断书证明这一点")。"'那'＋NP"74 例中,指示 67 例(90.54%,"豁口处多了一个小黑点。那小黑点渐渐变大了"),指示兼复指前文 6 例(8.11%),复指前文("～一切/一点")1 例(1.35%)。

3. "这～/那～"组词。"这～"组词 75 例中,"～样/么/般"46 例(61.33%),"～会儿/时"21 例(28%),"～儿/里/边"8 例(10.67%)。"那～"组词 43 例中,"～样/么/般"31 例(72.09%),"～会儿/时"6 例(13.95%),"～儿/里/边"6 例(13.95%)。

数据 3

1. 总体规模。"这"系词语("这/这么/这样/这里/这种/这些/这时")的使用频率是"那"系词语("那/那么/那样/那里/那种/那些/那时")的 5 倍多。

2. "这"。2004 例中,外指(指称对象不存在于篇章内部,而是存在于外部语境中)24 例(1.20%,"张忠义操着爽脆的'京片子',烂熟于胸地向我们指指点点:这是生化厂,那是橡胶厂"),回指(指称对象在前,指称词语在后)1974 例(98.80%)[含回指上文陈述 1377 例(68.92%,"党和政府高度评价烈士姚次会,人民群众为英雄奉献了一片爱心,这就充分说明,党和人民是那些勇于同邪恶势力作斗争的人们的坚强后盾"),回指上文名词性成分 597 例(29.88%)],语篇连贯 0 例,泛指 6 例。

3. "那"。235 例中,外指 1 例(0.44%),回指 166 例(72.49%)[含回指上文陈述 56 例(24.45%),回指上文名词性成分 110 例(48.03%)],语篇连贯 62 例(27.07%),泛指 6 例。

数据 4

9579 个"这～/那～"构词的代词中:

1. 代名词。3650 例(38.10%):(1) 空间类。"这儿"884 例(9.23%),"那儿"591 例(6.17%),"这里"543 例(5.67%),"那里"269 例(2.81%),"这边"112 例(1.17%),"那边"189 例(1.97%)。(2) 时间类。"这会儿"49 例(0.51%),"那会儿"180 例(1.88%),"这时"294 例(3.07%),"那时"539 例

(5.63%)。

2. 代副词。3342例(34.89%)["这么"1980例(20.67%),"那么"1341例(14.00%),"这般"11例(0.11%),"那般"10例(0.10%)]。

3. 代谓词。2587例(27.01%)["这样"2300例(24.01%),"那样"239例(2.50%),这么样17(0.18%),那么样4(0.04%),这样子23(0.24%),那样子4(0.04%)]。

简论 近指与远指在使用经常性上并不对称。在标记的具体功能上也同样表现出不对称,但差幅倾向并不完全一致。

从频次绝对数说,无论从词还是语素层级统计,近指标记的"这"都要多于远指标记的"那"。这是因为近指可及性大于远指,人类语言有以近喻远的普遍特征(马清华,2000:73—86)。单用是近/远指代词"这""那"的典型功能,无论代替人/物还是复指前文,都是"这"多于"那",跟总体频率差幅比倾向一致,呈正态分布。"这～/那～"组词中,近指和远指的差幅,跟总体频率差幅比倾向一致,呈正态分布。"这""那"作为词时的差幅明显大于作为语素时的差幅:数据2中2.21[=42/19]>1.74[=75/43],数据3中8.53[=2004/235]>"5倍多"。

不过,构词环节实际已经开启了微妙的偏移,表现为近/远指的差幅有时呈偏态分布。数据4表明,代谓词("～样")、代副词("～么/般")、空间类代名词("～儿/里/边")基本都是近指高于远指(但"那边"频率高于"这边",可能是婉曲、暗示表达所致),因为它们有类似于实体称代的作用,受此约束,表现出了跟这/那单用时相似的对立倾向。时间类代名词("～会儿/时")也是远指比例高于近指,这是因为时间类代名词通常回指非毗邻时间信息。

单用阶段也已经开启了微妙的偏移,表现为近/远指的差幅有时呈偏态分布。从"这"和"那"各自功能的内部比例看,倾向相反:"那"是代替人或事物的用法远多于复指前文的用法,"这"则相反。这种区别主要是被称代对象的性质差异及文本特征所导致的空间距离(含情境空间和上下文空间)差异造成的。(1)代词对人或事物的称代是对实体的称代。实体称代有情境称代和回指称代两种。对实体的情境称代,若称代对象不在场或情境距离远,倾向于用远指。独语文本里的被称代对象多不在场。第三人称代词作为非在场的一方(即使在对话活动中也多是如此),其语源也普遍来自远指代词的转义(韩笑、马清华,2019)。对实体的回指称代时,代词跟被称代实体在言语分布上(即上下文距离)不毗邻的现象很常见,因此更多用"那"。(2)代词对前文的称代,是独语(跟对话相对)中对毗邻话语的称代。基于其上下文空间上的临近,毗邻话语的称代倾向于用近指。"这"的频次总数虽然是"那"的1倍多,但大部分用在了对毗邻话语的回指。

相对于单用,近指与远指代词作定语是它的衍生功能。单用时是称代功能占主导,作定语时是指示功能占主导。"'这'+NP"和"'那'+NP"总体频次接近,甚至后者略有反超,而指示时,远指的"'那'+NP"占比远比近指的"'这'+NP"高。这些跟近指与远指代词的总体差幅比已呈偏态分布。唯独复指前文或指示兼复指前文时,近指的频次仍比远指高。这时表现出跟"这/那"单用时相似的对立倾向,因为其受到的约束因素没有改变。

被称代对象的性质和空间参照的分化,导致空间距离分化,造成了近指跟远指在外指和回指功能上的不对称。指示代词在情景语境下的实体称代(即外指),基于说话人(空间参照)与被称代物在情境空间上的临近,更多用近指的"这"。在上下文语境里的实体称代(即回指名词性成分),基于指示代词跟被称代实体在言语分布上常不相毗邻,故多用"那"。指示代词回指毗邻话语(即回指上文陈述)时,基于跟被回指内容在言语分布上的邻近,否则无法实现此类回指,故多用近指的"这"。"那"基于远指特征,在文义关系上,所指还可以更虚泛,单用表结果。因为此时充当的是结构关联标记,所以有高频特征。

以上都是近指与远指的指称标记功能。其典型用法是近指大比例地高于远指,但偏移、衍生用法中,差幅常发生逆转。

近指与远指代词也能衍生为情态标记,从而跨入另一标记系统,如近指、远指代词都可用于情绪化表达。在情态标记领域,同样表现出相反的不对称,如在贬义用法里,用远指反而不用近指。如"问题不那么严重—*问题不这么严重|有点那个—*有点这个"。邹韶华(2004)认为这跟外在的频率有关,说这是因为现代汉语在反义对立中存在高频为褒、低频为贬的规律,所以远指的使用频率远低于近指的统计结果为"那个"的贬义用法提供了依据。我们不同意这一说法。外在的频率只是表象,本质上,跟远指—近指的分化相应,色彩上呈"那个"表婉曲、"这个"表指责的对立。用相对不那么凸显的远指"那个"称代不便明说的负面言辞,显得更为婉曲,符合语言的礼貌原则。近指"这个"由于更加凸显,表达负面意义时多用于直露的指责,如"你这个混蛋!"若用于婉曲表达,则采取反复的语塞方式,如"有点这个这个这个",装出在为词到嘴边又提取不出或不便说出而忙乱的样子。"那么""这么"表强程度,也是情态标记功能。它们放在否定标记后,协同表达委婉否定(马清华,1986)。它是语用礼貌原则对语法和语义的作用结果。

从§1.1可看到,名词、谓词(动词和形容词)、副词在词数分布上呈序列序列"名词＞谓词(动词＋形容词)＞副词",在例数上,呈序列序列"谓词(动词＋形容词)＞名词＞副词"。数据4表明,复合式代词的词数分布呈序列序列"代名词(10)＞代谓词(动词＋形容词)(6)＞代副词(4)",例数分布呈序列序列"代名词＞代副词＞代谓词"。对比可见,代词三种功能次类的词数分布仍呈正态分布,但例数分布呈明显的偏态分布。相对来说,代名词、代副词频率升高,代谓词频率降低。

7.1.2 指示代词的结构标记功能

概述 指示代词有结构标记功能,既可表句法结构关系,也可表逻辑结构关系。(1) 句法结构标记。曾美燕(2004)统计了26部当代小说。我们整理其结果并补算,得数据1。(2) 逻辑结构标记。郑军(2002)网络检索《人民日报》的"那么"用例,统计其功能。我们整理得数据2。《现代汉语常用词表》(2008)标出了"那么"和"那"频序,有数据3。

数据 1

1. 指示代词前有名词性定语。907 例,含:定语不带"的"792 例(87.32%,"我哭丧着脸对我那不知名的女友说|按讣告那个速度|慧芳头上那块疤痕就是你用石子打的|现在这些孩子,就是不知道谦虚"),带"的"115 例(12.68%)。

2. 指示定语前有介词结构作定语。指示代词后带量词的用例("和《大众生活》那件事成了")达65%。

数据 2

带"那么"的65422例中,"那么"作代词的12561例(19.20%,"我不好意思么说"),作副词的8046例(12.30%,"借那么二三十条麻袋就够了"),作连词的44815例(68.50%,"既然不行,那么你打算怎么办呢?")。

数据 3

"那么"的频序为第269位,"那"的频序为第557位。

简论 (1) 指示代词表定中关系。定中标记的形成,从外部条件看,是起于陈述结构的指称化过程;从内外交互条件看,是起于多重定语的句法环境下,指示定语由对前面另一定语的复指用法,逐渐衰减为定中标记;从内部条件看,是起于复指定语的重新分析。这是一条具有较强普遍性的语法化轨迹

(马清华,2014a)。

"这/那"代偿定中标记的作用,同样是基于复指用法,如"吃饭那人|开车那人|持刀者正是刚才杀气旺盛那人|真到强大那一天,咱们新账老账一起算",在多重定语中,指示代词所作的指示定语首先是构成对前面的动词性或性质形容词定语的复指,这种关系使得本应跟它共现的定中标记"的"变得没有必要,一旦"的"真的略而不用,"这/那"就成了对它的代偿。就是说,指示定语对定中标记"的"的代偿是在指示定语对其前面的陈述性定语的复指基础上形成的。当陈述性成分是强制删略的轻动词时,指示定语作为定中结构代偿性标记的功能就更加明显("我这心|我这弟弟|俺去把你这褂子洗一洗|你这身子骨恐怕承受不得")。这是指示代词发展为原生性(最早生成的)定中标记的指标性一步[马清华(2014a)对上古汉语"之"的分析]。对代偿"的"标记的指示定语而言,由于这种再生性(在原生的基础上生成的)定中标记,并不是典型的定中标记,所以其分布势力远不及定中标记"的"。指示定语对定中标记的代偿活动通常发生于口语或艺术语体中,这是它所依托的语用条件。

定中短语里的中心语所指在场时,指示定语表外指,不在场时,多表回指。① 指示定语"这/那"若在谓词性定语后("开车那人"),甚至介词短语("和老板那事")、方位短语("头上那疤痕")后,是毗邻回指,表复指。② 指示定语"这/那"若在一般的名词性定语后(占绝大多数),那么它回指该毗邻名词的情形,只会发生在同位关系中("小明ᵢ那孩子ᵢ|小明ᵢ这孩子ᵢ"),这时它并不代偿定中标记。代偿定中标记的用法只见于回指毗邻的空范畴(或被强制删略的轻动词,如"你那包[=你有的那包]")或毗邻的隐含信息(如:"你△那包",△="昨天在商场买的"),而这隐含信息的源码仍来自非毗邻已知内容。不过,语言运作是受经济性原则约束的,与其说毗邻的隐含信息重复编码或二次编码了已知信息,又在回指后删略了该信息,或在回指前抑制了该隐含信息的出现,不如说它直接以称代方式回指了源码信息,即毋宁说它是非毗邻回指。

被指对象的非在场性、非毗邻回指以及毗邻回指对象的非实体性,造成了指示定语的词项选用上,根据一致性原则,优选可及性低的"那",而不是可及性高的"这",前者占绝对优势。两个反义代词之间在再标记化上出现严重不对称。

近指能加强代词的外指能力,如在不伴有任何身势语(手势、眼色、口形等)的前提下,"你这包"的指示定语倾向于解码为外指,"你那包"指示定语倾向于解码为回指。

(2)指示代词表逻辑关系的结果项。"那"是指称标记(代名词),除能发展成句法结构标记(代偿性定中标记)外,还能发展为随意口语体中的关联标记和话语标记。"那么"本也是指称标记(代副词),能发展为情态标记(副词)、关联标记(连词)(马清华、韩笑,2019)。词法上"那么"也是对"那"的扩展。在非指称标记用法尤其是关联标记用法上,"那么"比"那"更多用于正式场合,使用也更为普遍。其关联标记用法如"那/那么"可单用成读(dòu),引出逻辑关系中的结果项,多接疑问句或祈使句。

这要是让他查出来,那,还能饶得了我呀? | 那,得多大工夫啊? | 那,你就别死啦。| 那么,阿枫你总是认识的啦? | 那么,请你离开。

关联标记的语法化程度高于情态标记,更高于指称标记。相应的,其频度也高于后者。

7.2 旁指代词

7.2.1 旁指代词的句法功能分布

概述 彭爽、金晓艳(2005)统计三位现当代中国作家79部作品(老舍34部、邓友梅21部和王朔24部)中这6个旁指代词的句法功能频次,总计1993例,主语132例(6.62%),宾语225例(11.29%),定语1325例(66.48%),状语311例(15.60%)。我们整理其结果,得数据:

数据

1. 老舍作品。"另"331例中,定语135例(40.79%),状语196例(59.21%)。"另外"27例中,定语16例(59.26%),状语11例(40.74%)。"其他"44例中,均作定语(100%)。"其余"84例中,主语37例(44.05%),宾语1例(1.19%),定语46例(54.76%)。"旁(的)"20例中,主语1例(5%),宾语1例(5%),定语18例(90%)。"别(的)"566例中,主语55例(9.72%),宾语154例(27.21%),定语339例(59.89%),状语18例(3.18%)。旁指代词总计1072例中,主语93例(8.68%),宾语156例(14.55%),定语598例(55.78%),状语225例(20.99%)。

2. 邓友梅作品。"另"82例中,定语62例(75.61%),状语20例(24.39%)。"另外"9例中,定语6例(66.67%),状语3例(33.33%)。"其他"12例中,主语1例(8.33%),定语11例(91.67%)。"其余"6例中,主语1

例(16.67%),定语 5 例(83.33%)。"旁(的)"26 例中,主语 2 例(7.69%),宾语 3 例(11.54%),定语 21 例(80.77%)。"别(的)"53 例中,主语 6 例(11.32%),宾语 7 例(13.21%),定语 33 例(62.26%),状语 7 例(13.21%)。合计 188 例中,主语 10 例(5.32%),宾语 10 例(5.32%),定语 138 例(73.40%),状语 30 例(15.96%)。

3. 王朔作品。"另"288 例,定语 247 例(85.76%),状语 41 例(14.24%)。"另外"10 例,定语 7 例(70%),状语 3 例(30%)。"其他"212 例,主语 8 例(3.77%),宾语 11 例(5.19%),定语 193 例(91.04%)。"其余"17 例,主语 4 例(23.53%),宾语 1 例(5.88%),定语 12 例(70.59%)。"旁(的)"26 例,主语 1 例(3.85%),宾语 2 例(7.69%),定语 23 例(88.46%)。"别(的)"180 例,主语 16 例(8.89%),宾语 45 例(25%),定语 107 例(59.44%),状语 12 例(6.67%)。合计 733 例,主语 29 例(3.96%),宾语 59 例(8.05%),定语 589 例(80.35%),状语 56 例(7.64%)。

简论 汉语旁指代词有体词性的(如"其他""其余""旁的""别的")和加词性的(如"另""另外")两种。前者可作主语和宾语,后者不作主语和宾语,但可作状语和定语。总体看,旁指代词基本都以作定语为主要功能,除老舍作品中的"另"是次高值外,旁指代词在其他所有作家作品里都是峰值,它们的值都高于半数以上。这是从范围意义上派生出的指别功能所决定的。

旁指代词若是加词性的,则其功能次高值基本都是状语(除老舍作品中的"另"是峰值外);若是体词性的,则功能次高值都是作主语或宾语。"别的""其余"在次高值功能上发生有趣的分化,从占比看,"别的"多作宾语,"其余"多作主语。这主要跟话题主语对变则的容受能力强于宾语有关。意义上,旁指代词单用式是对合用式(即代词所在定中短语)的转喻,如"其余都解决了=其余问题都解决了"。"其余"常常就不能这么单独作宾语,需要带"的"标记,比较"你看一下其余的—*你看一下其余"。"别的"已经自带了"的",所以不必重复添加,能自由作宾语。"别的"也能自由作主语,宾语传信能力强,分布势力高,所以它作宾语的频度高于作主语。其他体词性旁指代词的单用式除"其他"在邓友梅作品中有小幅例外外,其他都是作宾语的多于作主语。这是旁证。不过,从绝对数上说,"别的"作主语的频次仍始终高于"其余"。这跟词的语体色彩、常用性等差异有关。"别的"是通用语体词(偏口语),较常用(在体词性旁指代词中频次最高),"其余"是书面语体词,不太常用。

7.2.2 加词性旁指代词的语义选择限制

概述 加词性旁指代词"另"和"另外"的语义选择限制体现在对所饰动词和所指事物数方面。彭爽、彭湃(2005)从约 3000 万字现代汉语语料中穷尽检索"另/另外"修饰动词的语例。我们整理其结果,得数据 1。彭爽、金晓艳(2004)对比调查 1997 年《北京晚报》中"另"和"另外"指示事物的数量范围。我们整理其基本数据,校正并追加计算,得数据 2。

数据 1

1. "另"。520 例中,修饰单音节动词 498 例(95.77%),修饰双音节动词 22 例(4.23%);修饰自主动词 391 例(75.19%),修饰非自主动词 129 例(24.81%)。

2. "另外"。91 例中,修饰单音节动词 64 例(70.33%),修饰双音节动词 27 例(29.67%);修饰自主动词 82 例(90.11%),修饰非自主动词 9 例(9.89%)。

数据 2

1. "另"。600 例中,指示事物数=1 的,545 例(90.83%,"一个的头是尖的,另一个的头发是平的|其中一人 24 岁,另外一人 25 岁");事物数=2 的,30 例(5%);事物数=3 的,13 例(2.17%);事物数=4 的,10 例(1.67%);事物数=5 的,0 例;事物数=6 的,0 例;事物数=7 的,0 例;事物数=8 的,0 例;事物数=9 的,0 例;事物数=10 的,0 例;事物数=11—100 的,2 例(0.33%);事物数>100 的,0 例。

2. "另外"。100 例中,指示事物数=1 的,32 例(32%);事物数=2 的,28 例(28%);事物数=3 的,18 例(18%);事物数=4 的,6 例(6%);事物数=5 的,4 例(4%);事物数=6 的,3 例(3%);事物数=7 的,1 例(1%);事物数=8 的,0 例;事物数=9 的,0 例;事物数=10 的,0 例;事物数=11—100 的,4 例(4%);事物数>100 的,4 例(4%)。

简论 旁指代词"另/另外"直接作动词状语时,总体趋势一致,都绝大多数跟单音节动词、自主动词组合。但就占比看,"另"修饰单音节动词的比重较"另外"大,修饰自主动词的比重较"另外"小。前者是因为"另"是单音节动词,受到双音步韵律倾向的约束;后者是因为"另外"句法结合的自由度(可自由结合成分的范围)比"另"大。由于"另"的熟语化情形多,所以绝对数上有时仍相对较大。

旁指代词对事物数也有选择上的限制,但更大程度上是一种偏好,并不是强制性的。"另/另外"用于对举用法。"一"是自然数的典型,所以"另"和"另外"指示一个事物时的比例也最大。不管"另"还是"另外",都是指示事物数越小,例次越多。但"另"和"另外"相比,指示事物数越小,旁指代词越可能选用"另";指示事物数越大(指示10以上的事物时),旁指代词越可能更倾向于选用"另外"。

7.2.3　体词性旁指代词的语体色彩分化

概述　彭爽、金晓艳(2004)统计小说、戏剧、报纸、政论文中"旁(的)""别(的)"的使用情况,我们整理其基本数据,并追加计算,得数据:

数据
1. 艺术语体。老舍的作品(小说、戏剧 34 部)"旁(的)"18 例(5.04%),"别(的)"339 例(94.96%)。王朔的作品(小说 24 部)"旁(的)"8 例(6.96%),"别(的)"107 例(93.04%)。
2. 新闻述评语体。人民日报(1995-1-1—2001-11-1,全文)"旁(的)"13 例(0.59%),"别(的)"2200 例(99.41%)。
3. 政论文。《邓小平文选》1—3 卷"旁(的)"0 例,"别(的)"38 例(100%)。

简论　旁指代词的集合规模不大,但存在语体色彩的分化。"别(的)"是通用语体词(偏口语),既见于书面又见于口语,在书面语中出现的频率当然大于"旁(的)"。"旁(的)"作为俚俗口语词,在一般书面语中出现频率极低,并且跟该语体(如含有对话的小说、戏剧)的混合语体性质有关,政论文中未见。

7.3　统指代词

概述　关于统指代词的句法、语用特征,崔显军(2007)统计统指代词"一切""所有"在北大语料库等876万多字语料(语料1)中的句法功能分布、语体分布,又依据264万多字语料(语料2)统计了"所有""一切"合用式在动词前后的位置分布。我们整理其基本数据并追加计算,得数据:

数据

【一切】

1. 句法功能和语体分布(语料1)。共1653例中,(1)合用。即作定语,872例(52.75%,"一切食物都有一定营养")。出现于文艺语体486例(29.40%)[小说127例(7.68%),散文318例(19.24%),戏剧41例(2.48%)],科技语体246例(14.88%)[专著81例(4.90%),词典159例(9.62%),语文教科书6例(0.36%)],新闻语体报纸89例(5.38%),公文语体法规48例(2.90%),谈话语体3例(0.18%)[相声2例(0.12%),谈话1例(0.06%)]。(2)单用(所限定的中心语删略)。781例(47.25%,"一切都准备好了")[主语371例(22.44%),宾语239例(14.46%),介词宾语68例(4.11%),作其他成分103例(6.23%)]。出现于文艺语体589例(35.63%)[小说254例(15.37%),散文295例(17.85%),戏剧40例(2.42%)],科技语体102例(6.17%)[专著52例(3.15%),词典47例(2.84%),语文教科书3例(0.18%)];新闻语体的报纸85例(5.14%),公文语体的法规0例,谈话语体5例(0.30%)[相声4例(0.24%),谈话1例(0.06%)]。

2. 合用式的位置分布(语料2)。合用式195例中,动词前101例(51.79%,"一切车辆都得绕道而行"),动词后94例(48.21%,"他放弃了一切努力")。

【所有】

1. 句法功能和语体分布(语料1)。共357例中,(1)合用。即作定语357例(100.00%)。出现于文艺语体122例(34.17%)[小说84例(23.53%),散文37例(10.36%),戏剧1例(0.28%)],科技语体112例(31.37%)[专著90例(25.21%),词典18例(5.04%),语文教科书4例(1.12%)],新闻语体报纸115例(32.21%),公文语体法规5例(1.40%),谈话语体3例(0.84%)[相声1例(0.28%),谈话2例(0.56%)]。(2)单用。0例。

2. 合用式的位置分布(语料2)。合用式179例,含动词前127例(70.95%,"所有的酒都喝完了"),动词后52例(29.05%,"我们喝了所有的酒")。

简论 统指代词"一切"的意义原本是起范围界别作用,因此作定语是其典型固有用法。单用法是它的派生用法,从句法角度说,是来自对其限定成分的删略,这种删略最容易发生在主要传递已知信息的主语位置,因此单用法在该位置的频率最高。

"一切"比"所有"常用得多,而且用法也发生了合用和单用的明显分化,

"所有"一般只有合用法,虽然有时也能单用(如"所有都是你的|把所有都忘掉"),但通常都要加"的",以"的"短语形式出现。统指代词半数以上都是"一切"用于艺术语体,这在其合用式和单用式里均处峰值,"一切"在典型的书面语体(科技语体、公文语体)里,合用频率远高于单用。"所有"在各语体分布都相对处于弱势,且在不同语体里分布势力的差异不明显(如在文艺语体、科技语体、新闻语体里,又如公文语体和谈话语体里)。相比之下,两词的词义色彩有差异。"一切"适用于情感表达,"所有"适用于理智表达。在语体上,艺术语体是煽情、求新、情感极性化的表达(相声是口语式的艺术语体)。科技语体是守成、中性、理智的表达(其中的词典语言包括释义和语例,语例是对现行语言的反照)。从语义角度说,统指代词的单用是对该代词所在定中短语的转喻,即生动表达。因此,它从固有合用法向单用法的派生,是发端于生动的艺术性表达。尽管如此,在书面语体中,统指代词"一切"的加词性特征仍比体词性特征明显,这不仅表明固有合用法仍有很大势力和持存(关于"持存",见马清华,2014b),而且表明"一切"词义中的情感色彩已使其固有合用法倾向于更多地分布于艺术语体,从而成为在艺术语体里派生出其单用法的基础和条件。统指代词的合用和单用在谈话中的频度区别不明显,表明口语性不是促成其固有合用法向单用法派生的因素。

"所有/一切"合用式表明了其功能意义上的加词性,它本质上是建立在"所有/一切"词义的范围界定作用基础上的。统指代词的全称意义使之更倾向于用在话题中。所以用在动词前要比分布于动词后占优势。但相较之下,"一切"的句法自由度比"所有"大,比如它既有合用式,又有单用式,"所有"只有合用式,即使中心语能删略,也要带"的"标记,有时即使带了"的"标记,也不大能作宾语,但允许作主语(比较"*他检查了所有的—他所有的都检查了")。"一切"由于已经吸收了变异用法,所以没有这样的限制,"一切"在动词前后的频率差异也不如"所有"那么大。

周遍性统指代词"一切""所有"意义有定,其合用式都是动词前多于动词后,但"一切"合用式在动词前后的差幅要小得多。相对"所有"来说,呈明显的正偏态分布(参§2.3)。"一切"用法已大幅偏移,它发展出了自由的单用式,并达到了与合用式势力接近的水平,同时,总体频率也远高于"所有"。

7.4 普称代词

概述 普称代词"每"用在名词性成分(有时是动词性成分,"每唱一首歌都有人鼓掌")(记作 P)前,常跟范围标记等共现。张静静(2009)考察 CCL 现代汉语语料库 200 多万字语料和 1993 年《人民日报》"每 P"的句法分布及"都"的隐现。我们整理其结果,修改归类,改变算法并追加计算,得数据 1。我们据 BCC 语料库"文学"搜索统计,得数据 2。

数据 1

1. "每 P"句。共 4084 个。(1) "每 P"的句法功能:句状语(含句中状语和句首状语)2280 例(55.83%)[逐指时间 1540 例(37.71%),逐指事件 740 例(18.12%)],句主语(含大主语,但不含小主语)1709 例(41.85%),介词宾语 95 例(2.33%)[介词"对"的宾语 37 例(0.91%),介词"把"的宾语 58 例(1.42%)]。(2) "都"的隐现:"都"隐含 2609 例(63.88%),在"都"出现的 1475 例(36.12%)中,"每 P"作句状语 784 例(19.20%)[逐指时间 526 例(12.88%),逐指事件 258 例(6.32%)],作句主语 652 例(15.96%),作介词宾语 39 例(0.95%)[介词"对"的宾语 28 例(0.69%),介词"把"的宾语 11 例(0.27%)]。

2. "每 P"主语句。(1) 状语 66 例中:a. 全称义双重否定格式["无(一)不|莫不|未尝不"等]"都"11 例(16.67%,"每一难点的解决莫不是一种反映")均隐含。b. 抑制性隐含。有强烈命令语气副词("必|必须"等)的 25 例(37.88%)中,"都"隐含的 19 例(28.79%,"每个地区必须从本地实际出发"),出现的 6 例(9.09%)。c. 冲突性隐含。有单称或其他限定副词["只|就(便)"等]时"都"13 例(19.70%,"每天的工作便是浇花")均隐含。d. 其他总括副词"均|皆"等出现 17 例(25.76%,"手表每只均附有证明书")。(2) 交互义谓语 15 例中,"都"隐含 12 例(80%,"每一轮选票的颜色不同"),出现 3 例(20%)。(3) "每 P"表规律循环时间 14 例(100%,"每星期二为退伍战士的学习日"),"都"均隐含。(4) "每 P"处于复句结构时"都"均隐含 23 例(100%,"每个村公所不仅通了电话,而且建了卫星接收站")。(5) 后面有数量成分时 940 例:a. 数量成分作谓语 168 例(17.87%,"每 500 克 150 元"),"都"均隐含。b. 数量成分在谓语动词后 772 例,含:数量关系 302 例

182

(32.13%)["都"隐含 272 例(28.94%,"每场可容观众 600 人"),出现 30 例(3.19%)],分配关系 250 例(26.60%)["都"隐含 153 例(16.28%,"每一家发十双"),出现 97 例(10.32%)],数量变化 108 例(11.49%)["都"隐含 106 例(11.28%,"每亩降低成本 4 元以上"),出现 2 例(0.21%)],比例关系 80 例(8.51%)["都"均隐含("每万元旧币折合现在人民币 1 元")],整体与部分 12 例(1.28%)["都"隐含 10 例(1.06%,"每类分大、中、小三类"),出现 2 例(0.21%)],对应关系 20 例(2.13%)["都"出现 12 例(1.28%),隐含 8 例(0.85%,"每辆彩车就是一个活动舞台")]。(6)代词 59 例中:a."每P"后出现疑问代词的 6 例(10.17%)["都"隐含 5 例(8.47%,"每个人的性格是怎样的"),出现 1 例(1.69%)]。b. 宾语含反身代词的 53 例(89.83%)["都"出现 50 例(84.75%,"每个典型都有自己的特点"),隐含 3 例(5.08%)]。

数据 2

"把每"4526 条中,"把每一个"73 条(1.61%),"把每个"138 条(3.05%)。"对每"491 条中,"对每一个"119 条(24.24%),"对每个"195 条(39.71%)。

简论 "每NP"不仅能用在句子前部或中部,作主语、状语或介词宾语,也能在句子后部作宾语("拜访每个职工|检查每封信件|发给每名干警")和补语("适用于每一个人|运行于每一个分布点")。"每VP"连谓句的前谓语("他每隔一段时间大叫一声")或复句的前分句("每前进一英里,他就重复一遍")。

普称标记"每"和范围标记"都"可构成某种程度的叠加关系,继而发展为固定的共现格式。但不同的句法语义条件下,叠加的需要程度不同,这就影响了是否跟"都"共现。"每P"充任各句法成分的频率,跟"每~都"共现时相应句法成分的频率趋势一致,由多到少都呈"句状语＞句主语＞介词宾语"。相对于前者的分布趋势,后者呈正态分布。

论元标记可激发对范围凸显的需要,也可凭借其他的共现情态抑制该需要。"每P"的一般句法分布还有序列(由多到少):"介词'把'的宾语＞介词'对'的宾语",但跟"都"共现时,其规模序列正好相反。后者可能是由于"对~每"共现式的范围凸显需要大于"把~每"共现式,因为"每~都"共现本就是为了范围凸显。"把"是主动处置态标记,"把~每"共现时拥有的完句情态类型相对较多,因而某种程度上抑制了范围凸显需要。数词"一"在"对每"共现式中出现的概率远高于"把每"共现式,后者倾向于隐含"一"。这也佐证了"对每"的数量凸显需要比"把每"强烈。

构式可激发对范围凸显的需要。数量成分在谓语动词后呈对应关系时,有较强的范围凸显需要,"每~都"共现多于"都"隐含,呈其他关系时,对范围凸显的需要相对较弱,"都"隐含多于"每~都"共现。

"每P"主语句中的非代词成分(其他状语成分和一些非状语成分)也能通过新增的其他情态表达或陈述表达,引发注意力转移,从而抑制对"都"的共现需要,导致"都"的隐含。跟"都"的共现有两种情形:一种是口气强度的提升不显著。其他状语成分中的限定副词"只"等,或非状语成分(相互性谓语成分,或有规律循环的时间,或复句结构),在与"每"共现时,"都"虽然可以不用,但也可以用,用和不用意义变化不太大。另一种是显著提升口气强度:(1)强势语气副词"必 | 必须"等,或强势否定的双重否定格式"无不"等,在与"每"共现时,基于语义共振(马清华,2004b),已达到更强的口气强度。若同时再跟"都"共现,口气强度则进一步提升。(2)为进一步加强口气,即使用了总括副词"统统""全"等,"都"仍可出现,形成叠加。

在信息适量原则和语言经济性原则的双重作用下,"都"第一种共现的限制因素加大,所以共现概率小。第二种共现的动力加大,所以共现概率相对有所增多。由于它们是违背语言经济性原则的变则用法,所以共现概率的升幅有限。

"每P"主语句后跟"都"的共现条件有二:语义上要有凸显需要,句法上要在谓词前。对应关系最能满足这两项条件,其谓词常是轻动词("是/有"等),凸显需求相对最大,其他都显得信息过量。因此对应关系中的共现率最高。

"每P"作主语,宾语含反身代词时"都"的出现概率远多于不出现的概率,这可能跟句子的高强度口气和语义共振有关。反身代词在一定的场合可表强势口气,它是能导致客体论元删略式减价乃至形成逆被动态的一种令学术界关注的重要成分(马清华、葛平平,2020),"每P"后出现疑问代词时"都"的出现概率变少,可能跟信息焦点的转移有关。

综言之,来自状语、谓语、谓语后部成分(宾语或补语)、构式等的代偿性、抑制性、冲突性等干涉因素的作用,可显著降低总括标记"都"与"每P"主语的共现概率。双重否定格式["无(一)不 | 莫不 | 未尝不"等]中的全称义,"每P"表规律循环时间中的循环义,"每P"跟数量成分的非毗邻构式(除表数量对应关系外),对总括标记都有代偿作用。强烈命令语气标记、"每P"后出现疑问代词、交互义谓语、由复句充当的复杂谓语(即"每P"充当复句的共享主语)都可转移注意,从而抑制对总括标记的需求。单称或其他限定副词["只 | 就 (便)"等]跟总括标记意义上有冲突。"每P"后宾语含反身代词,"每P"跟数

量成分构成的对应构式,都有凸显周遍的需求,因此出现总括标记"都"的概率比不出现的大。

7.5 偏称代词

概述 在句法语义上,偏称代词"有的""有些"都可回指某一体词语并与之形成总分照应。它们常以并列对举形式出现,也可不以并列形式出现。被它们限定的中心语 N,可出现也可不出现。周小兵、徐霄鹰(2001)经对自己所收语料的对比统计,得数据:

数据
1."有的(N)"。回指某一体词语并与之形成总分照应的占 88%("学生们马上转变过来,有的向她呸呸地啐")[a. 并列对举出现 50.9%,未并列对举出现 49.1%。b. 被限定的中心语 N 出现 25.5%,被限定的中心语 N 不出现 74.5%]。

2."有些(N)"。回指某一体词语并与之形成总分照应的占 28.6%("村里谁家都没有粮食了,有些人家开始刨树根吃了")[a. 并列对举出现 9.6%,未并列对举出现90.4%。b. 被限定的中心语 N 出现 93.7%,被限定的中心语 N 不出现 6.3%]。

简论 吕叔湘(1982[1942—1944]:187)把"只就全体里边的一部分说"称为"偏称"。偏称代词包括"有的""有些"。它们在数的意义上不完全一样,"有的"可指多个事物,也可指单个事物。"有些"限指多个事物。其次,"有的"的标记化水平(包括代词化水平、格式化水平)远高于"有些",多用作并列关联标记。这些就造成了"有的""有些"间的功能不对称呈现相反的倾向。"有的"并列对举出现多于未并列对举出现,被限定的中心语 N 不出现多于出现,"有些"则相反。

7.6 人称代词

7.6.1 人称代词后接同位成分

概述 人称代词后接同位成分是一种特殊的同位结构。韩蕾(2009)依据以书面方式记录的口语文本语料(大多来自小说对话、平时搜集的影视剧里的人物对白),统计"人称代词+称谓"同位结构的句法功能分布.我们整理其基本数据,并追加计算,得数据1。张旺熹(2010)根据电视剧《亮剑》台词,统计其中"人称代词+NP"同位复指结构的句法语义特征和语用特征。我们整理其基本数据,并追加计算,得数据2。

数据1

共603例"人称代词+称谓"同位结构中,主语427例(70.81%,"<u>我葛树先</u>干为敬"),主语中的定语16例(2.65%,"<u>他小武汉</u>的手是有用的"),主语中其他成分17例(2.82%,"只有<u>你江雁容</u>才懂得雅"),兼语式中兼语13例(2.16%,"真没想到<u>我徐熙娣</u>也有今天"),双宾语的间接宾语7例(1.16%),介词宾语33例(5.47%,"只要你不把<u>我英莲</u>忘呀,等待你胸佩红花呀回家转"),介宾中的定语9例(1.49%),动词宾语46例(7.63%,"十八岁的哥哥细听<u>我小英莲</u>"),动宾中的定语31例(5.14%,"今天让你知道<u>我田大少……田大少爷</u>的厉害"),动宾中的其他成分4例(0.67%)。

数据2

1. 句法语义特征。(1) "人称代词+NP"前项的人称代词类型。共788例中:第一人称378例(47.97%)["我(俺)+NP"204例(25.89%),"我们(俺们)+NP"72例(9.14%),"咱+NP"58例(7.36%),"咱们+NP"44例(5.58%)]。第二人称319例(40.48%)["你+NP"258例(32.74%),"你们+NP"61例(7.74%)]。第三人称91例(11.55%)["他+NP"55例(6.98%),"他们+NP"10例(1.27%),"人家+NP"26例(3.30%)]。(2)"人称代词+NP"后项同位成分的类型。共788例中:称谓513例[65.10%,"<u>我(俺)孔捷</u>"]。"小子"89例(11.29%,"你小子")(它频率高,可看作词汇化成分)。"这"字短语93例(11.80%,"你这么个人")。"的"字短语8例(1.02%,"咱当兵的")。一般限定性短语59例(7.49%,"咱们工农干部

人家资产阶级")。数量名短语26例(3.30%,"他一个副军长")。(3)"人称代词+NP"所在句子的谓语和情态特征类型。共788例中:a. 属性评价句444例(56.35%)[形谓句159例(20.18%),"是"字句("是～的"句)120例(15.23%),情态动词句87例(11.04%),零谓句28例(3.55%),主谓谓语句20例(2.54%),可能补语句24例(3.05%),"得"字补语句6例(0.76%)],b. 静态关系句153例(19.42%)[心理/认知动词句62例(7.87%),"有"字句50例(6.35%),关系动词句41例(5.20%)],c. 非现实句119例(15.10%)[反问句和疑问句34例(4.31%),假设句和条件句30例(3.81%),祈使句23例(2.92%),否定句16例(2.03%),使令动词句16例(2.03%)],d. 一般动词句72例(9.14%)。

2. 语用特征。"人称代词+NP"结构言说时的地位关系类型:(1)平—平64%:[李云龙对孔捷]<u>我李云龙</u>无能,来独立团抢了<u>你孔大爷</u>的饭碗。<u>你孔捷</u>还和我见外?(2)上—下24%:[丁伟对段鹏]好哇,<u>你小子</u>胆儿不小,敢和我动手?(3)下—上12%:[张大彪对李云龙]<u>我张大彪</u>别的不敢保证,突击队这几十号人没有人会活着退出战斗。

简论 "人称代词+NP"同位结构的特征存在共变关系。(1)语义上,首先,该结构前后项同指,构成语义冗余,由此支持了其强主观性。其次,根据一致性原则,它所在句子也以属性评价句为主,且用于口语。其三,"人称代词+NP"具有有定特征,从前项的人称代词情况看是这样,从同位复指结构的后项同位成分看也是如此:后项同位成分是称谓和"这"字短语的总占比为76.90%[= 65.10%+11.80%]。(2)语法上,该结构具有有定特征,因此多居主语位置,呈话题倾向。(3)语用上,同位结构前项中第一人称、第二人称的比例远高于第三人称,因此多具有在场性,表明该结构主要用于对话中。即时口语更易激发情绪。其次,该结构言说时,说听双方地位关系多为平级。这也为自由的情感宣泄提供了条件。

7.6.2 人称代词前接修饰性定语

概述 现代汉语中人称代词受修饰的语法结构,究竟是来自古汉语中同类现象的继承,还是受外语语法的影响而产生的?汪化云(2009)收集了明清白话中人称代词受修饰或疑似受修饰的语例135个,分4类。我们整理其基本数据,校正数据并追加计算,得数据1。张凤琴、冯鸣(2004)依据现当代文艺作品,调查人称代词作中心语的定中结构在现代汉语的分布。我们整理其基本数据,并追加计算,得数据2。

数据 1

人称代词受(或疑似受)修饰的 135 例结构中:

1. 典型结构(人称代词前的修饰语是谓词性的)。6 例[4.4%,"好个凄惶的我(《西湖拾遗》卷34")]

2. 非典型结构。121 例(89.63%)。(1) 人称代词类似于引语 113 例[83.70%,"你那个他,难道不亲爱你吗(《泪珠缘》第 39 回)"]。(2) 修饰语是动词后的"个"8 例[5.93%,"只剩得个我,料也站不身子定(《辽海丹忠录》第 25 回)"]。

3. "的"字结构作话题主语而非人称代词受修饰。8 例[5.9%,"有钱的他要你卖田卖地,淡泊的他要你子散妻离(《跻春台》卷三)|敲门的我是万岁山前赵大郎(《金瓶梅词话》第 71 回)"]。

数据 2

人称代词作定语中心语共 733 例中:

1. 第一人称。295 例(40.25%),含"我"259 例(35.33%,"东倒西歪的我"),"我们"34 例(4.64%,"倦了的我们"),"咱们"2 例(0.27%,"扮戏的咱们")。

2. 第二人称。77 例(10.50%),含"你"71 例(9.69%,"天使般的你"),"您"3 例(0.41%,"过去的您"),"你们"3 例(0.41%,"万里外的你们")。

3. 第三人称。308 例(42.02%),含"他"165 例(22.51%,"相片上的他"),"他们"24 例(3.27%,"原来的他们"),"她"111 例(15.14%,"正在受审查的她"),"她们"3 例(0.41%,"在房中看护我的她们"),"它"3 例(0.41%,"腐朽的它"),"它们"2 例(0.27%,"今年的它们")。

4. 反身代词"自己"。53 例(7.23%,"已失去了的自己")。

简论 人称代词作定中短语中心语是汉语句法中一种自源的弱势规则。早期白话用在感叹句里,这时作中心语的不仅可以是人称代词,还可以是专有名词,如"好个胆大的贺飞雄"(《康熙侠义传》第 189 回)。在现代汉语中势力有较大增长,句法分布扩大,但仅活动于书面语体,用作描写性语言。

该类结构的典型类别,是由陈述结构指称化所形成的["倦了的我们(←我们倦了)"]。指称化形成的一般结构在使用中多以有定特征出现。马清华、杨飞(2018)以多语体统计证明了这一点。由于这里用作中心语的人称代词本就有定,因此该典型结构在语义上具有一定的冗余性,它加强了描写效果,从而反过来支持了它的存在。

7.7 疑问代词

概述 语体因素影响着疑问句和疑问代词的分布,包括语体分布和句类分布。李小凤、曾毅平(2008)统计 2000—2004 年近 200 万字封闭语料库(含报道语体约 94 万字,艺术语体约 90 万字)中的疑问句分布,及疑问代词在疑问句中的分布。我们整理其基本数据,并追加计算,得数据("报"表报道语体,"艺"表艺术语体,"问"表疑问句,"特"表特指问):

数据 1

1. 疑问句的语体分布。(1)疑问句的分布。报道语体 16855 句中,疑问句 139 句(0.82%)。艺术语体 31172 句中,疑问句 3803 句(12.20%)。(2)特指问句的分布。报道语体 139 例疑问句中,含特指问句 30 句(21.58%)。艺术语体 3803 例疑问句中,含特指问句 1294 句(34.03%)。

2. 疑问代词的语体分布。(1)代名词。a. 代一般名词:"什么"[艺]问 1414 例中,特 520 例(36.78%);[报]问 86 例中,特 7 例(8.14%)。"何"[艺]问 991 例中,特 35 例(3.53%);[报]问 258 例中,特 9 例(3.49%)。"啥"[艺]问 285 例中,特 84 例(29.47%);[报]问 3 例中,特 0 例。"甚"[艺]问 43 例中,特 2 例(4.65%);[报]问、特 0 例。"谁"[艺]问 162 例中,特 162 例(100%);[报]问、特 0 例。"哪"[艺]问 529 例中,特 73 例(13.80%);[报]问 27 例中,特 2 例(7.41%)。"咋"[艺]问 138 例中,特 36 例(26.09%);[报]问、特 0 例。"吗"(方言色彩)[艺]问 8 例中,特 8 例(100%);[报]问、特 0 例。b. 代处所:"哪儿/哪里"[艺]问 162 例中,特 37 例(22.84%);[报]问 8 例中,特 1 例(12.50%)。c. 代数量:"几"[艺]问 136 例中,特 30 例(22.06%);[报]问 11 例中,特 1 例(9.09%)。"多少"[艺]问 201 例中,特 56 例(27.86%);[报]问 14 例中,特 2 例(14.29%)。(2)代谓词。"如何"[艺]问 107 例中,特 38 例(35.51%);[报]问 98 例中,特 1 例(1.02%)。"怎样"[艺]问 97 例中,特 32 例(32.99%);[报]问 24 例中,特 1 例(4.17%)。"怎么"[艺]问 622 例中,特 135 例(21.70%);[报]问 18 例中,特 2 例(11.11%)。"怎么样"[艺]问 50 例中,特 34 例(68%);[报]问 5 例中,特 3 例(60%)。

(3) 代副词。"多"[艺]问 30 例中,特 12 例(40%);[报]问 3 例中,特 1 例(33.33%)。

简论 艺术语体里,疑问句在所有句子中的占比,是报道语体的近 15 倍;特指问句在疑问句中的占比,也高于报道语体。疑问代词体现了相似的语体分布倾向:所有疑问代词表特指问在艺术语体中的占比,都远高于或高于报道语体。

本质上,疑问分布的语体差异主要决定于语体功能差异。艺术语体常包含艺术人物之间的互动,讲求渲情和感染力,因此疑问表达相对多;报道语体主要单向地对外公开新闻事件,讲求客观性,因此疑问表达少。艺术语体本质上多是口语和书面语的混合语体。从相声到戏剧,再到小说,最后到散文,呈口语和书面语含量此消彼长的连续统。科技语体和公文语体是典型的书面语体,报道语体(新闻语体)是混合语体到典型书面语体之间的过渡语体。艺术语体作为混合语体,其对话多于报道语体,且包含更多的情感因素。典型的疑问是表达向听者求知的态度,但也能用于宣泄情感,如情绪性广义祈使"你怎么还不去?"情绪性否定态度,如"我哪里比你丑呀?"等等。

疑问代词在疑问句里的分布反映着它们的语法化水平。疑问代词的本义表特指,用于非特指问是它的再语法化用法。在话语里,其分布也同样受到语体功能差异的约束。疑问代词在报道语体里的例数虽少于艺术语体,但再语法化用法比例高于艺术语体。

7.8 称代助词

7.8.1 "的"字短语的语用语法分布

概述 金慧玲(1997)、李艳(1997)统计了名词和"X 的"使用情况(转引自郭锐 2000)。整理得数据:

数据

1. 名词句法功能的语体分布。(1) 口语。作主语 34%,作宾语 54%,定语 9%,其他 3%。(2) 书面语。作主语 35%,作宾语 50%,定语 6%,其他 9%。

2. "X 的"句法功能的语体分布。（1）口语。作主语 6%，作宾语 18%，定语 67%，其他 9%。（2）书面语。作主语 1%，作宾语 4%。作定语 93%，其他 2%。

简论　陈述结构可变换，形成指称化结构，后者又可进一步变换成省略式。"的"字短语是指称化结构的省略式（"骆驼运粮→运粮的骆驼→运粮的"），该构造是对一般名词性成分的偏离，这影响了该结构的句法分布和语体分布。对比"的"字短语和名词的分布差异可以看到这一点。

成分构造和该成分的句法功能、语体分布有一定联系。指代助词有"的""者"等可以跟核心词或其同功能成分结合，构成指代短语。"的"字短语中"的"的称代助词性，是指称化结构的省略式经重新分析而成。"的"字短语称代论元。前面是不及物动词或形容词时，称代主体论元。前面是及物动词时，可称代客体、主体或附加体论元（"敲过的$_{\emptyset=人/铁皮/榔头}$"）。前面是动宾短语时，称代主体或附加体论元（"敲铁皮的$_{\emptyset=人/榔头}$"）。前面是名词时，称代属事（"他的$_{\emptyset=包}$"）。"的"字短语具有某种称代作用，相当于代名词。宾语传信能力强，分布势力强于主语，所以无论成分构造是名词还是"X 的"，也无论在口语还是在书面语里，它们作宾语的频次均显著高于作主语。

名词是一种典型的核心词类，它作宾语跟作主语的相差幅度，在口语还是在书面语里起伏不大。"的"字短语是一种偏离常规的变式，它作宾语跟作主语的相差幅度远比名词悬殊，这种相差幅度在口语还是在书面语里的起伏也远比名词大得多。可见对常规的偏离，可以成为另一些基本变化的倍增器。

"的"字短语是名词性的，跟名词一样，由大到小，功能呈"宾语＞主语"序列，语体分布呈"口语＞书面语"序列。但"的"字短语的主宾语功能差幅及语体分布差幅，都远大于名词，呈正偏态分布。名词能作定语，但"的"字短语的定语功能可疑。"的"在作定语的"X 的"中是结构助词，在"的"字短语中是指代助词，后者是重新分析的成果，经历了不可逆的语法化活动。比较："卖鱼的人＝卖鱼的"，但"<u>卖鱼的人</u>的篓子≠卖鱼的$_{卖鱼用的}$篓子｜<u>卖鱼的人</u>的孩子≠<u>卖鱼的孩子</u>"。因此"X 的"作主宾语时，隶属"的"字短语，作定语时纯粹是个有标记定语，不应混同。"的"字短语的形成，得益于定中关系的局部解除，也因此丧失了定语功能。在定语能力上，它相对于名词，呈偏态分布。

7.8.2　"者"字结构内部的词汇语义分布

概述　现代汉语里，就"者"字结构而言，可跟"者"组合的多为谓词性成分

("家庭生活特别困难、就业愿望迫切、不挑剔岗位、身体健康者"),名词性成分极少。段沫(2008)统计了《现代汉语语法信息词典》。我们整理得数据:

数据
共得3571个"者"字结构。其中,名词性成分与"者"组合的只有3个:"手工业者|唯物论者|唯心论者",仅占0.08%,是表行业阶层、精神倾向、思想观念的抽象名词。

简论 "者"字结构跟现代汉语"的"字短语的形成过程相似(其间可能还经历过由"之"到"者"反映内部屈折的音变过程。关于"者"跟定中标记"之"语源关系的论述,见马清华,2014a),都是指称化结构的省略式。由于"者"字结构是古汉语的遗存,书面色彩浓,因此其作为指称化结构省略式的理据显明性及变换规则性均减弱。"的"字短语多带口语色彩,作为指称化结构省略式的理据显明性及变换规则性强,由此形成这两种结构内部限制的差异。

7.9 计量标记

7.9.1 量词的基础地位和标记特征

概述 量词在汉语词汇系统中占据基础地位,且有标记特征。樊中元(2009)统计了两部量词词典,得数据1。甘甲才(2010)统计《汉语水平词汇与汉字等级大纲(词汇部分)》在从甲级词到丁级词中的量词收词量。我们整理其基本数据,并追加计算,得数据2。

数据1
《现代汉语常用量词词典》(殷焕先、何平,1991)收入量词多达789个,《现代汉语名词量词搭配词典》(刘学敏、邓崇谟,1989)收入量词较少,但也有400多个。

数据2
总词汇8822个,含甲级词1033个(11.71%),乙级词2018个(22.87%),丙级词2202个(24.96%),丁级词3569个(40.46%)。其中,量词共125个(1.42%),含甲级词量词54个(0.61%),乙级词量词44个(0.50%),丙级词

量词 18 个(0.20%)，丁级词量词 9 个(0.10%)。

简论 量词句法上是数词的辅助词，语义上依存于名词或谓词，是封闭类，属标记词。量词不能作宾语、谓语、中心语，它之所以能作定语、状语、补语、主语，是所辅助的数词"一"省略或再加以重叠所致。没有量词的辅助，除专业语域或运算活动外，数词就多不能用，可见量词的重要性。

《汉语水平词汇与汉字等级大纲（词汇部分）》是在频率基础上制定的，反映了水平等级跟词频的关系，即总体上，等级越低，词频越高；等级越高，词频越低。由此可推知以上数据所蕴含的词频跟词汇量的相关联系。在一般词汇中呈负相关，即词频越高，词汇量越少，词频越低，词汇量越大。但在量词中呈正相关，即词频越高，词汇量越大，词频越低，词汇量越小。这反映了量词两方面的本质：(1) 量词跟一般词汇相比，呈偏态分布，因此属偏常词类，有标记词特征。(2) 量词在汉语中占据较为基础的地位。它主要活跃于基础汉语层级，在甲级词中的词数大于在乙、丙、丁种等级中的词数总和。

7.9.2 量词对名词的语义选择限制

概述 个体量词的类型、搭配范围、使用条件如何呢？张赪(2009)从 HSK 收录的量词中甄选出 60 个个体量词，不含局部量词（如"段|层"）和临时状态量词（如"团"），借助 5 部现代汉语量词词典和 1 个量词语料库，穷尽调查统计其量名搭配，涉及近千个名词。整理得数据 1。樊中元(2009)统计了两部文献中物量词"个"的一般分布。又依据王朔《空中小姐》《永失我爱》《一半是火焰，一半是海水》等艺术语体作品，统计了"个"的语义分布。整理并追加计算，得数据 2。孙汝建(1996)统计吕叔湘主编(1980)《现代汉语八百词》名词量词配合表中量词"个"的分布。薛健(2006)统计何杰(2002)《现代汉语量词研究》的名词量词搭配附表中量词"个"的分布。我们整理其基本数据，校正并追加计算，得数据 3。

数据 1

1. **通用量词**。3 个：个 几乎计所有事物，只 计动物和无生物，件 计无生物和抽象事物。
2. **指人量词**。2 个：位｜名 敬称，不常用。
3. **动物量词**。5 个：只 计动物时范围比"头"广，不分大小，条 多计无生物，计动物，头 一般计形体较大的动物，匹 专计马，尾 专计鱼。
4. **植物量词**。2 个：棵｜株 计还在生长着的植株。

5. 无生物量词。48个。(1) 形状量词18个。a. 圆形量词：颗｜粒用法相近，但"粒"限于"小"的东西，丸专用量词。b. 长形量词：列专计火车，支｜枝不可弯曲，条｜道｜股可弯曲，根不标识是否可弯曲，有时可以标识"细"的语义特征。c. 平面形量词：块平面、有厚度，片｜张较薄，"张"可伸展，面突出了事物有正反面、使用正面的特点，幅计布类及其制品、美术作品，突出了所饰事物有画面、完整性的特点。d. 其他形状：朵计花朵状事物，盘计盘状事物，枚常计小的事物。(2) 构成/分布量词8个：节计成节事物，如电池，口｜把｜顶｜架计外形有该部位的事物，身｜套｜副计需配合使用的事物。(3) 功用量词22个：座｜栋｜所｜幢｜间计处所、建筑物，本｜册｜篇｜部｜首｜章｜笔计与文字有关的事物，艘｜辆计交通工具，台计机器，家计机构，门计学术的种类和大炮，班计班次，具专计尸体、棺材，项｜桩｜场计抽象事件。

数据2

1. 总体分布。(1) 陈建民(1984)收录的1.8万字原始口语材料中，能和泛用量词"个"搭配的名词占能和个体量词搭配的名词总数的86.5%。(2)《现代汉语语法信息词典详解》的《名词库》里能和个体量词搭配的名词总数2240个，能和"个"搭配的名词1516个(67.68%)，其中只能和"个"搭配的名词667个(29.78%)，既能和"个"又能和其他个体量词搭配的名词849个(37.90%)。

2. 语义分布。以"个"计量的601例中，用"个"称人的258例(42.93%)。

数据3

1. 吕叔湘主编(1980)的收词。439个名词中，159个(36.22%)名词能跟"个"搭配，含既用"个"也用其他个体量词的155个(35.31%)，只用的4个(0.91%)。"个"在所有所收的144个量词中搭配率最高。

2. 何杰(2002)的收词。1273个名词中，512个(40.22%)名词能和"个"搭配。其中56个能与"个"组合的名词("板｜比赛｜鞭子｜扁担｜标语｜铲子｜城｜尺｜锄头｜窗帘｜锉｜撑子｜刀｜笛子｜电池｜东西｜队伍｜膏药｜工具｜宫殿｜沟｜狗｜关口｜机枪｜交易｜轿子｜锯｜军队｜烙饼｜篱笆｜礼物｜楼｜楼房｜驴｜骡子｜枪｜扫帚｜上衣｜梳子｜水泵｜锁｜塔｜武器｜牙刷｜钥匙｜叶子｜职业｜锥子｜被单｜被面｜被子｜裤子｜裙子｜毯子｜席子｜眼镜")在吕叔湘主编(1980)中被标为不能与"个"搭配。

简论 通用量词、植物量词和除专义量词"匹｜尾"以外的动物量词，词数少，但频度一般较高。指人量词"位""名"是专义量词，也属动物量词。无生物个体量词在个体量词中占80%，其所搭配的无生物名词主要集中在衣、食、住、行、用等方面。概括起来，所有这五种量词，实际都是靠外形或关联物来区分表达的，归根到底是靠相似性或相关性这两条线索来表达。形象性、区别性是量词的表达目的,也是量词表达的根据。

不同的名词在使用通用量词"个"时的条件不同。有的名词(如"被单|被面|被子|裤子|裙子|毯子|席子|眼镜")使用时条件较为严苛,只用在弱化场合,即数词为可省略的"一"时,如"买个被面要这么长时间?"当数词不是"一"或为代数词(常见于构式)时,就不能用"个",说成"*买了8个被面|*这里有几个被面"时可接受度降低。将吕叔湘编《现代汉语八百词》和近年其他文献的附表对比,并不能充分说明"个"所发生的"泛化"。所谓不能用"个"计量,也许只能理解为是在典型搭配的前提下。说它们不能搭配,并不符合事实。随机搜索《现代汉语八百词》成书当时及成书之前的《人民日报》语料库,即可发现,该书认为不能带"个"的这56个名词(见数据3)实际几乎都能带"个"。不过,这些组合似乎都因某种外部条件,常发生在名量搭配语义弱化的场合,如数词"一"省略时{"娘,我给你做个裤子吧[1987-5-3(5)]|掏出个钥匙,转身跪在炕上,开了壁橱的门[1949-6-13(4)]|这里的农民添个锄头,总要跑上十来里,非常不便[1958-4-17(3)]|背个锄头,跟在牛屁股后面[1957-4-8(2)]"},数词表约数时{"(追肥)最好在玉米甩出五六个叶子的时候[1981-9-27(5)]|(虫子)吃几个叶子正好[1963-2-1(2)]"},凸显名词不是直接受数量限定的,而是被数量名所限定{"生产了双职工需要的四个钥匙的挂锁[1979-4-20(2)]"}。语义弱化时的量词泛义表达若发展下去,就可能虚化,如"我去买个菜|我就跑个步",并不用以帮助计实数。把这些量词限定的名词置于独立疑问句的宾语中心语位置,数词用疑问性代数词"几"替换,则这些量词大多就不再能用,如"*你要做几个裤子?"跟低价值事物名词前的量词发生泛化相对,在另外一极,文化关注推动量词具象性的表达(§7.9.4)。

7.9.3 名词对量词的搭配选择

概述 同一量词可跟不同名词、动词搭配,同一名词、动词也可跟不同的量词搭配。频率都相差很大。甘甲才(2010)依据CCL现代汉语语料库(2009-7-20),统计了名词和量词的搭配。我们整理其基本数据,并追加计算,得数据。

数据1

1. 个例名词跟量词的搭配。(1) 优选量词例90%以上。"电影"246例中,接"一部"241例(97.97%),"一出"5例(2.03%)。"鱼"176例中,接"一条"167例(94.89%),"一尾"9例(5.11%)。(2) 优选量词例80%—90%间。

"照片"524例中,接"一张"446例(85.11%),"一幅"78例(14.89%)。"饭店"208例中,接"一家"177例(85.10%),"一个"31例(14.90%)。(3)优选量词例70%—80%间。"事情"3365例中,接"一件"2689例(79.91%),"一个"676例(20.09%)。"公司"1328例中,接"一家"1049例(78.99%),"一个"279例(21.01%)。(4)优选量词例60%—70%间。"画"540例中,接"一幅"369例(68.33%),"一张"171例(31.67%)。"学校"499例中,接"一所"334例(66.93%),"一个"161例(32.27%),"一家"4例(0.80%)。"案子"979例中,接"一个"655例(66.91%),"一件"271例(27.68%),"一起"53例(5.41%)。"烟囱"23例中,接"一个"15例(65.22%),"一根"6例(26.09%),"一条"1例(4.35%),"一只"1例(4.35%)。"老师"261例中,接"一位"161例(61.69%),"一个"90例(34.48%),"一名"10例(3.83%)。(5)优选量词例50%—60%间。"被子"119例中,接"一床"60例(50.42%),"一条"59例(49.58%)。(6)优选量词例50%以下。"案件"667例中,接"一起"328例(49.17%),"一个"298例(44.68%),"一件"41例(6.15%)。

2. 罐装物品跟量词的搭配。"可乐"11例(52.38%)中,接"一罐"8例(38.10%),"一听"3例(14.29%)。"奶粉"4例(19.05%)中,接"一罐"3例(14.29%),"一听"1例(4.76%)。"咖啡"4例(19.05%)中,接"一罐"4例(19.05%),"一听"0例。"香烟"2例(9.52%)中,接"一罐"0例,"一听"2例(9.52%)。总计21例中,接"一罐"15例(71.43%),"一听"6例(28.57%)。

简论 在多数情况下,量名搭配关系是多对多的关系,各具体搭配的分布势力强弱不等。一般来说,不同名词都有各自的优选量词,名词的优选量词在该名词的名量组合总用例中的占比几乎都在半数以上。在该名词的名量组合总用例中,多占有绝对优势。个例名词跟量词的搭配,以及罐装物品跟量词的搭配,都证实了这一点。

频率低的名词,即使自己的具象程度高,也可能优选具象程度低的量词。如"烟囱"优选"个"而非"根"等。频率高的名词,即使自己的具象程度低,也可能优选具象程度高的量词。如"案件"优选"起","事情"优选"件"。"烟囱"频序是第11580位,"案件"频序是第1461位,"事情"频序是第386位。[参现代汉语常用词表课题组(2008):现代汉语常用词表]不过这没有必然性,抽象名词"思想"频序是第117位,由于没有优选高具象量词的条件和需要,仍优选通用个体量词"个"。

7.9.4 量词的表义功能

概述 量词的表义功能有辨义功能和色彩功能。边旭(2007)作量词形象性实验。靠问卷挑 60 个大学生被试,按视觉表象清晰度分高、低两组。让其完成 23 对量名短语中量词的形象性问卷,每个名词和两个形象性不同的量词搭配(如"一朵云""一片云"),让其判断名词的形状等物理特点,相同名词隔开以防干扰。另一实验验证量词的语义尊卑性,被试分小学、初中和大学三组。问卷含 40 对量名短语,每个量词与两个价值不同的名词组合(如"一颗宝石~颗石子"),让判断每对哪个名词前的量词可用"个"替换。整理得数据 1。周娟(2010)随机抽取 CCL 现代汉语语料库含动量词"番""通""气"的语例各 300 个,统计其所限定的动词的感情色彩义。我们整理其基本数据,并追加计算,得数据 2。宗守云(2007)据 CCL 现代汉语语料库,统计老舍、王朔作品中跟量词"堆"组合的名词性成分,我们整理其基本数据,追加计算,得数据 3。

数据 1

1. 形象性。对形象清晰的量词判断准确率,视觉表象高清晰度组 60.8%,低清晰度组 55.2%。对形象模糊的量词判断准确率,视觉表象高清晰度组 35.3%,低清晰度组 47.8%。

2. 语义尊卑性。用"个"替代低价值事物名词的原量词,小学组 60.7%,初中组 61.8%,大学组 65.5%。用"个"替代高价值事物名词的原量词,小学组 39.3%,初中组 38.2%,大学组 34.5%。

数据 2

1. "番"。300 例中,【V$_{褒}$一番】$_{褒}$33 例(11%,"照例要夸奖一番"),【V$_{贬}$一番】$_{贬}$31 例(10.33%,"强作镇静地胡诌了一番"),【V$_{中}$一番】$_{中}$236 例(78.67%,"到度假村来'放松'一番")。

2. "通"。300 例中,【V$_{褒}$一通】$_{贬}$15 例(5%,"两人在微信里憧憬了一通美好未来"),【V$_{贬}$一通】$_{贬}$64 例(21.33%,"恣意胡闹一通"),【V$_{中}$一通】$_{中}$221 例(73.67%,"痛快酣畅地挠了一通")。

3. "气"。300 例中,【V$_{褒}$一气】$_{贬}$10 例(3.33%,"无度地乱表扬一气"),【V$_{贬}$一气】$_{贬}$104 例(34.67%,"话题又回到了此前被媒体报道叫嚣一气的传闻"),【V$_{中}$一气】$_{中}$186 例(62%,"他不大爱说话,但有时也能说一气")。

数据 3

1. 老舍。"堆"的量名组合 59 例,其中 a46 例(77.97%),b6 例

(10.17%),c4 例(6.78%),d3 例(5.08%)。

2. 王朔。"堆"的量名组合20例,其中具体事物词语("土|泥|火|灰|粪|肥|沙子|石头")13例(65%),上位概念词语("衣服|文具|文件|材料|行李|东西")1例(5%),人和动物词语("人|苍蝇|蚂蚁")5例(25%),抽象事物词语("思想|知识|学问|任务|工作")1例(5%)。

简论 量词的主要表达功能首先是辨义性,它为概念义的表达精确化而存在,是量词得以存在的基础。正因如此,从语言类型的角度看,语言可以没有个体量词,因为它能以无标记的默认方式代偿个体量词的相应表达功能,但往往不能没有度量衡的量词和集合量词。"一斤芝麻""一两芝麻"和"一碗芝麻"的理性意义是不同的。

个体量词在某种程度上是为个体凸显和表达特殊色彩意义而存在。色彩意义有形象色彩、态度色彩和情感色彩。借助个体量词的选择,能影响人们对名词形状、态度和情感的判断,有认知功能。

形象性是个体量词的主要色彩功能之一。不同量词的形象性程度不同,比较"一轮明月|一弯新月|一钩残月"(边旭,2007)。被试对形象清晰的量词判断准确率往往都高于形象模糊的量词,表明形象性确实有助于事物的清晰表达。

形象色彩跟态度色彩有内在联系。量词被视为类符(classifier),其功能是指明事物的语义类。语义分类细度跟文化关注呈正相关(马清华,2000:36—60)。量词的情形也是如此。重要的事物才引起关注,也更需要区别性表达。这表现为说话人对事物的情感态度影响着对之形象性表达的动力。因此,选通用量词"个"替代低价值事物名词前的量词,其比例才远超替代高价值事物名词前的量词。

说话人对事物的情感态度影响着对之专门性表达的动力。为此而用量词的同义词群加以细化。专义量词往往对应着表敬(如"一位长者")、表贬或鄙("一泡尿")或关切事物(如"一匹马")的表达。在这种对应关系下,"一座大佛"是客观描摹,"一尊大佛"则多了一份尊敬。可以说"一位老人",不能说"一位强盗"等。动量词也可有极化的情感色彩。动量词"番""通""气"所配动词绝大多数是中性的,"通""气"的极化色彩偏贬义,"番"的极化色彩势力对比不明显。语义中的评价性色彩有词彩和意彩。整个相关语句片段的意义内容是"意"。意的评价性因素有积极、消极、中性三类,是"意彩"(马清华,2005:228—229)。有贬化倾向的动量词"通"和"气",可以在保持消极意彩(如嘲贬意义下)的大前提下跟褒义动词组配。

即使集合量词也能通过非典型的名量搭配赋予该名词以形象性,并可因降格使用而赋予其消极的态度色彩。如集合量词"堆"优选搭配的名词是具体事物词语,后者多为基本层次范畴,或更具体的下位范畴。"堆"跟抽象名词搭配有隐喻效果,能使之获得形象性。集合量词"坨"优选搭配的名词是概念名词,如"一球冰激凌上浇上厚厚一坨甜奶油(王朔/动物凶猛)"中的降格使用,赋予名词形象性和消极、贬低的态度色彩。

7.9.5 概数助词的意义和用法

概述 吕叔湘认为"三尺来布|五斤来米|八亩来地"都能说,但对概数助词"来"接名词的可接受度调查表明,人们的语感判断不一。杨德峰(1993)调查64人对这三个短语的语感,我们整理其基本数据,并追加计算,得数据1。马彪、王大新(2002)问卷调查东北的大学教师、本科生和杭州市民对"五十来岁"所指年龄是多少的语感,由此观察量词前的概数助词"来"的意义。我们整理其基本数据,校准并追加计算,得数据2。

数据1

1. "三尺来布"。感觉能说的38人(59.38%),感觉不能说的20人(31.25%),感觉不能确定的6人(9.37%)。

2. "八亩来地"。感觉能说的32人(50%),感觉不能说的32人(50%),感觉不能确定的0人(0%)。

3. "五斤来米"。感觉能说的9人(14.06%),感觉不能说的55人(85.94%),感觉不能确定的0人(0%)。

数据2

1. 东北受访者。大学教师50人中,认为接近五十(47—50)的35人(70%),认为五十上下的11人(22%),认为五十至六十的4人(8%)。东北的本科生104人中,认为接近五十(47—50)的30人(28.85%),认为五十上下的57人(54.81%),认为五十至六十的17人(16.34%)。

2. 杭州受访者。市民(教师和一般群众,多是四十岁以上的人)44人中,认为接近五十(47—50)的8人(18.18%),认为五十上下的16人(36.36%),认为五十至六十的20人(45.46%)。

简论 概数助词"来"用在数量结构后接单音节形容词的比较常见。如

"两斤来重|两斤来大一条|一尺来高|有尺来宽|拖着尺来长的尾巴|一个两亩来大的水库"。但直接接名词,就有一定限制,可类推性不高。我们调查《人民日报》语料库(1946—2014 年)发现,"亩+来"接名词较常见,绝大多数跟土地概念组合,名词音节无论单双("一天耕四亩来地|我们全家八口人有十七亩来田|总共不过二十八亩来土地|留给社员的六亩来菜地")。跟其他概念名词搭配的极少,仅见 2 例,且都可视为土地概念的删略式["王保全,因生病躺在炕上,才只改了二亩来麦(←二亩来地的麦)|每个劳力每天最多只能割一亩来麦子(←一亩来地的麦子)"]。"斤/尺+来"接名词的极为少见。"斤来"仅 2 例("用二钱蓄花草加二斤来水|也只六角三分一斤,折合六斤来米"),且都为单音节名词。"尺来"0 例。CCL 现代汉语语料库里,也不见"尺来"接名词的用例,"斤来"仅两例,名词都不是单音节,数词都是"一",并有"的"标记("拿来有一斤来的小米子|脸上擦了一斤来的白粉"),可接受度低。

"来"用在数量成分之间时,数词大于等于"十"。概数通常用两个连续个位数词并置的方式表达,如"两三个|十三四个"等。"来"的基本意义应该是"多",数量越小,这个意思越清楚,如"十来岁"即谓多于"十"但接近"十"。不过,在使用中,"来"概数范围的模糊程度加大,理解上也相应出现了意义变异。比较来自 CCL 现代汉语语料库的语料:"(1) 朱丹溪已经十来岁了,刚刚十几岁一个小孩儿|断了十来年。对啊,断了那么十几年啊。(2) 推迟了十来天,又恰恰在这十天之内,越冬棉铃虫获得了发育的机会|他在领事馆工作已经十来年,这十年时间已足够检验他的工作能力。"

7.10 方位标记

7.10.1 方位词句法、韵律、语义、语体诸特征的共变关系

概述 窦融久(1986)统计《人民日报》(1985 年 2 月 1 日)的单音节方位词(不含词内语素,如"晚上""今后")。我们整理其基本数据,并追加计算,得数据 1。吴之翰(1965)考察约十万字材料(陈士和评书《聊斋》中《王者》和《画皮》两篇、老舍《骆驼祥子》前八章)即艺术语体中 82 个方位词的后置用法。同一方位词在同一份材料里与同一个词的组合不管出现几次都只作一次计算,但分见于两份材料时作两次计算,共得 579 例。我们整理其基本数据,校正并追加计算,得数据 2。刘有志(1984)统计邹韶华(1984)约 6200 余字论文的叙

述文字(即除举例外)即学术语体里方位词的后置用法。我们对其基本结果作进一步计算后得数据 3。

数据 1

16 个单音节方位词前置("比上一榨季增产")、后置("船上|原则上")、对举("上下千年")、单用("风向南转北")所有用法共 491 例中,"上"141 例(28.72%),"中"114 例(23.22%),"后"61 例(12.42%),"内"52 例(10.59%),"下"28 例(5.70%),"里"17 例(3.46%),"东|西|南|北|前|左|右|外|间|旁"共 78 例(15.89%)。

数据 2

1. 一般分布。82 个方位词 579 例后置用法中,(1) 单音节。15 词 327 例(56.48%)[名词后 294 例(50.78%),介词后 33 例(5.70%)]。(2) 双音节。66 词 248 例(42.83%)[名词后 104 例(17.96%),介词后 53 例(9.15%),代词或动词结构后 91 例(15.72%)]。(3) 三音节。1 词 4 例(0.69%)。

2. 句法分布。a=名词后,b=介词后,c=代词或动词结构后。(1) 单音节。【a】"中"37 例(6.39%)"旁"1 例(0.17%);【a/b】"上"115 例(19.86%)[a112,b3],"下"22 例(3.80%)[a18,b4],"前"16 例(2.76%)[a10,b6],"后"7 例(1.21%)[a5,b2],"东|西|南|北"15 例(2.59%)[a5,b10],"里"99 例(17.10%)[a95,b4],"外"9 例(1.55%)[a6,b3],"内"6 例(1.04%)[a5,b1],"左|右"0 例。(2) 双音节。【a】"之上"2 例(0.35%),"之外"1 例(0.17%),"之内"1 例(0.17%),"之中"2 例(0.35%),"以上"2 例(0.35%),"以下"1 例(0.17%),"以内"1 例(0.17%),"下头"1 例(0.17%),"前头"2 例(0.35%),"面前"3 例(0.52%);【c】"左边|右边"5 例(0.86%),"一边"5 例(0.86%),"两边"1 例(0.17%),"四边"1 例(0.17%),"一面"3 例(0.52%),"四面"1 例(0.17%),"东头|西头|南头|北头"1 例(0.17%),"两头"1 例(0.17%),"内中"2 例(0.35%);【a/b】"以前"6 例(1.04%)[a2,b4],【a/c】"之后"5 例(0.86%)[a4,c1],"以后"8 例(1.38%)[a6,c2],"底下"10 例(1.73%)[a8,c2],"背后"4 例(0.69%)[a2,c2],"跟前"6 例(1.04%)[a3,c3]【介词后/c】"上边"4 例(0.69%)[b1,c3],"前面"7 例(1.21%)[b5,c2],"里面"6 例(1.04%)[b2,c4],"东面|西面|南面|北面"3 例(0.52%)[b2,c1],"后头"2 例(0.35%)[b1,c1],"头里"8 例(1.38%)[b2,c6],"中间"3 例(0.52%)[b1,c2],"四外"5 例(0.86%)[b1,c4],"两旁"4 例(0.69%)[b2,c2];【a/b/c】"上面"9 例(1.55%)[a1,b3,c5],"下面"5 例(0.86%)[a2,b1,c2],"后面"6 例

(1.04%)[a2,b1,c3],"外面"10例(1.73%)[a3,b3,c4],"前边"8例(1.38%)[a2,b2,c4],"后边"8例(1.38%)[a1,b3,c4],"里边"10例(1.73%)[a1,b3,c6],"外边"10例(1.73%)[a1,b4,c5],"东边|西边|南边|北边"11例(1.90%)[a1,b2,c8],"旁边"10例(1.73%)[a3,b2,c5],"上头"8例(1.38%)[a3,b1,c4],"里头"24例(4.15%)[a19,b2,c3],"外头"7例(1.21%)[a3,b3,c1],"当中"5例(0.86%)[a1,b2,c2],"之下、之前、下边、以外、左面、右面、两面、一头"0例。(3)三音节。【b/c】"两旁边"[b1,c3]。

数据3

方位词123例[名词后87例(70.73%)]中,单纯方位词54例(43.90%)[名词后47例(38.21%),均无"的"];合成方位词69例(56.10%)[名词后40例(32.52%):有"的"11例(8.94%),无"的"29例(23.58%)]。

简论 方位词在句法、韵律、语义、语体方面存在共变关系。

单音节方位词无论前置和后置用法,特征有三:(1)就概念而言,方位概念[上]和方位概念[里]最常用。方位概念[里]含词项"里""内""中"。但"中"有多种方位视角,因此其例次不都能计在[里]概念内。(2)就词项而言,"上"最常用。前者"上"是无标记项,有时可以不说(比较"把桌子上擦干净—把桌子擦干净"),"下"是有标记项。(3)就义类而言,上下方位的频率最高,如代表两极的词项"上""下"例次总占比就达34.42%。里外方位词("内""里""外")和前后方位词("前""后")都远不及它(见数据1)。

后置方位词的音节数和频率呈反比。它无论音节数多少,前两项特征未变,第三项特征不同:(1)后置方位概念是[上](={上,之上,以上,上边,上面,上头})和[里](={里,里头,里面;内,之内,以内;中,之中,当中,内中,中间})最常用。即使舍除多种方位视角的"中""当中""中间",仍是如此。(2)"上"是最高频方位词项。(3)里外义类(其中,[外]={外,之外,四外,外面,外边,外头})和纵向义类(其中,[下]={下,以下,下头,底下,下面})的频率最高,即使舍除多种方位视角的"中""当中""间",仍是如此(见数据2)。

方位词表达功能和语体类型之间存在联系。方位词单多音节的选择至少服务于以下五种表达功能:(1)辨义性:"五人以上/之上≠*五人上/上边/上面";(2)凸显性:"他们中间"凸显度高于"他们中";(3)具象性:"卡车跟前|桌子底下"具象性高于"卡车前|桌子下";(4)俚俗色彩:"文章里头"俚俗色彩高于"文章里";(5)韵律和谐性:"过程之中|此前"韵律和谐性高于"过程中|*

此前面"。艺术语体里对方位词的意义凸显性、具象性和俚俗色彩的需要明显高于学术语体。另一方面,学术语体属书面语,它对方位词辨义表达的需求高于艺术语体,并且比随意度相对较大的艺术语体有时更讲究韵律上音节和谐,包括单—单和谐或双—双和谐。在后置用法中,单音节方位词在艺术语体里比多音节方位词更高能,即前者词数少,但例次占比大,后者词数多,但例次占比小。学术语体里,多音节方位词势力大,其词数多,例次占比也大,单音节方位词词数少,例次占比也小(见数据2和数据3)。这是后置方位词多种表达功能角逐的结果,但是具体的角逐过程值得研究。

非均衡分布的单纯方位概念中,单纯方位词一般都是通用语体色彩,呈典型分布,即高显著度项是高频项,低显著度项是低频项,有"上＞中＞下,里＞外,前＞后"(见数据2)。但两种因素可使此典型分布发生变化。(1)语体色彩变化。"内"是书面色彩词,"内＜外"呈偏态分布。(2)词形拉长。"里面＜外面,里边＝外边,以前＜以后,前边＝后边"呈偏态分布。(3)语体色彩变化和词形拉长。书面色彩的合成方位词"之上＝之中＞之下,之内＝之外,之前＜之后"和口语色彩的合成方位词"前头＝后头"都呈偏态分布。

总体上,优势分布的方位义类,能降低偏态分布发生的可能性。如,上下义类在词形拉长或语体色彩也发生变化后,仍呈正态分布的有4组:"上面＞下面,上边＞下边,[书面]以上＞以下,[口语]上头＞下头"。里外义类在词形拉长和语体色彩变化后,仍呈正态分布的有两组:"[口语]上头＞下头,里头＞外头"。但相对弱势分布的前后义类在词形拉长后,仍呈正态分布的只有1组,即"前面＞后面",其余均改呈偏态分布。

方位词的词长和语体色彩有内在联系。常用的单音节词往往是通用语体色彩,若不常用,也可能是书面语色彩,如"内"。其相同概念的合成方位词中,前缀型(如"以上|之上")有书面色彩;后缀型中,"头"缀方位词有口语色彩,"面/边"缀方位词有通用语体色彩。但"面/边"缀方位词泛化情形不同:上下方位"面"缀多于"边"缀,里外、前后、左右、东西南北等方位"边"缀多于"面"缀。

合成方位词的音节多于单纯方位词,因而语义承载能力也大于后者。作定语中心语时,它前面能用结构标记"的",单纯方位词则不能(见数据3)。相应的,后置的合成方位词有作句法成分(中心语)的能力,而后置的单纯方位词则已丧失该能力,沦为纯粹的方位标记,表现出语法、语义、语音间的多维共变关系(有关"共变"的论述,见:马清华、杨飞,2018)。

7.10.2 单音节后置方位词跟实体名词的搭配和意义一致性关系

概述 储泽祥、王寅(2008)从吕叔湘《现代汉语八百词》所附"名词、量词配合表"里取两百多个实体名词作基本调查对象,统计CCL现代汉语语料库(约1.15亿字)中单音节后置方位词的搭配。马清华(1999)区分词和概念,将同义词归同一概念。如[里]概念含同义方位词"里|内|中"。我们整理其基本数据,修改分类和归类,追加计算,得数据1。张金生、刘云红(2008)依据反映20世纪90年代汉语面貌的约100万字语料库(北京大学汉语语料库编制,含小说、剧本、法律条文和实用文体4类文本),统计单音节方位词"里""中""内"后置时空间意义的类型分布。我们整理其基本数据,并追加计算,得数据2。

数据1

1. 一般实体名词+单音节后置方位词。213个实体名词共143816例[上58014(40.34%),里61890(43.04%),前4320(3%),下14612(10.16%),后877(0.61%),外4103(2.85%)](剔除小于500的非空间表达用例)。(1)形体词。a. 可容人的大实体。【垂直向】楼3656例[上1527(41.77%),里761(20.82%),前309(8.45%),下934(25.55%),外104(2.84%),后21(0.57%)]。塔342例[上122(35.67%),里100(29.24%),前29(8.48%),下85(24.85%),外3(0.88%),后3(0.88%)]。山5676例[上2426(42.74%),里1626(28.65%),前126(2.22%),下1241(21.86%),外188(3.31%),后69(1.22%)]【前后向】车5397例[上3130(58%),里1368(25.35%),前471(8.73%),下83(1.54%),后262(4.85%),外83(1.54%)]。b. 不容人的大实体。桌子641例[上586(91.42%),里6(0.94%),前36(5.62%),下12(1.87%),后1(0.16%)]。坟259例[上97(37.45%),里35(13.51%),前122(47.10%),下1(0.39%),后3(1.16%),外1(0.39%)](所容是尸体而非人)。c. 小实体。鼻子282例[上137(48.58%),里130(46.10%),前4(1.42%),下11(3.90%)]。手套11例[上6(54.54%),里5(45.45%)]。锁13例[上6(46.15%),里7(53.85%)]。珠子1例=上1。名词"鞭炮、铲子"的方位词搭配缺例。d. 出口或边界。窗户185例[上118(63.78%),里43(23.24%),前7(3.78%),下7(3.78%),外10(5.41%)]。墙2633例[上2055(78.05%),里195(7.41%),前31(1.18%),下102(3.87%),后13(0.49%),外237(9%)]。篱笆37例[上20(54.05%),里3(8.11%),前3(8.11%),下3(8.11%),后1(2.70%),外7(18.92%)]。

门 7269 例[上 1107(15.23%),里 582(8.01%),前 2129(29.29%),下 465(6.40%),后 345(4.75%),外 2641(36.33%)]。(2) 物质词。风 1068 例[里 1062(99.44%),前 5(0.47%),下 1(0.09%)]。灰 44 例[上 3(6.82%),里 40(90.91%),下 1(2.27%)]。泥 196 例[上 39(19.90%),里 154(78.57%),下 2(1.02%),外 1(0.51%)]。水 4450 例[上 889(19.98%),里 3162(71.06%),下 399(8.97%)]。血 82 例[上 1(1.22%),里 81(98.78%)]。烟雾 57 例[上 1(1.75%),里 53(92.98%),下 2(3.51%),外 1(1.75%)]。云 366 例[上 17(4.64%),里 235(64.21%),下 33(9.02%),后 4(1.09%),外 77(21.04%)]。饼干 2 例=里 2。汗珠 1 例=里 1。(3) 自上笼罩类实体。a. 形体词:笔 721 例[上 30(4.16%),里 10(1.39%),下 681(94.45%)]。灯 760 例[上 67(8.82%),里 41(5.39%),前 47(6.18%),下 603(79.34%),后 1(0.13%),外 1 例(0.13%)]。太阳 102 例[上 16(15.69%),里 20(19.61%),下 66(64.71%)]。b. 物质词:阳光 731 例[上 2(0.27%),里 204(27.91%),前 1(0.14%),下 524(71.68%)]。月光 283 例[里 61(21.55%),下 222(78.45%)]。灯光 305 例[里 48(15.74%),下 256(83.93%),外 1(0.33%)]。

2. 可承载/容纳物的类名+单音节后置方位词。 总计 32463 例[上 7014(21.61%),里 25449(78.39%)]:(1) 上>里。a. 人在内部移动空间大的交通工具。飞机 438 例[上 395(90.18%),里 43(9.82%)]。火车 279 例[上 258(92.47%),里 21(7.53%)]。轮船 96 例[上 87(90.63%),里 9(9.38%)]。汽车 545 例[上 326(59.82%),里 219(40.18%)]。b. 平托用具。椅子 784 例[上 679(86.61%),里 105(13.39%)]。沙发 939 例[上 919(97.87%),里 20(2.13%)]。凳子 168 例[上]。书架 274 例[上 261(95.26%),里 13(4.74%)]。c. 平面实体。硬质:黑板 168 例[上]。石碑 56 例[上]。纸板 6 例[上]。软性:报纸 951 例[上 918(96.53%),里 33(3.47%)]。床单 25 例[上 23(92.00%),里 2(8.00%)]。席子 18 例[上 17(94.44%),里 1(5.56%)]。d. 可变形部位。翅膀 41 例[上 37(90.24%),里 4(9.76%)]。胳膊 132 例[上 129(97.73%),里 3(2.27%)]。肩膀 140 例[上 138(98.57%),里 2(1.43%)]。e.平面相对开阔的类容器。江 768 例[上 430(55.99%),里 338(44.01%)]。(2) **里**>**上**。a. 人在内部移动空间小的交通工具或其局部。囚车 6 例[里]。轿子 27 例[上 3(11.11%),里 24(88.89%)]。电梯 74 例[上 17(22.97%),里 57(77.03%)]。车厢 388 例[上 12(3.09%),里 376(96.91%)]。b. 固定居所。旅馆 191 例[里]。商店 325 例[里]。银行 207 例[里]。学校 952 例[里]。工厂 188 例[里]。c. 容器/类

容器。篮子 95 例[里]。书橱 31 例[上 3(9.68%),里 28(90.32%)]。心 22515 例[上 1358(6.03%),里 21157(93.97%)]。嗓子 60 例[上 2(3.33%),里 58(96.67%)]。[平面相对狭小的类容器]河 1576 例[上 604(38.32%),里 972(61.68%)]。

3. 四种交通工具＋单音节后置方位词"上"。汽车上 343 例[表底面 326(95.04%),表表面 17(4.96%)]。火车上 260 例[表底面 258(99.23%),表表面 2(0.77%)]。飞机上 399 例[表底面 395(99%),表表面 4(1%)]。轮船上 87 例[表底面]。

数据 2

1. 一般分布。方位词"里""中""内"表空间意义的 1400 例中,三维(围体)896 例(64%),二维(平面)454 例(32.43%),一维(管道)50 例(3.57%),0维(节点)0 例。

2. 词例分布。【里】792 例(56.57%):三维 687 例(49.07%)[a 有空隙有边界,含:容器 153 例(10.93%,"挎包里都藏着菜刀"),近似容器 43 例(3.07%,"斜靠在椅子里"),处所 310 例(22.14%,"三个好友聚在曾家湾的办公室里")。b 无空隙有边界 106 例(7.57%,"豆腐里挑不出骨头来")。c 无空隙无边界 48 例(3.43%,"山里的风")。d 有空隙无边界 27 例(1.93%,"在山里独自行走")],二维 81 例(5.79%)[含:有边界 50(3.57%,"黑子儿远远近近对峙在对方棋营格里"),无边界 31(2.21%,"他们在屯外的雪地里站住了")],一维 24 例(1.71%,"队伍里有人扔出一瓶啤酒")【中】395 例(28.21%):三维 176(12.57%)[a. 有空隙有边界,含:容器 18 例(1.29%,"彩车中钻出一排宫女"),近似容器 15 例(1.07%,"从怀中摸出一张名片"),处所 16 例(1.14%,"屋中爆起女人的哄笑声")。b. 无空隙有边界 39 例(2.79%,"手中的鬼头刀劈落")。c. 无空隙无边界 42 例(3%,"沿着森林中的河谷向北进发")。d. 有空隙无边界 46 例(3.29%,"可以看到水中石头")],二维 197(14.07%)[含:有边界 194 例(13.86%,"她对镜中的自己笑了笑"),无边界 3 例(0.21%,"在这一大片开阔的田野中集合着")],一维 22 例(1.57%,"从门缝中看见女人独自走下楼")【内】213 例(15.21%):三维 33 例(2.36%)[a. 有空隙有边界:容器 5 例(0.36%,"玻璃瓶内油已不多"),近似容器 0 例,处所 26 例(1.86%,"旅店内依然寂静如常")。b. 无空隙有边界 1 例(0.07%)。c. 无空隙无边界 1 例(0.07%,"残砖碎瓦内,蟋蟀们不歇地弹唱情歌")。d. 有空隙无边界 0 例],二维 176 例(12.57%)[含:有边界 176 例(12.57%,"可以在矩形内指明模块的功能"),无边界 0 例],一维 4 例(0.29%,"虚线内是订购系统业务")。

简论 从跟单音节后置方位词的搭配看,实体名词的空间特征包括大小、是否容人、跟人或物的位置关系、形态等,多以人或物的身体为参照(见数据1)。

一般容人的大实体形体词,后置方位概念的搭配频次由高到低总体上呈序列(只有个别例外):"上＞里＞前","下＞外＞后","上＞下","里＞外","前＞后"。概括起来呈以下矩阵分布("→"表频度由大到小)(图5):

```
        ～上  ～里  ～前
        ～下  ～外  ～后
```

图5 后置方位词频率关系图

小实体、出口或边界等一般形体词有"上＞里＞前"的倾向,但"下＞外＞后"序列紊乱,甚至不能搭配。不容人的大形体词的序列发生重组,前一序列里方位概念"前"的搭配频次升高,后一序列里方位概念"后"的搭配频次升高。

物质词、自上笼罩类实体,搭配情况迥异。跟物质词搭配最高频的方位概念是"里",跟自上笼罩类实体搭配最高频的方位概念是"下"。形体词在空间性变化假设下,残体或局部不能用原名来称说的事物名称;物质词是没有特定边界的均质连续物,在空间性变化假设下,残体或局部仍能用原名来称说(马清华,2000:61)。"饼干""汗珠",搭配最高频的方位概念都是"里"。其搭配特征跟一般物质词同。

变形实体的方位搭配可有多种方案,如"手",着眼其平面时,用"上",着眼于其拢成的容器时,用"里"。非现实的比喻表达具有较大弹性。如,既可把"心"视为感情的容器,多用"里",但也着眼于其想象上的面,用"上"。"心"的方位搭配占了所有调查语例的70%,这也支持了它的弹性使用。

在方位表达上,容器及居所多用"里"甚至只用"里"。表面(含平面、平托面、曲面、变形面)的方位表达多用"上"。这符合一般规则。有的则经过了多重规则或策略上的运筹,但还是遵守了规则:(1)人在内部移动空间小的交通工具着眼于[＋内部]特征,多用"里",人在内部移动空间大的交通工具突出[＋表面]特征,忽略[＋内部]特征,多用"上"。(2)普通居所用"里",但象征地位高贵的居所("宫殿""殿堂")也用"上"。(3)平托用具用"上"但夸张人的瘫软姿态,也用"里"("瘫坐在一张椅子里|倒在一张椅子里")。

方位概念的相同内涵意义下可有不同的外延意义。这些外延意义可看作该方位概念的不同视角。方位视角是空间实体所能提供给别的事物的各种空间位置决定的。交通工具的"上"都有两重意义,一是其表面,一是其内部,后者之所以能用"上"表达,是从其底面视角出发的。交通工具的现实功能决定了使用者跟它的位置关系,比其他事物跟它的位置关系更常得到关注,因此出现上述统计结果。交通工具是容纳人类(可包括说话者)的容器,因此方位视角跟其他容器不同,复杂性增加,呈双视角特征。

无论同一实体还是同一方位词,都可因视角不同而有多种维度特征(前者见数据1,后者见数据2)。总体上,范围内部概念主要表三维空间范围,其次表二维空间范围,表一维空间范围的极少。范围内部概念/里/表示在范围以内,含词项"里""中""内"。在词项分配层面,同义词的不同个体因此出现了分化:最常用的"里"是范围内部概念的典型词项,跟该概念的一般势力序列一样,都是"三维＞二维＞一维",且三维占绝对多数。"中|内"的空间义势力序列都是"二维＞三维＞一维"。次常用的"中"二维、三维频次接近。书面色彩的"内"相对来说使用较少,二维占绝对多数(见数据2)。

张金生、刘云红(2008)注意到,"里""中"都突显容器内部,"内"突显容器边界,强调不超边界。但原因何在呢？我们认为,重表三维还是重表二维,跟突显容器内部还是突显容器边界,两者有内在联系。维度减少,导致突显点由内部迁移到边界。

7.10.3 方位词跟身体部位词的组合及方位词主观化问题

概述 周毕吉、李莹(2009)统计CCL现代汉语语料库里10个单音节方位词("上|下|左|右|前|后|里|内|中|外")与25个单音节身体部位名词("身|头|耳|脸|额|眉|颊|眼|鼻|嘴|颏|颈|肩|胸|腹|臂|腕|手|腿|膝|背|肘|腰|臀|心")前置或后置结合的类数。我们整理并校正其基本数据,分类归类,得数据1。叶皖林(2005)依据400多万字语料,调查到后置方位词跟身体部位词的隐喻结合。199个"身体部位词＋方位词"的组合中,可生成隐喻用法的共35个。我们整理其基本数据,分类并追加计算,得数据2。张金生、刘云红(2008)依据反映20世纪90年代汉语面貌的约100万字语料库(北京大学汉语语料库编制,含小说、剧本、法律条文和实用文体4类文本),统计单音节方位词"～里""～中""～内"后置时各意义类型的分布。我们整理其基本数据,并追加计算,得数据3。窦融久(1986)统计1985年2月1日《人民日报》中后置方位词"～上"的句法语义分布。我们整理其基本数据,并追加计算,得数据4。

数据 1

1. 单音节前置方位词＋身体名词。共98类。(1)前置方位词的结合率。【左】耳|脸|额|眉|颊|眼|鼻|颈|肩|胸|腹|臂|腕|手|腿|膝|背|肘|腰|心(20)。【右】耳|脸|额|眉|颊|眼|鼻|颈|肩|胸|腹|臂|腕|手|腿|膝|背|肘|腰|心(20)。【上】身|额|颊|嘴|颈|胸|腹|头|臂|手|腿(11)。【下】身|额|颊|嘴|颈|颔|腹|头|臂|手|腿(11)。【前】身|脸|额|胸|腹|头|臂|手|腿|心(10)。【后】身|脸|眼|颈|腹|头|手|腿|背|腰|臀|心(12)。【中】耳|腹|腰|心(4)。【内】耳|心(2)。【里】手|头(2)。【外】耳|鼻|腹|头|手|心(6)。(2)身体名词的结合率。X_{正常结合}——【臂】上|下|左|右|前(5)【耳】左|右|内|中|外(5)【额】上|下|左|右|前(5)【眼】左|右|后(3)【鼻】左|右|外(3)【背】左|右|后(3)【眉】左|右(2)【肩】左|右(2)【腕】左|右(2)【膝】左|右(2)【肘】左|右(2)【颔】下(1)【臀】后(1)。Y_{意义虚化}——【头】上|下|前|后|里|外(6)。Z_{偶尔出现}——【嘴】上|下(2)。XY——【腹】X 上|下,Y 中|左|右|前|后|外(8)【手】X 左|右,Y 上|下|前|后|里|外(8)【心】X 左|右|前|后,Y 内|中|外(7)【身】X 上|下,Y 前|后(4)【脸】X 左|右,Y 后(4)【腰】X 左|右|后,Y 中(4)。XZ——【腿】X 左|右|前|后,Z 上|下(6)【颈】X 左|右|后,Z 上|下(5)【颊】X 左|右,Z 上|下(4)【胸】X 左|右|前,Z 上(4)。

2. 身体部位名词＋单音节后置方位词。(1)身体名词的结合频次(括号表非方位义)。【身】上＞200,下108,前＞200,后＞200,外93,里15,内10,中14,左1。【嘴】上＞200,里＞200,中95,前11,下9,外7,内2,后1。【胸】前＞200,中＞200,上41,外8,下7,里6,内3,后2。【背】上＞200,后＞200,中2。【头】上＞200,下15,里13,后12,前7,内4,中4。【脸】上＞200,前27,中3,外2,下1。【肩】上＞200,下4,后4,前3,里1,外1。【腕】上＞200,下7。【腿】上＞200,下5,前3,里2。【耳】中162,里63,后34,内25,上25,下10,外1。【眉】上9,下3,前2,里1,中1。【颊】上23,下1。【鼻】中32,上20,前9,下8,里4,内4,后1。【额】下6。【腹】中172,内51,下14,前8,上5,里3,外1。【膝】上151,下98,前24。【肘】上15,下6,里1,内1。【腰】上178,里164,中40,下14,后12,前2。【臀】上20,下5。【眼】里＞200,中＞200,内68,上49,(下＞200,前＞200)。【手】上＞200,里＞200,中＞200,内2,(下＞200)。【心】上＞200,里＞200,中＞200,内70,外10,(下＞200)。【额】上＞200,前57,后1,(外＞200)。【臂】上＞200,中13,下9,(里1)。【颈】上82,下20,后17,外3,里2,内1,(中35)。(2)"单音节后置方位词结合频次＞200"的组合类型:【上】手|心|身|额|嘴|背|头|脸|肩|臂|腕|腿(12)。【里】眼|手|心|嘴

(4)。【中】眼|手|心|胸(4)。【下】眼|手|心(3)。【前】眼|身|胸(3)。【后】身|背(2)。【外】额(1)。"右"跟身体部位名词的结合频次为0。

数据2

可有隐喻用法的"身体部位词＋方位词"组合中：

1. 后置方位词的结合率。【上】手|掌|心|身|嘴|头|肩|脑袋|节骨眼(9)。【里】手|眼|心|腰|手心|掌心|手掌|脑子|骨子(9)。【中】手|眼|心|手掌(4)。【前】目|眼|面(3)。【后】身|脑|背(3)。【下】手|眼(2)。【边】手|身(2)。【头】手|心(2)。【底下】眼皮(1)。

2. 身体部位词的结合率。【手】上|里|中|下|边|头(6)。【眼】(眼＋)里/中/下|(眼/目＋)前|(眼皮＋)底下(5)。【心】上|里|中|头(4)。【掌】(掌＋)上|(手心/掌心/手掌＋)里|(手掌＋)中(3)。【身】上|后|边(3)。【脑】(脑＋)后|(脑袋＋)上|(脑子＋)里(3)。【骨】(节骨眼＋)上|(骨子＋)里(2)。

数据3

"里"2063例中,方位词在名词后1511例(73.24%)[表空间义792例(38.39%),表隐喻义719例(34.85%)],其他用法552例(26.76%)。"中"2976例中,方位词在名词后1495例(50.24%)[含表空间意义395例(13.27%),表隐喻意义1104例(37.10%)],其他用法1481例(49.76%)。"内"1208例中,方位词在名词后709例(58.69%)[含表空间意义213例(17.63%),表隐喻意义496例(41.06%)],其他用法499例(41.31%)。

数据4

1. 后置方位词"上"。132例中,泛向义(即非严格意义的方位,参吕叔湘1965)118例(89.39%)[关于某个方面60例(45.45%),时间或空间的某个范围之内40例(30.30%),其他18例(13.64%)],其他14例(10.61%)。

2. "在＋X＋方位"组合里的"上"。76例中,泛向义64例(84.21%),跟"下"相对的定向意义5例(6.58%),其他7例(9.21%)。

简论 先看方位词跟身体部位名词组合的功能及意义一致性问题。

单音节方位词前置跟身体部位结合时,主要是给身体部位或方位命名。它以眼睛部位为参照,基于身体的左右对称性,结合身体名词最多的是"左""右",表明它们对人体命名的影响最大。"上|下"和"前|后"的结合率势力次之,它反映直立体姿和视觉/运动方向对该结合率的影响力。"里|外"最少。结合前置方位词最多的是"手""腹",其次是"心",分别涉及人类最关注的运动、疾病、心理三个领域。由于是命名,同概念词中,书面色彩的"内"反而比口

语色彩的"里"占优势。

单音节方位词后置跟身体部位结合时,主要功能是确定方位。此时,">200"的组合类型最多的单音节后置方位词是"上"。可结合的身体部位名词最多的是"手""眼""心",分别涉及人类最关注的运动、感知、心理三个领域。用得最少的后置方位词是"左""右",这跟它们在前置时的优势表现形成了明显对比。

身体部位概念按所接最高频和相近次高频的单音节后置方位词,分6小类:(1)外表型(最高频的后置方位词是"上"):"身""头""脸""肩""腕""腿""眉""颊""肘""臀""额""臂""颈"。(2)容器型(最高频的后置方位概念是/里/,含方位词"里""内""中"):"耳""腹""眼"。(3)参照型(最高频的后置方位词是"前""后""下"):"颏"。(4)容器/外表型:"嘴""鼻""腰""手""心"。(5)外表/参照型:"膝""背"。(6)容器/参照型:"胸"。前3类是主特征单一型,后3类是主特征多元型。基于词频的势力序列是"外表型＞容器/外表型＞容器型＞外表/参照型＞参照型、容器/参照型"。它蕴涵着后置方位的势力序列"上＞/里/＞前|后|下"。

再看方位词的主观化问题。所谓方位义—非方位义、空间义—隐喻义、定向义—泛向义的对立,准确地说,其实都是客观方位—主观方位的对立。主观化规律如下:

(1)单音节方位词前置时只有客观方位用法,后置时才可有主观方位用法,后者处在一个利于共变的环境中:后置频次高,有语音弱化倾向,意义可泛化或虚灵化,即蜕去客观空间意义。尽管如此,客观方位仍是后置时的意义主体,主观方位只是相对弱势的衍生用法(见数据1)。

(2)单音节方位词比双音节方位词更易产生隐喻意义,它跟单音节名词结合,又比跟多音节名词结合更易产生隐喻意义。数据2中由多到少有序列:[单音节名词+单音节方位词]＞[多音节名词+单音节方位词]＞[多音节名词+双音节方位词]。

(3)在可生成隐喻用法的组合里,最高结合率的单音节后置方位概念和身体部位概念,跟婴幼儿语言相应的最高频概念一致。数据2中,由多到少,有结合率序列:"上|里＞中＞前|后＞下|边|头＞底下"和"手＞眼＞心＞掌|身|脑＞骨"。在方位概念上,"里"可和"中"并类计算,标为/里/。可见,单音节后置方位概念结合率最高的都是/里/。该序列特征也得到了儿童语言研究的证实。孔令达等(2004:36)调查说,在1:00—5:00儿童自发性话语共计出现的1143次方位词中,"里"类458例(40.1%),出现频度最高,"上"类381

例(33.3%),出现频度次高。在身体部位上,结合率最高的是"手"。"手"可和"掌"并类计算,那么身体部位概念结合率最高的是/手/。不过,在成人语言非隐喻用法(就整体结构而言)的词频表现中,它们的分布势力似有一定程度的偏移:"上"的势力反超了"里","手"的突出地位也不再那么显著(见数据1)。

(4)后置方位词的主观化或泛向性和频次,可由于主要作用因素的不同,而有复杂相关联系。首先,高频方位词有更有利的主观化条件。如,"上"所表客观方位的基本认知域地位,以及它在纵向方位上的典型性、无标记性,使得主观方位在"上"的多种意义中占绝对优势。"上"的泛向性与其高频使用互为因果。其次,主观化或泛向性可推高相关后置方位词的频次。如,低频方位词可在主观方位用法下频率陡增(见数据1中"额外"的"外")。再者,典型方位标记表客观方位的特征存续能力有时也相应更高。如,在相同概念的方位词中,"里"客观方位义的比例也远高于"中"和"内",后者主观方位义的占比反而更高。这就导致局部范围内(如相同概念下的不同词项)客观方位和主观方位的用法频次呈反比。即客观方位用法频次越高,主观方位用法反而越低,反之则越高(比较数据3和数据4)。

(5)后置方位词的主观化或泛向性还与跟表处所的介词组配有关,后者可降低主观化的概率(见数据4)。

张金生、刘云红(2008)引刘丹青(2004),把后置方位词叫"后置介词"。从理论全局看,这种称法不符合事实,也降低了发现力和理论解释力,所以不太妥当。它们只是名词的方位标记(如"桌子上"),并不是谓词的论元标记。尽管与介词习惯搭配,使它能兼职发挥或部分代偿处所论元标记的作用,导致介词可隐而不现,但方位标记仍是它们的主要职能,不能颠倒主次,甚至无视主要职能。其次,区分方位标记和处所论元标记,对语言类型学有普遍理论价值。方位标记和处所论元标记在有的语言是合取或综合关系(融合),如英语 in(在……里),on(在……上),在有的语言里是析取或分析关系,除汉语外,日语是方位词和表处所论元的助词组合("うえ_上 に_在")。

7.10.4 "以"缀方位词的词汇化和意义

概述 黄斌(2010)统计"以"缀方位词从古汉语《史记》和现代汉语的历时分布。我们整理其基本数据,并追加计算,得数据1。金晓艳、马庆株(2010)(语料来源未详)统计了"以"缀方位词"以后/往后"的时间义和关联性。经对其所得基本结果追加计算,得数据2。

数据 1

1. 古汉语。 a＝与介词"自"搭配,b＝不与介词"自"搭配。《史记》"以"缀方位词 247 例[a79 例（31.98%）,b168 例（68.02%）]:【以下】56 例(22.67%):a17 例(6.88%),b39 例(15.79%,"中庸以下,渐渍于失教");【以来】47 例(19.03%):a21 例(8.50%,"自今以来"),b26 例(10.53%);【以东】39 例(15.79%):a17 例(6.88%),b22 例(8.91%);【以西】30 例(12.15%):a9 例(3.64%),b21 例(8.50%);【以上】30 例(12.15%):b30 例;【以北】13 例(5.26%):a2 例(0.81%),b11 例(4.45%);【以南】9 例(3.64%):a3 例(1.21%),b6 例(2.43%);【以往】8 例(3.24%):a3 例(1.21%),b5 例(2.02%);【以前】7 例(2.83%):a2 例(0.81%),b5 例(2.02%);【以后】5 例(2.02%):a5 例;【以外】1 例(0.40%):b1 例;【以内】1 例(0.40%):b1 例;【以左】1 例(0.40%):b1 例。

2. 现代汉语。 (1) 一般分布。共 315 例,含:【以前】86 例(27.30%),【以后】140 例(44.44%),【以来】18 例(5.71%),【以往】8 例(2.54%),【以上】29 例(9.21%),【以下】16 例(5.08%),【以内】3 例(0.95%),【以外】14 例(4.44%),【以西】1 例(0.32%)。(2) 作品分布。[＋前期＋北方＋口语色彩]老舍《骆驼祥子》共 57 例:【以前】31 例(54.39%),【以后】21 例(36.84%),【以上】3 例(5.26%),【以下】2 例(3.51%),其他 0 例。[＋前期＋书面语]冯友兰《中国哲学简史》共 130 例:【以后】33 例(25.38%),【以前】32 例(24.62%),【以上】23 例(17.69%),【以下】14 例(10.77%),【以外】13 例(10%),【以来】10 例(7.69%),【以内】3 例(2.31%),【以西】1 例(0.77%),【以往】1 例(0.77%)。[＋后期＋南方＋有口语色彩也有较重书面语色彩]王安忆《长恨歌》共 51 例:【以后】25 例(49.02%),【以前】14 例(27.45%),【以往】7 例(13.73%),【以来】3 例(5.88%),【以上】1 例(1.96%),【以外】1 例(1.96%),其他 0 例。[＋后期＋北方＋口语色彩]张贤亮《男人的一半是女人》共 77 例:【以后】61 例(79.22%),【以前】9 例(11.69%),【以来】5 例(6.49%),【以上】2 例(2.60%),其他 0 例。

数据 2

1. "以后/往后"。【以后】330 例中,在主语前作时间连接成分(承接标记)80 例(24.24%,"儿童头部的上半部开始时比下半部长得快些,以后脸的下半部也发展起来"),非时间连接成分(非承接标记)250 例(75.76%,"严樟明,以后,你们不经过连里同意,不准再和陈庄的群众来往");【往后】67 例中,作时间连接成分 19 例(28.36%,"当星子说到水香时便开始了流泪,往后,她的泪越涌越多,最终泣不成声"),非时间连接成分 48 例(71.64%)。

2."从 X＋以后/往后"。在主语前,【从 X＋以后】848 例中,"从今＋以后"60 例(7.08%),"(从)这/那/此＋以后"788 例(92.92%)[表持久 674 例(79.48%),表先后 114 例(13.44%)]。【从 X＋往后】41 例中,"从今＋往后"33 例(80.49%),"(从)这/那/此＋往后"8 例(19.51%)。①

简论 古汉语里"以"缀方位短语前的介词"自"可代偿性删略。《史记》"以"缀方位词总体上以不与介词"自"(源点标记)搭配为常,仅"以后"例外,后者只有与"自"搭配例。"以上"只有不与"自"搭配例。"以来|以下|以东|以西"无论是否与"自"搭配,都很活跃。介词的脱落,跟方位词兼职表空间论元的代偿功能有关。"自"是甲骨文里出现最早的两个或四个介词之一(马清华、李为政,2017),属上古汉语的典型介词,具有删略和被代偿的条件。

"以"缀方位词在现代汉语里出现如下变化:(1) 横向前后方位变成了最优势方位。《史记》方位分布势力由多到少呈序列"纵向方位＞地理方位＞横向前后方位＞范围方位";现代汉语的序列为"横向前后方位('以前|以后|以来|以往')＞纵向方位('以上|以下')＞范围方位('以内|以外')＞地理方位('以西')"。横向前后方位在频次上占绝大多数,成因有二:① 它几乎全面实现了空间向时间的意义转移。一般的句子可以不传递空间意义,但不能不传递时间信息(除独词句和非完整句外)。② 它表达的是一维空间关系,因而具备隐喻为一维时间关系的意义基础。在词项的表达分工层面,尽管构词上都有明显的空间方位特征,但只有"以西"表空间方位,都以转义存在。"以前|以后|以往|以来"都表时间方位,"以前|以往"是名词,但"以前|以后"可单说,句法限制条件少,"以往"可单用不能单说,"以来"是黏着定位助词。"以往|以来"都是以所含位移动词的空间变化隐喻时间方位。"以前|以往"同义,前者是通用语体词,后者是书面语词。其次,"以上|以下|以内|以外"出现泛向化倾向。"以上|以下"表话语方位("以上都是真话")、抽象方位("水平在一般人以上")或数量范围("五十岁以下")。"以内|以外"既可表空间方位,也可表时间范围。现代汉语地理方位"以西"无泛向化活动,故频次最低。(2) 从语用句法看,"以"缀方位词的表达有视角分别。一种是默认视角,即以当下时间

---

① 调查的瑕疵是:(1)带不带论元标记"从",涉及范围大不相同。应排除不带"从"的情形,因为此时"这/那"很可能是话语标记或焦点标记(意为"这么/那么＋以后/往后"),而非时间复指或事件复指。(2)"从这/此＋以后/往后"应与"从那＋以后/往后"分开统计,前者可能是冗余式,也可能是复指式,后者只能是复指式。

为参照,如"以往"("以往我都是吃食堂"),另一种是另设视角,如"以来|以西|以内|以外"("春节以来|黄河以西|五步以内|大楼以外")。"以前|以后|以上|以下"既有默认视角用法("以前关系很好|以后不去了|以上都是真话|以下几点"),又有另设视角用法("五年以前|结婚以后|四十岁以上|零度以下")。这些语义、语法、语用上的分工也都影响到它们的频率差异。(3)总体而言,"以"缀方位词是以表达非空间方位为主。表时间方位的频率最高。表空间方位的("以西|以内|以外")都不如表非空间方位的使用频度高(见数据1)。

时间方位词的关联化。(1)"以后/往后"在表时间方位时,常以当下时间为参照,采用默认视角,前面一般无其他限定成分。在现代汉语"以"缀方位词以表时间方位的用法最为活跃的大背景(见数据1)下,时间方位"以后/往后"产生一定程度的关联化倾向,作承接标记。但表非关联性时间仍是时间方位词"以后/往后"的基本用法。(2)"以后/往后"表关联时用在两个事件之间,且往往与过去某个时间形成对举。有时为了凸显,可把纯属冗余信息的当下时间说出来,形成冗余式"从今+以后/往后";或加限定成分以表对事件或其时间的复指,形成以其他时间为参照的复指式"(从)这/那/此+以后/往后"。复指式"(从)这/那/此+以后"和冗余式"从今以后"都有熟语化倾向,这推高了它们的出现频率。但冗余性施加了限制,使得"从今以后"的频次低于非冗余的"以后"。复指式无此限制,其频次远超单用的"以后"。(3)"以后/往后"先有由空间方位义演化过来的时间持久/延续义,后才有关联性的先后义。持久/延续义是所在的单一事件句,或双事件句的后一事件小句的时间特征;先后关系是两个事件间的时间关系。前者起情态标记功能,后者起结构标记功能(见数据2)。

7.10.5 反对关系方位词的不对称性与标记化

概述 反对关系方位词具有不同情形的对称性或不对称性特征,及不同程度的再标记化活动。吕叔湘(1965)统计10万字的语料得数据1。董楠、周振峰(2010)统计华中师范大学的当代小说语料库(共657136句)中现代汉语方位词"里""外"的出现频率。又据英国国家语料库统计英语词in、out的出现频率。我们整理其基本数据,校正并追加计算,得数据2。《现代汉语频率词典》基于对180万字的统计,得数据3。高松(2008)调查《96中国短篇小说精选》(长江文艺出版社1998年)20万字语料(语料A)和国内权威报刊(多出自1995年《人民日报》)(语料B)带方位词"～上""～下"的句子各500条,合计1000条。统计其后置用法。我们提取其有效数据,整理和追加计算,得数据4。刘敬华(2004)统计 CCL 现代汉语语料库中"以后/以前"在句法上的前后置分布。我们整理其基本结果并追加计算,得数据5。金晓艳、马庆株(2010)根据一项规模和范围未详的语料,统计方位词"之前/之后"的用法,得数据6。

数据 1

"里"95 次(94.06%),"外"6 次(5.94%)。

数据 2

汉语"里"78600 例(81.50%),"外"17841 例(18.50%)。英语"in"1944328 例(90.79%),"out"197149 例(9.21%)。

数据 3

"里"6474 次(53.83%),"外"836 次(6.95%),"前"1260 次(10.48%),"后"1233 次(10.25%),"左"316(2.63%),"右"244(2.03%),"东"375(3.12%),"西"345(2.87%),"南"485(4.03%),"北"459(3.82%),总计 12027 次(100%)。

数据 4

(1) 语料 A。"～上"232 例(78.38%)[前接"介+名"47 例(20.26%),名 159 例(68.53%),动 24 例(10.34%),"……+以～"2 例(0.86%),"指代/介"0 例]。"～下"64 例(21.62%)[前接"介+名"11 例(17.19%),名 39 例(60.94%),动 12 例(18.75%),"……+以～"0 例,指代/介 2 例(3.13%)]。
(2) 语料 B。"～上"144 例(70.59%)[前接"介+名"53 例(36.81%),名 74 例(51.39%),动 0 例,"……+以～"17 例(11.81%),指代/介 0 例]。"～下"60 例(29.41%)[前接"介+名"27 例(45%),名 24 例(40%),动 0 例,"……+以～"9 例(15%),指代/介 0 例]。

数据 5

"以前"809 例中,前置 359 例(44.38%)[动词短语前 190 例(23.49%),主谓短语前 91 例(11.25%),名词短语前 78 例(9.64%)],后置 450 例(55.62%)[动词短语后 85 例(10.51%),形容词短语后 27 例(3.34%),主谓短语后 55 例(6.80%),名词短语后 203 例(25.09%),代词后 25 例(3.09%),副词后 0 例,介词后 55 例(6.80%)],独立成句 0 例。"以后"1461 例中,前置 455 例(31.14%)[动词短语前 253 例(17.32%),主谓短语前 142 例(9.72%),名词短语前 60 例(4.11%)],后置 1003 例(68.65%)[动词短语后 375 例(25.67%),形容词短语后 7 例(0.48%),主谓短语后 281 例

(19.23%),名词短语后 257 例(17.59%),代词后 57 例(3.90%,"从此以后"),副词后 24 例(1.64%),介词后 2 例(0.14%,"在以后"),独立成句 3 例(0.21%,"以后?")。

数据 6

"之后"用在表事件的成分后 85.79%("火灭之后,如果这一家损失不大,他就跑去道喜:'恭喜恭喜,越烧越旺!'")[其中"(S)VP/NP"后 83.88%,"(在)这/那/此"后 1.91%],时间成分后 11.12%("八个小时之后,他们靠一把斧头砍出了一条出路"),独用 3.09%("之后,二人笑眼相望,互致队礼")。"之前"93.37%用在表事件的成分后[其中"(S)VP/NP"后 79.42%,"(在)这/那/此"后 13.95%],时间成分后 5.61%,独用 1.02%。

简论 "里—外"在指谓意义(reference)上不对称,范围以内部为基点,外部只是相对于内部而言的,对称性仅见于其语言意义(sense)的反对关系上。因此,"里—外"与名词的组合频率悬殊,并具有语言普遍性,汉语和英语表内部的方位概念词都比外部方位概念词常用得多。这为语义偏移和不对称性的扩大提供了基础和条件。"前—后""左—右""东—西""南—北"在指谓意义和语言意义上都对称,因此分布势力相当,数量差幅极小。"东—西""南—北"是地理方位,"左—右"是对称的侧向方位,都只用于空间域。"前—后"是对称的正向方位,它们和"里—外"除空间域外还用于时间域等其他语义领域。一旦用于时间等相对较虚泛的语义领域,就能推高频率。从整体的分布势力看,"里—外>前—后>南—北/东—西/左—右"。同时,语义偏移还可拉大两个反对关系词之间的差异,增加不对称性程度。

"上—下"是对称的纵向方位,但后置用法时"上"出现的总次数远多于"下",这一点显而易见。在深层的方面,还受到了语体因素的作用。(1)后置方位词可导致处所介词被代偿性删略。首先,它在艺术语体里的影响程度明显大于政论和新闻语体,并且"上"的受影响程度高于"下"。表现为艺术语体里前接"介+名"的比重降低,前接名词的比重升高;"上"前接"介+名"和前接名词的比重差幅在两种语体里都高于"下"。(2)艺术语体里,后置方位词的再标记化程度高于政论和新闻语体,表现为前接动词、指代/介的比重升高。(3)政论和新闻语体的书面色彩比艺术语体浓,后者严格讲是混合语体(描写语言是书面语,直接引语是口语),因此前者的"以"缀后置方位词比后者多。

前缀方位词"以前""以后"和"之前""之后"都表时间性。前面说过,空间域中"前"的频次高于"后"。但在时间域里,频次发生了反转,"以后"总频次远多于"以前"。总体上,"以前""以后"都以后置占半数以上多数,而"以后"后置与前置的占比差幅,也远多于"以前"。它们前置时作状语或定语,后置时跟前接成分构成方位短语,因此前置时均以后接述谓性成分(含动词短语、主谓短语、形容词短语)占多数,后置时出现分化:"以前"以前接名词性成分居多,"以后"仍以前接述谓性成分居多。后置时"以前""以后"的搭配成分类型的丰富程度都远多于前置时。

方位词"之后""之前"的标记化和关联化程度高于"以前""以后",它们基本上后置使用,有定位倾向,多表两个事件间的时间关系。①

---

① 数据 6"之前"出现在代词后的占比远超过"之后"。这跟数据 5 有出入。

第八章 情态标记

8.1 语气标记

8.1.1 语气标记的地位和习得难度

概述 语气范畴的标记包括语气词、语气副词和韵律标记即语调(马清华,2017a)。郭锐(2002)统计现代汉语语气词,得数据1。丁险峰(2002)调查100名来华留学生一年级第二学期综合课期中考试答卷,发现语气副词的错误率最高,得数据2。

数据1
语气词共35个(如"吗|吧|呢|啊|的|了"等),占所有词类总量(43332个)的0.08%。

数据2
用"简直"改写句子的错误率高达83%,其中20%的人没做,30%的人错得离奇,33%的人犯了语用错误。

简论 广义的"语气"包含狭义语气和口气。狭义语气对应着单一的句类,口气则无此对应关系,后者可分布于多种句类。狭义语气标记,如语气词"吗"表疑问,语气副词"难道"只用于问句。口气标记,如发递降调长音的语气词"嘛"都表示"道理显而易见":"他不知道嘛。(陈述句)|有意见就提嘛!(祈使句)|怎么不行嘛?(疑问句)"(马清华,1995),语气副词"偏偏"主要是表口气或口吻。严格说来,可区分语气词和口气词,语气副词和口气副词。但狭义语气和口气相互纠缠,为表达从简和理解方便,也受统计数据所限,本书除特别需要区分的地方外,仍从宽沿用"语气"的广义说法。此外,有的语气词还表时体,如表过去时的"来着",表实现体的"了$_2$"。语气和时体都属情态范畴。

语气词是现代汉语中占比最小的词类(参§1.1)。从宽说,它是助词的一种。由于它是汉语的个性词类,故而单列。

语气副词之所以成为汉语国际教育的一个难点,是因为它受到了句法、语义、语用等多个界面的制约。在句法语义上,它是句子的高层谓语,不仅涉及小句内部意义,还涉及小句与小句乃至与隐含成分之间的意义关系;词汇意义上高度主观化,涉及说话人的情感、意志或态度等;语用意义上反映了微妙的交际信息,可以说它是一种高度复杂的功能类别。

语气范畴处于交际层面,因此处于线序的最外缘,如语气词在句尾,发语词在句首,语气副词有不少能用在主语前。在层序上,用在最上层。如祈使语气词"不妨"即使不用在主语前,但一般也只用在句层面,不能深嵌到定语内部。直陈、感叹、疑问、祈使这4种语气在理论上共有6种二元组合可能,都只能单向统辖,无法互逆,由外而内可连成"感叹＞疑问＞祈使＞直陈"的语气统辖序列(马清华,2017a)。

8.1.2 语气副词的句法分布和关联化

概述 杨德峰(2005;2009)穷尽统计《汉语水平词汇与汉字等级大纲(词汇部分)》93个语气副词作状语时的位置分布能力,并依据CCL现代汉语语料库,统计含这些语气副词的状中短语在交际层和备用层的分布,以及12个语气副词在实际使用中的位置分布。我们整理其基本结果,追加计算并细化,得数据1。肖奚强(2003)从400万字语料中统计侥幸类语气副词(表因某种有利条件而避免了不良后果)的句法分布。我们整理其基本数据并追加计算,得数据2。李冰(2009)从2300多万字的当代小说语料中穷尽抽取语气副词—连词的兼类词"果然"和"果真",统计其句法语义分布。我们整理其基本数据,并追加计算,得数据3。

数据1

1. 汉语93个语气副词的句法能力分布。(1) 语序分布能力。[＋主语前＋主语后]75词(80.65%)。a. 主语是数量(名)的22词{23.66%,"甚至几个老师还在那里|两条腿甚至有点儿发颤"[差(一)点儿|大约|果然|还是|几乎|竟|竟然|可|恐怕|其实|千万|恰好|仍|仍然|甚至|说不定|似乎|无非|也许|只是|至少|终于]}。b. 主语是其他名词性成分(也不含疑问代词)的53词{56.99%,"到底你们谁是真正为朋友好呢|他到底是谁呀"[必须|毕竟|并非|不至于|差(一)点儿|大约|到底|的确|反而|反正|果然|还是|好容易|好在|

何必|或许|几乎|简直|竟然|究竟|居然|恐怕|明明|难道|怕|偏|偏偏|其实|恰好|恰恰|恰巧|千万|仍旧|甚至|势必|说不定|似乎|索性|万一|未必|无非|幸亏|也许|正巧|只得|只好|只能|只是|只有|终于|终究|总算|最好"},[—主语前＋主语后]66词(70.97%)。a. 主语是数量(名)的 26 词{27.96%,"八吊钱还不到两块七角钱"[白白|必|必定|必须|并|并非|不定|不至于|大大|到底|倒(是)|的确|反而|非|还|何必|居然|偏|恰恰|恰巧|仍旧|尚|无从|只能|总算|足以]},b. 主语是疑问代词的 3 词(3.23%,"谁还搭棚?"[还|必须|无从])。c. 主语是其他名词性成分的 37 词{39.78%,"你白白错过了机会"[白白|必|必定|必将|并|不定|不妨|不免|凑巧|大大|倒(是)|反|反倒|非|分明|高低|姑且|还|竟|决|可|可巧|且|仍|仍然|尚|万万|未免|无从|务必|许|依然|硬|约|至少|至多|足以]},[＋主语前—主语后]23 词(24.73%)。a. 主语是数量(名)的 10 词(10.75%,"好容易一辆汽车蹒跚而来"[不料|好容易|好在|或许|简直|势必|万一|依然|只好|只有])。b. 主语是疑问代词的 10 词(10.75%,"究竟~哪些值钱|不定|到底|几乎|其实|说不定|似乎|万一|至少|终究")。c. 主语是名词性成分的 3 词(3.23%,"不料~那女人心怀叵测|多亏|幸好")。(2) 层级分布。仅见于句子即交际层(作谓语或直接成句)的共 9 词(9.68%,"白白|非|或许|决|尚|万万|硬|约|终于");既能见于句子,也能见于短语即备用层(作主语、宾语、定语、状语和补语)的 84 词(90.32%)。在备用层中,作宾语 57 词(61.29%,"去了也是白白浪费钱")177 例["并"10 例,"足以"8 例,"尽管|究竟|居然"7 例/词,"必定|恰恰|万一"6 例/词,"白|白白|不定|其实|似乎"5 例/词,"不妨|的确|竟|决|也许|硬|总算"4 例/词,"到底|非|恐怕|难道|未免|无非|幸亏|只有|终究|最好"3 例/词,"甚至|大约|倒(是)|简直|还是|千万|偏偏|尚|索性|万万|未必"2 例/词,"大大|还|或许|暂且|只得|反|不免|竟然|凑巧|果然|无从|正巧|只能|只是|终于"1 例/词]。(带"的")作定语 32 词(34.41%,"却带着似乎命定的音乐感")58 例["尚|几乎|只有"5 例/词,"必"4 例,"必将|何等|足以"3 例/词,"简直|甚至|似乎"2 例/词,"白|并|的确|或许|约|终于|白白|不免|非|只得|不至于|还|必定|差点儿|好容易|决|未必|至于|大大|恰恰|硬|终"1 例/词。其中只有 3 词"尚|白|白白"所在短语自由,其余 29 词所在短语黏着]。作补语 19 词(20.43%,"我难受得差点儿发疯|她长得并不好看")40 例["几乎"16 例,"差点儿"4 例,"并"3 例,"还|简直|未必|只能|足以"2 例/词,"的确|可|倒(是)|恰恰|未免|竟然|似乎"1 例/词,"不至于|也许|只是"0 例/词]。作主语 2 词(2.15%,"可到底该说怎样的话还没搞清楚")3 例["最好"2 例,"只有"1 例]。

作状语极少。

2. 汉语12个语气副词句法位置的实际分布。[多居主语前]"也许"133例中,主语前73例(54.89%),主语后60例(45.11%)。"难道"114例中,主语前76例(66.67%),主语后38例(33.33%)。"反正"109例中,主语前96例(88.07%),主语后13例(11.93%)。"幸亏"28例中,主语前26例(92.86%),主语后2例(7.14%)。"幸而"11例中,主语前10例(90.91%),主语后1例(9.09%)。[多居主语后]"大约"76例中,主语前11例(14.47%),主语后65例(85.53%)。"只好"74例中,主语前3例(4.05%),主语后71例(95.95%)。"恰恰"36例中,主语前4例(11.11%),主语后32例(88.89%)。"索性"33例中,主语前1例(3.03%),主语后32例(96.97%)。"偏偏"31例中,主语前14例(45.16%),主语后17例(54.84%)。"明明"26例中,主语前10例(38.46%),主语后16例(61.54%)。[基本居主语后]"不妨"19例中,主语前0例,主语后19例(100%)。

数据2

1. 偶然条件类侥幸副词。"幸亏|幸好|幸而|亏|多亏|亏得"230例,用于主谓句的共143例,含:主语前132例(92.31%)[a. 获益者为非主语成分109例(76.22%,"幸亏派出所民警来得及时,把我抢了出来"),b. 获益者为主语本身23例(16.08%,"幸亏我是个女孩子,要不然早就教你揍扁了!")],主语后11例(7.69%,"我幸亏一走了之,要不,'文革'中还不又是一死?"),获益者均为主语本身。

2. 预设条件类侥幸副词。"好在"一般用在句首,用于主语后的0例。

数据3

1. "果然"。1204例中,(1) 副词1202例(99.83%)。a. 句首或主语前407例(33.80%)[有停顿的309例(25.66%),没有停顿的98例(8.14%)],b. 谓语前786例(65.28%)[其中,与"不出……所料""如此"连用的有47例(3.90%)],c. 单独使用9例(0.75%,"我仔细一揣摩,果然")。(2) 连词2例(0.17%,"你果然想改正错误,就应该拿出实际行动来")。

2. "果真"。343例中,(1) 副词217例(63.27%),a. 表与预期相符170例(49.56%):句首或主语前12例(3.50%)[有停顿11例(3.21%),无停顿1例(0.29%)],谓语前158例(46.06%)[其中与"如……所料"或"如此"连用5例(1.46%)]。b. 在陈述句肯定事实真实性,与"还|竟"连用3例(0.87%),与"好像|仿佛|似乎"连用4例(1.17%)。c. 在疑问句表怀疑真实性:反问24例(7%),与"如此"连用4例(1.17%)。d. 其他12例(3.50%)。(2) 连词

126例(36.73%),其中与"如此"连用12例(3.50%),其他114例(33.24%,"果真能得到这笔钱,我们可就赚大了")。

简论 语气副词中,既用在主语前也用在主语后的词数最多,只用在主语后的其次,只用在主语前的最少。总体看,用在主语后的仍占绝大多数。除语气副词可用在主语前外,其他作状语的情态标记都只用在主语后。用在主语后的语气副词,往往又都用在其他作状语的情态标记前。因为广义情态中的语气范畴都处于句层面即交际层面,因此在情态统辖序列"语气>时>体>判断然否>能愿>态"中都处于外缘(马清华,2017a)。

不能居主语前的语气副词多跟其他情态类型兼容。如"必定"所表估测,是确定语气跟判断的融合标记。"白白"是情貌范畴中效果貌跟加强语气的融合标记。有些本应属其他广义情态范畴的被误归进了语气副词(如"无从"本应属情貌副词,"必须|只能"本应属副词性的能愿标记),造成可出现在短语中的语气副词的数据存在某种程度的虚夸。

陈述结构的嵌套按其上层结构的功能是陈述性还是指称性,分浅层嵌套和深层嵌套。总体上,"副语气+谓"短语浅层嵌套(作宾语、主语、补语、状语)的规模大于深层嵌套(作定语)的规模。语气副词在主语前后的位置反映的是线序,它能否深嵌到陈述类定语中,属层序特征(线序和层序,参马清华,2005b:105—107)。从数据看,该类短语能在备用层嵌入短语的高达9成,但其中能嵌入定语的语气副词只有3成多。"副语气+谓"短语作主语和作宾语的规模悬殊。它们在语义上都是被说明对象,但在信息结构上的特征不同,"副语气+谓"短语常可用作反映动词(感知动词、心理动词、言语动词、符指动词)的宾语,如"没想到<u>偏偏他也在那儿</u>|发现反倒便宜了",构成陈述结构在反映层(属说明层)和对象层的分形。作宾语时,是未知前景信息,其说明语反倒因信息地位居次而往往退化为话语标记。作主语时是叙述的起点,是已知背景信息,因此带有渲染表达作用的"副语气+谓"短语极少作主语。"副语气+谓"短语作补语也较自然,如"累得<u>不至于走不动路</u>|考得<u>也许不错</u>|说得<u>只是快了些</u>",但中补结构处于比动宾结构更高的复杂层级,所以规模要小于后者,可嵌入的语气副词也少得多,如含"幸亏|幸而"的"副语气+谓"短语可作宾语,不作补语。

就所调查的12个语气副词的实际句法分布而言,存在以下特征:(1)它们基本都既能用于主语前,也能用于主语后,差异只在于倾向或幅度的不同。语气意义上,"幸亏|幸而|反正|也许|偏偏|明明|大约|恰恰|只好"属直陈

· 223 ·

(按:但都不排斥分布于疑问或感叹句),"难道"表疑问,"不妨"常表祈使(准确讲,应说是表"意志"。祈使句或与意欲句形义相似,合称意志句,参:马清华,2002),"索性"的语气意义是意志("你索性/我索性……"),有时也可以和直陈融合("他索性……")。(2) 语气副词的频次高低,跟居主语前与居主语后的频次差幅之间有某种相关性。具体地说,"多居主语前"及"基本居主语后"这两类语气副词,都是词的频次越高,居主语前与后的频次差幅越小,反之则差幅越大。"多居主语后"的语气副词,两者间不存在有规则的相关联系。

偶然条件类侥幸副词半数以上居句首或主语前,用在主语后的较少。预设条件类侥幸副词"好在"用在句首或主语前的倾向性更明显,若用在主语后,常借助"(要)不然(的话)"引出第二个分句("他好在没去,要不然也堵在那里了")。总的来说,侥幸副词都可以有一定的关联作用,充当复句关系的前项标记,且关联范围最多可直接覆盖 3 个分句,如全式"幸亏 X,Y,不然 Z",也可以简式存在,包括顺接的"幸亏 X,Y"和逆接的"幸亏 X,不然 Z"。侥幸副词的关联化是副词再语法化的结果,或者说是其高层谓语性质的进一步发展。我们知道,前项关联词(通常为连词)分布在主语前还是主语后,跟前后分句的主语异同存在联系。同样,侥幸副词正是由于再语法化,已类似于前项关联标记,故而其句法分布跟获益者才表现出如下关系:用于主语前时,获益者多为非主语成分;用于主语后时,获益者必为主语成分。

语气副词"果然"和"果真"作副词时,都能用在主语前,但这种分布都居弱势,仍以放在谓语前为常。它们都表料定口气,"果真"比"果然"更强调,表明"果真"的主观化程度高于"果然"。正因表跟预判吻合,所以"果然"和"果真"都能跟"不出……所料""如此"连用。它们兼表陈述语气,所以都不能用于祈使句。

"果然"和"果真"的料定口气可以越界影响到小句之外("越界"见:马清华,2004a),再加上它们都能用于句首或主语之前,因而从意义和形式两方面为关联化提供了基础,使之演化成连词(或关联副词),即由情态标记演化为逻辑结构标记。尽管如此,仍都是副词用法多于连词用法。但"果真"的连词用法远多于"果然",表明"果真"的语法化水平高于"果然"。

8.1.3 语气副词的来源

概述 现代汉语的某些语气副词正处于语法化过程中。它是观察语气副词来源的有效途径。张谊生、顿婷(2010)统计了"有望"功能分布和共现分布。我们整理其基本数据,校正并追加计算,得数据 1。吴剑飞、周芬(2006)依据

CCL现代汉语语料库,对比统计虚拟夸张副词"恨不得"和"巴不得"的语义分布。整理数据并追加计算,得数据2。

数据1

1. 功能分布。在北大现代汉语语料库搜得"有望"句713例中,作谓语223句(31.28%),作状语490句(68.72%);从人民网前50页搜得的"有望"句近900例中,作谓语的25句(2.78%),作状语的有870多句(96.67%)。"有望VP"整体充当的句法成分几乎都是充当谓语,充当定语(如"有望问鼎总理宝座的政治巨星")的很少,在所考察的语料中,还不到3%。

2. 共现分布。1150个例句及相关标题中,"将/即将"总共出现了385次(33.48%),其中连用形式"将有望"出现了38次(3.3%)。

数据2

1. "恨不得"句。254例中,含明显虚拟夸张意味的达208例(81.89%)。
2. "巴不得"句。71例中,含明显虚拟夸张意味的仅5例(7.04%)。

简论 作为语气标记的语气副词,是谓词的语法化产物。"有望""恨不得""巴不得"就是语法化过程中的语气副词。"有望"基本都在句层面即交际层发挥标记作用,呈副词化特征。"有望"是一个复杂情态标记。在基本面上,它是书面色彩的估测标记,但细究下来,它首先是口气与判断、体(未然)的融合标记。其次在口气意义上,它不仅表估测,而且表企望和婉曲,企望是从其本来的理性意义派生来的。使用它时,没有直接用现成的估测标记和未然体标记,不惜兜着弯子去表达,就是为了获得婉曲效果。历时地看,它从短语的词汇化("有希望→有望")发展到词汇的标记化("有望"语法化为副词),也是走了一个长征。"有望"身兼包括口气意义在内的情态职能,决定了它一般见于句层面(交际层面),极少深嵌到定语部分。"有望"和"将/即将"的共现属标记叠加现象("叠加"参马清华,2003b,2003d)。

从严看,"巴不得""恨不得"都是动词,如可以说"我巴不得|父母很巴不得我早点嫁出去|这是巴不得的好事",虽然不能说"*我恨不得",但可以说"我恨不得他马上来",可见"恨不得"是粘宾动词。但从发展眼光看,"恨不得"已经开始了语法化活动,"恨不得"多直接用在别的动词前,而"巴不得"仍多用在主谓结构前。副词"恨不得"常用于虚拟夸张口气的表达,跟它的语法化水平相对较高因而更有条件行使其标记职能有关。另外,"恨不得"本身也比"巴不得"更常用。在马清华主持编制(2015)的现代汉语多语体平衡语料库(328万

字规模)中,"恨不得"23次,"巴不得"才6次。而"恨不得"的迫切强度大于动词"巴不得",则可能归因于包括字面义在内的词义本身。

语气词是另一种语气标记,它有多种来源,主要来自叹词("啊""呀")(马清华,2003b),还有的来自其他标记词(结构标记"的"、情态标记"了"),也有来自动词("罢|看")或动词性成分("罢了|算了|就是了")、形容词性成分("好了")(马清华,1995)。当然,有的语气词也可能只表时体信息(如"来着""了₂"),这样的语气词另当别论。

8.1.4 疑问语气

1. 疑问语气副词的句法意义特征

概述 疑问语气副词含追问语气副词(如"到底|究竟")和反问语气副词("难道|岂|何X[何必|何不|何曾|何尝|何妨|何苦|何须]")。张秀松(2008)从CCL现代汉语语料库搜得含"到底"的句子,统计它的句法意义特征。我们对其基本结果重新计算并整理,得数据1。肖奚强(2003)从300万字语料中搜得"到底"句,又从400万字语料中搜得"究竟"句223例,除名词9例(4.04%,"急欲探出究竟")外,剩余214例是语气副词,统计它们的句法意义特征。我们对其基本结果重新计算或追加计算并整理,得数据2。肖奚强(2003)调查800万字语料发现,所有用"难道"的句子和大部分用"岂"的句子都可以删略它们而仍表反问,只是反问的语义稍微弱一点["花钱喝茶,(难道)还教谁管着吗?|那他(岂)不是会在乱中吃大亏吗?"]。齐沪扬、丁婵婵(2006)统计语料库(含CCL现代汉语语料库、自建100万字的生语料库及来自其他语言学文献的语料)中9个反诘类语气副词的否定分布(即与否定形式的搭配)情况,我们对其基本结果重新计算并整理,得数据3。

数据1

【到底】694例中:

1. 唯补词作补语。211例(30.40%)[表空间26例(3.75%,"这圈跑到底就歇会儿"),表时间185例(26.66%,"决心同他们斗争到底")]。

2. 副词作状语。483例(69.60%)中,表终于53例(7.64%,"田平到底为他爸争了一回光"),表毕竟72例(10.37%)[句首44例(6.34%,"到底还是年轻人干劲大"),句中28例(4.03%,"南方到底是南方")],表究竟358例(51.58%,"到底谁是警察")。

数据 2

【到底】137 例中：

1. 唯补词表时体。20 例(14.60%)。

2. 语气副词。117 例(85.40%)中,表究竟 95 例(69.34%)[特殊疑问句 75 例(54.74%,"你到底看见了什么?"),选择疑问句 14 例(10.22%,"到底骗人不对,还是诚实不对?"),正反疑问句 6 例(4.38%,如"你到底说不说?")],表毕竟 22 例(16.06%)["是"前 16 例(11.68%,"那时我到底是个孩子"),"算"前 1 例(0.73%),"有"前 1 例(0.73%,"老师到底有文化"),形容词("简单|深刻"等)前 3 例(2.19%),动态动词前 1 例(0.73%,"有钱到底过得愉快")]。

【究竟】223 例中：

1. 名词。9 例(4.04%,"急欲探出究竟")。

2. 语气副词。214 例(95.96%)中,表追究问 196 例(87.89%,"那么,乐团领导究竟是怎么想、怎么说的呢?"),表毕竟 18 例(8.07%,"二狗的话,尽管十分难听,究竟是具体的")。

数据 3

【难道】2007 例中,否定 1068 例(53.21%)。【岂】1628 例中,否定 1245 例(76.47%)。【何尝】265 例中,否定 220 例(83.02%)。【何必】746 例中,否定 45 例(6.03%)。【何苦】155 例中,否定 6 例(3.87%)。【何曾】54 例中,否定 2 例(3.70%)。【何不】212 例中,否定 1 例(0.47%)。【何妨】61 例,否定 0 例。【何须】28 例中,否定均 0 例。

简论 从语法化角度说,"到底"先是动词短语,主要作谓语,后沦为介词短语,主要作补语,表空间。补语位置上由表空间隐喻为表时间后,开始了词化,频度陡增。词化和意义变化的结合,推动它语法化为副词,分布也发生变化,居动词前或句首。语法化的进程并未停止,进而发展为表语气,提升了主观性。换言之,"到底"先是自介宾结构由空间转表时间,再转为时间副词,最后发展为语气副词:可以是评注性的陈述语气副词,表毕竟;也可以是疑问语气副词,表究竟。疑问语气副词是其语法化最后的产物。

语气副词"到底|究竟"是多义词,其表追问的义项都是语气标记,频率最高。它们也都能在肯定陈述句里表评议。这两种跨语气类型的分布,主观化程度都较高,但不管用于哪种语气类型(即句类),语义共同点是都有"说到最后|穷究起来"的口吻。

反诘类语气副词在构成上有四类：(1) 单一情态标记"岂"。(2) 复合情态标记的词汇化结果：疑问语素和体(曾然体)语素的结合"何尝""何曾"，疑问语素和否定语素的结合"何不"，疑问语素和能愿(道义)语素的结合"何必""何须"，疑问语素和情貌语素的结合"何苦"。(3) 疑问语素和隐性否定谓词语素的组合"何妨"。(4) 谓词语素的组合"难道"。有意思的是，反诘类语气副词跟否定标记共现概率的高低次序，跟常规统辖序列"语气＞体＞否定＞能愿"(马清华，2017a)有潜在的一致性。只是，已含否定语素("何妨")、隐性否定语素("何不")的，因为语义冲突，几乎不能跟否定形式搭配。已含能愿语素("何必｜何须")、贬义情貌语素("何苦")的，极少跟否定形式毗邻搭配，只有非毗邻搭配比较自然，如"何必／何须／何苦咬牙不说呢"。已含曾然体语素("何尝｜何曾")的，跟否定形式的搭配则较为自由。"何尝"的搭配数远高于"何曾"，是因为其原有的曾然体意义已基本褪去，演化成了跟"岂｜难道"类似的纯反诘类语气副词。

"难道｜岂"在很多反问句中能删略而不影响反问信息的表达，肖奚强(2003)据此认为它们并不承载反问信息，仅起加强或凸显反问的作用。应该说，否认"难道｜岂"的反问标记功能是站不住脚的。之所以能被删略，是因为它们往往至少跟其他反问手段之一叠加共现：(1) 跟否定副词"不｜没(有)｜非"等或隐性否定副词"白｜空｜干｜瞎｜徒｜虚｜枉"等反问手段共现。(2) 跟疑问代词("难道谁是天生就会的？")或语气词("难道他是天生就会的吗？")共现。(3) 不含疑问代词或语气词的降调反问句，"难道｜岂"标记的删略往往是有韵律条件的，要改成升调。比较："难道／岂是一个孩子能买得起的↘？≈是一个孩子能买得起的↗？"。

2. 疑问语气词和语调(韵律标记)的分布

概述 陈妹金(1995)根据早期现代汉语《红楼梦》1—40回[属前80回，有较多江南话成分](A)，81—120回[属后40回，更像北京话](B)共计60余万字的语料，现代汉语20世纪80年代约30万字的《新时期争鸣作品选2》(C)，统计了疑问语气词的使用与意义的历时分布。又根据当代小说《新时期争鸣作品选2》所含五篇不同作者的小说(各记为C_1,C_2,C_3,C_4,C_5)中"吗""呢""吧"，统计了疑问类型及其标记的共时分布，并追加考察科普作品(《科学画报》1990年1、3两期约16万字)(D)，以及标题[《科学画报》1990年1至12期和《趣味逻辑学》(中国青年出版社)中约1000多个标题](E)，统计其中疑问语气词"吗""呢""吧"标记和意义的语体／语域分布。我们整理其基本数据，重新计算，得数1。袁毓林(1993)统计现代汉语20世纪30年代老舍的小说集《月牙儿》、剧本《残雾》约 18 万字语料（A）和七八十年代吴祖光剧本《闯江湖》、苏叔阳剧本《丹心谱》、刘绍棠小说《豆棚瓜架雨如丝》约 37 万字语料（B）的疑问句形式和意义,我们整理其基本数据,并重新计算,得数据 2。康亮芳(1998)统计了曹禺剧本《家》和巴金小说《家》的是非问语气词"吗"和特指问语气词"呢"的分布。整理并追加计算,得数据 3。

数据 1

1. 历时分布。【A】疑问句 959 例中,吗问句 0 例,么问句 28 例(2.92%)[真问 17 例(1.77%,"有什么说的事情么？"),假问 11 例(1.15%,"这不是做梦么？")],语调是非问 108 例(11.26%)[真问 46 例(4.80%),假问 62 例(6.47%)],呢特指问 91 例(9.49%)[真问 70 例(7.30%),假问 21 例(2.19%)],(有"呢"非疑问句433例),无呢特指问 625 例(65.17%)[真问 425 例(44.32%),假问 200 例(20.86%)],反复问 107 例(11.16%)。【B】疑问句 431 例中,吗问句 71 例(16.47%)[真问 10 例(2.32%),假问 61 例(14.15%)],么问句 223 例(51.74%)[真问 94 例(21.81%),假问 129 例(29.93%)],语调是非问 20 例(4.64%)[真问 11 例(2.55%),假问 9 例(2.09%)],呢特指问 0 例,无呢特指问 0 例,反复问 117 例(27.15%)。【C】疑问句 1015 例中,吗问句 226 例(22.27%)[真问 81 例(7.98%),假问 145 例(14.29%)],么问句 0 例,语调是非问 163 例(16.06%)[真问 85 例(8.37%),假问 78 例(7.68%)],呢特指问 147 例(14.48%)[真问 87 例(8.57%),假问 60 例(5.91%)],(有"呢"非疑问句60例),无呢特指问 424 例(41.77%)[真问 250 例(24.63%),假问 174 例(17.14%)],反复问 55 例(5.42%)。

2. 共时分布。(1)有疑问语气词的疑问句。413 例里,【"吗"问句】"吗"问句 226 例(54.72%)中,真问 81 例(19.61%),假问 145 例(35.11%)[C_1—真问 10 例(2.42%),假问 48 例(11.62%);C_2—真问 9 例(2.18%),假问 19 例(4.60%);C_3—真问 2 例(0.48%),假问 5 例(1.21%);C_4—真问 10 例(2.42%),假问 15 例(3.63%);C_5—真问 50 例(12.11%),假问 58 例(14.04%)]。【"呢"问句】"呢"问句 152 例(36.80%)中,真问 92 例(22.28%),假问 60 例(14.53%)[C_1—真问 4 例(0.97%),假问 23 例(5.57%);C_2—真问 13 例(3.15%),假问 2 例(0.48%);C_3—真问 7 例(1.69%),假问 3 例(0.73%);C_4—真问 9 例(2.18%),假问 6 例(1.45%);C_5—真问 59 例(14.29%),假问 26 例(6.30%)]。【"吧"问句】"吧"问句 35 例(8.47%)中,C_1—5 例(1.21%),C_2—2 例(0.48%),C_3—2 例(0.48%),C_4—8

例(1.94%),C_5—18例(4.36%)。(2)无疑问语气词的疑问句。737例里,【语调是非问】语调是非问163例(22.12%)中,真问85例(11.53%),假问78例(10.58%)[C_1—真问18例(2.44%),假问4例(0.54%);C_2—真问15例(2.04%),假问6例(0.81%);C_3—真问7例(0.95%),假问0例;C_4—真问9例(1.22%),假问12例(1.63%);C_5—真问36例(4.88%),假问56例(7.60%)]。【非是非问】非是非问574例(77.88%)中,真问400例(54.27%),假问174例(23.61%)[C_1—真问112例(15.20%),假问5例(0.68%);C_2—真问46例(6.24%),假问16例(2.17%);C_3—真问12例(1.63%),假问2例(0.27%);C_4—真问28例(3.80%),假问15例(2.04%);C_5—真问202例(27.41%),假问136例(18.45%)]。(3)带疑问语气词的非疑问句。传疑而不问,如测度,较常见于非对话体的自言自语或描写心理意识流活动的话语。239例里,【带"吗"非疑问句】共1例(0.42%),含C_3—语料1例(0.42%),语料$C_{1,2,4,5}$皆0例。【带"呢"非疑问句】共60例(25.10%),含C_1—37例(15.48%),C_2—3例(1.26%),C_3—10例(4.18%),C_4—5例(2.09%),C_5—5例(2.09%)。【带"吧"非疑问句】带"吧"的178例(74.48%),含C_1—59例(24.69%),C_2—7例(2.93%),C_3—1例(0.42%),C_4—16例(6.69%),C_5—95例(39.75%)。

3. 疑问类型的语体/语域分布。【小说C_1—C_5】疑问句1050例中,是非问424例(40.38%),其中吗问句226例(21.52%)[真问81例(7.71%),假问145例(13.81%)]、语调是非问163例(15.52%)[真问85例(8.10%),假问78例(7.43%)]、吧问句35例(3.33%),非是非问626例(59.62%),其中呢问句152例(14.48%)[真问92例(8.76%),假问60例(5.71%)]、不带呢问句474例(45.14%)。【科普作品D】疑问句68例中,是非问22例(32.35%),其中吗问句21例(30.88%)[真问5例(7.35%),假问16例(23.53%)],语调是非问0例,吧问句1例(1.47%);非是非问46例(67.65%),其中呢问句25例(36.76%)[真问4例(5.88%),假问21例(30.88%)],不带呢问句21例(30.88%)。【科普标题E】疑问句120例:是非问22例(18.33%),其中吗问句18例(15%)[均为真问],语调是非问4例(3.33%)[均为真问];吧问句0例;非是非问98例(81.67%),其中呢问句92例(76.67%)[均为真问],不带呢问句6例(5%)。

数据2

【A】疑问句166例中,吗问句84例(50.60%)[真问18例(10.84%),假问66例(39.76%)],反复问82例(49.40%),么问句、语调是非问、呢特指问、无呢特指问,均0例。【B】"吗"问句[真性问62例(37.35%),假性问104例

(62.65%),比例为1∶1.7]与正反问句(含"VP不VP｜VP了没有?"等)之比为6∶1。

数据3

1. 是非问语气词"吗"。上世纪30年代小说《家》337例中,带"吗"195例(57.86%),不带"吗"的语调是非问句142例(42.14%)。上世纪40年代剧本《家》是非问句352例中,带"吗"98例(27.84%),不带"吗"的语调是非问句254例(72.16%)。

2. 特指问语气词"呢"。

剧本《家》非是非问句464例中,句末带"呢"的特指问有81个(17.46%)[含"非疑问形式＋呢"构成的问句达50个(10.78%)]。汉语虽存在"非疑问形式＋疑问语调(↑)"的特指问句(如"陈毅:人员↑?夏灏:尚有二百余人。"),但该语料中并未出现。

简论 是非问用韵律标记(语调)和词汇标记(疑问语气词"吗"等),特指问用词汇标记(疑问代词或疑问语气词"呢"),正反问用结构形式(句式)。

疑问语调属韵律标记,韵律标记的问句比语气词标记的问句更古老,因而也更加基本(马清华,2011)。它高频见于口语体,这倒不足为怪。由于语境也有协助表达和解码的作用,无语气词标记的问句未必都是韵律标记的问句。对话体有现场性,说话时往往向听话人展示着相应表情,即使用直陈句的典型语调说话,也可以用语毕张口、眼睛直视对方、期待回复的表情代偿韵律和语气词的疑问标记功能。不过,在所谓无标记疑问句的句末音素在开口度放大,并加大时延后,就会自然产生出疑问语气词"啊"。

综合数据1的共时分布和数据2看,现代汉语各疑问句类型的分布势力按数量由多到少排总体呈序列"是非问＞正反问"。它们在不同语料里的势力位序略有变化,如是非问居势力序列的首位或次位,反复问居势力序列的末位或次末位。不过,这里的"反复问"只是权宜的自定类名,并不恰当。按原统计者的说法,它包含"可VP｜VP了没有｜VP不VP"三种形式。但"可VP"归是非问,"VP了没有｜VP不VP"归正反问,它们在形式上不同质,回答方式上也不一致。反复问的数据一经离析,只会进一步强化"是非问＞正反问"序列,而不会相反。特指问在势力序列中的稳定性差,波动大,或居首位,或居末位,跟时代差异无关。

是非问的语气词"么"早期势力大于"吗",后期则相反。"吗"是非问都是假问多于真问。"呢"特指问则是真问多于假问,无"呢"特指问多于"呢"特指问(除非两者都为零)。这表明表疑问时"吗"的主观化程度高于"呢"。数据1的共时分布、2中的现代汉语数据都证实了"是非问＞正反问"以及"吗"是非问"假问＞真问"这两条势力序列。另外还表明,现代汉语问句中,采用标记形式多于采用结构形式。表疑问时,由于词汇标记对韵律标记有代偿作用,所以词汇标记和韵律标记的势力孰大孰小并无明确倾向。

由数据1的历时分布和数据2还可以看到,汉语问句的地域分化(即方言分化)在早期现代汉语中就表现明显:《红楼梦》前40回特指问占多数,但多不用语气词"呢";《红楼梦》后40回是非问占多数,多带疑问语气词标记,无论该标记是"么"还是"吗"。由于相同的地域背景,老舍20世纪30年代作品跟《红楼梦》后40回有着明显相似的分布倾向。《新时期争鸣作品选2》则表现出中间化的倾向,这跟其普通话的共同语本质有关。语气词存在着形式发展和意义发展两条主线,形式发展包括:(1)从无标记到有标记的发展。(2)标记更迭。标记更迭看上去跟字据的显明化有关,但其背后可能与韵母的央化、声调的轻化和意义变化有关。如"么"杨耐思据元周德清《中原音韵》拟音为 *muo, "吗"始见于清末。轻声见于四声之外,其声调地位的形成很晚,至少到《中原音韵》都没有人提及它。意义发展包括:(1)标记意义上由真性问向假性问演化的同时,实际其主观化程度在升高,它由简单语气意义向复杂语气意义(含更复杂微妙的口气意义)变化,该演化过程是一个再语法化过程。(2)标记的跨句类分布。有的开始时是倾向于非疑问,演变为倾向于疑问(如"呢")。有的至今还是倾向于非疑问(如"吧")。

"呢"的疑问语气标记作用可能来自非疑问功能。在吴方言里,语气词"呢"表祈使(如"你帮我梳梳呢")或陈述(如"对的呢"),反倒不表疑问。疑问句看似是提问,实际是请听话人回答,跟祈使有内在的功能联系。"呢"尾陈述句催促听者相信听者的话,不要游移不定。

从数据1的共时分布看,疑问语气词"吗""呢""吧"的疑问用法是典型的,非疑问用法属非典型。如"吗"专用于疑问句,非疑问句仅1例。问句中,真性问是典型的,假性问属非典型,如"呢"跟无标记疑问句一样,更多地用于真性问。不过,语气词"吗"有例外,它更多用于假性问,这可能是其疑问用法的语法化水平相对较高所致。有标记疑问句的频次从高到低呈"吗问句＞呢问句＞吧问句"序列。疑问语气词用于非疑问句的频次从高到低呈"吧＞呢＞吗"序列。是非问句以带"吗"为常。带疑问语气词的问句往往比无语段标记的韵律问句显得语气委婉些。如带"吗"的是非问(如"是小张吗？|有人在家吗？")比不带"吗"的纯语调是非问更委婉。

科普作品中疑问语气词、疑问句用得很少。就被调查的语料规模而言,科普作品占文艺小说的一半,但不低于标题的10倍,居第二位,其问句数却居末位,只有文艺小说的近1/15,标题所含问句数的近1/2。科普作品所含问句大多属无疑而问、自我解答的"设问句"。即一半以上的问句是假性问。这与科普作品以给予知识信息为目的的语体功能特点密切相关。从跟语料规模的比例看,艺术语体(小说)中疑问句的使用极为频繁。这跟该语体的渲情功能有关。值得注意的是,其绝大多数的疑问句没有疑问语气词标记,而是较多地借助了韵律标记、句式甚至语境。科普或学术文献的标题反映语体兼语域分布,但更多地体现为语域作用,它的问句频度也很高。以带疑问语气词标记("吗""呢")为常,绝大多数是真性问和特指问,是以正文作答的特殊"设问句",有强化疑问、引人注意、开启解惑的作用。

3. 语气词疑问信息与语调的交互

概述 江海燕(2006)设计由一女发音人将12个"呢"尾测试句([名词性"呢"尾句]人呢|书包呢|茶叶桶呢|电门开关儿呢|缺的那页纸呢|新买的订书器呢[动词性"呢"尾句]抓呢|找人呢|骑车去呢|如果不去呢|先打开电脑呢|要是没有证件呢)发音录音后,用minispeechlab的语音编辑功能完成句末语气词"呢"的换接工作,在无语境影响下,将有疑问语调和陈述语调的实验结果分别放给10个说普通话的听辨人听,要求凭第一印象判断听到的句子是否疑问句。总有效选择119次。我们整理其基本结果,修改类属并重新计算,得数据1。江海燕(2008)又设计无语境下"吧"尾疑问句的听辨实验,以弄清其中是"吧"还是语调在传达疑问语气。取"可以接受|那俩人会来|有五里地|别人送的|在国贸六层|地板铺实木的"6例,分别进入7组句子模式:(1)无疑问标记的陈述句。(2)有语气词"吧"和陈述语调的陈述句。(3)有语气词"吧"和疑问语调的疑问句。(4)第2组句尾"吧"被剪切掉的句子。(5)第3组句尾"吧"被剪切掉的句子。(6)第2组被用语音分析软件去掉音段特征、只保留超音段特征的句子。(7)第3组被用语音分析软件去掉音段特征、只保留超音段特征的句子。组4—7是在组2—3基础上,用语音分析软件Praat4·3处理而得。把所有句子打乱顺序,放给86个听音人(均为北京某高校说普通话的大一新生)听辨选择,判断听到的是陈述句还是疑问句。我们整理其基本数据,并修改分类、归类,得数据2。

数据1

1. 升调。(1)"呢"尾句119例中,判为疑问句86例(72.27%),非疑问句

33例(27.73%)。(2)名词性句子60例中,判为疑问句50例(83.33%),非疑问句10例(16.67%);动词性句子59例中,判为疑问句36例(60.93%),非疑问句23例(38.98%)。

2. 降调。(1)判为疑问句59例(49.58%),非疑问句60例(50.42%)。(2)名词性句子60例中,判为疑问句39例(65%),非疑问句21例(35%);动词性句子59例中,判为疑问句20例(33.90%),非疑问句39例(66.10%)。

数据2

1. 词汇标记和韵律标记。(1)[＋吧＋降调]时,判为陈述句26%,疑问句74%。(2)[＋吧＋升调]时,判为陈述句8%,疑问句92%。

2. 韵律标记。(1)[－吧＋降调]时,判为陈述句99%,疑问句1%。(2)剪切掉[＋吧＋降调]的末尾"吧"时,判为陈述句84%,疑问句16%。(3)剪切掉[＋吧＋升调]的末尾"吧"时,判为陈述句39%,疑问句61%。(4)去掉[＋吧＋降调]的音段特征。只保留其超音段特征时,判为陈述句82%,疑问句18%。(5)去掉[＋吧＋升调]的音段特征,只保留其超音段特征时,判为陈述句22%,疑问句78%。①

简论 语气词"呢"可表疑问、陈述或祈使三种语气类型。语调是表达语气的韵律手段。两者的协配关系受到视角分化、语义和谐(语义一致性)、"呢"意义等因素的作用。

就没有其他疑问词的"呢"尾句而言,首先,当它是升调时,(1)若将该调判为疑问语调,则受语义和谐的约束,也倾向于将"呢"判为表疑问(不确定语气),认定为采用了叠加疑问手段,由此形成如下结局:无论语段是名词性的还是动词性的,被试都倾向于判为疑问句。(2)若将"呢"判为确定(陈述或祈使)语气词,则该语调转表强调口吻,用于诘责场合,其语境条件相对较特殊。其次,当它是降调时,句类的判定倾向因语段功能而发生分化。(1)动词性语段表确定意义时,在语义和谐的约束下,"呢"也表非疑问,所以被试一般倾向于判为非疑问句(含陈述或祈使);语段带"如果|要是"等表不确定意义的成分时,"呢"也相应表疑问。(2)当语段是名词性时,可以是陈述句,语境是在对方物类难辨时帮助其确认,如:"这是什么呀?""茶叶桶呢。"(3)若已将"呢"判为疑问语气词,则该语调转表居高临下的生冷口气,无论语段是名词性的还是

---

① 为避免形式和意义的混淆和不必要的纠缠,语调按调值说成升调和降调,而不称疑问语调和陈述语调。

动词性的。再次,"呢"尾句若是动词性的,其句类判定跟语调调值呈正相关。具体地说,若为升调,多判为疑问句;若为降调,多判为非疑问句。但若是名词性的,无论升调和降调,都倾向于判为疑问句,不仅在降调时倾向于判为疑问句,而且在升调时判为疑问句的也多于动词性"呢"尾句,这是因为:(1)"呢"单独表疑问,有代偿疑问语调的作用。江海燕(2006)实验表明,无语气词疑问句的音高多高于带"呢"尾疑问句。(2)"呢"尾句表疑问时的语境条件单纯,只涉及说者一方,因此典型、常用,表陈述时的语境条件特殊,涉及说听双方(例析见"茶叶桶呢。"),因此不典型、不常用。

语气词和语调都是语气表达手段,分别是词汇标记和韵律标记。但它们的功能有不确定性:语调可以是狭义语气标记,也可以是口气标记。语气词有多义特征,不同的语气词都是狭义语气和口气的融合标记。它们所在句子的功能类别取决于其互相作用的规则:(1)语气叠加标记对语气的限定作用要大于单项标记。通过语音技术手段进行局部消除处理,从而将叠加标记技术处理为单一标记后,仍能看到以上规则的作用,只是影响程度略降。(2)语调是狭义语气和口气的韵律标记,它比词汇标记更加原始、更加基本(马清华,2011)。句子可以没有语气词,但不能没有语调。非祈使性意义的语段在语义和谐(语义一致性)约束下,语调功能的确定也影响语气词功能的确定。具体地说,若是降调,"吧"不表疑问。若是升调,"吧"也表疑问。(3)以上两条规则起主导作用,但不是绝对的。如语气词表狭义语气时,语调可仅表口气(即口吻)。(4)非祈使性意义的语段在降调时,有"吧"多判为疑问句,无"吧"多判为陈述句,表明"吧"在其中有独立表疑问的作用。(5)语境也可在语气表达和解码上起重要作用。句子意义跟语境意义有互补关系,因此语境可成为句子语气特征的推断基础。林茂灿(2006)对有声言语的听辨实验就反映了这一点,疑问在离开上下文后疑问强度会有变化,有些疑问句会被判断为陈述。

8.1.5 祈使语气

概述 语气词"吧"除用于祈使句,还用于陈述句("张三走了吧。")或疑问句("张三走了吧?")表测度。张小峰(2003)统计《龙须沟》《茶馆》《方珍珠》《全家福》四部话剧中语气词"吧"在对话语体中的句类分布。我们整理其基本数据并追加计算,得数据1。语气词"好了"有4种意义,它们在句中常兼容并存。韩静(2008)从CCL现代汉语语料库和其他途径采集到50个含语气词"好了"的句子,统计语气词"好了"的意义频次,整理得数据2。

数据 1

438 例带语气词"吧"的句子中,有:(1) 祈使句 278 例(63.47%,"王掌柜,捧捧唐铁嘴吧!"),(2) 疑问句 93 例(21.23%,"我对得起你吧?"),(3) 陈述句 13 例(2.97%,"没有吧。"),(4) 应答语 27 例(6.16%,"好吧!"),(5) 客套语 15 例(3.42%,"告诉你吧|不见怪吧!"),(6) 句中 12 例(2.74%,"我那儿有一条被子吧,那个面儿稍微旧了点儿")。

数据 2

50 个含语气词"好了"的句子中,(1) 决断 50 例(100%),(2) 尽管放心、同意、鼓励 50 例(100%),(3) 不在乎、无所谓 37 例(74%),(4) 不满意 13 例(26%)。例如:[1+2]就这么定了,你安心在赣南好了。[1+2+3]没米饭吃面条好了。[1+2+3+4]让他去告好了。我不怕!

简论 语气词"吧"本是动词"罢"发展而来的意志标记,用于祈使句或意欲句,理据上相当于"算了",可使句子的口气比无标记时委婉(马清华,1995),这种委婉的口气支持它向不确定口气发展,不确定程度稍高时为测度疑问句,不确定程度稍低时为测度陈述句。与这种不确定程度的高低波动相应,也往往伴随着韵律手段(语调)的参与,疑问时尾调高悬,陈述时尾调垂降。

感叹句常跟其他句类兼容并存,从这个意义上说,"吧"并非不能出现在感叹句中。如陈述兼感叹句"太热了吧!"祈使兼感叹句"让暴风雨来得更猛烈点吧!"疑问兼感叹句"你的脑子不会是被驴踢了吧?!""吧"不能进入拥有自己专有特征的严格感叹句,即一些叹词句"啊!"以及一些广义变价句("多好啊!")。"吧"的出现频度序列为"祈使句>疑问句>陈述句>句中"。"吧"在祈使句里表语气,在疑问句和陈述句里表测度口气,测度包含的信疑度随韵律手段的配合情况不同而有所升降。应答语和客套语有时是用祈使句和陈述句表达的,或采用跟祈使句相似度极大的意欲句(马清华,2002),因此可带"吧"。"吧"也能充当话语标记或结构关联标记,它用在主谓之间,属话语标记,是表语气/口气的情态标记再语法化的结果。用在复句的前一小句末,有关联作用,引起转接关系,是情态成分关联化的表现。语气词"吧"的频度序列可转写为"情态标记>话语标记/结构标记"和情态标记中的"语气标记>口气标记"。

严格说来,"好了"是意志标记,用于祈使句("你去好了")或意欲句("我去好了")。意欲句在汉语里的句法相似度极大,形成了祈使句和陈述句的交叉地带(参马清华,2002)。单从结构形式甚至句法意义上看,意欲句几乎足以推翻祈使句在汉语里独立的句法地位(参马清华,2006:259—294)。但应看到,句类主要是句子语用句法的分类,它综合考虑了交际功能和结构形义特征两方面,因此有其合理性。根据一般的句类理论,语气词"好了"可以视为祈使语气标记,它又派生出4种口气类型,并与之共生。"决断"和"尽管放心""同意""鼓励"属意志口气,跟祈使语气意义接近,因此最高频;"不在乎""无所谓"属态度口气,次高频;"不满意"属情感口气,最低频。情感口气义可能是从态度口气义吸收语境义衍生而来的再主观化结果。每个句例中的语气词"好了",都是语气和多种口气的融合。

8.1.6 陈述语气

1. 同义陈述语气标记和口气的融合

概述 同义的陈述语气词"罢了"和"而已"来源不同,并存在主观性差异,即不同的口吻(或口气)。一般认为它们都有"把事情往小里说"的意味。书面语中常可换用而不影响意思。为验证这一点,方绪军(2006)调查69位对外汉语专业研究生和本科生对14个语句中相关用词的语感判断。我们整理其基本数据并追加计算,分类和归类,得数据1。同义的语气副词在色彩和组合限制上往往存在差异,肖奚强(2007)统计表证实的陈述语气副词"的确""实在"的句法分布。我们整理其基本数据并追加计算,得数据2。聂丹(2004)考察《人民日报》2003年1月1日至6月12日近半年的报纸,统计语气副词"竟"的语义分布和句法分布。我们整理其基本数据,并追加计算,得数据3。

数据1

1. 倾向于用"而已",原文也用"而已"。(1)君子之交淡如水,坐定之后,清茶一杯,闲话片刻( ):"而已"43人(62.32%),"罢了"19人(27.54%),两可7人(10.14%)。(2)炒菜一律用素油,菜里也不加葱、蒜、姜之类的调味作料,味清淡,基本可口( ):"而已"39人(56.52%),"罢了"18人(26.09%),两可12人(17.39%)。(3)月薪千儿八百的小姐们心里有本账:的士单打,每月好几百,搭不起;拼打,几十块( ),毛毛雨:"而已"42人(60.87%),"罢了"11人(15.94%),两可16人(23.19%)。(4)老字号绝不仅仅是拥有一块年代久远的老牌匾( ):"而已"64人(92.75%),"罢了"4人(5.8%),两可1人(1.45%)。(5)美国驻俄大使馆每年所付出的7万卢布,仅相当于13美元( ):"而已"60人(86.96%),"罢了"4人(5.8%),两可5人(7.24%)。(6)只读过《自西徂东》《百年一觉》等少数几本书,一知半解,仅皮毛( ):"而已"43人(62.32%),"罢了"11人(15.94%),两可15人(21.74%)。(7)笔者看过他在各地旅游时所拍的照片,他的交际圈仅限于几个当年的亲密朋友( ):"而已"47 人(68.12%),"罢了"9 人(13.04%),两可 13 人(18.84%)。

2. 倾向于用"而已",原文用"罢了"。(1)你要会做就是好样的,是实干家,净一张贫嘴管什么用,只会惹祸( ):"而已"11 人(15.94%),"罢了"44 人(63.77%),两可 14 人(20.29%)。(2)奉献就是每天在自己所做的基础上,再多做一点点( )。贵在坚持!:"而已"38 人(55.07%),"罢了"20 人(28.99%),两可 11 人(15.94%)。

3. 倾向于用"罢了",原文也用"罢了"。(1)全澳各州每年秋季都举办自己的农展会,只不过悉尼的规模为全国之最( ):"而已"26 人(37.68%),"罢了"30 人(43.48%),两可 13 人(18.84%)。(2)这种极不负责任的"政策贪污",只不过不像贪污财物那样直接、明显( ):"而已"18 人(26.09%),"罢了"40 人(57.97%),两可 11 人(15.94%)。(3)有这么多的顾虑,批评自然也就难以开展,即使批评,也是轻描淡写一番( ):"而已"17 人(24.64%),"罢了"33 人(47.83%),两可 19 人(27.53%)。(4)我出去留学,便剪掉了辫子,这并没有别的奥妙,只为他太不便当( ):"而已"16 人(23.19%),"罢了"42 人(60.87%),两可 11 人(15.94%)。(5)王禹卿嘴能说,腿能跑,恒来有了他做销售,营业额增长了好几倍。有人曾问过他在销货上有什么诀窍,他笑笑说:"苦了两条腿( )。":"而已"22 人(31.88%),"罢了"37 人(53.62%),两可 10 人(14.5%)。

数据 2

1. "的确"。344 例中,跟动态助词"了""着""过"、动态副词"在""正在"共现的 28 例(8.14%),跟否定式共现的 49 例(14.24%),很少与"太……了"连用,连用的仅 4 例(1.16%)。

2. "实在"。553 例中,很难跟动态助词"了$_1$"共现,共现的仅 8 例(1.45%),不能与动态助词"着"共现,跟否定式共现的 249 例(45.03%),与"太……了"连用的有 69 例(12.48%)。

数据 3

"竟"246 例(不含"竟然")中:

1. 语义分布。见于 6 种语义关系的后项:(1)转折(前项为预期)63 例(25.61%,"以前就想着让孩子吃好,吃得有营养,谁曾想这样做竟种下病灶了"),(2)对照(前项为参照)52 例(21.14%,"去年冬天,秦皇岛最低气温零下 17 摄氏度,可百信图书大厦里温暖如春,最高温度竟达 25 摄氏度"),(3)说明(前项为原因)36 例(14.63%,"湖北荆州市的朱某应聘不成生怨气,竟打起了恐怖威胁电话"),(4) 承递(前项为前一阶段)49 例(19.92%,"陈师傅辞逝的那天,竟下起了少有的大雪"),(5) 目的(前项为目的)9 例(3.66%,"为了减轻护士的辛苦,她竟夜间不睡觉"),(6) 自足(前项为常识预期,被隐含)37 例(15.04%,"一个小男孩当众竟要求与主持人'奔儿一个'")。

2. 句法分布。(1) 动词性成分前 219 例(89.02%),含:"成了"等表状态变化的动词 20 例(9.13%,"每天观看电视疫情报告竟成了她的头等大事"),"能|要|会"类能愿动词 6 例(2.74%,"她竟能说一口流利的英语"),"使|让"类使令动词 6 例(2.74%,"没想到竟使淘大花园成为疫情重灾区"),"是|为"等判断动词 2 例(0.91%,"给我印象最深的竟是那些普通的草坪"),"如|像|似"等相似义动词 4 例(1.83%,"然而,这样大力度的宣传竟如雪落江河,并没有产生预期效果"),"称|说"等言说动词 7 例(3.2%,"石原对中国竟称'支那'"),"挨|遭"等有明显主观倾向性的动词 18 例(8.22%,"女孩竟挨了母亲的巴掌"),其他动词 156 例(71.23%)。(2) 非动词性成分前 27 例(10.98%)。

简论 陈述语气词"而已""罢了"的差异体现在语用、语法、语义多个界面。(1) 语用上,"而已"在口语和书面语里都比"罢了"常用。"而已"出现于口语的概率高于书面,"罢了"出现书面语的概率高于口语,意味上多一份文绉绉的色彩。吕叔湘(1980:169)说,"而已"多用于书面,口语用"罢了"。此后文献都持该说,众口一词。不过,吕说并不符实。我们对 328 万多字规模的自建语体语料库(马清华,2015)调查发现,在语气词分布上,无论口语还是书面语,都是"而已"呈相对优势分布,"罢了"呈相对弱势分布,具体地说,159 万多字口语[QQ 聊天记录+辩论+电视剧对话+访谈节目+即兴演讲+情景剧对话+相声+小说直接引语+自然口语(独白/对话)]里,"而已"32 次(84.21%),"罢了"6 次(不含动词用法)(15.79%)。近 169 万字书面语[公文+科技类散文+说明文+学术文献(科技类/哲学)+艺术作品[歌词/散文/诗歌/小说(删对话和直接引语)+政论文]里,"而已"21 次(60%),"罢了"14 次(不含动词用法)(40%)。(2) 句法上,"而已"的再组织能力高于"罢了"。"而已"有助词化特征,如偶可置于定语的后面,"罢了"则不能。"而已|罢了"虽然都可跟范围副词"只|仅|单"等搭配使用,但"而已"也可跟否定式"不只|不仅|不单"等搭配使用,"罢了"不大能这样用。(3) 语义上,"而已|罢了"都含轻视的主观态度,但表不满或否定时"罢了"比"而已"色彩更显明。调查显示,更多的句子人们倾向于选"而已"。调查所得的这种结果是"而已""罢了"以上多个

维度上的差异造成的。

陈述语气副词"的确""实在"都是语气和口气的融合标记("融合"参马清华、方光柱、韩笑等,2017:8—9),它们都有陈述语气标记性质,所以不见于祈使句。"的确"可以用在主语前,"实在"不大能用在主语前。"的确"的组合语段色彩为中性,"实在"的组合语段色彩倾向于消极,所以,即使不是否定式,也接贬义词,如"实在糟糕"。另一方面"的确"表确认口气,既可接叙实性成分,也可接评议性成分,"实在"是情绪性评议口气,多接评议性成分,常与之连用的否定式,实也属评议成分。这造成"实在"的使用看上去不如"的确"自由,受到一定的句法限制。

"竟"也是语气和口气的融合标记,它表意外口气和陈述语气,不用于祈使句。"竟"既可用在动词性成分前,也可用在形容词性成分前,但主要用在动词性成分前,后接关系动词的比例并不大。

2. 陈述语气词表义功能与韵律特征的交互

概述 陈述语气词"啊"表辩解语气时带不耐烦情绪(组 1a),也可表一般陈述语气(组 1b)。陈述语气词"吧"可在申明意见时表无所谓态度(组 2a),也可表一般陈述语气(组 2b)。陈述语气词"呢"可表强调、夸张口吻(组 3)。

第 1 组 a. 我没说让你哭啊|我没说让你读啊|我没说让你赌啊|我没说让你去啊。b. 他不吃啊|他不来啊|他不走啊|他不去啊

第 2 组 a. 想吃就吃吧|想拿就拿吧|想走就走吧|想去就去吧。b. 大概是老八吧|大概是小霞吧|大概是老马吧|大概是老大吧

第 3 组 两千辆车呢!|两千道题呢!|两千匹马呢!|两千里地呢!

张彦(2006)利用这三个句组设计实验,观察多位发音人"啊|吧|呢"两种表义功能和发音时长(单位 ms)、音强(幅度积)的作用关系。我们整理其基本数据并追加计算,得数据:

数据

1. 陈述语气词表义与时长的交互。(1)"啊"不耐烦的时长大于一般陈述的时长 3 人(60%)[被试 A]不耐烦 328.2 ms,一般陈述 174.9 ms(=1.88∶1)[被试 B]不耐烦 159.3 ms,一般陈述 118.4 ms(=1.35∶1)[被试 C]不耐烦 229 ms,一般陈述 215.8 ms(=1.06∶1);等于的 1 人(20%)[被试 D]不耐烦 152.2 ms,一般陈述 151.9 ms(=1∶1);小于的 1 人(20%)[被试 E]不耐烦 107.7 ms,一般陈述 135.9 ms(=0.79∶1)。(2)"吧"表无所谓时长小于表一般陈述的 4 人(66.67%)[被试 A]无所谓 114.4 ms,一般陈述 226.1 ms(=

0.51∶1)[被试B]无所谓107.1 ms,一般陈述192.5 ms(=0.56∶1)[被试C]无所谓117.9 ms,一般陈述204.9 ms(=0.58∶1)[被试D]无所谓178 ms,一般陈述233 ms(=0.76∶1)。大于的2人(33.33%)[被试E]无所谓278.3 ms,一般陈述248.6 ms(=1.12∶1)[被试F]无所谓306.3 ms,一般陈述278.2 ms(=1.10∶1)。(3)"呢"表强调、夸张时,时长小于一般陈述的5人(83.33%)[被试A]强调、夸张126.5 ms,一般陈述167.9 ms(=0.75∶1)[被试B]强调、夸张168.9 ms,一般陈述192.2 ms(=0.88∶1)[被试C]强调、夸张180.4 ms,一般陈述197.7 ms(=0.91∶1)[被试D]强调、夸张151.1 ms,一般陈述160.8 ms(=0.94∶1)[被试E]强调、夸张188.5 ms,一般陈述200.3 ms(=0.94∶1)。大于一般陈述的1人(16.67%)[被试F]强调、夸张134.5 ms,一般陈述120.4 ms(=1.12∶1)。

2. 陈述语气词表义与音强的交互。(1)"啊"表不耐烦时,音强大于表一般陈述的4人(80%)[被试C]不耐烦224.7 s,陈述41.1 s(=5.47∶1)[被试A]不耐烦58.6 s,陈述50.5 s(=1.16∶1)[被试D]不耐烦49.8 s,陈述43 s(=1.16∶1)[被试B]不耐烦40.8 s,陈述40.3 s(=1.01∶1)。小于的1人(20%)[被试E]不耐烦38.5 s,陈述46.4 s(=0.83∶1)。(2)"吧"表无所谓口气时音强大于表一般陈述语气的3人(50%)[被试A]无所谓111.3 s,一般陈述39.8 s(=2.8∶1);[被试B]无所谓96.4 s,一般陈述54.3 s(=1.78∶1);[被试C]无所谓60.5 s,一般陈述51.9 s(=1.17∶1)。相仿的2人(33.33%)[被试D]无所谓36.7 s,一般陈述40 s(=0.92∶1)[被试E]无所谓30.3 s,一般陈述29.5 s(=1.03∶1)。小于的1人(16.67%)[被试F]无所谓36.4 s,一般陈述101.9 s(=0.36∶1)。(3)"呢"表强调、夸张口气时的音强大于表一般陈述语气的被试4人(66.67%)[被试A]强调36.2 s,陈述30.6 s(=1.18∶1)[被试B]强调30.6 s,陈述25 s(=1.22∶1)[被试C]强调40 s,陈述30 s(=1.33∶1)[被试D]强调60.1 s,陈述30.9 s(=1.94∶1)。相仿的1人(16.67%)[被试E]强调44 s,陈述48.7 s(=0.9∶1)。小于的1人(16.67%)[被试F]强调36.5 s,陈述49.5 s(=0.74∶1)

简论 陈述语气词"啊""吧""呢"既是表陈述的语气标记,又是表特殊情绪性口吻的口气标记。其音长、音强的相应变化表明,词汇标记的功能分化不是孤立的,是既有韵律变化,又有意义变化的多维共变(马清华、杨飞,2018)。音长或音强变化,有时还伴有其他音段成分的重音变化,这是更大范围的共变。特殊口气表达是常规基础(即陈述语气)上的偏常变化。

实验结论是:"啊"表不耐烦情绪的时长倾向于比表一般陈述的长,不耐烦程度跟"啊"的音强呈正相关。"吧"的无所谓态度若是傲慢的,其时长比一般陈述长,音强陡增,且音高动程大,有重读倾向,拖腔拿调。若是果断、干脆情绪,"吧"的时长缩短,小于一般陈述,音强跟表一般陈述时的差别不十分显著,有时甚至减小。"呢"表强调、夸张口吻时,总要带强调重音。重音位置的不同影响"呢"的时长和音强。落在句中成分(如例中的"两千")上时,"呢"比一般陈述的时长短,音强则相差不十分大;落在"呢"的前一音节("车|题|马|地")上时,"呢"比一般陈述的时长长,音强也大幅增大。

3. 陈述语气词的音变用字与词位分化

概述 语气词"啊"音变为 ya、wa、na 后可分别写作"呀""哇""哪";变读为 nga、ra、[za]时仍写作"啊"。张桂权(2002)统计 1995 年初中语文教材中"啊"的音变用字,发现没有一篇课文"啊"的音变用字完全符合音变规则(下线表非规范用字)。我们整理其基本数据并追加计算,得数据:

数据

语气词"啊|呀|哇|哪"194 例音变用字中,实际用字合音变规则的 103 例(53.09%),不合音变规则的 91 例(46.91%)。其中"啊"用字 92 例,合音变规则的 39 例(42.39%),不合音变规则的 53 例[57.61%,"那密密的长叶啊(呀)/南方的甘蔗林哪/那甜甜的秸秆啊(哪)《青纱帐——甘蔗林》|这是我们的土地啊(呀)/变化是多么神速啊(哇)/干啊(哪)(《土地》)"]。"呀"用字 81 例,合音变规则的 48 例(59.26%),不合音变规则的 33 例[40.74%,"因为我们的青纱帐呀(啊)/ 因为我们的甘蔗林呀(哪)/ 天空是一样地高远呀(哪)(《青纱帐——甘蔗林》)|五角五呀(哇)/ 遭罪的钱呀(哪)/ 秤码可得高点呀(哪)/快走呀(哇)(《卖蟹》)"]。"哇"用字 7 例,合音变规则的 6 例(85.71%),不合音变规则的 1 例(14.29%)。"哪"用字 14 例,合音变规则的 10 例(71.43%),不合音变规则的 4 例[28.57%,"真美哪(呀)(《土地》)"]。

简论 原型字"啊"不合音变规则的占多数,音变字"呀""哇""哪"合音变规则的占多数。表明原型字保持形体不变,音变字按规则改写,是潜在的主流规则。

音变形成的语气词充其量只是音变前语气词的变体,尚不具有词位独立性。表面上看,音变用字十分混乱,不规则率高达 46.91%,似乎人们不能完全分清音变用字。但事实上,依照所谓误写汉字的本音读,并非不能接受,因此不应将其一律视为音变用字错误,而应注意并承认语气词"呀""哇""哪"的独立词位地位,就是说,它们既可以是"啊"的音变形式,也可以是独立存在的语气词。后者是因为叹词元音具有可广谱替换性(马清华,2011),情感类的语气词是叹词语法化的结果(马清华,2003b),它们在一定程度上继承可适度自由变形的特性。

8.1.7 语气/口气格式

1. 语气/口气标记的共现格式

概述 齐春红(2007b)依据 CCL 现代汉语语料库,统计语气副词与句末语气词的共现。从表意看,语气副词与语气词的共现有主观疑惑、主观估量、接近主观大量、主观大量四类。我们整理其基本数据,校正并追加计算,得数据:

数据

1. 主观疑惑。【到底】450 例中,"~罢了"1 例(0.22%),"~似的"1 例(0.22%),"~的"35 例(7.78%),"~了"6 例(1.33%),"~呢"337 例(74.89%),"~罢/吧"1 例(0.22%),"~吗"6 例(1.33%),"~啊/呀"63 例(14%)。【究竟】583 例中,"~的"78 例(13.38%),"~了"9 例(1.54%),"~呢"482 例(82.68%),"~啊/呀"14 例(2.4%)。

2. 主观估量。【大概】1290 例中,"~罢了"5 例(0.39%),"~似的"4 例(0.31%),"~的"237 例(18.37%),"~了"572 例(44.34%),"~呢"30 例(2.33%),"~罢/吧"437 例(33.88%),"~啊/呀"5 例(0.39%)。【大约】352 例中,"~罢了"2 例(0.57%),"~的"93 例(26.42%),"~了"156 例(44.32%),"~罢/吧"101 例(28.69%)。【也许】1319 例中,"~罢了"5 例(0.38%),"~似的"4 例(0.3%),"~的"391 例(29.64%),"~了"366 例(27.75%),"~呢"108 例(8.19%),"~罢/吧"431 例(32.68%),"~吗"7 例(0.53%),"~啊/呀"7 例(0.53%)。

3. 接近主观大量。【至少】500 例中,"~罢了"1 例(0.2%),"~似的"4 例(0.8%),"~的"252 例(50.4%),"~了"154 例(30.8%),"~呢"16 例(3.2%),"~罢/吧"56 例(11.2%),"~吗"4 例(0.8%),"~啊/呀"13 例(2.6%)。【似乎】1455 例中,"~罢了"1 例(0.07%),"~似的"36 例(2.47%),"~的"389 例(26.74%),"~了"953 例(65.5%),"~呢"49 例(3.37%),"~罢/吧"22 例(1.51%),"~吗"2 例(0.14%),"~啊/呀"3 例

(0.21%)。【未必】116例中,"～的"46例(39.66%),"～了"29例(25%),"～呢"11例(9.48%),"～罢/吧"27例(23.28%),"～吗"1例(0.86%),"～啊/呀"2例(1.72%)。【好像】758例中,"～似的"43例(5.67%),"～的"184例(24.27%),"～了"471例(62.14%),"～呢"22例(2.9%),"～罢/吧"32例(4.22%),"～吗"2例(0.26%),"～啊/呀"4例(0.53%)。

4. 主观大量。【当然】2460例中,"～罢了"7例(0.28%),"～的"1032例(41.95%),"～了"1390例(56.5%),"～呢"4例(0.16%),"～罢/吧"3例(0.12%),"～啊/呀"24例(0.98%)。【毕竟】604例中,"～的"243例(40.23%),"～了"258例(42.72%),"～呢"1例(0.17%),"～罢/吧"7例(1.16%),"～吗"1例(0.17%),"～啊/呀"94例(15.56%)。【难怪】95例中,"～似的"1例(1.05%),"～的"7例(7.37%),"～了"68例(71.58%),"～呢"15例(15.79%),"～啊/呀"4例(4.21%)。【果然】436例中,"～的"36例(8.26%),"～了"385例(88.3%),"～呢"2例(0.46%),"～吗"11例(2.52%),"～啊/呀"2例(0.46%)。【根本】447例中,"～似的"14例(3.13%),"～的"260例(58.17%),"～了"137例(30.65%),"～呢"14例(3.13%),"～罢/吧"3例(0.67%),"～吗"3例(0.67%),"～啊/呀"16例(3.58%)。【必定】173例中,"～的"117例(67.63%),"～了"35例(20.23%),"～呢"11例(6.36%),"～罢/吧"3例(1.73%),"～吗"5例(2.89%),"～啊/呀"2例(1.16%)。【的确】567例中,"～似的"1例(0.18%),"～的"252例(44.44%),"～了"293例(51.68%),"～呢"3例(0.53%),"～罢/吧"1例(0.18%),"～吗"4例(0.71%),"～啊/呀"13例(2.29%)。【竟然】219例中,"～似的"2例(0.91%),"～的"27例(12.33%),"～了"179例(81.74%),"～呢"7例(3.2%),"～吗"1例(0.46%),"～啊/呀"3例(1.37%)。"偏偏"99例中,"～似的"1例(1.01%),"～的"16例(16.16%),"～了"57例(57.58%),"～呢"25例(25.25%)。"幸亏"30例中,"～的"12例(40%),"～了"16例(53.33%),"～呢"1例(3.33%),"～啊/呀"1例(3.33%)。"恰恰"105例中,"～的"68例(64.76%),"～了"29例(27.62%),"～呢"5例(4.76%),"～罢/吧"2例(1.9%),"～啊/呀"1例(0.95%)。"宁愿"23例中,"～的"13例(56.52%),"～了"6例(26.09%),"～呢"2例(8.7%),"～吗"1例(4.35%),"～啊/呀"1例(4.35%)。"千万"144例中,"～的"2例(1.39%),"～了"108例(75%),"～呢"1例(0.69%),"～啊/呀"33例(22.92%)。"索性"110例中,"～的"1例(0.91%),"～了"82例(74.55%),"～呢"5例(4.55%),"～罢/吧"22例(20%)。"难道"2149例

中,"～的"69例(3.21%),"～了"149例(6.93%),"～呢"2例(0.09%),"～罢/吧"1例(0.05%),"～吗"1928例(89.72%)。

简论 格式不同于构式。格式是惯用的多标记共现形式,属词汇学范畴。构式跟强类推能力的构型相对,属结构范畴,格式跟嵌入成分组成的结构整体才可视为构式。

前置语气/口气标记(语气副词)跟后置语气/口气标记(语气词)的共现格式,按关系分两类:(1) 同类叠加(马清华,2018)。如主观疑惑类的"到底/究竟……呢",主观估量类的"大概/大约/也许……的/罢/吧",接近主观大量的"至少/似乎/未必/好像……的/罢/吧",主观大量的"当然/难怪……了""根本/必定/的确……的""索性……罢/吧""毕竟/千万/……啊/呀""难道……吗"等。(2) 异类互补。主观大量的"果然/竟然/偏偏/幸亏/恰恰……了""宁愿……的"。同类叠加为格式化提供了很好的条件。

与语气词共现的各类模式所含副词数从多到少排,有以下序列:主观大量(15)>接近主观大量(4)>主观估量(3)>主观疑惑(2)。这表明以词形多样化为优选凸显手段的,呈信多于疑、确定大于不确定的倾向。与语气词共现的各类叠加模式所含副词的每词平均例次从多到少排,有以下序列:主观疑惑(410)>主观估量(282)>主观大量(278)>接近主观大量(126)。这表明以同类叠加为优选凸显手段的,呈疑多于信、不确定大于确定的倾向(但接近主观大量这类例外)。语气词是只能位于句末的附着类虚词。"似的"是后附助词,虽常居句末,但也可居句中,不应算作语气词。因不影响基本数据分析,此处仍予保留。

2. 语气/口气标记和其他情态标记的共现格式

概述 语气标记可和其他情态标记或隐性情态成分共现而实现格式化。高增霞(2010)从京味小说《皇城根》(32万字)穷尽挑取施事主语是"你""我们/咱们",整句语气不含商榷问,且有特殊共现现象的"吧"尾祈使句,统计其中的共现成分和句式分布。我们整理其基本数据并追加计算,得数据:

数据

有特殊共现现象的"吧"尾祈使句141例中,有:(1) 否定、阻止类78例(55.33%)[含:"……吧,别(不/甭)……"69例(48.94%,"快说吧,别误了我们赶汽车"),"少……吧"4例(2.84%,"你少瞎猜吧"),"算了吧/得了吧"3例(2.13%,"算了吧,你反对,为什么搞起来没完"),"别/甭……了吧"2例

(1.42%,"甭再勉强他参加婚礼了吧")]。(2) 建议、劝告类 38 例(26.95%)[含:"就……吧"28 例(19.86%,"您要有事儿,就跟张大夫谈吧"),"还是……吧"7 例(4.96%,"你还是从头讲吧"),"(就)这样/这么吧,……"3 例(2.13%,"就这样吧,不等啦/我跟她谈谈去")]。(3) 放任、容忍类 17 例(12.06%)[含:"(就)让……吧"4 例(2.84%,"就让他如愿以偿吧"),"(就)……(去)吧"4 例(2.84%,"往后就给他当小跟班儿去吧"),"V 就 V 吧"4 例(2.84%,"接过去住几天就住几天吧"),"V 你的 NP 吧"2 例(1.42%,"忙你们的阴谋诡计去吧"),"随……吧"2 例(1.42%,"随他们去吧"),"爱 VV 吧"1 例(0.7%,"爱咋说咋说吧")]。(4) 疑问类 8 例(5.66%)[含:"V 吧,Q$_{疑问}$?"7 例(4.96%,"说吧,什么产品"),"Q$_{疑问}$+吧"1 例(0.7%,"认栽不认栽吧")]。

简论 "吧"的用法仍残留着本义"罢"(义同"算了")的作用(马清华,1995),有意图结束的倾向,它与禁止、阻止类成分正反互补共现,以加强建议和劝告口吻。此类共现占了特殊共现现象的几近一半。容忍类成分顺向互补。"吧"字祈使句跟建议、劝告类成分共现时,最接近没有特殊共现表现的一般祈使句。此类共现的频次高。语用礼貌原则对所有"吧"尾祈使句都产生句法影响。"吧"字祈使句的意图结束倾向跟"吧"的委婉作用存在内部有机联系,并非势不两立。使令是对受者的劳烦,以结束使役表达礼貌。"吧"可使口气委婉、温和,用于口气强硬程度的降级,跟放任、容忍类成分共现时,稍带圆滑或事不关己的口气,它就是由此而来(比较"看你的破电视!～看你的破电视吧!|你就这么瞎折腾!～你就这么瞎折腾吧!")。疑问类成分加"吧"时,因为疑问受祈使统辖,所以句子整体上还是表祈使。后两类都带特殊口气(口吻),出现频次也最低。

3. 语气标记和判断类标记的共现格式

概述 丁险峰(2002)收集整理《人民日报》500 个含"简直"的句子,归纳为 6 种。统计其句法语义特征。我们整理其基本数据,并追加计算,得数据 1。齐春红(2007a)依据 CCL 现代汉语语料库,统计语气副词"简直"在所获得的 3733 个含有该词的句子中的句法语义分布。我们整理其基本数据,局部改变算法并追加计算,得数据 2。

数据 1

1. "简直+是/就是"。共 217 例(43.4%),表夸张和比喻。其中,扩大夸张 115 例(53%,"800 元,对于连学费都要东拼西凑的病孩家长,简直是天文数字"),缩小夸张13例(6％,"初见时,看他简直就是个温文尔雅的书生,丝毫不觉有那种曾经走南闯北的老板味"),一般比喻45例(20.73％,"鲁迅先生的小说《社戏》简直是一幅绚丽多彩的水墨画长卷,浓郁的乡情洋溢在字里行间"),夸张比喻44例(20.27％,"暮色笼罩下的鄂尔多斯草原,简直就是一个欢乐的海洋")。从其结构看,可省略"是"61例,省略"是"后,强调语气有所降低(28.11％),其中,动词结构25例("要早知道这样,我怎么也不会来。这简直是拿性命开玩笑"),形容词结构12例("能得铜牌我简直是太高兴了"),把字结构2例("没有哪个政府像我们这样曾对大白菜花费如此大的精力了。简直是把它的生产和供应当作战役来打"),四字格成语22例("说起'笔译通'的本领,他简直是如数家珍");其他156例(不能省"是"的后面多为名词结构)(71.89％)。

2. "简直＋像"。共57例(11.4％,"这算什么学校,简直像个破烂市场!"),大部分可变为"简直＋是",如"简直就像火中之栗→简直就是火中之栗"。

3. "简直＋成了/到了……地步"。共51例(10.2％,"这样的商店简直成了市场经济的弃儿")。

4. 省略"是"的简直句。共70例(14％)。其中,动词结构27例(38.57％,"有些人家的房子令人刮目相看,简直称得上'豪华'二字"),"把"字句6例(8.57％,"他写得多么动情啊！简直把酒文化推到了诗情画意的艺术境界"),形容词结构15例(21.43％,"这套动作他简直太熟了"),四字格成语22例(31.43％,"最后一局,在邓亚萍锐不可当的气势遏制下,对手与前局相比简直判若两人")。

5. 简直句否定形式。共100例(20％)。其中,"简直＋四字格成语(含'不'或'无')"28例(28％,"从经济角度看,生产猎枪与生产汽车相比,简直无利可图"),"简直＋无法"12例(12％,"我当时简直无法描述这种奇特的文化现象"),"简直不＋心理动词"27例(27％,"一顾客拿着四本一套的精装马恩选集,简直不敢相信自己的耳朵:'多少,三块钱一套？'"),"简直＋不是"3例(3％,"这简直不是人干的活,非想办法用机器代替人工不可"),"简直＋动补结构"17例(17％,"简直分不清哪些是运动员哪些是观众"),"简直＋连……也(不)"2例(2％,"家家住新楼,户户家产百万元,这在旧的经济体制下,简直连想也不敢想"),"简直＋没有"9例(9％,"它在地图上简直就没有位置"),"简直＋不像"2例(2％,"不少地方,男人们在一块不喝酒,那简直不像男人")。

6. 其他简直句。5例(1%)。

数据 2

1. 语义分布。(1)轻度夸张的2534例(67.88%,"我简直不知道我是怎么样才爬上对岸的")。(2)高度夸张的简直句共1199例,其中比喻1195例(32.01%,"她又抱怨说,捆手捆得太紧,这不是捆人,简直是捆猪")、其他修辞手段4例(0.11%)。

2. 句法分布。搭配"是"1185例(31.74%),搭配"有"108例(2.89%),搭配比喻词或动词"象""像""(动词+)成"445例(11.92%),搭配使令动词126例(3.38%),搭配能愿动词268例(7.18%),搭配四字格成语284例(7.61%),搭配其他[性质形容词/动作形容词/心理形容词/分类动词(如"属于|符合|算|称得上|够得上|叫|配"等)/谚语/俗语等]1317例(35.28%)。

3. 语义句法分布。就高度夸张的1195例比喻类简直句中,比喻词用"是"609例(16.31%),比喻词用"象/像"310例(8.30%),比喻词用"(动词)+成"104例(2.79%),比喻词用"比……还……"29例(0.78%),比喻词用"如(跟/和/同/与)……"100例(2.68%),其他43例(1.15%)。

简论 关系动词"是""像"等都是轻动词,是表示判断的类标记。它们跟语气副词不仅常常连用,甚至发生词汇化("简直是|的确是|实在是|好在是"等)。语气副词"简直"的主观性内容表示的是对"几乎""接近于"的强烈情绪性认知。它要求后续成分是被进一步放大和凸显的判断("是|像|不"等)或评议成分,否则几乎不能说,如不说"*他简直吃了3个包子"。

4. 语气标记和论元标记的共现格式

概述 语气标记和某些论元标记共现,形成格式"连……都/也……"。张旺熹(2005)通过人机互动检索,在《人民日报》和《当代北京口语语料》中共集得连字句1275例,并考察了其类型分布。我们整理其结果,得数据:

数据

1. 空间序次。977例(76.63%)中,(1)有序名词带"连"标记285例(22.35%,"连乡镇医院都可以做白内障手术|在北京甚至连本科生找工作都困难"),(2)无序名词序名词带"连"标记692例(54.27%,"连巧克力和茶叶盒上也有莎士比亚的名字|您这么大岁数儿,连北戴河都没去过")。

2. 时间序次。298例(23.37%,"纸袋压得尽是裂缝……不要说卸,工人连手都不摸")。

简论 "连"本是伴随论元的标记。它跟"都/也"共现,可形成表极言的意外口气格式"连……都/也……"。格式中,"都/也"是必有项,"连"是任选项。"连"在共现格式"连……都/也……"中,句法功能发生了较大程度的变化。尤其是用在主语前十分明显,"连"的句法身份已几乎沦为前附助词。理由是:(1) 形式上是任选的,意义上表口气作用。(2) 已不是介词,因为主语不带介词,否则主语因降级而残缺。(3) 也不是连词,因为它在主语前所标记的只是主语成分,而非分句。(4) 附着于焦点主语前。

格式"连……都/也……"在意义上表极言的意外口气,具体地说,是序次意外。数据上由多到少呈"空间序次意外>时间序次意外"的正态分布。

5. 语气/口气标记和称代标记的共现格式

概述 杨凯荣(2002:251—252)统计疑问代词后"都/也"跟判断范畴(肯定/否定)的共现分布,得数据 1。我们依据自建的现代汉语多语体平衡语料库(328 万字规模),统计疑问代词后"都/也"句式的判断分布,得数据 2。刘丹青、唐正大(2001)统计语气副词"可"和指示代词"这/那"共现的用法。我们整理并追加计算,得数据 3。

数据 1

1. Wh + 都 + VP。176 例中,肯定式 121 例(68.75%),否定式 55 例(31.25%)。

2. Wh + 也 + VP。151 例中,肯定式 6 例(3.97%),否定式 145 例(96.03%)。

数据 2

1. Wh + 也 + VP。181 例中,肯定式 3 例(1.66%),否定式 178 例(98.34%);"谁也"肯定 3 例(2.83%)[口语 3 例(它们条件都较特殊:"你是不是连呼的是谁也都忘了|他让谁相面谁也得相|谁也有难下的时候"),书面语 0 例],否定 103 例(97.17%)[口语 63 例,书面语 40 例];"哪儿也"均为否定,共 4 例(100%)[口语 3 例,书面语 1 例];"什么也"均为否定,共 71 例(100%)[口语 45 例,书面语 26 例]。

2. Wh + 都 + VP。317 例中,肯定式 153 例(48.26%),否定式 164 例(51.74%);"谁都"肯定 45 例(54.88%)[口语 20 例,书面语 25 例],否定 37 例(45.12%)[口语 23 例,书面语 14 例];"哪儿/哪里都"肯定 17 例(68%)[口语 10 例,书面语 7 例],否定 8 例(32%)[口语 7 例,书面语 1 例];"什么都"肯定 91 例(43.33%)[口语 82 例,书面语 9 例],否定 119 例(56.67%)[口语 97

例,书面语22例]。

数据3

1."可"。 王朔《我是你爸爸》中,含话题焦点敏感的语气副词"可"的句子152例,其中典型用法(即焦点话题和背景话题各属前后不同分句)72例(47.37%,"乱子出在孩子身上,根源可在你那儿。|我那是无中生有,你这可是人赃俱在,你还有什么可瞒的?")。

2."这/那+可"。 指示代词"这/那"跟"可"共现常见于焦点话题位置,在105万字的北方作家作品中,"这可……"27例(46.55%,"这可就不好说了。|爸,您这话说得可有点出圈儿。"),"那可……"13例(22.41%,"那可恕我冒失了。"),"这/那+数量/名+可"18例[31.03%,"这(那)个小伙子可不是窝囊废。"]。几乎所有的焦点话题都可用"这/那"及其短语替代。

简论 语气副词跟疑问代词共现,形成周遍格式。它们跟判断也有共现关系。"都"更多用于肯定句,"也"则更多用于否定句。判断是影响副词分布发生分化的一种重要因素(马清华,2017a)。判断、疑问、范围、口气等多种情态范畴在偏态分布方式下的集结导致构式化。"Wh+也+VP"中,疑问词Wh不管是哪种,倾向趋于一致,都是否定多于肯定,呈偏态分布,构式化倾向明显。"Wh+都+VP"中,疑问词是"谁""哪儿/哪里"时,肯定略多于否定,呈正态分布,总频次也相对较低,此时判断范畴未参与其构式化;疑问词是"什么"时,总数频次高,否定较明显地多于肯定,呈偏态分布。但否定和肯定的差距幅度相对于"Wh+也+VP"来小得多,构式化倾向较弱。可见,这里的结构有无构式化及构式化水平的高低,主要跟副词的选择有关,虽然也受疑问词选择的影响,但影响要小得多。偏态分布可导致构式化。频次高低和构式化程度呈正比,有着互为因果的联系。"Wh+也/都+VP"是对周遍性的加强口气,口语多于书面语。

语气标记和指示代词共现,协同表焦点话题。"可"甚至在没有指示代词共现时,也能发挥类似作用。这意味着语气副词"可"作表语气/口气标记,有兼职标示话题焦点的作用,即由情态标记衍生出一定程度的语用结构标记功能。

8.2 时标记

8.2.1 后置时标记语气词的语义分布及句类分布

概述 赵志清(2010)依据CCL现代汉语语料库,统计语气词"来着"在所搜得的共610例"来着"句中的语义分布及句类分布。我们整理其基本数据,校正并追加计算,得数据1。陈前瑞(2005)统计《红楼梦》(A)、《儿女英雄传》(B)、CCL现代汉语语料库(C)和当代语料(D)中"来着"的时间意义和用法。我们整理其基本数据并追加计算,得数据2。

数据1

1. 语义分布。(1)表过去义294例(48.2%,"也有别的剧团想演来着,都没有演成"):a. 见于陈述的204例(69.4%),疑问86例(29.3%),感叹3例(1%),其他1例(0.3%);b. 与"了"共现4例(1.4%),与"过"共现10例(3.4%),与重叠动词共现1例(0.3%),与结束性动词共现0例,与其他共现279例(94.9%);c. 用于肯定式293例(99.7%),用于否定式1例(0.3%,"鄙人不敢说自己圣明来着")。(2)表一时忘记而寻求提醒义("故宫的房子有多少间来着?")276例(45.3%):a. 见于陈述的12例(4.4%),疑问264例(95.7%),感叹0例,其他0例;b. 与"了"共现5例(1.8%),与"过"共现3例(1.1%),与重叠动词共现0例,与结束性动词共现0例,与其他共现268例(97.1%);c. 用于肯定式276例(100%),用于否定式0例。(3)表现存状态义("你活在世上究竟为何来着?")13例(2.1%)。(4)其他27例(4.4%)。

2. 句类分布。陈述句266例(43.61%),疑问句326例(53.44%),感叹句5例(0.82%),其他13例(2.13%)。

数据2

1. 时间意义。(1)语料A。24例中:a. 过去22例(91.67%),最近过去7例(29.17%)[跟"刚才/方才"共现1例(4.17%),其他6例(25%)],其他15例(62.50%)。b. 过去现在两可2例(8.33%,"偏说我今儿肯花钱,我哪天不肯花钱来着?")。(2)语料B。39例中:a. 过去38例(97.44%),最近过去38例(97.44%)[跟"刚才/方才"共现3例(7.69%),其他5例(12.82%)],其他30例(76.92%)。b. 过去现在两可1例(2.56%)。(3)语料C。110例中:

a. 过去89例(80.91%),最近过去13例(11.82%)[跟"刚才/方才"共现3例(2.73%),其他10例(9.09%),其他76例(69.09%)]。b. 非过去21例(19.09%)[过去现在两可12例(10.91%),现在9例(8.18%)]。(4) 语料D。105例中:a. 过去80例(76.19%,"他要是说我晚了,我有的说,我移花儿来着"),最近过去25例(23.81%)[跟"刚才/方才"共现13例(12.38%),其他12例(11.43%)],其他55例(52.38%)。b. 非过去25例(23.81%):过去现在两可3例(2.86%),现在22例(20.95%,"你老家是什么地方来着?")。

2. 小句事件特征。(1) 语料A。24例中:过去22例(91.67%)[特定事件20例(83.33%,"我刚才听见你叔叔说你对的好对子,师父夸你来着"),非特定事件(以疑问等方式表达)2例(8.33%)]。非过去(过去现在两可及现在)2例(8.33%)[均为非特定事件]。(2) 语料B。39例中:过去38例(97.44%)[特定事件32例(82.05%),非特定事件6例(15.38%,"你方才怎么劝我来着?")],非过去(过去现在两可及现在)1例(2.56%,"我到你家你怎么服侍我来着呢?")[均为非特定事件]。(3) 语料C。110例中:过去89例(80.91%)[特定事件76例(69.09%),非特定事件13例(11.82%)],非过去(过去现在两可及现在)21例(19.09%)[特定事件4例(3.64%),非特定事件17例(15.45%)]。(4) 语料D。105例中:过去80例(76.19%)[特定事件63例(60%),非特定事件17例(16.19%)],非过去(过去现在两可及现在)25例(23.81%)[特定事件4例(3.81%),非特定事件21例(20%)]。

3. 前后小句的意义联系。(1) 语料A。16例中:原因或结果7例(43.75%),两相对比3例(18.75%),引出后话4例(25%),反问式指责2例(12.50%),追忆或提醒0例,报道新情况0例。(2) 语料B。48例中:原因或结果15例(31.25%),两相对比12例(25%),引出后话5例(10.42%),反问式指责12例(25%),追忆或提醒4例(8.33%),报道新情况0例。(3) 语料C。109例中:原因或结果31例(28.44%),两相对比27例(24.77%),引出后话20例(18.35%),反问式指责11例(10.09%),追忆或提醒18例(16.51%),报道新情况2例(1.83%)。(4) 语料D。127例中:原因或结果37例(29.13%,"觉得你有点怪,于是就分析你来着"),两相对比19例(14.96%,"我本意没想参加义和团,想到绿营当兵来着"),引出后话24例(18.90%,"我家老头子在枕头边跟我说什么来着?他说惠女们的话应给我们以启发"),反问式指责9例(7.09%,"你看这一下午,你们全家谁对这孩子说个'不'字来着?"),追忆或提醒33例(25.98%,"你们也用了他们的名义,这叫侵犯什么来着?"),报道新情况5例(3.94%,"第二天,有人告诉他:夜里又过兵来着！"）。

简论 "来着"用于句末，是语气词，表过去时（马清华，2017a），兼表直陈语气（也可同时跟疑问语气兼容），是时（tense）范畴和语气范畴的融合标记。义项（1）多用于陈述句的肯定式，义项（2）多用于疑问句。前者是合乎常理的正态分布，后者是不太符合常理的偏态分布，因此可以判定，义项（1）是基础义项，义项（2）是其再语法化的结果，主观化程度升高。偏常总能导致在自身基础上发展出新的偏常。"来着"有时也偶可内嵌，再语法化为后附助词，这种用法都发生在义项（2）上。如，经过再组织，浅度嵌入复句内部的"左眼跳是财来着还是灾？（王朔《永失我爱》）"，深嵌到小句中的"把那个杭州驻防的，叫什么名儿来着的，拨给我好了（《慈禧全传·二二》）│就是你阁下出生他帮忙来着的那位（《大卫·科波菲尔》第二十八章）"。沦为后附助词时，"来着"时范畴标记的地位和意义不变，且仍保有语气词特征的某些痕迹：一是仍具有后附性，二是仍居宾语之后而非宾语之前。

现代汉语中，"来着"表过去时的比例在降低，表达现在时等非过去时的比例在相应增加。"来着"表最近过去时的时候，跟"刚才/方才"共现的比例总体在增加，这从另一方面也证明，"来着"最近过去时的色彩显明度可能有所降低，需借叠加的凸显作用来弥补。

从义项角度观察，"来着"典型的过去时标记功能构成了它的基本义项，它的次常用义项都是在偏常用法的基础上发展出来。换言之，"来着"表过去时是常规用法，表非过去时是非常规用法；用于特定事件是常规用法，用于非特定事件是非常规用法。过去时最适合反映动作性、过程性较强的事件，因此"来着"表过去时的时候，用于特定事件多于非特定事件，是可以预期的常规现象。偏常总能引发新的偏常，"来着"表非过去时的时候，用于非特定事件的反而多于特定事件，这是两种偏常现象间新建立的因果联系。"来着"用于非特定事件时，所表时间意义可界限模糊，接近一般体（马清华、韩笑，2017）或惯常体。历时地看，"来着"用于非特定事件的比例已有显著增加。"来着"意义和用法从常规到偏常的变异和演化，反映了其再语法化和主观化的过程。

无论哪一文本，"来着"标记小句跟前小句意义关系中，因果解释性的都占最高比重。但从历时看，小句意义关系的类型多样性在逐渐增加。

8.2.2　后置时标记助词的弱势分布及其统辖关系的变异

概述　林晓恒（2010）要求被试把句中的时助词"的"理解为对过去事件的

确认标记,在此基础上判定两个句子的可接受度。我们整理其基本数据,校正并追加计算,得数据:

数据
被试 15 人。
1. "我们都借的_时标记_小说"。认为可说的 8 人(53.33%),认为可说但有些别扭的 5 人(33.33%),认为不可说的 2 人(13.33%)。
2. "我们都换的_时标记_人民币"。认为可说的 10 人(66.67%),认为可说但有些别扭的 4 人(26.67%),认为不可说的 1 人(6.67%)。

简论 "的"在动宾之间表过去时的用法,是构式表达,不是常规的构型表达,因此呈弱势分布,在南方普通话里很少用,即使调查前已向被试明示了"的"有此种意义,仍有小半的人觉得别扭。该用法在如下方面构成例外:(1) 在统辖关系上,现代汉语一般是"时>范围"序列,即时范畴总是居范围范畴的外层(马清华,2017a)。但测试句的过去时表达式呈相反的统辖序列,这其实是被扭曲的,是重新分析形成的,故而不能用常规眼光看待跟其间的统辖关系。比较:"我们都借了小说→我们借的_结构助词_都是小说→我们都借的是小说→我们都借的_时助词_小说"。"的"的过去时意义也因这一重新分析而起。(2) 在情态统辖序列中,时范畴处于仅次于语气/口气范畴的次外层(马清华,2017a)。相应的,后置的时标记不大能深度嵌套。如过去时标记"来着"是语气词,只有在再语法化环节才可深度嵌套(嵌入定语),由于是大幅偏常的特例,故用例极少(参§8.2.1)。"的"过去时用法也是建立在"的"的深度嵌套基础上的。

测试句的"N+都_范围_+V+的_时_+N"模式还存在两种冲突。(1)"V+的_时标记_+N"跟定中结构"V+的_结构标记_+N"的同形冲突,不可兼容。(2) 范围标记"都"深嵌到定语中的能力同样受到限制。如不说"*这是我们都借的小说|*那是大家都砌的墙",除非加上能愿范畴("这是我们都可以借的小说|那是大家都应该砌的墙"),或说明项都在定语内部,未用到中心语位置。如:"这是我们借小说的原因|那是大家都砌墙的代价"。原因在于,范围是情态统辖结构变异活动中活跃的例外范畴之一(马清华,2017a)。在情态统辖关系中,它甚至有时能居口气标记或时标记的外层[如"<u>都</u>(毕竟是老师)|(只见到小王)<u>来着</u>—都(昨天进_的_城)"]。

8.2.3 前置时标记(时间副词)跟其他标记的时间格式化

概述 谢成名(2009)在 CCL 现代汉语语料库收录的《人民日报》中,以

"刚……不久"或"刚……后"(中间最多间隔5个字符)为规则,搜得有效的"刚/刚刚＋VP＋不久"结构句和"刚/刚刚＋VP＋后/以后/之后"结构句,统计其结构分布。又依据北京语言大学中介语语料库,统计留学生汉语中"刚|刚才"的典型偏误分布。我们定性其类别,整理其基本数据,并追加计算,得数据:

数据

1. 格式分布。"刚/刚刚"跟时间词"不久、(以/之)后"共现的208例中:(1)语义叠加结构。187例(89.90%):"刚刚＋VP＋不久"44例(21.15%,"刚刚竣工不久"),"刚＋VP＋不久"143例(68.75%,"刚进城不久")。(2)语义互补结构。"刚/刚刚＋VP＋后/以后/之后",21例(10.10%,"这些思想在刚产生后立刻就被抹了|刚住进新家后,就要装太阳能热水器")。

2. 偏误分布。"刚"偏误句34例中,混用偏误1例(2.94%,"?他<u>刚</u>是一名对外汉语教师"),与"了"共现偏误(不当显现或不当隐含)16例(47.06%,"?弟弟<u>刚</u>成家<u>了</u>,因此生活费很多"),方位结构偏误12例(35.29%,"?不过战争<u>刚</u>结束<u>后</u>,他被中国军抓起来|?<u>刚</u>到中国<u>以后</u>,我有很多得办的手续"),其他偏误5例(14.71%)。"刚才"偏误句23例中,混用偏误11例(47.83%,"?我<u>刚才</u>来中国的时候,说汉语一句话也不会说|?我们两个人<u>刚才</u>下飞机,很累"),与"了"共现偏误6例(26.09%,"?我们明白<u>了</u>船<u>刚才</u>在暗礁上搁浅"),方位结构偏误0例,其他偏误6例(26.09%)。

简论 时间副词"刚""刚刚"都是前置的时标记,表最近过去时。它们可跟其他标记构成时间格式。格式化跟单标记的语法化相对,它是由多标记集结而形成惯用化的嵌入组合,是再标记化的特殊方式和产物("格式化"参:马清华,2007)。在时间副词"刚""刚刚"基础上形成的过去时格式有两类:(1)跟时间貌副词"不久"配合成的语义叠加格式"刚/刚刚＋VP＋不久"。"不久"是表过去时间短的情貌副词,属时间貌。由于语义一致性和目标一致性,由冗余变则手段组织起来的情态叠加结构"刚/刚刚＋VP＋不久"获得了强调意义的补偿("补偿"见:马清华,2008)。(2)跟后置时间方位词配合成的语义互补格式"刚/刚刚＋VP＋后/以后/之后"。"刚/刚刚"有时间关联作用,方位名词"后/以后/之后"表时间接续或承接关系。可见,该格式其实也是隐性的关联叠加结构。其次,受信息适量原则的制约,(1)语义叠加结构中,变则程度更高、强调意味更浓的"刚刚……不久",出现频率反而比"刚……不久"

低得多。(2) 关联关系是理性逻辑关系,它对旨在强调的叠加表达需求并没有情态范畴那么高,因此隐性的关联叠加结构"刚/刚刚＋VP＋后/以后/之后",在出现频率上相较于情态叠加结构"刚/刚刚＋VP＋不久"呈明显弱势,有时甚至不能接受(见偏误)。

时间副词"刚""刚刚"跟时间名词"刚才"都能作状语,意义相近,但后者还常可作定语和介词宾语,是时间名词,"刚"则没有这样的功能。"刚刚"虽在非典范用法中已出现极少的名词化动向,但并未扩散到典范用法中。两者的句法语义特征差异,导致在留学生汉语中的偏误类型也有所不同。(1) "刚"的偏误主要出在与已然体标记"了"的共现偏误即时—体配合上,它接受情态叠加,如它可跟已然体标记"了$_1$"(助词,"他刚倒了一杯茶")和实现体标记"了$_2$"(语气词,"省里刚来人了")。有时缺此则句子可接受度降低,如"我们明白了船刚在暗礁上搁了浅"比"$^?$我们明白了船刚在暗礁上搁浅"的可接受度提高。"了"也有兼表承接关系前项的作用(马清华,2005b:241—247)。但基于逻辑标记性质,"刚～了"的关联叠加(如"他刚吃了药,正睡呢。|他和女友刚见了面,正陪着她上餐厅去")呈弱势分布。有时关联叠加表达可使句子变得不被接受,如可以说"弟弟刚成家,因此生活费很多",但不说"$^?$弟弟刚成了家,因此生活费很多",也不说"$^?$弟弟刚成家了,因此生活费很多"。(2) "刚才"的偏误主要出在与"刚"的混用上。"刚才"常可用于主语前,"刚"不能。"刚"可裸接动词,"刚才"常不能,除非加其他辅助词,比较"他刚睡|他刚笑|火刚灭—*他刚才睡|$^?$他刚才笑|*火刚才灭(但:他刚才笑的|他刚才笑了|火刚才灭了)"。"刚"的动作状态可继续延续,"刚才"常不能,比较"他刚觉得饿≠他刚才觉得饿"。再比较"他刚才是学生,现在是老师了|他刚才有钱,现在没有了",但不说"*他刚是学生,现在是老师了|*他刚有钱,现在没有了"。这里显然跟所接动词的动作性强弱无关,而跟动作状态的切换能力有关。

8.3 体标记

8.3.1 总体分布:体范畴类型及其标记类型的分布势力对比

概述 体标记有前置和后置两套。就相同意义的体范畴而言,后置标记的频度都要高于前置标记。我们搜索国家语委"语料库在线"(2021-3-10),计算得数据:

数据

已然体后标记"了"(助词,含语气词)129617 例(89.04%),前标记 15958 例(10.96%)[含副词"已"8600 例(5.91%),"已经"7358 例(5.05%)]。进行/持续体后标记"着"(助词)40596 例(82.41%),前标记 8667 例(17.59%)[含副词"在"2847 例(5.78%),"正"3303 例(6.70%),"正在"2517 例(5.11%)]。曾然体后标记"过"(助词)5654 例(55.01%),前标记 4624 例(44.99%)[含副词"曾经"1317 例(12.81%),"曾"3307 例(32.18%)]。

简论 体范畴的后置标记是助词,虚化程度高,是专职语法标记。其前置标记是副词,虚化程度不如前者高,是词汇性标记,王力称之为"半实词"。因此,前者更为常用,频度高于后者。

同样是句法语义范畴,程度范畴与体范畴正好相反。它往往是前置标记语法化程度更高、更常用,后置标记常以唯补词身份存在,泛化语法化程度相对较低,不如前置标记常用(参周睿,2021)。

8.3.2 已然体

1. 已然体后置标记的句法语义特征

概述 动态助词"了"是后置的已然体标记。它是多义词和兼类词。徐希明(1997)就此统计了《骆驼祥子》的"了"字句。我们整理其基本数据并追加计算,得数据 1。在连谓式里,已然体后置标记"了"有时标在前谓词上,有时标在后谓词上。赵淑华(1990)依据全日制六年制小学语文课本 1—12 册(试行本)(上海教育出版社 1984 年)28 万多字的语料,就此进行了统计。我们整理其基本数据并追加计算,得数据 2。叶南(2006)统计《汉语教程》(杨寄洲主编)第三册(上、下)的 40 篇课文近 7 万字语料中体标记"了"的句法语义分布。我们整理其基本数据并追加计算,得数据 3。

数据 1

带"了"的 2544 例中:(1) 动词 liǎo:a. 作谓语或谓语中心,表完毕、了结 0 例,b. 作补语,表可能性等 38 例(1.49%,"一个小子儿也短不了你的")。(2) 助词 le,即动态助词"了$_1$",表完成或实现,作词尾 1625 例(63.88%,"将来刘四爷一死,人和厂就一定归了祥子")。(3) 语气词 le:a. 语气助词"了$_2$",表出现新情况,作句尾 502 例(19.73%,"祥子病了"),b. 叠合助词"了$_{1+2}$",表出现新情况及完成或实现,作句尾兼词尾 175 例(6.88%,"我早已吃过了"),c. 融合助词"了$_{0+2}$",表出现已完成的新情况,作句尾(含零形式"了$_1$")48 例(1.89%,"一直混到[ø]如今了")。(4) 助词 le/lo,即结果助词"了$_3$",表结果(义近"掉"):a. 作词尾 127 例(4.99%,"不能从此破了酒戒"),b. 作句尾 29 例(1.14%,"他把什么都忘了")。

数据 2

连谓式共 1100 多例,带动态助词"了"的连谓式 119 例中,"了"在前谓词之后的 27 例[22.69%,"早上,我进了鸡栅走向鸡窝。(先后)|老师傅听了哈哈大笑。(结果)"],"了"在后谓词之后的 92 例[77.31%,"罗盛教钻出水面吸了口气。(目的)|我们从坝顶乘电梯下了大坝。(方式)"]。连谓式谓语无论有几个谓词,动态助词"了"一般只出现一次,绝大多数出现在后谓词之后。

数据 3

"了"字句 338 例中:(1) 时体特征分布:a. "了$_{完成体}$"句 275 例(81.36%,"你去了哪儿?")中:过去时 267 例(78.99%,"我昨天吃了苹果"),将来时 8 例(2.37%,"我吃了苹果睡觉"),现在时 0 例(0%,"我吃了苹果了")。b. 其他"了"字句 63 例(18.64%,"你去哪儿了$_{新情况出现}$?")。(2) 结构分布:a. 用于单句的 79 例(23.37%,"一次在路上,一个好心人给了他一块糖"),b. 用于复句和话段的 259 例[76.63%,"为了不把我调走,他们付出了多少心血啊|汉语学到(了)这个份儿上,才算学出了一点儿门道"]。

简论 "了"在句中作动态助词("了$_1$")时表已然体,在句末作语气词时表实现体("了$_2$")或已然体和实现体的融合("了$_{1+2}$")。

"了"的标记义从动词虚化而来,但跟动词已不属同一词项。已然体是多义兼类关系中最主要的义项。其标记义在发生学上由先到后呈序列"结果助词('了$_{lo}$')＞动态助词('了$_{le-1}$')＞动态语气词('了$_{le-2}$')"。其频次序列从高到低呈"动态助词＞动态语气词＞结果助词"序列,蕴涵了上层频次序列"动态标记＞结果标记",而后者又蕴涵了更高一级的上层频次序列"语法化程度高的＞语法化程度低的"。

动态助词"了"在连谓式中的位置跟以下多种因素有关。(1) 已然标记的代偿性成分。"了"的代偿性成分见于前谓语时,"了"用于后谓词,反之则用于前谓词(如组 1a 和 1b)。(2) 来去类谓词。前谓词表来去或类似的意义时,表目的,在没有其他情态标记的干扰下,"了"只能用在后谓词之后(如组 2)。(3) 语义结构中的论元兼职。撇开前两者干扰因素,若前谓词的宾语兼为后谓词的工具论元,则"了"用在前谓词后表目的,用在后谓词之后表先后(如组

3a),若前谓词的宾语兼为后谓词的受事论元,则"了"用在前谓词或后谓词之后都表先后(如组 3b),不用"了"时都表目的。(4)"了"标记功能的兼职。结果关系中,"了"可以用在前谓词或后谓词后,当它兼表结果时,它只能用在前谓词后(如组 4)。(5) 方式关系中,"了"可以用在前谓词后(或前谓词的中间,即离用式里)或后谓词后(如组 5a),当两个单音节谓词紧邻时,它只能用在前谓词后(如 5b)。

第 1 组　a. 女人一扭头,看见了老几|她摸到厨房,开了灯|一股甜水流进他的胃,成了燃料。b. 换了衣服戴上帽子

第 2 组　来问了数学题|去借了椅子|上街买了土特产

第 3 组　a. 凑钱买票|凑了钱买票(目的)——凑钱买了票(先后)。b. 买了东西带走|买东西带走了(先后)——买东西带走(目的)

第 4 组　听哭了(结果)——听了哈哈大笑(结果)

第 5 组　a. 乘电梯下了大坝——赤了膊睡觉(*赤膊了睡觉)(方式)。b. 躺了说——*躺说了(方式)

体范畴和时范畴存在关联。"了"可表完成体,也可表实现体,前者呈优势分布。完成体在跟时范畴(由时标记、动词前后句法因素或语境因素传达)共现关系上,以跟过去时的配合占绝对优势。这种共现是常规默认关系,所以出现的句法环境多、频率高。与时有关的"了"多分布于复句、话段,较少分布于单句。这跟时体信息有某种程度的关联衔接功能有关,也跟时范畴信息往往需由语境信息确定有关。

在指称化过程中,由于信息衰减(马清华、杨飞,2018),动词的已然体标记在定语中一般也相应地被强制删略。如说"这是我们借的小说",但不说"*这是我们借了的小说"。

2. 已然体前置标记跟后置标记及其他情态标记的共现

概述　曹凤霞(2002)搜集含"已(经)"的句子,统计其中"已经"跟后置体标记的共现以及"已(经)"跟否定标记的共现。我们整理其基本数据并追加计算,得数据 1。郭春贵(1997)依据四种语料[A.《茶馆》(老舍,人民文学出版社 1984 年,共 162 页),B.《苏叔阳剧本选》(北京出版社 1983 年,共 296 页),C.《张洁小说剧本选》(北京出版社 1980 年,共 263 页),D.《肃反小说选》(群众出版社 1979 年,共 304 页)],调查"已经"和"都"的共现。我们整理其基本数据并追加计算,得数据 2。

数据 1

1. 跟后置体标记的共现。"已经"211 例中,谓词后带"了"123 例(58.29%)[a. 完成体"了"95 例(45.02%,"前天我已经去了一趟。"),b. 实现体"了"28 例(13.27%,"我已经觉得很不错了")],谓词后带"过"4 例(1.90%,"他们俩已经干过一件涉及偷盗的勾当"),其他 84 例(39.81%)不与"了|过"共现。

2. 跟否定标记的共现。"已(经)"跟否定标记共现 34 例,其中,"已经不(已不)"20 例(58.82%),"已经没(已没、已没有)"6 例(17.65%),"已(经)……不"7 例(20.59%,"已追赶不上"),"不已经"1 例(2.94%)。

数据 2

A 语料 37 例中,"已经"33 例(89.19%),"都"4 例(10.81%)。B 语料 50 例中,"已经"35 例(70%),"都"15 例(30%)。C 语料 143 例中,"已经"133 例(93.01%),"都"10 例(6.99%)。D 语料 144 例中,"已经"139 例(96.53%),"都"5 例(3.47%)。

简论 体范畴前置标记和后置标记共现,获得格式化结果。其所构成的环式格式有在已然体前置标记基础上形成的语义叠加式("已经……了"),也有语义互补式或蕴涵式("已经……过"),前者是典型类型,后者属非典型类型。"已经……了"的格式化水平高于"曾经……过"。因为:(1) 相比之下,"已经……了"的共现概率明显高于"曾经……过"。(2)"已经"单独行使体标记职能的概率也较大,但"曾经"的单用概率明显大于"已经"(见§8.3.3)。

在情态范畴间的统辖关系中,有体标记对判断标记的单向统辖;也有体范畴内部曾然体对已然体的单向统辖(马清华,2017a)。因此,前置的体标记"已(经)""曾(经)"跟否定标记的结合时,否定副词可常规表达时见于它们之后("已经不存在|她曾经没有说出来的话"),却有条件用在它们之前("[非现实]不已经走了么|不曾经来过吗;[词汇化]不曾|没曾|未曾")(见§8.3.3)。

情态系统的体范畴和范围范畴各代表时间信息和空间信息。"已经"的频率远超"都",现代汉语常用词表课题组(2008)里的频序是"已经"第 79 位,"都"第 1244 位。该频序差异是时间信息和范围信息悬殊的一个缩影:句中时间信息的重要性远大于包括范围信息在内的空间信息(马清华,2000:181)。

8.3.3 曾然体

曾然体前置标记跟后置标记及其他情态标记的共现

概述 曹凤霞(2002)搜集含"曾经"的语料,统计"曾经"跟后置的体标记的共现,以及跟否定判断标记的共现。我们整理其基本数据并追加计算,得数据：

数据

1."曾经"跟后置体标记的共现。79 例中:(1) 谓词后带"过"36 例(45.57%,"祥子似乎忘了他曾经作过的庄稼活"),(2) 谓词后带"了"2 例(2.53%):a. 完成体"了"1 例(1.27%,"我曾经在这里住了三个月"),b. 实现体"了"1 例(1.27%,"棉袄已经有两年不曾拆洗了"),(3) 其他 41 例(51.90%):a. 不与"了""过"共现 40 例(50.63%),b. 与"着"共现 1 例(1.27%,"高妈在她丈夫活着的时候,就曾经受着这个罪")。

2."曾经"跟否定判断标记的共现。"曾(经)"26 例否定用法中,"不曾"21 例(80.77%),"未曾"4 例(15.38%),"是不是+曾"1 例(3.85%)。

简论 体范畴前置标记和后置标记可构成环式共现格式。曾然体除经常单独用后置标记("过")或前置标记("曾""曾经")表达外,还将体标记共现使用,有同义前置标记和后置标记构成的叠加格式("曾/曾经……过"),也有曾然体前置标记和已然体后置标记构成的互补或蕴涵格式("曾经……了")。前者是典型类型,后者属非典型类型。

现代汉语是"体＞判断$_{否定}$"的情态统辖序列(马清华,2017a)。曾然体跟否定标记的共现时,曾然体标记统辖否定标记是常规共现。如曾然体前置标记用在否定标记后的一般直陈句("她曾经不想活了|他曾经十几个月不回家")。曾然体前置标记用在否定标记前,属非常规共现,它有特殊条件:(1) 构式化,用于非现实表达(如反问句"肺结核不曾经也是不治之症吗?"中的"不曾经 VP 吗?")。(2) 词汇化。否定副词用在单音节曾然体前置标记前,有词汇化倾向("没曾来过")或已词汇化("未曾""不曾")。

非常规共现造成了两种非常规后果:(1) 词汇化和构式化大幅提升了非常规共现的频率,常规共现反而在出现频率上不占优势。(2) 词汇化使得跟后置标记的共现格式收缩,只有叠加格式(如有"未曾/不曾/没曾……过"),不

再能有互补或蕴涵格式(如没有"*未曾/不曾/没曾……了")。实际上,曾然体和否定标记的共现词汇"未曾|不曾|没曾"在北方口语里一般也不用,如果要说,只能用跟后置标记"过"的叠加格式。

8.3.4 持续体/进行体

1. 持续体/进行体标记的韵律分布、句法语义分布和共现分布

概述 动态助词"着"是进行体/进行体的后置标记,刘宁生(1985)用迭代法统计八个作家的作品共约54万字(A. 巴金《春》1—40页,B. 茅盾《子夜》1—40页,C. 丁玲《太阳照在桑干河上》1—40页,D.《浩然短篇小说选》1—40页,E. 鲁迅小说七篇,F. 曹禺《雷雨》,G. 老舍《骆驼祥子》,H. 赵树理《三里湾》)中"着"所附动词(这里的"动词"包括动词、形容词和介词)的音节数与出现频率的关系。我们整理其基本数据,并追加计算,得数据1。我们在北京语言大学BCC汉语语料库中分别用"V着,"和"V着。"搜索,各得助词"着"句100例,前者(样本1)去除了5个无效的例子,后者(样本2)去除了17个无效的例子后,统计"着"所接动词的音节数,得数据2。时间副词"在""正"是进行体/进行体的前置标记,郭凤岚(1998)统计它们在七部现当代文学作品205.8万字的语料[巴金《家》,老舍《骆驼祥子》,《全国优秀短篇小说评选获奖作品集(1983)》(1984),《张贤亮集》(1986),航鹰《东方女性——伦理道德小说集》(1985),老鬼《血色黄昏》(1988),《十年散文选》(1986)]中的语法分布。我们整理其基本数据并追加计算,得数据3。肖奚强(2002)综合统计持续/进行体标记前置标记"正|在|正在"和后置标记"着"在200万字语料中的句法语义分布。我们整理其基本数据并追加计算,得数据4。我们在北京语言大学BCC汉语语料库中分别用"在""正""正在"在"一Q$_{量词}$__V的N""那__V的N""所有__V的N""有些__V的N"搜索,剔除无效语例,得数据5。

数据1

1. 韵律分布。(1)总体分布。所有样本(A+B+C+D+E+F+G+H)语料中,"着"3587例,接双音节动词335例(9.34%),单音节动词3252例(90.66%)。(2)迭代分布的均值。把所有8组样本五组迭代求和(即A,A+B,A+B+C,A+B+C+D,A+B+C+D+E,A+B+C+D+E+F,A+B+C+D+E+F+G,A+B+C+D+E+F+G+H逐次累加),接下来求平均数,得到最逼近真值的平均频率。最后算出,平均例次1291例,接双音节动词平均例次121例(8.47%),单音节动词平均例次1170例(91.53%)。

2. 语义功能分布。剧本《雷雨》场景描写和舞台提示约 15000 字中"着"230 例(1.53%);人物语言约 83000 字中"着"168 例(0.20%)。《日出》场景描写和舞台提示约 16000 字中"着"344 例(2.15%);人物语言约 82000 字中"着"143 例(0.17%)。《北京人》场景描写和舞台提示约 16000 字中"着"610 例(3.81%);人物语言约 80000 字中"着"141 例(0.18%)。《毛泽东选集Ⅰ》210000 字"着"255 例(0.12%)。《邓小平文选》265000 字"着"117 例(0.04%)。

数据 2

1. 样本 1。助词"着"在后邻逗号的有效句共 95 例中,50 例(52.63%)接双音节动词,45 例(47.37%)接单音节动词。

2. 样本 2。助词"着"在后邻句号的有效句共 83 例中,36 例(43.37%)接双音节动词,47 例(56.63%)接单音节动词。

数据 3

1. 时间副词"在"句。共 563 例中:(1)"NP+在+VP"204 例(36.23%,"人们在互相道喜│着青布衫的姑娘在洗衣裳")。(2)"NP+副词+在+VP"232 例(41.21%,"她似乎在回忆过去的生活│扬土机还在咆哮│秋雪湖的乡亲都在遭罪呐!");a."NP+时量·延续性时间副词+在+VP"102 例(18.12%,"剑云的脸部表情时时在变化│她还在抽抽搭搭地哭泣│那照片上的四双眼睛一直在望着我"),b. 其他 130 例(23.09%)。(3)其他 127 例(22.56%)。

2. 时间副词"正"句。共 242 例中:(1)"NP+正+VP"201 例(83.06%,"一只汽艇正开足了马力从后面追来│她正专注地研究着炉子│刘姑娘正和祥子在煤气灯底下说话呢"),(2)"NP+副词+正+VP"8 例(3.31%,"那阳光也正等着她们去晒草呢│大家都正看着小文洗澡呢"),(3)其他 33 例(13.64%)。

数据 4

1. 一般句法分布。"在"623 例中,用在背景句 298 例(47.83%),用在前景句 321 例(51.52%),用于作定语的动词短语 4 例(0.64%)。"正在"218 例中,用在背景句 110 例(50.46%),用在前景句 64 例(29.36%),用于作定语的动词短语 44 例(20.18%)。"正"595 例中,用在背景句 377 例(63.36%),用在前景句 131 例(22.02%),用于作定语的动词短语 87 例(14.62%)。"着"6328 例中,用在背景句 4880 例(77.12%),用在前景句 1194 例(18.87%),用于作定语的动词短语 254 例(4.01%)。

2. 共现分布。"在……着"句74例中，用作前景句的37例(50%)。"正在……着"句17例中，用作前景句的8例(47.06%)。"正……着"句101例中，用作前景句的26例(25.74%)。

数据5

1.【一Q量词__V的N】"在"13例(单即单音节,下同3,双即双音节,下同10,"一双在挥动的手"),"正"5例(单1,双4,"一列正出站的货车"),"正在"112例(单5,双107,"一把正在煽动的扇子")。【一Q量词V着的N】258例(单139,双119,"一只旋转着的陀螺")。

2.【那__V的N】"在"1例(单1,"那在飞逝的时光"),"正"0例,"正在"10例(双10,"那正在减弱的精力")。【那V着的N】136例(单69,双67,"那躺着的猴子")。

3.【所有__V的N】"在"0例,"正"0例,"正在"1例(双,"所有正在撒尿的爷们儿")。【所有V着的N】8例(单6,双2,"所有跪着的人")。

4.【有些__V的N】"在"1例(双,"有些在拥抱的雕像"),"正"0例,"正在"0例。【有些V着的N】2例(单1,双1,"有些坐着的人")。

简论 "着"对动词的音节数有某种程度的选择限制,这跟它们在更大范围的句法分布也有一定关系。如："他捂着嘴笑(?他一边捂着嘴一边笑)—*他打扫着房间说(他一边打扫着房间一边说|他一边打扫房间一边说)"。

数据1反映"着"接单音节动词的概率以绝对优势超过双音节动词。但由于它所统计的"动词"另含形容词和介词,因此并不客观、准确。介词没有形态变化,即使在形态丰富的语言里也是如此(马清华等,2017),它既没有语缀,也不能重叠。同样,介词也不可能加动态助词"着",所谓加在介词后的"着"其实只是介词里的构词语素,如"随着|向着|为着|朝着|本着"。介词是高频封闭词类,把介词内部的构词语素"着"误作动态助词,势必不恰当地抬高"着"在单音节动词后的出现概率。有人认为"着"通常附于单音节动词之后发挥衬音作用(于根元,1981;1983:106—119)。这并不足信。"着"有其功能意义,不是可有可无的表音成分。"着"除表进行体或持续体的语法意义外,还传达某种色彩意义。"着"的动态意义具有描写性或色彩意义上的生动性,这区别于其他动态范畴。也正因如此,刘宁生(1985)发现"着"在剧本场景描写和舞台提示中的频率远超其在人物语言中的频率,而在政论文中频率极低,因为后者文以说理为主,很少景物描绘或状态摹拟。

将动词限制在常规定义内,并限定其他搜索条件,可以看到,"着"若居句尾,所接单双音节动词的频度差距并没有那么明显;若居句中,则偏好接单音节动词,因句子内部的空间受到挤压,所以长度要尽可能短(见数据2)。

含时间副词"在"的句子中,"在"在主谓之间跟左侧毗邻副词共现的概率逾2/5,"在"跟时量·延续性时间副词共现的又占其中近一半,主谓之间"在"没有左毗邻共现副词的概率逾占1/3(见数据3),表明时间副词"在"的延续性表达往往可以有更多辅助(包括叠加表达或互补表达),但也常可以没有这些辅助。时间副词"正"强调动作正在进行,意义显著度高,故绝大多数情形下不需要有左侧毗邻副词的协同;另一方面,"正"需要有另一事件的时间作参照,因此"正"句跟其他小句的关联度高("他侧头看哥哥,哥哥正含笑地酣睡着|正说他,他来了"),"在"句则相反,可以自足("他在想什么")。

"在"是持续/进行体前置标记的典型。"正在"是"在""正"这两个前置标记的叠加,差不多已经词化。"正"原表恰好,它以"正在"为中介,通过置换,演化成了独立的持续/进行体前置标记。"正在""正"的意义显著度均高于"在"。置换所得的后起形式"正"的意义显著度又略高于其前身即左叠式"正在"。后置标记"着"的语法化水平最高,显著度却最低。

数据4表明,"在"用于背景小句(或从句)和前景小句(或主句)的概率大致相等,"着""正""正在"多用于背景小句。它们在背景句里的分布规模由大到小呈"着＞正＞正在＞在"序列,在前景句里正好相反。它们在作定语的动词短语中的规模序列是"正在＞正＞着＞在"。不过,作定语的动词短语中的规模序列跟数据5的结论出入大,后者推翻了其中"着""正"的序位,序列是"着＞正在＞在＞正",且差幅越大时越明显。作定语的动词短语是背景内容(马清华、杨飞,2018),但同是背景内容,前者属备用层,背景句则属交际层。对比两者中持续/进行体标记的规模序列,"着""在"序位稳定,时间副词"正在""正"有显著序位变动。这是因为"着""在"都是交际层持续/进行体的典型标记(背景句最常用"着",前景句最常用"在"),"正在""正"则是非典型标记。"正在"是凸显标记,"正"是凸显兼关联标记。"正"已有一定程度的关联化,表现为带"正"小句的非自足性,这跟它的背景化程度高也有某种联系。

受韵律和谐原则约束,在作定语的动词短语中,持续/进行体前置标记无论单双音节,均多接双音节动词,双音节标记比单音节标记时的差幅有显著提升。后置标记是单音节的,故多接单音节动词,但跟接双音节动词的差幅不大(见数据5)。

环式叠加(环叠,马清华,2018)是标记叠加的一种方式,类似于一些语言的环标记(马清华、方光柱、韩笑等,2017:66)。它因意义显著度和结构显著度同时提升,对该格局的分布注入了新的变量。持续/进行体标记的前置标记("正│在│正在")和后置标记("着")连用,构成标记的环叠("在……着""正……着")。比较数据 4,"正……着"比起原先高显著度或低显著度的单一标记("正""着")来,提升了用于前景表达的概率。"正在……着"是环叠和左叠的双重叠加,用于前景表达的概率更是升幅明显。持续/进行体的典型前置标记"在"跟典型后置标记环叠以后("在……着"),凸显效果不明显,用于在前景表达的概率反出现极小降幅,可视为正常的波动。这些带环叠标记后用于前景表达的句子共 71 例,在 1194 个用作前景句的"着"句中仅占 5.95%,因此还不足以改变"着"的基本功能格局。

2. 静态存在句式对持续体/进行体跟已然体标记的选择限制

概述 静态存在句"处所+V+着/了+NP"(如"领边绣着一圈淡色的小花")表示某处以静止状态存在某人或某物。动词有时带"着",有时带"了"("她那白麻纱的洋装上沾了无数的血迹")。童小娥(2008)依据 CCL 现代汉语语料库,对比统计一部分动词在该句式中接"着/了"频率。我们整理其基本数据并追加计算,得相应数据:

数据

共 3650 例中,接"着"3264 例(89.42%),"了"386 例(10.58%)。含:"趴"10 例[着 10(100%)]。"躺"104 例[着 102(98.08%),了 2(1.92%)]。"叼"47 例[着 44(93.62%),了 3(6.38%)]。"坐"225 例[着 205(91.11%),了 20(8.89%)]。"停"88 例[着 77(87.50%),了 11(12.50%)]。"住"228 例[着 198(86.84%),了 30(13.16%)]。"沾"45 例[着 35(77.78%),了 10(22.22%)]。"写"1056 例[着 991(93.84%),了 65(6.16%)]。"架"49 例[着 45(91.84%),了 4(8.16%)]。"绑"24 例[着 22(91.67%),了 2(8.33%)]。"穿"153 例[着 139(90.85%),了 14(9.15%)]。"挂"715 例[着 649(90.77%),了 66(9.23%)]。"绣"47 例[着 42(89.36%),了 5(10.64%)]。"夹"119 例[着 100(84.03%),了 19(15.97%)]。"摆"387 例[着 325(83.98%),了 62(16.02%)]。"系"67 例[着 56(83.58%),了 11(16.42%)]。"铺"165 例[着 136(82.42%),了 29(17.58%)]。"别"43 例[着 34(79.07%),了 9(20.93%)]。"涂"38 例[着 28(73.68%),了 10(26.32%)]。"罩"37 例[着 24(64.86%),了 13(35.14%)]。"捆"3 例[着 2(66.67%),了 1(33.33%)]。

简论 存现句有两种。一种形成于典型句法实现的基础态(如"手上有很多老茧")。另一种是来自变价形成的派生态即存现态(如"[主体减价＋附加体升价]肩上挎着书包|[主体降价＋附加体升价]洋装上沾了血迹")(马清华、葛平平,2020)。前者的意义等于局部之和,是构型,后者是对前者线性结构类推的成果,意义非局部之和,具有构式性质。静态存在句式属后者。

静态存在句中,动词意义有的含存续意义(如"叼"),有的含结果意义(如"写"),但带"着""了"都能表动作或其结果的存续状态。本来,"着"只表存续状态,"了"只表结果,动词带"了"时的状态存续义是由句式整体意义涌现而来。动词带"着"表动作或其结果的存续状态是直接表达,因此是典型方式;带"了"是转喻表达,属非典型方式。也不排除另一种可能,即此处的"了"是状态持续标记"着"进一步弱化的形式(多源同化的结果,参:马清华,2003c),此现象在 20 世纪上半叶郁达夫小说中很明显。从这个角度说,"了"仍摆脱不了偏常性质。因此不管从哪个角度说,静态存在句动词具有明显的带"着"倾向,"着"占绝大多数是理所当然的合理存在。

3. 持续体/进行体标记跟语气标记组合的词汇化及其特征分布

概述 刘丽萍(2007)依据 CCL 现代汉语语料库,统计有效的"谓词＋着呢"句在组合关系上的句法、语义、韵律特征。我们整理其基本数据,并追加计算,得数据:

数据

1."谓词＋着呢"。692 例:(1)"V＋着呢"419 例(60.55%)[动词表动作进行的 146 例(21.10%),表状态持续的 273 例(39.45%)],"Adj＋着呢"273 例(39.45%)。(2)谓词是单音节的 618 例(89.31%),含动词 382 例(55.20%)[表动作进行的 120 例(17.34%),表状态持续的 262 例(37.86%)],形容词 236 例(34.10%);双音节的 74 例(10.69%),含动词 37 例(5.35%)[表动作进行的 26 例(3.76%),表状态持续的 11 例(1.59%)],形容词 37 例(5.35%)。

2. 带"着呢"的谓词。252 个,含:(1)词性上,动词 158 个(62.70%)[表动作进行的 49 个(19.44%),表状态持续的 109 个(43.25%)],形容词 94 个(37.30%)。(2)音节上,单音节谓词 186 个(73.81%),含动词 124 个(49.21%)[表动作进行的 25 个(9.92%,"等|忙|听|看"),表状态持续的 99 个(39.29%,"活|坐|站|立|躺|开")],形容词 62 个(24.60%,"多|早|大|长|远|好");双音节谓词 66 个(26.19%),含动词 34 个(13.49%)[表动作进行的

24个(9.52%,"张罗|算计|扣押|运动"),表状态持续的10个(3.97%,"凝视|储藏|预备|隐瞒")],形容词32个(12.70%,"爱惜|认真|硬朗|精明")。

简论 现代汉语动词的数量规模比形容词大(邢红兵,1999;马清华,2010b),"V+着呢"比"Adj+着呢"使用更普遍。可见后者呈正态分布。

在现代汉语里,单音节词比双音节词少,但使用频率高于双音节词,这在动词、形容词中也都是如此。在跟"着呢"的组合上,单音节词(无论动词还是形容词)的使用词数占优势,似呈现某种程度的偏态分布。这跟"着呢"的口语性有关。一致性原则的作用,导致动词、形容词都在韵律上优先选择了更适合于口语的单音节词形式。

单音节动词时,"V+着呢"表状态持续的多于表动作进行的。双音节动词时,表动作进行的多于表状态持续的。然而,并不能由此认为动词韵律是影响该结构的体(aspect)类型的一种重要变量。这里,动词韵律和体范畴的关系,隶属或来源于跟句法结构、语体色彩多重因素的共变关系。词性和音节数的差幅也参与到这一共变关系中:无论是词数还是语例,单音节时,动词占比都大幅多于形容词;双音节时,动词仅比形容词略多或相等。

总体上,动词带"着呢"以表状态持续为常,形容词带"着呢"都表状态持续。因此,"谓词+着呢"表状态持续是典型特征,表动作进行则是其非典型特征。

严格地说,接动词时"着呢"是持续/进行体和陈述语气(陈述语气标记一般可都与疑问、感叹语气兼容)的复合标记。当它用在形容词后,形容词的评议性激发它转表感叹语气。

8.3.5 起始体和接续体

概述 关于起始体、接续体后置标记的句法语义特征。房玉清(1992)从《HSK常用词汇一览表》(1989)和《现代汉语频率词典》中筛选出1000个动词。统计其"V起来"式作谓语(有其他后续谓词性成分的不计入)的句法语义分布。我们整理其基本数据,并追加计算,得数据1。张国宪(1999)分类统计所收131个形容词谓语句中趋向补语"起来"的时间意义。我们整理并追加计算,得数据2。李银美(2007)统计A语料(自建30余万字现代汉语语料库)中"起来"的语法分布,B语料(王灿龙,2004;邢福义,2002)中"起去"的语法分布。我们整理其基本数据并追加计算,得数据3。蔡绿(2005)分期调查《冰心文集》(共八卷)共213.36万字语料中17个复合趋向补语的语法意义(趋向

义本义[如"走开去|躲进去"]和引申出的结果[如"看不过来"]、状态[如"跳起舞来|平静下来"]、其他[如"话说回来|看上去|接下来"]等非趋向义)。状态义是体范畴意义。我们整理其基本数据并追加计算,得数据4。

数据1

1. 语义分布。"起来"在非趋向动词后的语义类型。797个非趋向动词后的"起来"所表语义有两大类:(1)表动作进程的动词708个(88.83%),含:a. 表动作开始并继续的动词600个(75.28%,"哆嗦|咳嗽|哭|笑|思索|辩论|闹|打|动|读|观察");b. 表量和程度变化(或加"起来"表动作或状态有了发展和变化)的动词27个[3.39%,"变|变化|哺育|成熟|成长|传染|发展|沸腾|害怕|觉悟|觉醒|乱|培养|溶|融化|烧|生长|熟悉|稳定|习惯|喜欢|胀|着(zháo)"等];c. 表动作完成并产生某种结果的动词81个(10.16%,"保护|承担|担负|对立|管制|控制|利用|领导|塞|掌握")。(2)表动作实现并使相关事物成展开、聚集或隐匿等状态的动词89个(11.17%),含:a. 表动作实现并使相关事物成展开状的动词17个(2.13%,"摆|布置|陈列|打扮|供|铺|晒|摊|展览|装饰");b. 表动作实现并使相关事物成聚集状的动词55个(6.9%,"包|堆|勾结|集合|加|连|团结|围|衔接|召集|组织");c. 表动作实现并使相关事物成隐匿状的动词17个(2.13%,"藏|封|盖|埋|瞒|蒙|收|捂|掩盖|隐蔽")。

2. 句法分布。(1)能跟"起来"结合的动词836个(83.6%),含:位移动词39个(4.67%,"蹦|铲|吊|飞|浮|挂|举|提|跳|站"),非位移动词797个(95.33%)。(2)不能跟"起来"结合的动词104个(10.4%),数量明显较少,包括:结束性动词"毕业|到|见|结束|死|完"等,无变化动词"等于|给以|好像|例如|是|认为"等,结果义动词"表明|感到|获得|降低|觉得|取得|确定|推翻|显得"等,趋向动词"出|回|进|起|去|入"等,进程或状态动词"出现|发生|继续|开始|消失"等。(3)不易确定能否跟"起来"结合的动词60个(6%)。

数据2

"形容词+起来"的起始结构131例中,体标记"起来"表起始的120例(91.6%,"直到装家具的车子开走也带走了尤尤,老太的哭声才清晰起来。|苏奇不由地心疼了一下,眼睛又一次湿润起来。"),表凸显延续的11例(8.4%,"透过书橱的玻璃,能瞧见隔板上参差不齐的书,正在一天天满起来。")。可见绝大多数表起始,而凸显延续的只有其1/10左右。

数据 3

1. "起来"。A 语料"起来"308 例中,用作谓语动词 10 例(3.25%),用于连动结构 73 例(23.70%),用作动词补语 60 例(19.48%,"就这当儿,气功师站起来讲演"),用作体标记 165 例(53.57%,"各地纷纷行动起来,捐款捐物")。

2. "起去"。B 语料"起去"75 例中,用作谓语动词 9 例(12%),用于连动结构 6 例(8%),用作动词补语 60 例(80%,"刘四的话是那么难听,仿佛他办寿,他们就得像老鼠似的都藏起去"),用作体标记 0 例。

数据 4

1. 词项分布。(1)有体范畴意义。【起来】早期 673 例:趋向 361 例(53.64%),结果 104 例(15.45%),状态 184 例(27.34%),其他 24 例(3.57%);中期 810 例:趋向 230 例(28.40%),结果 296 例(36.54%),状态 238 例(29.38%),其他 46 例(5.68%);晚期 343 例:趋向 90 例(26.24%),结果 82 例(23.91%),状态 112 例(32.65%),其他 59 例(17.20%)。【下去—下来】"下去"。早期 168 例:趋向 95 例(56.55%),结果 3 例(1.79%),状态 70 例(41.67%);中期 277 例:趋向 97 例(35.02%),结果 2 例(0.72%),状态 178 例(64.26%);晚期 127 例:趋向 30 例(23.62%),状态 97 例(76.38%)。"下来"。早期 159 例:趋向 71 例(44.65%),结果 64 例(40.25%),状态 24 例(15.09%);中期 288 例:趋向 109 例(37.85%),结果 130 例(45.14%),状态 48 例(16.67%),其他 1 例(0.35%);晚期 125 例:趋向 42 例(33.60%),结果 69 例(55.20%),状态 14 例(11.20%)。(2)没有体范畴意义。【出来—出去】"出来"。早期 308 例:趋向 142 例(46.10%),结果 166 例(53.90%);中期 560 例:趋向 260 例(46.43%),结果 300 例(53.57%);晚期 187 例:趋向 68 例(36.36%),结果 119 例(63.64%)。"出去"。早期 101 例均表趋向(100%);中期 107 例均表趋向(100%);晚期 33 例均表趋向(100%)。【过来—过去】"过来"。早期 134 例:趋向 109 例(81.34%),结果 25 例(18.66%);中期 129 例:趋向 96 例(74.42%),结果 33 例(25.58%);晚期 50 例:趋向 27 例(54%),结果 23 例(46%)。"过去"。早期 74 例:趋向 62 例(83.78%),结果 12 例(16.22%);中期 71 例:趋向 62 例(87.32%),结果 9 例(12.68%);晚期 22 例:趋向 15 例(68.18%),结果 7 例(31.82%)。【进来—进去】"进来"。早期 71 例均表趋向(100%);中期 52 例均表趋向;晚期 11 例均表趋向。"进去"早期 34 例均表趋向;中期 66 例均表趋向;晚期 21 例均表趋向。【回去—回来】"回去"。早期 48 例均表趋向(100%);中期 71 例均表

趋向(100%);晚期21例均表趋向(100%)。"回来"。早期42例:趋向41例(97.62%),其他1例(2.38%);中期77例:趋向73例(94.81%),其他4例(5.19%);晚期33例:趋向28例(84.85%),其他5例(15.15%)。【上去—上来】"上去"。早期36例:趋向34例(94.44%),结果2例(5.56%);中期55例:趋向48例(87.27%),结果5例(9.09%),其他2例(3.64%);晚期17例:趋向14例(82.35%),结果3例(17.65%)。"上来"。早期34例:趋向32例(94.12%),结果2例(5.88%);中期68例:趋向60例(88.24%),结果8例(11.76%);晚期16例:趋向14例(87.50%),结果2例(12.50%)。【开去—开来】"开来"。早期3例,均表结果;中期11例,均表结果;晚期4例,均表结果。"开去"。早期8例均表趋向(100%);中期7例:趋向5例(71.43%),结果2例(28.57%);晚期0例。【到……去—到……来】"到……去"早期125例均表趋向;中期291例均表趋向;晚期64例均表趋向。"到……来"。早期60例均表趋向;中期70例均表趋向;晚期14例均表趋向。

2. 历时分布。复合趋向补语("上来|上去|下来|下去|进来|进去|出来|出去|回来|回去|过来|过去|起来|开来|开去|到……来|到……去")共6176例中,(1) 早期(1919—1949年,63.65万字)2078例:趋向1394例(67.08%,"我不敢太远走<u>开去</u>"),结果381例(18.33%,"我陷<u>进去</u>的世界住满了陌生的东西"),状态278例[13.38%,"(幻像)渐渐的消灭了<u>下去</u>"],其他25例(1.20%,"那次集会提<u>起来</u>有些怅惘")。(2) 中期(1950—1978年,97.44万字)3010例:趋向1697例(56.38%),结果796例(26.45%),状态464例(15.42%,"跳<u>起</u>舞<u>来</u>,舞带叮当地响着"),其他53例(1.76%,"看<u>上去</u>就像使着眼色|接<u>下来</u>再讲讲杜甫");(3) 晚期(1979—1994年,52.27万字)1088例:趋向492例(45.22%),结果309例(28.40%,"新出的刊物几乎看不<u>过来</u>"),状态223例(20.50%),其他64例(5.88%,"话说<u>回来</u>吧,当时的我也不是一个骨干分子")。

简论 复合趋向动词充当的复合趋向补语(包括合用式和离用式)有的可语法化为后置的体标记。"起来"的合用式("惊叫起来|笑起来|心烦起来|察看起来|开始摇晃起来")和离用式("吹起口哨来|写起文章来|担起心来|开始打量起店铺来了")都可以成为起始体标记,"下去"("我还想听下去|讲下去|一定要活下去|你还可以干下去|还能坚守下去")和"下来"("有可能依然存在下来|计划无限期拖延下来|想继续住下来|反正没人能延续下来|不可能在烘烤中活下来")的合用式都可以成为接续体标记,但相比起之下,"下来"需满足

更多条件,且出现频次大幅减少。

"起来"表起始体时,存在多种意义变体,有的侧重于起始,未必延续,如"叫喊起来";有的起始后动作得到延续,如"担心起来";有的起始后动作形成的状态或结果得到延续,如"摆起来";有的状态起始后发生持续性的增势变化,如"一天天好起来"。它们都能跟前置起始体标记"开始"叠加共现,也能跟已然体标记"(已经……)了"兼容共现,但只有最后一种意义变体才能跟持续体前置标记"正在"共现。换言之,起始体标记"起来"拥有的语义特征是义丛[＋起始±延续(±增势延续)]。着眼于其中不同的义素,则有不同的叠加方式,视角分化造成了凸显方式的分化。就起始体标记"起来"而言,[＋起始]是共有特征,是主特征,[±延续]是或有特征,是副特征,因此起始叠加的频次要远大于延续叠加。

"起来"句法上有定位倾向,即倾向于在动词后作补语,包括作动词补语和体标记在内,由于次要位置固化,故而发生了空间性的趋向/动向向时间性起始体的演化,并且高频使用,在历时中,表时间信息在补语用法中逐渐增多,直至发展到现在占多数。"起去"尽管能高频用作动词补语,也有定位倾向,但语法化程度相对较低,充其量算是趋向体或动向体,即仍停留于空间范畴,还没有发生向时间范畴的演化。此例反映了在构词对称的同时所存在的语法化水平不对称。

趋向意义是补语位置上复合趋向动词语法化的起点。把考察范围扩大,可以发现,除"起来""下去""下来"外,其他复合趋向动词补语都不传递时间信息,后者的主要语法意义是表趋向:它们有的只有趋向义("进来|进去|出去|回去|到……来|到……去"),仅占前一类型的一半左右;有的虽趋向义占比呈减势,非趋向义则相对呈增势,但趋向义仍居主流("上来|上去|出来|回来|过来|过去|开去");统计时唯一只有非趋向例而无趋向例的"开来",实际并非没有趋向意味(如"分割开来")。

历时地看,"起来""下去""下来"的体范畴义的发展总体基本呈增势,趋向义的占比则相对下降,两者此升彼降。"起来""下去"在早期都是趋向义占比大于体范畴义,但在中期、晚期发生逆转,都是体范畴义占比大于趋向义。"下去"体范畴义和趋向义的占比差幅都显大于"起来"。"下来"在每个历史时期,都是趋向义占比大于体范畴义。

复合趋向动词"起来""下去""下来"之所以能由空间上的趋向义,表时间上的体范畴义,跟它们是纵向空间变化有关。而这又有更深层次的原因,即与时间隐喻背后的意象图式有关。这一语法化活动的结果,体现在组合关系上的相应变化。以"起来"为例,它跟位移动词结合时表空间义,即纯趋向义,同时也可表时间义,即体意义。但跟非位移动词结合后只表时间义。当代汉语中,能跟"起来"结合的动词以非位移动词占绝大多数,表明"起来"的结合面拓宽,已高度语法化了。

8.4 判断标记

8.4.1 否定的分布势力

概述 刘立成、柳英绿(2008)统计汉语否定句的分布。我们整理并校正其基本数据,得数据1。Givón (2001[1984]:41)统计英语否定句的分布,得数据2。

数据1

小说类的《骆驼祥子》(老舍)否定小句32例(如"他不抽烟不喝酒"),否定整句13例("鲁迅不是南京人"),否定整句在整句总数共137例里的占比为9.49%。学术著作类《经典常谈》(朱自清)第一章否定小句18例,否定整句5例,否定整句在整句总数共157例里的占比为3.18%。

数据2

英语否定整句在句子总数里的占比,小说语料中为12%,学术论文语料中为5%。

简论 判断是情态范畴之一,含肯定和否定两种次范畴。数据证明,否定句的使用频率远低于肯定句,并具有语言普遍性。否定属消极评议性,其主观性程度高于一般肯定句,伴有消极情感。因此艺术语体里否定句占比是学术语体里的两至三倍。我们知道,艺术语体有渲情功能,学术语体则没有。值得注意,此处的数据准确性存疑。因为统计时所谓否定句还"包括表示否定的反问句",并且一般疑问句被排除在了肯定句、否定句之外。但考虑以下两点,数据总体上仍可支持肯定句占绝对多数的结论:(1) 所统计的句子类别,是以同时体现句子情态和谓词情态的典型类别为主体。(2) 一般疑问句的频率相对较低。

其实,肯定和否定有三种含义:(1) 谓词情态(肯定式/否定式)。如肯定疑问句"他是学生吗?"中的肯定式和否定疑问句"他不是学生吗?"中的否定式。(2)句子情态(肯定句/否定句)。如陈述句"他不是学生。"和祈使句"你别去!"都既是否定式(谓词情态),也是否定句(句子情态)。(3)惯用言外义表达式的实际意义。如双重否定句所表的肯定和反问句所表的否定。前二者是句法意义,都离不开否定标记的作用。第三种是语用义。谓词情态跟句子情态的分化跟以下因素有关:判断跟语气的意义协作关系的类型(否定标记跟疑问语气标记协作时,只作用于谓词;跟无标记的陈述语气协作时,可作用于句子),或谓词性成分的降级(比较"力气不小"和"他用了不小的力气")。

8.4.2 否定标记跟心理动词的组合及其熟语化和标记化

概述 白荃(2000)统计孟琮等(1987)所收心理活动动词的否定分布特征。我们整理其基本数据,校正并追加计算,得数据1。陶红印(2003)统计约10万字面对面自然谈话的口语语料中"知道"(含"知")的主语特征和判断分布特征。谈话人大多是北京人,也有个别是非北京人,都受过高等教育。我们整理其基本数据,并追加计算,得数据2。石毓智(2003)统计"介意"在清代到现代有代表性的10部口语作品中的肯定/否定分布。我们整理其基本数据,并追加计算,得数据3。

数据1

99个心理活动动词中:

1. 能被"不"和"没"直接否定的。58词(58.59%):a."爱|猜|懂|操心|担心|当心|惦记|打算|发愁|反省|感到|害怕|害羞|后悔|恨|慌|敢|忽视|怀疑|计较|嫉妒|觉得|觉悟|考虑|了解|留神|留心|满足|记|迷|怕|迷信|明白|期望|企图|忍心|认识|失望|熟悉|体谅|体会|同情|认|忘|想|推测|相信|享受|想念|醒悟|原谅|着急|指望|重视|着眼|注意|信"。b. 用于非现实表达1词(1.01%):"当作"("要是不/没当作使命来完成")。

2. 通常只能被"不"直接否定的。28词(28.28%):a."记得|情愿|认得|希望|晓得|知道"6词(6.06%)。b. 动词后带"过/着"时也可被"没"否定:"爱好|爱惜|放心|关心|怀念|讲究|满意|热爱|认为|佩服|讨厌|愁|伤心|喜欢|羡慕|欣赏|信任|愿意|尊敬|尊重|小心|以为"22词(22.22%)。

3. 通常只能被"没"直接否定的。10词(10.10%):a."误解|预料"2词(2.02%)。b. 用于非现实表达1词(1.01%):"敢于"("如果不敢于斗争")。c. 动词后带"了"时也可被"不"否定7词(7.07%):"回忆|判断|忘记|误会|

忍|忍耐|忍受"。

4. 不能被"不""没"直接否定的。3 词(3.03%):"抱歉|望_{表盼望/希望}|看_{表认为}"。

数据 2

1. 主语分布。共 117 例"知道"(含"知")句中:(1) 第一人称主语 73 例(62.39%):a. 单数 72 例(61.54%)[表层主语 36 例(30.77%),隐含主语 36 例(30.77%)],b. 复数 1(表层主语)例(0.85%)。(2) 第二人称主语 24 例(20.51%)。(3) 第三人称主语 15 例(12.82%)。(4) 其他主语类型 5 例(4.27%)。

2. 判断和主语分布。共 117 例"知道"(含"知")句中,(1) 否定句 68 例(58.12%),含:① 第一人称主语 56 例(47.86%),a. 单数 55 例(47.01%)[表层主语 23 例(19.66%),隐含主语 32 例(27.35%)],b. 复数 1(表层主语)例(0.85%)。② 第 2 人称主语 6 例(5.13%)。③ 第 3 人称主语 6 例(5.13%)。④ 其他主语类型 0 例。(2) 非否定句 49 例(41.88%),含:① 第 1 人称主语 17 例(14.53%),a. 单数 17 例(14.53%)[表层主语 13 例(11.11%),隐含主语 4 例(3.42%)];b. 复数 0(表层主语)例。② 第 2 人称主语 18 例(15.38%)。③ 第 3 人称主语 9 例(7.69%)。④ 其他主语类型 5 例(4.27%)。

数据 3

共 46 例"介意"句中,含肯定式 2 例(4.35%),否定式 44 例(95.65%)。其中,以下 8 部作品均为否定式:《红楼梦》7 例、《呐喊》5 例、《围城》2 例、《骆驼祥子》4 例、《四世同堂》2 例、《俞平伯散文》3 例、《王朔小说》6 例、《皇城根》(陈建功)5 例。另外 2 部作品是《京华闻见录》(梁晓声)肯定式 1 例(11.11%),否定式 8 例(88.89%);《王晓波小说》肯定式 1 例(33.33%),否定式 2 例(66.67%)。

简论 汉语否定标记"不""没"本质上都是体和否定的融合标记。"没"是已然体的否定,"不"是惯常体或未然体的否定,有时还融合了能愿的次范畴——意欲("我不去"中的"不"表未然体·意欲·否定)。它们既然表意不同,即呈互补关系,就都有各自的存在价值,因此半数以上的心理动词既能被"不"否定,又能被"没"否定。

"不"的搭配范围比"没"广。(1)"不"所否定的体类型比"没"多。(2)"不"所接动词可以是自主的,也可以是不自主的,但"没"所接动词通常都是自主的。(3) 通常只能用"不"直接否定的心理动词,要多于一般只能用

"没"直接否定的心理动词。

非现实表达或跟后置体标记的共现,都能成为提升心理动词被"不""没"否定能力的条件(马清华,2017a)。

有的心理动词因为语体自由度低(如文言色彩的"望_{表盼望/希望}"),或已发生话语标记化、组合范围严重窄化["抱歉!|(我)真的很抱歉"],或已在词汇化过程中成为话语标记的一部分(如"看_{表认为}"),因此只能用于肯定句,不能直接用否定副词("不""没")限定。这样的心理动词最少。

动词"知道"(含"知")跟否定标记"不"的习惯性共现结果,造成"不知(道)"的话语标记化。心理动词和言语动词一样,属反映动词。其典型个例词参与构成话语标记的概率较大。这里,"知道"跟其第一人称单数主语和否定判断的共现形式["(我)不知道"],有明显的话语标记倾向。其话语标记化的语用和句法基础是言语行为理论中的"表态成分"(illocutionary)。

动词"介意"基本上仅见于否定式,这是动词跟情态的特殊固定分布关系中的一种,习惯性共现结果造成"不介意"的熟语化。"介意"用于肯定式属例外,见于以下用法:(1) 字面意义和实际意义分离:句子字面意义表疑问,实际含义表否定("会介意床板上的古怪人形吗?")。(2) 用"实际"等确证标记("他实际很介意这件事")。(3) 对举("他既没说介意,也没说不介意")。

8.4.3 肯定/否定跟其他情态标记的共现关系

概述 郑剑平(1996)统计副词修饰对象的判断类型和所修饰结构内的否定词。统计材料以书面材料为主,口头测试为辅。我们整理其基本数据,校正并追加计算,得数据:

数据

1. 副词修饰对象的判断类型专门化。共 514 个副词中:(1) 肯定/否定结构兼用副词 314 词(61.09%)("毕竟|一时":这儿毕竟是海南|隐形蜜船毕竟不是历险的工具)。(2) 肯定结构专用副词 187 词(36.38%):a. 情貌 60 词(11.67%,"尽情|偷偷|径直");b. 时间 52 词(10.12%,"刚|刚刚|行将");c. 有判断意义 20 词(3.89%,"务须|不必|无从");d. 重复/频率 13 词(2.53%,"重新|连连|一再");e. 范围 12 词(2.33%,"单|独自|共");f. 语气 9 词(1.75%,"何不|何妨|是否");其他 21 词(4.09%)。(3) 否定结构专用副词 13 词(2.53%,"迟迟|从":迟迟不肯离开)。

2. 副词所修饰结构内的否定词。既可修饰肯定结构也可修饰否定结构

的副词共 314 个中:(1) 可统辖"不"和"没(有)"的副词 254 个(80.89%)。含:a. 可统辖"不"和"没(有)_副词""没(有)_动词"的副词 214 个(68.15%,"偏偏|永远|尤其":他愿永远不再见她的面|他永远没尝过这种难过|永远没人来修补)。b. 可统辖"不""没(有)_副词",不统辖"没(有)_动词"的副词 13 个(4.14%,"故意|索性|赶快|远远|特意":标准远远达不到|远远没有赶上时代)。c. 可统辖"不""没(有)_动词",不统辖"没有_副词"的副词 27 个(8.60%,"太|极|顶|就要|快要":极不得人心|极没有意思的话)。(2) 只能统辖"不"不能统辖"没有"的副词 60 个(19.11%)。含:a. 可修饰"不+AP"和"不+VP"的副词 29 个[9.24%,"有些|有点(儿)|大|稍微|稍为":似乎有点不舒畅|有点不理解我]。b. 修饰"不+VP",不修饰"不+AP"的副词 31 个[9.87%,"死(死)|轻易|互|白|切|曾经":死不给写介绍信|死不肯走快]。

简论 副词属广义情态范畴。整个副词系统中,既能用于肯定结构,也能用于否定结构的副词超半数,属最多,专用于肯定结构的副词其次,专用于否定结构的副词最少。在数量上,专用于肯定结构的副词是专用于否定结构副词的 14 倍多。整体看,这跟肯定/否定在现代汉语的一般分布倾向相同,呈正态分布。肯定性结构专用副词的义类分布面也很广,规模占总数的 1/3 以上,其次类数量由多到少呈如下序列:情貌类>时间类>频度类>范围类>语气类。

肯定/否定跟其他情态标记的共现,本质上是两种情态范畴的协同关系。现代汉语的情态统辖序链是"语气>口气>时(tense)>体(aspect)>判断_否定>能愿>态"(">"表统辖),而范围、程度、频率和某些情貌(如时间貌、处所貌、心理貌、关系貌、效果貌)则是超约束范畴(马清华,2017a),表范围、程度、频率和某些情貌范畴的副词,都能统辖否定标记,也能被否定标记所统辖。

在肯定/否定结构兼用副词中,有可统辖"不"和"没(有)"的副词,也有只能统辖"不"不能统辖"没有"的副词,前者是后者的 4 倍多。却未见只能统辖"没有"不能统辖"不"的副词。现代汉语副词"不"的出现频率本来就远高于副词"没(有)",可见前一现象呈正态分布。

8.4.4 否定标记与其他标记共现的熟语化和格式化

概述 赵万勋 2006(转引自:刘水,200;韩涛,2010)依据北京大学 CCL 现代汉语语料库,调查"差点儿没 VP"的实际判断意义的分布。得数据 1。胡清国(2007)统计从现代到当代三位作家作品中"'一'量名"的否定格式。我们归纳整理并校正其基本数据,追加计算,得数据 2。刘承峰(2007)对比统计王朔小说《看上去很美》中"否定+'一'量(名)""'一'量(名)+否定""'连'+('一')量(名)+'都/也'+否定"三种否定格式的使用情况。我们整理其基本数据,校正其数据,并追加计算,得数据 3。

数据 1

963 个含"差点/差一点"的有效句(剔除了重复出现和不相关的句子)中,"差点儿没 VP"句共有 98 个,表肯定意义 12 例(12.24%),表否定意义 86 例(87.76%)。

数据 2

1. 现代。(1)《鲁迅全集 2》34 例中,"'一'量名+否定"14 例(41.18%),"否定+'一'量名"20 例(58.82%)。(2) 老舍《骆驼祥子》112 例中,"'一'量名+否定"74 例(66.07%),"否定+'一'量名"38 例(33.93%)。

2. 当代。王朔 7 部小说 111 例中,"'一'量名+否定"94 例(84.68%,"她一句话没说"),"否定+'一'量名"17 例(15.32%,"没说一句话")。

数据 3

1. "否定+'一'量(名)"。共 55 例中,全量否定 28 例,含"不"9 例(32.14%),"没"19 例(67.86%,"天上没有一片云");单值否定"不"16 例(59.26%),"没"11 例(40.74%,"我没买一斤樱桃,只买了四根香蕉")。

2. "'一'量(名)+否定"。共 58 例中,全量否定 51 例,含"不"43 例(84.31%),"没"8 例(15.69%,"天上一片云也没有");单值否定 7 例,含"不"3 例(42.86%),"没"4 例(57.14%,"都一天了,他一封信都没写完")。

3. "'连'+('一')量(名)+'都/也'+否定"。共 33 例中,均为全量否定,其中"不"15 例(45.45%),"没"18 例(54.55%,"天上连一片云也没有")。

简论 否定是最被关注的情态范畴之一,属判断范畴。它与其他情态的标记共现常导致熟语化乃至词汇化。如:"[否定+语气/口气]岂不|何不|并不|绝不|未必;[否定+体]从不|从未|没曾|未曾|从来不|从来没有|别……了|不……了|没有……过;[否定+能愿]不必|不要|不该;[否定+程度]不很|不太|不怎么;[否定+频度]不再|不常;[否定+情貌]不相;[否定+范围]不单单|不仅|不只"等。

否定标记"没"与口气标记"差点儿"的共现组合也是一例,它们熟语化为"差点儿没",也是偶对标记的格式化活动。"差点儿没 VP"中的 VP 表积极意义即企望发生的事情时,整个短语表肯定(如"差点儿没考取=考取了"),VP表消极意义即不企望发生的事情时,整个短语表否定(如"差点儿没摔倒=没摔倒")。"差点儿没VP"表否定义的使用频率是肯定义的7倍,说明该构式主要用于表不企望发生的事情。VP表积极意义时,"差点儿没VP"的字面义和实际义一致,是构型。VP表消极意义时,"差点儿没VP"的字面义和实际义分离,拥有大于局部意义之和的整体义,是构式。

否定标记也可跟指称标记共现,形成格式。如表周遍性否定的格式,该格式中的"否定"含否定副词和否定动词(否定动词虽属谓词,但拥有内在的否定情态)。它的三个同义格式中,"否定+'一'量名"的格式化程度最低。"'一'量名+否定"比它要多一层话题化的加工环节,往往为此而偏离常规语序,还常需要强势语气副词"都""也"的辅助,所以加工难度增大,显著度更高,语势也更强。由现代"否定+'一'量名"占优势,发展到当代,"'一'量名+否定"占据压倒性优势,表明"'一'量名+否定"相对于"否定+'一'量名"来说,有迅速增长趋势。因此,综合起来看,"'一'量名+否定"有着更高的格式化水平。"一"量否定结构的实际意义跟字面意义相距越远,即表全量否定的占比越高,主观强化程度越高,说明格式化水平越高。由此看,"'连'+('一')量(名)+'都/也'+否定"的格式化水平最高,它加带了放在焦点主语前的前附助词"连",充入了以意外义表极言的主观语势。

周遍性否定格式在意义上,经历了从单值否定到全量否定的转喻过程(类似情形也见于肯定范畴,如江苏南通话有肯定性的数量转喻过程,"有了"不仅可表已经有,也可表完足,相当于说"够了"),有的还经历了从客观陈述到主观强化的主观化过程。

8.4.5 比况标记

概述 余义兵、樊中元(2007)依据CCL现代汉语语料库(1620万字,含艺术、学术、法律、口语等语体),统计"NP_1像NP_2一样VP/AP"句的语义特征。我们整理其基本数据,并追加计算,得数据:

数据

"NP_1像NP_2一样VP/AP"句共1062例中:

1. 比喻句。959例,其NP_2含:指人普通名词194例(20.23%,"他像父亲一样照顾我"),指人专有名词24例(2.50%),人称代词0例,动物类名词238例(24.82%),其他非动物类名词503例(52.45%,"她像花一样美")。

2. 非比喻句。103例,其NP₂含:指人普通名词27例(26.21%,"他像他父亲一样照顾我"),指人专有名词30例(29.13%),人称代词46例(44.66%),动物类名词0例,其他非动物类名词0例("他像那棵树一样高")。

简论 比况是近似判断。"像"表近似等同关系,用于比喻或比较。"像……一样"是叠加的比况格式,客观用法是表比较,主观用法是表比喻,后者是主要用法,旨在达成生动性和形象性效果,比较则不是。NP₂的意义特征影响到该格式的意义属比喻还是比较。表现为:(1)比较用法中,比较双方多表人。比喻用法中,绝大多数是本体表人,但喻体不表人,这是比喻近似等同的本质决定的。非指人名词用作喻体的能力一般远高于指人的名词。NP₂的意义跟其是否具有喻体资格的关系由大到小呈以下序列:非动物名词＞动物名词＞指人的名词。(2)喻体要有一定的具象性。喻体的具象性越高,句式就越具有比喻性,反之,则越具有比较性。如当NP₂为指人的名词/代词时,其是否具有喻体资格的关系由大到小呈以下序列:指人普通名词＞指人专有名词＞人称代词。代词因不具有具象性,所以不能成为喻体。非指人具体名词既有较强具象性,跟指人的本体比,又有一定的异质性,最有资格作喻体。(3)有定单称性质可导致NP₂丧失用作喻体的能力,如有定单称名词性短语("那棵树")、专有名词,但表大众熟知人物的专有名词(如"雷锋""张飞")除外,因其已取得公共形象。

8.5 能愿标记

8.5.1 能愿动词的句法分布

概述 先看能愿标记在被动态中的分布。能愿动词可跟4个被动标记词"被|叫|让|给"共现("金一趟这才不情愿地被杨妈推回屋去了")。能愿动词共7类:可能类("可能")、必然类("一定")、必要类("应该|应该|得|应当|要_必要|犯不着")、能力类("会|可|可以|能|能够|容易|免不了")、愿望类("愿|愿意|情愿|想|要_愿望|希望|乐意|要想")、估价类("值得|易于")、许可类("准|许")。跟被动标记词的共现能力不等。王振来(2003)统计约280万字的语料,我们整理其基本数据,得数据1。再看能愿动词跟比事论元的语序关系。许国萍(2005)统计比较句里能愿动词("能|会|应该|可以|可能|要")相

对于比事的句法分布。语料库信息未详。我们整理其基本数据,并追加计算,得数据2。

数据1

1. 一般共现。有标记被动式总计865例,其中有能愿动词进入的269例(31.10%),可见共现使用所占比例不小。

2. 次类共现。可能类、必然类、必要类、能力类、愿望类易进入被动式,估价类较少进入,许可类未发现进入例。

3. 共现选择性。被动式对能愿动词有很大选择性,如22个愿望类能愿动词中,只有8个典型能愿动词能进入被动式。愿望类能愿动词有时不可用于肯定式,却常用于否定式,表不如意事。

数据2

【会】65例,含比事前58例(89.23%)[肯定43例(66.15%,"男人干重活<u>会</u>比一般妇女强些"),否定15例(23.08%)],比事后7例(10.77%)[肯定],比事前后0例。【能】51例,含比事前19例(37.25%)[肯定16例(31.37%),否定3例(5.88%,"我们也不<u>能</u>比法国人差")],比事后31例(60.78%)[肯定29例(56.86%,"中学生比小学生更<u>能</u>坚持"),否定2例(3.92%,"他的心情比昨夜更加不<u>能</u>平静")],比事前后1例(1.96%)。【应该】24例,含比事前23例(95.83%,"它的价值<u>应</u>比一般的海贝<u>要</u>高")[肯定],比事后1例(4.17%)[肯定],比事前后0例。【可以】5例,含比事前4例(80%)[肯定],比事后1例(20%)[肯定],比事前后0例。【可能】15例,均在比事前[肯定]。【要】121例,含比事前39例(32.23%)[肯定],比事后78例(64.46%)[肯定],比事前后4例(3.31%,"整体系统的功能<u>要</u>比子系统功能总和<u>要</u>大")。

简论 能愿标记由能愿动词充当。能愿范畴包括以下次范畴:能力(条件性)("会|可|可以|能|能够"),意愿(主动性)={祝愿("愿|祝"),意欲("想|要_愿望|要想|希望"),情愿("愿|愿意|肯|情愿|乐意"),许可("准|许")},道义(必要性)("应该|应|该|得|应当|要_必要|犯不着|值得")(马清华,2017)。但是,估测口气属口气范畴,不属能愿范畴:估测口气{可能类("会_也许|可能")、必然类("一定|免不了")}。能愿范畴也不存在估价类这个次类,因为粘宾动词"值得|易于"、形容词"容易"均属核心谓词,不属标记词,当然不是能愿标记。能愿次类的统辖序列为"道义>意愿>能力",形式上也呈同种语序。

能愿标记跟其他情态标记的如下关系值得观察。(1)共现关系。能愿范畴的不同次类跟其他情态范畴有不同的标记共现特征。被动态是派生态(马清华、葛平平,2020)中的一员。被动态标记有专职标记(助词"被""给")和兼职标记(介词"被""给""让""叫")。前者属情态标记,后者属论元标记兼情态标记。能愿、被动态、否定共现的时候,主动态和被动态的对立有时中和,比较话题主语句:"这个问题会忽视=这个问题会被忽视│这个问题不应当忽视=这个问题不应当被忽视"。许可有主动请求的预设义,它和被动态在意义上有冲突,不能共现,更不能跟否定三者共现。(2)统辖关系。能愿跟其他情态类型的统辖序列为"语气/口气＞时＞体＞判断$_{然否}$＞能愿＞态"[撇开在统辖序列中两个序列不稳定的范畴即情态量(范围、程度、频率)和情貌外](马清华,2017a)。形式上也呈同种语序。如,能愿、态、判断三种情态范畴共现时,语序上先有判断$_{然否}$标记,后有能愿标记,最后才有态标记。(3)构式关系。许可类能愿标记跟否定标记组合成祈使构式,继而经词汇化,演变成表禁止的祈使语气标记("不准│不许")。(4)多义关系。"会/应该/可能"还表估测口气,"要"还表评议口气,它们作口气标记时,已非能愿标记。

能愿标记以作状语为常,它跟介词短语在共同作状语时的语序关系值得观察。能愿标记跟比事论元的标记式(带介词"比"的介词短语)共现时,能愿标记用在比事前,是常规用法("我能比他做得好"),用在比事后,是偏常用法。

能直接用于比事后的能愿标记只有单音节的"能│会│要",如"比他能做事│比他会做事│比他要聪明",它们用在比事后的绝对频度高于其他能愿动词。(1)"能"虽能直接用于比事后,但更多是有条件的,须跟比较级程度标记共现。如以下句子的"更"删除后便不能成立:"它的动作比语言更能叫人明白│没有什么比信念更能产生梦想│竖琴似乎比钢琴更能使她开心"。据 BCC 语料库(文学)搜索发现,"'能'＋'比'＋名词＋动词"11 例,"'比'＋名词＋'能'＋动词"6 例,"'比'＋名词＋'更'＋'能'＋动词"30 例。可见,"能"用于比事后总体上是有条件的,属偏态分布。(2)"要"在比事论元前后意义不变,可以不需要其他共现条件,可以在比事论元前后同义复现,用在比事论元后常读轻声。据 BCC 语料库(文学)搜索发现,"'要'＋'比'＋名词＋形容词"70 例,"'比'＋名词＋'要'＋形容词"104 例。可见,"要"在比事论元后的结构已有构式化倾向,这提升了它的使用频率。(3)"会"虽能直接用于比事后,但有时须跟比较级程度标记共现,否则不成立,如"奴才比宰相更会欺负人"。据 BCC 语料库(文学)搜索发现,"'会'＋'比'＋名词＋动词"5 例,"'比'＋名词＋'会'＋动词"0 例,"'比'＋名词＋'更'＋'会'＋动词"4 例。若动词换成形容词,"会"在比事前的数据更高,这跟数据 2 所得结果的倾向一致。

双音节的"应该|可以|可能"用于比事后,需要有比较级程度标记("更|更加|还"等)共现等更多的条件,即谓词往往需要有更多辅助成分(如"盟军的科学家比自己更加应该在道德上加以谴责|聋哑儿童的视觉和观察力比一般儿童可能要好|中央政府比地方政府可能更注意自身形象|词组和句成分比词类可能还稍微优越一些"),用在比事前则不需要。

能愿和口气的融合关系能在统计中影响频度分布格局。"可能"是纯粹的口气标记,所以都居比事前。能力类跟所修饰的核心谓词语义距离更近,所以尽管多数能愿动词用于比事前的比例要高于用在比事后,但"能"用于比事后的比例要高于用在比事前("要"的频度分布也是如此,它也许还跟评议性和构式化有关)。

能力标记"会""能"分布于否定式的比例要高于其他能愿次类,它们是单音节的,可跟否定标记构成双音步。意欲类标记"要"虽也符合这个条件,但"不要"表禁止,会形成冲突,因此否定标记组合时单说"不"而不说"不要"。

8.5.2 能愿动词在其他界面的特征分布

概述 王振来(2002a、2002b)从《汉语词汇的统计与分析》(1984)所列1500个高频词中确定典型能愿动词,又根据1949年后出版的十部语法学文献,归纳并统计了非典型能愿动词,还考察了能愿动词的语体分布。数据整理并追加计算如下:

数据

1. 韵律分布。20个典型能愿动词中,单音节的11个(55%,"要|能|会|想|得|敢|可|该|肯|应|愿"),双音节的9个(45%,"可以|一定|能够|应该|可能|希望|应当|愿意|值得")。

2. 词频分布。"要"(35级,1184次)[按"(词次等级,词次)"排列,下同];"能"(43级,983次);"会"(64级,662次);"可以"(92级,478次);"想"(134级,319次);"一定"(168级,260次);"能够"(230级,160次);"应该"(250级,140次);"得"(250级,140次);"敢"(265级,124次);"可能"(276级,113次);"希望"(287级,102次);"可"(290级,99次);"该"(294级,95次);"肯"(317级,72次);"应当"(335级,54次);"愿意"(352级,37次);"应"(354级,35次);"值得"(357级,32次);"愿"(357级,31次)。非典型能愿动词共71个中,单音节的15个(21.13%,"得|应该|要|会|可|能|好|肯|敢|配|想|准|许|愿"),双音节的46个(64.79%,"可能|一定|应该|可以|能够

乐意|应当|须得|敢于|易于"),三音节的10个(14.08%,"犯得着|犯不着|来得及|好意思|恨不得|怪不得|免不了|免不得|不见得|有助于")。

3. 语体分布。邓小平《我对香港问题的基本立场》(政论类)总句数52个,能愿动词句31个(59.62%,"主权问题不是一个可以讨论的问题")。《老舍剧作选》(文艺类)的人物对话(实属已加工的口语体)里,"能"疑问句占64.3%,肯定句占6%;"会"疑问句占20.2%,肯定句占45%。《中华人民共和国行政诉讼法》(公文类)能愿动词句51个,"应当"句18个(35.29%,"人民法院应当对不通晓当地民族通用的语言、文字的诉讼参与人提供翻译"),"可以"句31个(60.78%,"除前款规定外,人民法院受理法律规定可以提起诉讼的其他行政案件")。

简论 能愿标记是广义情态标记的一种,构词上的频率势力序列为:双音节能愿标记＞单音节能愿标记＞三音节能愿标记。以下不应归能愿标记:估测口气[可能类("会$_{也许}$/可能$_{也许}$/不见得")、必然类("一定/免不了/免不得")];觉悟口气("怪不得");形容词"容易";粘宾动词"易于|有助于"。前两类属口气范畴标记。后两类属核心谓词,不属标记词。

能愿动词在政论语体中使用比例极高,在文艺语体里常用于或多用于疑问语气,在公文语体中的法律文件主要用表允准的"可以"或表规约的"应当"。能愿标记的语体分布特征都受语体本身的功能特征(如政论语体的价值取向性、文艺语体的渲情性、公文语体中法律文件的规约性)所决定。

8.5.3 意愿标记的词义分布、语体分布和句法分布

概述 能愿动词"要"有表意愿("我要学文科")、表义务("旅游要花钱")、表认识(可能和必然)("天要下雨")三种义项。郭昭军、尹美子(2008b)统计了能愿动词"要"三种义项的语体分布。我们整理其基本数据,并追加计算,得数据1。意愿范畴可以跟选择性逆接关联范畴相融合,形成一种情态—关联的融合标记,如表情愿意向副词"宁|宁可|宁肯|宁愿"。肖奚强(2003)从800万字语料中穷尽性检索并统计该组副词"宁|宁可|宁肯|宁愿"的句法分布,共搜得207例。我们整理其基本数据,并追加计算,得数据2。

数据1

1. 词频的语体分布。剧本(58.5万字,1489次,频率2.54%)。老舍小说(175.6万字,3675次,频率2.09%)。散文(327.8万字,6253次,频率

1.91%)。法规(104.5万字,348次,频率0.33%)。

2. 义项的语体分布。能愿动词"要":(1)剧本《北京人在纽约》(7.1万字)191例中,表意愿95例(49.74%),表义务81例(42.41%),表认识15例(7.85%)。(2)小说《骆驼祥子》(13.4万字)156例中,表意愿97例(62.18%),表义务20例(12.82%),表认识39例(25%)。(3)法律公文(104.5万字)201例中,表意愿0例,表义务200例(99.50%),表认识1例(0.50%)。

数据2

1. 句型分布。用于单句的88例(42.51%,"我宁可把这一切都看成是命运");用于关联复句的119例(57.49%):(1)与后续小句相搭配的109例(52.66%,"在那年月,某些有房产的汉人宁可叫房子空着,也不肯租给满人和回民"),(2)后续小句前置的10例(4.83%,"他不愿参加,宁可陪张小姐闲谈")。

2. 位置分布。居谓语前的197例(95.17%,"方鸿渐赌术极幼稚,身边带钱又不多,不愿参加,宁可陪张小姐闲谈"),居小句主语前的10例(4.83%,"从这一点上说,明楼不愿让高加林回来,宁愿他在外面飞黄腾达去")。

简论 意愿是能愿范畴中主观性最强的次类之一,是意志主观性的代表,"要"则是它的典型标记。语体功能特征决定了情态范畴的语体分布特征。艺术语体在意志、情感方面的主观性高于公文语体,所以意愿频率高。艺术语体中,对话体里的主观性、随意性和互动性又高于一般叙述体,因此对话体里的义务频率高于叙述体。所谓认识类,其实已主要表估测口气,它在对话体里的频率低于叙述体。相比之下,公文语体的正式性和法律语域内容,决定了"要"义务模态频率的绝对地位,即几乎只表义务义。意愿频率高,不仅体现在语体分布中,也体现在它跟其他能愿次范畴的多义关系中。

意愿和逆接关联的融合标记"宁|宁可|宁肯|宁愿"一般位于谓语前,常用作同主语复句的前项标记。从语源看,其构词内部的"可|肯|愿"本就是能愿语素,"宁"来自表逆接关系的意向选择标记("宁死不屈"),因此它们构成复合词后,自然继承了位居谓语前表意愿以及表选择性和关联性的能力,并自然吸收了正反对照的语境关联意义,演化成了携带这一句法分布信息的前项关联标记。它们获得关联标记资格后,有时也能用在主语前(其实,"愿"早在"宁愿"词汇化前,就有位居主语前表祝愿的用法),但这种用法相对较少。

8.5.4 能力/可能标记的意义分化、义项分布和势力对比

概述 能力标记"会""能"都能发展出可能义。周小兵(1989)统计 4 个作家 12 个剧本的人物语言(共 62 万字)中"会""能"可能义("你这样会弄到神经病的|你放心吧,我会好好地看着他|咱们买卖要是好,我能不给你钱吗?|这么大的运动,我能不想吗?")的句法分布。语料是:A. 曹禺选集(包括《雷雨》、《日出》、《北京人》);B. 苏叔阳剧作选(《家庭大事》、《左邻右舍》、《丹心谱》);C. 老舍剧作选(包括《龙须沟》、《茶馆》、《女店员》、《全家福》、《神拳》);D. 锦云《狗爷儿涅槃》。我们整理其基本数据,并追加计算,得数据 1。能力标记有多种句法分布,在这些句法环境下,有时可发展出其他的能愿次范畴乃至能愿范畴以外的其他情态范畴。王伟(2000)穷尽统计逾 34 万字语料(含鲁迅作品 27.7 万字,老舍作品 3.1 万字,20 世纪 90 年代陈染作品 3.5 万字)中"能"的诸义项在肯定、否定、疑问用法上的分布。"能"的能愿义项有单义类型和多义类型两种用法,使用时,前者只有一个能愿次类的意思(甚至包括祈使这种意志性语气类型),没有其他解释,后者有两个或更多能愿次类的解释,既可这样讲,也可那样讲(如"我肚子疼得很,下午就不能去踢球了"的"能"是能力、条件、许可三义项共现)。我们整理其基本数据,并追加计算,得数据 2〔单义类型占比 = 该义项单义使用的总次数÷"能"在语料中的总词项数,多义类型占比 = 该义项多义使用的总次数÷"能"全部呈现义项(包括单现和共现)的总次数〕。

数据 1

1. 语料 A。"会"130 例(94.20%),见于肯定句 53 例(38.41%),否定句 46 例(33.33%),疑问句 31 例(22.46%);"能"8 例(5.80%),见于肯定句 1 例(0.72%),否定句 3 例(2.17%),疑问句 4 例(2.90%)。

2. 语料 B。"会"26 例(70.27%),见于肯定句 14 例(37.84%),否定句 9 例(24.32%),疑问句 3 例(8.11%);"能"11 例(29.73%),见于肯定句 0 例,否定句 1 例(2.70%),疑问句 10 例(27.03%)。

3. 语料 C。"会"128 例(69.19%),见于肯定句 66 例(35.68%),否定句 44 例(23.78%),疑问句 18 例(9.73%);"能"51 例(30.81%),见于肯定句 2 例(1.08%),否定句 9 例(4.86%),疑问句 40 例(21.62%)。

4. 语料 D。"会"7 例(35%),见于肯定句 1 例(5%),否定句 1 例(5%),疑问句 5 例(25%);"能"13 例(65%),见于肯定句 2 例(10%),否定句 4 例

(20%),疑问句 7 例(35%)。

数据 2

1. 义项单现。"能"共 267 例中,含能力 55 例(20.60%,"很能耐寒的树木"),条件 115 例(43.07%,"天气的冷和神情的冷,逼迫我不能在家庭中安身"),许可 61 例(22.85%,"咱们可把话说开了,从今以后,你不能再在这儿做你的生意"),意愿 16 例(5.99%,"您要能赏给我几个烟泡儿,我可就更有出息了"),祈使 2 例(0.75%,"你能不能帮帮忙"),可能 18 例(6.74%,"孩子养活尚且难,还能进学校去读书么?")。其中,(1) 见于肯定的 96 例中,含能力 37 例(38.54%),条件 51 例(53.13%),许可 3 例(3.13%),意愿 3 例(3.13%),可能 2 例(2.08%)。(2) 见于否定的 134 例中,含能力 16 例(11.94%),条件 49 例(36.57%),许可 56 例(41.79%),意愿 13 例(9.70%)。(3) 见于疑问的 37 例中,含能力 2 例(5.41%),条件 15 例(40.54%),许可 2 例(5.41%),祈使 2 例(5.41%),可能 16 例(43.24%)。

2. 义项共现。"能"共 332 例中,含能力 73 例(21.99%),条件 139 例(41.87%),许可 71 例(21.39%),意愿 22 例(6.63%),祈使 4 例(1.20%),可能 23 例(6.93%)。其中,(1) 见于肯定的 113 例中,含能力 43 例(38.05%),条件 57 例(50.44%),许可 4 例(3.54%),意愿 5 例(4.42%),祈使 1 例(0.88%),可能 3 例(2.65%)。(2) 见于否定的 160 例中,含能力 20 例(12.50%),条件 60 例(37.50%),许可 64 例(40%),意愿 16 例(10%)。(3) 见于疑问的 59 例中,含能力 10 例(16.95%),条件 22 例(37.29%),许可 3 例(5.08%),意愿 1 例(1.69%),祈使 3 例(5.08%),可能 20 例(33.90%)。

简论 "会""能"能力标记之所以能转表或然/可能,能力和或然/可能所表达的都是"条件性"(马清华,2017a)。在条件性上,"能"还可表客观条件("这么个破茶馆,能用女招待吗?")、许可("可不能惯着孩子做贼呀!|四点以前都收车,不能拉着车乱挤")。"会""能"表或然/可能时,分布上有所分工。总体上,"会"倾向于作现实表达,故分布序列均呈正态分布,由多到少为:肯定句>否定句>疑问句;"能"倾向于作非现实表达,故分布序列均呈偏态分布,由多到少为:疑问句>否定句>肯定句。在现实表达式里,是判断(如否定)统辖可能(常规统辖序列/常规表达方式);在非现实表达式里,可倒置成可能统辖判断(如否定)(特异统辖序列/特异表达式)(马清华,2017a)。

语体分布上,同一作家在口语中总体上更偏好用"会"表可能,"能"表或然/可能在北方话里也有较大势力,书面语里"会""能"表或然/可能的差幅可能没有口语大。如《老舍剧作选》人物语言中"会"表可能的是"能"的2倍多,老舍《骆驼祥子》中"会"只比"能"高10%["会"81例(56.25%),"能"63例(43.75%)]。在地域分布上,北方方言用"能"表可能的比例相对比南方方言高。曹禺用"能"表可能的比例远低于老舍。

语言情态表达上一般都是:在低层,肯定多于否定;在中层,直陈多于疑问;在高层,现实表达多于非现实表达。这些分布属正态分布(normal distribution),反之是偏态分布(abnormal distribution)(马清华,2017a)。

能愿动词"能"的本义或基本意义是表能力,它都是肯定多于否定,肯定和否定之和大于疑问,现实表达大于非现实表达,都呈正态分布。"能"转表许可、意愿后,都是否定多于肯定,呈低层偏态分布。"能"表可能后,都是疑问多于肯定和否定之和,呈中层偏态分布。"能"表祈使,都是疑问多于肯定和否定之和,非现实表达多于现实表达,呈中高层偏态分布。"能"表条件时,其在用法中所获得的条件意义本身就是非现实的,呈高层偏态分布。"能"只有能力义项呈正态分布,其他义项或用法都在某层次上出现了偏态分布,后者都是其意义主观化的形式体现。

可见,对任何用法、规则或意义而言,只有正态分布的才是典型或常规的,否则都是偏常的。常规规则或基本义项不能绝对地或简单地用频率高低来判定,而应在更大的背景下,从数据结构出发,用是否正态分布来判定(马清华,2017a)。

8.5.5 道义标记:必要类能愿动词句法语用分布的分化

概述 必要类能愿动词的分布特征可有句法和语用角度的分化。(1)句法分化。必要类能愿动词有两类:甲类可受程度副词和否定副词修饰("应|该|应该|应当"),乙类不受程度副词修饰,也多不受否定副词修饰["要|得(děi)|须得|必得"]。郭昭军、尹美子(2008a)统计4000万字语料中必要类能愿动词三种提问方式的分布。我们整理其基本数据,并追加计算,得数据1。(2)语体分布。郭昭军、尹美子(2008a)统计了甲类必要能愿动词在五种不同语体语料(剧本59万字,小说216万字,散文328万字,学术201万字,法规105万字,共909万字)中每万字出现的频度(次)。我们整理得数据2。

数据1

1."V不V"。从音节看,含:(1)"A不A/AB不AB"326例中,甲类必要能愿动词81例(24.85%),含"该"77例(23.62%),"应当"4例(1.23%,"应

当不应当在红旗上签名呢")；乙类必要能愿动词"要"245例(75.15%)。(2)"A不AB"5例,均为甲类必要能愿动词"应该('应不应该下海')"。

2."是不是V"。110例中,甲类必要能愿动词61例(55.45%),包括"该"23例(20.91%),"应该"22例(20%),"应当"16例(14.55%,"是不是应当躲一躲呢")；乙类必要能愿动词49例(44.55%),含"要"43例(39.09%),"得(děi)"6例(5.45%)。

数据2

1."应"。均3.3次,每万字中,剧本0.2次,小说0.6次,散文1.5次,学术7.1次,法规9.6次。

2."该"。均4.3次,每万字中,剧本4.5次,小说3.3次,散文2.5次,学术2.7次,法规9.5次。

3."应该"。均1.8次,每万字中,剧本2.5次,小说1.7次,散文2.2次,学术2.9次,法规0.1次。

4."应当"。均2.1次,每万字中,剧本2.6次,小说1.7次,散文1次,学术1.1次,法规4.3次。

简论 正反问由肯定式和否定式并置而成。因此本无否定式的必要类能愿动词,也必不能有正反问"V不V"(如"*须得不须得"),但"要"例外,因为"不要"已由否定意愿转喻禁止而成(伴随这一意义的转变,它先后经历了熟语化和词化,有的方言里紧缩为单音节词),仍能以原义参与正反向。

双音节的必要类能愿动词中,相对来说,甲类("应该/应当")的句法自由度和语用自由度均较大,不仅可受程度副词和否定副词修饰,还可单说,语体分布也广,使用频度高。乙类则相反。《现代汉语常用词表》(2008)中,"应该"频序为第191位,"应当"频序为第326位,"必得"频序为第16335位,"须得"未收。甲类必要类能愿动词虽有否定式,但若是单音节的,还要看它的语体色彩,只有口语性较强的,才有正反问"V不V"(如"该"),否则没有(如"应")。

"A不AB"提问方式是"AB不AB"的变换方式或再组织形式。乙类双音节必要能愿动词不能像甲类那样用"A不AB"提问,这是因为偏常项目的再组织能力减弱(马清华,2017a；马清华、韩笑,2019)。

如果不是"V不V",而是借助判断动词构成的正反问"是不是V",由于标记化水平提升,几乎所有的必要类能愿动词都能进入,只是频度差异有别而已。

必要类能愿标记语体色彩的分化,既跟指令性意义向义务性和建议性的分化有关,又跟其音节数有关。首先,正式语体和非正式语体中最常用的必要类能愿动词都是单音节的。"应"为书面语词,在正式语体(法规语体、学术语体)中频率最高。"该"在非正式语体(艺术类语体:剧本、小说、散文)中频率最高。双音节的"应该""应当"为通用语体词,但"应该"口语性较"应当"强得多。相应地,《现代汉语常用词表》(2008)频序中,"该"第107位,"应该"第191位,"应当"第326位,"应"频序为第1220位。其次,"应""该""应当"的义务性最高,因此它们在法规语体中的分布都居各自的峰值。"应该"指令性较弱,仅限于建议性,因此在法规语体中的分布最低。

8.6 态标记

概述 态有基础态和派生态。派生态靠句法变价实现,其中伴有语序、虚词和论元增删、兼职等辅助条件(马清华、葛平平,2020)。处置态含主动(处置)态和被动(处置)态。助词"被"是被动态标记。介词"被""让"是施事论元标记,但能兼职表被动态。介词"把"是受事论元标记,但能兼职表主动态。助词"给"可分布于主动态和被动态这两种次类。

关于处置态标记的共时和历时分布。朱晓琴(2010)统计艺术语体的剧本《大宅门》、学术语体的《新华文摘》2006年第1期、多语体的CCL现代汉语语料库("被"字条前8版)三类不同语体语料中被动标记"被"的使用情况,我们整理其基本数据,并追加计算,得数据1。李炜(2004)调查356.1万字北方话色彩语料(清末文康《儿女英雄传》61万字,老舍《骆驼祥子》14.3万字,《赵树理小说选》37.2万字,1954年陈士和《评书聊斋志异》41万字,20世纪80年代上半叶《京味小说八家》30.3万字,王朔《我是你爸爸》20.5万字、《看上去很美》23.3万字,贾平凹《高老庄》128.5万字)中助词"给"字句的历时分布。我们整理其基本数据,并追加计算,得数据2。

数据1

1. 艺术语体。142例中,[词性]a. 介词,含施事标记86例(60.56%),工具标记8例(5.63%),b. 助词48例(33.80%);[句意]a. 如意或中性62例(43.66%),b. 不如意80例(56.34%)。

2. 学术语体。145例中,[词性]a. 介词,含施事标记16例(11.03%),工具标记18例(12.41%),b. 助词111例(76.55%);[句意]a. 如意或中性77

例(53.1％),b. 不如意 68 例(46.90％)。

3. 多语体。277 例中,［词性］a. 介词,含施事标记 52 例(18.77％),工具标记 25 例(9.03％),b. 助词 200 例(72.20％);［句意］a. 如意或中性 222 例(80.14％),b. 不如意 55 例(19.86％)。

数据 2

1. 单标记结构。总计 91 例中,《儿》7 例(7.69％,"双手给抱住了"),《骆》1 例(1.10％,"他双手托着这位小少爷,又怕给伤了筋骨"),《赵》3 例(3.30％,"你们给说漏了"),《评》66 例(72.53％,"都是云翠仙想法儿给拦住了"),《京》9 例(9.89％,"我还真给扔到脖子后头去了"),《我》、《看》4 例(4.40％,"嘴里还嚼着东西,显然是从饭桌上给带出来的"),《高》1 例(1.10％,"那我就给吐出来")。

2. 标记共现结构。总计 322 例中,"把……给"句 249 例(77.33％),被动句 68 例(21.12％),含"被……给"句 9 例(2.80％),"叫……给"句 29 例(9.01％),"教……给"句 5 例(1.55％),"让……给"句 30 例(9.32％)。具体是:《儿》19 例中,"把……给"句 17 例(89.47％,"把个小院子儿给摆满了"),被动句 2 例(10.53％),均为"叫……给"句("一进门就叫人家给揭了")。《骆》15 例中,"把……给"句 5 例(33.33％,"我把大门给锁上了"),被动句 10 例(66.67％),含"被……给"句 5 例(33.33％,"居然会被一场雨给激病"),"教……给"句 5 例(33.33％,"一下车就教侦探给堵住")。《赵》5 例中,"把……给"句 4 例(80％,"把二十块现洋给检查走了"),被动句 1 例(20％),是"叫……给"句("这伙懒婆娘可叫小四给整住了")。《评》234 例中,"把……给"句 186 例(79.49％,"王七……把老道的蒲团给提了起来"),被动句 48 例(20.51％),含"被……给"句 2 例(0.85％,"宁泰在山里被人给害啦"),"叫……给"句 24 例(10.26％,"刚要往下说,就叫赵僧哥给拦住了"),"让……给"句 22 例(9.40％,"让你给哄弄走了")。《京》45 例中,"把……给"句 36 例(80％,"可把云致秋给累苦了"),被动句 9 例(20％),含"被……给"句 2 例(4.44％,"她刚一张嘴就被丈夫给堵住了"),"叫……给"句 2 例(4.44％,"我叫人给扒光了"),"让……给"句 5 例(11.11％,"让雨水给冲得坑坑洼洼")。《我》、《看》共 3 例,均为被动的"让……给"句("是让人家给打了")。《高》共 1 例,是"把……给"句("西夏忙把那脏衣服给脱下来")。

3. 标记共现结构中的动词附加成分。322 例中,"给"后的动词都带附加成分,有三种,规模由大到小依次为:动态助词"了"253 例[78.57％,"是让人家给打了(《我》)"]＞补语 62 例[19.25％,"把骨头都给别干净(《京》)"]＞助词"的"7例[2.17%,"那位金甲使者是怎么拿锤把你的门牙给砸掉的(《评》)"]。

简论 介词"被"是施事论元标记,也可兼职表被动态(马清华,2017a)("黄春和雅萍被九红让到上座"),这种跨词类的语法兼职标记比融合标记的偏离幅度更大。施事隐含时,工具论元也可升格为非典型施事,带介词"被"("贵武被车撞倒←ø用车撞倒贵武")。

助词"被"是被动态的专职标记("白文氏被深深震动了"),它由介词"被"经主体论元减价演化而来。"被"的句法功能在艺术语体里,以介词(论元标记)为主;在非艺术语体里,以表义相对含混的助词(被动态标记)为主。艺术语体里表不如意的占优势,这跟该语体有情感表达需要有关,同时也跟"被"在该语体里的介词性占优势因而施事论元受到凸显有关。非艺术语体里不存在这两项条件,因此表如意或中性的占优势,换言之,它回归到了语言表达式语义色彩分布的一般状态。有关"被"字句常表不企望、不如意的一般认识,显然是片面的。"被"字句表不如意的如"[介词]皇城北京被八国联军入侵 | 景怡被兵勇押走[助词]持异议者脊椎被打断",表如意或中性的如"[介词]香伶被雅萍搂在怀里[助词]关少爷完全被感动了"。

单标记"给"或相当于"被",表被动态,或相当于"把",表主动处置态(严格讲,是表逆被动态。参马清华、葛平平,2020)。单标记"给"的标记意义不甚明晰,故以共现标记方式提升显著度以加强语势。共现标记"把……给"是逆被动态的叠加标记,"被/叫/教/让……给"是被动态的叠加标记。总体上,"给"的共现标记的例数多于单标记,如语料《儿》《骆》《赵》《评》《京》,单标记例数多于共现标记的只有王朔的《我》《看》,单标记例数等于共现标记的只有《高》。跟助词"给"叠加共现的介词"被 | 叫 | 教 | 让"不断更新。总体上,共现标记表逆被动态的占优势。共现标记表逆被动态多于表被动态的有《儿》《赵》《评》《京》《高》,共现标记表被动态多于表逆被动态的只有《骆》和王朔的《我》《看》。"给"后动词的三种附加成分都是对处置结果的说明,它们是处置意义中不可或缺的一环。

8.7 范围标记

8.7.1 范围标记的句法、语义、语用分布

概述 范围标记有总括(如"都")和限定(如"只""至多")两类。小范围标记是限定类范围标记的一种。范围标记的句法、语义、语用分布,表现在语义指向、被修饰成分、句式分布、表义分布、语体分布等方面。(1) 总括副词的语义指向。徐枢(1982)统计近40万字书面语料中总括副词"都"的句法特征。经追加计算,得数据1。(2) 被修饰成分。李艳(2000)据北大现代汉语语料库部分《人民日报》和1645篇长、短篇小说(约360万字)的语料,统计了总括范围副词"都"的后接成分。我们整理得数据2。(3) 句式、表义和语体分布。王丽香(2010)对比统计总括副词"都"与"统统"的分布。我们整理其基本数据,并追加计算,得数据3。周刚(1999)从书面语文献中随机选择小说《骆驼祥子》、科学论著《运筹学》和政论文《邓小平文选》(第三卷),从口语文献中随机选择相声《相声集》、评书《宝瓶奇案》和剧本《我爱我家》作语料,统计了单称/小范围副词的语体分布。我们整理得数据4。

数据1

"都$_全$"146例中,被总括者出现的143例(97.95%)[含总括主语的112例(76.71%)],被总括者没有出现的3例(2.05%)。

数据2

带范围副词"都"的共97072个例句中,"都"的后接成分及分布规模是:动宾结构(62%,"不少画家都面临着假书画的威胁"),状中结构(25.4%,"她每天都从这条街上经过"),中补结构(4.8%,"许多事我都记不清了"),(能愿动词+)单个动词(3.55%,"大伙都同意|都能来"),连谓结构(3.4%,"坐在舞台上的人都扭过头去看"),名词性结构(0.45%,"你们都一个型号"),主谓结构(0.40%,"哪一家都灯火通宵")。

数据3

1. 句式分布。在搜集得到的2300例"都""统统"句中,"把"字句就有922例(40.09%),其中出现"统统"的761例(33.09%),出现"都"的161例(7%)。

2. 表义分布。在搜集到的总括副词"统统"句中,表积极情感的占20%

("无论是国人大作还是洋人短札,她统统取来精心阅读。"),表消极情感的占41%("他们就把这村的居民斩尽杀绝,三千多人统统被杀光。")。

3. 语体分布。CCL 现代汉语语料库"都"共 26843 例中,小说 20259 例(75.47%),散文 5042 例(18.78%),口语 761 例(2.84%),科技论文 438 例(1.63%),法律法规 190 例(0.71%),计算机 153 例(0.57%);"统统"共 127 例中,小说 104 例(81.89%),散文 17 例(13.39%),口语 6 例(4.72%),科技论文 0 例,法律法规 0 例,计算机 0 例。

数据 4

1. 书面语体。《骆》177 例中,"只"176 例(99.44%),"光"1 例(0.56%),"仅"0 例。《运》62 例中"只"51 例(82.26%),"光"0 例,"仅"11 例(17.74%)。《邓》132 例中"只"101 例(76.52%),"光"3 例(2.27%),"仅"28 例(21.21%)。

2. 口语体。《相》29 例中,"只"24 例(82.76%),"光"5 例(17.24%),"仅"0 例。《宝》26 例中,"只"21 例(80.77%),"光"5 例(19.23%),"仅"0 例。《我》28 例中,"只"14 例(50%),"光"14 例(50%),"仅"0 例。

简论 "都"说明的对象不能用"语义指向"的标签一贴了之。就典型结构而言,它在语义上说明复数论元和变项论元之间的配置关系(属间接成分关系),在句法上说明谓词(属直接成分关系),在句法语义上跟复数论元有语义一致关系(属依存关系),比较:"他们_复数 都借小说_变项 | 小说_复数 都被他/他们_变项 借走了"。

首先,周遍义的"都"是对被总括者的说明,它与被总括者(论元)共现关系,体现为某种程度上的"语义黏着性"。"都_全"的说明对象一般是主语,证实了"都_全"的语义指向特征是前指。由于主语是核心成分,它在动词前的各类论元中居优势,因此成为"都_全"的最频繁说明或指向的对象。"都_全"常可重读("厂长们都谈了"),除非出现了与之发生语义共振(马清华,2004b)的周遍性指量成分时("几乎每个人都谈得很全面")。副词"都"另外还有"已经"和"甚至"两种语法意义,但这时的"都"一般轻读["我们'小援子'今年都_已经(强调、夸张) 十三了|连真真都_甚至 来了"],甚至还与"连"配合,构成"连……都……"格式。这是因为后者是前者再语法化的成果,标记化得到了水平提升,它们的句子中重音已经转移到了论元上。

其次,范围副词"都"的后接成分多数是动宾结构,这也间接证明动宾结构是谓词性谓语的典型。虽然范围副词"都"的后接成分多含论元(包括动宾结构、介词短语作状语的状中结构、名词性结构),但跟范围副词"都"没有一致关系,"都"在句法上修饰后接谓项(属直接成分关系),在语义上跟前接成分的复数有一致关系(属间接成分关系)。"都"的词频远多于"统统"。

在语体分布上,"都"的语体分布类型多于"统统",但其语体分布序列大体一致,分布规模从大到小都呈以下序列:小说(混合语体+艺术语体)>散文(书面语体+艺术语体)>口语>科技论文(书面语体+学术语体)/法律法规(书面语体+公文语体)/计算机(书面语体+说明语体)。"都"是通用语体词,"统统"多见于自然随意性口语和有渲情功能的文艺作品。在句式分布上,"把"字句中"都"和"统统"的词频差异出现反转,"统统"的词频远多于"都"。把字句主观性和"统统"主观性的一致关系,使"统统"在跟"都"的竞争性同义选择关系中获得加权。其间,语义上的主观性、语体上的局域性、句法上的偏态分布(即特殊句式频次升高)都反映了一种共变关系(马清华、杨飞,2018)。

词往往先起于口语,继而活力增加,可通用于一般语体,再由盛转衰,退缩到书面语体。当不用于所有语体,即意味着完全退出了语言系统。因此语体分布序列跟词语出现时间有某种同序关系。就单称/小范围副词而言,出现最早的"仅"有强书面色彩,仅见书面语体。出现次早的"只"是通用语体色彩,通见于口语体和书面语体,但略偏向书面色彩,故在书面语体里稍多。出现最晚的"光"是口语色彩,故多见口语体。这是词由生到亡整个历程的写照。在同概念的词聚中,通用语体词的势力最强,非通用语体词的势力发生分化。

8.7.2　范围标记的叠加及跟其他情态标记连用时的语序分布

概述　范围副词可以跟另一个范围副词叠加连用("这些罪行他一概都不承认|他们都只吃了个半饱")。钱兢(2005)统计各种语体共600多万字的语料中31个范围副词("都|全|一概|一律|一共|总共|统共|统统|通通|尽|再|又|也|另外|另|还|仅仅|仅|才|光|就|至多|至少|顶多|顶少|单|只|不过|足足|唯|独")的连用情况。我们整理其基本数据,并追加计算,得数据1。范围副词也可跟另一种情态标记统辖连用。马清华(2017)据CCL现代汉语语料库,统计范围标记集合跟其他情态类型的标记集合之间的配列关系中的频度,从中归纳出孰先孰后的语序倾向。"{ }"表无序集合,">"表序型内部先左后右的语序。序型是序式的上位模型,如"(休,程度)"相对于"(曾,很)"。统计得数据2。

数据1

范围副词31词在叠加连用式里的分布能力有两类:

1. 可作前项。25 词(80.65%),含总括 9 词(29.03%,"都|全|一概|一律|一共|总共|统共|统统|通通"),限定 11 词(35.48%,"仅|仅仅|才|就|至多|至少|顶多|顶少|单|只|不过"),频率和补充 5 词(16.13%,"再|又|也|另外|还")。

2. 可作后项。28 词(90.32%),含总括 7 词(22.58%,"都|全|尽|一概|一律|统统|通通"),限定 15 词(48.39%,"仅|仅仅|才|光|就|至多|至少|顶多|顶少|单|只|不过|足足|唯独"),频率和补充 6 词(19.35%,"再|又|也|另外|另|还")。

数据 2

1. 序型分布。(1)序型地位跟频度一致。a."时{刚才,刚刚,起初,方才,适才,才,来着}>范围{都,只}"105 例(67.31%),"范围>时"51 例(32.69%)。a."范围{都,只}>体{已,已经,曾经,曾,正,在,正在,将,即将}"20821 例(95.16%),"体>范围"1059 例(4.84%)。b."范围{都,统统,均,全,只,仅,仅仅,单,单单,唯独}>判断{不(下同)}"48157 例(85.66%),"判断>范围"8061 例(14.34%)。c."范围{都,只}>能愿{该,会,可以,能,能够,要,应该,愿,愿意}"94319 例(97.33%),"能愿>范围"2585 例(2.67%)。d."范围{大都,单,单单,都,仅,仅仅,均,全,统统,只}>态{被_助(下同)}"6341 例(99.54%),"态>范围"29 例(0.46%)。(2)序型地位跟频度不一致。"口气_估测{大概,大约,反正,会,可能,也许,应该}>范围{都,只}"3065 例(11.26%),"范围>口气"24145 例(88.74%)。

2. 序式分布。(1)(口气>范围)共 3065 例(11.26%),10 种序式,其中"反正都"181 例(0.67%),"也许只"259 例(0.95%),"大约只"323 例(1.19%),"大概只"439 例(1.61%),"应该都"154 例(0.57%),"应该只"32 例(0.12%),"可能只"624 例(2.29%),"可能都"697 例(2.56%),"会只"282 例(1.04%),"会都"74 例(0.27%)。(2)(范围>口气)共 24145 例(88.74%),7 种序式,其中,"都反正"0 例,"只也许"0 例,"只大约"2 例(0.01%),"只大概"0 例,"都应该"55 例(0.20%),"只应该"2 例(0.01%),"只可能"203 例(0.75%),"都可能"2048 例(7.53%),"只会"4588 例(16.86%),"都会"17247 例(63.38%)。

简论 准确地说,频率副词(如"再|又")、旁指副词(如"另外|另")和关联副词(如"也")都不应算作范围副词。关联副词属结构标记。频率副词和旁指副词虽属情态标记,但前者属情态量(情态量含范围、频度、程度三类),后者属

情貌。

在情态统辖结构中,情态量和情貌这两种范畴的位序稳定性最差(马清华,2017a)[见§6.2.2(1、3)、§8.5.1],因此出现"都"等范围副词的前后连用能力都较强的情形。限定副词多作后项,总括副词相对多作前项,之所以如此,跟其语义指向有关:限定副词一般后指,总括副词一般前指(马清华,2017a)。

汉语情态系统第一层级有语气、口气、时、体、判断$_{然否}$、能愿、态、情态量、情貌共9类。可从多个统辖模式中归纳出一级情态统辖序列"语气/口气＞时＞体＞判断$_{然否}$＞能愿＞态"。范围范畴在情态统辖结构中位序不稳定,是超约束范畴。通过统计,可以计算出它的变异区间。优势序型[即众数(majority)序式的上位模型]下的优势序式通常可判定为基式。但并非优势序型下的每种序式都是众数序式,也可偶含少量寡数序式,反之,弱势序型[即寡数(minority)序式的上位模型]也可偶含少量众数序式,弱势序型下的熟语化序式频次升高,其绝对数值在序型位势值(即一种语序形式在序列系统中的势力程度)的判断上价值并不大,应作为例外,进行加权处理。总的来说,序型地位跟频度一致的占绝对多数。对于序型地位跟频度不一致的情形,这里又增加了序式分析,如"口气＞范围"的序型下拥有所有可能的序式,"范围＞口气"序型下只拥有部分有效序式,"都会""只会""都可能"三种序式有习用化倾向,其例次总和高达23883例(87.77%),除了须作加权处理的这三种序式外,其他优势序式都在"口气＞范围"的序型下。过去时后置标记"的"因由重新分析得来,情况特殊,未计入统计。汉语现实性表达存在着情态统辖序链"语气＞a＞口气＞b＞时＞c＞体＞d＞判断$_{否定}$＞能愿＞e＞态＞f",这是一条固定的单向统辖序列(马清华,2017a)。范围是位序稳定性差的超约束范畴,能在序链内的一定区间游动,区间内含有一个分布基点和多个变异点。范围的分布区间是[c:(a,e)]。括号内是变异区间,冒号左侧是该范畴的基点。

8.8 程度标记

8.8.1 程度标记与谓词的语义选择限制

概述 关于典型强程度标记跟谓词的组合关系,薛扬、丁崇明(2010)在CCL现代汉语语料库(语料A)和《人民日报》报系13报10刊电子版(2006年

9月26日到2007年9月26日,语料以书面语为主)(语料B)中,统计强程度副词("很|非常|十分")与11个绝对性质形容词("真|假|正|偏|错|扁|横|竖|方|紫|温"等)的状中组合。我们根据义类整理其基本数据,并追加计算,得数据1。关于强程度唯补词跟谓词的组合,朱军(2009)从北大语料库或网络上随机抽取唯补词语例各100个,统计其用法,我们整理并追加计算,得数据2。依据BCC现代汉语文学语料库,统计强程度唯补词,得数据3。根据对马清华主持编制(2015)现代汉语多语体平衡语料库(328万字规模)的统计,统计强程度唯补词,得数据4。

数据1

1. 语料A。【很】37例中:[性质]"真"8例(21.62%),"假"8例(21.62%),"错"2例(5.41%);[状态]姿态:"正"12例(32.43%),"偏"2例(5.41%),"横|竖"0例;形状:"扁"1例(2.70%),"方"1例(2.70%);颜色:"紫"3例(8.11%);温度:"温"0例。【非常】4例中:[性质]"真"0例,"假"1例(25%),"错"0例;[状态]姿态:"正|偏|横|竖"0例;形状:"扁"3例(75%),"方"0例;颜色:"紫"0例;温度:"温"0例。【十分】0例中:[性质]"真|假|错"0例。[状态]姿态:"正|偏|横|竖"0例;形状:"扁|方"0例;颜色:"紫"0例;温度:"温"0例。

2. 语料B。【很】110例中:[性质]"真"17例(15.45%),"假"28例(25.45%),"错"8例(7.27%);[状态]姿态:"正"35例(31.82%),"偏"18例(16.36%),"横"0例,"竖"0例;形状:"扁"3例(2.73%),"方"1例(0.91%);颜色:"紫"0例;温度:"温"0例。【非常】9例中:[性质]"真"0例,"假"1例(11.11%),"错"0例;[状态]姿态:"正"5例(55.56%),"偏"1例(11.11%),"横"0例,"竖"0例;形状:"扁"2例(22.22%),"方"0例;颜色:"紫"0例;温度:"温"0例。【十分】2例中:[性质]"真"0例,"假"0例,"错"1例(50%)。[状态]姿态:"正"0例,"偏"1例(50%),"横|竖"0例;形状:"扁|方"0例;颜色:"紫"0例;温度:"温"0例。

数据2

【了不得】配褒义谓词60例(60%),中性谓词12例(12%),贬义谓词28例(28%),褒、贬义谓词比差32%。【不得了】配褒义谓词55例(55%),中性谓词15例(15%),贬义谓词30例(30%),褒、贬义谓词比差25%。【要死】配褒义谓词8例(8%),中性谓词5例(5%),贬义谓词87例(87%),贬、褒义谓词比差79%。【要命】配褒义谓词16例(16%),中性谓词15例(15%),贬义谓词 69 例(69%),贬、褒义谓词比差 53%。【不行】配褒义谓词 23 例(23%),配中性谓词 25 例(25%),配贬义谓词 52 例(52%),贬、褒义谓词比差 29%。【可以】配褒义谓词 4 例(4%),配中性谓词 6 例(6%),配贬义谓词 90 例(90%),贬、褒义谓词比差 86%。

数据 3

1. 配贬倾向词。[对话]"不行"241 例>"要命"40 例>"可以"8 例>"要死"0 例[文学]"要命"416 例>"要死"219 例>"不行"93 例>"可以"32 例。

2. 配褒倾向词。[对话]"不得了"107 例>"了不得"0 例[文学]"不得了"307 例>"了不得"70 例。

数据 4

1. 配贬倾向词。[口语]"不行"10 例/"可以"10 例>"要死"3 例>"要命"2 例[书面语]"可以"2 例>"要命"1 例/"不行"1 例>"要死"0 例。

2. 配褒倾向词。[口语]"不得了"3 例>"了不得"1 例[书面语]"不得了"1 例>"了不得"0 例。

简论 典型强程度标记跟谓词的组合具有双向选择性。两种语料表现出了大致一致的倾向。一方面,性质形容词本身的概念意义影响着跟强程度副词的组合。朱德熙分化了性质形容词和状态形容词后,又按能否受程度副词修饰,将性质形容词分相对("伤心|美丽")和绝对两类。事实上,即便是朱所谓的绝对性质形容词,也还可继续按概念意义细分性质和状态两类。性质义时("真、假、错")具有主观评议性,故都能受强程度副词修饰。状态义时越受文化关注(马清华 2000:14-16),越易用相对标准细加衡量,从而带上评议性,能受强程度副词修饰(如表姿态的"正、偏"能,但"横、竖"不能;表颜色的"红、黄"能,但"紫"受限制);可发生幅度变化的,也能受强程度副词修饰(如表可变形状的"扁、方"和表极性温度"热、冷"能,但幅度适中的"温"不能)。另一方面,强程度副词的意义磨损程度影响着跟绝对性质形容词的组合。程度意义因色彩磨损而凸显度较低的单音节副词"很"与绝对性质形容词的状中组合频率也最高。因色彩鲜明而凸显度较高的双音节强程度副词"非常、十分"则不大能修饰绝对性质形容词(哪怕是性质义的)。

强程度唯补词有人归入形容词("了不得|可以|要命"),有人归入动词甚至是副词("要死|要命|不行"),有人视为短语("不得了|要死"),就是说学界还没有广泛地正式认可它是一种独立的词类。"唯补词"最早由刘丹青(1994)提出,但也未包括强程度唯补词。强程度唯补词常固定用作程度补语,已吸收

虚化的语义，只表程度义，如"小气得要死"。从义项词角度说，它表强程度时，不妨可看作跟区别词（只作定语）、副词（一般只作状语）平行对待的单功能词即唯补词（马清华、韩笑，2019）。

　　强程度范畴常伴有情感色彩的表达，这也是其表达方式之所以高频更新的原因。相应地，强程度唯补词跟谓词的组合有色彩一致性倾向，并因此而发生分化。具体地说，强程度唯补词在和褒贬义形容词、动词的搭配上有一定的倾向性。其情感表达趋于两极化。有的倾向于出现在褒义谓词后（"了不得""不得了"），有的倾向于在贬义谓词后（"要死""要命""不行""可以"），这可能因为受其虚化前语义的影响："真是了不得｜真是不得了"常用于夸赞，"要死啊｜要命啊｜不行啊"常用于吐槽，"真可以啊"常可用于讽刺。6个唯补词合计600例中，配褒义谓词的166例（28%），配中性谓词的78例（13%），配贬义谓词的356例（59%）。可见，就程度唯补词的概念频次而言，倾向于表贬义情感的居多，倾向于表褒义情感的其次，没有倾向表中性情感的最少。强程度唯补词"了不得""不得了"倾向于选配褒义谓词，呈势力序列"了不得＞不得了"（"＞"表多于），"不行""要命""要死""可以"倾向于选配贬义谓词，呈势力序列"可以＞要死＞要命＞不行"。

　　从数据3和数据4看，配贬倾向词"要死""要命""不行""可以"的势力序列极不稳定，随语体和数据库改变而振荡。配褒倾向词"不得了＞了不得"的势力序列则很确定，不因语体和数据库改变而变化。

8.8.2　程度标记的句式分布及其语义变异

　　概述　关于比较类副词"更""更加""越发"的一般分布，高云玲（2005）对比考察了它们在老舍、钱锺书、贾平凹、王朔、毕淑敏、池莉六位作家的小说共316万多字语料中的使用频次，我们追加计算，得数据1。关于比较副词"更"的一般句法分布，叶红、周筱娟（2007）统计6部文学作品［A.《长恨歌》（王安忆），B.《家》（巴金），C.《雷雨》（曹禺），D.《浪漫的黑炮》（张贤亮），E.《你不是一个俗人》（王朔），F.《白雾》（方方）］里比较副词"更"后毗邻的谓词、连词、介词。我们整理其基本数据，并核验校正，追加计算，得数据2。关于程度副词"较""还"的语体分布，潘晓军（2006）对比统计了其在小说（《笑傲江湖》《射雕英雄传》《看上去很美》《四世同堂》等10部）、相声（《侯宝林作品集》《姜昆、梁左相声选》）、说明文（科普说明文共40篇）三种语体语料中的频次。我们整理其基本数据，并追加计算，得数据3。

数据 1

共 1614 例中,"更"1474 例(91.33%),"更加"73 例(4.52%),"越发"67 例(4.15%)。"更"是"更加"的 20.2 倍,"越发"的 22 倍。

数据 2

"更"字句共 493 例。(1)"更+形/动"456 例(92.49%),"更+连词"3 例(0.61%,"让你担任财务处长,因为你是会计出身,更因为你有这个能力"),"更+介词"2 例(0.41%,"一年更比一年好"),其他 32 例(6.49%)。(2) A 语料 212 例,含:"更+形/动"194 例(91.51%),"更+连词"3 例(1.42%),"更+介词"0 例,其他 15 例(7.08%)。B 语料 194 例,含:"更+形/动"180 例(92.78%),"更+连词"0 例,"更+介词"1 例(0.52%),其他 13 例(6.70%)。C 语料 34 例,均为"更+形/动"。D 语料 23 例,含:"更+形/动"20 例(86.96%),"更+连词"0 例,"更+介词"1 例(4.35%),其他 2 例(8.70%)。E 语料 17 例,含:"更+形/动"15 例(88.24%),"更+连词"0 例,"更+介词"0 例,其他 2 例(11.76%)。F 语料 13 例,均为"更+形/动"。

数据 3

"较"76 例中,相声 0 例,小说 55 例(72.37%),说明文 21 例(27.63%)。"还"53 例中,相声 23 例(43.40%),小说 27 例(50.94%),说明文 3 例(5.66%)。

简论 前面看到了强程度唯补词的句式分布和语义变异的关系问题(参§8.3.1、§8.8.1)。比较级程度标记的语义变异也跟其句式分布有关。从形式和意义两方面看,比较级程度副词出现的句子可以分成三种:A. 紧致的比较句("他比你更好"),B. 松散的比较句("比起他来,你就更好了|比起小个子来,他这个人比较诚实"),C. 非比较句("他这个人比较诚实")。据此可以将比较级程度副词分化为两类:AB 类"更""更加""越发""还更",BC 类"较""较为""还尚=还算(较为)"。AB 类是相对量,属比较级,BC 类是绝对量,表中上等程度,可以不视为比较级。这种意义的分化是分布不同所引起的变异,"还"的多义性就是一个典型样例。

比较级程度标记中,典型性跟频率、音节数、色彩有共变关系。频率是典型性的直接指标。因此"更"是该范畴的典型标记,"更加"和"越发"都是非典型标记。频率高的典型标记长度小(单音节词),色彩易磨损,频率低的非典型标记长度大(双音节词),其长度是靠叠加等方式拉长的,色彩强度提升,且色彩损耗小。

同为单音节的比较级程度副词,"更""还"句法语义上存在区别。"还更"兼含强势口气,"更"则没有,强势口气影响到理性意义上的预设内容,造成预设程度等级不同,如:"树比草高(预设:草有高度)—树比草更高(预设:草高)—树比草还高(预设:草很高)"。这影响到了它们的句法分布:(1)"还"兼含口气信息,所以"更""还"叠加组合时,恒居前(如"比他还更有力气")。(2)偏常分布激发了语气特征的偏常。在偏常分布结构"X 不比 Y 更/X 不比 Y 还"里,反问语气的比重提升,兼含强势口气的"还"所在偏常分布结构"X 不比 Y 还"反问语气比重则更高。"X 不比 Y 更"和"X 不比 Y 还",两式相比,后者的偏常幅度更高。两种偏常分布都可用于假设语气(如"要不比玉吉还/更那个点,我就不是孙三宝了")。显然,它们适用于非现实表达,而这也反过来证实了其结构的偏常性质(马清华,2017a)。

比较论元标记和比较级副词共现,是语义一致性关系使然。比较级副词用在比较论元后是常规结构,用在比较论元标记前是偏常结构。后者在韵律或语义重心上出现相应变化:(1)"更"的语序前移,起到了调节语义重心的作用。如常规结构"今天气温比昨天更高"的语义重心在"高",偏常结构"今天气温更比昨天高"的语义重心在"昨天"。(2)如果不是起语义调节作用,则常有复现特征。"语料库在线"的现代汉语语料库中,"更比"共 7 例,4 例都是"'一'量+'更比'+'一'量形"构式(如"一年更比一年强")。(3)若是比较级副词"还",只能是非现实或意外表达,如"还比他高?|想不到还比他高"。

"更"直接后接连词都用以引导最后一个小句或分句,这些连词多为偶对关联词的前项连词,如"由于""因为""不管""别说"等,也有后项连词"何况"。跟后项连词连用有词汇化倾向的如"更何况"。此时的"更"有逻辑上的进层意味。"还"也可直接后接连词,但要少得多,如"由于""因为"等,此时的"还更"有逻辑上的追补意味。可见,后接连词时"更""还"的意义都有朝逻辑结构标记演化的迹象。

"还尚""较"都是用在非比较句中表示比一般程度略高的副词。两者语体色彩、感情色彩都不同。(1)语体色彩。"还"口语色彩明显,相声(口语)中用"还",不大用"较"。"较"的书面色彩明显,在说明文(正式书面语)中的出现频率高于"还",小说是口语和书面语的混合语体,偏于书面,也多用"较"。(2)感情色彩。"还"只跟褒义形容词搭配(比较"英语还好|服务还好|还不错|*伙食还差"),用于积极方面差强人意的评价。"较"没有这样的意思,也没有这样的搭配限制(比较"他的英语较好|服务较好|伙食较差"),因此,"还"呈弱褒义色彩,"较"为中性色彩。

8.8.3 程度标记跟其他情态形式的协同

概述 情态标记的协同关系主要有叠加、并列和统辖三种(马清华，2018)。马清华(2003d)专文讨论过强程度标记的叠加。过量级强程度副词与状态形容词的变则组合，是叠加方式的一种。邵敬敏(2007)统计百度中的"太＋状态形容词"。搜索用的是模糊方式，结果误差过大(如"太静悄悄"319000例，"太软绵绵"139000例)，我们保留其搜索的关键词，改以精确搜索方式(即在被搜索词上加引号"")，在2020年10月24日的百度搜索引擎重新获取数据，并进行新的分类整理，得数据1。在统辖关系上，马清华(2017)依据CCL现代汉语语料库，统计程度标记集合跟其他情态类型的标记集合之间的配列关系中的频度，从中归纳出孰先孰后的语序倾向。"{ }"表无序集合，"＞"表序型内部先左后右的语序。列出的每一对序型中，左侧序型为优势序型，右侧为弱势序型。统计得数据2。关于"更""还"之间的叠加组合，以及它们跟其他副词的统辖组合，文全民(2008)统计CCL现代汉语语料库，考察"更/还"在肯定比较句("他比你跑得更快｜蛇比碗口还粗")中跟其他副词的毗邻组合，以及在否定比较句"X不比Y更/还"中的分布。我们整理其基本数据，并追加计算，得数据3("{ }"表无序集合)。

数据1

1. 构词类状态形容词。(1)【太BA】11个词，共57186例，均5198.73例/个。AB有："冰冷"39500例，"冰凉"17500例，"鲜红"55例，"稀烂"70例，"火红"21例，"通红"19例，"滚烫""雪白"各7例，"贼亮"3例，"粉碎""煞白"各2例。(2)【太ABB】(ABB＝A＋BB)6词("假惺惺"59例，"傻乎乎"38例，"胖乎乎"4例，"黑糊糊""脏兮兮""灰溜溜"各2例)，共107例，均17.83例/个。

2. 构形类状态形容词。(1)【太ABB】①(ABB＝BA的变形，BA式据《中国基本古籍库》)15词("乱哄哄"46例，"美滋滋"43例，"冷冰冰"38例，"软绵绵"30例，"香喷喷"13例，"乱糟糟"9例，"急匆匆""黑压压"各7例，"硬邦邦"6例，"静悄悄"5例，"臭烘烘"3例，"绿油油""直挺挺""热烘烘""恶狠狠"各2例)，215例，均14.33例/词。②(ABB＝AB的变形)10词("光溜溜"29例，"甜蜜蜜"23例，"轻飘飘"21例，"慢吞吞"9例，"娇滴滴""乐呵呵"各6例，"酸溜溜"3例，"水灵灵""干巴巴"各2例，"光秃秃"1例)，101例，均10.1例/词。(2)【太AABB】24个词("平平凡凡"17例，"认认真真"16例，"平平淡淡"13例，"漂漂亮亮"12例，"含含糊糊"11例，"正正经经"10例，"马马虎虎"9

例,"普普通通"7例,"轻轻松松"5例,"空空洞洞"4例,"浩浩荡荡""简简单单""弯弯曲曲"各3例,"干干净净""明明白白""大大方方""老老实实""实实在在""战战兢兢"各2例,"平平常常""空空荡荡""舒舒服服""曲曲折折""仔仔细细"各1例),共130例,均5.42例/个。(3)【太A里AB】6个词("土里土气"13例,"傻里傻气"8例,"糊里糊涂"2例,"流里流气""马里马虎""洋里洋气"各1例),共26例,均4.33例/个。

3. 零分布。百度中未搜到与"太"组合的状态形容词有:"[AB]墨黑|精光,[ABB]气鼓鼓|笑嘻嘻,[AABB]热热闹闹|清清楚楚|和和气气|滋滋润润|平平安安,[A里AB]慌里慌张"。

数据 2

1. 序型地位跟频度一致。(1)"口气$_{强势}${都}＞程度{非常,怪,很,极,极其,极为,老,甚,十分,太,特别}"447例,"程度＞口气$_{强势}$"0例。(2)"体{曾,曾经,将,要,已,已经,在,正}＞程度{非常,怪,很,极,极度,极端,极其,极为,老,蛮,甚,甚为,十分,太,特别}"7003例,"程度＞体"1例。(3)"程度{顶,非常,怪,很,极,极端,极其,老,蛮,甚,十分,死,太,特别,真}＞判断"32398例,"判断＞程度"19467例。(4)"程度{顶,非常,怪,过分,很,极度,极端,极,极其,极为,蛮,甚,甚,十分,死,太,特别,真}＞能愿{该,会,可以,能,能够,要,应该,愿,愿意}"6566例,"能愿＞程度"4704例。(5)"程度{非常,更,更加,更为,很,极端,极其,十分,太,特别,尤其,越发}＞态"163例,"态＞程度"15例。

2. 序型地位跟频度不一致。"口气$_{估测}${该,应该,会,可能}＞程度{顶,非常,很,极度,极端,极,极其,极为,蛮,甚,甚为,十分,太,特别}"5100例,"程度＞口气$_{估测}$"9211例。

数据 3

1. 肯定比较句中"更"跟其他程度副词的组合。(1){比较级,弱级}。a.{更,有些}36例中,"更有些"26例(72.22%),"有些更"10例(27.78%);b.{更,有点}15例中,"更有点"13例(86.67%),"有点更"2例(13.33%)。(2){比较级,强级}。a.{更,很}4例,均为"更很"。b.{更,非常}3例,均为"更非常"。c.{更,十分}2例,均为"更十分"。(3){比较级,比较级}。{更,还}62例中,均为"还更"。

2. 否定比较句中"更"跟否定副词的共现。"X不比Y更"用在陈述语气中占84.9%,用在反问语气中占15.1%。"X不比Y还"均为反问语气。

简论 先看叠加关系。构词类状态形容词、构形类状态形容词都含程度加强意义。前者是内在程度,后者是外在程度。程度副词与状态形容词组合是强程度形式的叠加,它是背离经济性原则却又可以接受的特异结构或变则(马清华,2003)。靠所获得积极效果抵消掉变则的消极面,从而获得可接受性,这是语言的补偿原理(马清华,2008)。强程度形式的叠加作用并非提升理性意义上的程度等级,而是色彩意义上的加强口气,是一种主观性表达。比起其他强程度标记来,过量级程度标记的主观性程度相对更高,因此更容易跟状态形容词叠加结合。

构词类状态形容词、构形类状态形容词跟过量级标记的程度叠加,在现实—非现实、客观—主观两对表达关系的处理中存在如下共同的一面:(1)过量级强程度表消极义,跟贬义形容词的组合符合色彩一致性,因此可用于现实表达(如"这衣服太昂贵|女生说感觉这个世界太冰冷了|他平时太马马虎虎|这孩子太傻里傻气|那家伙太流里流气了"),突出表达强烈主观情感,以抵消变则带来的消极面,其间遵循了补偿原理(该原理参:马清华,2008)。除意义补偿外,有时还可以是韵律上的补偿,如"剧本太稀烂,导演太抠门"。(2)过量级强程度跟褒义形容词的组合存在色彩冲突,属双重变则。语义冲突的变则组合可以在非现实性表达中得以消除(马清华,2005c;马清华,2017a),过量级标记参与的强程度形式叠加也是如此,即使语料中零分布的也变得可以接受,如"上班不要太勤勤恳恳了,你越是有干,人家用你就越多"和导演式语言"太热热闹闹也不行"。

跟过量级程度标记组合时,构词类状态形容词的均例次都要远高于构形类状态形容词,这是正态分布。因为构词是凝固态,构形是变化态,前者词形复现性本来就高。双音节状态形容词跟"太"的组合频次最高,也是正态分布,因为现代汉语词本就呈双音节倾向。ABB形容词中,虽然内部也有某种程度的构形成分,但总体上属于构词从一种变成另一种的再组织方式,整词都能为词典所收录,所以其内部的构词或构形含量跟均例次之间缺乏规则性对应。

再看统辖关系。汉语现实性表达存在着情态统辖序链"语气>a>口气>b>时>c>体>d>判断_否定>能愿>e>态>f",这是一条固定的单向统辖序列,">"左侧范畴统辖右侧范畴。程度是位序稳定性差的超约束范畴,它能在序链内的一定区间游动,区间内含有一个分布基点和多个变异点。程度的分布区间是[d:(d,f)],即d是该范畴的分布基点,(d,f)是变异区间,可以在这个范围内游动(马清华,2017a)。该情态统辖序链由多个优势序型串联而成。优势序型[即众数(majority)序式的上位模型]下的优势序式通常可判定为基式。但并非优势序型下的每种序式都是众数序式,也可偶含少量寡数序式,反之,弱势序型[即寡数(minority)序式的上位模型]也可偶含少量众数序式。单纯的总频次不完全能反映位势,位势值计算综合考虑了高频序式的总频次、低频序式的总频次、优势序型的高频序式数、弱势序型的高频/等频序式数及序式的例外因素、现实/非现实表达倾向(计算方法见:马清华,2017a)。如弱势序型下的熟语化序式频次升高("很可能"1个组合就高达8800例),其绝对数值在序型位势值的判断上价值并不大,应作为例外,进行加权处理。不过,总的来说,序型地位跟频度一致的仍占绝对多数。

比较级程度副词"更""还"可叠加组合,也可跟其他副词统辖组合。"还"兼含口气信息,所以"更""还"叠加组合时,恒居前(如"比他还更有力气")。在肯定比较句环境中,比较级程度副词"更"跟非比较级程度副词的毗邻组合基本都是统辖组合,因而呈有序化,即比较级副词倾向于居非比较级程度副词前。这也是由句内主要表达目的(比较范畴)决定的。其中,非比较级程度副词的出现频率,又因强弱程度不同而异:弱程度副词比强程度副词的出现概率大,这是礼貌原则下的委婉需要所致。委婉表达又导致偏离幅度增大,出现了弱程度副词用在"更"前的情形,但未见强程度副词用在"更"前的情形。

把比较级程度放在跟比较论元的组合中,就既有情态标记间的组合,又有跟谓格关系(谓词—论元关系)的组合,句法组合变得更加复杂。比较起来,"X比Y更不/X比Y还不"是常规分布,见于陈述句,用于现实表达。"X不比Y更/X不比Y还"是偏常分布,其间有一个有对象化操作,即把"X比Y更|X比Y还"作为判断标记"不"的被说明语,状语"不"是它们的高层谓语(斯托克威尔,1986:54—56)。在汉语情态统辖结构中,程度虽是超约束范畴之一,但它的分布基点在判断标记之前(参上),程度副词与谓词之间还可有其他情态类型(如否定、能愿、态)的标记("更不高兴|更能领会|更被当作典型"),就是说,程度标记在常规结构里不被否定判断所统辖(参马清华,2017a),因此,程度副词"更""还"用在否定副词"不"前是常规分布,用在"不"后是偏常分布。

8.8.4 程度标记跟语气标记的共现与格式化

概述 关于一般程度标记与语气标记的共现关系,李宇凤(2007)从多语体(电视谈话、剧本对话、网络新闻、政论)语料库(规模和范围不详)统计程度副词"很""挺""太""最""非常""特别""还""更""比较""稍微""不大""有点"与语气标记"的""了"搭配。我们根据特征归纳整理其基本数据,并追加计算,得数据1。关于强程度标记跟语气标记的共现关系,邱丽(2010)以老舍作品为研究语料,并利用 Coco 语料库检索系统,统计老舍作品中强程度副词"怪"的用法。我们整理其基本数据,并核验校正,追加计算,得数据 2。

数据 1

1. 倾向于带某语气词。(1) 带"了"。"太"1143 例中,带语气词"的"0例,带语气词"了"582 例(50.92%)。(2) 带"的"。"挺"632 例中,带语气词"的"422 例(66.77%),带语气词"了"0 例。

2. 偶尔带某语气词。(1) 带"了"多于带"的"。"更"2563 例中,带语气词"的"7 例(0.27%),带语气词"了"23 例(0.90%)。(2) 带"的"多于带"了"。"比较"1385 例中,带语气词"的"102 例(7.36%),带语气词"了"1 例(0.07%)。"很"6895 例中,带语气词"的"361 例(5.24%),带语气词"了"1 例(0.01%)。"最"3307 例中,带语气词"的"83 例(2.51%),带语气词"了"11 例(0.33%)。(3) 带"的",但不带"了"。"非常"1719 例中,带语气词"的"145 例(8.44%),带语气词"了"0 例。"特别"1037 例中,带语气词"的"18 例(1.74%),带语气词"了"0 例。"不大"95 例中,带语气词"的"1 例(1.05%),带语气词"了"0 例。"有点"297 例中,带语气词"的"1 例(0.34%),带语气词"了"0 例。

3. 无语气词"的""了"。"还"135 例中,带语气词"的"0 例,带语气词"了"0 例。"稍微"75 例中,带语气词"的"0 例,带语气词"了"0 例。

数据 2

共 185 例中,"怪"+形(+"的")127 例(68.65%,"打扮得怪水灵的|尽力打扮而怪难受的|怪痒痒的");"怪"+动(+"的")5 例(2.70%,"怪对不住父子兄弟");"怪"+状中结构(多含否定副词"不")26 例(14.05%,"遇见怪不好意思的");"怪"+述宾结构 17 例(9.19%,"觉得有点怪对不住她的"),其中由"有"充任述语的述宾结构 11 例(5.95%,"怪有意思");"怪"+中补结构(补语带"得"标记)5 例(2.70%,"愣在那里去想,又怪僵得慌");"怪"+兼语结构 1 例(0.54%,"怪叫人害怕");"怪"+"似的"结构(多表心理活动)4 例(2.16%,"好像倒怪羞惭似的")。

简论 程度副词跟语气词的共现,结构本质上是程度标记跟语气标记的统辖关系。语义上,它们配合使用构成强化表达。形容词一般带评议性,因此,修饰它们的程度副词也带有主观评议性,甚至情绪性。它们常可在一致性关系下跟相应的口气标记协同表达。主观评议性显著的程度副词("很|挺|非

常|特别|比较|稍微|不大|有点")占绝大多数,它们跟表确认口气标记"的"的共现使用多于跟满足口气标记"了"的共现。程度副词或其所在结构若情绪性显著("太|最|还")或在松散的比较句中表比较级("更"),则跟满足口气标记"了"的共现("太好了|最好了|比起他来,你就更好了")多于跟确认口气标记"的"的共现,这样的程度副词相对较少。

程度副词能跟语气词共现惯用化的结果,可导致格式化。"太……了|挺……的"都有高度共现率。其他标记可作为共现条件集结其中,形成更复杂的格式,如"那就更……了"。数据中"还"跟语气词"了|的"配用虽然缺例,但实际语言中还是有的,如"还可以的|还好了"。

"怪"表强程度时,格式化程度("怪……的")很高,即使有时没有跟"的",但往往也可把"的"补出来,除非强程度标记叠加时,无法补出,如"怪僵得慌"。

8.8.5　程度副词的语用语义分布

概述　李宇凤(2007)据多语体(电视谈话、剧本对话、网络新闻、政论)语料库(规模不详)统计了程度副词各程度级的语体分布、其搭配项的感情色彩(积极、消极、中性)倾向。我们参考马清华(2003c)的程度标记分类,整理其基本数据,校正、追加计算,归纳特征并分类,得数据。

数据

1. 语体分布。(1) 过量级。【太】1143 例:电 504 例(44.09%),剧 240 例(21%),网 238 例(20.82%),政 161 例(14.09%)。(2) 最高级。【最】3401 例:电 994 例(29.23%),剧 172 例(5.06%),网 1411 例(41.49%),政 824 例(24.23%)。(3) 极高级。【特别】1037 例:电 890 例(85.82%),剧 8 例(0.77%),网 84 例(8.10%),政 55 例(5.30%)。【非常】1719 例:电 1236 例(71.90%),剧 13 例(0.76%),网 331 例(19.26%),政 139 例(8.09%)。【挺】612 例:电 435 例(71.08%),剧 149 例(24.35%),网 27 例(4.41%),政 1 例(0.16%)。(4) 次高级。【很】6895 例:电 3785 例(54.89%),剧 197 例(2.86%),网 1344 例(19.49%),政 1569 例(22.76%)。(5) 比较级。【更】2559 例:电 728 例(28.45%),剧 72 例(2.81%),网 685 例(26.77%),政 1074 例(41.97%)。【比较】1385 例:电 764 例(55.16%),剧 14 例(1.01%),网 233 例(16.82%),政 374 例(27%)。【还】134 例:电 58 例(43.28%),剧 32 例(23.88%),网 17 例(12.69%),政 27 例(20.15%)。(6) 弱级。【稍微】76 例:电 46 例(60.53%),剧 2 例(2.63%),网 11 例(14.47%),政 17 例(22.37%)。

【有点】297例：电215例(72.39%)，剧22例(7.41%)，网45例(15.15%)，政15例(5.05%)。(7)委婉否定。【不太】330例：电253例(76.67%)，剧21例(6.36%)，网50例(15.15%)，政6例(1.82%)。【不大】95例：电42例(44.21%)，剧16例(16.84%)，网9例(9.47%)，政28例(29.47%)。

2. 搭配项的感情色彩。(1)中性倾向。【特别】1037例：积397例(38.28%)，中463例(44.65%)，消177例(17.07%)。【很】6895例：积1457例(21.13%)，中4482例(65%)，消956例(13.87%)。【不大】95例：积39例(41.05%)，中56例(58.95%)，消0例。【最】3401例：积1203例(35.37%)，中1835例(53.95%)，消363例(10.67%)。【更】2559例：积665例(25.99%)，中1690例(66.04%)，消204例(7.97%)。【比较】1385例：积457例(33%)，中698例(50.40%)，消230例(16.61%)。【稍微】74例：积13例(17.57%)，中52例(70.27%)，消9例(12.16%)。【还】135例：积28例(20.74%)，中78例(57.78%)，消29例(21.48%)。【太】1143例：积106例(9.27%)，中699例(61.15%)，消338例(29.57%)。(2)积极倾向。【挺】612例：积337例(55.07%)，中137例(22.39%)，消138例(22.55%)。【非常】1719例：积734例(42.70%)，中678例(39.44%)，消307例(17.86%)。(3)消极倾向。【有点】297例：积7例(2.36%)，中92例(30.98%)，消198例(66.67%)。

3. 搭配项在不同语体的感情色彩倾向。(1)色彩稳定型。a. 积极倾向。【挺】612例：电435例[积203例(46.67%)，中117例(26.90%)，消115例(26.44%)]，剧149例[积121例(81.21%)，中14例(9.40%)，消14例(9.40%)]，网27例[积12例(44.44%)，中6例(22.22%)，消9例(33.33%)]，政1例[积1例(100%)]。b. 消极倾向。【有点】297例：电215例[积4例(1.86%)，中67例(31.16%)，消144例(66.98%)]，剧22例[积3例(13.64%)，中4例(18.18%)，消15例(68.18%)]，网45例[积0例，中16例(35.56%)，消29例(64.44%)]，政15例[积0例，中5例(33.33%)，消10例(66.67%)]。c. 中性倾向。【更】2559例：电728例[积182例(25%)，中475例(65.25%)，消71例(9.75%)]，剧72例[积12例(16.67%)，中31例(43.06%)，消29例(40.28%)]，网685例[积196例(28.61%)，中437例(63.80%)，消52例(7.59%)]，政1074例[积275例(25.61%)，中747例(69.55%)，消52例(4.84%)]。【很】6895例：电3785例[积782例(20.66%)，中2504例(66.16%)，消499例(13.18%)]，剧197例[积61例(30.96%)，中95例(48.22%)，消41例(20.81%)]，网1344例[积283例

(21.06%),中866例(64.43%),消195例(14.51%)],政1569例[积331例(21.10%),中1017例(64.82%),消221例(14.09%)]。【比较】1385例:电764例[积252例(32.98%),中368例(48.17%),消144例(18.85%)],剧14例[积4例(28.57%),中7例(50%),消3例(21.43%)],网233例[积70例(30.04%),中119例(51.07%),消44例(18.88%)],政374例[积131例(35.03%),中204例(54.55%),消39例(10.43%)]。【还】135例:电58例[积13例(22.41%),中31例(53.45%),消14例(24.14%)],剧32例[积8例(25%),中14例(43.75%),消10例(31.25%)],网18例[积3例(16.67%),中13例(72.22%),消2例(11.11%)],政27例[积4例(14.81%),中20例(74.07%),消3例(11.11%)]。【稍微】74例:电44例[积5例(11.36%),中34例(77.27%),消5例(11.36%)],剧2例[积0例,中1例(50%),消1例(50%)],网11例[积3例(27.27%),中5例(45.45%),消3例(27.27%)],政17例[积5例(29.41%),中12例(70.59%),消0例]。(2)色彩不稳定型。【最】3401例:电994例[积608例(61.17%),中248例(24.95%),消138例(13.88%)],剧172例[积53例(30.81%),中63例(36.63%),消56例(32.56%)],网1411例[积328例(23.25%),中982例(69.60%),消101例(7.16%)],政824例[积214例(25.97%),中542例(65.78%),消68例(8.25%)]。【非常】1719例:电1236例[积510例(41.26%),中529例(42.80%),消197例(15.94%)],剧13例[积3例(23.08%),中6例(46.15%),消4例(30.77%)],网331例[积165例(49.85%),中100例(30.21%),消66例(19.94%)],政139例[积56例(40.29%),中43例(30.94%),消40例(28.78%)]。【太】1143例:电504例[积66例(13.10%),中317例(62.90%),消121例(24.01%)],剧240例[积10例(4.17%),中110例(45.83%),消120例(50%)],网238例[积20例(8.40%),中145例(60.92%),消73例(30.67%)],政161例[积10例(6.21%),中127例(78.88%),消24例(14.91%)]。【特别】1037例:电890例[积346例(38.88%),中380例(42.70%),消164例(18.43%)],剧8例[积5例(62.50%),中2例(25%),消1例(12.50%)],网84例[积33例(39.29%),中46例(54.76%),消5例(5.95%)],政55例[积13例(23.64%),中35例(63.64%),消7例(12.73%)]。【不大】95例:电42例[积12例(28.57%),中30例(71.43%),消0例],剧16例[积12例(75%),中4例(25%),消0例],网9例[积4例(44.44%),中5例(55.56%),消0例],政28例[积11例(39.29%),中17例(60.71%),消0例]。

简论 在语体分布上,"非常""很""挺""还""最""更""比较""稍微""不大""太""有点""特别"12个程度词除"最""更"外,其余10个程度副词在自然口语体(电视谈话)中均呈最高比例,在加工口语体(剧本对话)和书面语(网络新闻、政论)里均呈下降趋势。尤其是,"特别""非常""很""比较""稍微""最""更"7个词的分布谷底都见于剧本对话,表明自然口语和加工过的口语文本差异悬殊。加工过的口语不完全反映自然口语,但又不是书面语,因此表现出某种特殊性。

程度副词的分布也体现为口语和书面语的分化。程度副词中"挺"主要见于对话语体,而极不易出现在正式的政论语体中。剧本对话是加工口语,为提高情节性,它可能更注重叙实表达,因此在程度表达上跟同为口语的自然谈话体表现出明显的不同。"最"在网络新闻里频次最高,"更"在政论语体里频次最高,可能跟语体本身的行业特征有关:新闻注重宣传性和导向性,政论注重价值取向性。政论语体直面解决社会问题,所以带有抱怨情绪"太"和委婉面对消极面的"有点""不太"在该语体里频次最低("不大"例外,也许跟词汇化水平高和色彩磨损有关)。随意口语色彩的"挺"在政论语体里频次最低,因为后者属正式语体。

程度副词所修饰的形容词和心理动词各表示主观评议或主观行为,因此程度范畴的表达势必往往伴有情绪性,自然口语体是未加工过的,具有在场性,这里还受到媒体聚焦,它涉及的情绪性、礼貌性等因素最多,这些会自然带高程度标记的使用频次。在口语或艺术语体里,程度表达常出现理性意义和色彩意义的分化。诸如否定词前边的"有点",否定词后边的"太""过于",或贬义谓词前的"不大",多用在对消极面的委婉表达上(马清华,1986),类似于敬语形式。为了强化程度表达的情绪色彩,甚至违背经济性原则,动用叠加表达方式(马清华,2003d),这是一种用效果补偿来抵消变则消极面的非常规手段(马清华,2008)。

将程度标记所搭配对象的色彩倾向进行分类,可分三类,其特征分别是(">"表数量上的"多于"):[消极倾向]消极>中性>积极;[积极倾向]积极>中性>消极,积极>中性/消极;[中性倾向]中性>消极>积极,中性>积极>消极,中性/消极>积极。总体上,只有少数程度标记的搭配项在感情色彩上有极化倾向,多数程度标记的搭配项为中性,后者又分三类:积极多于消极("特别|很|不大|最|更|比较|稍微"),积极和消极相仿("还"),消极多于积极("太")。根据感情色彩的一般分布倾向来判断,后两类都是偏常分布。

多数程度标记的搭配项,在不同语体里有稳定的色彩倾向:"挺"是积极倾向,"有点"是消极倾向,"更""很""比较""还""稍微"是中性倾向。有的程度标记所搭配的对象,色彩倾向在不同语体里有变动:"最"在电视谈话里是积极倾向,在其他语体里是中性倾向;"非常"在电视谈话、剧本对话里是中性倾向,在网络新闻、政论里是积极倾向;"特别""不大"在剧本对话里是积极倾向[按:"不大"是语用礼貌原则作用下的委婉否定格式,就其本身说当然是贬义的,但这里是就其搭配成分来说的],在其他语体里是中性倾向;"太"在剧本对话里是消极倾向,在其他语体里是中性倾向。

程度词搭配项色彩倾向的分化,至少跟4方面因素有关:(1)程度概念及其是否用于委婉表达。弱程度词跟消极倾向的对象搭配形成委婉肯定(如"有点"),否定词后的强程度词跟积极或中性色彩的对象搭配形成委婉否定(如"不大|不太|不很|不十分"等)(马清华,1986)。(2)语体类型。自然随意的口语体里主观性表达丰富,程度词已发生主观化。如口语常用"最"表达情感意义上的极强程度,未必表最高级。(3)程度表达在情感色彩上的词项分工。如随意口语里的积极倾向程度词有"挺""最",正式语体里则主要选用"非常"跟积极倾向的对象搭配。(4)程度词的语法化和主观化。如"还"在比较句中搭配项消极和积极的规模相仿,在非比较句中只接积极项。

8.8.6 程度副词的语用语法分布

概述 程度副词可搭配的语法成分包括形容词、心理感觉动词、能愿动词或能愿短语和其他固定短语等四个主要类别。李宇凤(2007)调查程度副词及相关熟语(如"不大|不太")在电视谈话、剧本对话、网络新闻、政论语体中的后接成分。我们整理其基本数据,并追加计算,得数据1。把程度副词作附加语的短语(如状中短语"很多|比较平衡")叫程度副词短语。李宇凤(2007)统计程度副词短语在这四种语体中的句法功能。我们整理其基本数据,按特征分类,并追加计算,得数据2。

数据1

1. 强级。"很"6895例中,[电]形3071例(44.54%),心277例(4.02%),能39例(0.57%),他398例(5.77%);[剧]形139例(2.02%),心27例(0.39%),能6例(0.09%),他25例(0.36%);[网]形1054例(15.29%),心107例(1.55%),能49例(0.71%),他134例(1.94%);[政]形1299例(18.84%),心30例(0.44%),能15例(0.22%),他225例(3.26%)。"非常"1719例中,[电]形872例(50.73%),心217例(12.62%),能4例(0.23%),

他143例(8.32%);[剧]形6例(0.35%),心4例(0.23%),他3例(0.17%);[网]形244例(14.19%),心74例(4.30%),他13例(0.76%);[政]形95例(5.53%),心10例(0.58%),他34例(1.98%)。"特别"1037例中,[电]形539例(51.98%),心202例(19.48%),能8例(0.77%),他141例(13.60%);[剧]形4例(0.39%),心3例(0.29%),他1例(0.10%);[网]形62例(5.98%),心20例(1.93%),能2例(0.19%);[政]形27例(2.60%),心1例(0.10%),能1例(0.10%),他26例(2.51%)。"挺"632例中,[电]形296例(46.84%),心80例(12.66%),能3例(0.47%),他56例(8.86%);[剧]形133例(21.04%),心30例(4.75%),能1例(0.16%),他5例(0.79%);[网]形20例(3.16%),心6例(0.95%),他1例(0.16%);[政]形1例(0.16%)。"最"3307例中,[电]形698例(21.11%),心73例(2.21%),能5例(0.15%),他118例(3.57%);[剧]形106例(3.21%),心53例(1.60%),能1例(0.03%),他12例(0.36%);[网]形1235例(37.35%),心75例(2.27%),能10例(0.30%),他97例(2.93%);[政]形721例(21.80%),心12例(0.36%),能8例(0.24%),他83例(2.51%)。"太"1143例中,[电]形425例(37.18%),心15例(1.31%),能20例(1.75%),他44例(3.85%);[剧]形190例(16.62%),心7例(0.61%),能1例(0.09%),他42例(3.67%);[网]形209例(18.29%),心13例(1.14%),他16例(1.40%);[政]形153例(13.39%),心3例(0.26%),他5例(0.44%)。

2. 比较级。"比较"1385例中,[电]形590例(42.60%),心50例(3.61%),能3例(0.22%),他121例(8.74%);[剧]形9例(0.65%),心2例(0.14%),能1例(0.07%),他2例(0.14%);[网]形190例(13.72%),心30例(2.17%),能1例(0.07%),他12例(0.87%);[政]形314例(22.67%),心4例(0.29%),能2例(0.14%),他54例(3.90%)。"更"2563例中。[电]形502例(19.59%),心17例(0.66%),能38例(1.48%),他171例(6.67%);[剧]形34例(1.33%),心23例(0.90%),能6例(0.23%),他9例(0.35%);[网]形417例(16.27%),心33例(1.29%),能8例(0.31%),他231例(9.01%);[政]形696例(27.16%),心10例(0.39%),能52例(2.03%),他316例(12.33%)。"还"135例中,[电]形35例(25.93%),心7例(5.19%),能1例(0.74%),他15例(11.11%);[剧]形25例(18.52%),心6例(4.44%),他1例(0.74%);[网]形17例(12.59%),他1例(0.74%);[政]形20例(14.81%),心1例(0.74%),他6例(4.44%)。

3. 弱级。"稍微"75例中,[电]形3例(4%),心1例(1.33%),能2例

(2.67%),他40例(53.33%);[剧]他1例(1.33%);[网]形3例(4%),心1例(1.33%),他7例(9.33%);[政]心2例(2.67%),他15例(20%)。"有点"297例中,[电]形64例(21.55%),心55例(18.52%),他96例(32.32%);[剧]形9例(3.03%),心2例(0.67%),他11例(3.70%);[网]形14例(4.71%),心11例(3.70%),他20例(6.73%);[政]形8例(2.69%),心1例(0.34%),他6例(2.02%)。

4. 委婉否定。"不太"330例中,[电]形133例(40.30%),心69例(20.91%),能4例(1.21%),他47例(14.24%);[剧]形18例(5.45%),心2例(0.61%),他1例(0.30%);[网]形29例(8.79%),心16例(4.85%),他5例(1.52%);[政]形4例(1.21%),他2例(0.61%)。"不大"95例中,[电]形14例(14.74%),心12例(12.63%),能3例(3.16%),他13例(13.68%);[剧]形9例(9.47%),心4例(4.21%),他3例(3.16%);[网]形3例(3.16%),心5例(5.26%),能1例(1.05%);[政]形7例(7.37%),心3例(3.16%),他18例(18.95%)。

数据2

1. 谓语居多,主/宾语频次最低。(1)次高频为定语:【非常X】1719例中,[电]谓892例(51.89%),定249例(14.49%),状33例(1.92%),补62例(3.61%)。[剧]谓12例(0.70%),定1例(0.06%)。[网]谓233例(13.55%),定71例(4.13%),状16例(0.93%),补11例(0.64%)。[政]谓100例(5.82%),定34例(1.98%),状1例(0.06%),补4例(0.23%)。【很X】6895例中,[电]谓1806例(26.19%),定1620例(23.50%),状158例(2.29%),补152例(2.20%),主宾49例(0.71%)。[剧]谓150例(2.18%),定27例(0.39%),状8例(0.12%),补8例(0.12%),主宾4例(0.06%)。[网]谓703例(10.20%),定470例(6.82%),状122例(1.77%),补35例(0.51%),主宾14例(0.20%)。[政]谓805例(11.68%),定551例(7.99%),状126例(1.83%),补79例(1.15%),主宾8例(0.12%)。【更X】2559例中,[电]谓359例(14.03%),定277例(10.82%),状43例(1.68%),补47例(1.84%),主宾2例(0.08%)。[剧]谓59例(2.31%),定11例(0.43%),状1例(0.04%),补1例(0.04%)。[网]谓352例(13.76%),定271例(10.59%),状43例(1.68%),补19例(0.74%)。[政]谓471例(18.41%),定394例(15.40%),状136例(5.31%),补73例(2.85%)。【比较X】1385例中,[电]谓554例(40%),定165例(11.91%),状15例(1.08%),补30例(2.17%)。[剧]谓13例(0.94%),定1例(0.07%)。[网]

谓 176 例(12.71%),定 52 例(3.75%),状 1 例(0.07%),补 4 例(0.29%)。[政]谓 205 例(14.80%),定 128 例(9.24%),状 18 例(1.30%),补 21 例(1.52%),主宾 2 例(0.14%)。【不太 X】330 例中,[电]谓 238 例(72.12%),定 7 例(2.12%),状 1 例(0.30%),补 7 例(2.12%)。[剧]谓 20 例(6.06%),定 1 例(0.30%)。[网]谓 45 例(13.64%),定 5 例(1.52%)。[政]谓 5 例(1.52%),定 1 例(0.30%)。【特别 X】1037 例中,[电]谓 714 例(68.85%),定 103 例(9.93%),状 10 例(0.96%),补 63 例(6.08%)。[剧]谓 7 例(0.68%),补 1 例(0.10%)。[网]谓 68 例(6.56%),定 14 例(1.35%),补 2 例(0.19%)。[政]谓 39 例(3.76%),定 14 例(1.35%),状 1 例(0.10%),补 1 例(0.10%)。【稍微 X】76 例中,[电]谓 40 例(52.63%),定 4 例(5.26%),补 2 例(2.63%)。[剧]谓 2 例(2.63%)。[网]谓 8 例(10.53%),定 3 例(3.95%)。[政]谓 12 例(15.79%),定 5 例(6.58%)。(2) 次高频为补语:【太 X】1143 例中,[电]谓 418 例(36.57%),定 40 例(3.50%),状 4 例(0.35%),补 42 例(3.67%)。[剧]谓 217 例(18.99%),定 1 例(0.09%),状 1 例(0.09%),补 21 例(1.84%)。[网]谓 173 例(15.14%),定 41 例(3.59%),补 24 例(2.10%)。[政]谓 128 例(11.20%),定 3 例(0.26%),状 2 例(0.17%),补 28 例(2.45%)。【挺 X】612 例中,[电]谓 386 例(63.07%),定 20 例(3.27%),状 2 例(0.33%),补 27 例(4.41%)。[剧]谓 130 例(21.24%),定 2 例(0.33%),补 17 例(2.78%)。[网]谓 27 例(4.41%)。[政]定 1 例(0.16%)。【有点 X】297 例中,[电]谓 205 例(69.02%),定 2 例(0.67%),补 8 例(2.69%)。[剧]谓 21 例(7.07%),补 1 例(0.34%)。[网]谓 43 例(14.48%),定 1 例(0.34%),状 1 例(0.34%)。[政]谓 15 例(5.05%)。(3) 次高频功能类属不明显:【不大 X】95 例中,[电]谓 41 例(43.16%),补 1 例(1.05%)。[剧]谓 16 例(16.84%)。[网]谓 9 例(9.47%)。[政]谓 26 例(27.37%),定 1 例(1.05%),补 1 例(1.05%)。【还 X】134 例中,[电]谓 53 例(39.55%),定 4 例(2.99%),补 1 例(0.75%)。[剧]谓 27 例(20.15%),定 1 例(0.75%),补 4 例(2.99%)。[网]谓 17 例(12.69%)。[政]谓 27 例(20.15%)。

2. 定语居多,谓语次高频,主/宾语或补语频次最低。【最 X】3401 例中,[电]谓 201 例(5.91%),定 721 例(21.20%),状 55 例(1.62%),补 17 例(0.50%)。[剧]谓 72 例(2.12%),定 76 例(2.23%),状 4 例(0.12%),补 2 例(0.06%),主宾 18 例(0.53%)。[网]谓 214 例(6.29%),定 1119 例(32.90%),状 50 例(1.47%),补 10 例(0.29%),主宾 18 例(0.53%)。[政]

谓 111 例(3.26%),定 696 例(20.46%),状 7 例(0.21%),补 6 例(0.18%),主宾 4 例(0.12%)。

简论 强级程度范畴总频次高于比较级,更高于弱级。

程度副词基本都是跟形容词性成分搭配占比最高,这一点超越语体差异,它充分表明程度副词本质上是个主观性范畴。程度副词跟心理动词搭配总体上又多于跟能愿动词搭配,剧本对话、网络新闻里无例外,电视谈话、政论只是"更"有显著例外,电视谈话"太""稍微"和政论"特别"的例外都不显著。

基于会话礼貌原则,弱级程度范畴在肯定句里,或过量级程度范畴在否定句里,都常跟贬义词组合。跟其他程度标记不同,"稍微"须跟短语搭配。

陈述式被另一个陈述式所嵌套,是浅度嵌套;被指称式所嵌套,是深度嵌套(马清华,2017a)。程度副词短语作谓语时,用的是浅度嵌套;作定语时,用的是深度嵌套。从这个角度说,"最"程度副词短语优选深度嵌套,其他所有程度副词短语都优选浅度嵌套。总体上,浅度嵌套的势力大于深度嵌套,这符合由简到易的认知规律。在程度副词短语的句法功能上,"最"跟其他程度副词形成明显对立。这跟它们的程度等级不同有关。最高级程度关涉当事者或指称项,所以其所在状中短语作定语居多,作谓语反而居第二位,其他等级的程度副词主要在于修饰陈述项,其短语也仍然以作谓语居多。

8.8.7 程度副词的社会语言学因素

概述 关于新兴程度副词的量级及情感色彩,蔡冰(2007)调查语感上与"这块点心(狂/超/巨/暴)好吃"语义最接近的选项,获得 271 人的样本,我们整理其基本数据,并追加计算,得数据 1。关于程度副词的社会使用差异及性别因素的影响,曾炜(2007)统计中央电视台新闻频道 2005 年 6 月至 2006 年 2 月《面对面》《新闻会客厅》《共同关注》中不同社会背景受访人的程度副词(方言形式的也计在内)使用频率。我们整理其基本数据,校正、追加计算,归纳特征并分类,得数据 2。

数据 1

选极高级的共 241 人(88.93%),其中选"好吃极了"239 人(88.19%),选"非常非常非常好吃/甩好吃"2 人(0.74%)。选次高级"很好吃"24 人(8.86%);选过量级"过于好吃"4 人(1.48%);选弱级"有点儿好吃"2 人(0.74%)。

数据 2

1. 总体数据。(1) 性别:a. 女均 12.33 次/千字(受访 27 人),男均 8.54 次/千字(受访 27 人)。b. 程度副词频率最高 22.2 次/千字,说者为女;频率最低 1.4 次/千字,说者为男。(2) 年龄:a. 老年均 7.47 次/千字(受访 16 人),中年均 11.64 次/千字(受访 30 人),青年均 11.84 次/千字(受访 8 人)。b. 程度副词频率最高 22.2 次/千字,说者为青年;频率最低 1.4 次/千字,说者为老年。(3) 教育背景:a. 高等教育背景均 12.07 次/千字(受访 26 人),中等教育背景均 10.75 次/千字(受访 18 人)。初等教育背景均 5.60 次/千字(受访 10 人)。b. 程度副词频率最高 22.2 次/千字,说者为高等教育背景;频率最低 1.4 次/千字,说者为初等教育背景。(4) 网络条件:a. 开放 11.28 次/千字(受访 40 人),封闭 8.02 次/千字(受访 14 人)。b. 程度副词频率最高为 22.2 次/千字,处网络封闭条件(是学生);频率最低 1.4 次/千字,说者网络封闭(是老战士)。

2. 意义次类数据。强程度副词有 5 类。总体上,强程度副词女是男的 1.43 倍。其中,最常用类("很"),女是男的 1.33 倍;程度较高类("比较|有点"),女是男的 1.33 倍;程度极高类("非常|特别|最|尤其|相当|格外|十分"),女是男的 1.7 倍;较浓口语色彩类(吕叔湘,1980)("挺|顶|可|真|怪"),女 17 例(68%,"那些破烂收音机,老百姓的可脏了")是男 8 例(32%,"小路路也挺可爱的")的 2 倍;方言色彩类("蛮|忒|好|老|特")55 例,男 30 例(54.55%),女 25 例(45.45%),男反而是女的 1.2 倍。

3. 形式或用法次类数据。(1) 双音节程度副词叠用。34 例(如"非常非常"),其中女 25 例(73.53%),男 9 例(26.47%)。(2) "程度副词+形容词/动词"叠用。18 例(如"很冷很冷|很难很难|很多很多"),其中作定语,女 12 例(66.67%),男 0 例;作谓语,女 3 例(16.67%),男 3 例(16.67%)。(3) "程度副词+地"。46 例,其中女 40 例(86.96%),男 6 例(13.04%)。女用双音节程度副词带"地"修饰形容词和动词的频次("非常非常地难过")远多于男。45 例本可后加"地"的双音节程度副词,实际带"地"的只有 3 例。(4) 新潮结构"副词+名词/英语词"。14 例中,女 12 例(85.71%,"非常职业|他的资讯非常 local 嘛"),男 2 例(14.29%,"毕竟有一些事是很私人的事情")。

简论 程度副词的快速增长和更新,都发生在极值范畴对强程度的侧显表达中。激情动力是语词变化的重要动力源之一(马清华,2000:149)。强程度不仅是理性的表达,还伴随着口气(强化)和色彩(形象、求新)的细腻表达,即既具有较浓的渲情、生动色彩,又表现出说者的时髦和活力。新兴程度副词最高频出现在年轻女性说话者口中(见数据 2),就是重要的社会学证据。

程度副词本质上是个主观性范畴,因此该概念的形式多样化程度很高,同义词数量和同义的短语表达式很多。程度越高,口语性越强,选用强程度副词的性别差度就越大。这是因为程度越高,越需要或便于渲情的表达。

在社会语言学层面,程度副词的出现频率最高的说话者为女性,体现了跟言外系统的共变关系(马清华、杨飞,2018)。感性化、情绪性特征驱使女性比男性更多使用口语色彩强程度副词,更喜欢使用程度副词叠用形式,因为它更适合渲情。基于相同动因,女性偏爱将"程度副词+形容词/动词"叠用为描写性定语。双音节程度副词修饰形容词和动词时,女性更多采用带"地"的有标记形式,因为它有强调凸显作用。追求时尚的心理驱使女性比男性相对来说更注意回避使用方言色彩程度副词,更多使用新潮结构。程度副词的出现频率高低,在总体上,也跟受教育程度、年龄、网络条件等社会因素呈正相关。

8.9 频度标记

8.9.1 频度副词及其后附标记、意义分化、语体分布的共变关系

概述 邹海清(2010)在自建语料库[主要来自人民网和 CCL 现代汉语语料库,科技语体(科技说明文)和文艺语体(小说)各 100 万字]统计频率副词(在时间轴上次数反复的副词)的语体分布。我们整理其基本数据,并追加计算,归纳分类,得数据:

数据

1. 总体分布。频率副词 841 例中,(1) 判断性的(后面一般能加"是")721 例(85.73%):"常常"193 例(22.95%),"通常"167 例(19.86%),"往往"162 例(19.26%),"经常"152 例(18.07%),"时常"47 例(5.59%)。(2) 描写性的(后面一般能加"地",主观性高于判断性频率副词)120 例(14.27%):"时时"48 例(5.71%),"再三"19 例(2.26%),"不时"16 例(1.90%),"一再"14 例(1.66%),"频频"12 例(1.43%),"屡屡"7 例(0.83%),"时不时"4 例(0.48%)。

2. 语体分布。频率副词 841 例中,(1) 文艺语体 348 例中,a. 判断性的

239例(68.68%):"经常"49例(14.08%),"常常"104例(29.89%),"时常"36例(10.34%),"往往"39例(11.21%),"通常"11例(3.16%)。b. 描写性的109例(31.32%):"时时"45例(12.93%),"再三"19例(5.46%),"不时"15例(4.31%),"一再"11例(3.16%),"频频"8例(2.30%),"屡屡"7例(2.01%),"时不时"4例(1.15%)。(2)科技语体493例中,a. 判断性的482例(97.77%):"经常"103例(20.89%),"常常"89例(18.05%),"时常"11例(2.23%),"往往"123例(24.95%),"通常"156例(31.64%)。b. 描写性的11例(2.23%):"一再"3例(0.61%),"频频"4例(0.81%),"时时"3例(0.61%),"不时"1例(0.20%),"再三|屡屡|时不时"0例。

简论 频率副词是广义情态标记的一种,它和后附标记、聚合义、组合义、语体分布都有某种共变关系。不同的频率副词对后附标记"是"和"地"的选择能力不同(比较"往往是—*频频是|*往往地—频频地")。这两个后附标记可把频率副词从聚合意义上分化为判断性的和描写性的,从组合意义上分化为事件性和动作性。其间呈某种对应关系:带标记"是"是判断性的,可表事频(如"常常是没有一个人");带标记"地"是描写性的,只表动频(如"频频地招手")。后附的"是"本是判断关系标记,由此赋予了频率副词带"是"时的判断性。后附的"地"本是结构关系标记,频率副词作状语本可以不带,在这里是冗余标记,基于补偿原理(马清华,2008),用冗余代价来换取凸显效果,用对状饰关系的凸显来获得生动性的色彩意义,所以频率副词带"地"有描写性。判断性和描写性有时是互斥的,如描写性频率副词不能用于判断句,比较"这是白吃—*这是白白地吃|这是早走—*这是早早地走"。

判断性频率副词的客观性高于描写性频率副词,描写性频率副词的主观性高于判断性频率副词。无论在科技语体和文艺语体中,都是判断性频率副词占多数,描写性频率副词占少数。表明相对于情感宣泄而言,认知表达仍是这两种语体的主调。不过,判断性频率副词在科技语体中接近全部,大幅高于在文艺语体中的占比。描写性频率副词在文艺语体中的占比将近1/3,在科技语体中的占比只是一个零头(不足3%)。这些特征迎合了科技语体和文艺语体的各自的语体功能需要。

8.9.2 频度标记跟其他情态标记的统辖关系

概述 马清华(2017)依据CCL现代汉语语料库,统计频度标记跟其他情态类型的标记之间的集合配列关系的频次,从中归纳出孰先孰后的语序倾向。"{}"表无序集合,">"表序型内部先左后右的语序。频次分布所列出的每对

序型中,左侧序型为优势序型,右侧为弱势序型。序型地位跟频次不一致的继续进行语义分布分析。统计得数据:

数据

1. 频次分布。(1) 序型地位跟频次不一致:【体—频度】"体{曾,曾经,即将,将,已,已经,在,正在}＞频度{常,常常,反复,经常,频频,往往,一再,又,再,再次,再度,再三}"1883 例(75.99%),"频度＞体"595 例(24.01%)。【频度—判断】"频度{常,常常,反复,经常,老,老是,频频,往往,一再,又,再次,再度,再三}＞判断{不}"2898 例(68.41%),"判断＞频度"1338 例(31.59%)。【频度—态】"频度{常,常常,反复,经常,频频,往往,一再,又,再,再次,再度,再三}＞态"2772 例(91.12%),"态＞频度"270 例(8.88%)。(2) 序型地位跟频次不一致:【能愿—频度】"能愿{该,应该,会,能,可以,能够,要,愿,愿意}＞频度{常常,反复,经常,老,老是,频频,往往,一再,又,再次,再度,再三}"2058 例(48.47%),"频度＞能愿"2188 例(51.53%)。

2. 语义分布。频度跟能愿的统辖结构共 1076 例中:(1) 优势序型:事频＞能愿。1041 例(96.75%),含现实性 992 例(92.19%),非现实性 49 例(4.55%)。其中:"又愿"0 例;"又$_{重复}$能"134 例(12.45%),含现实性 118 例(10.97%),非现实性 16 例(1.49%);"又可以"184 例(17.10%),含现实性 160 例(14.87%),非现实性 24 例(2.23%);"又能够"10 例(0.93%),均为现实性;"又$_{重复}$会$_{能力}$"3 例(0.28%),含现实性 1 例(0.09%),非现实性 2 例(0.19%);"又$_{重复}$应该$_{道义}$"4 例(0.37%),含现实性 3 例(0.28%),非现实性 1 例(0.09%);"又$_{重复}$愿意"2 例(0.19%),均为现实性;"往往应该$_{道义}$"2 例(0.19%),均为现实性;"往往愿"3 例(0.28%),均为现实性;"往往愿意"9 例(0.84%),均为现实性;"往往能"369 例(34.29%),含现实性 363 例(33.74%),非现实性 6 例(0.56%);"往往能够"102 例(9.48%),均为现实性 102 例(9.48%);"往往可以"216 例(20.07%),均为现实性;"往往会$_{能力}$"3 例(0.28%),均为现实性。(2) 弱势序型:能愿＞事频。35 例(3.25%),含现实性 11 例(1.02%),非现实性 24 例(2.23%)。其中:"愿又"1 例(0.09%),非现实性;"能又"23 例(2.14%),含现实性 4 例(0.37%),非现实性 19 例(1.77%);"可以又"11 例(1.02%),含现实性 7 例(0.65%),非现实性 4 例(0.37%);"能够又|会$_{能力}$又|应该$_{道义}$又|愿意又|应该$_{道义}$往往|愿往往|愿意往往|能往往|能够往往|可以往往|会$_{能力}$往往"均 0 例。

简论 总体来说,序型地位跟频次一致的仍占绝对多数,但单纯的总频次不完全能反映位势值。弱势序型也可偶含少量众数序式,如弱势序型下的熟语化序式频次升高,其绝对数值在序型位势值的判断上价值并不大,应作为例外,进行加权处理。优势序型和弱势序型均由位势值计算而得。优势序型下的众数序式通常可判定为基式。基式/变式的区分,跟现实性/非现实性表达也有重要关系。现实性表达多于非现实性表达的,是基式;非现实性表达多于现实性表达的,是变式。事频、动频(两者的区别见§8.9.1)在现实性表达中,前于能愿的占优势,在非现实性表达中,后于能愿的占优势,因而前者是基式,后者是变式。同理,事频、动频前于否定是基式,后于否定是变式。因此,位势值计算综合考虑了高频序式的总频次、低频序式的总频次、优势序型的高频序式数、弱势序型的高频/等频序式数及序式的例外因素(计算方法见:马清华,2017a)。

把多个优势序型串联起来,就可以发现,汉语现实性表达存在着情态统辖序链"语气>a>口气>b>时>c>体>d>判断$_{否定}$>能愿>e>态>f",这是一条固定的单向统辖序列(马清华,2017a)。频度范畴是位序稳定性差的超约束范畴之一,能在序链内的一定区间游动,区间内含有一个分布基点和多个变异点。频度范畴的分布区间是[d:(c,f)]。括号内是变异区间,冒号左侧是该范畴的基点。具体地说,频度标记的分布基点是在判断标记的外缘,并在(c,f)的区间内游动。

8.10 情貌标记

8.10.1 情貌副词的构词、句法、语义、韵律的交互与共变关系

概述 关于情貌副词的构词特征,史金生(2003)依据3000余万字的语料库,统计了情貌副词的一般分布和词法分布。我们整理其基本数据,并追加计算,得数据1。表时间貌的情貌副词中,时间性"然"缀词的时间附缀"间"对词的句法意义、句法功能及语音手段也有影响。张谊生(2007)统计了北京大学汉语语言学研究中心语料库中"忽然"和"忽然间"的句法分布。我们整理其基本数据,并追加计算,得数据2。

数据1

共637个情貌副词中,含双音节复合词542词(85.09%)。(2)542个双

音节情貌副词中,动宾 269 词(49.63%,"按时|趁机|当场|顺便|随口|埋头|从速"),定中 185 词(34.13%,"低声|故意|逐个"),状中 19 词(3.51%,"火速|公开"),并列 46 词(8.49%,"分别|共互|独自|亲自"),主谓 1 词(0.18%),补充 4 词(0.74%),重叠 18 词(3.32%,"团团|偷偷|悄悄"),递续 0 词。

数据 2

1. "忽然"。498 例中,句中状语 450 例(90.36%,"机器忽然停止了转动"),句首状语、(句内或句间)插入语 48 例(9.64%,"寒风呼啸,忽然间,他们都感觉到了什么")[后无停顿 20 例(4.02%),后有停顿 28 例(5.62%)]。

2. "忽然间"。206 例中,句中状语 157 例(76.21%),句首状语、(句内或句间)插入语 49 例(23.79%)[后无停顿 28 例(13.59%),后有停顿 21 例(10.19%)]。

简论 势力分布上,情貌副词的最高频构词是动宾型,区别词和一般双音节复合词的最高频构词[参§6.2.1(1)、§1.5]都是定中型,区别词里的占比又高于一般双音节复合词;情貌副词次高频构词的是定中型,区别词是状中型,一般双音节复合词是并列型;情貌副词的第三位高频构词是并列型,区别词和一般双音节复合词都是动宾型;情貌副词和一般双音节复合词的第四位高频构词都是状中型,区别词是并列型。在重叠式构词的势力分布上,情貌副词明显隆起,区别词和一般双音节复合词都降至极低点或零点。详见图 6。无从得出原统计者得出的所谓情状副词的构造方式与区别词相近[即都主要是偏正(定中)和动宾两种]的结论。

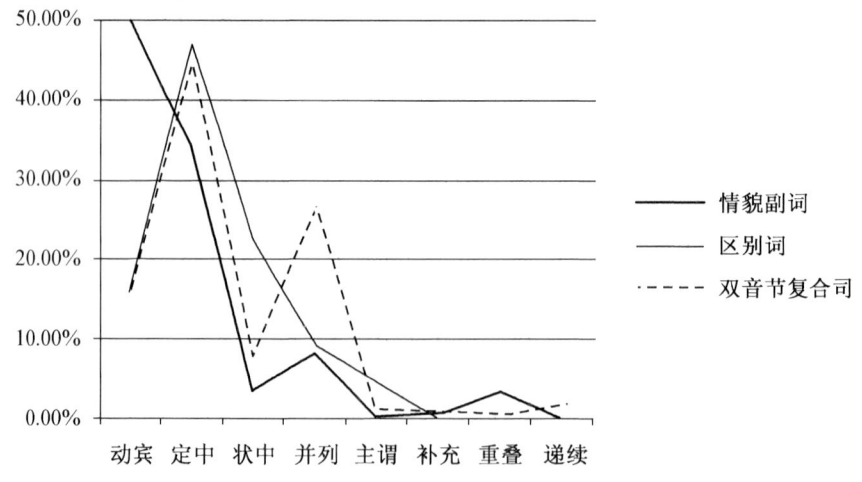

图 6 情貌副词、区别词和一般双音节复合词构词频率比较图

语法关系有并列关系和说明关系两种(马清华,2014a)。一般复合词有相当数量的并列构造(马清华,2009)(参§1.5),但并列构造的数量在情貌副词与区别词[参§6.2.1(1)]里都有大比例下降,相应的,说明性构造的占比增加,表明后者的不对称性增加或复杂化程度提升。词法构造的这一变化影响到它们在更大语法环境(即句法结构)里的功能特征。其间的主导关系是跨层同构(它们不是递归扩展,而是跨层纠缠)。(1)定中:区别词词法上定中居多,句法上只作定语。(2)动宾:情貌副词词法上动宾最多,它所修饰的主要是动词,而动宾结构是动词的最常分布结构。

情貌副词是唯状词,区别词是唯定词。唯状功能的情貌副词偏好动宾型,唯定功能的区别词偏好定中型,反映句法和词法的某种交互。句法和构词本隶属两种不同的句法层级,从句法到构词,是降层。通过降层,信息地位上最典型陈述结构(动宾结构)的浅层嵌套和指称结构递归可能从深层次上以某种程度影响到情貌副词和区别词的构词倾向。句法和词法间的交互还表现在句法语义功能的作用上,以一般的双音节复合词的构词为参照,情貌副词在重叠式构词上发生了明显偏移,这跟情貌副词的描写性状饰功能有关。

情貌副词和区别词都是单功能词,是实词中的边缘词,跟核心词相对(马清华、韩笑,2019)。不仅在构词上偏离了类型的常规分布(如并列构造的大比例减少),而且从韵律上讲,双音节复合词在情貌副词中的占比明显高于在核心词中的占比(参§1.3)。可见,情貌副词和区别词在功能和形式两方面都以共变(马清华、杨飞,2018)方式偏离了常规分布。

"忽然"跟现代汉语词汇双音节主流倾向吻合,作句中状语占绝对多数。由于它反映时间特征,因此具有一定的独立性,常可作句首状语。即便是核心词中的名词,一旦它表时间概念,独立性也往往得以提高,并沦为核心词的附类,如时间名词。"忽然间"在加上了时间附缀"间"使得词形拉长后,不仅时间概念义更加显明,而且"忽然"的情貌标记转为"忽然间"的时间论元,独立性更加提高,由此引发了句法功能上的变化:"忽然间"虽也以句中作状语为主,但充当句首状语、(句内或句间)插入语的比例明显高于"忽然"。

总体而言,"忽然"跟其他成分的结合比"忽然间"紧,所以作句中状语的比重才较后者大。相应地,在作(句内或句间)插入语时,"忽然"对停顿的需求就比"忽然间"高,从而显明地把插入语身份跟状语区别开来,导致作句首状语、句内或句间插入语时,"忽然间"后面有停顿的比例低于"忽然"。这可能是因为时间附缀"间"有时兼有间隔标记的作用。单从形式看,句首状语、(句内或句间)插入语都有游离特征。插入语属独立语,其游离程度最高,游离在句法组合关系之外。句首状语的游离程度相对较低,它毕竟仍在松散的组合关系中。

8.10.2 情貌副词细密的词汇意义及其搭配限制

概述 "亲自"后面的动词应是自主动词,但并非所有自主动词都能跟"亲自"组合。韩志刚(2009)依据《汉语动词用法词典》(孟琮、郑怀德、孟庆海等,1999)所收动词,统计与"亲自"组合。我们整理其基本数据,校正并追加计算,得数据:

数据
所收 2170 个动词中,自主动词共 1630 个(占动词总数的 75.12%)。
1. 可与"亲自"组合。1160 个(53.46%)。
2. 不可与"亲自"组合。470 个(21.66%)。含:(1) 肢体动作词或器官活动词,"蹦|吃|蹲|靠|伸|缩|躺|吐|逃|站|迈|扭|笑|哭|动弹";(2) 心智活动词或态度行为词,"计较|警惕|留心|顺从|体谅|体贴|信任|依赖|拥护|赞成|尊敬|遵守|反省|估计|留神|忍耐|忍受|原谅|推测";(3) 绝对个人社会行为词,"奋斗|结婚|离婚|抗议|控诉|开始|离开|旅行|散步|休息";(4) 贬义词,"巴结|霸占|剥削|捣乱|干扰|勾结|勾引|恐吓|蒙蔽|虐待|挪用|剽窃|欺压|乞求|排挤|叛变|欺负|敲诈|侮辱"。

简论 情貌副词是起描摹作用的词汇,因此意义相当细密,跟动词的搭配关系上有严格的语义选择限制。"亲自"的词义是"自己去做",所修饰的自主动词不能有不可代劳意味(如生理行为、心理行为、排他性社会行为),否则将因冗余而成废话。其次,"亲自"有郑重行事意味,自损意味(贬义)的自主动词与之意义冲突。所以它们都不相搭配。这是基本原则。在通过增维,进行拟现实或非现实表达后,有些原本不能搭配的就变得可能。如行事人是尝试者("他在蹦床上亲自蹦了几下")或导演("你亲自去哭")。

8.10.3 情貌副词跟其他情态标记的统辖关系

概述 马清华(2017)依据 CCL 现代汉语语料库,统计情貌标记跟其他情态标记的集合配列关系的频次,从中归纳出语序倾向。"{ }"表无序集合,">"表序型内部先左后右的语序。所列每对序型中,左侧为优势序型,右侧为弱势序型。得数据:

数据

1. 序型分布。(1) 序型地位跟频次一致。【时间貌】"体{曾,曾经,即将,将,已,已经,在,正,正在}＞时间貌{忽然,猛然}"30 例,"时间貌＞体"23 例;"时间貌{忽然,猛然,骤然}＞判断{不}"152 例,"判断＞时间貌"3 例;"时间貌{忽然,猛然,骤然}＞态"65 例,"态＞时间貌"15 例。【效果貌】"体{曾,曾经,将,没,没有,已,已经,在}＞效果貌"{白,白白}742 例,"效果貌＞体"0 例;"判断＞效果貌"165 例,"效果貌＞判断"53 例;"能愿{能,能够,可以,想,愿}＞效果貌"252 例,"效果貌＞能愿"0 例;"态＞效果貌"66 例,"效果貌＞态"2 例。【关系貌】"体{曾,曾经,即将,将,已,已经,在,正,正在}＞关系貌"{互相,相互}469 例,"关系貌＞体"22 例;"判断＞关系貌"543 例,"关系貌＞判断"225 例;"能愿{该,应该,可以,能,能够,要,愿,愿意}＞关系貌"1731 例,"关系貌＞能愿"37 例;"态＞关系貌"13 例,"关系貌＞态"4 例。【处所貌】"体{曾,曾经,即将,将,已,已经,在,正,正在}＞处所貌{处处,到处,四处,随地}"408 例,"处所貌＞体"125 例;"判断＞处所貌{到处,四处,就地,随地}"63 例,"处所貌＞判断"30 例;"处所貌{处处,到处,四处,随处,随地}＞态"26 例,"态＞处所貌"13 例。【心理貌】"体{曾,曾经,将,已,已经,在,在,正在}＞心理貌{特意,特地,一心}"61 例,"心理貌＞体"17 例;"判断＞心理貌"14 例,"心理貌＞判断"12 例;"态＞心理貌"13 例,"心理貌＞态"3 例。(2) 序型地位跟频次不完全一致。【处所貌】"能愿{可以,能,能够,应该,愿,愿意}＞处所貌{到处,就地,随地}"194 例,"处所貌＞能愿"216 例。其序式分布:a. 能愿＞处所 194 例(47.32%)中,12 种序式,"能到处"50 例(12.20%),"能够到处"6 例(1.46%),"可以随地"8 例(1.95%),"应该到处"6 例(1.46%),"能随地"8 例(1.95%),"愿意随地"1 例(0.24%),"愿意到处"4 例(0.98%),"能就地"27 例(6.59%),"能够就地"4 例(0.98%),"可以就地"28 例(6.83%),"愿就地"1 例(0.24%),"可以到处"51 例(12.44%)。b. 处所＞能愿 216 例(52.68%)中,3 种序式,"到处能"30 例(7.32%),"随地可以"2 例(0.49%),"到处可以"184 例(44.88%),"到处能够|到处应该|随地能|随地愿意|到处愿意|就地能|就地能够|就地可以|就地愿"0 例(这些序式实际搜索结果为 0 且均无能力组合)。【心理貌】"能愿{甘愿,愿,愿意,情愿,要,能,会,能够,应该,该,应,可以}＞心理貌"211 例(14.80%),"心理貌＞能愿"1215 例(85.20%)。其序式分布:a. 能愿＞心理貌 211 例(14.80%),19 种序式(加上实际搜索结果为 0 但有能力组合的 20 种,共有序式 37 种),"想特意"1 例(0.07%),"要特意"18 例(1.26%),"能特意"1 例(0.07%),"会特意"21 例(1.47%),"可以特意"

1例(0.07%),"愿特地"1例(0.07%),"想特地"1例(0.07%),"要特地"12例(0.84%),"会特地"17例(1.19%),"甘愿一心"1例(0.07%),"想一心"2例(0.14%),"要一心"63例(4.42%),"能一心"30例(2.10%),"会一心"9例(0.63%),"能够一心"8例(0.56%),"应该一心"3例(0.21%),"该一心"2例(0.14%),"应一心"2例(0.14%),"可以一心"18例(1.26%),"甘愿特意|愿特意|愿意特意|情愿特意|能够特意|应该特意|该特意|应特意|甘愿特地|愿意特地|情愿特地|能特地|能够特地|应该特地|该特地|应特地|可以特地|愿一心|愿意一心|情愿一心"。b. 心理貌＞能愿1215例(85.20%),6种序式(其余序式的实际搜索结果为0且无能力组合),"特意想"5例(0.35%),"特意要"23例(1.61%),"特地想"1例(0.07%),"特地要"13例(0.91%),"一心想"832例(58.35%),"一心要"341例(23.91%),"特意甘愿|特意愿|特意愿意|特意情愿|特意能|特意会|特意能够|特意应该|特意该|特意应|特意可以|特地甘愿|特地愿|特地愿意|特地情愿|特地能|特地会|特地能够|特地应该|特地该|特地应|特地可以|一心甘愿|一心愿|一心愿意|一心情愿|一心能|一心会|一心能够|一心应该|一心该|一心应|一心可以"0例。

简论 情貌是情态范畴的一种,其中的时间貌、心理貌、处所貌、关系貌、效果貌在情态统辖结构中位序不稳定,是超约束范畴。其他情貌类型有社会貌("公然")、样态貌("稳步")、幅度貌("尽量")、言语貌("婉言")等。

优势序型下的优势序式通常可判定为基式。弱势序型下序式的熟语化(如"处所＞能愿"下的"到处可以")、非现实表达等,都可导致序型频次例外升高,其绝对数值在序型位势值的判断上价值不大,应作例外加权处理。不过,总的来说,序型地位跟频序一致的仍占绝对多数。数据中,时间貌、效果貌、关系貌的序型地位跟频序一致,处所貌、心理貌的序型地位仅部分跟频序不完全一致。能愿标记跟心理貌标记配合时,弱势序型中的能愿标记都是意愿类。它们两种序式并存,表达不同的意思。比较"想一心照顾你≠一心想照顾你"。

汉语现实性表达存在着情态统辖序链"语气＞a＞口气＞b＞时＞c＞体＞d＞判断$_{否定}$＞能愿＞e＞态＞f",这是一条固定的单向统辖序列(马清华,2017a)。情貌中的时间貌、心理貌、处所貌、关系貌、效果貌是位序稳定性差的超约束范畴,它们能在序链内的一定区间游动,区间内含有一个分布基点和多个变异点。其变异区间各为:时间貌/心理貌/处所貌/关系貌[d:(c,f)],效果貌[f:(d,f)]。具体地说,时间貌、心理貌、处所貌、关系貌的分布基点都是d,可在(c,f)区间游动,效果貌的分布基点是f,可在(d,f)区间游动。

8.10.4 情貌副词跟判断标记的共现

概述 "从来""一直"是常见表惯常的时间貌副词。任海波(2005)在1300多万字的当代小说语料中,统计了"从来""一直"跟否定标记的共现。我们整理其基本数据,并追加计算,得数据1。袁毓林(2007)依据王朔等人的小说电子语料(约120万字)(语料A)和《人民日报》1995年电子语料(约1200万字)(语料B),对比统计"从来"在肯定/否定中的分布("我从来都感情细腻|从来没超过三句")。我们整理其基本数据,校正并追加计算,得数据2。唐为群(2007)依据约200万字语料,对比统计"从来"在肯定/否定中的分布。我们整理其基本数据,并追加计算,得数据3。我们用自己编制的现代汉语多语体平衡语料库(328万字规模)追加统计"从来""一直"的肯定/否定分布和语体分布,得数据4。刘靖(2008)依据CCL现代汉语语料库,统计"一直""总(是)"跟否定标记的共现。我们整理并追加计算,得数据5。

数据1

1. "从来"句。共1223例。其中,(1)跟否定词共现的1106例(90.43%)。包括:跟"不"共现的365句(29.84%,"从来不生气")[含"从来不"349句(28.54%)]。跟"没/没有"共现的736句(60.18%,"从来没见过他")。跟"未"共现的5例(0.41%,"从来未有的兴奋")。(2)跟"少、很少"共现。有13句(1.06%,"这孩子从来很少买零食")。(3)跟句末判断语气词"的"共现。有132句(10.79%,"珍珍从来不做功课的")。

2. "一直"句。共2377例。其中,跟否定词共现333句(14.01%)。

数据2

1. **语料A**。"从来"119例中,肯定句9例(7.56%),否定句110例(92.44%);

2. **语料B**。"从来"362例中,肯定句58例(16.02%),否定句304例(83.98%)。

数据3

搜集到的"从来"共270例中,肯定句22例(8.15%),否定句248例(91.85%)。

数据4

1. "从来"。(1)口语体。156例中,肯定9例(5.77%)例,否定147例(94.23%){含已然否定97例(62.18%)["从来没(有)"91例(58.33%),"从

来 adv 没(有)"6例(3.85%)],一般否定50例(32.05%)["从来不"38例(24.36%),"从来 V 不 C/从来 adv 不"8例(5.13%),"从来 X 不"4例(2.56%)}。(2)书面语体。73例中,肯定9例(12.33%),否定64例(87.67%){含已然否定46例(63.01%)["从来没(有)"37例(50.68%),"从来 adv 没(有)"9例(12.33%)],一般否定18例(24.66%)["从来不"12例(16.44%),"从来 adv 不"5例(6.85%),"从来 X 不"1例(1.37%)}}。

2."一直"。(1)口语体。448例中,肯定392例(87.50%),否定56例(12.50%),跟"不"共现23例(5.13%)["一直不"16例(3.57%),"一直 adv 不/一直 V 不 C"7例(1.56%)],跟"没(有)"共现33例(7.37%)["一直没(有)"25例(5.58%),"一直 adv 没(有)"8例(1.79%)]。(2)书面语体。269例中,肯定249例(92.57%),否定20例(7.43%),跟"不"共现8例(2.97%)["一直不"5例(1.86%),"一直 adv 不/一直 V 不 C"3例(1.12%)],跟"没(有)"共现12例(4.46%)["一直没(有)"12例(4.46%)]。

数据5

"一直"跟"不/没"共现的1334例中,"一直~不"489例(36.66%),"一直~没"845例(63.34%)。"总(是)"跟否定标记"不/没"共现的1659例中,跟"不"共现的1543例(93.01%)["总是~不"394例(23.75%),"总~不"1149例(69.26%)],跟"没"共现的116例(6.99%)["总是~没"36例(2.17%),"总~没"80例(4.82%)]。

简论 汉语时间副词中,"一直|一向|一贯|向来|历来|从来|从|素来|素|始终"等是惯常标记,"永远|永|暂且|姑且|权且"等是久暂标记,它们都没有相应的典型后置标记,故不归入时或体的范畴,而暂归情貌类别。

"从来"和判断范畴的共现及其对后者的统辖。(1)肯定是判断类型的默认式和无标记式,否定有标记,"从来"跟两种判断类型的关系发生明显不对称,"从来"跟否定标记有共现倾向,都是它统辖否定而非相反("从来不|从来没|从未"),较少用于肯定句。(2)汉语判断标记是融合标记,兼表体范畴(如"没有"兼表已然体,"不"兼表一般体或未然体),甚至还兼表陈述语气,因此"从来"的肯定/否定分布,也跟体特征有关:已然否定的频次大幅高于一般否定,相差一倍甚至更多。(3)"从来"跟另一种情态范畴——语气(句类)的协同关系也有侧化(lateralization)倾向:它兼含陈述语气,因此见于陈述句(跟句末判断语气词"的"共现也占一定比例),也跟疑问句和感叹句兼容,但不见于祈使句。跟"从来"共现的已然否定标记"没(有)"和一般否定标记"不",也都

是叙述的。(4)作为惯常时间貌标记,"从来"实际还是时间貌跟强势口气的融合标记,因此其与肯定/否定的分布关系也跟语体有关。它跟否定标记在口语中的共现率要明显高于书面语。

"从来"与"一直"的分化。(1)"从来"与"一直"都是表惯常的前置标记,但前者基本用于否定。"一直"虽然可与否定共现,但倾向性不强。它的肯定/否定分布跟判断范畴的一般分布倾向相同,呈正态分布,"从来"则呈偏态分布("正态分布"和"偏态分布"参:马清华2017a)。(2)"一直""从来"在口语体里的频次远高于书面语体,但它们在口语里跟否定共现的比重都明显高于书面语。它们跟"没"的共现频次都明显高于"不",但这种差距都是在书面语体而非口语体例里被明显拉大。

"一直"与"总(是)"的分化。"一直""总(是)"虽都可以用于否定,但跟否定共现时,"一直"更着眼于已然否定,"总(是)"更着眼于一般否定,它跟"不"共现的频次远高于"没"(达十多倍)。"不"的词频原本远高于"没",《现代汉语常用词表(频率)》中"不"排第5位,"没"排第623位。但它们在跟表惯常的时间貌标记"一直"共现时,"没"的词频就可以反过来远高于"不",呈偏态分布。这可能跟相同概念词的视角分化和语义分配有关。"一直""总(是)"否定分布特征的分化,在一定程度上也是搭配关系中的一致性原则使然。"一直~没"在客观性上有一致性:"一直"偏理性,"一直"和"没"都偏于客观性的表达。"总(是)~不"在主观性上有一致性:"总(是)"有口语性,兼带强势口气意味,主观性程度较高,"不"除表客观否定外,也表否定意欲,后者的主观性程度也较高。因此"一直~没""总(是)~不"为优势组合。"从来"也兼带强势口气,这一点跟"总(是)"一样,但"从来"多选择跟已然否定,这一点又接近"一直"。

8.10.5 时间貌标记跟其他时间成分的共现

概述 任海波(2005)在1300多万字的当代小说语料中,统计了惯常时间貌标记"从来"跟时间论元的共现以及"一直"跟其他时间成分的共现。我们整理其基本数据,校正并追加计算,得数据1。夏群(2009)统计了CCL现代汉语语料库中惯常标记"从来"跟时段词语的共现。另外在其搜得的"一直"例句中,统计了它跟体标记的共现。我们整理其基本数据,追加计算,得数据2。周静、杨海明(2007)在CCL现代汉语语料库(1995—1996)新闻、政论、文艺体语料(语料A)与新浪网(语料B)、百度语料(2000—2006)的网络或新闻体文本语料(语料C)中,检索"一直以来/长期以来",统计其句法分布。我们整理其基本数据,改变算法并追加计算,得数据3。

数据 1

1. "从来"句。共 1223 例。(1) 跟体标记共现。跟"过"共现表延续义凸显的 557 例(45.54%,"从来没摸过这玩意儿"),跟"着"共现 9 例(0.74%),跟"了"共现 1 例(0.08%)。(2) 跟时间论元共现。只有 55 例(4.5%)[带时点词语 10 例(0.82%,"他卖鸡蛋的时候从来不自己动手"),带时段词语 45 例(3.68%,"多年来他从来没注意过自己的腿")]。本句不含其他时间词语的 1168 例(95.5%)。

2. "一直"句。共 2377 例。(1) 跟体标记共现。跟"着"共现表延续义凸显的 283 例(11.91%,"眼睛一直看着窗外")[其中另有时间和空间义词语共现的句子仅 56 例(2.36%)]。跟"了"共现的 140 句(5.89%),跟"过"共现的 28 句(1.18%)。没有"着"和时间或空间词语共现的"一直"句约 879 例(36.98%,"他一直很沉闷")。(2) 跟时间论元共现的 359 句(15.10%)。(3) 空间延伸义 433 例(18.22%,"从这个院子一直挖到村外")。(4) 动词后带空间或时间补语 976 例(41.06%,"我们一直谈到天亮"),其中含标记"到"的就有 514 例(21.62%)。

数据 2

1. "从来"句。共 820 例中,只有 11 例(1.34%,"她工作的时候从来不让人参观")带时间词语。"从来"在句中很少与"了、着、在"共现。

2. "一直"句。谓词性成分带"了、着、在"的"一直"句有 446 例(如"一直在等你"),占"一直"句总数的 24.8%。

数据 3

1. "一直以来"。1515 例中,状语 1273 例(84.03%),定语 242 例(15.97%)。(1) A 语料 20 例中,状语 17 例(85%),定语 3 例(15%)。(2) B 语料 745 例中,状语 532 例(71.41%),定语 213 例(28.59%)。(3) C 语料 750 例中,状语 724 例(96.53%),定语 26 例(3.47%)。

2. "长期以来"。2724 例中,状语 2594 例(95.23%),定语 130 例(4.77%)。(1) A 语料 1125 例中,状语 1107 例(98.40%),定语 18 例(1.60%)。(2) B 语料 926 例中,状语 848 例(91.58%),定语 78 例(8.42%)。(3) C 语料 673 例中,状语 639 例(94.95%),定语 34 例(5.05%)。

简论 惯常标记"从来"与"一直"在跟时间成分(含体标记及时间论元)共现特征上的分化。"从来"表规律或惯常行为,不指具体的动作行为或具体的现实时间,所以不大跟其他时间词(动态助词或表时段的词语)共现。"从来"

与体标记共现时之所以倾向于选择"过",是因为"从来"常与已然否定标记("没|没有|未")共现。"一直"表时空的延续,因此跟体标记共现时倾向于选择"着"。不仅如此,"一直"也常与时间论元共现("她从早到晚一直听着这种声音|他一直敲了四五分钟"),这样的时段词有不下6类(任海波,2005),其与空间词的共现还占相当比例。

惯常标记"一直""长期"跟助词"以来"构成的时段熟语"一直以来""长期以来"中,后置方位词确有时段论元标记的作用,源点论元标记"从"本可跟时段标记"以来"共现,却因跟该时段熟语的冗余冲突而互斥。若没有"以来","一直""长期"不能自由充任句首状语,"一直"也不能作定语。现在该时段熟语却可以。"长期以来"作状语的势力常大于"一直以来"。"长期"跟"以来"色彩一致,都有书面色彩。"一直"跟"以来"色彩不一致,"一直"是口语色彩。色彩一致的配合比色彩不一致的更常用。"一直以来"作定语的势力总体强于"长期以来",换言之,"一直以来"的嵌入深度总体上大于"长期以来"。这说明,它们的定语分布可能是在状语分布的基础上发展起来的,"一直以来"作定语的用法可能首先在口语体里出现了增长。

8.10.6 影响情貌副词句状语功能的共变因素

概述 时间副词是表时间貌的情貌副词。杨德峰(2006)以《汉语水平词汇与汉字等级大纲(词汇部分)》(修订本,2001)中的62个时间副词为对象,穷尽统计CCL现代汉语语料库上千万字"文学语料",逐一考察它们在句中的位置(主语前或主语后,可以是毗邻或非毗邻的),得数据1。李敬国(1998)依据陆俭明、马真(1985)所收128个现代汉语时间副词,调查了其音节数跟它在句主语前后分布能力之间的关系。我们整理其基本数据,并追加计算,得数据2。

数据1

1. 名词性主语时的时间副词。62词,主语除2、3类外,含[+主语前+主语后]("随后门开了|金秀随后也跑了进来")28词[45.16%,"不时|曾经|从小|顿时|刚刚|回头|立即|立刻|马上|偶尔|仍旧|时而|首先|随后|随即|先|向来|眼看|一度|一会儿|一向|已|已经|永远|有时|早晚|正在|总(是)"],[一主语前+主语后]("大家成天抢着笤帚扫除")33词[53.23%,"按时|按期|本|才|曾|成天|从来|赶紧|赶快|刚|即将|及早|将|将要|尽快|老(是)|仍|仍然|时时|始终|随时|先后|依然|一下儿|一下子|一直|预先|在|暂|暂且|

早日|早已|正"],[＋主语前－主语后]("而后空屋做了大粮库")1 词(1.61%,"而后")。

2. 数量(名)主语时的时间副词。 40 词(64.52%),主语含数名、量词重叠式和数量重叠式。其中[＋主语前＋主语后]9 词(14.52%,"曾|曾经|顿时|立刻|偶尔|首先|随即|先|正"),[－主语前＋主语后]27 例[43.55%,"不时|成天|从来|赶快|刚|刚刚|即将|将|将要|老(是)|立即|马上|时而|始终|随时|先后|眼看|一会儿|一下儿|一下子|一直|已|已经|永远|在|早已|正在"],[＋主语前－主语后]4 词(6.45%,"而后|赶紧|随后|有时")。

3. 疑问代词主语时的时间副词。 6 词(9.68%),主语含相关短语,[＋主语前＋主语后]0 词,[－主语前＋主语后]5 词[8.06%,"曾经|及早|即将|老(是)"],[＋主语前－主语后]1 词(1.61%,"永远")。

数据 2

1. 单音节时间副词。 28 词(21.88%),其中只能在句主语后 23 词(17.97%),能在句主语前(往往有特殊条件)仅"快|先|老|总|都"5 词(3.91%,"快你上场了,把衣服换上。|先他不知道,后来是我告诉他的。|老你一个人在家呀?|总你一个人在家呀?|都天黑了,还不回家?")。

2. 双音节和三音节时间副词。 100 词(78.13%),含能在句主语前 78 词(60.94%,"刚刚他还在"),只能在句主语后 22 词(17.19%)。

简论 时间副词包括了前置的时标记("刚刚"等)、前置的体标记("已经""曾经"等),但更多的是表时间貌的情貌标记。

在跟主语的位序关系上,分布规模的大小跟典型性程度呈正比。(1) 无论该主语是名词性主语,还是数量(名)主语或疑问代词主语,都是时间副词用在主语后居多,这是正态分布,因为状语本来就以分布于主语后为常。时间副词的典型位置居主语后的另一证据是:时间副词有只能用在主语后的,但未见只能用在主语前的。(2) 时间副词跟名词性主语毗邻的最多,跟数量(名)主语毗邻的次之,跟疑问代词毗邻的最少。这也是正态分布,因为主语中,本来就是名词性主语最典型,数量(名)主语的典型性次之,疑问代词的典型性再次。跟时间副词毗邻的数量主语和疑问主语之所以大幅度减小,还由于它们往往是语义焦点所在,往往有相应共现的副词(如范围副词、语气副词),非典型特征和侧化倾向明显。

允准时间副词既可用于前也可用于后的名词性主语中最多,数量(名)主语中次之,疑问代词毗邻的最少,表明对于时间副词的分布,名词性主语的干涉性最小,数量(名)主语的干涉性增大,疑问代词的干涉性最大。这是因为典型成分的句法再组织能力相对较高,反之则低(马清华、韩笑,2019)。

影响时间副词能否在主语前作状语的,是具有共变关系的多项因素。(1)韵律上,单音节时间副词一般不能用在主语前("他刚来—*刚他来"),双音节和三音节时间副词则相反("气氛顿时紧张了起来—顿时气氛紧张了起来")。总体说来,音节数对时间副词能否在主语后作状语的占比几乎无甚影响,但对它能否用在主语前作状语的占比影响极大。(2)语义上,能用在句主语前的5个时间副词都跟量度有关,并且要么有关联衔接作用("先"),要么兼有强势口气意味("老""总""都""快")。(3)语用上,时间副词用在句主语前都发生自由随意的口语体中,书面色彩较重的双音节时间副词能用在主语后作状语,却不能用在主语前("先行|全然")。(4)句法上,时间副词有表关联和情态两种作用,在起情态作用时,主要表示时范畴或情貌范畴里的时间貌。在情态统辖结构中,时范畴是紧邻在语气/口气范畴之后范畴类型,时间貌是一种超约束的范畴(马清华,2017a)。时间副词的关联、时、时间貌这三种意义,都支撑自己有一部分能用在主语前。

8.10.7 情貌格式的多维共变特征

概述 "大V特V"是情貌格式中的幅度貌格式。谢福(2006)依据CCL现代汉语语料库,搜得"大V特V"共154例,统计其中50个动词的频次。我们整理其基本数据,分类并追加计算,得数据:

数据
"书"32例(20.78%)。"树"21例(13.64%)。"谈"11例(7.14%)。"讲|吃|写"3词,都出现6例(3.90%)/词,"干|登"2词,都出现4例(2.60%)/词。"涨|笑|做|发|批"5词,都出现3例(1.95%)/词。"败|捧|侃|吐|红|炒|说|种|赚|忙|输|跳"12词,都出现2例(1.30%)/词。"赌|赛|偷|落|唱|吹|传|赞|玩|出|抄|胖|编|改|赢|造|通|嚷|煮|响|活动|怒|变|吻|泻"25词,都出现1例(0.65%)/词。

简论 本来,单一标记"大"要在严格韵律条件下才能修饰动词("大炒股票|大买黄金")。单一标记"特"只能作为强程度标记,修饰形容词和心理动词("特爱抽烟|特聪明"),但不能在幅度貌意义下修饰动作动词,对谓词也没有韵律限制。

"大……特……"是表情貌的情态格式,这个有着较高格式化水平的标记结构,其特征具有共变关系:(1) 在韵律上,嵌项基本都是同言的单音节谓词。(2) 语用上,嵌项一般都是通用语体色彩的常见谓词,若是书面的单音节谓词,说明已高度熟语化("大书特书")。(3) 句法和语义上,嵌项绝大多数是动作动词,表示投入程度深("大炒特炒")、动作幅度大("大种特种")、动作效果大("大赢特赢")、持续时间长("大谈特谈");嵌项是心理动词或形容词时,表示程度深("大怒特怒|大红特红"),这类占比很小。后标记"特"的句法语义对谓词的韵律和语义选择限制,都受到了前标记"大"的顺向同化,反映出偶标格式的内部还有着不易觉察的再组织规律。

第九章 结构标记

9.1 句法结构标记

9.1.1 定中结构标记

1. 有标记定语的类型及频率分布

概述 刘公望(1986)统计小说《新儿女英雄传》中"的"标记定语的类型分布和"的"的义项频率、语体因素等。我们整理其基本数据,追加计算,并归纳分类,得数据:

数据

1. 定中标记频率。"的"助词共 2343 例中,作定中结构助词的 1560 例(66.58%)。

2. 定语类型分布。"的"标记定语共 1560 例中,名词 285 例(18.27%,"党的决议"),代词 275 例(17.63%,"这样的歌谣"),形容词 171 例(10.96%,"残暴的敌人"),动词 41 例(2.63%,"缴获的东西"),副词 1 例(0.06%,"经过不断的争取"),定中短语(名词性偏正短语)189 例(12.12%,"几个村的老百姓"),方位短语 139 例(8.91%,"地里的庄稼"),动宾短语 129 例(8.27%,"打梆的声音"),主谓短语 107 例(6.86%,"共产党领导的八路军"),状中短语 90 例(5.77%)[动词性偏正短语 66 例(4.23%,"常有的事"),形容词性偏正短语 24 例(1.54%,"很精致的套间")],中补短语 55 例(3.53%,"烧红的烙铁"),并列短语 32 例(2.05%,"又矮又胖的饭野"),数量短语 22 例(1.41%,"十二岁的牛小水"),同位短语 12 例(0.77%,"汉奸刘开堂的脑袋"),连动短语 11 例(0.70%,"去探听消息的老乡"),介词短语 1 例(0.06%,"对敌的斗争")。

3. 定语类型势力跟语体的关系。《新儿女英雄传》定语标记"的"前名词与形容词例次之比为 1.7:1,《徐迟散文选集》定语标记"的"名词与形容词之比为1∶2.4。

简论 助词"的"是兼类词,定中标记是其最主要的功能。

作定语的词类势力序列是"名词＞代词＞形容词＞动词＞副词",名词作定语大于动词作定语和形容词作定语的总和。作定语的短语势力序列是"定中＞方位＞动宾＞主谓＞状中＞中补＞并列＞数量＞同位＞连动＞介词",作定语的定中短语大于作定语的状中和中补的总和。总之,小说样本中,无论单词性定语还是短语性定语,都是名词性定语占比最大。如果把在短语性定语中占比第二的方位短语视为广义的定中结构,则名词性定语占比更高。作定语的定中短语在短语性定语里优势地位突出,可能在深层次上受到了递归的影响。

指称结构由陈述结构变换而来。对同为SVO型的孤立语而言,指称化的初始手段是不占用任何语法形式资源的语义手段,即不改变语序、不借助标记词的重新分析方式,在优先以宾语为中心语还是以主语为中心语的问题上,无可避免地发生视角分化,汉语为客体导入型,奠定了定中语序,马来语为主体导入型,奠定了中定语序(马清华,2014a)。"动宾定语＞主谓定语"的数据结果,表明了现代汉语定语的中心语以来自附加体("吃饭的碗")、主体("卖鱼的人")及其他("打棒的声音")的居多。

散文体常是纯描写性语体,形容词作定语的密度大于名词作定语。小说常是口语(对话)跟书面(描述性语言)的混合语体,描写性相对弱于散文体,所以名词作定语的密度大于形容词作定语。由此可以把名词作定语和形容词作定语的势力消长看作语体区分的一种指标。

2. 领属类定中结构的标记隐现

概述 领属类定中结构按定语和中心语间在领属关系之外有无角色或方位上的互为依存关系,分依存类和非依存类。徐阳春(2008)依据CCL现代汉语语料库,分类统计领属类定中结构"的"标记的隐现。我们整理其基本数据,并追加计算,得数据:

数据

1. 角色/方位依存类。"我＋爸爸"784例中,"我爸爸"675例(86.10%),"我的爸爸"109例(13.90%)。"他＋师傅"26例中,"他师傅"15例(57.69%),"他的师傅"11例(42.31%)。"我们＋经理"14例中,"我们经理"11例(78.57%),"我们的经理"3例(21.43%)。"你们＋后面"13例中,"你们后面"10例(76.92%),"你们的后面"3例(23.08%)。

2. 角色/方位非依存类。"我+汽车"54例中,"我汽车"8例(14.81%),"我的汽车"46例(85.19%)。"他+桌子"51例中,"他桌子"16例(31.37%),"他的桌子"35例(68.63%)。"她+钱包"12例中,"她钱包"3例(25%),"她的钱包"9例(75%)。"你+胳膊"23例中,"你胳膊"9例(39.13%),"你的胳膊"14例(60.87%)。

简论 依存类定中结构中,标记式和无标记式都能单说。一般是无标记式多于标记式,若用"的"则有凸显、强调意味。非依存类定中结构中,标记式能单说,但无标记式一般不能单说,强烈依赖语境。一般是标记式多于无标记式,用"的"是常态,故而没有凸显、强调意味,只是作为一个整体时才不用"的",这印证了距离像似原则。距离像似原则在这里的作用,背后又隐含着现实世界对句法结构深刻的他组织作用。

人和动物在语言隐性词义范畴所反映的观念中往往有显豁的区分(马清华,2001b)。"胳膊"是人体有机部分或固有部件,但"你"是人,是灵与肉的结合体,不是"人体"或"身体",所以"你+胳膊"的定中结构不归依存类,可得到数据支持:BCC语料库"我胳膊"264例,"我的胳膊"732例;"你胳膊"40例,"你的胳膊"89例;"你眼睛"1190例,"你的眼睛"3102例,"我眼睛"2496例,"我的眼睛"4947例;"他眼睛"1638例,"他的眼睛"7187例。动物是卑贱的,动物等同于它的身体,食用动物更是如此,所以相应的组合体现为依存类。有数据支持:BCC语料库"狐狸尾巴"404例,"狐狸的尾巴"42例;"狐狸眼睛"5例,"狐狸的眼睛"4例;"麻雀羽毛"2例,"麻雀的羽毛"1例;"鸭翅膀"45例,"鸭的翅膀"0例;"猪眼睛"13例,"猪的眼睛"8例。当然也有一些例外。在这里,又一次看到了现实世界对句法结构深刻的他组织作用。

3. 谓词性定语的标记

概述 沈家煊(1997)统计口语材料(作家创作经验谈、名人访谈,据录音转写)和书面语材料(中篇小说《出售哈欠的女人》)各3万字左右(同一个用例反复出现数次按一例计算)中形容词的句法功能。我们整理其基本数据,修改分类和归类,并追加计算,得数据1。杨德峰(2008)依据《汉语水平词汇与汉字等级大纲(词汇部分)》(修订本,2001)的33个程度副词和CCL现代汉语语料库,统计"程度副词+谓词性成分+'的'"的使用。我们保留其选词和划分标准,但修改其计算方法,校正归类并重新计算,得数据2。

数据 1

1. 性质形容词原式。共 200 例中,加"的"标记 79 例(39.50%,"新的看法｜散漫的生活"),不加"的"标记 121 例(60.50%,"大床｜黑棉袄")。

2. 形容词的程度式。该式含状态形容词、"程度副词＋形容词"、性质形容词重叠式。共 177 例中,加"的"标记 138 例(77.97%,"毛茸茸的手｜长长的队｜瘦瘦长长的身子｜很刚强的孩子｜如此大的事｜有瘦有大的女人"),不加"的"标记 39 例(22.03%%,"小小针线包｜很大难度｜许许多多人们｜很多点子｜这么多年")。

数据 2

1. 程度副词。33 个程度副词中,相对程度副词 6 个(18.18%,"更｜更加｜略微｜稍｜稍微｜最"),绝对程度副词 27 个(81.82%)含：甲类 15 个(45.45%,"比较｜不大｜顶｜非常｜极其｜较｜太｜特别｜尤其｜过｜过于｜很｜极｜极度｜十分");乙类 8 个[24.24%,"分外｜格外｜怪｜颇｜挺｜万分｜有(一)点儿｜有(一)些"];丙类 4 个(12.12%,"多｜多么｜好｜何等")。

2. "程度副词＋谓词性成分＋'的'"结构。(1) 功能分布：a. 多功能。含相对程度副词或甲类绝对程度副词时,可作定语("穿着顶漂亮的衣服"),也可作主语("极度劳累的歇两天")或宾语(包括介词宾语,"把很好的留下自己用"),33 个程度副词中,适用的程度副词 21 个(63.64%,"顶｜非常｜极其｜特别｜尤其｜太｜过｜过于｜很｜十分｜极｜极度｜最｜更｜更加｜较｜比较｜不大｜略微｜稍｜稍微")。b. 单功能。带乙类和丙类程度副词时只能作定语,不能作主语或宾语,适用的程度副词 12 种[36.36%,"多｜多么｜分外｜格外｜怪｜好｜何等｜颇｜挺｜万分｜有(一)点儿｜有(一)些"]。(2) 句类分布：含只见于感叹句,适用的只有丙类绝对程度副词 4 个(12.12%),其他 29 个(87.88%)副词均不适用。

简论 从数据 1 看,在实际语料中,性质形容词作定语时,多数不加"的"标记。形容词程度式作定语时,绝大多数要加"的"标记。这其中免不了有韵律原因(长度)。但同样是双音节形容词作定语,性质形容词可以不用"的"标记,状态形容词通常就必须要用(比较"伟大祖国—？喷香麻油")。因此,恐怕也有意义上的原因。谓词性定语在指称化前,原本处于陈述式的谓语或动语位置,那时需要有情态成分,支持在交际层面的前景表达,但转作定语后沦为表达背景信息的衰减形式,不需要附有情态信息(马清华、杨飞,2018)。因此,单从意义上说,形容词程度式作定语是个强调形式,"的"标记有强调效果(这从性质形容词定语任选"的"标记的效果中可以看出,比较"大树—大的树"),

两者具有意义上的一致性关系。只有在多重定语里,状态形容词定语才可以不用"的"标记。如"插着数百面[鲜红]旗帜的汽车纵队|这[毛茸茸]潮湿的石壁上"。

就"程度副词+谓词性成分+'的'"而言,它可有多功能时,适用的程度副词占绝大多数,这呈正态分布,这是因为"程度副词+谓词性成分+'的'"是一种常规句法组合。它只能有单功能时,适用的程度副词呈偏态分布,相对居弱势,之所以如此,是因为它们多兼含语气或口气意味,有的已格式化,具有高度主观性(如"怪……的"),一般见于句层面(至多还见于补语)。有的有浓重文言色彩,这也限制了它的再组织能力。

"程度副词+谓词性成分+'的'"作定语是其基本功能,这得到了定中结构标记"的"明示。作主语或宾语时已是"的"字短语,是在定中结构基础上形成的中心语省略形式,处于比作定语更深的组织深度。即使是多功能类,作主语或宾语的类推能力也受到限制。比如虽然可以说"把很好的留下自己用",但不说"*很远的我们也不怕/*每天要走很远的"。因为相对而言,"的"字短语已是偏常结构,偏常结构的再组织必会出现相应的降能(马清华、韩笑,2019)。

"程度副词+谓词性成分+'的'"只能用作感叹句定语("好大的风")时,其嵌套深度相对最浅,因此呈弱势分布。

所有的相对程度副词都是用于多功能类。原因是相对程度副词和绝对程度副词之分,依据的是能否与比较结构共现。与相对程度副词共现的比较结构实际蕴涵了一个对举或照应的内部语境,该语境条件可提升再组织能力,甚至能容受本来不可接受的变则(马清华,2008)。

9.1.2 状中结构标记

概述 副词的音节数、意义次范畴、词法形式及语用对能否带"地"都有影响。杨德峰(2002)统计《现代汉语虚词词典》所收副词带"地"的用法。我们整理其基本数据,并改变计算方法追加计算,得数据:

数据

654 例中:

1. 意义类型。(1)限制性副词 520 例(79.51%),含:不能带"地"481 例(73.55%,"[时间副词]立即[程度副词]有些[语气副词]毕竟"等),能带"地"39 例(5.96%,"[时间副词]不时|常常|及时|经常|时不时|时常|时刻|时时|

随时|一再|暂时[程度副词]多么|非常|分外|格外|更加|何等|十二分|十分|万分|无比|相当|异常|益发[语气副词]白白|大大|大概|单单|分明|好歹|简直|绝对|明明|偏偏|着实|足足")。(2)描写性副词 134 例(20.49%),含:不能带"地"82 例(12.54%,"互相|亲自|一道|赶快"等),能带"地"52 例(7.95%,"[情貌副词]不屑|不住|重新|匆匆|重新|大力|大略|大肆|大致|单独|陡|断然|反复|公然|故意|好生|胡乱|极力|急忙|间或|渐渐|接连|竭力|尽量|紧自|刻意|连连|陆续|屡次|贸然|默默|偶尔|频频|悄悄|悄然|轻易|略略|略为|略微|稍稍|稍微|稍为|死死|偷偷|无端|相继|一贯|一味|毅然|永远|远远|早早|照例|逐步|逐渐")。

2. 形式类型。(1)重叠式副词 32 例(4.89%),含:不能带"地"11 例(1.68%),能带"地"21 例(3.21%,"白白|常常|匆匆|大大|单单|渐渐|连连|略略|每每|明明|默默|偏偏|频频|悄悄|稍稍|时时|死死|偷偷|远远|早早|足足")。(2)非重叠式副词 622 例(95.11%),含:不能带"地"552 例(84.40%),能带"地"70 例(10.70%)。(3)单音节副词都不能带"地"。

3. 能否带"地"。不能带"地"563 例(86.09%),能带"地"91 例(13.91%)。

简论 副词能否带状中标记"地",本身是一种句法特征,它同时受到了副词语义、词法、韵律、语用等多个界面的影响,因而处于共变关系中。(1)语义上。限制性副词(时间副词、语气副词、否定副词、程度副词、重复副词、范围副词和关联副词等)和描写性副词(情貌副词)都是不能带"地"的比能带"地"的多。但相比起来,前者的悬殊程度远大于后者。原因也许在于,总体上,描写性副词对意义鲜明性的要求大于一般的限制性副词,所以需更多地求助"地"。总体上,副词以不能带"地"占绝大多数。这是正态分布,因为限制性副词本来就比描写性副词多。限制性副词中的否定副词("不|没有")、关联副词("就")则更加极端,都不能带"地"。(2)语用上。不少看上去不能带"地"的,其实在凸显表达等条件下还是能带。如"就那么互相地拥抱在一起|我要心无旁鹜地、亲自地照顾她|现在她只想赶快地把他打发走"。(3)韵律上。带"地"的副词一般有双音节作为基础。副词为单音节时,一般都不能带"地",如"就|很"。附加式副词的后缀"然"多可用类附缀"地"替换,如"陡然→陡地|猛然→猛地|忽然→忽地"。这里的类附缀可当语素看待,因此可作为例外。(4)构词上。重叠式副词绝大多数都能带"地",如"白白地浪费了一天"。可能因为重叠形式本身和加强意义有关。

9.1.3 中补结构标记

概述 "得"标记补语与动词语义类型的分布关系。陶瑞仁(2007)考察《汉语常用动词搭配词典》(王砚农、焦庞颙,1984)的 1255 个动词,统计其不同语义类型带"得"标记补语的能力。我们整理其基本数据,改变计算方法,并追加计算,得数据:

数据

1. 语义分布。总计 1255 个动词中,(1) 意义次类:动作动词 1033 个(82.31%,"跑|哭|打"),性状动词 121 个(9.64%,"死|缺"),心理动词 78 个(6.22%,"急|喜欢"),关系动词 23 个(1.83%,"是|有|等于")。(2) 价次:一价动词 94 个(7.49%),二价动词 1084 个(86.37%),三价动词 77 个(6.14%)。

2. 句法分布。(1) 能带"得"标记补语的动词 1011 个(80.56%)中,动作动词 876 个(69.80%)[一价 32 个(2.55%,"哭得更凶"),二价 781 个(62.23%,"打得比较激烈"),三价 63 个(5.02%,"送得太及时了")],性状动词 82 个(6.53%)[一价 43 个(3.43%,"死得早"),二价 39 个(3.11%,"缺水缺得厉害")],心理动词 48 个(3.82%)[一价 4 个(0.32%,"急得满头大汗"),二价 44 个(3.51,"喜欢得不得了")],关系动词 5 个(0.40%)[均为二价]。(2) 不能带"得"标记补语的动词 244 个(19.44%)中,动作动词 157 个(12.51%)[一价 5 个(0.40%),二价 138 个(11%),三价 14 个(1.12%)],性状动词 39 个(3.11%)[一价 9 个(0.72%),二价 30 个(2.39%)],心理动词 30 个(2.39%)[一价 1 个(0.08%),二价 29 个(2.31%)],关系动词 18 个(1.43%)[均为二价]。

简论 动词在语义上,是动作动词、二价动词占绝对多数,其他次类的规模陡降。相应地,在句法上,无论能带或不能带"得"标记补语,也都是动作动词、二价动词的占比高于其他动词,都呈正态分布。

语义是动词能否带中补标记"得"的重要干涉性变量。总体上,动词的动作性越强,越有条件带"得"标记补语。表现在:(1) 除关系动词外,动词各次类能带"得"标记补语的规模基本都是大于其相应不带"得"标记补语的规模,其占比之差幅由大到小为"动作动词(57.29%)>性状动词(3.42%)>心理动词(1.43%)"。(2) 动作动词、性状动词、心理动词能带"得"标记补语的比例是18.27∶1.71∶1,不能带"得"标记补语的比例是5.23∶1.30∶1。前一比例间的落差远大于后者。(3)只有关系动词不带补语的占比反而高于带补语的。

为什么动词的动作性能对可否带中补标记"得"起到语义干涉性变量?因为:(1)"得"标记补语在语义上是描写性的,因此动词的动作性越强,越有条件接受互补性的描写修饰。(2)关系动词处于跟强动作相对的另一极。它都是轻动词(马清华、杨飞,2018),承受不起结构复杂化导致的语义负荷增加,所以不能带中补标记"得"。同时,关系动词作为动词中的极端偏常类别,再组织能力也最低。

动词的动作性越强,价次类型就越多。关系动词的价次类型最少,只有二价这一种(这是其关系性决定的)。所谓的一价性状动词基本都是生理动词,有跨类性、过渡性特征,其中,不受程度副词修饰的接近动作动词(如"死"),受程度副词修饰的则接近心理动词(如"累")。

9.1.4 并列结构标记

1. 带语并列连词"和"的并列、定中歧义结构

概述 尤庆学(2000)以湖南师大中文系本科生和研究生共50名为调查对象,每人按要求做一份调查问卷,要求被试按自己的理解排出歧义短语几种意思的先后顺序(AB表示A义为首选义,BA表示B义为首选义,A=B表示A义和B义都为首选义。由于A=B的存在,判断A的首选人次和B的首选人次之和可大于50)。调查结果如下:

数据
"张教授和小刘的老师"首选并列42人,首选定中12人。"年轻的老师和学生"首选并列36人,首选定中19人。"年老的男同志和女同志"首选并列21人,首选定中33人。"小苏和小兵的朋友"首选并列23人,首选定中31人。"湖北和湖南的北部"首选并列29人,首选定中24人。

简论 并列连词"和"不能在复句关系中连接分句,只能在句法结构中连接语词成分,因此属句法标记,而非逻辑标记。

调查者所谓的首选,只是切分顺序,不等同于解码顺序。在带语并列连词"和"的并列、定中歧义结构的实际理解上,5个测试句都是先确定好并列边界,定中结构才能最后确定。在并列结构边界的确定上,结构项的意义关系起关键作用。(1) 在前后项意义等势甚至构词也相同,而无外在其他内外意义干涉时,解码时先判为并列关系,如"年老的男同志和女同志""小苏和小兵的朋友"。剩余的部分则是定中关系。但切分时是从大到小分析,顺序正好掉了个个儿。(2) 在内部意义干涉下,优先确定并列边界。如"张教授和小刘的老师"。"小刘"虽是没有内涵义只有外延义的专名,但字面义传递小辈的意义信息,按常识推定,年龄不大,"老师"跟"张教授"的年龄、职业接近,因此在意义距离和认知距离上,支持首选的并列后项是"小刘的老师"而非"小刘"。又如"年轻的老师和学生","年轻的"和"学生"在常识认知上有语义冲突,为避免废话而回避两者组合,所以并列前项首选"年轻的老师"而非"老师"。(3) 在外部意义干涉下,优先确定并列边界。如"湖北和湖南的北部",虽然"湖北""湖南"前后项意义等势且构词也相同,但是两者的"北部"没有交集,但"湖北""湖南的北部"在地理位置上毗邻,因此并列后项首选"湖南的北部"而非"北部"。(4) 如果不用"和",而用韵律标记,改用停顿,仍会优先确定并列边界。比如"年轻的老师""学生",虽然一般情况下,句法并列结构中,是音节少的项在前,音节多的项在后的(马清华,2006),但义序规则仍支持地位高的在前,地位低的在后。

歧义结构内部既有并列结构,又有定中结构,为什么优先解码和确定好并列关系呢?因为并列是最简单原始的句法组合,是近似于不发生关系的关系,处理难度最小,最为基本(马清华,2005b:1-2、211-212、220)。

2. 否定辖域内选择连词"或"的析取/合取关系与所处条件关系的分化

概述　朱庆祥(2010)穷尽调查 CCL 现代汉语语料库中"X 或没有(者)Y,就没有/不……"的构式用例,统计其逻辑关系。整理并计算得数据:

数据

共 65 句,**1. 析取关系**。8 例(12.31%,"没有法国或德国的参加,就谈不上欧洲建设")。

2. 合取关系。57 例(87.69%,"如果没有留下笔记或当时的文献,是不大容易记得清楚的")。"或"在此构式中实际表合取的占到用例绝大多数。

简论　在句法结构(短语关系)中,典型的并列关系标记"和"表合取,"或(者)"表析取(选择)。要是把它们所在的短语放在逻辑关系中,"和"仍表合取,但"或(者)"是否仍表析取就不确定了。

条件关系下,虚拟模态(马清华,2012b)能抑制对其辖域内"或"的析取意

义的关注和较真("注意转移"参:马清华,2008),导致析取/合取的对立中和,"或者""和"可自由替换。二解关系中,确定的解要依赖言外语境或常识的补充才能获得。这种情形不仅见于前后否定的条件关系,也见于前后肯定的条件关系,如"如果咱们老百姓买到了或者发现了有质量问题的食品,向工商部门举报,工商部门是否受理"。充要条件(即无条件)的前分句中,析取和合取的对立也可中和。比较:"无论你去或不去,我都要去＝无论你去和不去,我都要去"。"或"不大能用在实然模态(马清华,2012b)的辖域内,如不说"* 因为你会英语或日语|* 既然你会英语或日语"。可见,干扰标记"或"选择关系实现的句法语义环境,不是否定,而是虚拟模态和条件关系的管辖。

合取关系有并合("你和他是南京人")和交合("你和他是朋友")两种(马清华,2005b:13—15)。所谓对立中和只发生在并合和析取之间。交合关系和析取的区隔分明,"没有你和他那次吵架,就没有你们的相识"不能换说成"* 没有你或他那次吵架,就没有你们的相识"。

9.2 语义结构标记

9.2.1 时空论元标记

1. 时空论元标记的隐现及向连词的演化

概述 贺阳(2004)考察对比不同时代文学作品中汉语存在句(如"桌子上有几本书|床上躺着一个人")句首处所成分加不加介词"在",时间成分加不加介词"当",以及介词"当"和连词的分布。我们整理其基本数据,并追加计算,得数据:

数据

1. 存在句句首处所成分与"在"的隐现。(1) 现代作品。鲁迅《彷徨》(1925年)88例中,句首处所成分用"在"1例(1.14%),句首处所成分不用"在"87例(98.86%)。老舍《猎城记》(1932年)123例中,句首处所成分用"在"6例(4.88%),不用"在"117例(95.12%)。茅盾《腐蚀》(1941年)82例中,句首处所成分用"在"3例(3.66%),不用"在"79例(96.34%)。(2) 当代汉语。冯德英《苦菜花》(1959年)212例中,句首处所成分用"在"18例(8.49%),不用"在"194例(91.51%)。《张贤亮小说自选集》(1979—1989年)

319例中,句首处所成分用"在"23例(7.21%),不用"在"296例(92.79%)。(3)当代译本。《教父》(中译)(1995年)162例中,句首处所成分用"在"30例(18.52%),不用"在"132例(81.48%)。

2. 时间论元标记与"当"的隐现。(1)近代白话。清《红楼梦》565例中,时间成分加介词"当"4例(0.71%),不加"当"等介词561例(99.29%)。清《儿女英雄传》151例中,时间成分加介词"当"11例(7.28%),不加"当"等介词140例(92.72%)。(2)现代作品。冰心作品(1919—1922年)163例中,时间成分加介词"当"10例(6.13%),不加"当"等介词153例(93.87%)。鲁迅作品(1934—1936年)102例中,时间成分加介词"当"21例(20.59%),不加"当"等介词81例(79.41%)。(3)当代汉语。刘心武作品(1981)66例中,时间成分加介词"当"31例(46.97%),不加"当"等介词35例(53.03%)。陆文夫作品(1995)124例中,时间成分加介词"当"35例(28.23%),不加"当"等介词89例(71.77%)。(4)当代译本。《尤利西斯》(中译)(1996)133例中,时间成分加介词"当"73例(54.89%),不加"当"等介词60例(45.11%)。

3. "当"介词和连词的分布。(1)近代白话。《红楼梦》4例中,都是"当"加时间成分。《儿女英雄传》11例中,都是"当"加时间成分。(2)当代汉语。《苏童文集—末代爱情》51例中,"当"加时间成分48例(94.12%),"当"加小句3例(5.88%)。《张炜作品自选集》100例中,"当"加时间成分93例(93%),"当"加小句7例(7%)。《李国文小说自选集》42例中,"当"加时间成分32例(76.19%),"当"加小句10例(23.81%)。《张贤亮小说自选集》84例中,"当"加时间成分62例(73.81%),"当"加小句22例(26.19%)。《梁晓声作品自选集》31例中,"当"加时间成分15例(48.39%),"当"加小句16例(51.61%)。

简论 处所论元的话题化降低了论元标记的必要性。普通名词后面的方位标记暗示了处所论元的部分信息,所以也能同时兼职代偿处所论元的功能。双语转码时,英语表达方式对汉语表达方式具有干扰和影响作用。

近代白话时间成分稍早倾向于不加论元标记,后逐渐增加有标记的比重,"五四"后不同时期的现代作品表现出转型特征,当代汉语时间成分的无标记比重大幅减少,但仍大于有标记的比重,翻译作品则表现出明显的有标记倾向,有标记比重反超无标记比重。

句首时空成分是否有标记,跟该成分的长度有重要关联,越长则越倾向于有标记,越短则倾向于无标记。

"当"原为介词,是论元标记,一般后接指称式。当指称式被替换成陈述式后,"当"的功能也相应地演化为连词(如"当人们一个个走过去,我追上了当初接待我的老师")。介词"当"在当代汉语中有连词化趋势,虽然介词用法的规模总体上仍多于连词,但已出现规模反超的情形。介词的连词化,本质上是语义功能标记向逻辑结构标记的演化。其语法化方式是语法隐喻和重新分析的协同方式。同样是介词,"在"就没有演化为连词,这是因为处所性范畴的物性特征相对比较显著。时间性意义相对空灵,可发生在两个事件的关系之间。

2. 源点标记的频率分布

概述 李卫中(2005;2009)依据 6 部现当代作品,考察其中源点标记(表空间起点介词)"从""由""自"的使用频率。又依据北大语料库中的老舍作品(A)和八十多万字的其他语料(B),统计源点格式类型,还统计了另外搜集的源点格式的个例"从+X+方位词"。我们整理其基本数据,并追加计算,得数据:

数据

1. 源点标记。(1) 阿城《棋王》的源点标记 19 例中,a. "从"表空间起点 9 例(47.37%),表其他 4 例(21.05%)。b. "由"表空间起点 1 例(5.26%),表其他 5 例(26.32%)。c. "自"表空间起点 0 例。(2) 方方《暗示》的源点标记 43 例中,a. "从"表空间起点 26 例(60.47%),表其他 4 例(9.30%)。b. "由"表空间起点 3 例(6.98%),表其他 7 例(16.28%)。c. "自"表空间起点 3 例(6.98%)。(3) 巴金《家》的源点标记 266 例中,a. "从"表空间起点 186 例(69.92%),表其他 41 例(15.41%)。b. "由"表空间起点 4 例(1.50%),表其他 35 例(13.16%)。c. "自"表空间起点 0 例。(4) 老舍《四世同堂》的源点标记 750 例中,a. "从"表空间起点 205 例(27.33%),表其他 138 例(18.40%)。b. "由"表空间起点 88 例(11.73%),表其他 308 例(41.07%)。c. "自"表空间起点 11 例(1.47%)。(5)《邓小平文选 1》的源点标记 419 例中,a. "从"表空间起点 20 例(4.77%),表其他 241 例(57.52%)。b. "由"表空间起点 7 例(1.67%),表其他 151 例(36.04%)。c. "自"表空间起点 0 例。(6)《初中课本 1》的源点标记 112 例中,a. "从"表空间起点 58 例(51.79%),表其他 23 例(20.54%)。b. "由"表空间起点 6 例(5.36%),表其他 11 例(9.82%),c. "自"表空间起点 14 例(12.50%)。

2. 源点格式类型。语料 A。[XY 上]380 例中,(1) X="从"260 例(69.4%)时,Y=具体空间起点 181 例(47.6%),Y=抽象概念 79 例

(20.8%)。(2) X="由"120例(31.6%)时,Y=具体空间起点98例(25.8%),Y=抽象概念22例(5.8%)。(3) X="从/由"时,Y=具体空间起点279例(73.4%),Y=抽象概念101例(26.6%)。语料B。1133例中,(1)源点论元标记分布:"从"489例(43.2%),"由"183例(16.2%),"自"461例(40.7%)。(2)格式分布:[_X到Y]647例(57.1%),含"从"461例(40.7%),"由"74例(6.5%),"自"112例(9.9%)。[_X至Y]350例(30.9%),含"从"23例(2.0%),"由"14例(1.2%),"自"313例(27.6%)。[_X而Y]136例(12.0%),含"从"5例(0.4%),"由"95例(8.4%),"自"36例(3.2%)。

3. 源点格式个例。"从+X+方位词"格式共202例中,后置方位词"—里"50例(24.75%,"梅从厨房里走过来"),"—中"48例(23.76%,"岩面与草丛都从湿润中透出几分油油的绿意|从凑热闹中,他以为他就会把油水捞到自己碗中来"),"—上"46例(22.77%,"觉慧从床上起来"),其他58例(28.71%,"从廊前列柱间看到暮色中的罗马全城|瑞丰从假象牙烟嘴的旁边放出这三个字来")。

简论 源点论元标记中"从"的出现频率之所以高于"由""自",因为它是通用语体色彩,后者是书面色彩甚至文言色彩。

源点论元标记与终点论元标记之间配合使用时有明显的选择性,"从"优先选择与"到"搭配,"由"优先选择与"而"搭配,"自"优先选择与"至"搭配,背后显然受到了格式化的推动,格式化的背后又有着色彩一致性等条件。源点论元标记与终点论元标记的习惯性偶对共现导致格式化。

介词是源点论元标记,方位词是表处所的位置。后置的方位标记中,内外向典型标记"里"的频率高于纵向典型标记"上"。该频率序列跟儿童空间方位词习得序列的某些研究结果("里外"类方位词比"上下"类方位词优先习得)(参§7.10.3)相合。"中"因为既是内外向的次典型标记,又是纵向的非典型标记,因此频率居前两者之间。

3. 目标标记的表义功能及句法分布

概述 "向/往"都是目标论元标记。李桂梅(2009)检索到CCL现代汉语语料库中王朔作品介词"向""往"共1622例,统计介词"向""往"在其中的表义功能及句法分布。我们整理其基本数据,修改计算方法,校正并追加计算,得数据:

数据

【向】共734例(45.25%):

1. 句法特征。后接成分含:方位词 151 例(9.31%),处所词及短语 140 例(8.63%),机构名词 15 例(0.92%),其他名词短语 16 例(0.99%),代词和人名词 412 例(25.40%)。

2. 语义特征。表位移目标 413 例(25.46%)[方向性 110 例(6.78%,"向东拐去"),处所性 174 例(10.73%,"向服务台的电话走去"),人物性 126 例(7.77%,"向局长扑来"),其他 3 例(0.18%,"向那高标准看齐")],表其他行为目标 321 例(19.79%)[言谈行为 184 例(11.34%,"向下面的黑暗中呼喊"),态度行为 77 例(4.75%,"向她点头致意"),予取行为 60 例(3.70%,"向全场出示")]。

【往】共 888 例(54.75%):

1. 句法特征。后接成分含:方位词 711 例(43.83%),处所词及短语 151 例(9.31%),机构名词 4 例(0.25%),其他名词短语 14 例(0.86%),动词和形容词 8 例(0.49%)。

2. 语义特征。确定物理空间的方位 784 例(48.34%)[方向 378 例(23.30%,"往回走"),处所 406 例(25.03%,"往一旁挪了挪身子")],确定隐喻空间的方位 104 例(6.41%)[心理 13 例(0.80%,"不往心里去"),性状 26 例(1.60%,"往坏处想"),时序 65 例(4.01%,"不再往下想")]。

简论 目标或方向论元具体分动向(allative)和位向(orientative)两种(马清华、方光柱、韩笑等,2017:5)。动向用于位移结构,位向("向他看了一眼")没有空间上的位移。"向""往"都既可表动向,也可表位向。"向"放在单音节动词后,有的能重新分析为及物动词后缀,如"走向|转向|流向|归向|指向","往"则不能。"向"对本义的偏离程度要比"往"大得多。

"向"和"往"充当论元标记时,越远离具体本义的,越不能互换。以下情形通常很难换用:(1) 表隐喻性空间的目标或方向时("不往心里去—*不向心里去")。(2) 接非空间性成分时("向她点头—*往她点头")。

韵律也能影响"向"和"往"的换用。即使表典型空间意义,跟单音节论元结合时,可换用的难度要大于多音节("往回走—*向回走")。

4. 目标标记"向"的位移结构

概述 "向+NP"的位移结构有"向+NP+VP"和"V+向+NP"。柯润兰(2006)从 27 万字的语料库中检索到有效的带目标标记"向"的位移结构并进行统计。我们整理其基本数据,追加计算,得数据:

数据

1. "向＋NP＋VP"。总计4337例中,(1)现实位移637例(14.69%),a. 构成上,含:有"来/去"254例(5.86%,"向这边走来|向河底沉去"),无"来/去"但可加238例(5.49%),无"来/去"且不可加145例(3.34%,"向嘴唇外边舔一下")。b. 变换上,结构可以转换的297例(6.85%),结构不可以转换的340例(7.84%)。(2)虚拟位移3700例(85.31%,"灿烂的花海一直向前延伸到小镇上")。

2. "V＋向＋NP"。总计525例中,(1)现实位移248例(47.24%),a. 构成上,含:有"来/去"11例(2.10%,"转向我来"),无"来/去"237例(45.14%)。b. 变换上,结构可以转换的60例(11.43%),结构不可以转换的188例(35.81%)。(2)虚拟位移277例(52.76%)。

简论 带目标标记"向"的位移结构以前置式"向＋NP＋VP"为常,后置式"V＋向＋NP"相对少见得多。位移结构的前置式可以变换的占比远高于后置式,反之后置式不可变换的占比也明显高于前置式,表明后置式的构式化水平高于前置式。"向"标记位移结构表虚拟位移的,多于表现实位移。其差距在前置式里明显比后置式悬殊得多。

表现实位移时,前置式有"～来/～去"的占比高于后置式,后置式无"～来/～去"的占比远高于前置式。"～来/～去"在"向＋NP＋VP"和"V＋向＋NP"中如此的分布不均衡,跟信息结构、韵律结构有关。在独立句的信息结构上,动词后面往往要补足或追加点什么,无论是情态成分还是论元成分,这反过来成了完句的条件,其不完足在表面上有时会被误认为韵律结构的缺失。"来/去"在位移动词后,既凸显了位移意义及位移方向,也调节了韵律。前置式在非独立句里可以不含"来/去"。比较"他跑向食堂——*他向食堂跑(但:他向食堂跑去)|还没到吃饭时间,他就向食堂跑"。

严格地说,位移结构中的介词"向"是动向(allative)论元标记,"向他看了一眼"没有空间上的位移,其中的介词"向"是位向(orientative)论元标记(马清华、方光柱、韩笑等,2017:5)。

5. 终点标记"到"及其语法化基础结构的句式分布

概述 全国斌(2006)考察巴金7万余字散文中共172例"到"的语法分布。数据整理如下:

数据

1. 动词。51例(29.65%):(1)"到+了(过)+O"22例(12.79%,"车子到了公园的后门"),(2)"到+O+V"29例(16.86%,"一个叔父和一个堂兄弟到车站送我")。

2. 介词。53例(30.81%):(1)"V+到+O_a"[V表施事自身处所位置,O可以是表动作的时间终点的词语]27例(15.70%,"人进到里面,会觉得快要透不过气"),(2)"V+到O_b"["V+到+O_b"中V受事存在位置,O一般是表动作处所终点的词语]12例(6.98%,"我把他送到了船上"),(3)"V+到+O+来/去"14例(8.14%,"他默默地把手伸到灵柩下面去")。

3. 熟语内成分。68例(39.53%):"V+到+O_c"[O表动作涉及对象不表时间处所]68例(39.53%,"我找不到承认任何权威的表示")。

简论 "到"原为动词,后发展为介词,即终点论元标记。"到"的语法化从它的动宾结构"到NP"作状语或补语开始。"到NP"前置时,体助词不在"到"后,而放在谓语动词后;"到NP"后置时,结构在次要位置固化(马清华,2003b)后,重新分析为"V到+NP",相应地,体助词放在"到"后。重新分析还导致"V到"词汇化为熟语或短语词甚至是离合词("来到|赶到|等到|想到"),"到"几乎虚化为粘宾动词的标记。

9.2.2 经事论元标记

1. 有标记动词性经事论元的句法语义功能

概述 屈哨兵(2004)根据多项语料来源,统计经事标记"经过/一经"带动词性论元时的句法语义功能等。把受事(可)居经事标记前的叫受事引导式("嘉轩经过药物补缀,容光焕发|具体分工都经过再三斟酌|经过踩踏,黏性的黄泥土地严重板结|朱先生就说出经过深思熟虑的打算"),把施事(可)居经事标记前的叫施事引导式("他经过调查分析,终于发现了一条规律|十里八乡经过他救活性命的幸存者送来了金匾和挽绸")。我们整理其基本数据,并追加计算,得数据:

数据

1. 动词性经事标记和名词性经事标记的势力对比。老舍《骆驼祥子》经事标记"经过"7例中,"'经过'+VP"4例(57.14%)[引导受事3例(42.86%),引导施事1例(14.29%)],"'经过'+NP"(引导施事)3例

(42.86%)。王朔《顽主》等5作品经事标记"经过"17例中,"'经过'+VP"9例(52.94%)[引导受事7例(41.18%),引导施事2例(11.76%)],"'经过'+NP"(引导施事)8例(47.06%)。

2. 有标记动词性经事论元的句法语义功能。(1)"'经(过)'+VP"总计89例中,引导受事67例(75.28%),引导施事22例(24.72%)。其中:a. 55名中等文化水平以上被试用"经过"和动词组合造的55句(63份问卷去除8份无效卷)中,引导受事42例(76.36%),引导施事13例(23.64%)。b. 陈忠实《白鹿原》21例中,引导受事15例(71.43%),引导施事6例(28.57%)。c. 老舍《骆驼祥子》4例中,引导受事3例(75%),引导施事1例(25%)。d. 王朔《顽主》等5作品9例中,引导受事7例(77.78%),引导施事2例(22.22%)。(2)"'一经'+VP"总计26例中,引导受事18例(69.23%),引导施事8例(30.77%)。其中:a. 中小学语文课本4例中,都是引导受事。b. 杨绛《洗澡》2例中,都是引导受事。c. 金庸《倚天屠龙记》12例中,引导受事8例(66.67%),引导施事4例(33.33%)。d.《邓小平文选》1—3卷8例中,引导受事4例(50%),引导施事4例(50%)。

3. 经事标记后的施事隐现。(1)文学语体。《洗澡》19例(38%)中,a. "'经'+VP":施事隐2例(4%,"不过她很谨慎,未经进一步证实,她只把秘密存在心里"),施事现3例(6%,"余楠经宛英提醒,顿时彻骨寒冷")。b. "'经过'+VP":施事隐13例(26%),施事现1例(2%)。《白鹿原》19例(38%)中,a. "'经'+VP":施事隐2例(4%),施事现3例(6%)。b. "'经过'+VP":施事隐10例(20%,"经过这一番折腾,胡氏才缓过气来"),施事现4例(8%)。(2)政论语体。《邓小平文选3》12例(24%)中,a. "'经'+VP":施事隐0例,施事现1例(2%)。b. "'经过'+VP":施事隐5例(10%),施事现6例(12%,"报告是经过代表大会通过的")。合计50例中,a. "'经'+VP":施事隐4例(8%),施事现7例(14%)。b. "'经过'+VP":施事隐28例(56%),施事现11例(22%)。

简论 谓词是论元的宿主。但在更复杂的层次上,谓词也可在标记协助下获得论元身份。谓词在获得附加体论元身份时,由于该论元的特殊构成,协助它的论元标记可同步发生关联化。

作为偏常类别,动词性经事论元一定是有标记的。它在当代汉语中的势力已经超过了名词性经事论元。"经(过)"带名词性经事论元时,所引导的完全是施事。但"'经(过)'+VP"引导受事比起引导施事来,占绝对优势。受事升价为主语(包括潜在的主语),形成中动态(马清华、葛平平,2020),它类似于被动的意味,故也被称为"中被动"。从话语衔接的角度说,这易于引出一个相同主语的后续小句。

"一经"虽然大致跟"经(过)"一样,发挥着非典型被动标记的作用,但其引导受事和引导施事的规模差异幅度波动增大,有时大幅提升,有时大幅度减小,原因是词汇化形式"一经"综合了非典型被动标记和承接标记的双重作用,加大了复杂性程度,从而使量化规律发生了某种程度的紊乱。

在同义选择的竞争中,"经过"总体上胜过"经"。影响经事标记后的施事隐现的韵律、语用、语义等因素。(1)韵律和语用上。单音节标记"经"有书面色彩,双音节标记"经过"是通用语体色彩。"经"后的施事隐含,将进一步提升书面语的正式程度(即文言性),施事呈现则反能降低书面语风格,在一定程度上中和跟口语的对立。故此,若非文言性强的语体,"经"后的施事现多隐少。"经过"后的施事隐现情况出现语体分化,文学语体中,正常表现为施事隐多现少,且隐现规模差异悬殊,但政论语体既要取其通用语体色彩的优势,又要追求表义精确,字面上出现施事,致使其出现率略超隐含率。经事标记的语体色彩、当前语体都是影响经事标记后的施事隐现的语体因素。"经过"后的施事隐含时,韵律上更容易跟后面的双音节动词协调。(2)语义上。出于凸显目的,需要出现施事时,标记"经"有一定优势;出于简约目的,需要隐含施事时,标记"经过"的优势加大,优先选用"经过"。

2. 经事标记的句法分布

概述 刘晓曦、任海波(2008)依据1300多万字的当代小说语料,对比统计介词"经过"和"通过"的分布。我们整理其基本数据,校正并追加计算,得数据:

数据

1. 总体分布。抽取了2074个含"通过"的句子,发现其作为介词的共1615句,占例句总数的77.9%。抽取了1685个含"经过"的例句,其作为介词的共992句,占例句总数的58.9%。

2. 句法分布。介词"经过"992例的后接成分中,动词88例(8.87%,"经过测量,有的竟然只有0.03毫米"),以动词为核心的名词性短语791例(79.74%),名词8例(0.81%),以名词为核心的名词性短语52例(5.24%)。介词"通过"1615例的后接成分中,动词107例(6.63%),以动词为核心的名词性短语254例(15.73%),名词456例(28.24%,"通过电话与他们约定到酒店交接"),以名词为核心的名词性短语798例(49.41%)。

简论 介词"经过"和"通过"都是经事论元标记。介词"经过"跟动词之间自然扩展的空间不大,扩展可使谓词性经事发生转指化:"经过劝说→经过全班同学们的劝说"。"经过"后接成分的势力序列如下(">"表多于):动核成分＞名核成分。"通过"后接成分的势力序列如下:名核成分＞动核成分。"经过"和"通过"的此种对立表明,它们虽然都是经事论元标记,但"经过"的复杂程度更高。

"经过"和"通过"的共同点在,动核成分中都呈势力序列:转指类名词性短语＞动词,名核成分中都呈势力序列:自指类名词性短语＞名词。无论其动核成分中和名核成分中,都呈势力序列:复杂形式＞简单形式。

3. 经事标记及其语法化基础结构的句式分布

概述 方清明(2008)统计北大汉语研究中心语料库中王朔作品,得179例"经过"句,统计该词的意义和词性表征。我们整理其基本数据,并追加计算,得数据:

数据

1. 动词。95例(53.07%):(1)后接处所词。表路过72例(40.22%,"回家经过堤上公路句"),(2)后接时间词语。表度过3例(1.68%,"经过这么多年,我已经很普通了"),(3)后接事件词。表经历20例(11.17%,"小孩子没经过事")。

2. 介词。经事论元标记75例(41.90%,"经过反复细致的工作,查明了事实｜我们经过筋疲力尽的巡回演出,回到北京")。

3. 名词。一般作宾语9例(5.03%,"马林生知道了事情的大致经过")。

简论 至少在艺术作品里,"经过"动词本义(表路过)的频次最高。在该本义基础上语法化而成的介词(即经事论元标记)属封闭类,所以频度次高。总体上,"经过"仍处在语法化过程之中,仍有极少数文献将其介词用法判为动词。汉语尚缺乏纯粹表空间经由论元的成熟标记(仍有一定的动词性),却拥有纯粹的时间经由标记。换言之,时间抽象性比空间具体性更利于语法化活动。"凡有形态的语言,都用动词的形态这种手段来表示时间范畴,却很少用形态这种手段来表示空间范畴"(马清华,2000:181)。其次,重新分析加强了"经过"的语法化。典型情况下,"经过"后接空间名词,当它以隐喻方式更换成谓词性成分,并经习用磨损掉形象性色彩后,便重新分析为更高水平的时间经由标记。

9.2.3 计事论元标记

1. 计事标记的句法语义分布和标记共现

概述 朱军、盛新华(2006)考察约200万字语料,共得"除了"句129例,统计其所表语义关系。我们整理其基本数据,并追加计算,得数据:

数据
1. 语义关系。(1) 排除91例(70.54%,"这次考试,除了王晓,其他同学都及格了")。(2) 加合34例(26.36%,"这次考试除王晓外,其他同学也及格了")。(3) 选择2例(1.55%,"最近几天我除了上课,就是开会")。(4) 等义2例(1.55%,"他房间里除了书,还是书")。

2. 共现标记。"除了"句后项谓词有标记的101例(78.29%),无标记的28例(21.71%)。其中,排除关系有标记64例(49.61%,"都|全|也|还|还|就是|只有"等),无标记27例(20.93%,"除了王晓,其他同学及格了"),加合关系有标记33例[25.58%,"也|还(有)"],无标记1例(0.78%),选择关系有标记2例(1.55%,"就是"),无标记0例,等义关系有标记2例(1.55%,"还是"),无标记0例。

简论 排除关系是计事论元标记所表语义关系的典型。

计事论元标记的单双音节形式"除""除了"能跟后置方位标记"(以/而)外"共现,形成计事叠加格式"除(了)……(以/而)外"。除以下两种情形外,"除"跟后置方位标记"(以/而)外"共现几乎是强制性的:(1)"除"接复指短语("除南京、上海两地")。(2) 用在文言色彩较高的书面语体里。可见音节数影响到标记共现,从而影响到格式化水平。

"除了"还能跟后项谓词中的范围等情态标记共现组配,根据对后标记的不同词项选择,表达计事论元跟主体或客体论元间多种不同的语义关系。排除关系中,后项谓词有无共现的情态标记,有时是任选的,这跟排除关系是"除了"所表语义关系的典型有关。加合、选择和等义基本都是有标记类别,因为后者是在基础类别上发展起来的高级类别,其派生方式是对后项谓词上共现情态标记的替换。该情态标记之所以有此能力,因为它们是副词(或谓词中所包含的副词),是句子的高层谓语(斯托克威尔,1986:54—56),它构成了对计事论元跟其他论元之间的语义关系的直接说明。

2. 计事标记所在构式的句法语义分布

概述 "除了P(以外),Q"句式中,主句Q一般比较完整,P则往往有省略或隐含。肖奚强(2004)从400万字的语料中采集到396个"除了"实例,剔除与"便是""就是""还是"搭配用来强调唯一性和排他性的句式25例("除了书稿,就是债、债、债丨他留给人们的除了悲痛,便是遗憾丨除了挖煤还是挖煤")。我们整理其基本数据,追加计算并归类,得数据:

数据

1. 总体特征。共371例。(1) 主句主语居"除了"前的217例,主句主语居"除了"后的154例。(2) 排除关系182例,加合关系189例。

2. 句式分类。共5种句式。(1) 主句主语倾向于居"除了"前。a. "(N)除了$A_{状语}$,(N)AVN"共17例(4.58%,"现在除了图书馆以外,诗人还可以在书店吟诵新作")[排除关系15例,含"都"类6例,否定词4例,无标5例。加合关系2例,含"还"类2例]。Q主语居"除了"前12例(3.23%),居P后5例(1.35%)。b. "(N)除了V,(N)VN"共143例(38.54%,"他除了坐着,有时也遛个小弯")[排除关系44例,含"都"类7例,否定词28例,无标4例,反问5例。加合关系99例,含"还"类93例,无标6例]。Q主语居"除了"前122例(32.88%),居P后21例(5.66%);前后两个V相同且共现8例(2.16%),其他135例(36.39%)。c. "(N)除了VN,(N)VN"共101例(27.22%,"除了教文化课,还教唱歌")[排除关系32例,含"都"类2例,"还"类5例,否定词23例("张艺谋除了谈电影,似乎就找不到其他的话题"),反问2例("吴涌根除了责怪自己外,还有什么更好的办法呢?")。加合关系69例,含:"还"类66例,无标3例]。Q主语居"除了"前83例(22.37%),居P后18例(4.85%)。(2) 主句主语倾向于居"除了"后。a. "除了NVN,NVN"共48例(12.94%,"除了结尾几句稍有实际意义外,其余的都可以冠之为'哗众取宠'")[排除关系37例,含"都"类26例,否定词7例,无标4例。加合关系11例,含"还"类10例,无标1例]。Q主语均居"除了"后。b. "除了N,NVN"共62例(16.71%,"除了四人帮之外,纪登奎等要人也一人一座小楼地住在这里")[排除关系54例,含"都"类33例,"还"类4例,否定词12例,无标5例("除了神仙,凡人实难办到")。加合关系8例,含"还"类8例]。Q主语均居P后。

简论 主句主语倾向于居"除了"前,其本质并非像肖文所说的"可能具有更强的篇章衔接功能",而是"除了"的介词性质在起作用。介词结构置于句中比置于句首更为常见。其次,当 P 是完整句或仅为主语时,对主句主语居"除了"前就存在抑制。尽管"除了"能够介系整个小句,具有了一定关联作用,但介词惯居主语之后的特征仍然持存("持存"见:马清华,2014b)或得到维持。衔接功能并不能必然地决定主句主语倾向于位居"除了"前。虽然前小句关联词多居主语之后,但表必要条件的"只有"多居主语之前,表排除条件的"除非"只居主语之前[参§9.3.1(5)]。

从字面义看,排除关系是"除了"的典型意义,加合关系是其衍生意义。两者在分布规模上已不分伯仲,甚至后者略多。但无论表排除关系还是加合关系,"除了"基本都有情态范畴的协助。无标记的情形不仅相当少,而且就其意义内容看,实际仍伴有隐性的情态范畴。如"除了神仙,凡人实难办到(=凡人一般办不到)",主句实际含有隐性的否定意味。从这个意义上说,"除了"是一种复杂层级较高的论元标记,同时有格式化和关联化倾向,表排除关系时,倾向于跟总括类范围标记("都|全|均|总|一律")或否定标记共现使用,表加合关系时,倾向于跟表接续("还")重复("又")等同("还|也|亦")的标记共现使用。"除了"还有另一种格式化倾向,即跟方位词"外""之外""以外"共现使用。

"除了"的五种句式之间有繁简变换关系。归根到底,它们是从论元标记用法历时演化和共时变换而来。在标记形式维持的前提下,论元由体词性成分(即指称式)替换为谓词性成分(即陈述式),就派生出了多种句式。

9.2.4 涉事论元标记

概述 李广瑜(2009)搜集统计了涉事标记及伴随论元连带成分的语义句法分布。整理并追加计算,得数据:

数据

【关于】"关于 NP"共 125 条语例:作定语 98 例(78.4%,"各族人民都有关于开天辟地、生命起源的神话传说"),作状语 27 例(21.6%,"关于小行星的成因,天文学家曾有种种假设")。【有关】111 条语例:(1) 意义上,义项 1"有关系"99 例(89.19%,"听力的损伤程度与噪声强度和在噪声环境中暴露的时间有关|血浆里有纤维蛋白原等和凝血有关的物质成分|是有关人员玩忽职守、违反工艺规程造成的|某一脏腑有病可以影响这一经络上有关的穴位"),义项 2"关涉事物。行为"12 例(10.81%,"警视厅收到了 6 万起有关噪声的报案")。(2) 形式上,"与/和/同/跟_{伴随论元标记}……有关"78 例(70.27%)[作谓语

59例(53.15%),作定语19例(17.12%)],"有关"33例(29.73%)[含作定语21例(18.92%,"有关人员玩忽职守"),介宾短语作定语12例(10.81%,"收到了有关噪声的报案")]。【有关于】71例中,[作动语2例(2.82%,"这次抗战,有关于整个民族的生死存亡"),介宾短语作定语69例(97.18%,"一个有关于信纸的故事|在有关于硬件资源的分配上采用保守做法")]。

简论 "关于"是涉事论元的标记,但它所标记的涉事,定语功能频次是状语功能的数倍,表明它不同于一般的论元标记。在意义上,它是"与/同/跟/和……有关"的综合式,即保留着一定的述谓功能。"与/同/跟/和……有关"是分析性,但又不同于一般的格式化表达。这里的"有关"是不及物动词,不是标记。但它常跟伴随论元及伴随标记"与|同|跟|和"共现,因此可以视为伴随论元的连带成分。

义项、形式、功能三方面特征的配合,构成"有关"的四种词性类别。换言之,它们是语义层和句法层之间多种共变模式的成果:(1)不及物动词。[义项$_{1-有关系}$×形式$_{1-跟伴随标记同现}$×功能$_{1-谓语/2-定语}$]的配合。(2)及物动词。[义项$_{2-关涉}$×形式$_{2-不跟伴随标记同现}$×功能$_{3-动语}$]的配合。(3)介词。[义项$_{2-关涉}$×形式$_{2-不跟伴随标记同现}$×功能$_{3-带宾语/4-整体结构作定语}$]的配合。(4)区别词。[义项$_{2-关涉}$×形式$_{2-不跟伴随标记同现}$×功能$_{2-定语}$]的配合。

"关于"和"有关于"都带"于",类似于粘宾动词的标记,它们须以介词身份跟宾语组成介宾短语,"有关于"作动词时须带宾语。总之,它们都不能单独充当定语或谓语。"有关NP"和"有关于NP"都能作定语,而且后者比例甚高,在口语中也可以有类似于"有关NP"的状语用法。可见它们正走在语法化的路上,在介词化的道路上,"有关于"比"有关"走得更远,"有关"更多的是在向区别词演化。

9.2.5 对象论元和涉事论元标记

1. 对象标记的句法分布

概述 对象论元标记"对"和"对于"常可通用。跟"对"相比,"对于"主要接短语,较少接名词和代词(或指量词)。张永胜(1992)依据自己搜得的366例,对比统计对象论元标记"对"和"对于"的后接成分。我们整理并校正其结果,得数据:

数据

1. "对"。总计 214 例中,名词 77 例(35.98%,"他们对科学家并不了解"),代词 41 例(19.16%,"如果还对他们宽容"),名词性短语 87 例(40.65%,"对许多事物都产生了新的联想和感情"),其他短语 9 例(4.21%,"对马克思基本原理的理解,比过去深刻了一些")。

2. "对于"。总计 152 例中,名词 21 例(13.82%,"对于个人来说,是没有前途的"),代词 7 例(4.61%,"我对于她始终很隔膜"),名词性短语 115 例(75.66%,"我对于这些传说颇为怀疑"),其他短语 9 例(5.92%,"这种书目对于读书治学是一种指示门径的标志")。

简论 虽然都是对象论元标记,但单音节的"对"的频次远高于双音节的"对于"。"对"跟"对于"一样,都以接短语为最多,频次次高的是名词。不同的是,(1)"对于"接名词性短语的比例远多于"对","对"接名词的比例远多于"对于",表现出韵律上的一致性关系,即优先用词长大的"对于"接长度大的名词性短语,优先用词长小的"对"接长度小的名词。这种潜在的偏好也表现在接其他短语上,仍然是优先用词长大的"对于"来结合。这背后还有语体/风格的一致性约束。"对"有口语色彩,"对于"有书面色彩,前者简单,后者复杂,其所接成分中,短语的复杂程度高于词。(2)"对"接代词的比例远多于"对于",其悬殊程度比接名词时的差距又提升了数倍。这不仅因为代词是词,长度小,还因为它是跟省略有类似效果的简化手段,故而加大了这一分化。

2. 对象论元和涉事论元标记的历时分布

概述 贺阳(2004)统计现代汉语对待义介词即对象标记"对""对于"和关涉义介词即涉事标记的"关于"的历时分布。我们整理其基本数据,并追加计算,得数据(语料按作品年代顺序排):

数据

1. "对"和"对于"。鲁迅《呐喊》、《华盖集》(1924—1925)54 例:"对"5 例(9.26%),"对于"49 例(90.74%)。老舍《老张的哲学》(1926)36 例:"对"5 例(13.89%),"对于"31 例(86.11%)。《冰心文集》(二)(1923—1929)82 例:"对"24 例(29.27%),"对于"58 例(70.73%)。茅盾《腐蚀》(1941)67 例:"对"37 例(55.22%),"对于"30 例(44.78%)。老舍《鼓书艺人》(1946)76 例:"对"73 例(96.05%),"对于"3 例(3.95%)。霍达《沉浮》(1989)117 例:"对"105 例(89.74%),"对于"12 例(10.26%)。梁晓声《表弟》(1991)61 例:"对"55 例

(90.16%),"对于"6例(9.84%)。柳建伟《突出重围》(1998)252例:"对"245例(97.22%),"对于"7例(2.78%)。

2."对于"和"关于"。鲁迅《热风》、《呐喊》(1918—1924)"关于"10例(14.29%),0.6例/万字,"对于"60例(85.71%),3.3例/万字。《李大钊选集》(1915—1923)"关于"62例(19.38%),2例/万字,"对于"258例(80.63%),8.3例/万字。《陈独秀选集》(1919—1923)"关于"16例(19.75%),2例/万字,"对于"65例(80.25%),8.1例/万字。《邓中夏文集》(1920—1930)"关于"90例,2.1例/万字。《邓中夏文集》(1920—1927)"对于"162例,6.8例/万字。《胡绳文集》(1979—1994)"对于"222例,5.3例/万字。

简论 对象论元标记"对"和"对于"表对待义时,谓词常是心理动词或形容词。随着历时演化,"对"逐步在跟"对于"的竞争关系中获得分布优势,之所以能如此,音节数和词频也许在其中发挥了某种程度的作用。

原统计者根据数据推定,"对"表对待义的流行时间当晚于"对于",理由是在20世纪20年代把"对"当"对于"来用的现象并不多。应当说,出现时间早和使用经常性之间没有必然的联系,比如,词义中本义就未必是基本义,"兵"的本义是兵器,基本义是军人。

表对待的介词"对于"找不出清代以前和清代的用例(太田辰夫,1958:239)。但"对"表对待的在明代即有"然终涉悬空梦想,还不若对景亲切,与名山作真知己"(明万历刻本艾熙亭先生文集卷八)。"对"和"于"均为对象论元标记的原式,"对于"只是"对"和"于"的叠加,是变式,其意味凸显,所以开始时获得了竞争优势,但随着凸显意味磨损,"对"的单音节韵律优势重新支持了它在分布上的优势地位。对象标记"对于"的使用频次始终高于涉事标记"关于"。

9.2.6 比事论元标记

概述 关于比事标记分布的不均衡性,邹韶华(2004)统计130多万字的语料中"比"字句的色彩分布。我们整理其基本数据,并重新计算,结果见下:

数据

"比"字句294例中,表积极意义的221例(75.17%,"小王比小李漂亮"),表消极意义的73例(24.83%,"小王比小李丑")。

简论 "比"字句中状语所饰中心语表积极的远多于表消极的。不均衡性不仅表现在频率上,而且表现在删略用法上。

原统计者认为,是语频因素导致了"比"字句有时可省略高频的一方,并得出"语义的制约因素是语用频率"的结论。我们不同意这一看法。马清华(2005b)区分"意""断""彩""质"四个概念并关注它们的互相作用。判断范畴统称"断"。除断以外的理性意义概称"意"。意的评价性因素是"意彩",有积极、消极、中性三类,意彩是语句中词汇理性义、词彩和语境义等多种意义要素的综合。意、断互补,意与断意义的总和合称"质",质的评价性因素是"质彩"。内容积极、肯定的质为"正项",内容消极、否定的质为"负项"。用这些概念来分析一下。有"你不比他强＝你不比他",但不能有"你不比他弱≠* 你不比他"的变换,是因为褒义词"强"和否定判断结合后为负项,贬义词"弱"否定判断结合后为正项。积极评价项能与比事共现,消极评价项不能与比事共现,比较:"小王比小李有教养(有眼光/有地位)"和"* 小王比小李有看法(有意见/有脾气)",仍然因为前者是正项,后者是负项。负项有委婉表达需要,可引发相关的形式加工,正项则不需要委婉表达,这背后更深层的是会话合作原则的作用。

至少在这里,频率和删略都是否定环境下言内言外一系列共变("共变"参:马清华、杨飞,2018)因素中的两个成员,并无直接的因果联系,它们靠评价性因素联系起来。评价性因素中又有质彩和词彩的关系。

9.2.7 凭据论元标记

概述 关于凭据标记的类型及分布。李晓琪、章欣(2006)调查1715万字的语料[含CCL现代汉语语料库1680万字和中央电视台"实话实说"(2003年10月—2004年10月)35万字,含说明文(社科、科技文)、文学作品(小说、散文、纪实)、法律文书和北京话口语],统计了8个凭据论元标记的分布。我们整理其基本数据,校正统计范围并重新计算,得数据:

数据

1. 凭据论元标记的分布。带凭据论元标记的句子7631例中,"按"1915例(25.10%),"据"1637例(21.45%),"根据"1580例(20.71%),"按照"1106例(14.49%),"依照"734例(9.62%),"照"394例(5.16%),"依"174例(2.28%),"依据"91例(1.19%)。

2. 凭据标记的句法分布。【按】后面跟名词性成分的1840例(其余用例直接跟动词"说"组成"按说")中,定中短语1187例(64.5%),普通名词262例(14.2%),抽象名词157例(8.5%),时间名词109例(5.9%),单位名词64例(3.5%),并列短语31例(1.7%),"的"字短语24例(1.3%),人称代词4例(0.2%),指人名词2例(0.1%)。【依】介宾短语后所跟102例动词中:(1)跟动作动词。a.单音节。"看"44例(43.14%),"说"23例(22.55%),其他6例(5.88%),b.双音节及短语22例(21.57%)。(2)心理动词。a.单音节5例(4.90%),b.双音节及短语2例(1.96%)。【据】介宾短语后所跟1454例动词中:(1)动作动词。a.单音节,"说"988例(67.95%),"看"71例(4.88%),其他59例(4.06%)。b.双音节及短语。295例(20.29%)。(2)心理动词。a.单音节12例(0.83%)。b.双音节及短语,29例(1.99%)。

3. 共现动词。"按"1915例除接名词性成分的1840例外,其余75例直接跟动词"说"组成"按说"。"依NP""据NP"后频率最高的共现动词是"看"和"说",二者之和超过所接动词总频率的65%或72%。

简论 凭据论元的8个同义标记有单音节的,也有双音节的。在出现频率最高的前4个标记中,单音节词的竞争力强于双音节词。在出现频率不高的后4个标记中,频率和音节数的关系呈无序化倾向。原式("据|照|依|按")和叠加式("根据|依照|按照|依据")的频率孰高孰低,并不一定。原式频率高于叠加式的有"据>根据"和"(据>依)>依据",原式频率低于叠加式的如"依照>(照>依)",原式频率有的高于叠加式有的低于叠加式的如"按>按照>照"。

"按"后的名词性成分主要表行为标准或依据,它决定了该名词性成分的有定性,并且最大多数是复杂名物概念的定中短语。这也是为什么尽管人名是有定性程度最高的名词性成分之一,而"按"后却最少接指人名词的原因。

"按""据"常跟单音节言说动词共现并格式化,形成话语标记,如"按说|按理说|据他说"。"依"则更常跟单音节感知动词"看"共现并格式化,形成话语标记。话语标记带"按""依"表评议,带"据"表信源,在接续成分和话语功能上出现大致分工的倾向。

9.3 逻辑结构标记

9.3.1 总体分布

1. 关联标记的构成词类

概述 关联词是构成复句句式的连接成分,其主要句法功能是关联分句并标志句间语义关系。通常认为关联词存在连词、副词、助词("的话")和超词短语(主要作为插入语起衔接作用)4种类型。肖升、胡金柱、姚双云、吴锋文(2009)以《清华大学现代汉语通用词表》为标准判定并统计关联词,又据华中师范大学语言所开发的《人民日报》语料库(共805852句)和CCCS汉语复句语料库(共658447句),统计其中疑似关联词的身份吻合情况。我们整理其基本数据,得数据:

数据

1. 词类构成。关联词265个,从多到少依序是:副词(130个,49.06%)＞连词(79个,29.81%)＞超词形式(55个,20.75%)＞助词("的话")(1个,0.38%)。

2. 判认统计。(1)连词。疑似关联词130079例,确属关联词125531例,吻合度96.50%。(2)副词。疑似关联词186452例,确属关联词87778例,吻合度47.08%。(3)超词形式。疑似关联词10561例,确属关联词8523例,吻合度80.70%。(4)助词"的话"。疑似关联词1563例,确属关联词972例,吻合度62.19%。

简论 关联副词的个数多于连词有三个原因:第一,关联副词的形成比连词容易,形成渠道比连词多。连词是专职关联词。关联副词常常同时也是情态标记。关联副词本来都是情态标记,一旦吸收分句间的逻辑关系,很容易关联化。第二,关联副词的必要性大于句关系连词(表语词关系的连词如"和"除外)。偶对的逻辑标记作为前标记的连词有的可以不用,作为后标记的关联副词却不能不用(如"只有……才")。第三,关联副词的使用经常性大于句关系连词。至少口语的逻辑标记中,关联副词的使用频率要高于连词。

具有关联词形但未经判定关联词资格的词是疑似关联词(如"只要"在"只

要你去,我就去"中确是关联词,但在"我只要两个苹果"中并不是关联词)。疑似关联词的频次序列从多到少为"副词＞连词＞超词形式＞助词('的话')"。实际行使关联词职能的频次序列却是"连词＞副词＞超词形式＞助词('的话')"。实际关联词职能频次在本词类频次中的占比从高到低为"连词＞超词形式＞助词('的话')＞副词"。在这三种序列中,"连词＞超词形式＞助词('的话')"关系是常量,副词的位序是变量。副词主要属情态标记系统(马清华,2017a),关联标记作用只是副词另一个相对较小的功能次类。超词形式大多是以话语标记身份发挥语用关联作用的。助词"的话"专职用作逻辑结构标记和表语用关联作用的话语标记。

2. 关联词语的句法、语用分布

概述 关联词语在句子里起逻辑关系联系作用。罗日新(1995)统计34篇中学语文课文中关联词语的分布。我们重新分类整理校正其基本数据,并追加计算,得数据:

数据

1. 总体分布。复句总数1225例,带关联词语的复句487例(39.76%),其关联词语811例,平均每句含关联词语0.66个。单句总数734例,带关联词语的单句12例(1.63%),其关联词语20例,平均每句含关联词语0.03个。句子总计1959例,联系句子与句子的关联词语95例,平均每句含句际关联词语0.05个。关联词语在其中分布很广。

2. 复句中的分布。复句中共出现关联词语119个,总例次811例。出现例次超出20次的13个,它们共384例(47.35%),分别是:"也"57例(7.03%),"就"52例(6.41%),"便"44例(5.43%),"却"37例(4.56%),"因为"31例(3.82%),"又"29例(3.57%),"可是"25例(3.08%),"还、如果"24例(2.96%),"虽然"23例(2.84%),"而且"21例(2.59%),"但是"21例(2.59%),"但"20例(2.47%)。出现例次低于20次的关联词语有106个(其中绝大多数在10次以下),它们共427例(52.65%)。

3. 语体分布。(1)书面语体。a. 议论文:当代6篇共143例复句中,关联词复句87例(60.84%),含关联词160个(句均1.12个);现代1篇共23例复句中,关联词复句15例(65.22%),含关联词26个(句均1.13个);外国1篇21例复句中,关联词复句10例(47.62%),含关联词26个(句均1.24个)。b. 说明文:当代7篇共188例复句中,关联词复句75例(39.89%),含关联词121个(句均0.64个)。现代6篇249例复句中,含关联词复句118例

(47.39%),关联词189个(句均0.76个)。c. 记叙文:当代2篇共57例复句中,关联词复句11例(19.30%),含关联词13个(句均0.23个)。现代7篇共325例复句中,关联词复句112例(34.46%),含关联词176个(句均0.54个)。近代1篇71例复句中,关联词复句27例(38.03%),含关联词46个(句均0.65)。(2)口语体。当代话剧1篇共59例复句中,关联词复句9例(15.25%),含关联词12个(句均0.20个)。现代讲演1篇共30例复句中,关联词复句7例(23.33%),含关联词7个(句均0.23个);单口相声1篇共59例复句中,关联词复句15例(25.42%),含关联词24个(句均0.41个)。

简论 关联词语的分布势力由大到小呈"复句＞句群＞单句"序列,这表明复句是组织和表达逻辑关系的最基本、最典型、最主要的单位。逻辑结构也可能是双表述句最优先实现的结构(马清华,2014b)。

句子的逻辑标记化程度跟语体类型有重要关联。关联词语在复句中出现频次从多到少的语体序列为"议论文＞说明文＞记叙文＞口语体"。若无视时代和来源区分,把所有相同语体的关联词语分布进行综合统计,则得关联词语在各自语体中平均个次,从多到少的序列为"议论文(212/187=1.13)＞说明文(310/437=0.71)＞记叙文(235/453=0.52)＞口语体(43/148=0.29)",跟已得统计结果的分布趋势一致。同一类语体使用关联词语在不同时代的平均个次序列从多到少为"近代＞现代＞当代",同一类语体使用关联词语在不同语言的平均个次序列从多到少为"俄语汉译文＞汉语"。

所谓关联词语在复句中的平均个次,并不意味关联词在实际表达中平均分摊给每个句子,恰恰倒是多个标记常以格式形式合用于一个句子中。

关联词语频率由高到低呈序列"并列/承接＞转折＞因果/假设"。并列是最基本的逻辑关系,承接是典型并列的偏移类型,前者是空间上的共存,后者是时间上的先后。并列和承接都是联合关系,因果、假设是偏正关系,转折正好跨联合和偏正两个类别,有联合类转折("我是中国人,但他不是")和偏正类转折("虽然天气不好,但他还是去了颐和园")。因此,逻辑关系的复杂化和它的标示化频率之间可能有着某种发生学意义上的像似联系。

3. 偶标格式与所含单项标记的频率对比

概述 肖升、胡金柱、姚双云、吴锋文(2009)依据华中师范大学语言所开发的《人民日报》语料库(共805852句)和CCCS汉语复句语料库(共658447句),检索到289个偶对关联标记的频数达到5次以上。统计其前10位高频的关联格式及其单项词在该语料库中的分布。我们分类整理其基本数据,结

果如下:

数据

1. 后关联词频次高于前关联词频次。"不仅,而且"前 5410 次,后 5612 次,共现 2178 次。"既,又"前 4675 次,后 6134 次,共现 2094 次。"虽然,但"前 2671 次,后 19328 次,共现 1978 次。"不仅,也"前 5410 次,后 24719 次,共现 1773 次。"既,也"前 4675 次,后 24719 次,共现 1546 次。"不是,而是"前 1295 次,后 2403 次,共现 1182 次。"只要,就"前 2126 次,后 4293 次,共现 957 次。

2. 前关联词频次高于后关联词频次。"如果,就"前 4582 次,后 4293 次,共现 1250 次。"不仅,还"前 5410 次,后 2202 次,共现 929 次。"是,还是"前 1336 次,后 923 次,共现 897 次。

简论 非毗邻偶对标记共现形成的可嵌组合是格式[参§9.3.2(1)]。逻辑标记中,关联格式的频次总少于其所含单项关联标记的频次。后关联词出现频次又是高于前关联词的居多(占 7 个),前关联词出现频次高于后关联词的较少(仅 3 个),且差距较大。正因如此,大多数情况下,前关联词跟关联格式的频次差距要比后关联词跟关联格式的差距小。

总体原因在于:(1) 作为联合关系非典型类别的进层关系("不仅,而且""既,又""不仅,也""既,也")和对比关系("不是,而是"),凸显点也在后。(2) 汉语偏正复句一般都是前偏后正,前者表背景信息、次要信息,后者表前景信息、主要信息,因此后分句是情态相对凸显的表达位置,后关联词很多都兼表情态,或者说本身就是情态标记关联化的结果("只要,就")。

进层关系的"不仅,还"和选择关系的"是,还是"都是前关联词频次高于后关联词,这看似跟我们的直感相反,实际并不冲突:(1) 反映进层关系时,"不仅"可以分别被多个后关联词["而且""也""还"]共享为格式前项,所以它的频次高于后关联词"还"并不奇怪。(2) 反映选择关系时,"是"可以分别被多个后关联词["还是""或(者)是"]共享为格式前项,所以它的频次高于后关联词"还是"也不奇怪。

假设关系的前项反映虚拟性条件,往往有凸显表达需要,因此其前关联词频次高于后关联词倒也并不奇怪,但它同样也可被多个后关联词["就""那(么)"]共享为格式前项,因此它的频次高于后关联词"就"。反过来,后关联词"就"也可被多个前关联词("只要""要是""如果")共享为格式后项,因此它跟前关联词的频次差异,判断起来就相对复杂。

4. 关联词单用—连用的分布及其对比

概述 张文贤、邱立坤(2007)以 227 个关联词(连词、相关副词)为考察对象,从《人民日报》标注语料库(1998 年 1 月份的数据,共有 114 万余词)中提取出所有除了只连接名词性短语的连词"和""跟""与""同"之外的关联词,以句号、感叹号和问号作为句子的形式标记,按此标准,语料库共 37563 句,出现关联词单用或搭配使用的句子共 15617 个(41.58%),从中得到关联词单用或搭配使用形式 3077 种。我们整理其基本数据,追加计算,得数据:

数据

1. 整体分布。关联词单用或搭配使用形式 3077 种:关联词单独使用 156 个(5.07%),多项关联词连用 2921 个(94.93%){关联词连用例次低于 10 次的 2844 个(92.43%),关联词连用例次在 10 次以上的 60 个(1.95%)[两个关联词搭配 59 个(1.92%),三个关联词搭配("不仅……而且……也")1 个(0.03%)],不属关联用法的副词搭配 17 个(0.55%)}。

2. 前项连词的单用和搭配。【既】"既"0 例;"既……又"104 例,"既……也"42 例,"既……还/更/尤"12 例。【不仅】"不仅"0 例;"不仅……而且"84 例,"不仅……也"37 例,"不仅……而且也"22 例,"不仅……还"14 例,"不仅……反而/更/还要"31 例。【只有】"只有"0 例;"只有……才"61 例,"只有……方"2 例。【虽】"虽"0 例;"虽……但"29 例,"虽……却"10 例。【虽然】"虽然"6 例;"虽然……但"50 例。【即使】"即使"6 例;"即使……也"22 例。【无论】"无论"6 例;"无论……都"15 例。【只要】"只要"26 例;"只要……就"45 例,"只要……都"11 例。【如果】"如果"70 例;"如果……就"41 例,"如果……那么"19 例。

3. 高频的偶举关联词。有 4 类 59 种:【连词+关联副词】34 对,均 27.47 例/对:"既……又"104 例,"而……又"54 例,"只有……才"61 例,"但……也"46 例,"而……却"44 例,"如果……就"42 例,"既……也"41 例,"但……却"40 例,"同时……也"40 例,"不仅……也"37 例,"只要……就"45 例,"同时……还"31 例,"此外……还"26 例,"即使……也"22 例,"而……则"21 例,"然而……却"20 例,"但……又"19 例,"但是……也"18 例,"而……也"19 例,"而……都"15 例,"但……就"15 例,"但……都"15 例,"无论……都"15 例,"不仅……还"14 例,"此外……也"12 例,"并……还"11 例,"但是……却"11 例,"然而……也"11 例,"因此……也"11 例,"只要……都"11 例,"而……就"30 例,

"虽……却"10例,"但……还"12例,"与此同时……也"11例。【关联副词＋关联副词】11对,均21.36例/对:"就……就"55例,"也……就"34例,"还……就"31例,"也……也"29例,"还……也"15例,"也……还"13例,"就……又"12例,"就……还"12例,"还……还"12例,"又……也"11例,"又……还"11例。【连词＋连词】8对,均37例/对:"不仅……而且"106例,"虽然……但"50例,"尽管……但"30例,"虽……但"29例,"而……而"28例,"或……或"27例,"而……则"15例,"并……并"11例。【关联副词＋连词】6对,均18.5例/对:"还……并"31例,"也……并"20例,"就……而"17例,"也……但"17例,"也……而"15例,"还……而"11例。

简论 关联词语的固定搭配所形成的格式,可以较为具体明确地激活对固定共现关系的联想。一个句子中,若有关联词连用,一般以偶对形式出现。可能的共现后项往往不止一个,且具有多样性、选择性和典型性差异。除"如果"外,其他前项连词单用的频次都要少于其所在格式的出现频次,这一点与肖升等(2009)的统计结果[见§9.3.1(3)]相冲突。

传统只关注连接分句的偶对关联标记(如"既……又""只有……才"),其实同一分句内起连接作用的偶对关联标记(如"而……又""但……也""而……却""同时……也")频率相当高,同样值得关注。

格式化和频次(含例式数和均例次)、关联词类型分布之间有潜在的关联。(1) 设共现模式(a,b)表示a在前,b在后。偶对关联词语的共现模式有4种,其例式数(类型数)由多到少呈序列"(连词,关联副词)＞(关联副词,关联副词)＞(连词,连词)＞(关联副词,连词)",均例次由多到少呈序列"(连词,连词)＞(连词,关联副词)＞(关联副词,关联副词)＞(关联副词,连词)",格式化的占比由多到少呈序列"(连词,关联副词)(100％)＞(连词,连词)(6/8＝75％)＞(关联副词,关联副词)(1/11＝9.09％)＞(关联副词,连词)(0％,几乎都算不上什么格式)",该序列其实也是汉语关联格式化水平和格式典型度的势力序列。

将例式数序列、均例次序列跟格式化占比序列进行比对,可以发现,共现模式中,仅(连词,连词)不太稳定,其他模式的序列分布都高度一致。因此除(连词,连词)外,频次高的,格式化程度一般也较高;频次低的,格式化程度一般也较低。规律是,格式化程度高的一般是连词在前,格式化程度低的一般是关联副词在前。

连词是专职关联词,副词("还""就""也""又")往往是情态兼关联的融合标记。使用时往往即使前项的连词可省,后项的关联副词也不能省,因为它还有情态表达职能。格式化势力序列的形成,可以归结为三种因素的作用,即情态标记的关联化、兼职关联标记的专职化、信息结构的前轻后重。

5. 偏正类后项关联标记句对前小句的成分共享

概述 计算机处理句子的基本单位是标点句,即近邻两个标点(包括逗号、句号、分号、叹号、问号、冒号)间的词串。两个有关联关系的标点句含前标点句和后标点句。为接受上的便利,这里仍叫前小句和后小句。偶对关联词的前关联词(如"虽然""因为""不但""如果")和后关联词(如"但是""所以""而且")可拆开使用。张瑞朋(2010)依据《围城》,分别统计前后关联词对后小句对前小句成分共享的影响。调查前关联词的影响时,选取前小句有关联词引导,后小句缺失主语的共120句。调查后关联词的影响时,选取所有前小句是主动宾结构,后小句以表偏正类逻辑关系的后关联词开头,且缺失主语的共176句。我们整理其基本数据,校正并追加计算,得数据:

数据

1. 前关联词对后小句成分共享的影响。【因果】"因为"52例:(1)后小句共享前小句主语的49例(94.23%)中,该词居前小句主语后37例(71.15%),居其前12例(23.08%)。(2)后小句不共享前小句主语的3例(5.77%)中,该词居前小句主语后2例(3.85%),居其前1例(1.92%)。【转折】"虽然"36例的后小句都共享前小句主语,该词都居前小句主语后。【递进】"不但"31例的后小句都共享前小句主语,该词都居前小句主语后。"不仅"1例,后小句共享前小句主语,该词居前小句主语后。【假设】"如果"1例,后小句共享前小句主语,该词居前小句主语后。"假如"10例的后小句都共享前小句主语,该词居前小句主语后5例(50%),居其前5例(50%)。【条件】"只要"10例:(1)后小句共享前小句主语的6例(60%)中,该词都居前小句主语后。(2)后小句不共享前小句主语的4例(40.00%)中,该词居前小句主语后1例(10%),居其前3例(30%)。"只有"8例,后小句都共享前小句主语,该词居前小句主语后3例(37.50%),居其前5例(62.50%)。"除非"2例:都居前小句主语前,后小句共享和不共享前小句主语各1例(50%)。

2. 后关联词对共享前小句成分的影响。 转折("但是|可是|可|然而|而|但|不过|还是|却|也")24例中,共享前小句主语22例(91.67%),共享前小句的宾语、宾语从句主语或整句2例(8.33%)。因果("因此|所以|从而|于是|因而")33例中,共享前小句主语32例(96.97%),共享前小句的宾语、宾语

从句主语或整句1例(3.03%)。假设("就|便")110例中,共享前小句主语100例(90.91%),共享前小句的宾语、宾语从句主语或整句10例(9.09%)。条件/目的("才")9例中,都共享前小句主语,共享前小句的宾语、宾语从句主语或整句0例。总计176例中,共享前小句主语163例(92.61%),共享前小句的宾语、宾语从句主语或整句13例(7.39%)。

简论 现代汉语复句的一般规则是:前关联词在主语后,则两小句倾向于共享主语,若在主语前,则两小句倾向于不共享主语。数据证明了这一点。前关联词在前小句的位置,影响着后小句是否共享前小句主语。(1)总体上,前关联词以居前小句主语之后占明显多数,相应的,前后小句共享前主语也占明显多数。(2)9个前关联词中,居前小句主语之后的占多数,多达6个(66.67%,"因为""虽然""不但""不仅""如果、只要"),其前后小句也多共享主语。以居前小句主语前占多数(或不占少数)的3个(33.33%)前关联词("假如""只有""除非")("假如"居前小句主语前后的概率各半,"只有"居前小句主语前的占多数,"除非"都居前小句主语前),其前后小句也多不共享主语。

前关联词的范畴类别也在某种程度上影响后小句共享前小句主语的比重大小,如排除类条件标记"除非"后小句是否共享前小句主语的概率各半,构成例外。

相对于后小句共享前小句主语的现象来,不共享的现象不占优势,相应地其规则性也不如前者。后小句不共享前小句主语的仅3词("只要""因为""除非"),只有"只要"合规则,它多居主语前。"因为"不管后小句是否共享前小句主语,都多居主语后。"除非"不管后小句是否共享前小句主语,都居前小句主语前。

在前关联词对后小句成分共享的影响上,规则性从大到小呈序列"因果>转折/递进>假设>条件"。因果是偏正类关系的典型,偏正类转折(存有对预期的戾转,与表对比性关系的联合类转折相对)、假设、条件都是因果关系变换的结果,只是在变换中分别附加了条件:偏正类转折在前后项关系上加入了[+逆接],假设、条件的前项模态分别变成了[+虚拟]或[+超然](马清华,2012b)。规则性程度降低与前项模态的变化及其变化程度有一定的关联。

在所有观测的偏正类逻辑关系类型中,共享前小句成分的类型都有侧化倾向,即无一例外地都以共享前小句的主语占绝对多数。共享前小句成分的例数由多到少的序列为"假设>因果>转折>条件/目的",但共享前小句主语的占比由多到少的序列为"条件/目的>因果>转折>假设"。"条件/目的"和

"假设"在出现偏态分布的关系类型中,前者的共享成分单一化程度最高,后者的共享成分多样化程度最高。

6. 关联词语在偏正复句中的句法语义作用及作用序列

概述 马清华(2012b)从CCL现代汉语语料库中随机提取7组有标记偏正复句(剔除脱离语境后意义不明的句子)各100条左右,删除其标记,观察统计它们的语法变化,如维持原关系、转成其他逻辑关系甚至句法关系、不可联,从而判断出关联词在其中的明示、竞争、致联作用。得数据(补足隐含成分后方可成立的句例已计入总数,为明确起见,另用[+]号标出):

数据

1. 顺接假设。"如果……就……"117例中,(1)维持原关系83例(70.94%)[+3例]。(2)转成其他关系32例(27.35%):a. 逻辑关系28例(23.93%){并列8例(6.84%),承接5例(4.27%),(说明性)因果15例(12.82%)[+2例]}。b. 句法关系4例(3.42%)[主谓2例(1.71%),状中1例(0.85%),连谓1例(0.85%)],(3)不可联2例(1.71%)。

2. 充分条件。"只要……就……"123例中,(1)维持原关系68例(55.28%)[+1例]。(2)转成其他关系46例(37.40%),a. 逻辑关系40例(32.52%){并列15例(12.20%),承接16例(13.01%)[+1例],(说明性)因果9例(7.32%)},b. 句法关系6例(4.88%)[主谓5例(4.07%),状中1例(0.81%)]。(3)不可联9例(7.32%)。

3. 说明性因果。"因为……所以……"98例中,(1)维持原关系58例(59.18%)[+9例]。(2)转成其他关系37例(37.76%):均为逻辑关系{并列36例(36.73%)[+1例],转折1例(1.02%)}。(3)不可联3例(3.06%)。

4. 推论性因果。"既然……那么……"85例中,(1)维持原关系43例(50.59%)[+7例]。(2)转成其他关系41例(48.24%):均为逻辑关系{并列24例(28.24%)[+4例],(说明性)因果17例(20%)[+1例]}。(3)不可联1例(1.18%)。

5. 事实让步。"虽然……但是……"112例中,(1)维持原关系44例(39.29%)[+6例]。(2)转成其他关系29例(25.89%)中:a. 逻辑关系28例(25%){并列23例(20.54%)[+2例],承接1例(0.89%),(说明性)因果4例(3.57%)}。b. 句法关系[状中1例(0.89%)]。(3)不可联39例(34.82%)。

6. 虚拟让步/逆接假设。"即使……也……"125例(%),(1)维持原关系

5 例(4%)。(2) 转成其他关系 106 例(84.8%):a. 逻辑关系 52 例(46.43%)[并列 10 例(8%),承接 5 例(4%),(说明性)因果 1 例(0.8%),顺接假设/充分条件 30 例(24%),转折 6 例(4.8%)]。b. 句法关系 54 例(48.21%)[主谓 35 例(28%),状中 19 例(15.2%)]。(3) 不可联 14 例(11.2%)。

7. 必要条件。"只有……才……"119 例(100%),(1) 维持原关系 0 例。(2) 转成其他关系 117 例(98.32%):a. 逻辑关系 92 例(77.31%){并列 3 例(2.52%),承接 2 例(1.68%),顺接假设/充分条件 87 例(73.11%)[+1例]}。b. 句法关系 25 例(21.01%)[主谓 16 例(13.45%),状中 9 例(7.56%)]。(3) 不可联 2 例(1.68%)。

简论 由偏正复句在删除关联词后的语法变化,可以看出关联词在其中的句法语义作用是明示(凸显)、竞争、致联。在因果、顺接假设、充分条件、事实让步中,作用序列(由大到小)是"明示＞竞争＞致联"。在虚拟让步/逆接假设中,作用序列是"竞争＞致联＞明示",在必要条件中,作用序列是"竞争＞致联"。这些表明,因果、顺接假设、充分条件、事实让步的意合度高,虚拟让步/逆接假设的意合度低,必要条件和不能没有关联标注的无条件、连锁、目的,意合度几乎为零。意合度的高低也在某种程度上跟演化序列相吻合。

9.3.2 并列标记

1. 并列格式的构式类型分布

概述 马清华(2007)依据武柏索等(1988)、吕叔湘主编(1984)、北京大学(1982)等三部工具书,同时参考《成语词典》和《多功能汉语大词典索引》,分类统计从中采集到的所有并列格式。此处整理并追加计算,得数据:

数据

1. 并列格式的联项类型。113 个并列格式的联项类型有三种:(1) 复现式。66 个(58.41%)中,a. 前嵌 11 个,含:(aT,aT)3 个["啊……啊/啦……啦(语气词)｜着……着(动态助词)"]。(aT,bT)8 个["啊……啊/啦……啦/也好……也好/也罢……也罢(语气词)｜着……着(动态助词)｜一阵……一阵(陈述性数量成分)｜的……的(结构助词)｜也有……也有(关联副词＋存在动词)"]。b. 后嵌 35 个,含:(Ta,Ta)1 个["一……一(数词)"]。(Ta,Tb)34 个{"谁……谁/什么……什么(疑问代词)｜有的……有的(指示代词)｜自……自(人称代词)/一……一/半……半/一半……一半(数词)｜一手……

一手(指称性数量成分)|边……边/一边……一边/一面……一面/一方面……一方面(方位名词)|有……的,有……的(存在动词＋结构助词)|不……不(否定副词)|时……时/有时……有时/时而……时而(时间副词)|忽……忽/忽而……忽而(情态副词)|也许……也许(语气副词)|要……要(能愿动词)|一会儿……一会儿/一忽儿……一忽儿/一时……一时(时间名词)|一阵……一阵(数词、量词)|也……也/又……又(关联副词)|似……似(判断动词)|有……有/没……没(存在动词)|且……且/或……或/或者……或者/或则……或则[按:后3例有表选择和表并存两种用法,兹取后种用法](连词)"}。c. 分嵌20个,含:(aTa,bTb)7个["便……便(关联副词)|不……不(否定副词)|归……归/是……是(判断动词)|有……有/没……没(存在动词)|的……的(结构助词)"]。(aTb,bTa)1个["又……又(关联副词)"]。(aTc,bTc)6个["吧……吧/呢……呢/嘛……嘛(提顿的语气词)|不……不(否定副词)|也……也(关联副词)|也不……也不(关联副词＋否定副词)"]。(aTb,cTd)6个["吧……吧/呢……呢/嘛……嘛(提顿的语气词)|不……不(否定副词)|也……也/便……便(关联副词)"]。(2) 反义式。24个(21.24％)中,a. 前嵌9个,含:(aT,aT)5个["这……那(指示代词)|前……后/东……西/上……下(方位名词)|来……去(趋向动词)"]。(aT,bT)4个["前……后/东……西/上……下(方位名词)|来……去(趋向动词)"]。b. 后嵌15个,含:(Ta,Ta)7个["这……那(指示代词)|左……右/东……西(方位名词)|似……非(判断动词)|有……无(存在动词)|似……不(判断动词＋否定副词)|爱……不(能愿动词＋否定副词)"]。(Ta,Tb)8个["前……后/上……下/左……右/东……西(方位名词)|有……无(存在动词)|从……到(介词)|不是……而是/不是……是(判断动词＋否定副词)"]。(3) 链接式。23个(20.35％)中,a. 前嵌4个,含:(aT,aT)2个["三……四/七……八(系数词)"]。(aT,bT)2个("三……四/七……八(系数词)")。b. 后嵌19个,含:(Ta,Ta)6个["一……半/一……二/三……两/三……四/七……八(系数词)|千……万(位数词)"]。(Ta,Tb)13个["一……半/一……二/三……两/三……四/五……六/七……八(系数词)|千……百/千……万(位数词)|第一……第二(序数)|一则……二则/一来……二来(系数词＋虚语素)|既……也/既……又(小词)"]。

2. 并列格式的嵌项类型。113个并列格式的嵌项类型有三种:后嵌式69个(61.06％),前嵌式24个(21.24％),分嵌式20个(17.70％)。

简论 格式由偶对标记构成。有的人把它跟构式相混,其实构式未必都有标记参与。有格式参与的构式中,构式是个整体,格式作为标记,只是其中的一部分。

并列格式绝大多数的联项类型是复现式,绝大多数的嵌项类型是后嵌类型。这一方面归因于联项的标记地位,以及嵌项居主要信息地位,汉语句法结构多数情况下是左轻右重;另一方面归因于格式优选异言嵌项,这样才有了较多使用复现式联项而不至于发生整体冗余的条件。

就嵌项类型而言,并列格式前项若后嵌,则后项必后嵌。前项若前嵌,则后项必前嵌。前项若分嵌,则后项必分嵌。这跟并列格式的复现式、反义式、链接式三种联项类型加起来,共同反映了并列标记的像似特征,这些均衡形式直接映射了并列结构的关系特征。

就格式的构成而言,复现式以情态标记为多;反义式以指称标记为多,动词附类居次;链接式以指称标记为多。

2. 连词"一边"的奇偶式分布

概述 邢福义(1998)依据当代文学作品,统计连词"一边"的前后项分布。我们整理其基本数据,重新归类并追加计算,得数据:

数据

1. 偶对式＞后单用式/前单用式。偶对式("他们<u>一边</u>挥着鲜花,<u>一边</u>飞也似的冲了过去")2.43均次,后单用式("他们挥着鲜花,<u>一边</u>飞也似的冲了过去")0.14均次,前单用式("<u>一边</u>挥着鲜花,他们飞也似的冲了过去")0.14均次。其中:不光《闯西南》偶对式1次。陈染《无处告别》偶对式1次。池莉《你是一条河》偶对式2次。刘震云《一地鸡毛》偶对式3次。尤凤伟《石门夜话》偶对式3次。阿城《棋王》偶对式5次。张欣《仅有爱情是不能结婚的》偶对式2次,后单用式1次,前单用式1次。

2. 偶对式＞后单用式＞前单用式。偶对式均7.25次,后单用式均3次。其中:蒋春光《教工之家》偶对式10次,后单用式8次。王朔《一点正经没有》偶对式8次,后单用式1次。白帆《寂寞的太太们》偶对式6次,后单用式1次。莫怀戚《陪都旧事》偶对式5次,后单用式2次。

3. 偶对式＞前单用式＞后单用式。偶对式均24.5次,后单用式均7次,前单用式均29次。其中:莫伸《危情》偶对式5次,后单用式1次,前单用式6次。二月河《雍正皇帝・九王夺嫡》偶对式44次,后单用式13次,前单用式52次。

简论 偶对式是连词"一边"的常规用法,使用频率最高,且在所有考察的作品里无一例外。显然,偶对式是完整式,是常规式,单用式是在其基础上发展出来的简式,是偏常形式。偶对式均次越高,就越具备简化的条件,因此单用式的频次(即侧化概率)也随之升高,两者呈正相关。前单用式的偏常程度高于后单用式。当偶对式均次升至次高时,优先具备使用后单用式的条件。但当偶对式均次升至更高时,前单用式同样获得了使用条件。前单用式因偏常程度高,凸显度也就更高,表达时可因此获得青睐,从而提升使用频次。

3. 复现式同时/并存义偶对标记的历时句法分布

概述 范胜田(1986)统计调查自明代到当代27部著作中复现式同时/并存义偶对标记("一方面……另一方面"或其词汇变体"一面|一边|一头|一行|一路|一溜|一壁厢"等的复现式)在句中的分布位置。我们整理其基本数据,校正并追加计算,得数据:

数据

共1238例。a＝表在主语后,b＝表在主语前,c＝表在主语前后。

1. 一般分布。【分句主语相同】a1145例(92.49%"她一边讲话,一边吃"),b27例(2.18%,"一方面,他愿早早地到学校里,另一方面,他似乎也有点故意躲着大哥的意思"),c5例(0.40%)。【分句主语不同】b41例(3.31%,"一方面,党内有部分同志深受毒害,另一方面,社会上有极少数人在散布怀疑或反对的思潮"),a10例(0.81%,"他一行说,众人一行笑"),c10例(0.81%,"吴少奶奶一面说,一面她的眼神忽然散乱,似乎有什么抓住了她的心")。

2. 历时分布。"主语同"简称"同","主语异"简称"异"。【明代】《三国演义》同a54例;《水浒》同a35例;《西游记》同a16例,异a1例、b2例;《警世通言》同a11例,异c1例;《二刻拍案惊奇》同a33例,异c1例。【清代】《聊斋志异》同a6例;《儒林外史》同a3例,异a1例;《红楼梦》同a204例、c1例,异a1例、c2例;《老残游记》同a21例,异b1例。【现代】《鲁迅全集》同a132例,异a1例、b4例、c2例;《沫若文集》(三、八卷)同a30例,异a1例;《郭沫若全集》(历史编)同a12例,异a1例、b2例;《子夜》同a71例、c2例,异c3例;《春·秋》同a147例;《家》同a52例;《四世同堂》同a75例、b5例、c1例,异b4例、c1例;《太阳照在桑干河上》同a15例。【当代】《李自成1》同a39例,b2例;《李自成2》同a101例、b3例,异a1例、b2例;《创业史1》同a24例、b2例;《红旗谱》同a11例、b1例,异a3例;《毛泽东选集》同a30例、b5例,异b9例;《周恩来选集》(上)同 a3 例、b1 例,异 b3 例;刘少奇《论共产党员的修养》同 a2 例、b4 例,异 b1 例;《朱德选集》同 a4 例、b1 例,异 b3 例;《邓小平文选》同 a5 例、b1 例,异 b7 例;《陈云文选》同 a9 例、b2 例、c1 例,异 b3 例。

简论 表同时/并存义的复现式偶对标记所在句子中,分句主语相同是优势分布,分句主语不同是弱势分布。前者的语例规模是后者的数十倍。所有考察的文献里也都是分句主语相同的语例多于分句主语不同的语例。复现式标记和分句主语相同显然有某种联系。

分句主语相同时,关联词倾向于居主语后;分句主语不同时,关联词倾向于居主语前。看起来这跟其他偶对关联词的用法规则一致。但比较起来,同时/并存义复现式偶对标记的规则性要远超一般的偶对关联词(参§1.3)。复现式标记以及分句主语相同的优势分布,和它的规则性强度之间可能也有某种联系。

总体上,随着时代发展,在分句主语相同时,同时/并存义复现式偶对标记分布位置的多样化水平提升。另一方面,分句主语不同的占比升高,并且偶对标记在经过几个时期的不规则波动后,至少在当代的政论语体里均趋于用在主语前。

偶标是完整式或常规式,也可单个使用,成为简式或偏常式,此时多是删略前项标记,仅以后项标记出现(如"另一方面"常以单标形式单独用于后一分句),也删略后项标记,仅用前项标记,但这种情况的偏离度加大,往往是跟其他逻辑关系兼容表达,缺省的标记由所兼容的另一层逻辑关系的后项标记来代偿。如,主语相同,且并列关系和承接关系兼容(如"邓艾在陇西,既受伐蜀之诏,一面令司马望往遏羌人,又遣雍州刺史诸葛绪")时,前项用并列关联词,后项改用承接关联词。当并列关系和递进关系兼容(如"游击战争的指挥原则,一方面反对绝对的集中主义,同时又反对绝对的分散主义")时,前项用并列关联词,后项改用递进关联词,并且为强调并列关系,还将后项关联词替用为更能明确反映并列关系次类型的其他关联词。

分句主语不同时关联词在主语前后的情形,也与并列前后项的偏常关系(如并列跟承接兼容,或动作和变化对举)有关。

当强调并列关系时,即便主语相同,关联词也可放在它们之前,此种状况在当代有增长的势头。偏常表达常以所获积极效果作为补偿,抵消变则消极面,获得可接受性(马清华,2008)。

复现式同时/并存义偶对标记的词汇变体有语体色彩和风格上的分化,也

375

有连接能力的分化,如,"一方面……另一方面"连接的成分可从两个完整的句子,大到两个段落,因此它多用于议论文。反过来,这些分工也是其词汇变体存在的价值和理据。

4. 并列格式"又……又……"韵律、构成分布

概述 王继青(2006)依据 CCL 现代汉语语料库,对搜集到的能进入"'又'+V_1+'又'+V_2"格式的动词性组合进行统计,我们整理其基本数据,并重新计算,得数据:

数据

共 385 例。

1. V_1 和 V_2 都是词(含离合词)。164 例(42.60%):均为单音节词 140 例(36.36%,"又哭又笑"),均为双音节词 20 例(5.19%,"又斗争又联合"),前单后双/前双后单 4 例(1.04%,"又气又同情")。

2. V_1 和 V_2 都是动词性短语。210 例(54.55%):述宾—述宾结构 188 例(48.83%,"又学法语又学开车"),其余结构 22 例(5.71%)。

3. V_1 和 V_2 一个是短语一个是词。11 例(2.86%):短语在后 8 例(2.08%,"又感激又有点遗憾"),短语在前 3 例(0.78%,"又敲玻璃又喊")。

简论 "又……又……"格式内的动词性成分在韵律上首先倾向于对称,无论是单音节词还是双音节词或动词性短语,因为"又……又……"自身是对称格式,一致性关系使然,其次因为它所表示的是并列关系,像似原理使然。当韵律上不具有对称条件时,往往倾向于长度小的作前项,长度大的作后项,这是并列句法结构的一般语序原则(马清华,2005b:112—113)。在意义上,格式内的动词性成分往往隶属于相同或相近的义类。

单纯的一个后项"又"表递进,但前后两个"又"叠加,基于像似性,变成并列标记。

9.3.3 承接标记

概述 余光武、满在江(2008)据 CCL 的古代汉语语料库和现代汉语语料库,统计"完了/然后"的特征分布。我们整理其基本数据,修改分类,改变算法并追加计算,得数据1。齐燕(2009)为调查"然后"的使用,2007 年 2 月 15 日用百度检索,找到相关网页 76 页。统计前 10 页 100 篇中"然后"句的分布。我们整理其基本数据并追加计算,得数据 2。王伟、周卫红(2005)以问卷调查形式,以北京3所大学的本专科生和研究生100人(年龄均在19—33岁,籍贯58%为北京人,其他为使用普通话的京外其他省籍学生)为调查对象,于2003年11月中旬调查"然后"的社会使用情况。我们整理其结果,得数据3。

数据1

"完了"句共7605例[古代汉语语料库"完了"句3765例(49.51%),现代汉语语料库"完了"句3840例(50.49%)]:

1. "V完了"句。7377例(97%)。

2. 句首"完了"。古代汉语语料库92例(1.21%){动词88例[1.16%,"完了事,我一定要责备他([民国]常杰淼《雍正剑侠图》第48回)"],连词4例(0.05%)};现代汉语语料库116例(1.53%)[动词76例(1.00%),连词40例(0.53%,"她先用英语向我问候,完了自己又译成汉语")]。

3. 连词"完了/然后"的语体分布。CCL现代汉语语料库中,(1)"完了/然后"并用。【口语】北京话"完了"句18例(2.72%),"然后"句643例(97.28%)。【京味艺术语体(口语和书面语的混合语体)】老舍"完了"句7例(1.89%),"然后"句364例(98.11%);王朔"完了"句9例(5.56%),"然后"句153例(94.44%)。(2)只用"然后"不用"完了"。【书面语】科技"完了"句0例,"然后"句69例(100%);历史"完了"句0例,"然后"句34例(100%)。【南方作家作品】鲁迅"完了"句0例,"然后"句6例(100%)。

数据2

1. 句法分布。265个"然后"句中,连接动词的42例(15.85%),连接分句的204例(76.98%)[表承接92例(34.72%),表并列15例(5.66%),表转折12例(4.53%),表因果20例(7.55%,"很不红,然后被大家冷嘲热讽"),话题转换标志65例(24.53%)],加语气词的19例(7.17%)。

2. 语用分布。这100篇文章中有43篇是频繁使用"然后"一词的博客(自由表达自己看法网络日志,使用人群以青少年为主)。

数据3

1. 传播分布。(1)使用语体。自己在日常对话中使用98人(98%),不使用2人(2%);在书面语中也经常使用14人(14%),偶尔使用55人(55%),极少使用31人(31%)。(2)使用频率。频繁使用32人(32%),偶尔使用55人(55%),极少使用13人(13%)。(3)使用场合。任何场合94人(94%)。(4)自己使用时的表义(多选题,占比重新计算,下同)。表示"接着某种动作或情况之后"92人(92/246=37%),表示"所以"27人(11%,"我知道是怎么回事,是因为我爸爸撤了你的职,然后你就这么对付我!"),不表任何意义,仅是为了保持对话的正常进行51人(21%),为了停顿一下,以便给自己留出思考时间76人(31%)。

2. 对价值的认知。知道词典上"然后"使用规则的89人(89%)。认为说话时不用"然后"也不会受影响44人(44%);认为虽然不会受影响,但会感觉对话不舒服、不自然52人(52%);认为对话将无法进行4人(4%)。

3. 对使用者的认知(多选题)。认为使用"然后"一词的人群幼儿较多46人(46/185=25%);认为青少年较多89人(48%);认为中年人较多37人(37/185=20%);d. 认为老年人较多13人(7%)。

4. 对广泛使用原因的认知(多选题)。认为是电视等媒体影响的26人(26/101=26%);认为是受英语and then影响的13人(13%);认为受北京话"完了"一词影响的62人(61%)。

简论 "完了"本是由动态谓词和动态助词构成的完成义动词性组合。形式上的句法定位,意义上抽象的动态意义,语用上的高频次,使"V 完了"句在"完了"句中占绝大多数。在此基础上,"完了"前的动词 V 因零形回指而删略,这促成其经历词汇化和语法化并起的两项活动(即共变活动,参马清华、杨飞,2018),发展为承接连词。

"完了"的语法化并非如原统计者所说是源自"V 完了"的重新分析。理由是:(1) 很多句子"重新分析"后就站不住(比较"我看完了回家—?我看,完了回家")。(2) 很多句子若不"重新分析"也站不住(比较"姑娘先吃着,完了再送来—*姑娘先吃着完了,再送来")。这两项否定了重新分析的基本指标。(3) "V 完了"句在"完了"句中占绝大多数并不必然导致重新分析。(4) "完了"语法化主要是出于经济性需要而删略同言成分,同时出于关联化需要而虚化的,即有演化模式"V_1,V_1完了V_2"→"V_1,完了V_2"。比较"我们给公司干活,干完了不给钱怎么办?—我们给公司干活,完了不给钱怎么办?""建筑行业的都来看看,看完了肯定都清楚了—建筑行业的都来看看,完了肯定都清楚了"。

"完了"的语法化活动是在口语体里先行展开,并且显著见于北京话。

在语言内部的形义关系上,"然后"原是承接标记,其所表达的先后关系在三个层次上发生变化:(1) 先后义不明显,只作联合关系标记(随前后项的意义关系而生并列、转折)。(2) 由表时间先后发展为表事理先后,转作偏正关系标记。(3) 逻辑结构关系转作话语标记,即作为话题转换标志,此项变化最为显著,且主要见于口语。

进行中的语法化活动不仅是语言事件,同时也是社会事件。语言集团对之形成的集体自觉即社会认知,对语法化研究有着不可取代的重要证据价值。

据调查结果中的高比例选择来判断,可以得出关于"然后"语法化的五点认知:(1)在京青少年中使用较多。(2)词的语法化已在日常口语中广泛铺开,书面语中仍相对滞后。语域限制不大。(3)频率升高。(4)具有明显的标记性。其中,逻辑标记功能的分布势力仍高于话语标记功能,逻辑标记功能中承接义的分布势力仍高于由其派生的所以义。(5)"然后"的语法化跟同义词"完了"的语法化有互相促进作用。这些特征分属言外言内,综合反映了使用者、语用(语体、频率)、句法语义、词汇语义等多项要素指向同一目标或结果的有序共变关系(马清华、杨飞,2018),以及该词的语法化进程。

9.3.4 选择标记

概述 取舍句是选择一项,舍弃另一项的句子,常与转折标记共现。共现的转折标记有两种分布位置:(1)居选中项和舍弃项之间,凸显对立("这使一些企业宁可雇用打字的女秘书,而不肯购买价格昂贵而使用不便的复印机"),(2)居取舍句外部,凸显取舍,此时舍弃项有的出现("尽管它以自我经历为素材,但与其说是一部回忆录,不如说是一部散文巨著"),有的隐含("要求宁可少一点,[而不多一点],但定下来的一定要做到")。王天佑(2007)取6种取舍标记,从CCL现代汉语料库搜得该标记取舍句各100例,统计其中转折标记的共现及其分布位置。我们整理其基本数据,补充分类和归类,并追加计算,得数据:

数据

1. 绝对分布。"偏偏"类取舍句中,共现转折标记60例(60%)[居句外60例("你本来可以和牡丹一起开在平川,然而你偏偏选择了青藏高原"),句内0例]。"非得"类取舍句中,共现转折标记24例(24%)[句外24例("真是的,选厂长革新倒不错,但非得学什么洋人演讲嘛!"),句内0例]。"死活"类取舍句中,共现转折标记17例(17%)[句外17例("车间让其提早下岗,但她死活不肯"),句内0例]。"宁可……也不"句中,共现转折标记17例(17%)[句外10例,句内7例]。"宁可……也要"句中,共现转折标记7例[句外7例,句内0例]。"与其……不如"句中,共现转折标记32例[句外1例,句内31例]。

2. 相对分布。共现转折性词语居句外和句内的占比：(1) 均居句外。"偏偏│非得│死活│宁可……也要"句（句外 100%，句内 0%）。(2) 句外多于句内。"宁可……也不"句（句外 58.82%，句内 41.18%）。(3) 句内多于句外。"与其……不如"句（句外 3.13%，句内 96.88%）。

简论 取舍标记跟转折性词语的共现概率由大到小呈序列："偏偏">"与其……不如">"非得">"死活">"宁可……也不">"宁可……也要"。

转折标记若跟单一取舍标记（"偏偏│非得│死活"）共现，一般居转折项（转折小句）的外缘。取舍句为偶对标记时，共现转折性词语有的居句外，有的也可居句内，跟后项标记的关系比较大：后项标记若为肯定的（"宁可……也要"），共现转折标记均居句外。只有后项标记为否定的（"宁可……也不"和"与其……不如"），共现转折标记才可能出现在句内位置。后项否定标记若是意向性的，则共现转折标记居句外多于句内（"宁可……也不"）；若是评议性的，则共现转折标记居句内多于句外（"与其……不如"，共现转折标记都是轻度转折义，如"倒""还"）。

9.3.5 递进标记

1. 递进连词"并"前后项的类型分布

概述 彭小川、赵敏（2004）从张贤亮、王朔、王蒙、池莉、路遥、梁晓声等当代十几位作家的作品和《人民日报》(1995-9 及 2000-4-7)、《光明日报》(2002-3-6～8)搜得含连词"并"的句子 517 例，统计其用法。我们整理并追加计算，得数据：

数据
1. 来源分布。作品语料 160 句，报刊语料 357 句。
2. 所联成分的类型。(1) 分句 365 例（70.6%，"他的脸刷地红起来，并想快点离开会场"）。(2) 动词性短语（含介宾短语）127 例（24.56%，"经研究决定并报请上级批准，正式下发通知"）。(3) 动词 25 例（4.84%，"悲痛的氛围环绕并笼罩着人们"）。

简论 递进连词"并"有书面色彩，主要是连接分句的逻辑结构标记。它还可连接谓词性短语或谓词的用法。其频率依照句、语、词的顺序，递次陡降。其次，虽然所联项目的句法层级在变化，但连接的都是陈述项，表明"并"对所联项的功能限制是其持存特征,延续不变(马清华,2003a、2014b)。再次,大凡递进连词"并"的连项,都共享同一个主语。综合起来判断,后两种用法都是在前一基础上压缩发展而来的,其路径是:先取消中间停顿,即通过紧联,将两个短谓语压缩在同一语调句内,继而压缩在同一成分内。

2. 递进连词"进而"前的无主语倾向

概述 王俊毅(2009)依据CCL现代汉语语料库,得到500个带有复句后分句关联词"进而"的用例,统计"进而"跟后分句主语的共现。我们整理并追加计算,得数据:

数据

1."进而"前无主语。495例(99%,"在此阶段,孔子已经治好了本国,进而将安定和秩序传到'中国'境内的其他华夏国家")。

2."进而"前有主语。5例(1%)。

简论 递进连词"进而"是后项标记,其所在分句中一般不出现主语。原因是:(1)比起因果、条件等逻辑关系类型来,递进前后分句的语义关系平级又紧密,共享同一主语的比例极高[参§9.3.1(5)"不但"标记的复句]。(2)"进而"本身的词汇意义显著,表相同主体的行为进层,因此也携带着复句主语相同的特征信息。

递进连词"进而"所在分句如果出现主语,一般也是共享主语。只不过在递进的两项之间,有些时间成分或引语成分形成了间隔,引发了对共享主语的复现需要,复现时一般用在"进而"前,如"谢书记高兴地说,这是开明之举,他进而开导大家说这是很好的事!|他还提出了光的量子概念。后期,他进而致力于相对论'统一场论'的研究|在论及预言性知识的问题时,他进而指出"。"进而"标记的后分句跟前分句除了共享主语,少数情况下,也可共享主语的一部分,如"他的思绪顿时像一堆麻一样乱。他进而发现,桌子上的茶杯放了茶叶,但没有倒水"。

共享主语复现时如果用在"进而"后,往往需要跟关联副词"又"共现(如"他回答:'我不怕!'进而他又说,'我就不相信,他们能把我捆起来送到蒋介石那里去!'")。

3. 况且句的理由层级及其结论项的分布

概述 况且句用连词"况且|何况|再说|而且|还有"等作标记,表示更进

一层。况且句由理由和结论两部分构成("这书内容好,况且又不贵,你买一本吧")。结论只有一项,理由可以多项。徐燕青(2008)统计现当代汉语的文艺语体和论述语体中况且句的理由层级和结论项分布。我们整理其基本数据,追加计算,得数据:

数据

1. 文艺语体。362万字256例(0.71例/万字)中,(1)理由层级数。一层7例(2.73%),两层212例(82.81%),三层29例(11.33%),四层6例(2.34%),五层1例(0.39%),六层1例(0.39%)。(2)结论项分布。a.结论项居前,理由项居后187例(73.05%),含多层理由166例(64.84%),没有第1层理由7例(2.73%),结论省略式14例(5.47%),b.结论项居理由项间50例(19.53%),c.结论项居后,理由项居前19例(7.42%)。

2. 论述语体。335万字70例(0.21例/万字)中,(1)理由层级数。一层7例(10%),两层58例(82.86%),三层5例(7.14%),四层0例,五层0例,六层0例。(2)结论项分布。a.结论项居前,理由项居后42例(60%),含多层理由34例(48.57%),没有第1层理由7例(10%),结论省略式1例(1.43%),b.结论项居理由项间12例(17.14%),c.结论项居后,理由项居前16例(22.86%)。

简论 况且句不仅反映逻辑关系,也兼表说话人申述口气。它不仅有申述项之间的联合进层关系,还越界关联(马清华,2004a)到更上一层的因果性逻辑关系中,因此"况且"句是复句关系里的复杂程度较高的一种类型,形式上是只有通过特定标记才能表达这种复杂意思的唯标记句。

由于况且句兼申述口气,因此它相较论述语体来,更多见于文艺语体,数量是论述语体的近3.7倍。文艺语体是口语和书面语的混合语体,论述语体则是纯粹的书面语体。

当然,况且句中最重要的是其所连递进申述项之间关系。文艺语体和论述语体理由项数量的峰值都是两项。论述语体的理由层数起点高,一层占比显高于文艺体,但达到三层后便迅速衰减为零。文艺语体一层占比的起点低,却可增持到六层,但规模递次减少。

两种语体都是结论项居前的占大多数,这符合显著度(重要性)优先原则。相比而言,结论项居前的占比是文艺语体高于论述语体,结论项居后的占比是论述语体高于文艺语体。

4. 关于"别说"分句的前后置分布及共现关联词。

概述 王健(2008)穷尽搜索1993年《作家》杂志约1300万字语料中含关联标记"别说"的句子114例,统计其所标记分句的位置分布。我们整理其结果并追加计算,得数据1。尹海良(2009a)在2633余万字自建现代汉语语体平衡语料库中共得含连词"别说"句191例,统计其共现关联词及分布。我们归纳整理其基本数据,并追加计算,得数据2。

数据1

1. "别说"分句在前。88例(77.19%,"别说再经不住一次毒打,恐怕跌倒在地也会一命呜呼!")。

2. "别说"分句在后。26例(22.81%,"我连跳蚤都没见过,更别说看它演节目!")。

数据2

1. 分布及其配合关联词的隐现。(1)"别说"作前项标记155例(81.15%),作后项标记36例(18.85%)。(2)配用的关联成分呈现98例(51.31%)时,"别说"作前项标记91例(47.64%),作后项标记7例(3.66%)。配用的关联成分隐含93例(48.69%)时,"别说"作前项标记64例(33.51%),作后项标记29例(15.18%)。

2. 共现关联词。与连词"别说"配对连用的91例关联成分中,"就是"60例(65.93%),"连"16例(17.58%),"就连"4例(4.40%),"甚至"3例(3.30%),"就算"2例(2.20%),"即便"2例(2.20%),"即是"1例(1.10%),"便连"1例(1.10%),"便是"1例(1.10%),"哪怕"1例(1.10%)。

简论 连词"别说"可在前分句,作递进关系的前项标记,有关联格式"别说……,(就连/甚至/就算)……也/都……",其共现关联成分现多于隐。也可在后分句作递进关系的后项标记,有关联格式"也/都……,(更)别说……",其共现关联成分隐多于现。无论"别说"作前项标记还是后项标记,都跟"也/都"共现,因此后者是共现标记的常项。"就是|就连|就算|甚至"只与作前项标记的"别说"共现,"更"只与作后项标记的"别说"共现,因此它们都是共现标记的变项。不过从分布位置看,共现标记的常项随连词"别说"的位置变化而变化,是因变量,共现标记的变项不随连词"别说"的位置变化而变化,都是递进关系的后项标记,在这一点上又是不变量。

连词"别说"作递进前标记时,与"就是"共现使用的频次,占与其他关联词的配合使用总和的绝大多数。之所以如此,跟关联标记"就是"频率高于其他连用标记有关。

汉语复句中背景信息多前置,信息重心多后置。"别说"分句前置,起连接作用,凸显项在后项的非"别说"分句上。"别说"分句后置既起连接作用,又起强调作用,凸显项在后项的"别说"分句上。"别说"分句前置占绝对的分布优势,表明它主要起衔接作用。"别说"分句前置时表示背景信息,所以"别说"分句无论肯定或否定,整句话意思不变,比较"别说去过日本(别说日本我去过)/别说没去过日本(别说日本没去过),县城我都没去过"。但"别说"分句后置时表示的前景信息,属凸显强调对象,只能是肯定式,甚至只保留对比成分,比较"县城我都没去过,别说去过日本/别说日本了"。"别说_{连词}"在分布上,作前项标记(如"别说……,就是……")比作后项标记(如"就是……,别说……")占据明显优势,其中偶标形式又比单标形式更占优势。

9.3.6 因果标记

1. "结果"的词性频次分布和语法化

概述 关于多义词"结果"的词性频次分布。周毕吉(2008)从华中师范大学语言中心语料库所收集的文学作品中,随机抽取13位作者作品进行统计。我们整理其基本数据,修改分类和归类,并追加计算,得数据1。姚双云(2007)从《人民日报》(1999年—2002年)约1500万词语料样本(含80多万个单/复句)随机抽出1028个含"结果"的句子进行统计。我们整理其基本数据,并追加计算,得数据2。

数据1

1. 艺术语体(小说,属口语和书面语的混合语体)。(1)一般分布。现代作品111例中,动1例(0.90%),名79例(71.17%),连31例(27.93%)。当代大陆作品82例中,动0例,名41例(50%),连41例(50%)。(2)作品分布。共12部作品中,【名＞连＞动】6部(50%):巴金《家》动1例,名29例,连4例;茅盾《子夜》动0例,名12例,连1例;老舍《骆驼祥子》动0例,名8例,连1例;杨沫《青春之歌》动0例,名22例,连9例;陈忠实《白鹿原》动0例,名11例,连4例;台湾琼瑶《青青河边草》9例中,动0例,名5例(55.56%),连4例(44.44%)。【连＞名＞动】3部(25%):钱锺书《围城》动0例,名8例,连16例;池莉《你是一条河》动0例,名3例,连5例;安顿《绝对隐私》动0例,名24例,连25例。【连＞名/动】1部(8.33%):余华《活着》动0例,名0例,连4

例。【连＞动＞名】1 部(8.33%):香港金庸《神雕侠侣》11 例中,动 4 例(36.36%),名 1 例(9.09%),连 6 例(54.55%)。【连/名＞动】1 部(8.33%):路遥《人生》动 0 例,名 3 例,连 3 例。

2. 正式书面语体(政论语体)。大陆当代《邓小平文选》(1—3 集)104 例中,动 0 例,名 75 例(72.12%),连 29 例(27.88%)。

数据 2

《人民日报》1028 例中,动 37 例(3.60%),名 720 例(70.04%),连 271 例(26.36%)。

简论 "结果"从动词发展为抽象名词,再由此发展为因果关系中表结果项的连词。演化轨迹是:a. "结果$_动$"→"结果$_名$",b. "结果$_名$＋是……"→"结果$_连$"。三种词性的频率,总体呈"名＞连＞动"的势力倾向,这种倾向是跨语体的。

"结果"表本义的动词基本上出现频率都最低(只有一个作品例外)。名词和连词用法都是转义,艺术作品里,现代"结果"的名词频率总体远高于连词。这在某种程度上证实了"结果"的名词性是其连词化的坚实的句法语义基础。

跟政论语体和多语体综合(《人民日报》)不同,小说中几近一半作品的连词,频率可达三种词性频率的峰值。表明"结果"的语法化水平在小说这类艺术语体和口语—书面混合语体里明显提升。

2. 因果关系前后项标记的分布及其格式化水平

概述 姚双云(2007)调查华中师范大学语言与语言教育研究中心的"CCCS 汉语复句语料库"(收有标复句 80 万句)和《人民日报》(1999 年—2002 年)(有 80 多万个单/复句)。因果关系偶对标记的共现。我们整理其基本数据,修改计算方法并追加计算,得数据:

数据

1. "**因为……所以**"。前标记 4138 次,后标记 1772 次,总计 5910 次,共现 96 次(1.62%)。

2. "**由于……所以**"。前标记 5056 次,后标记 1772 次,总计 6828 次,共现 87 次(1.27%)。

3. "**因为……结果**"。前标记 4138 次,后标记 1276 次,总计 5414 次,共现 11 次(0.20%)。"**由于……结果**"前标记 5056 次,后标记 1276 次,总计 6332 次,共现 19 次(0.30%)。

简论 "因为……结果"和"由于……结果"的共现率远小于"因为……所以"和"由于……所以"。这也表明后者的格式化水平高于前者。格式化水平高低,跟所含单项标记的独立性高低有关。"结果"倾向于单用,所以跟其他标记的共现率低。

从数据看,"由于"频次远高于"因为"。但是,同为因果关系的前项标记,书面色彩的"由于"频次居然远高于通用语体的"因为",这不合常理,可能是因考察的多为书面语料所致。

由现代汉语常用词表课题组(2008)可知,"因为"频序为第106位,"由于"频序为第220位。在一般分布上,事实应该是"因为"频次远高于"由于"。正因如此,"由于"跟"所以"的共现率低于"因为",表明格式化过程中"所以"更倾向于跟"因为"共现,换言之,"因为……所以"的格式化水平相对最高。

3."因而/因此"句首分布的对比

概述 邓雨辉(2007)在CCL现代汉语语料库中抽样10次,每次随机抽样"因而""因此"句各50条,对比统计"因而""因此"的句首分布。我们整理并追加计算,得数据1。我们从BCC(文学)语料库和CCL语料库对比统计"因而/因此"的句法分布,得数据2。

数据1

1."因此"句。"因此"用于主语前("怕别人知道了面子上不好看,因此她默默地忍受了一切")的10次抽样结果,频次依序为(32,29,34,33,26,31,27,38,30,35),每次都超半数以上,共315例,占总例次的63%。用于主语后("他的话引得大家都笑了,室内的空气因此轻松了许多")的不多。

2."因而"句。"因而"用在主语前("我们的事业是正义的,因而我们是不可战胜的")的10次抽样结果,频次依序为(6,6,6,11,6,9,7,4,11,10),每次都远低于半数,共76例,占总例次的15.2%。多用于主语后("他曾用一句话振作你渐将倦怠的心情,你因而想,如得尝在她旁边该多么好呢……")。

数据2

1. BCC(文学)语料库。",因此N"(N表名词,下同)903例,跟",N因此"(68例)的比例是13.28:1,跟",因此,N"(147例)的比例是6.14:1。",因而N"221例,跟",N因而"(26例)的比例是8.50:1,跟",因而,N"(4例)的比例是55.25:1。

2. CCL语料库。",因此"34059例中,",因此,"9658例(28.36%)。",因而"15485例中,",因而,"640例(4.13%)。

简论 关联词"因此/因而"都可以单独用作说明性因果复句的结果项标记。数据1表明,它们跟后分句主语位置关系有明显的倾向差异:"因此"多用于后分句主语前,"因而"多用在后分句主语后。但数据2表明,这种倾向并不成立,真实的倾向是:它们都以用于后分句主语前为主,不仅BCC(文学)语料库证实了这一点,而且该语料库下任何一种语体数据也都能证实这一点。它们之所以都倾向于用在后分句主语前,这是其后项标记和连词性这双重特征的综合因素决定的。

"因此"和"因而"的位置差异是:"因此"用于后分句主语前和主语后的比例远高于"因而"。另一个明显差异是,用在主语前时"因此"后面常可停顿,"因而"极少停顿,BCC(文学)语料库和CCL语料库都证实了这一点。这两种差异的形成有二:(1)与语素持存能力有关。语素"此"所持存的回指作用有助于提升"因此"的独立性,语素"而"所持存的顺接意义则是帮助"因而"表达推论性。(2)跟该标记的结果意味强弱有关,"因此"结果意味强,"因而"结果意味弱。

"因此"和"因而"结果意味的强弱差异,也导源于它们的构词,"因此"包含代词性语素,仍多少存有回指功能,所以能经常放在主语前,表强结果意味。缺乏这些条件的"因而"结果意味弱。

4. 结果标记句的联项语义特征

概述 "所以"可关联说明因果或推论因果,"结果"关联句类的范围比"所以"小,只能关联说明因果,不能关联推论因果。姚双云(2007)从华中师范大学语言与语言教育研究中心的"CCCS汉语复句语料库"(该语料库收有标复句80万句)中分别随机抽取含"所以""结果"的句子(或句群),对比统计因果句中"所以"和"结果"标记的结果项的感情色彩。我们整理其基本数据,校正并追加计算,得数据1。郭继懋(2006)随机抽取"于是"句和"所以"句各50个,统计其所标记的因果两项的谓项意义类型及主语生命度。整理得数据2。

数据1

1. 所以句。120例。结果项消极的17例(14.17%),中性的89例(74.17%),积极的14例(11.67%)。

2. 结果句。120例。结果项消极的87例(72.5%),中性的10例(8.33%),积极的23例(19.17%)。

数据2

1. 于是句。(1)原因项,a. 谓项类型:行动(意志支配下对性状的改变)

20例(40%),变化(性状改变的过程)19例(38%),性状(静止不变的)11例(22%)。b. 主语生命度:指人47例(94%),指物3例(6%)。(2)结果项,a. 谓项类型:行动35例(70%),变化12例(24%),性状3例(6%)。b. 主语生命度:指人48例(96%),指物2例(4%)。

2. 所以句。(1)原因项,a. 谓项类型:行动5例(10%),变化4例(8%),性状41例(82%)。b. 主语生命度:指人26例(52%),指物24例(48%)。(2)结果项,a. 谓项类型:行动5例(10%),变化8例(16%),性状37例(74%)。b. 主语生命度:指人38例(76%),指物12例(24%)。

简论 同义的结果项标记在几个意想不到的方面发生分化:(1)造成被标记项色彩意义的分化:"结果"所标记的结果项感情色彩趋于极化,主要倾向于消极面。"所以"所标记的结果项感情色彩趋于中性化。(2)它们所标记的结果项色彩的非平衡性特征表明,"结果"标记项的构式化程度比"所以"标记项高。(3)造成前后项之间微妙逻辑关系的分化:"所以"标记关联着推理活动,"结果"偏于说明性,未必能关联推理活动。

汉语还靠关联标记的分工,实现因果两项在行动关系和性状关系上的倾向性分化。

"于是""所以"虽然都是因果关系的结果项标记,但"于是"倾向于表行动关系,"所以"倾向于表性状关系,"于是"句表变化关系的频率也明显高于"所以"句。除"于是/所以"外,"结果"等其他因果标记,也多多少少参与到这种分化的表达中。该现象表明,复句关系不仅区分逻辑语义关系,还在更具体层面上区分非逻辑的语义关系,行动关系和性状关系就是其中较为深刻的两种。

"于是"句的原因项、结果项主语都以指人占绝对多数,这跟"于是"句倾向于表行动关系有内在联系。"所以"句主语指人的比例优势没有这么明显(原因项尤其如此)。

因果两项的谓项意义类型、主语生命度有某种程度的一致性:当某种谓项意义类型在原因项频率较高时,它在结果项的频率也相应较高,反之亦然。主语生命度也大致如此。

5. "因为/所以"的频率分布及与语体的关系

概述 姚双云(2009)依据中央电视台经济频道《对话》栏目40场对话视频(总时约1820分钟)人工转写成的口语语料库和用《人民日报》(2000)部分连续文本语料制成的规模相当的书面语语料库,统计"因为/所以"出现频率的语体差异。我们整理其数据,校正并追加计算,得数据:

数据

1. 口语语体。52.6 万字共 2018 次中,"因为"871 次,均 16.56 次/万字,"所以"1147 次,均 21.81 次/万字。

2. 书面语体。51.4 万字共 104 次中,"因为"71 次,均 1.38 次/万字,"所以"33 次,均 0.64 次/万字。

简论 "所以""因为"在口语语体中的出现频次远大于书面语体。口语语体中,后项结果标记"所以"频次大于前项原因标记"因为"。书面语体中则相反,是前项原因标记"因为"频次大于后项结果标记"所以"。

因果关系还有回溯式的("之所以……是因为……")。我们根据马清华主持编制(2015)的现代汉语多语体平衡语料库(328 万字规模)统计发现,口语语料库(159.2 万字)中"之所以"23 例,",是因为"22 例,",是由于"0 例。书面语语料库(168.8 万字)中"之所以"25 例,",是因为"9 例,",是由于"8 例。很明显,前项结果标记的频次相差不多,但后项原因标记差别较大。回溯式因果标记的格式化水平在口语体里要高于书面语。书面语回溯式因果关系的后项标记多样化程度高,除"(是)因为""(是)由于"外,还有"在于""原因是""主要""与……相关""是……"等。

因果标记在口语语体中的出现频次之所以远大于书面语体,并不是口语比书面语更重视逻辑关系,而是因为口语更贴近句法实现前的意义结构即逻辑关系,双表述句的情况就是例证(马清华,2014b),而书面语则做了较深的句法加工,其句法结构的复杂度远大于口语,句长也大于口语句,所以相同长度的语篇,口语的句子数量多,书面语的句子数量少。因此,书面语句法关系的占比或密度相对来说比逻辑关系高(句法关系和逻辑关系的区分见马清华,2014a)。因果是最为基本的偏正类逻辑关系(马清华,2012b),在论理见长的议论性书面语体里,诸如假设等某些更加高级的逻辑关系有时频次也很高。

9.3.7 假设标记

1. 假设句前后项关联标记的分布及其格式化

概述 姚双云(2008)调查 30 余万字作品(陈染《无处告别》、王小波《未来世界》、王朔等《编辑部的故事》、张承志《北方的河》)。整理并重新计算,得数据:

数据

带前项假设标记("如果|假如|要是|的话"等)的共 285 个假设句中,后项

带结果标记("就|那么"等)的163例(57.19%),后项不带结果标记的122例(42.81%)。

简论 假设复句的偶对关联词中,前标记一般是连词,且单义,后标记一般是副词,且多义。前标记出现时,后标记连带出现的比例略大于不出现,表现出格式化(马清华,2007)倾向。语言中也同样存在只带后标记而不带前标记的情形。甚至前后项标记全都删略,绝大多数的假设复句仍能维持原先的逻辑关系不变(马清华,2012b)。问题是,标记既然能以这样那样的方式不用,为什么还要用?这是因为关联词在假设复句中主要起明示或凸显作用(马清华,2012b)。

2. 假设复句前项标记"如果/如果说"跟判断类型的同现和构式化程度

概述 李晋霞、刘云(2009)依据国家语委平衡语料库,统计了"如果说+是"与"如果+是"标记复句前后分句的判断类型。我们整理其基本数据,修改并追加计算,得数据1。又从国家语委平衡语料库(9000万字)共时语料,台湾中研院近代汉语标记语料库中的历时语料,以及网络语言中,搜得"如果说"标记的假设复句1000例,统计其分句的判断句分布。我们整理其基本数据,修改并追加计算,得数据2。

数据1

1. "如果说+是"。随机搜到"如果说+是"复句400例,前项均为"是"字句,肯定的398例(99.5%),否定的2例(0.5%,"如果说龙不是一种实有的动物的话,那么这些记载就只能是古人胡诌的");其后分句也是"是"的257例,占64.25%,非"是"字句的143例(35.75%)。

2. "如果+是"。随机搜集到的"如果+是"复句388例,前项均为"是"字句,肯定的291例(75%),否定的97例(25%,"如果不是好多人集体地一起去打,一个人是很难把野兽捉住的");其后分句也是"是"字句的有72例(18.56%),非"是"字句的316例(81.44%)。

数据2

1. 前后分句都是判断句的928例(92.8%,"如果说形象的语言像火,使人振奋,那么逻辑严密的语言就像冰,使人清醒")。前后分句均为"是"字句257例(25.7%),前后分句之一为"是"字句314例(31.4%),前后分句均非"是"字句357例(35.7%)。

2. 前分句是判断句,后分句不是判断句的72例(7.2%,"如果说这样做

不对,我们马上停下来!|如果说这位当代才女面对千年前的苏东坡尚属"雾里看花",那么就看看与苏学士同时的那些女性吧。|如果说,整个戏是他的艺术品,刚才不是说过那是集体的创造成果么?|如果说只有声音轻重的差异,那么应以多少响度为宜呢?"),后分句是许诺、委婉命令、提醒、提问等。

简论 "如果说"句表假设性对照关系,是受俄语影响的借义用法(马清华,2003c),其前分句对判断类型有很高的选择倾向,且前后分句的判断类型有一定程度的一致性,"如果+是"句则没有这样的一致性倾向。"如果说"复句对结构项的形义约定性严格,确定性高,因此构式化程度也更高。相比"如果说"而言,"如果"并不反映分句之间的判断关系信息。

"如果说"对判断关系的选择倾向,是通过在构词上增入言说动词"说"从而扩充分句的语义分层来达成的假设性对照说明关系。解说关系标记"也就是说|换句话说"有类似构词,也有类似的判断说明倾向。尽管调查者所说"判断"并非句法学的而近似于逻辑学的概念,但"如果说"在复句里的判断选择倾向表明,它除了表前后项的逻辑语义关系,还在更具体的层面上影响着对前项及后项内谓项语义特征的选择,这是其假设性对照关系的意义结构使然。

9.3.8 转折标记

概述 "不料"表达的意外一般应是消极、不如意的。留学生偏误句"我在路上走,不料竟拾到了一百元钱"正是违背了这一规则。刘平(2008)统计1995年《人民日报》中"不料"句中的积极意外用法。我们整理其基本数据,校正并追加计算,得数据:

数据

共99个"不料"句中,表达积极事件的有10例(10.1%,"他以为这次一定会挨县领导的批,不料,县领导不仅没有责怪,反而赞赏他实事求是的态度")。

简论 一般情形下,"不料"所在谓项均表消极意外,比较"他正在走路,不料被人打了一巴掌~? 他正在走路,不料遇见这样的好机会"。但在复杂情形下,其他变量的介入,可暂时解除"不料"原有的语义约束。比如:(1)"不料"句在跟消极预判形成信息焦点对比的条件下,能够而且必须表积极意外,否则对比关系不成立。(2)意外标记叠加时。如"他以为会挨县领导的批,<u>不料</u>,县领导<u>竟然</u>表扬了我(但:* 不料县领导表扬了我)"。叠加造成的强化效果,使之在补偿机制下(马清华,2008)获得可接受性。

"不料"的理性义是表意料外,感情色彩义是所在谓项常表消极意外。所在谓项表积极意外时,"不料"只实现了理性义,但抑制了色彩义中对谓项成分消极、不如意的质性选择("质"参:马清华,2005b:229)。换言之,"不料"被抑制的不是基础的理性义,而只能是处于从属地位的、附丽性色彩。

9.3.9 关联格式化

概述 罗耀华(2002)收集了5种类型的"不A不B"格式语例共240个。我们整理其基本数据,修改类名,校正数据并追加计算,得数据:

数据

1. **条件式**。33例(13.75%,"不见不散")。
2. **中间式**。45例(18.75%,"不中不西|不肥不瘦"),
3. **互补式**。66例(27.50%,"不偷不抢")。
4. **同义式**。87例(36.25%,"不明不白")[此类中统计时有部分被误归互补式,如"不言不语"]。
5. **其他**。9例(3.75%,"不尴不尬")。

简论 "不"属情态标记,两个"不"在偶对共现后发生格式化,转成关联格式,对应于并列、假设关系,表并列关系的居多。嵌项之间本身的语义关系,也影响着关联格式"不……不……"所表逻辑关系。但单项标记"不"的情态标记作用仍在,表否定[个别情况例外,见下面的情形(5)]。(1)嵌项是承接关系时,格式表否定假设。这是假设格式得以形成的语义基础,此时即使单用前标记"不",也常表假设关系。(2)嵌项是反义关系时,格式表中间。(3)嵌项是协同关系时,格式表否定互补。(4)嵌项是同义关系时,格式表否定强化。(5)嵌项是同义关系甚至是单纯词的拆解式,格式光表强化口气,不表否定。如"不尴不尬",又比如,"失手滑将倒去,不端不正,却好打在那人头巾上(《水浒传》第24回)",《汉典网》云犹言"端端正正"。此用法已不可类推。偶对共现的"不……不……"在假设关系外,都基于像似,成为直观的并列格式。

格式化的前后嵌项都是单音节时,有语汇化和熟语化作用,构成习语或成语。即使嵌项是多音节的,也可作为谚语的形成手段,如"不到黄河心不死|不见棺材不掉泪"。

第十章 话语标记

10.1 话语标记类别及其功能层次性

概述 关于话语衔接语的信息量,丁莞馨(2004)依据2002—2003年中央电视台《对话》、《艺术人生》、《实话实说》三个谈话栏目各10期(共30期)作了统计,获得88个话语衔接语。我们整理其基本数据,修改分类和归类,并追加计算,得数据:

数据

1. 含信息量的衔接语。共59个(67.05%),其中带动词的42个{47.73%,[夹注类](也)就是(说)|等于说,[信源类]我觉得|我想|我认为|你看/想/说|我知道|(我)听说|我们知道|大家都知道|你知道吗|我发现|有人说|按/据说|据我所知|由此可见,[判断类]可以说|简单地说|相对来说,[列举类]比如说,[接续类]所以说|如果说|或者说|是……还是|而(不)是|接下来|一/刚开始|目前|否则(的话)|总而言之|再说|反过来,[评议类]是吧|是不是|好|对吧/对不对|好吧/好不好,[言发类]怎么说呢}。

2. 不含信息量的衔接语。仅作为前后信息交流的缓冲,不承载衔接作用以外的语义内容。共29个(32.95%),包括应答词语([评议类]嗯|噢|好好|行行|对对|是是|好了,[言发类]啊)、招呼词语([言发类]喂|哎|来)、一些失去逻辑关联的连接词语([接续类]然后|那么,[引转类]这个|那个)等。

简论 话语标记是标示话语关联、话语信息特征、话语社交功能、话语发生、话语活动或话语反应的标记性成分。话语标记有两个功能层次。从其直接的标示功能(即标记与被标记者之间的关系)看,有引转类、接续类、夹注类、列举类、信源类、判断类、评议类、言发类("怎么说呢|这么说吧")等。但从标记在话语关系和话语活动中的实际作用看,这些类别有时又能发挥相同的功

能,如所有话语标记类型都有话语衔接功能,或多能发挥社交功能,接续类、转引类、评议类标记等都能导入新话题的功能。

严格说来,话语衔接语都含有衔接作用以外的信息,只是意义性质不同罢了。被认为"含信息量的"实际含带的是认知信息,夹注类、信源类或判断类都带此种信息,引转类不大带这样的信息。接续类、评议类、言发类多带这样的信息,也有的不带。表认知信息的话语衔接语多数是带动词的语块。被认为"不含信息量的"实际含带的是情感、意志、态度信息,或虽属认知信息,但已转指当下的话语行为,前者有的是叹词(类语言成分),有的是叹词化成分。类语言成分也能用作话语衔接语,但在话语衔接语中占比不太大。

10.2 引转类

"这个/那个"标记类型的句法、语用特征及社会语言学特征

概述 殷树林(2009)选 11 份总计 13.6 万字的自然口语语料(来自聊天、谈话、问答、授课、广播讨论、广播问答、电视访谈、电视剧录音等),对比统计其中"这个""那个"的指量标记和话语标记用法的句法分布。我们整理其基本数据,修改分类和归类,改变计算方法,校正并追加计算,得数据 1。刘丽艳(2009)从学术讨论、聚会闲谈、电话闲谈、教师话语、电视访谈以及其他随录材料中搜集话语标记"这个""那个"句,统计该话语标记的语用分布及交际特征。我们整理其基本数据,并追加计算,得数据 2。郭风岚(2009)对比统计北京语言大学 20 世纪 80 年代研制的《当代北京口语语料》(170 万字,374 人的讲话)中话语标记"这个""那个"的使用。语料是自然语境下的命题式采访录音,围绕居住条件、社会治安、婚丧嫁娶、个人经历等话题即席谈话。按性别、年龄、教育程度、职业、民族、居住地等随机选择被调查人。我们整理其基本数据,校正其计算方法,并追加计算,得数据 3。

数据 1

1. 总体分布。"这个""那个"指量标记用法 36 例/万字[这个 29,那个 7],话语标记用法 37 例/万字[这个 19(句首 5,非句首 14),那个 18(句首 5,非句首 13)]。

2. 样本分布。(1)指量标记和话语标记势力相当(相差小于 5 例/万字)。

a. 这个＞那个。朋友聊天 0.94 万字中,指量标记 31 例/万字(这个 21,那个 10),话语标记 31 例/万字[这个 22(句首 3,非句首 19),那个 9(句首 0,非句首 9)]。课堂讲授 1.18 万字中,指量标记 35 例/万字(这个 30,那个 5),话语标记 34 例/万字[这个 26(句首 10,非句首 16),那个 8(句首 3,非句首 6)]。b. 那个≥这个。论文答辩 0.73 万字中,指量标记 36 例/万字[这个 18,那个 18],话语标记 37 例/万字[这个 5(句首 3,非句首 3),那个 32(句首 8,非句首 23)]。(2) 指量标记用法的势力大于话语标记。a. 这个＞那个。《百战经典》0.79 万字中,指量标记 94 例/万字(这个 84,那个 10),话语标记 27 例/万字[这个 19(句首 6,非句首 13),那个 8(句首 3,非句首 5)]。《乡村爱情》0.49 万字中,指量标记 18 例/万字(这个 14,那个 4),话语标记 6 例/万字[这个 6(句首 2,非句首 4)]。b. 这个＞那个/那个＞这个。《艺术人生》$_a$5.52 万字中,指量标记 17 例/万字(这个 13,那个 4),话语标记 10 例/万字[这个 2(句首 1,非句首 1),那个 8(句首 6,非句首 2)]。(3) 话语标记用法的势力大于指量标记。a. 这个＞那个。《交广说法》$_a$0.9 万字中,指量标记 42 例/万字(这个 36,那个 6),话语标记 101 例/万字[这个 58(句首 14,非句首 43),那个 43(句首 9,非句首 34)]。《交广说法》$_b$0.9 万字中,指量标记 45 例/万字(这个 43,那个 2),话语标记 74 例/万字[这个 60(句首 8,非句首 52),那个 14(句首 2,非句首 12)]。《成长在线》0.53 万字中,指量标记 28 例/万字(这个 19,那个 9),话语标记 57 例/万字[这个 34(句首 2,非句首 32),那个 23(句首 2,非句首 21)]。b. 那个≥这个。拜访同学 0.2 万字中,指量标记 50 例/万字(这个 25,那个 25),话语标记 55 例/万字[这个 10(句首 10,非句首 0),那个 45(句首 5,非句首 40)]。c. 这个＞那个/那个＞这个。《艺术人生》$_b$1.42 万字中,指量标记 74 例/万字(这个 63,那个 11),话语标记 88 例/万字[这个 31(句首 11,非句首 20),那个 57(句首 6,非句首 51)]。

数据 2

1. 语用分布。"这个"164 例中,[话轮开端]首话轮 4 例(2.44%),非首话轮 20 例(12.20%);[话轮中间]小句句首 73 例(44.51%),小句句中 67 例(40.85%)。"那个"98 例中,[话轮开端]首话轮 1 例(1.02%),非首话轮 8 例(8.16%);[话轮中间]小句句首 15 例(15.31%),小句句中 74 例(75.51%)。

2. 交际特征。"这个"[交际主体]长→幼;师→生所在话轮占时 224 分,均 0.73 例/分。"那个"[交际主体]幼→长;生→师;平等所在话轮占时 140 分,均 0.70 例/分。

数据 3

1. 使用普遍性。海淀、西城、东城、牛街、天桥 5 个点 312 人,涉及语料约 146 万字。其中 308 名(98.72%)使用了话语标记"这个、那个",只有 4 名(1.28%)没有使用。

2. 多角度对比。(1) 性别。a. 男性 144 人(46.15%),只用"这个"42 人(13.46%),只用"那个"9 人(2.88%),两个都用 93 人(29.81%)["这个">"那个"71 人(22.76%),"这个"<"那个"12 人(3.85%),"这个"≈"那个"10 人(3.21%)]。b. 女性 164 人(52.56%),只用"这个"2 人(0.64%),只用"那个"50 人(16.03%),两个都用 112 人(35.90%)["这个">"那个"25 人(8.01%),"这个"<"那个"71 人(22.76%),"这个"≈"那个"16 人(5.13%)]。(2) 教育。a. 学生 19 人(6.09%),只用"这个"0 人(0.00%),只用"那个"12 人(3.85%),两个都用 7 人(2.24%)["这个">"那个"1 人(0.32%),"这个"<"那个"5 人(1.60%),"这个"≈"那个"1 人(0.32%)]。b. 非学生 289 人(92.63%),只用"这个"44 人(14.10%),只用"那个"47 人(15.06%),两个都用 198 人(63.46%)["这个">"那个"95 人(30.45%),"这个"<"那个"78 人(25.00%),"这个"≈"那个"25 人(8.01%)]。(3) 年龄。a. 在 30 岁以下 97 人(31.09%),只用"这个"8 人(2.56%),只用"那个"37 人(11.86%),两个都用 52 人(16.67%)["这个">"那个"16 人(5.13%),"这个"<"那个"29 人(9.29%),"这个"≈"那个"7 人(2.24%)]。b. 在 31 岁以上 211 人(67.63%),只用"这个"36 人(11.54%),只用"那个"22 人(7.05%),两个都用 153 人(49.04%)["这个">"那个"80 人(25.64%),"这个"<"那个"54 人(17.31%),"这个"≈"那个"19 人(6.09%)]。

简论 就总体分布看,自然口语语料中"这个""那个"的指量标记用法势力和话语标记用法势力相当。在不同样本中,两者势力出现消长,虽然看不出这跟具体语域有何明确的对应关系,但从样本分布看,在 11 个样本中,"这个""那个"指量标记用法的势力大于话语标记用法势力,或两者势力相当的样本数量相等,都只有 3 个(27.27%)。话语标记用法的势力大于指量标记用法势力的样本有 5 个(45.45%),可见数量最多,因而更为普遍。

就总体分布看,自然口语语料中都是"这个"的频率高于"那个"。就样本分布而言,指量标记用法中,11 个样本中的 9 个(81.82%)样本都是"这个"的频率大于"那个",其余 2 个(18.18%)样本是"这个"的频率等于"那个"。可见,表近指的"这个"基本都多于表远指的"那个",至少相等,呈较强的规则性,这跟"这个"较多用于毗邻回指及现场话语有关。话语标记用法中,总体上仍是"这个"的频率多于"那个",有 7 个(63.64%)样本是这样,剩余 4 个(36.36%)样本情况相反,是"那个"的频率多于"这个"。反映话语标记用法呈某种程度的正偏态分布,规则性减弱。这跟干涉变量增加和虚化程度升高有关(参下)。

就总体分布看,话语标记用法中,"这个""那个"的句法位置是居非句首的多于句首。就样本分布看,基本倾向也是如此["这个"非句首多于句首的样本 8 个(72.73%),相等的样本 2 个(18.18%),相反样本 1 个(9.09%)。"那个"非句首多于句首的样本 9 个(81.82%),相等的样本 1 个(9.09%),相反的样本 1 个(9.09%)]。这些说明:(1) 话语标记时插入语倾向明显。该句法特征超越了"这个"和"那个"的词项差异。(2) 这种分布倾向可能体现了"这个""那个"在口语中作为引转类(其功能包括寻思类的"引"和导入新话题的"转")话语标记的分布特征。

在语用分布上,(1)"这个""那个"都更多地用作话轮的转接或延续,但"那个"多用在小句句中,"这个"用在小句句首和句中的概率相近,用在小句句首的略多。(2) 话语标记"这个"用于话轮开端即发语标记的概率高于话语标记"那个"。(3) 就指称对象跟当下语境的关系来说,远指比近指更为疏远,在理据意义上,远指比近指也就更加不明,因此其作话语标记时表达的婉曲程度相对更高。相应地,"这个"所在话轮平均每分钟的使用个数多于"那个"。这跟"这个"更多地用于上对下的话语中,"那个"更多地用于下对上或平等关系(如平辈间)的交际语境有关。这从如下社会语言学中也可得到解释。

"这个""那个"的话语标记用法在当代北京话中很普遍。当性别、年龄、职业这三个变量在话语标记"这个""那个"的使用上呈现对立时,往往是男性、30 岁以上者、非学生多用"这个",女性、30 岁以下者、学生多用"那个"。换言之,社会强势群体多用"这个",社会弱势群体多用"那个"。表现为:(1) 若论只用其中之一者,则只用"这个"的男性占比高于女性,30 岁以上者占比高于 30 岁以下者。只用"那个"的女性占比高于男性,30 岁以下者占比高于 30 岁以上者。(2) 学生中有只用话语标记"那个"的,却没有只用话语标记"这个"的。(3) 无论只用"这个"还是只用"那个",非学生占比都远比学生的占比高。(4) 若论两个话语标记都用者,则用"这个"多于用"那个"的是男性、30 岁以上者、非学生群体,用"那个"多于用"这个"的是女性、30 岁以下者、学生群体。(5) 除学生外,无论性别、年龄,话语标记"这个""那个"都使用的人数,总是多于只用话语标记"这个"或"那个"的人数。

10.3 接续类

概述 方梅(2000)统计 4 小时自然会话中高频连词的话语标记(不表逻辑真值,而表话语衔接)用例。我们整理其基本数据,归纳分类,校正其数据,并追加计算,得数据 1。姚双云(2009)从交谈语体中随机抽取到含"所以"130个句子,统计自然口语中"所以"的句法语义语用特征,我们整理其基本数据,并追加计算,得数据 2。自然会话中"然后""但是"沦为非真值语义表达的话语标记后,可进一步虚化和高频化为口头禅。马国彦(2010)从录音材料中选取两个各 5 分钟对话。整理并追加计算,得数据 3。

数据 1

1. 后项关联词。(1) 广义因果 52 例(占原标记总 117 例的 44.44%):结果"所以"93 例中,话语标记 48 例(51.61%)。结果"那么"24 例中,话语标记 4 例(16.67%)。(2) 转折 37 例(占原标记总 110 例的 33.64%):转折"不过"10 例中,话语标记 4 例(40%)。"但是"63 例中,话语标记 21 例(33.33%)。"可是"37 例中,话语标记 12 例(32.43%)。(3) 广义并列 24 例(占原标记总 89 例的 26.97%):并列"而且"34 例中,话语标记 6 例(17.65%)。承接"然后"44 例中,话语标记 16 例(36.36%,"乱七八糟都有。然后另外一种就是豆腐")。递进"甚至"11 例中,话语标记 2 例(18.18%)。

2. 前项关联词。原因"因为"36 例中,话语标记 1 例(2.78%)。假设"如果"14 例中,话语标记 0 例。

数据 2

1. 因果连词。86 例(66.15%),含功能:(1) 说明结果 52 例(40%,"因为这个诉讼标的比较大,所以……这个反响比较激烈。"),(2) 推论 20 例(15.38%,"2007 年受宏观政策大气候的影响,钢铁和电力等投资的热潮结束,而固定资产呢降温。另一方面人均消费短时间不可能马上那个拉动经济的增长,所以呢对于中国企业来说,2007 年要更加注重那个……做好内功,强身固体,然后好好防寒准备。"),(3) 评价 14 例(10.77%,"我从来没有想到过我自己会回到北大来当校长。所以这个事情啦……能不能当上一个学校的校长,这是各种因素……天时、地利、人和。")。

2. 话语标记。44 例(33.85%),功能含:(1) 引发话轮,即作为话轮开端语 5 例(3.85%,"甲:而且成绩永远不可能提高[到最快]。乙:[对,一般]参与到国际比赛……。丙:体制机制不好……参加比赛也没用,中国足球再参加国际比赛一样也是输。甲:所以其实最关键的是……您觉得? 丙:体制机制还是非常之重要的。"),(2) 延续话题 16 例(12.31%,"我觉得您刚才说到的这点特别关键,关键是处在什么位置、来关注它的什么天气。所以接下来呢,我们要来看一看全国部分城市的天气预报,各位可以选择任何一个领域来告诉我们,你对这个领域的企业 2007 的一个判断,好不好? 在此之前呢,我们也交给北大的学生。"),(3) 找回话题 7 例(5.38%,"甲:说到这经费问题,我们大家似乎都有话要说……我记得许校长曾经说过,这个经费给你的压力特别大,巧妇难为无米之炊啊,为什么会发出这样一些感慨? 乙:我们去年光离退休人员用的……待遇一亿两千万……,这都是按照国家的规定要付。教育部直接给我们的,大概就是……四千万左右。那就是中间一大部分要我自己想办法去弄。甲:所以您觉得压力特别大。乙:是啊。"),(4) 停顿填空 9 例(6.92%,"甲:我给他答,他们说话太啰唆……那么原来我们国家是计划经济,我们国家没有工厂,我们国家这些工厂,都是国家这个大工厂的一个一个的车间。所以倪润峰他是一个车间主任,随着中国的这个转型,由计划经济变市场经济,他慢慢地……他就成了一个……这个厂长了,或者经理了。乙:是这样吗?"),(5) 转移话题 7 例(5.38%,"我……我非常赞同叶女士刚才这个……这个说法,实际上你说事业是一生的追求。好,所以……我曾经面试一个年轻人,我说你怎么看,他说……我就要找份工作,我希望将来这份工作是我事业的一个台阶,他说……我给人家发一个短信,说要想一个人高兴就做梦,要想一家人高兴就做饭,要想邻居高兴就做东,要想一辈子高兴就做事……"),后 4 种功能都是用以延续话轮。

数据 3

1. "**然后**"。15 例中,话语标记 12 例(80%)。
2. "**但是**"。21 例中,话语标记 16 例(76.19%)。

简论 语言有四大标记系统:指称标记、情态标记、结构标记、话语标记(马清华,2017a)。前三种(如指称标记"这个"、情态标记"真是"、结构标记"所以")都可最终演化为话语标记。结构标记的语法意义已经处在高度虚灵的层次上,它向话语标记的演化是一种高度再语法化、再标记化的过程。连词作为逻辑结构标记,其话语标记化就是这样的典型代表。

并非所有连词都再标记化为话语标记。哪些连词再标记化为话语标记?

(1) 偶对连词的后项连词在单用时比前项连词的单用更容易发生再标记化,如"因为/所以""如果/那么"等表现出明显的不对称分布。后项再标记化的频率更高。(2) 跟逻辑关系次类型有关。再标记化为话语标记后的使用频率由高到低呈序列"广义因果＞转折＞广义并列"。只有话语标记化中最活跃的广义因果,才可能前后项都能分别单用作话语标记。偶对转折标记的前项(如"虽然")不能用作话语标记。(3) 与使用频率因素有关。如因果关联词用作话语标记时,后项用"所以",不用"因此",前项用"因为"不用"由于"。(4) 连词功能是其演化为话语标记的意义理据,也是理解和解码话语标记的依据。

连词再标记化为话语标记还需一定外在条件。它往往肇始于自然口语中,这跟其再标记化条件中的高频特征及语体自由度互为因果、协同作用。

连词再标记化的后果不仅是由逻辑结构标记演化为话语标记,而且还伴有一些更为具体的特征表现。(1) 连词越是高频,再标记化后所形成的话语功能在分布势力上也越强大。(2) 话语标记的特高频使用,可发展为口头禅。伴随着口头禅的特高频使用,其用法增加,导致使用限制解除并出现泛化,很多不需要用甚至不该用的地方也用,在言语中,接受者几乎可以高概率预测出其口头禅的出现。口头禅缺乏实际表现力而又特高频使用,成为个人言语风格中无能的表征而引人耻笑。在自律约束下,这种现象在多数人身上不会发生。但反过来,口头禅未必都是话语标记,如各种鄙俗粗野的方言口头禅和戏谑调侃的校园口头禅,很多都不是话语标记。

10.4　夹注类

概述　吴凌云、范开泰(2002)依据《人民日报》语料库(2000 年,逾 2418 万字),统计"特别是"前后项的句法语义分布。我们整理其基本数据,并追加计算,得数据:

数据

1. 句法形式分布。"特别是"句共 4559 例中,前后项在句法的功能、结构或句层级方面相同的 4429 例(97.15％)[体词短语 2400 例(52.64％),谓词短语 119 例(2.61％),介词短语 113 例(2.48％),小句 1048 例(22.99％),句子 749 例(16.43％)],前后项的句法功能、结构或句层级都不同的 130 例(2.85％,"还得把品种多样化搞上去,<u>特别是</u>名特优品种的开发")[省略或格式变换造成的 33 例(0.72%),隐含造成的 52 例(1.14%),其他 45 例(0.99%)]。

2. 句法功能。"特别是"句共 4559 例所联前后项的句法功能:主语 767 例(16.82%,"共产党员特别是领导干部都要任劳任怨地为党和人民而工作"),定语 555 例(12.17%,"各级党委、政府,特别是贫困地区的主要负责同志要有强烈的使命感"),宾语 540 例(11.84%,"中国严格恪守和平共处五项原则,特别是互不干涉内政的原则"),介词宾语 501 例(10.99%,"把品种多样化,特别是名特优品种的开发搞上去"),状语 337 例(7.39%,"改革开放以来特别是进入 90 年代以来,发达国家的一些品牌产品对中国市场形成了冲击"),补语 1 例(0.02%,"改革开放 20 多年特别是 10 年来的实践证明了这一点"),兼语 33 例(0.72%,"各级党组织开展警示活动,使广大党员干部特别是领导干部受到了教育"),同位语 4 例(0.09%,"武器装备革新主要靠的是物理学,特别是核物理学"),无法分析 22 例(0.48%),连动 2 例(0.04%,"政府采取了许多新办法支持发展信息产业,特别是推出了许多优惠政策"),小句 1048 例(22.99%,"每逢下大雨,不少地段会严重积水,特别是盛夏季节恶臭泛起"),句子 749 例(16.43%,"1991 年—1994 年,荣古尔夫人付了 27.3 万法郎!特别是,夫人 1992 年还在巴黎买下一套豪华套间")。

3. 语义分布。在"特别是"前后项间的语义关系上,包含的 3009 例(66%,"海洋污染特别是浅海污染问题日益严重"),互不包含的 1550 例(34%,"中考特别是高考对学生意味着激烈的竞争")。

简论 "特别是"在词性上可归连词,在标记性质上归话语标记,表后项对前项的夹注关系,总体上有语词夹注和句夹注两种。语词夹注的前后项间是句法结构中的并列关系。句夹注是逻辑结构中的解说关系,它是联合关系的一种。"特别是"所接前后项绝大多数在句法的功能、结构或句层级方面相同,表现出了跟并列或联合结构的像似关系。

"特别是"连接体词性成分不仅在语词夹注内部占绝对优势,而从其夹注标记的整体看,仍然是以连接体词性成分为主。这足以表明,"特别是"语词夹注功能的分布势力大于句夹注功能。句法并列关系中,"特别是"所联前后项在句中可充当各种句法成分,其分布势力由大到小依序为"主语>定语>宾语>介词宾语>状语>补语"。原因何在?夹注主要需满足前项功能和可扩展空间两方面条件,即前项绝大多数是体词性的,且有足够的扩展空间。主谓关系通常是单句(或分句)的第一层句法关系,处于交际层面,可扩展空间最大,主语是叙述的起点,多为体词性,书面语在陈述关系全面展开前,能够充分允许被陈述对象的语词夹注,其间的干涉因素极少,因此主语被夹注的比例最大。宾语、介词宾语以体词性成分为常,体词性的定语是定语的典型次类,它们都容许自由扩展,因而夹注也较常见。兼语虽然可以扩展,但因处于两个述谓性关系的接口,所以一般不会很长。这也是"特别是"分布较少的原因。状语和补语都是体词性成分的非典型功能,被夹注的多限为时间性成分,自然极少见。从分布势力的序列看,"特别是"多用于背景信息的表达。

在语义上,语词夹注多数是包含关系,这是后项对前项的夹注、补说性质决定的。也有部分是互不包含的,这主要着眼于并列关系中的凸显标注。

10.5 列举类

概述 聂凤春(1998)调查 1992 年第 1 期《新华文摘》、1985 年第 6 期《收获》共 90.5 万字语料(其中非文学类 41.4 万字,文学类 49.1 万字)中列举标记"等""等等"的后续成分。我们整理其基本数据,并追加计算,得数据 1。陈宝莲(2008)从书面语体特征的人民网语料和北大语料库中的口语语体语料中,搜得列举标记"等""等等"各 100 例次,统计列举助词"等""等等"所标记的前项成分。我们整理其基本数据,并追加计算,得数据 2。

数据 1

1. "等"。293 例中,有后续成分的 193 例(65.87%,"韶山、井冈山、延安等地"),无后续成分的 100 例(34.13%,"以研究民族的形成和发展、社会形态、文化特征等为主要任务"),单用的 0 例。

2. "等等"。49 例中,有后续成分的 8 例(16.33%,"咨询、决策、执行、监督等等四个环节"),无后续成分的 37 例(75.51%,"如一些企业效率不高,经济效益差,经营不够灵活等等"),单用的 4 例(8.16%,"如只有通过社会实践,才能了解国情民情,才能培养观察、认识和解决问题的能力,等等|作担保人包括去移民局要担保人申请表、填写、找公证人盖章、要银行出存款证明,等等")。

数据 2

1. 功能分布。(1)"X 等"作主语 2 例(2%,"海部俊树、二阶俊博等参加了会见"),宾语/介宾 12 例(12%,"许多省级财政还出资设立了中小企业服务机构、担保机构、创业投资企业等"),定语86例(86%,"秀君成立了一个装饰工程队,接一些外墙刷涂料等小活"),复句分句0例,复指语0例。(2)"X等等"作主语8例(8%,"餐馆垃圾被养猪户收走喂养'泔水猪'、被黑加工点拉走提炼'地沟油'等等,是市民深恶痛绝的"),宾语/介宾71例(71%,"在追逐、竞争的时候,心灵被嫉妒、虚伪等等充斥着"),定语11例(11%,"国资委、地方政府等等行政机关都是公司需要沟通的"),复句分句6例(6%,"大多数物流企业的特点是:经营规模小,市场份额少,融资能力弱,网络分散,等等"),复指语4例(4%,"它吸引了一批在韩国为现代配套的零部件企业,平康、欲信、东明、大东、成一等等")。

2. 前项构成分布。(1)"等"的列举项:词44例(44%,"转投中国和越南等市场")[其中单音节词2例(2%,"优良率明显高于日、美、法等发达国家")],短语49例(49%,"经历了亚洲金融危机、911恐怖袭击、印度洋海啸等重大国际事件的冲击与考验"),小句7例(7%,"发达国家的保护主义上升,美英继续受到恐怖威胁,俄国与西方国家摩擦不断等因素都将影响未来外国直接投资")。(2)"等等"的列举项:词21例(21%,"态度、趣味、思路、知识等等")[其中单音节词1例(1%,"桃、竹、柏等等")],短语50例(50%,"电子产品、绘画作品、体育或娱乐项目的入场券、精装食品等等"),小句29例(29%,"你用的都是些什么人?共产党用的又是些什么人?等等")。

3. 前项内部结构方式。(1)"等"的前项:排列式(无标记)83例(83%,"凭借徒手捕捉蟒蛇、鳄鱼等惊险表演征服观众"),连接式(标记是"和|或|及"等连词)15例(15%,"以日元和瑞郎等低息货币为载体"),配合式(标记是语气词"啊|呀"等或"如|包括|之类|什么"等)2例(2%,"网络通信工具如E-mail、MSN等")。(2)"等等"的前项:排列式41例(41%),连接式13例(13%),配合式46例(46%)。

简论 列举标记"等""等等"自身的独立程度影响到对后续成分是否有补足需要。单音节列举标记"等"不能单用,因而也多有后续成分。双音节列举标记"等等"可以单用,因而多无后续成分。句法空间的大小影响到其对长短标记的选用,定语因身在句中,受到局促结构的挤压,其列举标记多用单音节的"等",宾语因处句末,没有局促结构的挤压,且是受注意的新信息,其列举标记多用双音节的"等等"。

"等""等等"跟前项的搭配存在着长度的一致性,受"等等"标记的前项相对于受"等"标记的成分来,倾向于长度(含音节数和停顿)更长、单位等级更高。"等""等等"跟前项的搭配存在着语义一致性。"等等"重叠,故前项较多用渲染、加强的配合式,单音节"等"无渲染、加强意味,故前项极少用配合式。

"等""等等"列举的前项都较多用无标记并列式(排列式),较少用有标记并列式(连接式),表明列举标记在某种程度上可以代偿并列标记的作用。

10.6 信源类

概述 我们把"看""想""知道""说"等叫"反映动词"。信源类话语标记中的必有成分是反映动词,包括感知动词和言说动词。按构成分四类:(1) 主体＋反映动词。主体论元限为表说者或听者的人称代词。曹秀玲(2010)穷尽检索《我爱我家》和《编辑部的故事》等剧本,以考察话语标记"我/你＋看/想/知道/说"的语用分布。我们整理其基本数据,并追加计算,得数据1。刘丽艳(2006)依据在当事人不知情时的生活录音(包括电话实况录音和聚会时的闲谈录音)、影视节目录音(包括访谈类节目和电视剧中的人物对话)和从CCL现代汉语语料库中搜集的语料,统计话语标记"你知道"的语用变体"你知道吗""你知道吧""你知道"与信息指向的关系。我们整理其基本数据,校正并追加计算,得数据2。(2)(主体＋)否定祈使标记＋反映动词。主体论元限为表听者的人称代词。尹海良(2009a、2009b)根据一般封闭语料库(CCL现代汉语语料库)和2633余万字自建现代汉语平衡语料库(含书面语、口语、准口语等各类语体),搜索"别说"句,经分词处理和人工校对后,统计"别说"的功能分布、位置分布和形式变体。我们归纳整理其基本数据,并追加计算,得数据3。(3) 凭据/处所＋反映动词。凭据论元或处所论元都是由反映动词的主体论元降价(参:马清华、葛平平,2020)而成。它表说者或听者时限为人称代词,表第三者时只需是名词性的。李晓琪、章欣(2006)统计1715万字的语料(含CCL现代汉语语料库1680万字和中央电视台《实话实说》总35万字,有说明文、文学作品、法律文书和北京话口语)中的信源类话语标记"据……说""据……看""在……看来"与人称代词/指人名词搭配,以及后续内容的主客观分布。我们整理其基本数据,分类和归类,并追加计算,得数据4。(4) 反映动词＋起始体标记。起始体标记限为趋向动词"起来"。潘虎(2010)依据CCL现代汉语语料库,在196034例"起来"句中统计5个典型"V$_{反映动词}$起来"话语标记(不含"V＋起＋O＋来")中反映动词的分布。我们整理其基本数据,校正并追加计算,得数据5。

数据1

1. 构成分布。共1037例中,"你~"495例(47.73%)["你看"226例(21.79%),"你想"18例(1.74%),"你知道"19例(1.83%),"你说"232例(22.37%)],"我~"542例(52.27%)["我看"248例(23.92%),"我想"22例(2.12%),"我知道"28例(2.70%),"我说"244例(23.53%)]。

2. 语用功能分布。【你—我对立型】"你"类功能:寻求认同"你知道(80%)>你想(68%)>你说(34%)>你看(22.5%)",征询意见"你说(28%)>你看(20%)",解释开脱"你说(2.5%)>你看(2%)",欣羡赞誉"你看(9%)>你说(0%)"。"我"类功能:意见推断"我想(100%)>我看(95.5%)>我说(29%)"。【你—我中和型】劝慰说服"你想(34%)>你知道(21%)/你看(21%)>你说(11%)>我说(2%)",责备抱怨"我说(28%)>你看(26.5%)>你说(25%)"。

3. 反映动词分布。"说"(476例45.9%)>"看"(474例45.7%)>"知道"(47例4.5%)>"想"(40例3.9%)。

数据2

"你知道吧"共28例,指向前面信息26例(92.86%),指向后面信息2例(7.14%);"你知道吗"共156例,指向前面信息92例(58.97%),指向后面信息64例(41.03%);"你知道"共393例,指向前面信息8例(2.04%),指向后面信息385例(97.96%)。

数据3

1. 功能分布。(1) 一般封闭语料库。"别说"1898例中,"别说_实义短语"726例(38.25%,"好了,别说了"),"别说_连词"1065例(56.11%,"别说没吃过苹果了,就是见也没有见过"),"别说_话语标记"101例(5.32%,"还别说,光早餐费就能省下不少呢"),"别说_焦点标记"6例(0.32%,"一张小嘴别说多会说话了")。(2) 语体平衡语料库。"别说"534例中,"别说_实义短语"317例(59.36%),"别说_连词"191例(35.77%),"别说_话语标记"26例(4.87%)。

2. 位置分布。话语标记"别说"在一般封闭语料库共101例中,话语开头91例(90.1%,"你还别说,那房要是你的,我还真未见准租"),句中10例(9.9%,"咱们就不晓得了,也别说,他们也多少有点病")。语体平衡语料库26例中,话语开头17例(65.38%),句中9例(34.62%)。

3. 形式变体。一般封闭语料库话语标记"别说"101例中,有13种形式变体:"你别说"25例(24.75%),"也别说"20例(19.80%),"别说"14例(13.86%),"你还别说"13例(12.97%),"还别说"12例(11.88%),"可也别说"5例(4.95%),"您还别说"4例(3.96%),"您别说"3例(2.97%),"倒也别说"1例(0.99%),"也更别说"1例(0.99%),"还真别说"1例(0.99%),"你可别说"1例(0.99%),"你倒别说"1例(0.99%)。

数据4

1. 嵌项。共296例中,"我"120例(40.54%),指人名词115例(38.85%),"他"50例(16.89%),"你"11例(3.72%)。(1)嵌项多为"我"的格式4种,159例(53.72%):"据……看"65例(21.96%)[嵌"我"41例(13.85%),"你"1例(0.34%),"他"14例(4.73%),指人名词9例(3.04%)];"依……看"42例(14.19%)[嵌"我"37例(12.50%),"你"2例(0.68%),"他"0例,指人名词3例(1.01%)];"照……看"31例(10.47%)[嵌"我"25例(8.45%),"你"0例,"他"4例(1.35%),指人名词2例(0.68%)];"依……说"21例(7.09%)[嵌"我"15例(5.07%),"你"4例(1.35%),"他"0例,指人名词2例(0.68%)]。(2)嵌项多为指人名词的格式2种,137例(46.28%):"据……说"115例(38.85%)[嵌项"我"0例,"你"0例,"他"30例(10.14%),指人名词85例(28.72%)];"照……说"22例(7.43%)[嵌项"我"2例(0.68%),"你"4例(1.35%),"他"2例(0.68%),指人名词14例(4.73%)]。

2. 后续内容的主客观分布。"据……说"115例中,后续内容是客观事实的106例(92.17%,"据他们说,学校拒绝了他的请求"),是主观看法的9例(7.83%,"据她说,这件衣服看上去感觉很凉快,我的感觉却是相反。")。"据……看"65例中,后续内容都是主观看法。

数据5

"看起来"5275例(2.69%),"想起来"2486例(1.27%),"听起来"1569例(0.80%),"说起来"1389例(0.71%),"提起来"235例(0.12%)。

简论 信源类话语标记中,"主体+反映动词"式通过提示信源的存在、获得或发送,表示意见推断和各类社交功能。它有三个特征:(1)言说动词的地位最为显著。原因何在?直接表明说话意图(illocutionary)的表态成分即高层话语标记都是"我+言说动词"类("我说,他不可能装病。|我问你,他为什么装病?"),"我+非言说类反映动词"类也可充当低层话语标记["我是说,我看他不可能装病。"],但受到了表态成分或潜在表态成分的规定,因此语用功能较单纯(如不说"?我是说,你看他为什么装病?")。"你+反映动词"类只是低层话语标记["我问(你),你说他为什么装病?"],受表态成分或潜在表态成分的制约相对较小,反映很多具体的主观态度,所以语用功能分布相对分散。

虽然言语动词、心理动词、感知动词都是反映动词,都能带陈述类宾语,并形成递归的动宾结构,但在构成话语标记上,只有言语动词才能构成表态成分(高层话语标记),因此也只有它才有资格在话语交际中处于终极层次(如"树倒了→你看见树倒了→他知道你看见树倒了→我说他知道你看见树倒了")。复杂化到此若还不能刹住,就得再轮回一次(如"我说他知道你看见树倒了→小王听见我说他知道你看见树倒了→老张知道小王听见我说他也知道你看见树倒了→我是说老张知道小王听见我说他也知道你看见树倒了")。(2)"我＋言说动词"类在跟其他"主体＋反映动词"式话语标记的层次关系中处于最高层,理由见前。(3)就嵌项而言,嵌"我"类倾向于表自我的意见推断,嵌"你"类倾向于表社交功能(寻求认同、征询意见、解释开脱、欣羡赞誉)。因此相应的,嵌"我"类的频次高于嵌"你"类,嵌"你"类的语用功能类型比嵌"我"类丰富,前者是由其信源类的本质决定的,后者是由交际性需要和策略决定的。

"你知道"是表社交功能的"主体＋反映动词"式信源类话语标记。它指向前面信息还是后面信息,受到了共现疑问语气词的有无以及疑问语气词信疑度大小的影响。有语气词的偏向于指前,如"吧"是信大于疑,"你知道吧"通常指向它前面的信息;"吗"是疑大于信,"你知道吗"指向后面信息的比重远大多"你知道吧",不过总体上,"你知道吗"指向前面信息的仍稍多于指向后面的信息。没有语气词的"你知道"通常指向它后面的信息。

"别说"是"你说"的反义变式,它通过关闭来自对方的信源,表示自己已经作出确认。"别"本属情态标记,是语气和判断的融合标记。它跟言说动词"说"结合成的"别说"本属实义短语,在语体平衡语料库中的比重仍还占绝大多数。"别说"一方面可向话语标记或结构标记(连词)演化,另一方面还可跟语气词"了"共现,在这个反映主观化内容的构式里,协助表达程度和口气意义,兼为焦点标记。一般封闭语料库里,连词的比重占绝大多数。在其他方向下虚化形成的其他标记(包括话语标记和焦点标记)的使用频率都相对高于语体平衡语料库,表现出更高的标记化水平。

话语标记"别说"居话语开头最为常见。但一般封闭语料库用于话语开头的幅度比平衡语料库有大幅提高,倾向更为明显。平衡语料库里用于句中的比例则极大上升。可见,语体变量跟话语标记"别说"的分布具有相关性,影响到对话语标记"别说"在句中的组织安排。

话语标记"别说"的活跃形式变体分4种:完整式"你别说"(加第二人称单数代词)、简略式"别说"、简略顺饰式"也别说｜还别说"(加单副词"还""可""也""倒"等或双副词"可也""倒也""可还"等)、完整顺饰式"你还别说"。出现频次在10以上的活跃性变体都是这几种,其频率序次从高到低为"你别说＞也别说＞别说＞你还别说＞还别说"。其他形式变体由于从敬语、多重修饰、顺逆方面加大了复杂性程度,所以变得不那么活跃,它们包括完整客套式"您别说"、完整客套顺饰式"您还别说"、完整逆饰式"你可别说｜你倒别说"、简略双重修饰"[顺饰]也更别说｜还真别说[逆饰＋顺饰]可也别说｜倒也别说"。

"凭据/处所＋反映动词"式所嵌的人称代词或指人名词代表三种不同的话语参与角色:说者("我")、听者("你")、局外人("他"和指人名词)。数据4的6种格式按嵌项情况分化成最多为说者和最多为局外人的两类,前者总频率和类别数都多于后者。除"依……说"外的其他格式中占比最低的嵌项都是听者。多嵌说者的格式中频率最高的是"据……看",多嵌局外人的格式中频率最高的是"据……说"。反映主观行为的认知动词"看"和反映客观行为的言说动词"说",在一致性原则下主导了话语标记的语义功能和句法分化,"据……看"表评议("据我看呢,还是往大了弄这个买卖好。")或推测("据我看呢,战事决不会有。"),后续内容主观性相对较强,"据……说"表引述,后续内容的客观性相对较强。与之相适应,"据……看"的凭据论元主要是第一人称,即多嵌说话人,"据……说"的凭据论元为局外人,尤其多嵌指人名词,不能是第一、二人称,否则有废话之嫌。由此表现出意义和句法的共变关系。

"反映动词＋起始体标记"式中,动词含认知动词如"看""听""想"和言语动词如"说""提"。它们跟起始体标记"起来"搭配,由表面上对信源的触发引发评议。具体说来,对所标记的话语,"看起来"表明认识,"想起来""听起来""说起来""提起来"可表明认识,也可表后续反应(比如,"那件事想起来会吓人一大跳")。但不管怎么说,这些信源标记所标记的话语多表示判断、评议或推测,而非叙述已发生事实的叙实句。此类话语标记中,认知动词的频次均高于言语动词。这跟其意义的丰富性和泛化都有直接关系。

"听起来"分别表示口、耳、心等不同管道下经由言说、感知、认识处理的信源,如"这两个字,听起来就可怕"。不过,句子主谓之间的语义选择关系仍受到话语标记中认知动词"听"的制约,不能说"*这字听起来有点潦草"。相比起来,"看起来"的意义已经泛化,主语可以不视为"看"意念上的受事,因此不大受其意义制约,能说"他刚才讲的那句话看起来有点蹊跷"。但有时仍表现出受意义制约的痕迹,如"?那声音看起来有点蹊跷"就有些别扭,不如其他话语标记自然。"看起来""听起来""想起来"表感知信源,所以可表流于表面的假象,并由此引出真相或本质。如"这主意听起来不错,实际不可行｜这事看起来复杂,其实很简单"。"说起来"表言语信源,也有类似用法,但同为表言语信源的"提起来"就不大有这样的对比用法。"说起来"也有泛化倾向,但它可接续评议或后续反应,却不大接续推测。"提起来"一般只接后续反应(如"那事现在提起来还是恨恨的"),它针对的是过往事物,因此,主语若为在场事物,就有语义冲突,如不说"*这话提起来有点意思"。

10.7 判断类

概述 张爱玲(2007)从CCL现代汉语语料库中检索"看来"和"来看"的话语标记用法(不含非标记化用法),统计其句法语义的分布特征。我们整理其基本数据,并追加计算,得数据1。李晓琪、章欣(2006)统计1715万字的语料(含CCL现代汉语语料库1680万字和中央电视台《实话实说》总35万字,有说明文、文学作品、法律文书和北京话口语)中的信源类话语标记"在……看来"中的嵌项分布。我们整理其基本数据,并追加计算,得数据2。

数据1

【看来】话语标记"看来"有效用例654例(不含"看起来"):

1. 前接其他成分,并连用于句首。275例(42.05%)。(1)接介词短语210例(32.11%):"在"174例(26.61%),接人164例(25.08%,"在一些人看来|在我看来"),其他主体4例(0.61%),时空6例(0.92%,"在当时看来|在今天看来"),"从/由/依/以/照"36例(5.50%),接人5例(0.76%),时空5例(0.76%),客观依据26例(3.98%)。(2)接名词(短语)48例(7.34%):表人2例(0.31%,"笔者看来"),表其他主体1例(0.15%),表时空45例(6.88%)。(3)接副词3例(0.46%),都表时空。(4)接指示代词14例(2.14%,"这样看来"),都表时空。

2. 独用于句首。332例(50.76%)[后有停顿的98例(14.98%),后无停顿的234例(35.78%)]。

3. 独用于主句中谓语之间。47例(7.19%)。

【来看】共189例,其前接成分

1. 语义。客观依据130例(68.78%),方式17例(8.99%),时间13例(6.88%),范围10例(5.29%),方位10例(5.29%),凭由7例(3.70%),工具2例(1.06%)。

2. 句法。(1)介词短语177例(93.65%):a. 介词"从"162例(85.71%),

凭由 5 例(2.65%),方式 8 例(4.23%),范围 9 例(4.76%,"从女装来看|从外形来看"),方位 9 例(4.76%),时间 9 例(4.76%),客观依据 122 例(64.55%,"从物价上涨的幅度来看"),b. 其他介词 15 例(7.94%),凭由 2 例(1.06%),范围 1 例(0.53%,"在全国来看"),方位 1 例(0.53%),时间 1 例(0.53%,"在当时来看"),工具 2 例(1.06%),客观依据 8 例(4.23%)。(2) 名词短语 3 例(1.59%),均表时间。(3) 副词短语 9 例(4.76%),均表方式。

数据 2

【在……看来】258 例中,嵌项"我"87 例(33.72%),"你"13 例(5.04%),"他"40 例(15.50%),指人名词 118 例(45.74%)。

简论 典型的判断类话语标记是"反映动词+'来'"的独用形式,如"看来|说来"。它的扩展形式"介词短语+反映动词+'来'"以及相应的另一形式"介词短语+'来'+反映动词",这又兼为信源类话语标记。

从发生学角度看,"介词短语+'看来'"由"我看"发展而来。感知动词"看"本属反映动词,但跟说话主体或判断行为的主体结合而成的"我看"不表感知,而表判断,"我看"成为事实上的表态成分(illocutionary)。"看"后接发生体标记"来",可形成话语信源的标记性构式"主体+'看来'"(如"笔者/在下看来")。

当话语主体或判断行为主体降价为介词宾语,该标记性构式便发展成"介词短语+'看来'"(如"在/照/依/据……看来"),也可隐含主体而前接时地论元(如"在今天看来")、方式论元(如"这样看来")或其他论元,它们都是明示信源的方式。这些论元中大多表人,即多表话语主体或判断行为的主体。当"看"的主体和附加体论元全都能隐含时,"看来"也就获得了标记独用能力,话语标记化程度升高,成为独立的话语标记类别,即判断类话语标记。"看来"的各使用形式中,独用形式占绝大多数,表明它已是成熟的话语标记,总体归判断类话语标记。句法上是可以用作独立语的半自由词。

"看来"和"看起来"的不同在于,前者重在推断,后者重在描写。

"看来"的前接成分是介词短语时,论元标记"在"占绝对多数,其他论元标记相对较少。"在……看来"的嵌项论元以表人为常,这是其原型特征的存续,但它得到了发展,表人时能以表话语交际的局外人为常,不过,表说话人仍占据很大份额。

"来看"是不能单说的黏着词,其前语素"来"跟源点论元标记"从"在运动方位上有语义相关性,这造成了"来看"跟"从"的高频共现,形成明显的整体特征,呈格式化倾向。格式"从……来看"的嵌项多表客观依据。

10.8 评议类

概述 李艳(2010)统计10万余字的问答对话语料库(从喜剧《家有儿女》第1—20集人物对话材料中获取)中单音节评议类话语标记"对"的叠连用法。我们追加计算,得数据1。为观察话语标记"对"叠连背后的韵律特征,我们根据自编的现代汉语多语体平衡语料库(328万字规模),对比统计各单音节评议类话语标记的叠连用法,得数据2。颜红菊(2006)检索王朔、池莉、方方、张贤亮、高晓声、王安忆、郭平的当代小说共14篇及来自相关论文的少数例句,统计"真的"和"真"的语域分布。我们整理其基本数据,并追加计算,得数据3。刘丽艳(2005)取京味喜剧《我爱我家》的录音材料为部分语料来源,另以电话和现场录音方式采集部分生活语料(家庭电话录音、朋友聚会实况录音及大学生在校生活录音),实况记录下说者当时的动作、表情以及交际的具体语境,统计话语标记"不是"的分布,并以此对哈尔滨师范大学中文系一年级420个同学进行问卷调查。我们整理其基本数据,修改算法,并追加计算,得数据4。

数据1

话语标记"对"共129例中,叠连的48例(37.21%)[二次叠连"对对"14例(10.85%),三次叠连"对对对"33例(25.58%),四次叠连"对对对对"1例(0.78%)]。

数据2

1. 语言词的话语标记。【对】对对11例,对对对44例,对对对对2例,对对对对对4例。【是】是是4例,是是是6例。【好】好好7例,好好好20例,好好好好5例。【行】行行5例,行行行3例,行行行行2例。【不】不不19例,不不不16例,不不不不2例,不不不不不0例,不不不不不不1例。

2. 类语言词(叹词)的话语标记。【哟】哟哟2,哟哟哟1,哟哟哟哟0,哟哟哟哟哟1。【呀】呀呀3,呀呀呀0,呀呀呀呀2。

数据3

【真】共95例中,概念域40例(42.11%,"讲真话"),命题域54例(56.84%,"要是真追上了,你还能把他拽回来"),话语域1例(1.05%,"你真别让我了")。【真的】共100例中,概念域22例(22%,"不敢来真的")(其中,"是真的"15次,"像真的"2次,"说真的"4次,"来真的"1次),命题域73例

(73％,"他真的来了"),话语域 5 例(5％,"真的,姐姐你什么也别买")。

数据 4

1. 分布。话语标记"不是"共 165 例中,在说话人所说话语中间的仅 11 例[6.67％,"哎呀你呀,不是,你吓我一跳。(语境:说者说话前,听者突然从后面拍说者的肩膀)"],其余 154 例(93.33％)都在话轮开端,后者含:a. 发话 15 例[9.09％,"不是,我先说说啊。我认为吧,这个问题不能一概而论。(语境:班长请同学们踊跃发言,各抒己见后,会场沉默了片刻。于是说者发言了)"],b. 应答/反馈 139 例[84.24％,"[反馈]不是,你到底听没听见我说话啊?(语境:说者建议听者去食堂吃饭,听者没有反应,于是说)"],后续句有陈述句 13 例(7.88％)、追问句 9 例(5.45％)、反问句 115 例(69.70％),另有非言语举动 2 例(1.21％)。

2. 接受度。所有受问者对其中所有话语标记"不是"用例的可接受性都持肯定态度,95％以上受问者认为它在日常会话中普遍使用。

简论 单音节评议类话语标记叠用时,肯定标记多用三叠,否定标记多用二叠。语言词单音节话语标记的叠连,主要是跟 5 个因素有关,(1)自身是单音节。(2)表现说者较强烈的态度。(3)确保有足够的话语缓冲时间,口气相对和缓。基于前三个原因,故多叠连。(4)礼貌原则,故否定叠连的峰值为二叠,肯定叠连的峰值为三叠。(5)信息适量原则,故三叠以上的形式相对比较少见。

基于类似原因,类语言词(叹词)单音节话语标记也有叠连倾向,但其叠连的峰值为二叠。这跟类语言词(叹词)本身已有的强烈情感态度有关。

"真/真的"的语域分布是多义关系的反映,概念域中是谓词,命题域是情态标记,话语域是话语标记。"真/真的"的语域分布序列一致,各自都呈"命题域＞概念域＞话语域"。但在词项选用上,概念域倾向于用"真",话语域倾向于用"真的",命题域也是用"真的"多于用"真"。造成这种语域分布差异的原因:在概念域中单音节形容词一般直接作定语,很少用"的"。"真的"标记化程度明显高于"真",因此在命题域和话语域中比"真"多用。作情态标记是口气副词,作话语标记时是评议类的。

"不是"是评议类话语标记,意义上多表反应性的申辩,语用上主要起言发类标记作用,表发话、应答/反馈,尤以表应答/反馈的占绝大多数,形式上多在话轮开端。由于"不是"多用于反应性的申辩强势,因此基于语义的一致性,表现出如下特征:(1)后续句绝大多数为反问句。陈述句占比极小,但语义上仍表激烈强度。(2) 跟其他话语标记(如信源类、判断类,"不是,我先说说啊。我认为吧,这个问题不能一概而论")、叹词或反复手段相协同("哎呀你呀,不是,你吓我一跳"),加强语势。话语标记"不是"若针对的是说话人自己,则没有这些协同的强势表达手段,至多将标记重复多次,如"不是不是不是"。

参考文献

[1] 安华林.从两种词表看名、动、形兼类的处理[J].语言教学与研究,2005(4):31-39.

[2] 白荃."不"、"没(有)"教学和研究上的误区[J].语言教学与研究,2000(3):21-25.

[3] 北京大学中文系1955、1957级语言班.现代汉语虚词例释[M].北京:商务印书馆,1982.

[4] 北京大学中文系和计算语言所.现代汉语语法信息词典[M].电子版.1995.

[5] 北京大学中文系现代汉语教研室.现代汉语(重排本)[M].北京:商务印书馆,2004.

[6] 北京语言学院语言教学研究所.汉语词汇的统计与分析[M].北京:外语教学与研究出版社,1985.

[7] 北京语言学院语言教学研究所.现代汉语频率词典[M].北京:北京语言学院出版社,1986.

[8] 边旭.量词认知功能新探[J].文教资料,2007(28):26-28.

[9] 蔡冰.句法变项的确立标准:以汉语程度副词为例[J].外语研究,2008(6):15-22.

[10] 蔡绿.复合趋向补语语义的虚化[J].西南交通大学学报(社科版),2005(3):91-96.

[11] 曹凤霞.时间副词"曾经"与"已经"[J].中山大学研究生学刊(社科版),2002(2):28-34.

[12] 曹秀玲.汉语"这/那"不对称性的语篇考察[J].汉语学习,2000(4):7-11.

[13] 曹秀玲.现代汉语量限研究[M].延吉:延边大学出版社,2005.

[14] 曹秀玲.从主谓结构到话语标记:"我/你V"的语法化及相关问题[J].汉语学习,2010(5):38-50.

[15] 曾美燕.结构助词"的"与指示代词"这/那"的语法共性[J].语言教学与研究,2004(1):48-54.

[16] 曾炜.口语中程度副词使用的性别差异[J].修辞学习,2007(3):65-70.

[17] 常州市教育局《成语词典》编写组.成语词典[M].南京:江苏人民出版社,1981.
[18] 陈爱文.汉语词类研究和分类实验[M].北京:北京大学出版社,1986.
[19] 陈宝莲.列举助词"等"与"等等"辨析[J].淮北煤炭师范学院学报(哲社版),2008(5):115-120.
[20] 陈蓓.现代汉语单音节兼类词研究[J].华中师范大学研究生学报,2009(3):67-72.
[21] 陈建民.汉语口语[M].北京:北京出版社,1984.
[22] 陈妹金.北京话疑问语气词的分布、功能及成因[J].中国语文,1995(1):17-22.
[23] 陈平.论现代汉语时间系统的三元结构[J].中国语文,1988(6):401-422.
[24] 陈前瑞."来着"的发展与主观化[J].中国语文,2005(4):308-319.
[25] 陈群.谈谈名词活用的表达效果[J].修辞学习,1998(05):35.
[26] 程观林.重视语言事实讲求语法规范[J].黄山高等专科学校学报,2000(02):54-56.
[27] 程月.基于义类信息的动宾搭配的考察与实验[J].南京师范大学文学院学报,2007(4):182-185.
[28] 储泽祥,王寅.空间实体的可居点与后置方位词的选择[J].语言研究,2008.(4):50-62.
[29] 褚福章.科技汉语中的数名结构[J].汉语学习,1994(3):40-41.
[30] 崔显军.试论"所有"与"一切"的异同[J].世界汉语教学,2007(4):42-55.
[31] 代元东.从三个平面看"认为""以为"的差异.[J]贵州师范大学学报(社科版),2009(5):116-119.
[32] 戴昭铭.规范化:对语言变化的评价和抉择[J].语文建设,1986(06):13-21.
[33] 邓雨辉.果标"因此"和"因而"的用法辨析[J].广州大学学报(社科版),2007(8):79-82.
[34] 刁晏斌.试论不与动态助词共现的动词[J].语言科学,2009(6):612-624.
[35] 丁莞馨.电视访谈类栏目中的衔接语研究[D].中国传媒大学硕士学位论文.2004.
[36] 丁险峰.试论"简直+……"结构的句法、语义、语用[J].语言文字应用,2002(4):84-89.

[37] 董楠,周振峰.方位词"里""外"的对称与不对称[J].安徽文学(下半月),2010(5):230-231.

[38] 窦融久.方位词"上"管窥[J].新疆师范大学学报(哲社版),1986(1):137-145.

[39] 段沫.论后附标记"者"[J].汉字文化,2008(3):38-43.

[40] 段业辉.论副词的语义制约[J].南京师大学报(社科版),1992(2):87-93.

[41] 樊中元.谈量词教学中的语义层次[J].柳州职业技术学院学报,2009(2):130-133.

[42] 范胜田.关联词"一面……一面……"使用规则及其他[J].中国民航学院学报,1986(2):99-110.

[43] 方梅.自然口语中弱化连词的话语标记功能[J].中国语文,2000(5):450-470.

[44] 方清明.也论"经过"的词性:兼与曹起先生商榷[J].渤海大学学报(哲社版),2008(1):125-128.

[45] 方绪军.语气词"罢了"和"而已"[J].语言科学,2006(3):49-54.

[46] 房玉清.实用汉语语法[M].北京:北京语言学院出版社,1991.

[47] 房玉清."起来"的分布和语义特征[J].世界汉语教学,1992(1):23-28.

[48] 冯胜利.汉语韵律句法学[M].上海:上海教育出版社,2000.

[49] 甘甲才.关于汉语量词的思考[J].广东广播电视大学学报,2010(4):66-68.

[50] 高航.动词化机制的认知语法考察[J].解放军外国语学院学报,2008(5):20-25.

[51] 高松,颜伟,刘海涛.基于树库的现代汉语动词句法功能的计量研究[J].汉语学习,2010(5):105-112.

[52] 高松.方位词"上"、"下"的不对称性研究[J].黑龙江教育学院学报,2008(12):108-109.

[53] 高松.基于依存树库的现代汉语名词语法功能的计量研究[J].华文教学与研究,2010(2):54-60.

[54] 高云莉.浅谈汉语宾语的语义类别问题[J].语言教学与研究,2001(6):62-65.

[55] 高云玲."更"、"更加"和"越发"[J].淄博师范高等专科学校学报,2005(2):39-44.

[56] 高增霞."吧"字祈使句的使用条件[J].语文研究,2010(2):41-45.

[57] 郭春贵.时间副词"已经"和"都"的异同[J].世界汉语教学,1997(2):

35-41.

[58] 郭凤岚.论副词"在"与"正"的语义特征[J].语言教学与研究,1998(2):3-5.

[59] 郭凤岚.北京话话语标记"这个"、"那个"的社会语言学分析[J].中国语文,2009(5):429-437.

[60] 郭继懋.用统计方法从语义平面看及物动词和不及物动词的区别[A]//南开大学中文系编.语言研究论丛(第8辑)[C].天津:南开大学出版社,1999a:84-101.

[61] 郭继懋.试谈"飞上海"等不及物动词带宾语现象[J].中国语文,1999b(5):337-346.

[62] 郭继懋."于是"和"所以"的异同[J].汉语学报,2006(4):27-34.

[63] 郭锐.表述功能的转化和"的"字的作用[J].当代语言学,2000(1):37-52.

[64] 郭锐.词频与词的功能的相关性[J].语文研究 2001(3):1-9.

[65] 郭锐.现代汉语词类研究[M].北京:商务印书馆,2002.

[66] 郭昭军,尹美子.现代汉语必要类动词比较研究[J].汉语学报,2008a(1):62-69.

[67] 郭昭军,尹美子.助动词"要"的模态多义性及其制约因素[J].汉语学习,2008b(2):35-40.

[68] 国家对外汉语教学领导小组办公室.汉语水平词汇与汉字等级大纲[M].北京:北京语言学院出版社,1992.

[69] 韩静.语气词"好了"的语义与语用分析[J].南开语言学刊,2008(2):105-111.

[70] 韩蕾."怀疑"的词义、宾语和句义[J].徐州师范大学学报(哲社版),2001(1):35-38.

[71] 韩蕾.事件名词的语义基础及相关句式[J].语言研究,2006(3):26-29.

[72] 韩蕾.事件名词与量词的选择关系[J].华东师范大学学报(哲社版),2007(3):64-68.

[73] 韩蕾."人称代词+称谓"序列的话题焦点性质[J].汉语学习,2009(5):35-42.

[74] 韩蕾.试析事件名词的词类地位[J].宁夏大学学报(人社版),2010(1):6-10.

[75] 韩涛.对外汉语教学中的"差点儿"与"差点儿没"[J].吉林省教育学院学报(学科版),2010(7):34-35.

[76] 韩笑,马清华.论人称代词中语法范畴的形态分化[J].中南大学学报(社

科版),2019(4):182-194.
[77] 韩志刚.副词"亲自"的多角度研究[J].天津大学学报(社科版),2009(4):357-361.
[78] 汉语大词典编纂处.多功能汉语大词典索引[M].上海:汉语大词典出版社,1997.
[79] 郝敏,黄胜兰,朱丽艳.现代汉语否定副词修饰名词及其社会语言学观照[J].集宁师专学报,2010(1):40-44.
[80] 何杰.现代汉语量词研究[M].北京:民族出版社,2002:163-188.
[81] 何永春.汉语实词表义功能的转化及效果[J].宁夏大学学报(人社版),2001(03):91-92+95.
[82] 贺阳.性质形容词句法成分功能统计分析[A]//胡明扬主编.词类问题考察[C].北京:北京语言文化大学出版社,1996:121-132.
[83] 贺阳.从现代汉语介词中的欧化现象看间接语言接触[J].语言文字应用,2004(4):82-89.
[84] 侯学超.现代汉语虚词词典[M].北京:北京大学出版社,1998.
[85] 胡明扬.现代汉语词类问题考察[J].中国语文,1995(5):381-389.
[86] 胡倩.谈"吧"的发展[J].凯里学院学报,2007(2):95-97.
[87] 胡清国."一量名"否定格式的两种语序及其制约因素[J].宁夏大学学报(人社版),2007(4):16-19.
[88] 黄斌.从词汇化过程看现代汉语"以"加方位词结构的语法语义性质[J].长江学术,2010(2):100-108.
[89] 黄伯荣,廖序东.现代汉语(下)[M].北京:高等教育出版社,2011.
[90] 黄俊英.青少年言语素养问题探析[J].许昌师专学报,2001(4):72-74.
[91] 黄弋桓.现代汉语部分叹词的句法位置分析[J].内江师范学院学报,2010(1):60-63.
[92] 江海燕.语气词"呢"负载疑问信息的声学研究[J].首都师范大学学报(社科版),2006(4):69-72.
[93] 江海燕.语气词"吧"和疑问语气的传达[J].语言文字应用,2008(4):62-68.
[94] 江诗鹏."(汉语水平)词汇等级大纲"甲级形容词句法功能调查[D].北京语言大学硕士学位论文.2005.
[95] 姜望琪.篇章与回指[J].外语学刊,2006(4):33-40.
[96] 金慧玲.现代汉语各词类句法功能的考察(书面语部分)[D].北京大学中文系学年论文.1997.
[97] 金立鑫.解决汉语补语问题的一个可行性方案[J].中国语文,2009(5):

387-398.
[98] 金木婴.语文环境不可忽视[J].语文建设,1999(06):51-52.
[99] 金晓艳,马庆株.三组后时连接成分的定位性考察[J].宁夏大学学报(人社版),2010(5):55-58.
[100] 康亮芳.从现代汉语疑问句的构成情况看疑问句句末语气词"呢"[J].四川师范大学学报,1998(4):3-5.
[101] 柯润兰.介词"向"的认知考察[J].云南师范大学学报(对外汉语教研版),2006(5):66-72.
[102] 孔令达,等.汉族儿童实词习得研究[M].合肥:安徽大学出版社,2004.
[103] 匡腊英.不及物动词带宾语现象初探[J].娄底师专学报,2004(3):96-99.
[104] 匡鹏飞.时间副词"从来"的词汇化及相关问题[J].古汉语研究,2010(3):76-82.
[105] 李冰."果然"与"果真"的用法考察及对比分析[J].汉语学习,2009(4):100-105.
[106] 李丹."很+名"组合别论[J].渭南师范学院学报:综合版,2006,21(4):42-42.
[107] 李广瑜."有关"、"关于"、"有关于"的比较分析[J].汉语学习,2009(5):101-105.
[108] 李桂梅."向"的目标指向图式和"往"的空间定位图式[J].渤海大学学报(哲社版),2009(2):124-131.
[109] 李进立.谈形容词宾语:兼谈动词形容词的区分[J].新乡师范高等专科学校学报,1994(1):22-25.
[110] 李劲荣,范开泰.状态形容词的句法语义分类[J].宁夏大学学报(人社版),2006(1):5-9.
[111] 李晋霞,刘云.从概念域看单音方位词语法化的非匀质性[J].语言科学,2006(4):3-13.
[112] 李晋霞,刘云.论推理语境"如果说"中"说"的隐现[J].中国语文,2009(4):359-364.
[113] 李敬国.句主前时间副词特点分析[J].社科纵横,1998(5):3-5.
[114] 李庆新.语言学中的零形回指探析[J].山东外语教学,2006(4):51-53.
[115] 李泉.现代汉语"形+宾"现象考察[J].中国人民大学学报,1994(4):78-86.
[116] 李泉.现代汉语"形+动态助词"考察[J].语言教学与研究,1997(1):

98-113.

[117] 李泉.从分布上看副词的再分类[J].语言研究,2002(2):85-91.

[118] 李铁范.论现代汉语方式词的范围[J].池州学院学报,2009(4):47-51.

[120] 李炜.加强处置/被动语势的助词"给"[J].语言教学与研究,2004(1):55-61.

[121] 李卫中.与"从"字相关的固定格式的考察[J].汉语学习,2005(2):31-35.

[121] 李卫中.介词"从"表空间起点时使用上的优先性考察[J].理论月刊,2009(8):109-112.

[122] 李咸菊.基于数据库和语料库的"名动词"研究[J].现代语文(语言研究版),2006(8):59-61.

[123] 李咸菊."名动词"之语法功能及词类地位探讨[J].湖南工程学院学报(社科版),2007(1):57-61.

[124] 李小凤,曾毅平.报道语体与艺术语体中特指问的差异[J].修辞学习,2008(3):41-44.

[125] 李晓琪,章欣."据……看/说"及其相关格式[J].语言文字应用,2006(1):79-86.

[126] 李艳.现代汉语各词类句法功能的考察(口语部分)[D].北京大学中文系学年论文.1997.

[127] 李艳.与范围副词"都"相关的一个问题[J].语言文字应用,2000(2):16-20.

[128] 李艳."对"类标记词及其叠连用法的话语功能分析[J].暨南学报(哲社版),2010(4):118-123.

[129] 李银美.语法化与主观化:"起来"和"起去"不对称分布[J].社会科学论坛(学术研究卷),2007(5):167-169.

[130] 李宇凤.程度副词句法语用特点的调查研究[J].汉语学习,2007(2):36-49.

[131] 梁晓玲.领军类动词带宾语现象研究[J].绥化学院学报,2007(4):102-104.

[132] 梁永红.2006.现代汉语特殊结构"N 地 V"探讨[J].语文学刊,(11):145-147.

[133] 梁永红."N 地 V"结构中 N 的语义基础分析[J].语言教学与研究,2010(3):71-76.

[134] 廖秋忠.空间方位词和方位参考点[J].中国语文,1989(1):9-18.

[135] 廖序东.天问的疑问词和疑问句[J].徐州师范学院学报,1993(1):66-73.

[136] 林华勇.可控副词和非可控副词[J].语言研究,2005(1):34-40.

[137] 林茂灿.疑问和陈述语气与边界调[J].中国语文,2006(4):364-376.

[138] 林晓恒."都+V+的+N"结构的限制探析[J].湖南社会科学,2010(4):208-210.

[139] 林杏光,王玲玲,孙德金.现代汉语动词大词典[M].北京:北京语言学院出版社,1994.

[140] 刘承峰.现代汉语"全量否定"研究[J].语言科学,2007(1):27-39.

[141] 刘丹青,唐正大.话题焦点敏感算子"可"的研究[J].世界汉语教学,2001(3):25-33.

[142] 刘丹青."唯补词"初探[J].汉语学习,1994(3):23-27.

[143] 刘丹青.语序类型学与介词理论[M].北京:商务印书馆,2004.

[144] 刘公望.现代汉语的关系助词"的"[J].兰州大学学报(社科版),1986(3):99-104.

[145] 刘敬华.由"前/后"语素构成的时间词语研究[D].北京大学硕士学位论文.2004.

[146] 刘靖.时间副词"一直"与"总"的语义分析[J].广东海洋大学学报,2008(2):95-99.

[147] 刘礼进.话语所指物可及性分析[J].外语与外语教学,2003(4):10-13.

[148] 刘立成,柳英绿."不但"类连词的成词理据[J].汉语学习,2008(3):54-61.

[149] 刘丽萍.浅析"V+着呢"与"adj+着呢"的语法意义[J].现代语文(语言研究版),2007(12):97-99.

[150] 刘丽艳.作为话语标记语的"不是"[J].语言教学与研究,2005(6):23-32.

[151] 刘丽艳.话语标记"你知道"[J].中国语文,2006(5):423-432.

[152] 刘丽艳.作为话语标记的"这个"和"那个"[J].语言教学与研究,2009(1):89-96.

[153] 刘宁生.论"着"及其相关的两个动态范畴[J].语言研究,1985(2):117-128.

[154] 刘平.现代汉语"不料"复句考察[J].武汉大学学报(人科版),2008(6):731-735.

[155] 刘水.对"不定副词否定格"语言现象的再辨析[J].阜阳师范学院学报

(社科版),2009(4):40-42.

[156] 刘晓曦,任海波."经过"和"通过"的比较分析[J].连云港职业技术学院学报,2008(1):61-63.

[157] 刘学敏,邓崇谟.现代汉语名词量词搭配词典[M].杭州:浙江教育出版社,1989.

[158] 刘有志.1984.也谈现代汉语方位词的语法功能[J].赣南师范学院学报,(4):45-54.

[159] 刘月华,潘文娱,故韡.实用现代汉语语法[M].北京:外语教学与研究出版社,1983.

[160] 卢屋.量词的表量、理据及其功能[J].西藏民族学院学报(社会科学版),1988(4):71-75.

[161] 陆丙甫,屈正林.时间表达的语法差异及其认知解释[J].世界汉语教学,2005(2):12-21.

[162] 陆俭明,马真.现代汉语虚词散论[M].北京:北京大学出版社,1985.

[163] 陆俭明.现代汉语副词独用刍议[J].语言教学与研究,1982(2):27-41.

[164] 陆俭明.副词独用考察[J].语言研究,1983(2):168-183.

[165] 罗日新.关联词语分布态势及奥秘所在[J].辽宁师范大学学报(社科版),1995(1):56-61.

[166] 罗耀华,齐春红.副词性非主谓句的成句规约[J].汉语学习,2007(2):27-35.

[167] 吕叔湘,饶长溶.试论非谓形容词[J].中国语文,1981(2):81-85.

[168] 吕叔湘.中国文法要略[M].北京:商务印书馆,1942-1944/1982.

[169] 吕叔湘.现代汉语单双音节问题初探[J].中国语文 1963(1):10-22.

[170] 吕叔湘.汉语语法分析问题[M].北京:商务印书馆,1979.

[171] 吕叔湘.汉语语法论文集(增订本)[M].北京:商务印书馆,1999.

[172] 吕叔湘主编.现代汉语八百词[M].北京:商务印书馆,1980.

[173] 麻彩霞.论现代汉语非名宾动词[J].内蒙古师范大学学报(哲社版),2004(1):99-104.

[174] 马彪,王大新.数(量)词后的"来"表示多少:也从"五十来岁"谈起[J].汉语学习,2002(1):33-36.

[175] 马国彦.话语标记与口头禅:以"然后"和"但是"为例[J].语言教学与研究,2010(4):69-76.

[176] 马清华,方光柱,韩笑,等.复综语:形态复杂的极端[M].北京:中国社会科学出版社,2017.

[177] 马清华,葛平平.句法变价的系统动力学研究[J].山西大学学报,2020(5):41-56.

[178] 马清华,韩笑.论语言的迭代机制及其在称代系统中的作用[J].苏州大学学报,2019(3):153-167.

[179] 马清华,汪欣欣.何谓语言的复杂性[J].当代修辞学,2016(1):24-39.

[180] 马清华,杨飞.论语言的共变原理[J].当代修辞学,2018(4):41-52.

[181] 马清华,李为政.论从甲骨文到金文尚书的动宾结构模式化及其发展[J].华东师范大学学报,2017(5):148-158.

[182] 马清华.现代汉语的委婉否定格式[J].中国语文,1986(6):437-441.

[183] 马清华.句子的语义结构[J].南京师大学报(哲社版),1993(4):99-108.

[184] 马清华.论汉语祈使句的特征问题[J].语言研究,1995(1):44-51.

[185] 马清华.论汉语喜悦概念的形成[J].中国语研究(日本),1999,41:47-60.

[186] 马清华.文化语义学[M].江西:江西人民出版社,2000.

[187] 马清华.句法语义论集[M].吉林:吉林人民出版社,2001a.

[188] 马清华.动物观念的实现方式与普遍性问题[J].民族语文,2001b(1):59-66.

[189] 马清华.汉语意志句的语法特征[J].松辽学刊(人文社科版),2002(2):81-84.

[190] 马清华.并列连词的语法化轨迹及其普遍性[J].民族语文,2003a(1):24-33.

[191] 马清华.汉语语法化问题的研究[J].语言研究,2003b(2):63-71.

[192] 马清华.词汇语法化的动因[J].汉语学习,2003c(2):15-20.

[193] 马清华.强程度标记的叠加[J].华东师范大学学报(哲社版),2003d(2):79-88.

[194] 马清华.层次关系中的破界[J].语文研究,2004a(3):20-22.

[195] 马清华.语义共振:突变式吸收的意义条件[J].汉语学习,2004b(5):15-19.

[196] 马清华.并列可联范围的扩张及其控制因素[J].语言科学,2005a(5):18-35.

[197] 马清华.并列结构的自组织研究[M].上海:复旦大学出版社,2005b.

[198] 马清华.无意义句可接受性的获得[J].修辞学习 2005c(6):6.

[199] 马清华.并列结构多语序运筹原则机制[A]//语言学论丛(第32辑)[C].北京:商务印书馆,2006:83-112.

[200] 马清华.偶举成分的并列格式化条件[J].汉语学报,2007(3):16-30.
[201] 马清华.补偿:语言的一种共时动态机制[J].修辞学习,2008(4):1-13.
[202] 马清华.论汉语并列复合词调序的成因[J].语言研究,2009(1):70-75.
[203] 马清华.词汇选限结构中确定性联系的捕捉[A]//汉语词汇学第二届国际学术讨论会暨第六届全国研讨会论文集[C].北京:商务印书馆,2010:157-179.
[204] 马清华.汉语水平考试HSK词汇分类手册[M].北京:商务印书馆,2010.
[205] 马清华.论叹词形义关系的原始性[J].语言科学,2011(5):482-496.
[206] 马清华.系统原理下的语言问题[M].上海:上海人民出版社,2012a.
[207] 马清华.复句的系统复杂化与自繁殖[J].山西大学学报(哲学社会科学版),2012b(1):38-48.
[208] 马清华.论语源关系的系统分析方法[J].江苏大学学报(社科版),2012c(5):52-62.
[209] 马清华.拟声词在语言发生学上的意义:从动态系统原理下的音义关系看[J].外国语,2013(1):55-64.
[210] 马清华.适应原理下句法系统的自繁殖:以SVO型孤立语的定中结构为例[J].语文研究,2014a(1):7-14.
[211] 马清华.求同原理下语法结构的整合[J].山西大学学报(哲社版),2014b(4):50-59.
[212] 马清华.汉语情态统辖结构的整合与变异[J].山西大学学报(哲社版),2017a(1):74-84.
[213] 马清华.频率首要地位的非绝对性[J].Macrolinguistics,2017b(1):107-121.
[214] 马清华.汉语情态协同关系及其复杂性[J].学术交流,2018(6):126-131.
[215] 马清华主持(李淳,汪欣欣,陈羽编制).2015.现代汉语多语体平衡语料库(328万字)[Z].
[216] 孟琮,郑怀德,孟庆海,等.动词用法词典[M].上海:上海辞书出版社,1987.
[217] 孟琮,郑怀德,孟庆海,等.汉语动词用法词典[M].北京:商务印书馆,1999.
[218] 孟凯.成组属性词的对应性及其影响因素[J].中国语文,2008(1):

75-84.

[219] 苗传江.基于语义的汉语自动词细分类[J].汉语学习,1997(5):52-57.

[220] 莫彭龄,单青.三大类实词句法功能的统计分析[J].南京师大学报(社科版),1985(3):55-63.

[221] 莫彭龄,王志东.词的模糊聚类分析初探[J].常州工业技术学院学报(社科版),1988(3):37-41.

[222] 聂丹.语气副词"竟"及其教学[J].语言教学与研究,2004(5):27-33.

[223] 聂凤春.也谈"等"和"等等"的使用[J].语文建设,1998(3):22-25.

[224] 聂科丰.从词类范畴化理论看"副词+名词"结构[J].重庆交通大学学报(社科版),2008(5):119-123.

[225] 潘虎.趋向动词"起来"的篇章功能研究[J].信阳师范学院学报(哲社版),2010(4):91-95.

[226] 潘晓军.理想认知模式中的"较"与"还"[J].池州师专学报,2006(2):83-87.

[227] 彭可君.谓词性宾语补议[J].语言教学与研究,1990(1):21-31.

[228] 彭爽,金晓艳.再探他称代词的指示用法[J].南开语言学刊,2004(1):77-84.

[229] 彭爽,金晓艳.旁指代词的句法位置考察[J].中央民族大学学报(哲社版),2005(4):125-127.

[230] 彭爽,彭湃.旁指代词作状语的考察[J].聊城大学学报(社科版),2005(4):93-95.

[231] 彭小川,赵敏.连词"并"用法考察[J].暨南学报(人社版),2004(1):107-111.

[232] 朴正实.动词做状语的构成方式及语义特征[J].淮阴师范学院学报(哲社版),2003(2):259-261.

[233] 齐春红.谈"简直"与夸张[J].红河学院学报,2007a(3):60-63.

[234] 齐春红.语气副词与句末语气助词的共现规律研究[J].云南师范大学学报(哲社版),2007b(3):125-130.

[235] 齐沪扬,丁婵婵.反诘类语气副词的否定功能分析[J].汉语学习,2006(5):3-13.

[236] 齐沪扬,张素玲.区别词功能游移的原因[J].汉语学习,2008(4):3-10.

[237] 齐燕.口语中"然后"正在向书面语扩散[J].大庆师范学院学报,2009(2):120-122.

[238] 祁峰.义项分立与形名组合的定量分析[J].汉字文化,2010(6):43-47.

[239] 钱兢.现代汉语范围副词的连用[J].汉语学习,2005(2):47-50.

[240] 邱丽.从老舍作品看程度副词"怪"的用法[J].乐山师范学院学报,2010(2):68-70.

[241] 屈哨兵."经过/经+VP"结构的受动特性和语用势能[J].语言科学,2004(3):54-68.

[242] 冉启斌.亮度原则与临摹顺序:汉语异韵拟声词的语音规律与成因[J].语言科学,2009(6):573-585.

[243] 任海波."一直"与"从来"的比较分析[J].广播电视大学学报,2005(1):68-72.

[244] 山述兰."程度副词+名词"的语义基础及表达效果[J].成都师专学报,2003(1):86-88.

[245] 山田留里子.双音节形容词作状语情况考察[J].世界汉语教学,1995(3):27-34.

[246] 邵霭吉."唯谓形容词"考辨[J].云南师范大学学报(对外汉语教学与研究版),2008(5):70-75.

[247] 邵敬敏.双音节V+N结构的配价分析[A].现代汉语配价语法研究[C].北京:北京大学出版社,1995:217-230.

[248] 邵敬敏.从"才"看语义与句法的相互制约关系[J].汉语学习,1997(3):3-7.

[249] 邵敬敏.论"太"修饰形容词的动态变化现象[J].汉语学习,2007(1):3-12.

[250] 沈家煊.形容词句法功能的标记模式[J].中国语文,1997(4):242-250.

[251] 施春宏.名词的描述性语义特征与副名组合的可能性[J].中国语文,2001(3):212-224.

[252] 石毓智.语法的规律与例外[J].语言科学,2003(3):13-22.

[253] 史金生.情状副词的类别和共现顺序[J].语言研究,2003(4):1-9.

[254] 斯托克威尔.句法理论基础(中译本)[M].武汉:华中工学院出版社,1986.

[255] 宋孝才.北京话语词汇释[M].北京:北京语言学院出版社,1987.

[256] 宋扬,朱斌.副词内部兼类类型和序列初探[J].学习月刊,2010(3):127-128.

[257] 孙德金.非名词性形名结构[A].中国对外汉语教学学会第五次学术讨

论会论文选[C].北京:北京语言学院出版社,1996:79-87.

[258] 孙汝建.关于量词"个化"论的思考[J].云南师范大学学报(哲社版),1996(1):70-74.

[259] 唐为群."从来"和"从来"句[J].语言研究,2007(3):82-85.

[260] 陶红印.从语音、语法和话语特征看"知道"格式在谈话中的演化[J].中国语文,2003(4):291-302.

[261] 陶瑞仁."得"字句动词和补语的语义指向[J].黄山学院学报,2007(6):123-126.

[262] 全国斌."到"的语法化过程[J].殷都学刊,2006(2):89-94.

[263] 童小娥.从视点角度看静态存在句中的"着"和"了"[J].南华大学学报(社科版),2008(4):87-90.

[264] 汪洪澜.不带宾动词的语义、语法分析[J].宁夏大学学报(社科版),1996(1):27-30.

[265] 汪化云.也说"人称代词受修饰"现象[J].汉字文化,2009(3):17-19.

[266] 王灿龙."起去"的语法化未完成及其认知动因[J].世界汉语教学,2004(3):27-37.

[267] 王冬梅.动词转指名词的类型及相关解释[J].汉语学习,2004(4):5-11.

[268] 王冬梅.名词动化的类型及特点[J].语言科学,2010(6):583-598.

[269] 王红旗."当作"与"看作"[J].世界汉语教学,2009(1):27-37.

[270] 王洪君.音节单双、音域展敛(重音)与语法结构类型和成分次序[J].当代语言学,2001(4):242-252.

[271] 王继青."又+动1+又+动2"格式之考察[J].和田师范专科学校学报,2006(4):117-119.

[272] 王健.说"别说"[J].语言教学与研究,2008(2):89-96.

[273] 王景丹.口语语体形容词的运用规律[J].云南师范大学学报(对外汉语教学与研究版),2006(1):43-45.

[274] 王静.是"犯规"词,还是新词[J].语言与翻译2002(1):31-33.

[275] 王军健."很N"的语用学思考[J].云南广播电视大学学报,1999(1):60-62.

[276] 王俊毅.及物动词与不及物动词分类考察[J].语言教学与研究,2001(5):17-24.

[277] 王俊毅.连词"从而"的功能探讨[J].鲁东大学学报(哲社版),2009(2):100-104.

[278] 王丽香.总括副词"统统"的主观性[J].新西部,2010(5):114-115.

[279] 王天佑.转折性词语在取舍句中的作用及出现条件[J].晋中学院学报,2007(2):29-33.

[280] 王薇,寮菲.转喻-隐喻连续体在名词动用的类型表现及影响[J].浙江工业大学学报,2010(3):330-335.

[281] 王薇,张平.名词动用社会使用状况的调查研究[J].语言教学与研究,2010(2):84-90.

[282] 王伟,周卫红."然后"一词在现代汉语口语中使用范围的扩大及其机制[J].汉语学习,2005(4):31-39.

[283] 王伟,周卫红.试论由翻译引发的现代标准汉语西化[J].海南大学学报(人社版),2006(3):360-365.

[284] 王伟.情态动词"能"在交际过程中的义项呈现[J].中国语文,2000(3):238-246.

[285] 王文格.状态形容词谓语句优先序列及其主观性等级[J].河南师范大学学报(哲社版),2010(5):233-235.

[286] 王小溪.现代汉语非时地名词作状语微探[J].河北师范大学学报(哲社版),2003(5):117-121.

[287] 王晓娜.并列和辞格[A]//李名方主编.跨世纪的中国修辞学[C].南京:河海大学出版社,1999:217-236.

[288] 王砚农,焦庞颙.汉语常用动词搭配词典[M].北京:外语教学与研究出版社,1984.

[289] 王振来.论能愿动词的语义类别[J].辽宁工学院学报(社科版),2002a(1):16-18.

[290] 王振来.谈能愿动词在句子表达中的作用[J].辽宁师范大学学报(社科版),2002b(3):62-64.

[291] 王振来.被动表述式对能愿动词的选择及其认知解释[J].汉语学习,2003(4):28-33.

[292] 魏红.宾语结构形式的规约机制考察[J].云南师范大学学报(哲社版),2009(2):115-121.

[293] 文全民."更"和"还"在肯定与否定比较句中的差异[J].世界汉语教学,2008(1):58-67.

[294] 吴剑飞,周芬."巴不得"和"恨不得"的语义和句法分析[J].宁波大学学报(人科版),2006(1):26-28.

[295] 吴凌云,范开泰.析特提式联合短语"A 特别是 B"[J].世界汉语教学,2002(4):26-33.

[296] 吴守华.汉语"V+P+N"结构研究评析[J].学术研究,2002(10):

124-129.

[297] 吴蔚天,罗建林.汉语计算语言学——汉语形式语法和形式分析[M].北京:电子工业出版社,1994.

[298] 吴锡根.无宾动词及其构成的句型[J].浙江师大学报(社科版),1991a(1):64-69.

[299] 吴锡根.试论自由动词[J].杭州师范学院学报(社科版)1991b(2):71-79.

[300] 吴锡根.粘宾动词及其构成的句型[J].杭州师范学院学报(社科版),1994(1):82-86.

[301] 吴锡根.动词对宾语的句法选择和语用选择[J].杭州师范学院学报(社科版),1996(4):73-81.

[302] 吴云芳.动词对宾语的语义选择限制[J].语言文字应用,2005(2):121-128

[303] 吴之翰.方位词使用情况的初步考察[J].中国语文,1965(3):206-210.

[304] 伍文英,夏俐萍.现代汉语的"有+VP"格式[J].邵阳学院学报,2002(5):119-122.

[305] 武柏索,许维翰,陶宗侃,等,编.现代汉语常用格式例释[M].北京:商务印书馆,1988.

[306] 武和平,王玲燕.强势模因的生成、复制及传播[J].语言教学与研究,2010(5):78-83.

[307] 夏群.也论"一直"与"从来"的区别[J].宁夏大学学报(人社版),2009(6):66-68.

[308] 现代汉语常用词表课题组.现代汉语常用词表(草案)[R].北京:商务印书馆,2008.

[309] 肖升,胡金柱,姚双云,等.关系词搭配的联列分析[J].宁夏大学学报(人社版),2009(6):75-79.

[310] 肖奚强."正(在)"、"在"与"着"功能比较研究[J].语言研究,2002(4):27-34.

[311] 肖奚强.非典型模态副词句法语义分析[J].语言研究,2003(4):10-17.

[312] 肖奚强."除了"句式句法语义分析[J].汉语学习,2004(2):19-25.

[313] 肖奚强.略论"的确""实在"句法语用差异[J].语言研究,2007(2):74-78.

[314] 谢成名.从语义范畴的角度看"刚"和"刚才"的区别[J].世界汉语教学,

2009(1):38-48.

[315] 谢福.类固定短语"大……特……"格式的考察[J].现代语文(语言研究版),2006(7):60-61.

[316] 邢福义.关系词"一边"的配对与单用[J].世界汉语教学,1998(4):47-56.

[317] 邢福义."起去"的普方古检视[J].方言,2002(2):97-107.

[318] 邢福义.词类辨难(修订本)[M].北京:商务印书馆,2003.

[319] 邢红兵,张文坚,,江诗鹏.面向对外汉语教学的谓词句法属性统计研究[J].语言教学与研究,2006(3):61-69.

[320] 邢红兵.现代汉语词类使用情况统计[J].浙江师大学报(社科版),1999(3):27-30.

[321] 邢红兵.现代汉语常用动词带宾语能力调查[A]//孙茂松、陈群秀主编.语言计算与基于内容的文本处理:全国第七届计算语言学联合学术会议论文集[C].北京:清华大学出版社,2003.:139-144.

[322] 徐丹.谈"破":汉语某些动词的类型转变[J].中国语文,2005(4):333-340.

[323] 徐世荣.叹词注音时能够使用字调符号吗[J].中国语文通讯.1983(3):8-9.

[324] 徐枢.略论总括副词"都"[J].语文研究,1982(1):69-77.

[325] 徐枢.宾语和补语[M].哈尔滨:黑龙江人民出版社,1985.

[326] 徐枢.兼类及处理兼类时遇到的一些问题[A]//语法研究和探索(五)[C].北京:语文出版社,1991:42-53.

[327] 徐希明.《骆驼祥子》中"了"字语义分析[J].南京师大学报(社科版),1997(4):133-137.

[328] 徐燕青.现代汉语"况且"句的篇章分析[J].世界汉语教学,2008(4):44-55.

[329] 徐阳春.也谈人称代词做定语时"的"字的隐现[J].中国语文,2008(1):21-27.

[330] 徐治堂.关于副词修饰动词问题的研究[J].甘肃高师学报,2002(1):39-42.

[331] 许国萍.现代汉语"比"字句中情态动词意义分布考察[J].湖南师范大学社会科学学报,2005(6):89-93.

[332] 薛健.量词"个化"问题管见[J].汉语学习,2006(5):22-27.

[333] 薛扬,丁崇明.高量绝对程度副词功能的标记性考察[J].求是学刊,2010(3):112-117.

[334] 颜红菊.话语标记的主观性和语法化[J].湖南科技大学学报(社科版),2006(6):80-85.

[335] 杨必胜.关于及物化现象[J].天津师范大学学报(社科版),1984(2):76-83.

[336] 杨才英,赵春利.状位形名组合的句法语义研究[J].汉语学习,2010(1):43-52.

[337] 杨德峰.表示概数的"多"和"来"的全方位考察[J].汉语学习,1993(3):10-16.

[338] 杨德峰.试论副词作状语带"地"的问题[J].暨南大学华文学院学报,2002(3):42-49.

[339] 杨德峰.语气副词出现在短语中初探[J].汉语学习,2005(4):19-24.

[340] 杨德峰.时间副词作状语位置的全方位考察[J].语言文字应用,2006(2):69-75.

[341] 杨德峰."程度副词+谓词性成分"带"的"问题试探[J].暨南大学华文学院学报,2008(1):46-52.

[342] 杨德峰.语气副词作状语的位置[J].汉语学习,2009(5):28-34.

[343] 杨凯荣."疑问代词+也/都+P"的肯定与否定[A]//徐烈炯、邵敬敏主编.汉语语法研究的新拓展(一)[C].杭州:浙江教育出版社,2002:246-257.

[344] 杨丽姣.词类区分词义计量分析[J].云南师范大学学报(哲社版),2010(1):49-54.

[345] 杨树森.论象声词与叹词的差异性[J].中国语文,2006(3):206-215.

[346] 杨同用.从语法搭配看动名兼类的复杂性:兼论语文词典的词性标注[J].辞书研究,2008,000(002),27-36.

[347] 杨永林.社会语言学研究:功能·称谓·性别篇[M].上海:上海外语教育出版社,2004.

[348] 杨玉玲.单个"这"和"那"篇章不对称研究[J].世界汉语教学,2006(4):33-41.

[349] 姚汉铭.试探复合动词向名词转化的方式[J].青海师范大学学报(哲社版),1981(4):51-57.

[350] 姚双云.连词"结果"与"所以"使用差异的计量分析[J].宁夏大学学报(人社版),2007(6):51-53.

[351] 姚双云.假设标记的三个敏感位置及其语义约束[J].暨南大学华文学院学报,2008(4):70-76.

[352] 姚双云.口语中"所以"的语义弱化与功能扩展[J].汉语学报,2009(3):

16-23.

[353] 姚振武.上古汉语语法史[M].上海:上海古籍出版社,2015.

[354] 叶红,周筱娟."更"与功能词[J].郧阳师范高等专科学校学报,2007(5):32-34.

[355] 叶南."了"在单句、复句和语段中的时体意义及其分布[J].西南民族大学学报(人社版),2006(7):227-231.

[356] 叶皖林.人体方所形式的隐喻解释[J].扬州大学学报(人社版),2005(2):79-83.

[357] 殷焕先,何平.现代汉语常用量词词典[M].济南:山东大学出版社,1991.

[358] 殷树林.话语标记"这个"、"那个"的语法化和使用的影响因素[J].外语学刊,2009(4):92-96.

[359] 尹海良.现代汉语"别说"的篇章衔接功能及其语法化[J].西南农业大学学报(社科版),2009a(4):111-116.

[360] 尹海良.自然口语中的话语标记"别说"[J].宁夏大学学报(人社版),2009b(6):56-61.

[361] 应学凤.述宾、定中结构的单双音节组配研究述评[J].华文教学与研究,2015(2):70-79.

[362] 尤庆学.歧义度的调查与分析[J].汉语学习,2000(5):15-19.

[363] 于根元.上海话的"勒勒"和普通话的"在、着"[J].语文研究,1981(1):128-133.

[364] 于根元.关于动词后附"着"的使用[A]//语法研究和探索(一)[C].北京:北京大学出版社,1983:106-119.

[365] 于根元.副+名[J].语文建设,1991(01):21-24.

[366] 余光武,满在江.连词"完了"来源新解[J].语言教学与研究,2008(1):50-57.

[367] 余义兵,樊中元.体词性喻体的"比喻性"等级序列[J].暨南大学华文学院学报,2007(1):69-77.

[368] 俞士汶,等.现代汉语语法信息词典详解[M].北京:清华大学出版社,1998/2003.

[369] 喻芳葵.关于现代汉语形容词的动化用法[J].松辽学刊(社科版),1987(3):28-33.

[370] 喻芳葵.浅谈动词形容词的交叉重叠式[J].江苏教育学院学报(社科版),1988(4):84-94.

[371] 袁毓林.正反问句及其相关的类型学参项[J].中国语文,1993(2):

103-111.

[372] 袁毓林.论"都"的隐性否定和极项允准功能[J].中国语文,2007(4):306-320.

[373] 原新梅.试论"程度副词+N"[J].河南师范大学学报(哲社版),1996(2):36-38.

[374] 张爱玲."看来"的主观化[J].淮阴师范学院学报(哲社版),2007(3):384-389.

[375] 张赪.类型学背景下的汉泰语量词语义系统对比和汉语量词教学[J].世界汉语教学,2009(4):508-518.

[376] 张道俊."俩"与"两个"的句法功能差异及其原因[J].孝感学院学报,2006(2):20-24.

[377] 张笛.关于动词直接作定语的几个问题[J].湖州师范学院学报,2004(6):34-36.

[378] 张凤琴,冯鸣.关于"定语+人称代词"[J].修辞学习,2004(6):53-55.

[379] 张桂权.语气词"啊"的音变及其用字规范问题[J].桂林师范高等专科学校学报(综合版),2002(1):34-37.

[380] 张国宪.延续性形容词的续段结构及其体表现[J].中国语文,1999(6):403-414.

[381] 张国宪.状态形容词的界定和语法特征描述[J].语言科学,2007(1):3-14.

[382] 张金生,刘云红."里""中""内"空间意义的认知语言学考察[J].解放军外国语学院学报,2008(3):7-12.

[383] 张静静."每P"后"都"的隐没情况考察[J].宁夏大学学报(人社版),2009(4):22-27.

[384] 张瑞朋.关联词和跨标点句主语的认定[J].广东技术师范学院学报,2010(4):73-75.

[385] 张旺熹.汉语"人称代词+NP"复指结构的话语功能[J].当代修辞学,2010(5):50-62.

[386] 张伟.进入"很+N"框架中的名词子类及其层级性[J].青海师范大学学报(哲社版),2005(4):109-111.

[387] 张文贤,邱立坤.基于语料库的关联词搭配研究[J].世界汉语教学,2007(4):64-74.

[388] 张文元.语病的定位分析认识与语言规范[J].教学与管理,2006(33):86-87.

[389] 张小峰.现代汉语语气词"吧"、"呢"、"啊"的话语功能研究[D].上海师

范大学博士学位论文,2003.
[390] 张秀松."到底"的共时差异探析[J].世界汉语教学,2008(4):32-43.
[391] 张彦.陈述语气的语气词实验分析[J].语言文字应用,2006(4):37-44.
[392] 张谊生,顿婷.副词"有望"的功能、特征与发展[J].汉语学报,2010(1):12-22.
[393] 张谊生,杨一飞.副、区兼类词的句法分布及功能发展[J].周口师范学院学报,2006(6):81-86.
[394] 张谊生.从"曾经"的功能扩展看汉语副词的多能性[J].汉语学习,2003(5):1-9.
[395] 张谊生.试论"X然+间"[J].汉语学习,2007(6):3-11.
[396] 张燚.非常的"非常柠檬":谈一种词性词义错位匹配现象[J].修辞学习,2002(2):16-17.
[397] 张永胜.浅析介词"对"和"对于"用法的异同[J].语文学刊,1992(4):37-40.
[398] 张豫峰、陈家隽."笑"的义项分析和入句表现[J].郑州大学学报(哲社版),2007(6):135-137.
[399] 张云秋.典型受事宾语句的句法—语义特征及认知分析[J].首都师范大学学报(社科版),2003(1):74-80.
[400] 赵淑华.连动式中动态助词"了"的位置[J].语言教学与研究,1990(1):4-10.
[401] 赵志清.再谈"来着":基于语料库的考察[J].临沂师范学院学报,2010(2):90-94.
[402] 郑怀德,孟庆海.形容词用法词典[M].长沙:湖南出版社,1991.
[403] 郑怀德,孟庆海.汉语形容词用法词典[M].北京:商务印书馆,2003.
[404] 郑剑平.副词修饰含"不/没有"的否定性结构情况考察[J].四川师范大学学报(哲社版),1996(2):72-78.
[405] 郑军.也说现代汉语连词范围[J].淮北煤师院学报(哲社版),2002(2):84-85.
[406] 郑林曦.普通话三千常用词表.增订版[M].北京:文字改革出版社,1987.
[407] 中国社会科学院语言研究所.倒序现代汉语词典[M].北京:商务印书馆,1987、1993.
[408] 中国社会科学院语言研究所.现代汉语词典[M].北京:商务印书馆,1973(试用本)、1978、1979、1983、1996、2002、2005.

[409] 中国文字改革委员会.普通话三千常用词表(初稿)[M].北京:文字改革出版社,1959.

[410] 周毕吉,李莹.人体名词与方位词的组合特点及认知解释[J].中南大学学报(社科版),2009(1):140-145.

[411] 周毕吉."结果"的语法化历程及语用特点[J].汉语学习,2008(6):65-72.

[412] 周刚,叶秋生.属性词语法性质的再认识[J].汉语学习,2007(6):20-24.

[413] 周刚.表示限定的"光"、"仅"、"只"[J].汉语学习,1999(1):3-5.

[414] 周荐.复合词构成的语素选择[A]//南开大学中文系编.文学语言学论集[C].天津:南开大学出版社,1999:574-588.

[415] 周静,杨海明.语言表达的缺位与补位[J].语言文字应用,2007(1):78-85.

[416] 周娟.动量词"番""通""气"的语义差异及其历时解释[J].宁夏大学学报(人社版),2010(4):35-40.

[417] 周丽颖.认知语法视角下的现代汉语"A+O"结构考察[J].扬州大学学报(人社版),2010(5):112-116.

[418] 周睿.强程度范畴的句法语义研究.博士学位论文[D].南京大学,2021.

[419] 周小兵,徐霄鹰.体词性"有的"、"有些"的多角度分析[J].语言研究,2001(3):29-32.

[420] 周小兵."会"和"能"及其在句中的换用[J].烟台大学学报(哲社版),1989(4):73-81.

[421] 朱德熙.语法讲义[M].北京:商务印书馆,1982.

[422] 朱军,盛新华."除了"式的语义研究[J].语言研究,2006(2):74-76.

[423] 朱军,魏红.固化式述程结构考察[J].楚雄师范学院学报,2009(2):18-24.

[424] 朱庆祥.连词"和/或者"居于条件判断句前项引发的相关问题[J].汉语学习,2010(3):37-46.

[425] 朱晓琴.介词"被"的语法意义及其运用[J].苏州大学学报(哲社版),2010(2):84-86.

[426] 祝建军,李爱红."来着"句法环境新探[J].烟台大学学报(哲社版),2006(2):231-234.

[427] 宗守云.试论量词"堆"对名词性成分的选择[J].南开语言学刊,2007(1):106-112.

[428] 邹海清.频率副词的范围和类别[J].世界汉语教学,2006(3):36-45.

[429] 邹海清.量化义时间副词的语义特征和主观量化功能[J].乐山师范学院学报,2010(3):49-53.

[430] 邹韶华.现代汉语方位词的语法功能[J].中国语文,1984(3).

[431] 邹韶华.语用频率效应研究[M].北京:商务印书馆,2001.

[432] 邹韶华.语频·语义·语法[J].汉语学习,2004(2):6-9.

[433] 左双菊.位移动词"来/去"带宾能力的不对称[J].安庆师范学院学报(社科版),2009(7):117-120.

[434] Clark, E. V. & H. Clark. When nouns surface as verbs[J]. *Language*, 1979(4): 767-811.

[435] Givón, T. *Syntax: A functional-typological introduction*[M]. Vol I. Amsterdam/Philadelphia: John Benjamins Publishing Company, 2001[1984].

[436] Grice, H. P. Logic and conversation[A]. In P. Cole & J. L. Morgan (eds). *Syntax and Semantics*[C], Vol. 3: *Speech Acts*. New York: Academic Press, 1967/1975: 41-58.

[437] Hawkins, B. W. *The Semantics of English Spatial Prepositions*[D]. Ph. D. dissertation. University of California, San Diego, 1984.

[438] Hawkins, B. W. On universality and variability of spatial adpositions[A]. In C. Zelinsky-Wibbelt (eds.). *The Semantics of Prepositions: From Mental Processing to Natural Language Processing*[C]. Berlin and New York: Mouton de Gruyter, 1993: 327-349.

[439] Keenan, E. L. & B. Comrie. Noun phrase accessibility and universal grammar[J]. *Linguistic Inquiry*, 1977(8): 63-99.

[440] Schegloff, E. A. Some practices for referring to persons in talk-in-interaction: A partial sketch of a systematics[A]. In B. A. Fox. (ed.). *Studies in Anaphora*[C]. Amsterdam: John Benjamins Publishing Company, 1996: 437-485.